Die .NET-Technologie

 **Wolfgang Beer:** Leiter des Forschungsschwerpunkts »Automated Software Engineering« am Software Competence Center Hagenberg. Besondere Interessen gelten mobilen und kontextabhängigen Anwendungen, Continuous Integration, Übersetzerbau und der Visualisierung von Daten.

 Dietrich Birngruber: Software-Architekt in der Logistikbranche. Gründer der .NET User Group Oberösterreich. Seine Interessen betreffen alles, was mit Menschen, Prozessen und Software zu tun hat, zum Beispiel agile Methoden, Software-Architekturen, verteilte Anwendungen, Workflows und Arbeitsprozesse in Unternehmen.

 **Hanspeter Mössenböck:** Professor für Informatik an der Johannes Kepler Universität Linz und Leiter des Christian Doppler Labors für Automated Software Engineering. Er beschäftigt sich vor allem mit Programmiersprachen, Compilern und Systemsoftware. Als ehemaliger Mitarbeiter von Prof. Niklaus Wirth an der ETH Zürich war Mössenböck Mitglied des Oberon-Teams, in dem ein Pascal-Nachfolger samt innovativem Betriebssystem entwickelt wurde. Ferner ist er Autor des Compiler-Generators Coco/R, der heute weltweit als Public Domain Software eigesetzt wird. Neben einem Forschungsaufenthalt bei Sun Microsystems in Kalifornien hatte er Gastprofessuren in Oxford und Budapest inne. Mössenböck ist Verfasser der Bücher »Sprechen Sie Java?«, »Softwareentwicklung mit C# 2.0« und »Objektorientierte Programmierung in Oberon-2« sowie Mitverfasser des Buches »Ein Compiler-Generator für Mikrocomputer«.

 **Herbert Prähofer:** Assistenzprofessor für Informatik an der Johannes Kepler Universität Linz. Seine Interessen sind objektorientierte und komponentenbasierte Programmierung, Automated Software Engineering, objektorientierte Analyse und Entwurf, Systemmodellierung, Simulation. Forschungsprojekte in den Bereichen Simulation, Komponenten-Frameworks, Software-Produktlinien, Anlagen-Engineering und Domänen-spezifische Sprachen in der industriellen Automation.

 Albrecht Wöß: entwirft, entwickelt und betreut .NET-Software im Bereich verteilter Datenbank-Anwendungen mit Einbindung von mobilen Endgeräten. Er beschäftigt sich u.a. mit objektorientierter Programmierung, automatisiertem Testen und Programmiertechniken im Allgemeinen.

Wolfgang Beer · Dietrich Birngruber · Hanspeter Mössenböck · Herbert Prähofer · Albrecht Wöß

Die .NET-Technologie

Grundlagen und Anwendungsprogrammierung

2., aktualisierte und erweiterte Auflage

Dipl.-Ing. Dr. Wolfgang Beer
wolfgang.beer@scch.at

Mag. Dr. Dietrich Birngruber
bdi@ecolog.at

Prof. Dr. Hanspeter Mössenböck
moessenboeck@ssw.uni-linz.ac.at

Dipl.-Ing. Dr. Herbert Prähofer
praehofer@ssw.jku.at

Dipl.-Ing. Albrecht Wöß
AlbrechtWoess@softwaretechnik.at

Lektorat: Christa Preisendanz
Copy-Editing: Ursula Zimpfer, Herrenberg
Satz: Hanspeter Mössenböck, Linz
Herstellung: Peter Eichler, Eberbach
Umschlaggestaltung: Helmut Kraus, www.exclam.de
Druck und Bindung: Koninklijke Wöhrmann B.V., Zutphen, Niederlande

Bibliografische Information Der Deutschen Bibliothek
Die Deutsche Bibliothek verzeichnet diese Publikation in der Deutschen Nationalbibliografie;
detaillierte bibliografische Daten sind im Internet über <http://dnb.ddb.de> abrufbar.

ISBN 3-89864-421-9

2. Auflage 2006
Copyright dpunkt.verlag GmbH
Ringstraße 19b
69115 Heidelberg

Vorwort zur 2. Auflage

Seit der 1. Auflage dieses Buches hat sich die .NET-Technologie rasant weiterent-wickelt. In fast allen Bereichen kamen neue Konzepte hinzu, die .NET noch mächtiger machen und seine Benutzung vereinfachen. .NET 2.0 kam Ende 2005 auf den Markt und machte es nötig, dieses Buch grundlegend zu überarbeiten, um den Neuerungen gebührend Rechnung zu tragen. Wie auch in der 1. Auflage war es dabei unser Ziel, uns auf das Wesentliche zu konzentrieren und einen um-fassenden Einstieg in die .NET-Technologie zu schaffen, der es dem Leser erlaubt, mit Hilfe der umfangreichen Onlinedokumentation weiter vorzudringen.

Was ist neu in .NET 2.0?

Anstatt die Neuerungen von .NET in einem eigenen Kapitel zu beschreiben, ha-ben wir uns entschlossen, sie in die vorhandenen Kapitel einzubauen, da wir glauben, dass dies zu einem kohärenteren Bild des derzeitigen Stands der .NET-Technologie führt. Die Neuerungen umfassen vor allem folgende Bereiche:

❏ *Die Sprache C# 2.0*
   In C# 2.0 wurden *generische Typen und Methoden* eingeführt, mit denen man parametrisierbare Bibliotheksbausteine realisieren kann. So lassen sich zum Beispiel allgemeine Listen implementieren, aus denen man Listen von Zahlen oder Listen von Personen erzeugen kann. Ferner wurde ein Sprachkonstrukt eingeführt, mit dem man leistungsstarke *Iteratoren* für Collections und Arrays bauen kann. Als weitere Neuerungen gibt es *partielle Typen*, die es erlauben, den Quelltext einer Klasse oder eines Interface auf mehrere Dateien zu vertei-len, sowie *anonyme Methoden*, die das Arbeiten mit Delegates vereinfachen. Mittlerweile arbeitet Microsoft bereits an C# 3.0. Als wesentliche Neuerung werden hier *SQL-artige Abfragen* auf Hauptspeicherdatenstrukturen möglich sein sowie *Lambda-Ausdrücke, Erweiterungsmethoden* und *anonyme Typen*. Dieses Buch enthält bereits eine Vorschau auf die neuen Eigenschaften von C# 3.0.

❏ *Klassenbibliothek*

Die .NET-Klassenbibliothek wurde ebenfalls um generische Typen und Methoden erweitert. Es gibt nun einen eigenen Namensraum für generische Collections. Der Namensraum für Reflection wurde an generische Typen angepasst. Große Teile der Klassenbibliothek wurden überarbeitet sowie in ihrer Performanz und Benutzbarkeit verbessert. Es würde allerdings den Rahmen dieses Buches sprengen, alle neuen Namensräume zu beschreiben. Hier verweisen wir wie in der 1. Auflage auf die Onlinedokumentation von .NET.

❏ *ADO.NET 2.0*

Mit der Version 2.0 wurden in ADO.NET zahlreiche Neuerungen und Verbesserungen vorgenommen. Das Grundprinzip des verbindungsorientierten und verbindungslosen Datenzugriffs blieb aber unverändert. Viele der Neuerungen wurden gezielt für den Microsoft SQL Server eingeführt und sind somit nur in Verbindung mit diesem verfügbar. Die wichtigsten Punkte, auf die wir in Kapitel 5 näher eingehen werden, sind: eine Unterstützung für die Realisierung von Programmen, die vom jeweiligen Datenanbieter weitgehend unabhängig sind, einen Verbindungszeichenfolgen-Generator, mit dem die syntaktische Korrektheit und Vollständigkeit einer Verbindungszeichenfolge bereits beim Aufbau geprüft werden kann, die asynchrone Ausführung von Datenbankoperationen, die gleichzeitige Verwendung von mehreren Datenbankcursorn für eine Verbindung und in Zusammenarbeit mit dem System.Transactions-Namensraum die Unterstützung verteilter Transaktionen.

❏ *ASP.NET 2.0*

Im Bereich der Webseitenprogrammierung wurden so genannte *Master-Seiten* eingeführt, mit denen man allen Webseiten einer Applikation ein einheitliches Layout geben kann. Mit Hilfe von *Benutzerprofilen*, *Themen* und *Skins* können Benutzer das Erscheinungsbild von Webseiten ihren individuellen Wünschen anpassen. Die Authentifizierung von Benutzern beim Zugriff auf geschützte Webseiten wurde mit Hilfe von *Membership-Klassen* vereinfacht. Schließlich gibt es noch zahlreiche neue Steuerelemente, etwa zur Navigation durch Webseiten, zur Implementierung von Login-Dialogen oder zur bequemeren Darstellung von Daten in Tabellen.

❏ *Web-Services*

Bei Web-Services hat sich für Entwickler kaum etwas von Version 1.0 auf Version 2.0 geändert. Microsoft arbeitet jedoch an einer Programmierschnittstelle namens *Windows Communication Foundation*, um serviceorientierte Softwareentwicklung unter Windows noch besser als mit Web-Services zu unterstützen. *Windows Communication Foundation* vereinheitlicht verschiedene Technologien, wie *Web-Services*, *Enterprise Services* und *.NET-Remoting* für das Entwickeln von verteilten, serviceorientierten Systemen in einer einheitlichen Programmierschnittstelle. *Windows Communication Foundation* wird vermutlich Teil der nächsten .NET-Version sein. In Kapitel 7 werden wir dieses Framework kurz vorstellen.

Webseite zu diesem Buch

Die Webseite *http://dotnet.jku.at* enthält ergänzende Materialien zu diesem Buch, zum Beispiel:

- ❑ Umfangreiche Powerpoint-Foliensätze zu diversen von den Autoren gehaltenen Lehrveranstaltungen im Bereich .NET (Einführung in C# und .NET; Compilerbau mittels .NET).
- ❑ Übungsaufgaben und Musterlösungen zu den einzelnen Kapiteln dieses Buches.
- ❑ Hilfsklassen und Beispielanwendungen.
- ❑ Nützliche Verweise auf Werkzeuge, Tutorials und Informationsquellen im Bereich .NET.

Da das Internet immer stärkere Verbreitung findet, haben wir uns entschlossen, der 2. Auflage dieses Buches keine CD mehr beizulegen. Die aktuelle Version von .NET kann von *http://msdn.microsoft.com/netframework* bezogen werden.

Wolfgang Beer, Dietrich Birngruber, Hanspeter Mössenböck,
Herbert Prähofer, Albrecht Wöß

Linz, Juli 2006

Vorwort zur 1. Auflage

Schon wieder eine neue Softwaretechnologie? Gestern hat man uns noch erzählt, Java (oder COM, CORBA, STL, ATL, XML etc.) sei der entscheidende Durchbruch in der Softwareentwicklung. Nun kommt Microsoft und will uns .NET verkaufen? .NET revolutioniere die Entwicklung von Windows- und Web-Anwendungen. Alles werde einfacher, sicherer und bequemer als mit den »alten« Technologien (die übrigens letztes Jahr noch neu waren). Was soll man davon halten?

Das Misstrauen mancher Softwareentwickler ist verständlich, aber dieses Mal unbegründet. .NET ist tatsächlich revolutionär – zumindest in der Windows-Welt, wo es den größten Architekturwechsel seit 10 Jahren darstellt, vergleichbar etwa mit dem Wechsel von DOS zu Windows. .NET ist eine Plattform, auf der Programme, die in unterschiedlichen Sprachen geschrieben wurden, nahtlos zusammenarbeiten können. Das Internet wurde an zentraler Stelle in .NET integriert. Die Programmierung dynamischer Webseiten oder der Zugriff auf entfernte Softwaredienste (so genannte Web-Services) wird ebenso einfach wie die Entwicklung lokaler Anwendungen.

Andererseits ist .NET auch wieder *nicht* revolutionär, denn es basiert auf Ideen, die anderswo schon seit Jahren im Einsatz sind und sich bewährt haben. In gewisser Hinsicht ist .NET eine Weiterentwicklung von Java (böse Zungen nennen es sogar eine Kopie). Viele Dinge wurden aus der Java-Welt übernommen, etwa die Idee der Laufzeitumgebung mit Garbage Collection, Code-Verifikation und anderen Sicherheitsmechanismen. Auch die neue .NET-Sprache C# ist im Kern ein Java-Dialekt. Bei dynamischen Webseiten und Web-Services geht .NET jedoch weiter als Java und bietet ausgereiftere Konzepte und Werkzeuge an.

Im Gegensatz zu Java, dessen Ziel es ist, *eine einheitliche* Programmiersprache (nämlich Java) unter möglichst vielen Betriebssystemen anzubieten, hat .NET zum Ziel, *viele verschiedene* Sprachen auf einem einzigen System (nämlich Windows) zu unterstützen. Den letzten Satz hört Microsoft nicht gerne. .NET kann natürlich auch unter anderen Betriebssystemen als Windows implementiert werden und es gibt auch bereits .NET-Implementierungen unter Linux und FreeBSD-Unix. Die beste Unterstützung wird .NET aber wahrscheinlich trotzdem immer unter Windows haben.

Inhalt und Ziele

Das vorliegende Buch gibt einen Überblick über die gesamte .NET-Technologie. Es führt in seine Architektur ein, beschreibt die neue Sprache C#, gibt einen Überblick über die Klassenbibliothek und behandelt dann ausführlich die Anwendung von .NET (insbesondere für Web-Applikationen) in Form von ASP.NET, ADO.NET und Web-Services.

Die .NET-Technologie ist äußerst umfangreich. Über jeden der genannten Aspekte könnte man ein eigenes Buch schreiben. Daher gehen wir nicht auf jedes Detail ein, sondern konzentrieren uns darauf, die zugrunde liegenden Konzepte so weit zu beschreiben, dass man sie versteht und in der Lage ist, durchschnittlich komplexe .NET-Programme zu entwickeln. Mit Hilfe der ausgezeichneten Onlinedokumentation (siehe beiliegende CD) sollte der Leser oder die Leserin in der Lage sein, auf eigene Faust in alle Nischen von .NET vorzustoßen.

Wer soll dieses Buch lesen?

Unser Buch spricht mehrere Leserkreise an, unter anderem:

- ❏ Studenten, die das Buch begleitend zu Lehrveranstaltungen über C#, objektorientierte Programmierung, Komponententechnologie oder Web Engineering einsetzen möchten;
- ❏ Praktiker, die sich einen Überblick über .NET verschaffen wollen, um abzuschätzen, ob diese Technologie in ihrem Arbeitsbereich Nutzen bringt;
- ❏ Java-Programmierer, die den Unterschied zwischen Java und .NET kennen lernen wollen;
- ❏ C++-Entwickler, die nach mehr Sicherheit und Komfort streben;
- ❏ COM-Entwickler, denen der Umgang mit der IDL, den GUIDs und der Registry verbesserungswürdig erscheint;
- ❏ CORBA-Entwickler, die nach einfacheren Alternativen für verteilte objektorientierte Systeme suchen;
- ❏ Web-Programmierer, denen Technologien wie ASP oder Java-Servlets und JSP zu umständlich erscheinen;
- ❏ Entwickler, die ihre Software z.B. in Sprachen wie C++, Visual Basic, Fortran, Cobol oder Eiffel geschrieben haben und sie nun mit Programmen in anderen Sprachen kombinieren wollen.

Wie soll dieses Buch gelesen werden?

Die einzelnen Kapitel des Buches sind dazu gedacht, in sequenzieller Reihenfolge gelesen zu werden, obwohl auch selektives Lesen möglich ist. Auf jeden Fall sollte man mit Kapitel 1 beginnen, das einen Überblick über .NET gibt. Auch Kapitel 2 über C# ist gewissermaßen Voraussetzung, da C# in allen Beispielen der restlichen Kapitel verwendet wird. Kapitel 3 wirft einen Blick hinter die Kulissen von .NET und kann beim ersten Lesen überflogen werden. Viele der darin enthaltenen Details über die Architektur von .NET können später gezielt nachgelesen werden. Die restlichen Kapitel dieses Buches sind weitgehend voneinander unabhängig und können in beliebiger Reihenfolge studiert werden.

Wir setzen voraus, dass der Leser bereits programmieren kann, am besten in Java oder C++. Eine gewisse Vertrautheit mit HTML und der Entwicklung dynamischer Webseiten ist für Kapitel 6 nützlich, aber nicht notwendig.

Systemanforderungen

Alle Beispiele dieses Buches wurden mit der englischen Version des .NET-SDK 1.0 unter Windows 2000 und Windows XP (Professional) getestet. Dabei wurde der Microsoft Internet Information Server 5.0 und der Microsoft Internet Explorer 6.0 verwendet.

CD zu diesem Buch[1]

Die beiliegende CD enthält folgende Materialien:

- ❏ *Microsoft .NET-SDK 1.0.* Umfasst das .NET-Framework mit der Common Language Runtime, der .NET-Klassenbibliothek, dem C#-Compiler, diversen Werkzeugen sowie der gesamten API-Dokumentation. Visual Studio .NET ist – weil kostenpflichtig – nicht enthalten.
- ❏ *Microsoft ASP.NET Web Matrix.* Bietet annähernd die Funktionalität von Visual Studio .NET für die ASP.NET-Entwicklung. Enthält einen WYSIWYG-Webseiten-Designer sowie Mechanismen zur Datenbankanbindung.
- ❏ *.NET Webservice Studio.* Ein Werkzeug, um Methoden von Web-Services interaktiv aufzurufen und zu testen.
- ❏ *Dokumentationen und Links.* Diverse technische Dokumentationen rund um .NET sowie nützliche Links zu .NET-Sprachen und Werkzeugen.

Webseite zu diesem Buch

.NET ist neu und wird sich in den nächsten Jahren sicher noch weiterentwickeln. Daher gibt es als Ergänzung zu diesem Buch unter

http://dotnet.jku.at

eine Webseite, die nicht nur den Quellcode aller Beispiele aus diesem Buch enthält, sondern auch nützliche Links und Hinweise auf neue Entwicklungen.

---

1. Eine CD lag nur der 1. Auflage dieses Buches bei.

Danksagung

Ein Buch wie dieses entsteht mit der Hilfe vieler Personen. Wir möchten an dieser Stelle den Leuten von Microsoft in Redmond, Cambridge und Wien danken, die immer für Fragen zur Verfügung standen, allen voran *Jim Miller, Eric Gunnerson, David Stutz, Van Eden* und *Ralph Zeller*. Neben den anonymen vom Verlag eingesetzten Begutachtern gilt unser Dank *Christoph Ertl, Christian Nagel, Christoph Steindl, Rainer Stütz, Josef Templ, Thomas Thalhammer* und *Sandra Wöß*, die das Manuskript sorgfältig lasen und wertvolle Verbesserungsvorschläge beisteuerten. Ohne die Kenntnis diverser Grafikprogramme und die Geduld von *Karin Haudum* wären wohl auch manche Abbildungen in diesem Buch nicht in der gebotenen Form vorhanden. *Kurt Prünner* und *Hermann Lacheiner* halfen bei der Gestaltung der Webseite zu diesem Buch. Die Zusammenarbeit mit dem dpunkt.verlag verlief wie immer äußerst angenehm und unbürokratisch. Ein großes Dankeschön an *Christa Preisendanz, Ursula Zimpfer* und *Josef Hegele*.

Wolfgang Beer
Dietrich Birngruber
Hanspeter Mössenböck
Albrecht Wöß   Linz, August 2002

Inhaltsverzeichnis

6.1   Erzeugung dynamischer Webseiten 370

6.2   Einfache Web-Formulare 378

6.3   Ereignisbehandlung in ASP.NET 384

6.4   Steuerelemente für Web-Formulare 390

       6.4.1   Control 390
       6.4.2   WebControl 392
       6.4.3   Button 396
       6.4.4   TextBox 398
       6.4.5   Label 400
       6.4.6   CheckBox 400
       6.4.7   RadioButton 401
       6.4.8   ListControl 403
       6.4.9   ListBox 404
       6.4.10   DropDownList 408
       6.4.11   DataGrid 410
       6.4.12   GridView 418
       6.4.13   Calendar 422

6.5   Validierung von Benutzereingaben 423

       6.5.1   BaseValidator 424
       6.5.2   RequiredFieldValidator 425
       6.5.3   RangeValidator 426
       6.5.4   CompareValidator 426
       6.5.5   CustomValidator 427
       6.5.6   Beispiel 428

6.6   Eigene Steuerelemente 429

       6.6.1   Zusammengesetzte Steuerelemente (User Controls) 430
       6.6.2   Selbst geschriebene Steuerelemente (Custom Controls) 433

6.7   Zustandsverwaltung 439

       6.7.1   Klasse Page 441
       6.7.2   Seitenzustand 444
       6.7.3   Sitzungszustand 445
       6.7.4   Applikationszustand 446

6.8   Konfiguration 447

       6.8.1   Definition von Konfigurationsabschnitten 448
       6.8.2   Daten der Konfigurationsabschnitte 449
       6.8.3   Übersicht der Konfigurationsabschnitte für ASP.NET 450

1 Was ist .NET?

Im Jahr 2002 brachte Microsoft nach mehrjähriger Forschung und Entwicklung die .NET-Technologie auf den Markt. .NET ist kein Betriebssystem im engeren Sinne und somit auch kein Nachfolger von Windows. Es handelt sich vielmehr um eine Schicht, die auf Windows (und später vielleicht auch auf anderen Betriebssystemen) aufsetzt und vor allem folgende zwei Dinge hinzufügt:

❑ Eine **Laufzeitumgebung,** die automatische Speicherbereinigung (*garbage collection*), Sicherheitsmechanismen, Versionierung und vor allem Interoperabilität zwischen verschiedenen Programmiersprachen bietet.

❑ Eine **objektorientierte Klassenbibliothek** mit umfangreichen Funktionen für grafische Benutzeroberflächen (*Windows Forms*), Web-Oberflächen (*Web Forms*), Datenbankanschluss (*ADO.NET*), Collection-Klassen, Threads, Reflection und vieles mehr. Sie ersetzt in vielen Fällen das bisherige Windows-API und geht weit über dieses hinaus.

.NET ist aber mehr als das. Es ist eine offene Plattform, mit der Microsoft versucht, die verschiedenen Strömungen der Softwareentwicklung, die sich in den letzten Jahren voneinander entfernt haben, wieder zusammenzuführen und damit ihre Kunden wieder mit einer einheitlichen Technologie zu bedienen.

❑ Internetanwendungen (z.B. Web-Shops) wurden bisher mit anderen Techniken entwickelt als lokale PC-Anwendungen. Während man am PC mit compilierten Sprachen wie C++ oder Pascal programmierte und objektorientierte Klassenbibliotheken und Frameworks verwendete, arbeitete man in der Web-Programmierung mit HTML, ASP, CGI sowie mit interpretierten Sprachen wie JavaScript oder PHP. Unter .NET können beide Arten von Anwendungen mit denselben Techniken programmiert werden, z.B. mit compilierten Sprachen wie C# oder Visual Basic .NET sowie mit einer reichhaltigen objektorientierten Klassenbibliothek.

❑ Unternehmen haben in den letzten Jahren viel Geld in Software investiert, die in unterschiedlichen Sprachen wie C++, Visual Basic oder Fortran entwickelt wurde. Sie haben wenig Interesse, diese Investitionen in den Wind zu schreiben. Vielmehr möchten sie, dass Programme, die in verschiedenen Sprachen geschrieben wurden, reibungslos zusammenarbeiten können. .NET ermöglicht das durch eine bisher beispiellose Art der Interoperabilität.

❑ In letzter Zeit sind Kleinstcomputer wie Handhelds, Palmtops oder Mikrocontroller (*embedded systems*) im Vormarsch. Auch für sie gab es bisher spezielle Sprachen und Betriebssysteme. Unter .NET können sie mit denselben Sprachen und Bibliotheken programmiert werden wie PCs oder Webserver. Dadurch rückt die Softwareentwicklung für mobile und eingebettete Anwendungen näher zur konventionellen Programmierung.

Ein Bereich, der in der bisherigen Softwareentwicklung eine eher untergeordnete Rolle spielte, aber in Zukunft große Bedeutung erlangen wird, sind verteilte Systeme, die über das Internet zusammenarbeiten, um Aufgaben zu erfüllen, die lokal nicht zu lösen sind. Solche Systeme werden heute immer häufiger durch so genannte *Web-Services* implementiert, eine durch Nachrichtenaustausch realisierte Art von Diensten, die über XML und Protokolle wie HTTP zusammenarbeiten. Web-Services werden in .NET besonders gut unterstützt.

.NET stellt auch eine Reihe von Werkzeugen zur Verfügung, allen voran Visual Studio .NET, eine mehrsprachenfähige Softwareentwicklungsumgebung mit Debugger und GUI-Designer, die optimal auf .NET-Aufgaben wie das Erstellen von Web Forms oder Web-Services ausgerichtet ist.

Zu .NET im weiteren Sinne zählt Microsoft schließlich auch verschiedene Server, wie den *Windows Server 2003*, den Microsoft *SQL Server*™ [MSSQL] oder den Microsoft *BizTalk*™ *Server* [MSBiz].

Was ist nun also .NET? Es ist ein aufeinander abgestimmtes Ensemble aus Betriebssystemkomponenten, Bibliotheken, Werkzeugen, Web-Services und Servern, das schwer in einem einzigen Satz zu definieren ist. Alles zusammen hat zum Ziel, die Programmierung von Windows- und Web-Anwendungen bequemer und einheitlicher zu gestalten. Eines ist jedoch klar: Die Softwareentwicklung unter .NET unterscheidet sich deutlich von der bisherigen Windows- und Web-Programmierung. Sie wird einfacher, eleganter und sicherer. Allerdings muss man sich dafür auch mit neuen APIs und neuen Konzepten vertraut machen.

1.1 Das .NET-Framework

Das .NET-Framework bildet den Kern der .NET-Technologie (siehe Abb. 1.1). Es besteht aus einer Laufzeitumgebung und einer objektorientierten Klassenbibliothek, die alle Bereiche der Windows- und Web-Programmierung abdeckt. Dazu kommt noch die neue Programmiersprache C#, die auf .NET abgestimmt ist. In diesem Kapitel werden die einzelnen Teile des Frameworks kurz vorgestellt. Die übrigen Kapitel des Buches gehen dann darauf näher ein.

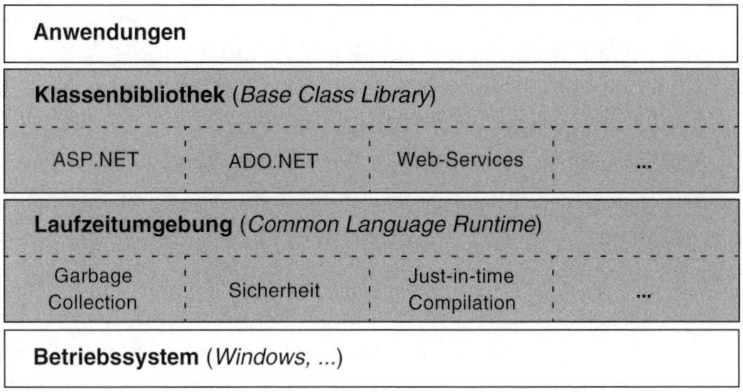

Abb. 1.1 *Grobarchitektur des .NET-Frameworks*

Common Language Runtime

Die *Common Language Runtime* (CLR) ist die Laufzeitumgebung, unter der .NET-Programme ausgeführt werden und die unter anderem Garbage Collection, Sicherheit und Interoperabilität unterstützt.

Ähnlich wie die Java-Umgebung basiert die CLR auf einer *virtuellen Maschine* mit einem eigenen Befehlssatz (CIL – *Common Intermediate Language*), in den die Programme aller .NET-Sprachen übersetzt werden. Unmittelbar vor der Ausführung (*just in time*) werden CIL-Programme dann in den Code der Zielmaschine (z.B. in Intel-Code) umgewandelt. Der CIL-Code garantiert die Interoperabilität zwischen den verschiedenen Sprachen und die Portabilität des Codes, die JIT-Compilation (*just in time compilation*) stellt sicher, dass die Programme trotzdem effizient ausgeführt werden.

Damit verschiedene Sprachen zusammenarbeiten können, genügt es aber nicht, sie in CIL-Code zu übersetzen. Es muss auch gewährleistet sein, dass sie die gleiche Art von Datentypen benutzen. Die CLR definiert daher auch ein gemeinsames Typsystem – das *Common Type System* (CTS), das beschreibt, wie Klassen, Interfaces und elementare Typen auszusehen haben. Das CTS erlaubt nicht nur, dass eine Klasse, die zum Beispiel in C# implementiert wurde, von einem Visual Basic .NET-Programm benutzt werden kann; es ist sogar möglich, diese C#-Klasse in Visual Basic .NET durch eine Unterklasse zu erweitern oder eine Ausnahme (*exception*), die in C# ausgelöst wurde, von einem Programm in einer anderen Sprache behandeln zu lassen.

Die *Common Language Specification* (CLS) ist jene minimale Teilmenge des CTS, die von allen Sprachen unterstützt werden muss, die von der Sprachinteroperabilität von .NET Gebrauch machen wollen. Zurzeit gibt es mehr als 20 solcher Sprachen, sowohl von kommerziellen Anbietern als auch von Universitäten. Neben den Microsoft-Sprachen C#, Visual Basic .NET und Managed C++ gehören unter anderem auch Fortran, Eiffel, Java, ML, Oberon, Pascal, Perl, Python und Smalltalk dazu. Managed C++ ist eine Variante von C++, die in *Managed Code* übersetzt wird, der unter der Kontrolle der CLR läuft.

Die CLR stellt Mechanismen zur Verfügung, die .NET-Programme sicherer und robuster machen. Dazu gehört zum Beispiel der *Garbage Collector*, der dafür zuständig ist, den Speicherplatz von Objekten freizugeben, sobald diese nicht mehr benutzt werden. In älteren Sprachen wie C oder C++ ist der Programmierer für die Freigabe von Objekten selbst verantwortlich. Dabei kann es vorkommen, dass er ein Objekt freigibt, das noch von anderen Objekten benutzt wird. Diese Objekte greifen dann »ins Leere« und zerstören fremde Speicherbereiche. Umgekehrt kann es vorkommen, dass ein Programmierer vergisst, Objekte freizugeben. Diese bleiben dann als Speicherleichen (*memory leaks*) zurück und verschwenden Platz. Solche Fehler sind schwer zu finden, können aber dank Garbage Collector unter .NET nicht vorkommen.

Wenn ein CIL-Programm geladen und in Maschinencode übersetzt wird, prüft die CLR mittels eines *Verifiers*, dass die Typregeln des CTS nicht verletzt werden. Es ist zum Beispiel verboten, eine Zahl als Adresse zu interpretieren und damit auf fremde Speicherbereiche zuzugreifen.

Die CLR stellt also eine gemeinsame Plattform für alle .NET-Programme dar, egal in welcher Sprache sie geschrieben sind und auf welcher Maschine sie laufen. Durch ein System wohl durchdachter Regeln wird sichergestellt, dass alle Programme dieselben Vorstellungen über das Aussehen von Typen haben und Mechanismen wie Methodenaufrufe, Ausnahmen und Threads auf die gleiche Art behandeln. Die CLR als Teil der .NET-Architektur wird in Kapitel 3 beschrieben.

Assemblies

.NET unterstützt komponentenorientierte Softwareentwicklung. Die Komponenten heißen *Assemblies* und sind die kleinsten Programmbausteine, die separat ausgeliefert werden können. Ein Assembly ist eine Sammlung von Klassen und anderen Ressourcen (z.B. Bildern) und wird entweder als ausführbare EXE-Datei oder als Bibliotheksbaustein in Form einer DLL-Datei (*dynamic link library*) gespeichert. In manchen Fällen kann ein Assembly auch aus mehreren Dateien bestehen.

Jedes Assembly enthält neben Code auch *Metadaten*, also die vollständige Schnittstellenbeschreibung seiner Klassen, Felder, Methoden und sonstigen Programmelemente. Zusätzlich enthält es ein *Manifest*, das man sich als Inhaltsverzeichnis vorstellen kann. Assemblies sind also selbstbeschreibend und können mittels *Reflection* vom Lader, Compiler und diversen Werkzeugen analysiert und benutzt werden.

Assemblies dienen auch der Versionierung, d.h., sie haben eine mehrstufige Versionsnummer, die für alle in ihnen enthaltenen Klassen gilt. Wenn eine Klasse übersetzt wird, werden in ihrem Objektcode die Versionsnummern der aus anderen Assemblies benutzten Klassen vermerkt. Der Lader lädt dann jene Assemblies, die der erwarteten Versionsnummer entsprechen. Unter .NET können also mehrere gleichnamige DLLs mit unterschiedlichen Versionsnummern nebeneinander existieren, ohne sich in die Quere zu kommen. Das bedeutet das Ende der »*DLL Hell*« unter Windows, bei der durch die Installation neuer Software alte DLLs durch gleichnamige neue überschrieben werden konnten und dadurch existierende Software plötzlich nicht mehr funktionierte.

Assemblies müssen auch nicht mehr in die Windows-Registry eingetragen werden. Man kopiert sie einfach ins Applikationsverzeichnis oder in den so genannten *Global Assembly Cache* und kann sie ebenso einfach wieder entfernen.

Assemblies sind gewissermaßen die Nachfolger von COM-Komponenten. Anders als unter COM (*Component Object Model*) braucht man Assemblies aber nicht mehr durch eine IDL (*Interface Definition Language*) beschreiben, da sie ja die vollständigen Metadaten enthalten, die der Compiler aus ihrem Quellcode gewonnen hat. Aufgrund des Common Type Systems wird sichergestellt, dass Software, die in unterschiedlichen Sprachen geschrieben wurde, die gleiche Art von Metadaten benutzt und somit binärkompatibel ist. Investitionen in die COM-Technologie sind aber nicht verloren. Es ist möglich, COM-Komponenten von .NET-Klassen aus zu verwenden und umgekehrt.

Die Sprache C#

Obwohl .NET-Programme in ganz verschiedenen Sprachen geschrieben werden können, hat Microsoft für .NET eine neue »Haussprache« entwickelt, die die Mächtigkeit des CTS voll ausnutzt. C# (sprich: *see sharp*) ist eine objektorientierte Sprache, die sich äußerlich stark an Java anlehnt, aber in ihrer Mächtigkeit darüber hinausgeht.

C# unterstützt einfache Codevererbung und mehrfache Schnittstellenvererbung über *Interfaces*. Sie erlaubt die Entwicklung von Komponenten im Sinne der komponentenorientierten Programmierung, indem sie *Properties*, *Events* und *Delegates* zur Verfügung stellt. Alle Typen bilden in C# (wie unter .NET üblich) ein einheitliches Typsystem, das es erlaubt, auch elementare Typen wie Zahlen und Zeichen als Objekte zu behandeln. Neben Referenztypen wie Klassen und Arrays gibt es auch Werttypen wie Structs und Enumerationen, die nicht auf dem Heap angelegt werden, sondern im normalen Variablenbereich. Dadurch wird der Garbage Collector entlastet und die Effizienz der Programme erhöht.

Numerische Anwendungen arbeiten häufig mit mehrdimensionalen Arrays. Im Gegensatz zu Java können solche Arrays in C# in einem zusammenhängenden Speicherbereich angelegt werden, was die Effizienz numerischer Anwendungen erhöht. Beim Iterieren über Objektsammlungen (*collections*), Arrays und Strings können Index-Operatoren (so genannte *Indexer*) verwendet werden. Eine neue Schleifenform – die *foreach*-Schleife – macht das Arbeiten mit solchen Objektsammlungen besonders einfach und lesbar.

C# ist eine der ersten Sprachen, die vom Programmierer mit Hilfe so genannter *Attribute* erweitert werden können. Attribute sind Metainformationen, die an fast alle Programmelemente (Klassen, Felder, Methoden, Parameter etc.) angehängt und von anderen Programmen zur Laufzeit mittels Reflection ausgewertet werden können. Damit lassen sich bedingte Compilation, Serialisierung von Objekten, COM-Interoperabilität und andere nützliche Mechanismen implementieren.

Reflection erlaubt es (wie in allen .NET-Sprachen), nicht nur auf Attribute zuzugreifen, sondern auch auf andere Metainformationen. So kann man zum Beispiel zur Laufzeit herausfinden, welche Methoden eine Klasse hat. Ein Aufruf einer dieser Methoden kann dann samt Parametern aus Laufzeitdaten zusammengestellt und ausgeführt werden. Das ermöglicht die bequeme Realisierung von Debuggern, Analysewerkzeugen und Testumgebungen.

Weitere Merkmale von C# sind die Fehlerbehandlung mittels Ausnahmen (*exceptions*), das Überladen von Operatoren und die Deklaration eigener Konversionsoperationen zwischen verschiedenen Typen.

Seit Version 2.0 bietet C# auch *generische Typen und Methoden*. Damit lassen sich zum Beispiel Listen oder Tabellen herstellen, bei denen der Typ ihrer Elemente als Parameter angegeben werden kann. Generische Bausteine erhöhen die Typsicherheit, Lesbarkeit und Effizienz von Programmen. Momentan arbeitet Microsoft an Version 3.0 von C#, in der vor allem SQL-artige Abfragen auf Hauptspeicherdaten eingeführt werden sollen.

Viele der Eigenschaften von C# finden sich auch in anderen Sprachen. C# ist also nicht revolutionär, aber eine gelungene Mischung aus den besten Eigenschaften moderner Programmiersprachen, eine an praktischen Bedürfnissen orientierte Auswahl moderner Konzepte des Software Engineering, an denen man als .NET-Entwickler kaum vorbeikommt. Deshalb ist der Sprache C# auch ein eigenes Kapitel dieses Buches gewidmet.

Die Base Class Library

Die *Base Class Library* (BCL) ist die Klassenbibliothek von .NET, die von allen .NET-Sprachen gleichermaßen benutzt werden kann und Funktionen für alle erdenklichen Zwecke zur Verfügung stellt. Sie ersetzt in den meisten Fällen die bisherigen Windows-APIs, die für ihre Komplexität und Unhandlichkeit berüchtigt waren. Es ist aber auch unter .NET noch möglich, klassische Windows-Funktionen aufzurufen. Die BCL ist in Namensräume gegliedert, die jeweils eine bestimmte Funktionalität abdecken. Zu den wichtigsten Namensräumen gehören die folgenden:

❑ System.Collections und System.Collections.Generic enthalten Klassen, mit denen man Sammlungen von Objekten verwalten kann. Dazu gehören Listen, Mengen, Bäume, dynamische und assoziative Arrays sowie Hashtabellen.

❑ System.IO enthält Klassen für die Ein-/Ausgabe. Hierzu zählen allgemeine Datenströme, Dateien, Verzeichnisse sowie Mechanismen zum Lesen und Schreiben von Daten in verschiedenen Formaten.

❑ System.Threading stellt Mechanismen für die parallele Programmierung zur Verfügung. Dazu gehören Threads und Thread-Pools sowie Synchronisationsmechanismen wie Monitore und Semaphore.

❑ System.Net ist jener Teil der Bibliothek, der sich mit der Netzwerkprogrammierung beschäftigt. Dazu gehören Sockets und Netzwerkströme, Protokolle wie HTTP samt den entsprechenden Request- und Response-Klassen sowie Cookies.

❑ System.Reflection erlaubt den Zugriff auf Metadaten, also auf Typinformationen von Programmen. Dazu gehören Klassen wie Assembly, Type, MemberInfo oder MethodInfo, mit denen man nicht nur Informationen über Programme abfragen, sondern auch dynamisch Daten manipulieren und Methoden aufrufen kann. Es ist sogar möglich, Programme zur Laufzeit zu erzeugen und auszuführen.

❑ System.Windows.Forms befasst sich mit grafischen Benutzeroberflächen. Hier sind Klassen für Fenster, Dialoge und GUI-Elemente enthalten. Dieser Namensraum gehört zu den umfangreichsten und komplexesten Teilen der BCL und ersetzt die bisher unter Windows üblichen *Microsoft Foundation Classes* (MFC). Visual Studio .NET ermöglicht es übrigens, grafische Benutzeroberflächen interaktiv mittels Drag-and-Drop zusammenzustellen und Methoden anzugeben, mit denen auf Benutzereingaben reagiert werden kann.

❑ System.Xml enthält Klassen zum Erzeugen und Lesen von Daten im XML-Format (*Extensible Markup Language* [XML]). XML spielt in Zusammenhang mit Web-Services eine wichtige Rolle.

Dieser Kern der BCL wird in Kapitel 4 behandelt. Weitere wichtige Namensräume sind System.Web, der für Webseitenprogrammierung unter ASP.NET benötigt wird, und System.Data, in dem man Klassen für Datenbankzugriffe unter ADO.NET findet. Beide werden in eigenen Kapiteln dieses Buches beschrieben.

ADO.NET

ADO.NET umfasst alle Teile der .NET-Bibliothek, die für den Zugriff auf Datenbanken und andere Datenquellen (z.B. XML-Dateien) zuständig sind. Es gab bereits eine Vorgängertechnologie namens ADO (*ActiveX Data Objects*), die jedoch mit ADO.NET kaum mehr als den Namen gemeinsam hat. ADO.NET ist
objektorientiert und somit strukturierter und einfacher zu benutzen.

ADO.NET unterstützt das relationale Datenmodell mit Transaktionen und
Sperrmechanismen. Dabei ist es unabhängig von verschiedenen Anbietern und
Datenbankarchitekturen. Implementierungen konkreter Datenbankanbindungen
an MS SQL Server, OLE DB (*Object Linking and Embedding Database*) und
ODBC (*Open Database Connectivity*), Oracle und andere werden durch gemein-
same Interfaces abstrahiert.

Der Zugriff auf Datenquellen kann entweder verbindungsorientiert oder verbindungslos erfolgen. Im ersten Fall wird eine ständige Verbindung zur Datenquelle aufrechterhalten. Der Datenzugriff erfolgt direkt über SQL-Kommandos,
und Änderungen sind unmittelbar in der Datenbank sichtbar. Im zweiten Fall
wird ein Schnappschuss eines Teils der Datenbank in Form eines DataSet-Objekts
in den Hauptspeicher geholt und dann dort weiterverarbeitet. Nachdem über
SQL die Daten in den Hauptspeicher geladen wurden, wird die Verbindung zur
Datenquelle getrennt. Änderungen erfolgen vorerst unabhängig von der Datenquelle und müssen später abgeglichen werden. Der verbindungslose Zugriff eignet sich besonders für verteilte, von der Datenquelle entkoppelte Szenarien, wie
sie bei heutigen verteilten Anwendungen mit einer Multi-Tier-Architektur typisch
sind. ADO.NET wird in Kapitel 5 dieses Buches beschrieben.

ASP.NET

ASP.NET ist jener Teil der .NET-Technologie, der die Programmierung dynamischer Webseiten abdeckt. Mit der Vorgängertechnologie ASP (*Active Server Pages*) hat auch ASP.NET nur den Namen gemein. Das Programmiermodell hat
sich grundlegend geändert.

Mit ASP.NET werden Webseiten am Server dynamisch aus aktuellen Daten
zusammengestellt und in Form von reinem HTML an Klienten geschickt, wo sie
von jedem Web-Browser angezeigt werden können. Im Gegensatz zu ASP wird in
ASP.NET ein objektorientiertes Programmiermodell verwendet. Sowohl die
Webseite als auch die in ihr vorkommenden GUI-Elemente sind Objekte, die man
über einen Namen ansprechen und auf deren Felder und Methoden man in Programmen zugreifen kann. All das geschieht in einer compilierten Sprache wie C#
oder Visual Basic .NET und nicht wie in ASP in einer interpretierten Sprache wie
JavaScript oder VBScript. Daher hat man auch Zugriff auf die gesamte Klassenbibliothek von .NET.

Die Verarbeitung von Benutzereingaben folgt einem ereignisgesteuerten Modell. Wenn der Benutzer ein Textfeld ausfüllt, einen Button anklickt oder einen Eintrag aus einer Liste wählt, wird ein Ereignis ausgelöst, das dann durch serverseitigen Code behandelt werden kann. Obwohl der Server – wie am Internet üblich – zustandslos ist, wird der Zustand einer Webseite zwischen den einzelnen Benutzeraktionen aufbewahrt, und zwar in der Seite selbst. Das stellt eine wesentliche Erleichterung gegenüber älteren Programmiermodellen dar, bei denen der Programmierer für die Zustandsverwaltung selbst verantwortlich war.

ASP.NET bietet eine reichhaltige Bibliothek von GUI-Elementen, die weit über das hinausgeht, was unter HTML verfügbar ist, obwohl alle GUI-Elemente letztendlich auf HTML abgebildet werden. Der Programmierer hat sogar die Möglichkeit, eigene GUI-Elemente zu implementieren und somit die Benutzeroberfläche von Webseiten seinen speziellen Bedürfnissen anzupassen. Besonders einfach ist die Darstellung von Datenbankabfrageergebnissen in Form von Listen und Tabellen, was von ASP.NET weitgehend automatisiert wird. Eine weitere Neuheit von ASP.NET sind Validatoren, mit denen Benutzereingaben auf ihre Gültigkeit überprüft werden können.

Auch die Authentifizierung von Benutzern beim Zugriff auf geschützte Webseiten wird auf unterschiedliche Weise unterstützt, von der Standardauthentifizierung unter Windows über Cookie-basierte Authentifizierung bis zum externen Passport-Authentifizierungsdienst von Microsoft.

Seit .NET 2.0 kann man mit Hilfe so genannter Master-Seiten ein einheitliches Layout für alle Webseiten einer Anwendung festlegen. Verschiedene Navigationshilfen unterstützen einen, sich auf diesen Webseiten zurechtzufinden. Ferner gibt es Klassen zur Personalisierung von Webseiten und zur Verwaltung von Benutzerrechten sowie zahlreiche neue GUI-Elemente, die das Arbeiten mit .NET 2.0 weiter vereinfachen.

Mit Visual Studio .NET kann man die Benutzeroberfläche von Webseiten interaktiv erstellen, wie man das bei Benutzeroberflächen von Desktop-Anwendungen gewohnt ist. GUI-Elemente können mit der Maus in einem Fenster positioniert werden. Über Menüs und Property-Fenster kann man Attribute setzen und Methoden spezifizieren, die als Reaktion auf Benutzereingaben aufgerufen werden sollen. All das verwischt die Unterschiede zwischen der Programmierung lokaler Desktop-Anwendungen und Internetanwendungen und erleichtert das Erstellen von Web-Shops und tagesaktuellen Informationsseiten (z.B. Börseninformationen). ASP.NET wird in Kapitel 6 dieses Buches eingehend behandelt.

Web-Services

Web Services werden von Microsoft als einer der Kernpunkte der .NET-Technologie bezeichnet, obwohl es sie auch außerhalb von .NET gibt. Es handelt sich um Prozedurfernaufrufe (*remote procedure calls*), die als Protokolle meist HTTP und SOAP (eine Anwendung von XML) benutzen.

Das Internet hat sich als äußerst leistungsfähig und geeignet erwiesen, um auf weltweit verstreute Informationen und Dienste zuzugreifen. Bisher erfolgte dieser Zugriff jedoch meist über Web-Browser wie den Internet Explorer oder den Netscape Navigator. Web-Services sollen nun eine neue Art des Zusammenspiels zwischen verteilten Applikationen ermöglichen, bei denen die Kommunikation ohne Web-Browser abläuft. Normale Desktop-Anwendungen können sich Informationen wie aktuelle Wechselkurse oder Buchungsdaten über ein oder mehrere Web-Services holen, die als Prozeduren auf anderen Rechnern laufen und über das Internet angesprochen werden.

Die Aufrufe und Parameter werden dabei in der Regel mittels SOAP [SOAP] codiert, einem auf XML basierenden Standard, der von den meisten großen Firmen unterstützt wird. Der Programmierer merkt jedoch von all dem nichts. Er ruft einen Web-Service wie eine normale Methode auf, und .NET sorgt dafür, dass der Aufruf nach SOAP umgewandelt, über das Internet verschickt und auf dem Zielrechner wieder decodiert wird. Am Zielrechner wird die gewünschte Methode aufgerufen, die ihre Ergebnisse wieder transparent über SOAP an den Rufer zurückschickt. Der Rufer und die gerufene Methode können dabei in ganz verschiedenen Sprachen geschrieben sein und auf unterschiedlichen Betriebssystemen laufen.

Damit .NET die SOAP-Codierung und Decodierung korrekt durchführen kann, werden Web-Services samt ihren Parametern mittels WSDL (*Web Services Description Language* [WSDL]) beschrieben. Auch das erledigt .NET automatisch.

Microsoft erwartet, dass es weltweit unzählige Web-Services geben wird, die nützliche Dienste anbieten. Um den richtigen Web-Service zu finden, wurde daher UDDI (*Universal Description, Discovery and Integration* [UDDI]) entwickelt, das man sich als Adressbuch vorstellen kann, welches einem hilft, den für einen bestimmten Zweck passenden Web-Service zu finden. UDDI übernimmt also die Funktion einer Suchmaschine für Web-Services. Web-Services werden in Kapitel 7 dieses Buches näher beschrieben.

1.2   Was bringt .NET?

Wir haben gesehen, dass .NET gegenüber der bisherigen Windows- und Web-Programmierung zahlreiche Neuerungen enthält. Was bringen sie aber konkret? Welchen Nutzen haben Programmierer und Anwender von .NET?

Robustheit und Sicherheit

Durch Typprüfung und Verifikation des CIL-Codes wird sichergestellt, dass Programme keine unerlaubten Operationen durchführen, also zum Beispiel nicht auf fremde Speicherbereiche zugreifen oder Zeiger manipulieren. Der Garbage Collector garantiert, dass keine Fehler bei der Speicherfreigabe auftreten können. All das beseitigt einen Großteil der Probleme, die Programmierer bisher an den Rand der Verzweiflung brachten.

Die Versionierung von Assemblies erlaubt die Koexistenz gleichnamiger DLLs mit unterschiedlichen Versionen und verhindert das ungewollte Überschreiben bestehender DLLs durch neue. Man spricht vom Ende der »*DLL Hell*«.

Systemadministratoren können unter .NET nicht nur Zugriffsrechte für einzelne Personengruppen definieren (*rollenbasierte Rechte*), sondern auch Rechte für bestimmte Codeteile (*codebasierte Rechte*), die geprüft werden, egal von welcher Person dieser Code ausgeführt wird. Assemblies können nach dem *Public-Key-Verfahren* signiert werden, damit man sicher sein kann, dass sie in der vorliegenden Form vom Hersteller stammen und nicht nachträglich manipuliert oder erweitert wurden. Das schränkt die Möglichkeiten von Viren deutlich ein.

Einfachere Installation und Deinstallation von Software

Software kann unter .NET installiert werden, indem man einfach ein Verzeichnis anlegt, in das man alle Programmdateien kopiert. DLLs müssen nicht mehr in einem globalen Systemverzeichnis stehen und auch nicht in die Windows-Registry eingetragen werden. Assemblies, die von mehreren Programmen benutzt werden, kann man im so genannten *Global Assembly Cache* speichern, in dem auch gleichnamige DLLs mit unterschiedlichen Versionsnummern stehen können.

Genauso leicht kann man Programme auch wieder deinstallieren, indem man einfach die Dateien von der Platte löscht. Es bleiben keine Registry-Einträge oder sonstigen Rückstände zurück.

Interoperabilität

Unter .NET müssen nicht alle Softwareteile in der gleichen Sprache geschrieben sein, sondern man kann für jeden Teil die am besten geeignete Sprache wählen, z.B. Managed C++ für systemnahe Teile, C# oder Visual Basic .NET für die Benutzeroberfläche und ML für Dinge, die sich in einer funktionalen Sprache am besten ausdrücken lassen.

Aufgrund der Common Language Runtime und ihres Common Type Systems können diese Programmteile nahtlos zusammenarbeiten. Es ist nicht nur der Aufruf von Methoden aus anderen Sprachen erlaubt, sondern es ist zum Beispiel auch möglich, in Visual Basic .NET ein Objekt einer Klasse zu erzeugen, die in Eiffel deklariert wurde, oder in einem C#-Programm eine Ausnahme zu behandeln, die in Managed C++ ausgelöst wurde.

Das vom Common Type System vorgegebene objektorientierte Programmiermodell fördert die Entwicklung von Software, die objektorientiert und somit modular, erweiterbar und einfacher zu warten ist.

Einheitlichere Software für Desktop und Web

Mit .NET ist auch für die Web-Programmierung das objektorientierte Programmiermodell eingeführt worden, das sich in der Desktop-Programmierung schon seit Jahren bewährt. Webseiten und ihre Inhalte sind Objekte mit Daten und Methoden, die man in serverseitigem Code benutzen kann. Kryptische Mischungen aus HTML und Skriptcode, wie man es von ASP gewohnt war, gehören der Vergangenheit an.

Auch der Zugriff auf Dienste, die auf anderen Rechnern laufen, wird mit Web-Services zum gewöhnlichen Methodenaufruf. Die Softwareentwicklung für Desktop- und Web-Applikationen, die in den vergangenen Jahren divergierte, wird durch .NET wieder enger zusammengeführt.

Standards

Obwohl die .NET-Technologie von Microsoft stammt, besteht ihr Kern aus mehreren offenen Standards. Der ECMA-Standard 335 [CLI] definiert zum Beispiel die *Common Language Infrastructure* (CLI), zu der die CLR und Teile der BCL gehören. Der ECMA-Standard 334 [C#Std] definiert die Sprache C#. SOAP basiert auf den W3C-Standards für HTML und XML und ist selbst als IETF-Standard (*Internet Engineering Task Force*) eingereicht [SOAP]. Auch WSDL soll ein W3C-Standard werden [WSDL]. UDDI schließlich ist ein De-facto-Standard, der von mehr als 200 Firmen unterstützt wird, unter anderem von Boeing, Cisco, Fujitsu, Hitachi, HP, IBM, Intel, Microsoft, Oracle, SAP und Sun [UDDI].

1.3   Unterschiede zu Java

.NET weist viele Ähnlichkeiten mit Java auf und wird daher auch oft mit der Java-Technologie verglichen. Tatsächlich basieren sowohl Java als auch .NET auf einer virtuellen Maschine, die die Laufzeitumgebung darstellt und in deren Code alle Programme übersetzt werden.

Während unter .NET jedoch CIL-Programme vor der Ausführung *immer* in Maschinencode übersetzt werden, werden Programme im Java-Bytecode anfänglich interpretiert. Erst wenn eine Methode eine gewisse Anzahl von Malen aufgerufen oder eine Schleife genügend oft ausgeführt wurde, wird die entsprechende Methode im Hintergrund in Maschinencode umgewandelt. Das hat den Vorteil, dass Java-Programme sofort im interpretierten Modus startbereit sind, während unter .NET erst der JIT-Compiler laufen muss und Programme daher beim ersten Aufruf mit einigen Zehntelsekunden Verzögerung beginnen. Dafür braucht man unter .NET keinen Interpreter und hatte auch mehr Freiheiten beim Entwurf des CIL-Codes, da er nicht auf Interpretation ausgelegt sein musste.

Die Sprachen Java und C# sind einander auf den ersten Blick sehr ähnlich. Es gibt sogar viele Pascal-Dialekte, die sich stärker voneinander unterscheiden als Java und C#. Bei genauerer Betrachtung ist C# jedoch mächtiger als Java, auch wenn viele Spracheigenschaften nur »syntactic sugar« sind und sich auch in Java auf die eine oder andere Art bewerkstelligen lassen. C# hat zum Beispiel ein einheitliches Typsystem, kennt Referenzparameter und hat viele nützliche Details wie Properties, Indexer, Delegates und Iteratoren. Dafür ist Java einfacher und strikter. Es kennt zum Beispiel keine Programmteile, die als »unsafe« gekennzeichnet sind und in denen manche Typregeln außer Kraft gesetzt werden. Auch bei Ausnahmen ist Java strenger und fordert, dass der Programmierer sie immer behandeln muss, was in C# nicht der Fall ist.

Die Klassenbibliothek von Java und .NET ist stellenweise sehr ähnlich, was sogar so weit geht, dass die Namen vieler Klassen und Methoden in beiden Systemen gleich sind.

An Stelle von ASP.NET tritt in Java eine Technologie namens JSP (*Java Server Pages*), die wiederum aus der älteren ASP-Technologie abgeleitet wurde. JSP-Seiten werden wie in .NET in Klassen (*Servlets*) übersetzt, die den für den Klienten bestimmten HTML-Strom erzeugen. Der Hauptunterschied zwischen JSP und ASP.NET liegt darin, dass unter .NET die HTML-Beschreibung einer Webseite und ihr Programmcode sauberer getrennt werden. Sie können in .NET in unterschiedlichen Dateien stehen, während in JSP der HTML-Code mit Java-Codestücken gemischt wird. Auch die Zustandsverwaltung einer Seite, der objektorientierte Zugriff auf GUI-Elemente und die ereignisgesteuerte Art, wie auf Benutzereingaben reagiert wird, ist unter ASP.NET ausgereifter.

Auch für Web-Services gibt es eine entsprechende Java-Technologie [JavaWS], die wie unter .NET auf SOAP und WSDL basiert. Unter .NET sind Web-Services jedoch stärker ins System integriert. Microsoft hat hier einen Entwicklungsvorsprung.

Der Hauptunterschied zwischen Java und .NET liegt in den verschiedenen Zielsetzungen dieser Systeme. Während Java das Ziel verfolgt, eine einzige Sprache auf vielen verschiedenen Rechnern und Betriebssystemen zu unterstützen, hat .NET das genau entgegengesetzte Ziel, nämlich viele verschiedene Sprachen auf einer einzigen Plattform zu unterstützen. Diese Plattform heißt momentan Windows, was aber nicht bedeutet, dass das immer so bleiben muss. Es gibt bereits

Implementierungen von .NET auf anderen Betriebssystemen (z.B. Linux, FreeBSD) und anderen Prozessoren (z.B. SPARC, PowerPC) [Mono]. Die beste Unterstützung wird .NET aber wahrscheinlich immer unter Windows haben.

1.4   Weiterführende Literatur

Dieses Buch gibt einen Überblick und eine Einführung in die .NET-Technologie. Es entstehen zurzeit viele Bücher, die sich mit einzelnen Aspekten von .NET (z.B. CLR, C#, ASP.NET, Web-Services) wesentlich ausführlicher beschäftigen, als es hier möglich ist. Einige dieser Bücher sind im Literaturverzeichnis aufgeführt.

Zu .NET gibt es aber auch zahlreiche Onlinequellen, von Einführungen über Tutorials bis zu detaillierten Spezifikationen. Neue Entwicklungen werden am Internet rascher aufgegriffen und beschrieben, als das in gedruckter Form möglich ist. Hier sind einige der wichtigsten .NET-Portale aufgelistet:

- ❏ *www.microsoft.com/net/*
  Dies ist die offizielle .NET-Seite von Microsoft mit allgemeinen Informationen zu .NET, Spezifikationen und Beispielprogrammen. Von dieser Seite kann auch die jeweils neueste Version des *.NET-Framework-SDK* geladen werden, das die CLR, die Klassenbibliothek, Compiler für C# und andere Sprachen, nicht jedoch Visual Studio .NET enthält.
- ❏ *msdn.microsoft.com/net/*
  Dies ist die .NET-Seite des Microsoft Developer Networks mit allerlei technischen Informationen zu Aspekten von .NET.
- ❏ *www.gotdotnet.com*
  Eine Fundgrube von Beispielen, Artikeln und anderen nützlichen Informationen rund um .NET.
- ❏ *www.devhood.com*
  Eine Seite mit vielen Beispielen, Tutorials und Trainingsmodulen zu .NET.
- ❏ *www.mono-project.com*
  Mono ist ein Open-Source-Projekt, in dem .NET auf Linux, Unix, Solaris und Mac OS X portiert wurde.
- ❏ *dotnet.jku.at*
  Die Webseite zu diesem Buch mit dem Quellcode aller Beispiele sowie Links, Werkzeugen und diversen .NET-Informationen.

Eine der nützlichsten Quellen für .NET ist die Onlinedokumentation [SDKDoc], die mit dem .NET-Framework-SDK ausgeliefert wird (siehe CD zu diesem Buch). Man findet dort einführende Texte, Tutorials, Beispiele und detaillierte Spezifikationen. Insbesondere die Referenzdokumentation zur .NET-Klassenbibliothek ist ein unverzichtbares Nachschlagewerk für alle .NET-Entwickler. Die Dokumentation ist gründlich und gut zu lesen. Mit diesem Buch als Leitfaden und der Onlinedokumentation des .NET-Framework-SDK ist es möglich, alle Aspekte des .NET-Frameworks bis ins Detail auszuloten.

2 Die Sprache C#

C# (sprich: *see sharp*) ist Microsofts neue Programmiersprache für die .NET-Plattform. Obwohl man .NET auch in anderen Sprachen programmieren kann (z.B. in Visual Basic .NET oder C++), ist C# die von Microsoft bevorzugte Sprache, die .NET am besten unterstützt und die von .NET am besten unterstützt wird.

C# ist keine revolutionär neue Sprache. Sie ist vielmehr eine Kombination aus Java, C++ und Visual Basic, wobei man versucht hat, von jeder Sprache bewährte Eigenschaften zu übernehmen und komplexe Eigenschaften zu vermeiden. C# wurde von einem relativ kleinen Team unter der Leitung von *Anders Hejlsberg* entworfen. Hejlsberg ist ein erfahrener Sprachdesigner. Er war bei Borland Chefentwickler von Delphi und ist dafür bekannt, seine Sprachen auf die Bedürfnisse von Praktikern zuzuschneiden.

In diesem Kapitel wird davon ausgegangen, dass der Leser bereits programmieren kann, am besten in Java oder C++. Während wir uns die Konzepte von C# ansehen, arbeiten wir auch die Unterschiede zu Java und C++ heraus.

2.1 Überblick

Ähnlichkeiten zu Java

Auf den ersten Blick sehen C#-Programme wie Java-Programme aus. Jeder Java-Programmierer sollte daher in der Lage sein, C#-Programme zu lesen. Neben der fast identischen Syntax wurden folgende Konzepte aus Java übernommen:

- ❏ *Objektorientierung*. C# ist wie Java eine objektorientierte Sprache mit einfacher Vererbung. Klassen können nur von einer einzigen Klasse erben, aber mehrere Schnittstellen (Interfaces) implementieren.
- ❏ *Typsicherheit*. C# ist eine typsichere Sprache. Viele Programmierfehler, die durch inkompatible Datentypen in Anweisungen und Ausdrücken entstehen, werden bereits vom Compiler abgefangen. Zeigerarithmetik oder

ungeprüfte Typumwandlungen wie in C++ gibt es nicht. Zur Laufzeit wird sichergestellt, dass Array-Indizes im erlaubten Bereich liegen, dass Objekte nicht durch uninitialisierte Zeiger referenziert werden und dass Typumwandlungen zu einem definierten Ergebnis führen.

❏ *Garbage Collection.* Dynamisch erzeugte Objekte werden vom Programmierer nie selbst freigegeben, sondern von einem Garbage Collector automatisch eingesammelt, sobald sie nicht mehr referenziert werden. Das beseitigt viele unangenehme Fehler, die z.B. in C++-Programmen auftreten können.

❏ *Namensräume.* Was in Java Pakete sind, nennt man in C# Namensräume. Ein Namensraum ist eine Sammlung von Deklarationen und ermöglicht es, gleichnamige Klassen, Variablen oder Methoden in unterschiedlichem Kontext zu verwenden.

❏ *Threads.* C# unterstützt leichtgewichtige parallele Prozesse in Form von Threads. Es gibt wie in Java Mechanismen zur Synchronisation und Kommunikation zwischen Prozessen.

❏ *Generizität.* Sowohl Java als auch C# kennen generische Typen und Methoden. Damit kann man Bausteine herstellen, die mit anderen Typen parametrisierbar sind (z.B. Listen mit beliebigem Elementtyp).

❏ *Reflection.* Wie in Java kann man auch in C# zur Laufzeit auf Typinformationen eines Programms zugreifen, Klassen dynamisch zu einem Programm hinzuladen, ja sogar Programme zur Laufzeit zusammenstellen und ausführen.

❏ *Attribute.* Der Programmierer kann beliebige Informationen an Klassen, Methoden oder Felder hängen und sie zur Laufzeit mittels Reflection abfragen. In Java heißt dieser Mechanismus *Annotationen.*

❏ *Bibliotheken.* Viele Typen der C#-Bibliothek sind denen der Java-Bibliothek nachempfunden. So gibt es vertraute Typen wie Object, String, Collection oder Stream, meist sogar mit den gleichen Methoden wie in Java.

Auch aus C++ wurden einige Dinge übernommen, zum Beispiel das Überladen von Operatoren, die Zeigerarithmetik in systemnahen Klassen (die als *unsafe* gekennzeichnet sein müssen) sowie einige syntaktische Details z.B. im Zusammenhang mit Vererbung. Aus Visual Basic stammt beispielsweise die foreach-Schleife.

Unterschiede zu Java

Neben diesen Ähnlichkeiten weist C# aber wie alle .NET-Sprachen auch einige Merkmale auf, die in Java fehlen:

❏ *Referenzparameter.* Parameter können nicht nur durch *call by value* übergeben werden, wie das in Java üblich ist, sondern auch durch *call by refe-*

rence. Dadurch sind nicht nur Eingangs-, sondern auch Ausgangs- und Übergangsparameter realisierbar.

❏ *Objekte am Keller.* Während in Java alle Objekte am Heap liegen, kann man in C# Objekte auch am Methodenaufrufkeller anlegen. Diese Objekte sind leichtgewichtig und belasten den Garbage Collector nicht.

❏ *Blockmatrizen.* Für numerische Anwendungen ist das Java-Speichermodell mehrdimensionaler Arrays zu ineffizient. C# lässt dem Programmierer die Wahl, mehrdimensionale Arrays entweder wie in Java anzulegen oder als kompakte Blockmatrizen, wie das in C, Fortran oder Pascal üblich ist.

❏ *Einheitliches Typsystem.* Im Gegensatz zu Java sind in C# alle Datentypen (also auch int oder char) vom Typ object abgeleitet und erben die dort deklarierten Methoden.

❏ *goto-Anweisung.* Die viel geschmähte goto-Anweisung wurde in C# wieder eingeführt, allerdings mit Einschränkungen, so dass man mit ihr kaum Missbrauch treiben kann.

❏ *Versionierung.* Klassen werden bei der Übersetzung mit einer Versionsnummer versehen. So kann eine Klasse gleichzeitig in verschiedenen Versionen vorhanden sein. Jede Applikation verwendet immer diejenige Version der Klasse, mit der sie übersetzt und getestet wurde.

Schließlich gibt es noch zahlreiche Eigenschaften von C#, die zwar die Mächtigkeit der Sprache nicht erhöhen, aber bequem zu benutzen sind. Sie fallen unter die Kategorie »*syntactic sugar*«, d.h., man kann mit ihnen Dinge tun, die man auch in anderen Sprachen realisieren könnte, nur dass es in C# eben einfacher und eleganter geht. Dazu gehören:

❏ *Properties* und *Events.* Diese Eigenschaften dienen der Komponententechnologie. Properties sind spezielle Felder eines Objekts. Greift man auf sie zu, werden automatisch get- und set-Methoden aufgerufen. Mit Events kann man Ereignisse definieren, die von Komponenten ausgelöst und von anderen behandelt werden.

❏ *Indexer.* Ein Index-Operator wie bei Array-Zugriffen kann durch get- und set-Methoden selbst definiert werden.

❏ *Delegates.* Delegates sind im Wesentlichen das, was man in Pascal *Prozedurvariablen* und in C *Function Pointers* nennt. Sie sind allerdings etwas mächtiger. Zum Beispiel kann man mehrere Prozeduren in einer einzigen Delegate-Variablen speichern.

❏ *foreach-Schleife.* Damit kann man bequem über Arrays, Listen oder Mengen iterieren.

❏ *Iteratoren.* Man kann Klassen mit speziellen Iterator-Methoden ausstatten, die eine Folge von Werten liefern, welche man dann mit einer foreach-Schleife durchlaufen kann.

Hello World

Nun wird es aber Zeit für ein erstes Beispiel. Das bekannte Hello-World-Programm sieht in C# folgendermaßen aus:

```
using System;

class Hello {

    public static void Main() {
        Console.WriteLine("Hello World");
    }


}
```

Es besteht aus einer Klasse Hello und einer Methode Main (Achtung: Groß- und Kleinschreibung ist in C# signifikant). Jedes Programm hat genau eine Main-Methode, die aufgerufen wird, wenn man es startet. Die Ausgabeanweisung heißt Console.WriteLine("..."), wobei WriteLine eine Methode der Klasse Console ist, die aus dem Namensraum System stammt. Um Console bekannt zu machen, muss man System in der ersten Zeile mittels using importieren. C#-Programme werden in Dateien mit der Endung .cs gespeichert.

Die einfachste Arbeitsumgebung für .NET ist das *Software Development Kit* (SDK) von Microsoft. Es ist kommandozeilenorientiert und bietet neben einem Compiler (csc) noch einige andere Werkzeuge (z.B. al, ildasm), die in Kapitel 8 beschrieben werden. Wenn wir unser Hello-World-Programm in eine Datei Hello.cs abspeichern, können wir es durch Eingabe von

```
csc Hello.cs
```

im Konsolenfenster übersetzen und mittels

```
Hello
```

aufrufen. Die Ausgabe erscheint wieder im Konsolenfenster.

Der Dateiname (z.B. Hello.cs) muss übrigens unter .NET nicht mit dem Klassennamen (z.B. Hello) übereinstimmen, obwohl es aus Lesbarkeitsgründen empfehlenswert ist. Eine Datei kann auch mehrere Klassen enthalten. In diesem Fall sollte sie nach der Hauptklasse benannt sein.

Gliederung von Programmen

Der Quelltext eines C#-Programms kann auf mehrere Dateien verteilt sein. Jede Datei kann aus einem oder mehreren Namensräumen bestehen, von denen jeder eine oder mehrere Klassen oder andere Typen enthalten kann. Abb. 2.1 zeigt diese Struktur.

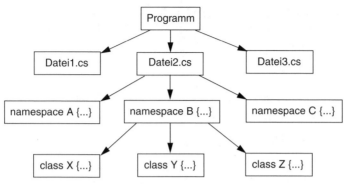

Abb. 2.1 *Gliederung von Programmen*

Unser Hello-World-Programm besteht nur aus einer einzigen Datei und einer einzigen Klasse. Namensraum wurde keiner angegeben, was bedeutet, dass die Klasse Hello zu einem namenlosen Standardnamensraum gehört, den .NET für uns bereithält. Namensräume werden in Abschnitt 2.5 und 2.13 behandelt, Klassen in Abschnitt 2.8.

Programme aus mehreren Dateien

Wenn ein Programm aus mehreren Dateien besteht, können wir diese entweder gemeinsam oder getrennt übersetzen. Im ersten Fall entsteht eine einzige ausführbare Datei, im zweiten Fall eine ausführbare Datei und eine DLL (*dynamic link library*).

Nehmen wir an, eine Klasse Counter in der Datei Counter.cs wird von einer Klasse Prog in der Datei Prog.cs benutzt:

```
public class Counter {        // Datei Counter.cs
    int val = 0;
    public void Add(int x) { val = val + x; }
    public int Val() { return val; }
}
```

```
using System;                 // Datei Prog.cs
public class Prog {
    public static void Main() {
        Counter c = new Counter();
        c.Add(3); c.Add(5);
        Console.WriteLine("val = " + c.Val());
    }
}
```

Wir können diese beiden Dateien nun gemeinsam übersetzen:

```
csc Prog.cs Counter.cs
```

wodurch eine ausführbare Datei Prog.exe entsteht, die beide Klassen enthält. Alternativ dazu könnten wir aus Counter aber auch eine Bibliothek (DLL) machen, indem wir schreiben:

```
csc /target:library Counter.cs
```

Der Compiler erzeugt auf diese Weise eine Datei Counter.dll, die wir dann bei der Übersetzung von Prog.cs folgendermaßen angeben müssen:

```
csc /reference:Counter.dll Prog.cs
```

Aus dieser Übersetzung entsteht zwar auch eine Datei Prog.exe; sie enthält aber nur die Klasse Prog. Die Klasse Counter steht nach wie vor in der Datei Counter.dll und wird beim Aufruf von Prog dynamisch dazugeladen. Die verschiedenen Formen des Compileraufrufs werden in Abschnitt 8.2 genauer beschrieben.

2.2   Symbole

C#-Programme bestehen aus Namen, Schlüsselwörtern, Zahlen, Zeichen, Zeichenketten, Operatoren und Kommentaren.

Namen. Ein Name besteht aus Buchstaben, Ziffern und dem Zeichen "_". Das erste Zeichen muss ein Buchstabe oder ein "_" sein. Groß-und Kleinbuchstaben haben unterschiedliche Bedeutung (d.h. red ist ungleich Red). Da C# den Unicode-Zeichensatz benutzt [UniC], können Namen auch griechische, arabische oder chinesische Zeichen enthalten. Man muss sie allerdings auf unseren Tastaturen als Nummerncodes eingeben. Der Code \u03C0 bedeutet z.B. π, der Name b\u0061ck den Namen back.

Schlüsselwörter. C# kennt 77 Schlüsselwörter, Java nur 50. Das deutet schon darauf hin, dass C# komplexer ist als Java. Schlüsselwörter sind reserviert, d.h., sie dürfen nicht als Namen verwendet werden.

abstract	as	base	bool	break	byte
case	catch	char	checked	class	const
continue	decimal	default	delegate	do	double
else	enum	event	explicit	extern	false
finally	fixed	float	for	foreach	goto
if	implicit	in	int	interface	internal
is	lock	long	namespace	new	null
object	operator	out	override	params	private
protected	public	readonly	ref	return	sbyte
sealed	short	sizeof	stackalloc	static	string
struct	switch	this	throw	true	try
typeof	uint	ulong	unchecked	unsafe	ushort
using	virtual	void	volatile	while	

Namenskonventionen. Bei der Namenswahl und bei der Groß-/Kleinschreibung sollte man sich an die Regeln halten, die auch in der Klassenbibliothek von C# benutzt werden:

❑ Namen beginnen mit großen Anfangsbuchstaben (z.B. Length, WriteLine), außer bei lokalen Variablen und Parametern (z.B. i, len) oder bei Feldern einer Klasse, die von außen nicht sichtbar sind.

❑ In zusammengesetzten Wörtern beginnt jedes Wort mit einem Großbuchstaben (z.B. WriteLine). Die Trennung von Wörtern durch "_" wird in C# selten verwendet.

❑ Methoden ohne Rückgabewert sollten mit einem Verb beginnen (z.B. DrawLine). Alles andere sollte in der Regel mit einem Substantiv beginnen (z.B. Size, IndexOf, Collection). Felder oder Methoden mit booleschem Typ können auch mit einem Adjektiv beginnen, wenn sie eine Eigenschaft ausdrücken (z.B. Empty).

❑ Da Schlüsselwörter und Namen aus der .NET-Bibliothek englisch sind, sollte man auch seine eigenen Programmobjekte englisch benennen.

Zeichen und Zeichenketten. Zeichenkonstanten werden zwischen einfache Hochkommas eingeschlossen (z.B. 'x'), Zeichenkettenkonstanten zwischen doppelte Hochkommas (z.B. "John"). In beiden dürfen beliebige Zeichen vorkommen, außer das schließende Hochkomma, ein Zeilenende oder das Zeichen \, das als *Escape-Zeichen* verwendet wird. Folgende Escape-Sequenzen dienen zur Darstellung von Sonderzeichen in Zeichen- und Zeichenkettenkonstanten:

```
\'      '
\"      "
\\      \
\0      0x0000 (das Zeichen mit dem Wert 0)
\a      0x0007 (alert)
\b      0x0008 (backspace)
\f      0x000c (form feed)
\n      0x000a (new line)
\r      0x000d (carriage return)
\t      0x0009 (horizontal tab)
\v      0x000b (vertical tab)
```

Um zum Beispiel den Text

```
file "C:\sample.txt"
```

als Zeichenkette darzustellen, muss man schreiben:

```
"file \"C:\\sample.txt\""
```

Daneben können wie in Namen auch Unicode-Konstanten (z.B. \u0061) verwendet werden.

Wenn vor einer Zeichenkette das Zeichen @ steht, dürfen darin Zeilenumbrüche vorkommen, \ wird nicht als Escape-Zeichen interpretiert und das Hochkomma muss verdoppelt werden. Das obige Beispiel könnte man also auch so schreiben:

```
@"file ""C:\sample.txt"""
```

Ganze Zahlen. Ganze Zahlen können in Dezimalschreibweise (z.B. 123) oder in Hexadezimalschreibweise (z.B. 0x007b) vorkommen. Der Typ der Zahl ist der kleinste Typ aus int, uint, long oder ulong, zu dem der Zahlenwert passt. Durch Anhängen der Endung u oder U (z.B. 123u) erzwingt man den kleinsten passenden vorzeichenlosen Typ (uint oder ulong), durch Anhängen von l oder L (z.B. 0x007bl) den kleinsten passenden Typ aus der Menge long und ulong.

Gleitkommazahlen. Gleitkommazahlen bestehen aus einem ganzzahligen Teil, einem Kommateil und einem Exponenten (3.14E0 bedeutet z.B. $3.14 * 10^0$). Jeder dieser Teile kann fehlen, aber zumindest einer davon muss vorkommen. Die Zahlen 3.14, 314E-2 und .314E1 sind also gültige Schreibweisen desselben Werts. Der Typ einer Gleitkommakonstante ist double, durch die Endung f oder F (z.B. 1f) erzwingt man den Typ float, durch m oder M (z.B. 12.3m) den Typ decimal.

Kommentare. Es gibt zwei Arten von Kommentaren: *Zeilenendekommentare* beginnen mit // und erstrecken sich bis zum Zeilenende, z.B.:

```
// ein Kommentar
```

Klammerkommentare beginnen mit /* und enden mit */. Sie können sich auch über mehrere Zeilen erstrecken, dürfen aber nicht geschachtelt werden, z.B.:

```
/* ein Kommentar,
der zwei Zeilen einnimmt */
```

Zeilenendekommentare werden für kurze Erläuterungen verwendet, Klammerkommentare meist zum Auskommentieren von Code.

2.3   Typen

Die Datentypen von C# bilden eine Hierarchie, wie das in Abb. 2.2 gezeigt wird. Grundsätzlich gibt es Werttypen und Referenztypen. *Werttypen* sind einfache Typen wie char, int oder float, Enumerationen und Structs. Variablen dieser Typen enthalten direkt einen Wert (z.B. 'x', 123 oder 3.14). *Referenztypen* sind Klassen, Interfaces, Arrays und Delegates. Variablen dieser Typen enthalten eine Referenz auf ein Objekt, das in einem dynamisch wachsenden Speicherbereich (dem *Heap*) angelegt wird.

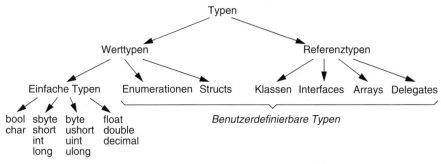

Abb. 2.2 Typenhierarchie

C# besitzt ein einheitliches Typsystem, d.h., alle Typen, ob Werttypen oder Referenztypen, sind mit dem Typ object kompatibel: Variablen dieser Typen können object-Variablen zugewiesen werden und verstehen object-Operationen. Tabelle 2.1 veranschaulicht den Unterschied zwischen Wert- und Referenztypen.

Tabelle 2.1 Werttypen und Referenztypen

	Werttypen	Referenztypen
Variable enthält	einen Wert	eine Referenz auf ein Objekt
Variable wird gespeichert	am Methodenkeller oder im enthaltenden Objekt	am Heap
Zuweisung	kopiert den Wert	kopiert die Referenz

Beispiel	int i = 17;
	int j = i;
	
	i 17
	j 17
		string s = "Hello";
		string s1 = s;
		
		s
		s1 Hello

Der in Tabelle 2.1 verwendete Typ string ist eine vordefinierte Klasse und somit ein Referenztyp. Eigentlich ist string ein Schlüsselwort, das vom Compiler auf die Klasse System.String abgebildet wird (d.h. die Klasse String aus dem Namensraum System). Auch object wird auf die Klasse System.Object abgebildet.

2.3.1 Einfache Typen

Wie jede Sprache kennt C# einige vordefinierte Typen für Zahlen, Zeichen und boolesche Werte. Bei den Zahlen wird zwischen ganzzahligen Typen und Gleitkommatypen unterschieden und innerhalb dieser wieder nach Größe und Genauigkeit. Tabelle 2.2 zeigt eine Aufstellung aller einfachen Typen.

Tabelle 2.2 *Einfache Typen*

	Wertebereich	abgebildet auf
sbyte	-128 .. 127	System.SByte
short	-32768 .. 32767	System.Int16
int	-2147483648 .. 2147483647	System.Int32
long	-2^{63} .. 2^{63}-1	System.Int64
byte	0 .. 255	System.Byte
ushort	0 .. 65535	System.UInt16
uint	0 .. 4294967295	System.UInt32
ulong	0 .. 2^{64}-1	System.UInt64
float	±1.4E-45 .. ±3.4E38 (32 Bit, IEEE 754)	System.Single
double	±5E-324 .. ±1.7E308 (64 Bit, IEEE 754)	System.Double
decimal	±1E-28 .. ±7.9E28 (128 Bit)	System.Decimal
bool	true, false	System.Boolean
char	Unicode-Zeichen	System.Char

Die vorzeichenlosen Typen byte, ushort, uint und ulong dienen vor allem der Systemprogrammierung und der Kompatibilität zu anderen Sprachen. Der Typ decimal erlaubt die exakte Darstellung großer Dezimalzahlen mit großer Genauigkeit und wird vor allem in der Finanzmathematik verwendet.

Alle einfachen Typen werden vom Compiler auf Struct-Typen des Namensraums System abgebildet. Der Typ int entspricht z.B. dem Struct System.Int32. Alle dort definierten Operationen (einschließlich der von System.Object geerbten) sind somit auf int anwendbar.

Zwischen den meisten einfachen Typen besteht eine Kompatibilitätsbeziehung, die in Abb. 2.3 dargestellt ist. Ein Pfeil zwischen char und ushort bedeutet dabei, dass char-Werte einer ushort-Variablen zugewiesen werden dürfen (ushort schließt alle char-Werte ein). Die Beziehung ist transitiv, d.h., char-Werte dürfen auch int- oder float-Variablen zugewiesen werden. Eine Zuweisung an decimal ist allerdings nur nach einer expliziten Typumwandlung erlaubt (z.B. decimal d = (decimal) 3;). Bei der Zuweisung von long oder ulong an float kommt es zu einem Genauigkeitsverlust, falls die Bits der Mantisse nicht ausreichen, um das Ergebnis darzustellen.

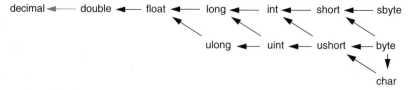

Abb. 2.3 *Kompatibilitätsbeziehung zwischen einfachen Typen*

2.3.2 Enumerationen

Enumerationen sind Aufzählungstypen aus benannten Konstanten. Ihre erlaubten Werte werden bei der Deklaration angegeben, z.B.:

```
enum Color {red, blue, green}
```

Variablen vom Typ Color können also die Werte red, blue oder green annehmen, wobei der Compiler diese Werte auf die Zahlen 0, 1 und 2 abbildet. Enumerationen sind aber keine Zahlentypen; man kann sie keiner Zahlenvariablen zuweisen und umgekehrt darf man keinen Zahlenwert einer Color-Variablen zuweisen. Auf Wunsch kann der Wert der Enumerationskonstanten bei der Deklaration spezifiziert werden, also

```
enum Color {red=1, blue=2, green=4}
enum Direction {left=0, right, up=4, down}  // left=0, right=1, up=4, down=5
```

Enumerationswerte sind in der Regel 4 Byte groß. Man kann allerdings auch eine andere Typgröße wählen, indem man hinter den Typnamen den gewünschten (numerischen) Basistyp schreibt, z.B.:

```
enum Access : byte {personal=1, group=2, all=4}
```

Variablen vom Typ Access sind also 1 Byte groß. Enumerationen können zum Beispiel wie folgt verwendet werden:

```
Color c = Color.blue;
Access a = Access.personal | Access.group;
if ((a & Access.personal) != 0) Console.WriteLine("access granted");
```

Bei der Verwendung müssen Enumerationskonstanten mit ihrem Typnamen qualifiziert werden. Wenn man wie beim Typ Access die Werte als Zweierpotenzen wählt, kann man durch logische Operationen (&, |, ~) Bitmengen bilden. In einer Enumerationsvariablen kann somit eine Menge von Werten stehen. Dass dabei Werte entstehen, die keiner erlaubten Enumerationskonstanten entsprechen, stört den Compiler nicht (Access.personal | Access.group ergibt z.B. den Wert 3). Mit Enumerationen sind folgende Operationen erlaubt:

```
==, !=, <, <=, >, >=    if (c == Color.red) ...
                        if (c > Color.red && c <= Color.green) ...
+, -                    c = c + 2;
++, --                  c++;
&                       if ((a & Access.personal) != 0) ...
|                       a = a | Access.group;
~                       a = ~ Access.all;  // Einerkomplement
```

Wie bei logischen Operationen kann auch bei arithmetischen Operationen ein Wert entstehen, der keiner Enumerationskonstanten entspricht. Der Compiler akzeptiert das.

Enumerationen erben alle Operationen von object, wie zum Beispiel Equals oder ToString (siehe Abschnitt 2.3.7). Es gibt auch eine Klasse System.Enum, die spezielle Operationen auf Enumerationen bereitstellt.

2.3.3 Arrays

Arrays sind ein- oder mehrdimensionale Vektoren von Elementen. Die Elemente werden durch einen Index angesprochen, wobei die Indizierung bei 0 beginnt.

Eindimensionale Arrays. Eindimensionale Arrays werden durch ihren Elementtyp und eine leere Indexklammer deklariert:

```
int[] a;                                    // deklariert eine Array-Variable a
int[] b = new int[3];                       // Initialisierung mit einem leeren Array
int[] c = new int[] {3, 4, 5};              // Initialisierung mit den Werten 3, 4, 5
int[] d = {3, 4, 5};                        // Initialisierung mit den Werten 3, 4, 5
SomeClass[] e = new SomeClass[10];          // Array von Referenzen
SomeStruct[] f = new SomeStruct[10];        // Array von Werten (direkt im Array)
```

Durch die Deklaration eines Arrays wird noch kein Speicherplatz angelegt, weshalb man auch noch keine Array-Länge angibt. Der new-Operator erzeugt ein Array eines gewünschten Elementtyps und einer gewünschten Länge (new int[3] erzeugt z.B. ein Array aus drei int-Elementen). Die Werte werden dabei mit 0 (bzw. '\0', false, null) initialisiert, außer es wird eine andere Initialisierung in geschweiften Klammern angegeben. Bei der Deklaration eines Arrays kann die Initialisierung auch direkt (d.h. ohne new-Operator) angegeben werden, wobei der Compiler dann ein Array der passenden Größe erzeugt.

Beachten Sie bitte, dass in einem Array aus Klassen *Referenzen* stehen, während ein Array aus Structs direkt die *Werte* der Structs als Elemente enthält.

Mehrdimensionale Arrays. Bei mehrdimensionalen Arrays unterscheidet C# zwischen ausgefransten (*jagged*) und rechteckigen Arrays. Ausgefranste Arrays enthalten als Elemente wieder Referenzen auf andere Arrays, während die Elemente bei rechteckigen Arrays hintereinander im Speicher liegen (siehe Abb. 2.4). Rechteckige Arrays sind nicht nur kompakter, sondern erlauben auch eine effizientere Indizierung. Hier sind einige Beispiele mehrdimensionaler Arrays:

```
// ausgefranste Arrays (werden mit [][] deklariert)
int[][] a = new int[2][];                   // 2 Zeilen, deren Spaltenanzahl noch undefiniert ist
a[0] = {1, 2, 3};                           // Zeile 0 hat 3 Spalten
a[1] = {4, 5, 6, 7, 8};                     // Zeile 1 hat 5 Spalten

// rechteckige Arrays (werden mit [,] deklariert)
int[,] a = new int[2, 3];                   // 2 Zeilen zu 3 Spalten
int[,] b = {{1, 2, 3}, {4, 5, 6}};          // Initialisierung der 2 Zeilen und 3 Spalten
int[,,] c = new int[2, 4, 2];               // 2 Blöcke zu 4 Zeilen zu 2 Spalten
```

In ausgefransten Arrays können die Zeilen also unterschiedlich lang sein. Dafür darf man bei ihrer Erzeugung nur die Länge der ersten Dimension angeben und nicht die Länge aller Dimensionen, wie das bei rechteckigen Arrays möglich ist. Abb. 2.4 zeigt den Unterschied zwischen den beiden Array-Arten grafisch.

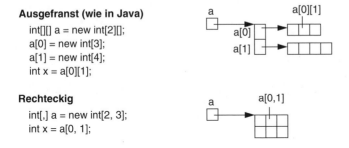

Abb. 2.4 *Ausgefranste und rechteckige mehrdimensionale Arrays*

Array-Operationen. Wie man aus Abb. 2.4 sieht, enthalten Array-Variablen in C# Referenzen. Eine Array-Zuweisung ist also eine *Zeigerzuweisung*. Das Array selbst wird dabei nicht kopiert. Neben der Indizierung, die in C# immer bei 0 beginnt, kann man mit Length die Array-Länge abfragen.

```
int[] a = new int[3];
int[][] b = new int[2][];
b[0] = new int[4];
b[1] = new int[4];
Console.WriteLine(a.Length);        // 3
Console.WriteLine(b.Length);        // 2
Console.WriteLine(b[0].Length);     // 4
```

Bei rechteckigen Arrays liefert Length die Gesamtanzahl der Elemente. Um die Anzahl der Elemente einer bestimmten Dimension zu bekommen, muss man die GetLength-Methode verwenden.

```
int[,] a = new int[3, 4];
Console.WriteLine(a.Length);          // 12
Console.WriteLine(a.GetLength(0));    // 3
Console.WriteLine(a.GetLength(1));    // 4
```

Die Klasse System.Array enthält noch einige nützliche Operationen wie das Kopieren, Sortieren und Suchen in Arrays.

```
int[] a = new int[2];
int[] b = {7, 2, 4};
Array.Copy(b, a, 2);      // kopiert b[0..1] nach a
Array.Sort(b);            // sortiert b aufsteigend
```

Arrays variabler Länge. Gewöhnliche Arrays haben eine feste Länge. Es gibt allerdings eine Klasse System.Collections.ArrayList, die Arrays *variabler* Länge anbietet (siehe Abschnitt 4.1.5). Die Operation Add kann dazu benutzt werden, Elemente beliebigen Typs an das Array anzufügen. Die Elemente können dann durch Indizierung angesprochen werden:

```
using System;
using System.Collections;

class Test {
    static void Main() {
        ArrayList a = new ArrayList();         // erzeugt ein leeres Array variabler Länge
        a.Add("Anton");                        // fügt "Anton" an das Array-Ende an
        a.Add("Berta");
        a.Add("Caesar");
        for (int i = 0; i < a.Count; i++)      // a.Count liefert die Anzahl der Elemente
            Console.WriteLine(a[i]);           // Ausgabe: "Anton", "Berta", "Caesar"
    }
}
```

Assoziative Arrays. Die Klasse System.Collections.Hashtable erlaubt es, Arrays nicht nur mit Zahlen, sondern z.B. auch mit Zeichenketten zu indizieren:

```
using System;
using System.Collections;

class Test {
    static void Main() {
        Hashtable phone = new Hashtable();      // erzeugt leeres assoziatives Array
        phone["Mueller"] = 4362671;
        phone["Maier"] = 2564439;
        phone["Huber"] = 6451162;
        foreach (DictionaryEntry x in phone) {  // foreach: siehe Abschnitt 2.6.9
            Console.Write(x.Key + " = ");        // Schluessel, z.B. "Mueller"
            Console.WriteLine(x.Value);          // Wert, z.B. 4362671
        }
    }
}
```

2.3.4 Strings

Zeichenketten (Strings) kommen so häufig vor, dass es für sie in C# einen eigenen Typ string gibt, der vom Compiler auf die Klasse System.String abgebildet wird. Einer Stringvariablen kann man Stringkonstanten oder andere Stringvariablen zuweisen:

```
string s = "Hello";
string s2 = s;
```

Strings können wie Arrays indiziert werden (z.B. s[i]), sind aber keine Arrays. Insbesondere können sie nicht verändert werden. Wenn man veränderbare Strings braucht, sollte man die Klasse System.Text.StringBuilder benutzen:

```
using System;
using System.Text;

class Test {
    static void Main(string[] arg) {
        StringBuilder buffer = new StringBuilder();
        buffer.Append(arg[0]);
        buffer.Insert(0, "myfiles\\");
        buffer.Replace(".cs", ".exe");
        Console.WriteLine(buffer.ToString());
    }
}
```

Dieses Beispiel zeigt auch, dass man die Methode Main mit einem String-Array als Parameter deklarieren kann, in dem eventuelle Kommandozeilenparameter übergeben werden. Wenn man das obige Programm mit

```
Test sample.cs
```

aufruft, erhält man als Ausgabe myfiles\sample.exe.

Strings sind Referenztypen, d.h., eine Stringvariable enthält eine Referenz auf ein Stringobjekt. Daher sind Stringzuweisungen *Zeigerzuweisungen*; der Wert des Strings wird dabei nicht kopiert. Die Operationen == und != sind allerdings im Gegensatz zu Java *Wertvergleiche*. Der Vergleich

```
(s + " World") == "Hello World"
```

liefert also true. Die Operationen <, <=, > und >= sind auf Strings nicht erlaubt; man muss dazu die Methode CompareTo verwenden (siehe Tabelle 2.3). Strings können mit + verkettet werden (z.B. s + " World" ergibt "Hello World"), wobei ein neues Stringobjekt entsteht (d.h. s wird nicht verändert). Die Länge eines Strings kann wie bei Arrays mit s.Length abgefragt werden. Die Klasse System.String bietet viele nützliche Operationen (siehe Tabelle 2.3):

Tabelle 2.3 *Stringoperationen (Auszug)*

s.CompareTo(s1)	liefert -1, 0 oder 1, je nachdem ob s < s1, s == s1 oder s > s1
s.IndexOf(s1)	liefert den Index des ersten Vorkommens von s1 in s
s.LastIndexOf(s1)	liefert den Index des letzten Vorkommens von s1 in s
s.Substring(from, length)	liefert den Teilstring s[from .. from + length - 1]
s.StartsWith(s1)	liefert true, wenn s mit s1 beginnt
s.EndsWith(s1)	liefert true, wenn s mit s1 endet
s.ToUpper()	liefert eine Kopie von s in Großbuchstaben
s.ToLower()	liefert eine Kopie von s in Kleinbuchstaben
String.Copy(s)	liefert eine Kopie von s

2.3.5 Structs

Structs sind benutzerdefinierte Typen bestehend aus Daten und eventuellen Methoden (Zugriffsoperationen). Sie werden wie folgt deklariert:

```
struct Point {
    public int x, y;                                        // Felder
    public Point(int a, int b) { x = a; y = b; }            // Konstruktor
    public void MoveTo(int x, int y) { this.x = x; this.y = y; }    // Methoden
}
```

Structs sind *Werttypen*. Variablen des Typs Point enthalten daher direkt die Werte der Felder x und y. Eine Zuweisung zwischen Structs ist eine Wertzuweisung und keine Zeigerzuweisung.

```
Point p;                // p ist noch uninitialisiert
p.x = 1; p.y = 2;       // Feldzugriff
Point q = p;            // alle Felder werden zugewiesen (q.x == 1, q.y == 2)
```

Structs können mit Hilfe eines *Konstruktors* initialisiert werden. Die Deklaration

```
Point p = new Point(3, 4);
```

erzeugt ein neues Struct-Objekt am Methodenkeller und ruft den Konstruktor von Point auf, der die Felder mit den Werten 3 und 4 initialisiert. Ein Konstruktor muss immer den gleichen Namen haben wie der Struct-Typ. Die *Methode* MoveTo wird wie folgt aufgerufen:

```
p.MoveTo(10, 20);
```

Im Code der aufgerufenen Methode kann das Objekt p, auf das die Methode angewendet wurde, mittels this angesprochen werden. this.x bezeichnet also das Feld x des Objekts p, während x den Parameter der Methode MoveTo bezeichnet. Wenn keine Verwechslungsgefahr besteht, kann this beim Feldzugriff weggelassen werden, wie das im Konstruktor von Point zu sehen ist.

Structs dürfen keinen parameterlosen Konstruktor deklarieren, sie dürfen ihn aber verwenden, da der Compiler für jeden Struct-Typ einen parameterlosen Konstruktor erzeugt. Der Konstruktor in der Deklaration

```
Point p = new Point();
```

initialisiert die Felder von p mit dem Wert 0. Wir werden in Abschnitt 2.8 noch näher auf Structs und auf Konstruktoren eingehen.

2.3.6 Klassen

Wie Structs sind Klassen benutzerdefinierte Typen aus Daten und eventuellen Zugriffsmethoden. Im Gegensatz zu Structs sind sie allerdings *Referenztypen*, d.h., eine Variable vom Typ einer Klasse enthält eine Referenz auf ein Objekt, das am Heap liegt. Klassen werden wie folgt deklariert:

```
class Rectangle {
    Point origin;  // linker unterer Eckpunkt
    public int width, height;
    public Rectangle() { origin = new Point(0, 0); width = height = 1; }
    public Rectangle(Point p, int w, int h) { origin = p; width = w; height = h; }
    public void MoveTo(Point p) { origin = p; }
}
```

Eine Rectangle-Variable kann erst benutzt werden, nachdem man in ihr ein Rectangle-Objekt installiert hat, das mit dem new-Operator erzeugt wurde:

```
Rectangle r = new Rectangle(new Point(10, 20), 5, 5);
int area = r.width * r.height;
```

Nach dem Erzeugen eines Objekts wird automatisch der passende Konstruktor aufgerufen, der die Felder des Objekts initialisiert. Die Klasse Rectangle hat zwei Konstruktoren, die sich in ihrer Parameterliste unterscheiden. Die Parameter des zweiten Konstruktors passen zu den aktuellen Parametern beim Erzeugen des Objekts, daher wird dieser Konstruktor gewählt. Die Deklaration gleichnamiger Konstruktoren oder Methoden in einer Klasse oder einem Struct nennt man *Überladen*. Wir werden darauf in Abschnitt 2.8 näher eingehen.

Erzeugte Objekte werden in C# nie explizit freigegeben. Stattdessen verlässt man sich auf einen so genannten *Garbage Collector*, der Objekte automatisch freigibt, wenn sie nicht mehr referenziert werden. Das vermeidet viele unangenehme Fehler, mit denen C++-Programmierer zu kämpfen haben: Werden Objekte dort zu früh freigegeben, zeigen manche Referenzen ins Leere. Vergisst man, sie freizugeben, bleiben sie als »Leichen« im Speicher zurück. Unter .NET können solche Fehler nicht auftreten, weil einem der Garbage Collector die Freigabe der Objekte abnimmt.

Da Variablen vom Typ einer Klasse Referenzen enthalten, ist die Zuweisung

```
Rectangle r1 = r;
```

eine *Zeigerzuweisung*: r und r1 zeigen anschließend auf dasselbe Objekt. Methoden werden wie bei Structs aufgerufen:

```
r.MoveTo(new Point(3, 3));
```

In der aufgerufenen Methode MoveTo bezeichnet this wieder das Objekt r, für das die Methode aufgerufen wurde. Da dort der Feldname origin aber eindeutig ist, braucht er nicht mit this.origin qualifiziert werden.

Tabelle 2.4 stellt nochmals Klassen und Structs gegenüber. Auf einige der Unterschiede wird erst in späteren Kapiteln eingegangen.

Tabelle 2.4 *Klassen versus Structs*

Klassen	Structs
Referenztypen (Variablen referenzieren Objekte am Heap)	Werttypen (Variablen enthalten Objekte)
unterstützen Vererbung (alle Klassen sind von object abgeleitet)	unterstützen keine Vererbung (sind aber zu object kompatibel)
können Interfaces implementieren	können Interfaces implementieren
parameterloser Konstruktor deklarierbar	kein parameterloser Konstruktor deklarierbar

Structs sind leichtgewichtige Typen, die oft für temporäre Daten verwendet werden. Da sie nicht am Heap angelegt werden, belasten sie den Garbage Collector nicht. Klassen werden meist für komplexere Objekte verwendet, die oft zu dynamischen Datenstrukturen verknüpft werden und die Methode überleben können, die sie erzeugt hat.

2.3.7 object

Der Typ object, der vom Compiler auf die Klasse System.Object abgebildet wird, hat in C# eine besondere Bedeutung. Er ist die Wurzel der gesamten Typhierarchie, d.h., alle Typen sind mit ihm kompatibel. Daher darf man einer object-Variablen auch beliebige Werte zuweisen:

```
object obj = new Rectangle();       // Zuweisung von Rectangle an object
Rectangle r = (Rectangle) obj;      // Typumwandlung
obj = new int[3];                   // Zuweisung von int[] an object
int[] a = (int[]) obj;              // Typumwandlung
```

Insbesondere erlaubt object die Implementierung generischer Container-Klassen. Ein Keller (*Stack*), in dem beliebige Objekte gespeichert werden sollen, kann mit einer Methode

```
void Push(object x) {...}
```

deklariert werden, die man dann mit beliebigen Objekten als Parameter aufrufen kann:

```
Push(new Rectangle());
Push(new int[3]);
```

Die Klasse System.Object, die in Abschnitt 2.9.8 näher behandelt wird, enthält einige Methoden, die von allen Klassen und Structs geerbt (und meistens überschrieben) werden. Die wichtigsten Methoden sind:

```
class Object {
    public virtual bool Equals(object o) {...}      // Wertvergleich
    public virtual string ToString() {...}          // Umwandlung d. Objekts in einen String
    public virtual int GetHashCode() {...}          // Berechnung eines Hashcodes
    ...
}
```

Diese Methoden kann man auf Objekte beliebiger Typen anwenden, sogar auf Konstanten:

```
string s = 123.ToString();  // s == "123"
```

2.3.8   Boxing und Unboxing

Nicht nur Referenztypen, sondern auch Werttypen wie int, Structs oder Enumerationen sind mit object kompatibel. Bei der Zuweisung

```
object obj = 3;
```

wird der Wert 3 in ein Objekt einer implizit erzeugten Hilfsklasse eingewickelt (*boxing*), das dann der Variablen obj zugewiesen wird (siehe Abb. 2.5).

Abb. 2.5 *Boxing eines int-Werts*

Die Zuweisung in der Gegenrichtung erfordert eine Typumwandlung.

```
int x = (int) obj;
```

Dabei wird der Wert aus dem Hilfsobjekt wieder ausgepackt (*unboxing*) und als int-Wert behandelt.

Boxing und Unboxing sind besonders bei generischen Container-Typen nützlich, weil man diese nicht nur mit Elementen eines Referenztyps, sondern auch mit Elementen eines Werttyps füllen kann. Wenn man zum Beispiel eine Klasse Queue wie folgt deklariert,

```
class Queue {
    object[] values = new object[10];
    public void Enqueue(object x) {...}
    public object Dequeue() {...}
}
```

kann man sie folgendermaßen verwenden:

```
Queue q = new Queue();
q.Enqueue(new Rectangle());          // Referenztyp
q.Enqueue(3);                        // Werttyp (boxing)
...
Rectangle r = (Rectangle) q.Dequeue();  // Typumwandlung object -> Rectangle
int x = (int) q.Dequeue();              // Typumwandlung object -> int (unboxing)
```

Aufrufe von object-Methoden werden übrigens an die eingepackten Objekte weitergeleitet. Das Codestück

```
object obj = 123;
string s = obj.ToString();
```

liefert also in s den Wert "123".

2.4   Ausdrücke

Ausdrücke bestehen aus Operanden und Operatoren und berechnen Werte. Tabelle 2.5 zeigt die Operatoren von C# geordnet nach Priorität. Weiter oben genannte Operatoren haben Vorrang vor den weiter unten genannten. Operatoren auf gleicher Ebene werden von links nach rechts ausgewertet.

Tabelle 2.5 *Operatoren nach Priorität geordnet*

Klasse	Operatoren
primäre Operatoren	(x) x.y f(x) a[x] x++ x-- new typeof sizeof checked unchecked
unäre Operatoren	+ - ~ ! ++x --x (T)x
Multiplikationsoperatoren	* / %
Additionsoperatoren	+ -
Shift-Operatoren	<< >>
Vergleichsoperatoren	< > <= >= is as
Gleichheitsoperatoren	== !=
bitweises Und	&
bitweises exklusives Oder	^
bitweises Oder	|
bedingtes Und	&&
bedingtes Oder	||
bedingter Ausdruck	condition?value1:value2
Zuweisungsoperatoren	= += -= *= /= %= <<= >>= &= ^= |=

Arithmetische Ausdrücke

Arithmetische Ausdrücke werden mit den Operatoren +, -, *, /, % (Divisionsrest), ++ (Inkrement) und -- (Dekrement) gebildet. Ihre Operanden dürfen von einem beliebigen numerischen Typ oder vom Typ char sein. Bei ++ und -- sind auch Enumerationen erlaubt, allerdings dürfen diese Operatoren nur auf Variablen und nicht auf Konstanten oder Ausdrücke angewendet werden.

Der Ergebnistyp eines arithmetischen Ausdrucks ist der kleinste numerische Typ, der beide Operandentypen einschließt, zumindest aber int. Bei Enumerationen ist der Ergebnistyp wieder derselbe Enumerationstyp. Einige Beispiele mögen das veranschaulichen:

```
short s; int i; float f; char ch; Color c;
... s + f ...            // float
... s + s ...            // int
... i + ch ...           // int
... c++ ...              // Color
```

Beim Rechnen mit vorzeichenlosen Operanden sind einige Ausnahmen zu beachten: Die Negation eines uint-Werts sowie die Verknüpfung eines uint-Werts mit einem sbyte-, short- oder int-Wert gibt einen long-Wert, weil dabei der Wertebereich von uint überschritten werden könnte. Die Negation eines ulong-Werts sowie die Verknüpfung eines ulong-Werts mit einem sbyte-, short-, int- oder long-Wert ist verboten, ebenso wie die Verknüpfung eines decimal-Werts mit einem float- oder double-Wert.

Vergleichsausdrücke

Mit den Operatoren <, >, <= und >= dürfen numerische Operanden oder char-Werte verglichen werden. Auch der Vergleich zwischen zwei Enumerationswerten ist erlaubt. Die Operatoren == (Gleichheit) und != (Ungleichheit) dürfen zusätzlich auch auf boolesche Werte, Referenzen und Delegates angewendet werden. Wenn numerische Operanden von unterschiedlichem Typ sind (z.B. int und long), wird der kleinere Typ vor dem Vergleich in den größeren umgewandelt.

Die Operatoren is und as bewirken einen Typtest und werden in Abschnitt 2.9.2 näher erläutert. Im Ausdruck x is T oder x as T darf x ein Ausdruck beliebigen Typs sein, T muss ein Referenztyp sein, z.B.:

```
r is Rectangle    // referenziert r ein Rectangle-Objekt?
3 is object       // ist 3 vom Typ object?
a is int[]        // referenziert a ein int-Array?
```

Das Ergebnis eines Vergleichs ist immer vom Typ bool.

Boolesche Ausdrücke

Die Operatoren && (Und), || (Oder) und ! (Negation) sind auf boolesche Operanden anwendbar und liefern auch wieder ein Ergebnis vom Typ bool. In Ausdrücken mit && und || findet eine *bedingte Auswertung* (auch *Kurzschlussauswertung* genannt) statt, d.h., die Auswertung wird abgebrochen, sobald das Ergebnis des Ausdrucks feststeht. Formal bedeutet das:

```
a && b      ausgewertet als: wenn (!a) false sonst b
a || b      ausgewertet als: wenn (a) true sonst b
```

Diese Auswertungsreihenfolge ist nützlich, wenn zusammengesetzte Ausdrücke berechnet werden sollen, bei denen der zweite Term nur unter einer bestimmten Bedingung berechnet werden soll, die durch den ersten Term gegeben ist, wie z.B.:

```
if (p != null && p.val > 0) ...      // p.val darf nur berechnet werden, wenn p != null ist
if (y == 0 || x / y > 2) ...         // x / y darf nur berechnet werden, wenn y != 0 ist
```

Der bedingte Ausdruck *condition ? value1 : value2* liefert den Wert *value1*, wenn *condition* wahr ist, sonst *value2*, zum Beispiel:

```
int max = x > y ? x : y;             // if (x > y) max = x; else max = y;
```

Bit-Ausdrücke

Die Operatoren & (bitweises Und), | (bitweises Oder), ^ (bitweises exklusives Oder) und ~ (bitweise Negation) dürfen auf ganzzahlige Operanden, char-Werte und Enumerationen angewendet werden. Die Operatoren &, | und ^ sind außerdem bei booleschen Operanden erlaubt. Es findet keine Kurzschlussauswertung statt. Bei unterschiedlich großen Operandentypen wird der kleinere Typ vor der Auswertung in den größeren konvertiert. Der Ergebnistyp ist der größere der beiden Operandentypen. Bei numerischen oder char-Operanden ist der Ergebnistyp aber zumindest int. Folgende Beispiele zeigen die Funktionsweise von Bit-Ausdrücken unter der Annahme, dass x den Wert 5 und y den Wert 6 hat (in Zweierkomplement-Darstellung):

```
x & y      // 00000101 & 00000110 => 00000100 (4)
x | y      // 00000101 | 00000110 => 00000111 (7)
x ^ y      // 00000101 ^ 00000110 => 00000011 (3)
~ x        // ~ 00000101 => 11111010 (-6)
```

Shift-Ausdrücke

Shift-Ausdrücke werden vor allem in der Systemprogrammierung verwendet. Sie erlauben aber auch eine effiziente Multiplikation und Division mit Zweierpotenzen. Der Ausdruck x << y (bzw. x >> y) bedeutet, dass das Bitmuster von x um y Stellen nach links (bzw. nach rechts) verschoben wird. Bei << werden von rechts Nullen nachgeschoben. Bei >> werden von links Bits *b* nachgeschoben, wobei *b* bei vorzeichenlosen Typen 0 und bei vorzeichenbehafteten Typen gleich dem Vorzeichenbit ist. Der Typ von x muss ganzzahlig oder char sein, der Typ von y muss int sein. Der Ergebnistyp ist der Typ von x, zumindest aber int. Folgende Beispiele nehmen an, dass in den int-Variablen a und b die Werte 7 und -7 stehen:

```
a >> 1      // 00000111 >> 1 = 00000011 (3)    = a / 2
a << 3      // 00000111 << 3 = 00111000 (56)= a * 8
b >> 2      // 11111001 >> 2 = 11111110 (-2)
b << 1      // 11111001 << 1 = 11110010 (-14)
```

Überlaufprüfung

Wird bei arithmetischen Operationen der zulässige Wertebereich überschritten, so tritt kein Fehler auf, sondern das Ergebnis wird einfach abgeschnitten, und das entstehende Bitmuster wird wieder als Zahl interpretiert, z.B.:

```
int x = 1000000;
x = x * x;  // -727379968, keine Fehlermeldung!
```

Dieses Verhalten ist zum Beispiel bei der Implementierung von Zufallszahlengeneratoren erwünscht. Wenn man aber den Überlauf abfangen möchte, kann man das mit dem checked-Operator tun, der wie folgt benutzt wird:

```
x = checked(x * x);     // liefert bei Überlauf System.OverflowException
...
checked {
    ...
    x = x * x;          // liefert bei Überlauf System.OverflowException
    ...
}
```

Man kann die Überlaufprüfung auch für eine ganze Übersetzungseinheit mittels einer Compiler-Option einschalten:

```
csc /checked Test.cs
```

typeof

Der typeof-Operator kann auf einen Typ angewendet werden und liefert das entsprechende Typobjekt (vom Typ System.Type) dazu. Dieses Objekt enthält Typinformationen und kann für *Reflection* verwendet werden (siehe Abschnitt 4.5).

```
Type t = typeof(int);
Console.WriteLine(t.Name);  // liefert Int32
```

Der Typ eines *Objekts* kann mit der von object geerbten Methode GetType abgefragt werden, z.B.:

```
Type t = 123.GetType();
Console.WriteLine(t.Name);  // liefert Int32
```

sizeof

Der sizeof-Operator kann auf Werttypen angewendet werden und liefert ihre Größe in Bytes. Da die Typgröße von Structs plattformabhängig sein kann, sind Programme, die sizeof verwenden, schwer portabel. Man sollte diesen Operator daher vermeiden. Wenn man ihn dennoch verwendet, muss man ihn in einen unsafe-Block einschließen:

```
unsafe {
    Console.WriteLine(sizeof(int));  // liefert 4
}
```

Außerdem muss man diesen Code mit der unsafe-Option übersetzen:

```
csc /unsafe Test.cs
```

2.5   Deklarationen

Deklarationen führen Namen ein, definieren deren Typ und geben manchmal auch bereits einen Anfangswert vor, z.B.:

```
int x = 3;        // deklariert eine int-Variable x mit dem Wert 3
void Foo() {...}  // deklariert eine Methode Foo ohne Rückgabewert
```

Jeder Name gehört zu einem bestimmten *Deklarationsbereich*, von denen es in C# vier gibt:

- ❏ *Namensraum*. Kann Klassen, Interfaces, Structs, Enumerationen, Delegates sowie weitere Namensräume enthalten.
- ❏ *Klasse, Interface, Struct*. Kann Felder, Methoden, Konstruktoren, Destruktoren, Properties, Indexers, Events und eingeschachtelte Typen enthalten.
- ❏ *Enum*. Enthält Enumerationskonstanten.
- ❏ *Block*. Kann lokale Variablen enthalten.

Für Deklarationen gelten folgende zwei Regeln:

1. Kein Name darf in einem Deklarationsbereich mehrfach deklariert werden.
2. Die Reihenfolge der Deklarationen ist beliebig, außer bei lokalen Variablen, die vor ihrer Verwendung deklariert werden müssen.

Der Deklarationsbereich, zu dem ein Name gehört, bestimmt seine *Sichtbarkeit*:

1. Ein Name ist in seinem gesamten Deklarationsbereich sichtbar (lokale Variablen allerdings erst ab ihrer Deklaration).
2. Kein Name ist außerhalb seines Deklarationsbereichs sichtbar.
3. Die Sichtbarkeit von Namen, die in Namensräumen, Klassen, Structs und Interfaces deklariert werden, kann durch Attribute wie public, private oder protected reguliert werden.

Deklarationen in Namensräumen

Namensräume (*namespaces*) dienen zur Gruppierung zusammengehöriger Typ-
deklarationen. Sie erlauben die Verwendung gleicher Namen in verschiedenen Teilen eines Programms. Indem man seine Klassen und anderen Typen in einem eigenen Namensraum deklariert, vermeidet man Kollisionen mit gleichnamigen Typen
aus anderen Namensräumen. Namensräume können auch geschachtelt werden,
wodurch man hierarchisch gegliederte Gültigkeitsbereiche von Namen bekommt.

```
namespace A {
    ... Klassen ...
    ... Interfaces ...
    ... Structs ...
    ... Enumerationen ...
    ... Delegates ...
    namespace B {  // voller Name: A.B
        ...
    }
}
```

Ein Namensraum wird mit dem Schlüsselwort namespace und seinem Namen deklariert. Darauf folgen in geschwungenen Klammern die enthaltenen Typen und
eventuell geschachtelte Namensräume. Der volle Name des in A eingeschachtelten Namensraums B ist A.B.

Deklariert man einen Typ außerhalb eines Namensraums, gehört er zu einem
namenlosen Standardnamensraum. Die Klasse Hello aus Abschnitt 2.1 ist ein Beispiel dafür.

Angenommen, wir hätten einen Namensraum Persons mit den zwei Klassen
Student und Teacher.

```
namespace Persons {
    public class Student {...}
    public class Teacher {...}
}
```

Die in Persons deklarierten Typen sind zunächst einmal in Persons sichtbar. Da
sie aber als public deklariert sind, können sie auch in einem anderen Namensraum benutzt werden, indem man Persons dort *importiert.*

```
namespace School {
    using Persons;        // importiert alle öffentlichen Typen aus Persons

    class Test {
        Student s;        // Student ist hier bekannt
        Teacher t;        // Teacher ist hier bekannt
        ...
    }
}
```

Anstatt Student und Teacher durch Importieren von Persons sichtbar zu machen, können wir sie auch mit ihrem Namensraum *qualifizieren*.

```
namespace School {
    class Test {
        Persons.Student s;      // Qualifikation eines Typs mit seinem Namensraum
        Persons.Teacher t;
        ...
    }
}
```

Die explizite Qualifikation eines Typnamens wird vor allem dann verwendet, wenn man gleichnamige Typen aus unterschiedlichen Namensräumen an der gleichen Stelle verwenden will.

Fast jedes Programm benötigt den Namensraum System (z.B. um den Typ Console für die Ein-/Ausgabe zu verwenden). Daher beginnt fast jedes Programm mit using System;.

Namensräume werden in Abschnitt 2.13 noch ausführlicher beschrieben.

Deklarationen in Klassen, Structs und Interfaces

Klassen, Structs und Interfaces können folgende Elemente enthalten:

```
class C {
    ... Felder, Konstanten ...
    ... Methoden ...
    ... Konstruktoren, Destruktoren ...
    ... Properties ...
    ... Indexers ...
    ... Events ...
    ... überladene Operatoren ...
    ... eingeschachtelte Typen (Klassen, Structs, Interfaces, Enumerationen, Delegates) ...
}
struct S {
    ... wie bei Klassen ...
}
interface I {  // siehe Abschnitt 2.10
    ... Methoden ...
    ... Properties ...
    ... Indexers ...
    ... Events ...
}
```

Werden Klassen mittels Vererbung erweitert (siehe Abschnitt 2.9) bilden Oberklasse und Unterklasse unterschiedliche Deklarationsbereiche. Man kann daher in beiden Klassen gleiche Namen deklarieren.

Interfaces dürfen keine Datenfelder enthalten. Im Gegensatz zu Java sind aber auch keine Konstanten erlaubt. Als Ersatz dafür können Properties verwendet werden.

Deklarationen in Enumerationstypen

Ein Enumerationstyp darf nur Enumerationskonstanten enthalten. Diese müssen bei der Verwendung mit dem Namen des Enumerationstyps qualifiziert werden.

```
enum E {
    ... Enumerationskonstanten ...
}
```

Deklarationen in Blöcken

Ein Block ist eine in geschweiften Klammern enthaltene Anweisungsfolge und bildet den Rumpf von Methoden oder zusammengesetzten Anweisungen. In einem Block dürfen nur lokale Variablen deklariert werden.

```
void Foo(int x) {              // Methodenblock
    ... lokale Variablen ...
    if (...) {                 // geschachtelter Block einer if-Anweisung
        ... lokale Variablen ...
    }
    for (int i = 0; ...) {     // geschachtelter Block einer for-Anweisung
        ... lokale Variablen ...
    }
}
```

Wie man sieht, können Blöcke geschachtelt auftreten. Der Deklarationsbereich eines Blocks schließt die Deklarationsbereiche der in ihm eingeschachtelten Blöcke ein. Im Gegensatz zu vielen anderen Sprachen darf ein geschachtelter Block also keinen Namen deklarieren, der bereits im übergeordneten Block deklariert wurde.

Formale Parameter (z.B. x in der Methode Foo) gehören zum Deklarationsbereich des Methodenblocks, obwohl sie außerhalb von ihm deklariert werden. Ihr Name darf nicht mit anderen in der Methode deklarierten Namen kollidieren.

In ähnlicher Weise gehört der Name einer Laufvariablen einer for-Anweisung (z.B. die Variable i der obigen for-Schleife) zum Deklarationsbereich des for-Blocks. Daher dürfen verschiedene for-Anweisungen gleichnamige Laufvariablen deklarieren.

Wie bereits erwähnt, muss die Deklaration einer lokalen Variablen ihrer Verwendung vorausgehen. Folgendes Beispiel zeigt einige Fehler, die durch Nichtbeachtung der obigen Regeln entstehen können und vom Compiler gemeldet werden.

```
void Foo(int a) {
    int b;
    if (...) {
        int b;              // Fehler: b ist bereits in äußerem Block deklariert
        int c;              // soweit o.k., aber siehe später ...
        int d;
    } else {
        int a;              // Fehler: a ist bereits im äußeren Block deklariert
        int d;              // o.k.: keine Überschneidung mit d im letzten Block
    }
    for (int i = 0; ...) {...}
    for (int i = 0; ...) {...}   // o.k.: keine Überschneidung mit i aus letzter Schleife
    int c;                  // Fehler: c ist bereits in einem inneren Block deklariert
}
```

2.6   Anweisungen

Die Anweisungsarten von C# unterscheiden sich nur unwesentlich von denen in anderen Programmiersprachen. Neben Zuweisungen und Methodenaufrufen gibt es diverse Arten von Verzweigungen und Schleifen sowie Sprunganweisungen und Anweisungen zur Fehlerbehandlung (*exception handling*).

2.6.1   Leeranweisung

Jede Anweisung wird in C# durch einen Strichpunkt abgeschlossen. Ein Strichpunkt alleine ist eine Leeranweisung, die keine Aktion bewirkt und zum Beispiel gebraucht wird, um einen leeren Schleifenrumpf auszudrücken.

2.6.2   Zuweisung

Eine Zuweisung berechnet einen Ausdruck und weist ihn einer Variablen zu. Die Zuweisung selbst ist ebenfalls ein Ausdruck, so dass Mehrfachzuweisungen möglich sind:

```
x = 3 * y + 1;      // x wird zu 3 * y + 1
a = b = 0;          // Mehrfachzuweisung: a und b werden beide auf 0 gesetzt
```

Der Typ des Ausdrucks muss mit dem Typ der Variablen *zuweisungskompatibel* sein. Das ist der Fall, wenn die beiden Typen gleich sind oder wenn der Typ der Variablen den Typ des Ausdrucks gemäß Abb. 2.3 einschließt (short-Werte dürfen z.B. an int-Variablen zugewiesen werden). Zuweisungskompatibilität ist auch gegeben, wenn der Typ des Ausdrucks eine Unterklasse des Typs der Variablen ist (siehe Abschnitt 2.9).

Zuweisungen können mit verschiedenen binären Operationen kombiniert werden. Zum Beispiel ist

```
x += y;
```

eine Kurzform für

```
x = x + y;
```

Diese Kurzformen sind vor allem dann nützlich, wenn statt x ein zusammengesetzter Name verwendet wird (z.B. a[i].f), weil man dann Schreibarbeit spart und der Compiler die Anweisung leichter optimieren kann. Kombinierte Zuweisungen sind mit den Operatoren +=, -=, *=, /=, %=, <<=, >>=, &=, |= und ^= möglich.

2.6.3 Methodenaufruf

Eine Methode wird durch ihren Namen und eine Parameterliste aufgerufen. Die Details des Methodenaufrufs und der Parameterübergabe behandeln wir in Abschnitt 2.8.3. Hier sehen wir uns nur einige Aufrufbeispiele für Methoden der Klasse String an.

```
string s = "a,b,c";
string[] parts = s.Split(',');      // Aufruf der Objektmethode s.Split (nicht static)
s = String.Join(" + ", parts);      // Aufruf der Klassenmethode String.Join (static)
char[] arr = new char[10];
s.CopyTo(0, arr, 0, s.Length);
```

Wie wir in Abschnitt 2.8.3 sehen werden, können Methoden *statisch* oder *nicht statisch* sein. Eine *nicht statische* Methode (z.B. Split) wird auf ein bestimmtes *Objekt* (z.B. s) angewendet. s.Split(',') bewirkt, dass der in s gespeicherte String bei jedem Vorkommen von ',' aufgespalten wird. Das Ergebnis ist ein Array von Teilstrings (hier "a", "b" und "c").

Eine *statische* Methode (z.B. Join) wird nicht auf ein Objekt, sondern auf eine *Klasse* (z.B. String) angewendet. Sie ist mit einer normalen Prozedur in C vergleichbar. String.Join(" + ", parts) bewirkt, dass die Strings im Array parts mit " + " verkettet werden. Als Ergebnis wird hier "a + b + c" geliefert.

Sowohl Split als auch Join sind *Funktionsmethoden*: Sie werden als Operanden eines Ausdrucks aufgerufen und liefern einen Wert als Ergebnis zurück. Daneben gibt es aber auch Methoden, die *kein* Funktionsergebnis liefern. Sie haben den Methodentyp void und werden als eigenständige Anweisung aufgerufen, z.B. s.CopyTo(from, arr, to, len). Diese Methode kopiert len Zeichen des Strings s ab der Position from in das Array arr beginnend an der Stelle to.

2.6.4 if-Anweisung

Eine if-Anweisung hat die Form

if (*BooleanExpression*) *Statement* **else** *Statement*

Wenn der boolesche Ausdruck wahr ist, wird der Then-Zweig (das erste Statement) ausgeführt, sonst der Else-Zweig (das zweite Statement). Der Else-Zweig
kann fehlen. Wenn der Then- oder Else-Zweig aus mehr als einer Anweisung besteht, muss er als *Anweisungsblock* in geschweiften Klammern geschrieben werden. Hier sind einige Beispiele von if-Anweisungen:

```
if (x > max) max = x;              // ohne Else-Zweig
if (x > y) max = x; else max = y;  // mit Else-Zweig
if ('0' <= ch && ch <= '9')
    val = ch - '0';
else if ('A' <= ch && ch <= 'F')   // geschachteltes if
    val = 10 + ch - 'A';
else {                             // Else-Zweig besteht aus einer Anweisungsfolge
    val = 0;
    Console.WriteLine("invalid character: " + ch);
}
```

Im Gegensatz zu C und C++ muss der if-Ausdruck vom Typ bool sein. Es ist z.B.
nicht erlaubt, den Wert 0 oder null als false zu interpretieren.

2.6.5 switch-Anweisung

Die switch-Anweisung ist eine *Mehrfachverzweigung*. Sie besteht aus einem Ausdruck und mehreren Anweisungsfolgen, die durch case-Marken eingeleitet werden. Die switch-Anweisung verzweigt zu jener Marke, die dem Wert des Ausdrucks entspricht. Wenn keine der Marken passt, springt sie zur default-Marke,
und wenn diese fehlt, an das Ende der switch-Anweisung. Hier ist ein Beispiel:

```
switch (country) {
    case "Germany": case "Austria": case "Switzerland":
        language = "German";
        break;
    case "England": case "USA":
        language = "English";
        break;
    case null:
        Console.WriteLine("no country specified");
        break;
    default:
        Console.WriteLine("don't know language of " + country);
        break;
}
```

Der Ausdruck im Kopf der switch-Anweisung muss numerisch, eine Enumeration oder vom Typ char oder string sein. Die case-Marken müssen disjunkte Konstantenwerte sein, deren Typ zum Typ des Ausdrucks zuweisungskompatibel ist.

Im Gegensatz zu den meisten anderen Sprachen erlaubt C# switch-Anweisungen mit Ausdrücken vom Typ string (einschließlich case-Marken mit dem Wert null). In diesem Fall wird die switch-Anweisung aber vom Compiler wie mehrere geschachtelte if-Anweisungen behandelt, während sie sonst durch einen direkten Sprung zur passenden case-Marke implementiert wird.

Jede Anweisungsfolge zwischen den case-Marken *muss* durch einen Aussprung beendet werden. Die häufigste Art dieses Sprungs ist die *break-Anweisung*, die zum Ende der switch-Anweisung springt. Es sind aber auch return-, goto- oder throw-Anweisungen erlaubt, die wir später behandeln werden. Im Gegensatz zu den meisten anderen Sprachen lässt es C# nicht zu, dass ein Programm über eine case-Marke hinweg in die nächste Anweisungsfolge läuft. Dieser »*Fall Through*« muss – falls gewünscht – durch eine goto-Anweisung implementiert werden.

2.6.6 while-Anweisung

Die while-Anweisung ist die häufigste Form einer Schleife. Sie besteht aus einem booleschen Ausdruck und einem Schleifenrumpf, der ausgeführt wird, solange der Ausdruck wahr ist. Der Ausdruck wird *vor* jedem Schleifendurchlauf geprüft. Wenn der Schleifenrumpf aus mehreren Anweisungen besteht, muss er als Anweisungsblock in geschweiften Klammern geschrieben werden.

```
while (x > y) x = x / 2;        // Schleifenrumpf besteht aus einer einzigen Anweisung
while (i < n) {                 // Schleifenrumpf besteht aus einer Anweisungsfolge
    sum += i;
    i++;
}
```

2.6.7 do-while-Anweisung

Die do-while-Anweisung unterscheidet sich von der while-Anweisung nur dadurch, dass der boolesche Ausdruck *nach* jedem Schleifendurchlauf geprüft wird. Der Schleifenrumpf wird also zumindest einmal ausgeführt, weshalb diese Schleifenform auch *Durchlaufschleife* heißt, im Gegensatz zur while-Anweisung, die man *Abweisschleife* nennt, weil der Schleifenrumpf unter Umständen kein einziges Mal ausgeführt wird.

```
do i = 10 * i while (i < n);   // Schleifenrumpf besteht aus einer einzigen Anweisung
do {                           // Schleifenrumpf besteht aus einer Anweisungsfolge
    sum += a[i]; i--;
} while (i >= 0);
```

2.6.8   for-Anweisung

Die for-Anweisung ist die flexibelste, aber auch die komplizierteste aller Schleifenarten. Sie hat die Form

```
for (Initialization; Condition; Increment) Statement
```

Vor dem ersten Schleifendurchlauf wird die Initialisierung ausgeführt, die meist aus der Zuweisung eines Werts an eine Laufvariable besteht. Vor jedem Schleifendurchlauf wird eine Bedingung geprüft und am Ende jedes Durchlaufs der Inkrementierungsteil ausgeführt. Der Schleifenrumpf wird so lange ausgeführt, solange die Bedingung wahr ist. Die Anweisung

```
for (int i = 0; i < n; i++)
    sum += i;
```

kann als Kurzform für die while-Schleife

```
int i = 0;
while (i < n) {
    sum += i;
    i++;
}
```

betrachtet werden und wird vom Compiler auch tatsächlich so behandelt (bis auf die Tatsache, dass i lokal zur for-Schleife ist). Sowohl der Initialisierungsteil als auch der Inkrementierungsteil kann aus mehreren Anweisungen bestehen, die aber durch Kommas getrennt und nicht durch Strichpunkte abgeschlossen werden, z.B.:

```
for (int i = 0, j = n-1; i < n; i++, j--)
    sum += a[i] + b[j];
```

2.6.9   foreach-Anweisung

Die foreach-Anweisung bietet eine bequeme Möglichkeit, über die Elemente eines Arrays, eines Strings oder einer sonstigen Sammlung von Elementen zu iterieren, die das Interface IEnumerable (Abschnitt 4.1.2) implementiert. Sie hat die Form

```
foreach (ElementVarDecl in Collection) Statement
```

Hier sind zwei Beispiele für foreach-Anweisungen:

```
int[] a = {3, 17, 4, 8, 2, 29};
sum = 0;
foreach (int x in a) sum += x;

string s = "Hello";
foreach (char ch in s) Console.WriteLine(ch);
```

Die erste Schleife addiert alle Elemente des Arrays a, die zweite gibt alle Zeichen des Strings s aus. Das folgende Beispiel ist ebenfalls interessant:

```
Queue q = new Queue();
q.Enqueue("John"); q.Enqueue("Alice"); ...
foreach (string s in q) Console.WriteLine(s);
```

Die Elemente einer Queue werden als Daten vom Typ object gespeichert. Der Compiler erkennt aber, dass die Laufvariable s der foreach-Schleife vom Typ string ist und sorgt für eine geprüfte Umwandlung der Elemente von object nach string.

2.6.10 break- und continue-Anweisungen

Die break-Anweisung haben wir bereits im Zusammenhang mit der switch-Anweisung kennen gelernt. Sie kann aber auch verwendet werden, um eine Schleife vorzeitig zu verlassen:

```
for (;;) {
    int x = stream.ReadByte();
    if (x < 0) break;
    sum += x;
}
```

Dieses Beispiel zeigt auch die Verwendung der for-Anweisung als *Endlosschleife*. Wenn der Initialisierungsteil, die Abbruchbedingung und der Inkrementierungsteil fehlen, kreist die Schleife für immer, bis sie wie in diesem Fall durch eine break-Anweisung verlassen wird. Die break-Anweisung kann auch in while-, do-while- und foreach-Schleifen verwendet werden. Bei geschachtelten Schleifen bewirkt sie allerdings nur das Verlassen der innersten Schleife. Will man eine äußere Schleife verlassen, muss man das mit einer goto-Anweisung tun.

Die continue-Anweisung darf ebenfalls in jeder Schleifenart verwendet werden und bewirkt, dass der Rest des Schleifenrumpfes übersprungen wird. Es wird dann ein eventueller Inkrementierungsteil ausgeführt (nur bei der for-Schleife) und die Abbruchbedingung geprüft, bevor der nächste Schleifendurchlauf beginnt.

2.6.11 goto-Anweisung

Die goto-Anweisung springt zu einer Marke, die vor einer anderen Anweisung steht. Eine Marke besteht aus einem Namen gefolgt von einem Doppelpunkt. Die do-while-Anweisung könnte z.B. auch mit Sprüngen und Marken codiert werden:

```
top:                        //  do {
    sum += i;               //      sum += i;
    i++;                    //      i++;
    if (i <= n) goto top;   //  } while (i <= n);
```

Dies ist aber nicht empfehlenswert, da man auf diese Weise die Programmstruktur nur schwer erkennt. Eine sinnvolle Anwendung der goto-Anweisung ist zum Beispiel der Aussprung aus einer geschachtelten Schleife, der mit einer break-Anweisung nicht zu bewerkstelligen ist.

Da die uneingeschränkte Verwendung von goto-Anweisungen die Programmqualität beeinträchtigen kann, unterliegen Sprünge gewissen Restriktionen. So ist es zum Beispiel verboten, in einen Block hineinzuspringen. Ebenso ist der Aussprung aus einem finally-Block bei der Fehlerbehandlung verboten (siehe Abschnitt 2.12).

Goto-Anweisungen kann man auch benutzen, um innerhalb einer switch-Anweisung zu einer case-Marke zu springen. Dies ist vielleicht die sinnvollste Anwendung eines goto, weil sich auf diese Weise so genannte *endliche Automaten* effizient implementieren lassen. Ein endlicher Automat besteht aus nummerierten Zuständen, zwischen denen Übergänge definiert sind, die durch Lesen bestimmter Symbole ausgelöst werden können. Abb. 2.6 zeigt so einen Automaten, bei dem die Zustände durch Kreise und die Übergänge durch Pfeile dargestellt sind.

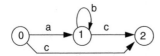

Abb. 2.6 *Endlicher Automat*

Dieser Automat kann mit Hilfe von goto-Anweisungen folgendermaßen implementiert werden:

```
int state = 0;                    // beginnt in Zustand 0
int ch = Console.Read();          // liest erstes Übergangssymbol
switch (state) {
    case 0:  if (ch == 'a') { ch = Console.Read(); goto case 1; }
             else if (ch == 'c') goto case 2;
             else goto default;
    case 1:  if (ch == 'b') { ch = Console.Read(); goto case 1; }
             else if (ch == 'c') goto case 2;
             else goto default;
    case 2:  Console.WriteLine("input valid!");
             break;
    default: Console.WriteLine("illegal character: " + (char) ch);
             break;
}
```

Noch kürzer geht es in diesem Fall, wenn man auf die switch-Anweisung verzichtet und direkt Marken mit dem Namen state0, state1, state2 und illegal anspringt.

2.6.12 return-Anweisung

Die return-Anweisung dient zum (vorzeitigen) Beenden von Methoden. Sie kann in zwei Formen auftreten. Methoden *ohne* Rückgabewert *können* durch eine return-Anweisung ohne Argument vorzeitig beendet werden, z.B.:

```
void P(int x) {
    if (x < 0) return;
    ...
}
```

Die Methode endet natürlich auch ohne return nach ihrer letzten Anweisung. Funktionsmethoden *mit* Rückgabewert *müssen* durch eine return-Anweisung beendet werden, die einen Rückgabewert als Argument enthält, z.B.:

```
int Max(int a, int b) {
    if (a > b) return a; else return b;
}
```

Der Typ des Funktionswerts muss zu dem im Methodenkopf deklarierten Rückgabetyp zuweisungskompatibel sein. Eine Funktionsmethode darf nicht ohne return enden, da ja ein Funktionswert zurückgegeben werden muss.

Auch die Hauptmethode Main eines Programms darf als Funktionsmethode deklariert werden. Der Funktionswert wird dann als Fehlercode interpretiert, der in einer Umgebungsvariablen des Betriebssystems (unter Windows die Variable errorlevel) gespeichert wird.

```
class Test {
    static int Main() {
        ...
        if (...) return -1;
        ...
    }
}
```

2.7 Ein-/Ausgabe

C# besitzt wie die meisten modernen Sprachen keine Anweisungen für die Ein- und Ausgabe von Daten. Vielmehr gibt es dafür Bibliotheksklassen. Wir sehen uns in diesem Kapitel an, wie man auf den Bildschirm schreibt, von der Tastatur liest sowie Dateien für die Ein- und Ausgabe benutzt. Abschnitt 4.2 geht noch ausführlicher auf die Ein-/Ausgabe ein.

2.7.1 Ausgabe auf den Bildschirm

Das Konsolenfenster auf dem Bildschirm wird durch die Klasse System.Console repräsentiert. Diese Klasse enthält zwei Ausgabemethoden:

```
Console.Write(x);         // schreibt den Wert von x in das Konsolenfenster
Console.WriteLine(x);     // schreibt den Wert von x in das Konsolenfenster und
                          // macht anschließend einen Zeilenvorschub
```

Der Parameter dieser beiden Methoden darf von jedem beliebigen Standardtyp (int, char, float, ...) sowie vom Typ string sein. Wenn der Parameter x von einem anderen Typ ist (z.B. ein Referenztyp), wird vorher die Methode x.ToString() aufgerufen, die x vor der Ausgabe in einen String konvertiert.

Formatierte Ausgabe

Write und WriteLine erlauben auch die formatierte Ausgabe einer variablen Anzahl von Werten. Zu diesem Zweck gibt man als Parameter neben den auszugebenden Werten auch einen Formatstring an, der nummerierte Platzhalter für die einzelnen Werte enthält. Der Aufruf

```
Console.WriteLine("{0} = {1}", x, y);
```

ersetzt {0} durch x und {1} durch y und gibt den Ergebnisstring dann aus. Hier ist ein Beispiel, das die Werte eines Arrays in ansprechender Form ausgibt:

```
using System;

class Test {
    static void Main() {
        string[] a = {"Anton", "Berta", "Caesar"};
        for (int i = 0; i < a.Length; i++)
            Console.WriteLine("a[{0}] = {1}", i, a[i]);
    }
}
```

Die Ausgabe sieht wie folgt aus:

```
a[0] = Anton
a[1] = Berta
a[2] = Caesar
```

Platzhalter-Syntax

Die Platzhalter in Formatstrings erlauben auch die Angabe einer Feldbreite, eines Ausgabeformats und der gewünschten Anzahl von Nachkommastellen. Ihre Syntax

```
"{" n ["," width] [":" format [precision]] "}"
```

hat folgende Bedeutung (die eckigen Klammern geben an, dass der geklammerte Teil fehlen kann):

n	Argumentnummer (beginnend bei 0)
width	Feldbreite (wenn zu klein, wird sie überschritten); positiv = rechtsbündig, negativ = linksbündig
format	Formatierungscode, z.B. d, f, e, x, ... (siehe unten)
precision	Anzahl der Nachkommastellen (manchmal Anzahl der Ziffern)

Der Platzhalter

```
{0,10:f2}
```

bewirkt z.B. die rechtsbündige Ausgabe des Arguments 0 in einem Feld der Breite 10 im Fixpunktformat f mit 2 Nachkommastellen. Tabelle 2.6 zeigt die wichtigsten Formatierungscodes und ihre Bedeutung.

Tabelle 2.6 *Die wichtigsten Formatierungscodes*

Code	Bedeutung	Ausgabebild
d, D	**Dezimalformat** (ganze Zahl mit führenden Nullen) precision = Ziffernanzahl	-xxxxx
f, F	**Fixpunktformat** precision = Anzahl Nachkommastellen (Standard = 2)	-xxxxx.xx
n, N	**Nummernformat** (mit Tausender-Trennzeichen) precision = Anzahl Nachkommastellen (Standard = 2)	-xx,xxx.xx
e, E	**Gleitkommaformat** (groß/klein ist signifikant) precision = Anzahl Nachkommastellen	-x.xxxE+xxx
c, C	**Währungsformat** precision = Anzahl Nachkommastellen (Standard = 2) Negative Werte werden in Klammern gesetzt	$xx,xxx.xx ($xx,xxx.xx)
x, X	**Hexadezimalformat** (groß/klein ist signifikant) precision = Anzahl Hex-Ziffern (eventuell führende Nullen)	xxxx
g, G	**General** (kompaktestes Format für gegebenen Wert; Standard)	

Folgende Beispiele zeigen die Verwendung der formatierten Ausgabe:

```
int x = 26;

Console.WriteLine("{0}", x);        // 26
Console.WriteLine("{0, 5}", x);     //    26
```

```
Console.WriteLine("{0:d}", x);          // 26
Console.WriteLine("{0:d5}", x);         // 00026

Console.WriteLine("{0:f}", x);          // 26.00
Console.WriteLine("{0:f1}", x);         // 26.0

Console.WriteLine("{0:E}", x);          // 2.600000E+001
Console.WriteLine("{0:e1}", x);         // 2.6e+001

Console.WriteLine("{0:X}", x);          // 1A
Console.WriteLine("{0:x4}", x);         // 001a
```

Stringformatierung

Numerische Werte können mittels ToString in eine Zeichenkette konvertiert werden. Dabei kann man wie bei Write und WriteLine Formatierungscodes angeben, die das Format, die Feldbreite und die Nachkommastellen der Zeichenkette spezifizieren. Hier sind einige Beispiele:

```
string s;
int i = 12;
s = i.ToString();          // "12"
s = i.ToString("x4");      // "000c"
s = i.ToString("f");       // "12.00"
```

ToString erlaubt sogar eine länderspezifische Formatierung, die sich z.B. auf das Währungsformat auswirkt:

```
s = i.ToString("c");                        // "$12.00" -- US-Format
s = i.ToString("c", new CultureInfo("en-GB"));  // "£12.00" -- britisches Format
```

Die Klasse String besitzt schließlich noch eine Methode Format zur allgemeinen Formatierung von Zeichenketten mittels Formatstrings, z.B.:

```
s = String.Format("{0} = {1,6:x4}", name, i);   // "myName =    000c"
```

2.7.2   Ausgabe auf eine Datei

Die Methoden Write und WriteLine können auch zur formatierten Ausgabe auf eine Datei verwendet werden. Dazu muss man vorher einen Ausgabestrom vom Typ FileStream anlegen und einen StreamWriter darauf setzen, der wie die Klasse Console die Methoden Write und WriteLine besitzt. Das folgende Beispiel erzeugt im Applikationsverzeichnis eine Datei namens "myfile.txt" und gibt dort eine Tabelle mit den Quadraten der ersten 10 natürlichen Zahlen aus.

```
using System.IO;  // importiert FileStream und StreamWriter
class Test {
    static void Main() {
        FileStream s = new FileStream("myfile.txt", FileMode.Create);
        StreamWriter w = new StreamWriter(s);
        w.WriteLine("Table of squares:");
        for (int i = 0; i < 10; i++)
            w.WriteLine("{0,3}: {1,5}", i, i*i);
        w.Close();  // nötig, damit der letzte Ausgabepuffer geleert wird
    }
}
```

2.7.3 Eingabe von der Tastatur

Die Klasse System.Console kann nicht nur zur Ausgabe auf den Bildschirm, sondern auch zur Eingabe von der Tastatur verwendet werden. Die Methode

```
int ch = Console.Read();
```

liefert bei jedem Aufruf das nächste Zeichen der Eingabe als int-Zahl. Am Ende der Eingabe (das man unter Windows durch Strg-Z am Zeilenanfang eingibt) liefert sie -1. Read blockiert so lange, bis der Benutzer die Return-Taste drückt und liest dann nacheinander die Zeichen der eingegebenen Zeile. Lautet die Eingabe

```
abc
```

gefolgt von der Return-Taste, so liefert Read der Reihe nach 'a', 'b', 'c', '\r' und '\n'. Will man eine ganze Zeile auf einmal lesen, so kann man die Methode

```
string line = Console.ReadLine();
```

verwenden. Sie blockiert wieder so lange, bis der Benutzer die Return-Taste drückt, und gibt dann die eingegebene Zeile ohne '\r' und '\n' zurück. Am Ende der Eingabe liefert ReadLine den Wert null.

Leider gibt es in der derzeitigen Bibliothek keine Methoden zum formatierten Lesen von Zahlen oder booleschen Werten. Man muss solche Methoden selbst implementieren, z.B.:

```
static int ReadInt() {
    int ch = Console.Read();
    while (0 <= ch && ch <= ' ') ch = Console.Read();  // bedeutungslose Zeichen überlesen
    int val = 0;
    while ('0' <= ch && ch <= '9') {
        val = 10 * val + (ch - '0');
        ch = Console.Read();
    }
    return val;
}
```

2.7.4   Eingabe von einer Datei

Die Methoden Read und ReadLine können auch zum Lesen von einer Datei verwendet werden. Man muss dazu einen Eingabestrom vom Typ FileStream öffnen und einen StreamReader darauf setzen, zu dem Read und ReadLine gehören:

```
using System.IO;    // importiert FileStream und StreamReader
class Test {
    static void Main() {
        FileStream s = new FileStream("myfile.txt", FileMode.Open);
        StreamReader r = new StreamReader(s);
        string line = r.ReadLine();
        while (line != null) {
            ...
            line = r.ReadLine();
        }
        r.Close();
    }
}
```

Leider können nicht mehrere StreamReader gleichzeitig auf eine Datei gesetzt werden, um Daten von unterschiedlichen Stellen der Datei zu lesen.

2.7.5   Lesen der Kommandozeilenparameter

Ein Programm wird durch Angabe seines Namens aus der Kommandozeile aufgerufen. Hinter dem Programmnamen kann noch Text stehen, der in Worte zerlegt wird, die durch Leerzeichen voneinander getrennt sind. Diese *Kommandozeilenparameter* werden als String-Array an die Main-Methode übergeben:

```
using System;
class Test {
    static void Main(string[] arg) {
        for (int i = 0; i < arg.Length; i++)
            Console.WriteLine("{0}: {1}", i, arg[i]);
        foreach (string s in arg) Console.Write(s + " ");
    }
}
```

Ruft man dieses Programm in der Form

```
Test value = 3
```

auf, so liefert es

```
0: value
1: =
2: 3
value = 3
```

2.8 Klassen und Structs

Sowohl Klassen als auch Structs sind Typen, die Daten und dazugehörige Operationen zu einer Einheit zusammenfassen. Beide können folgende Elemente enthalten, die wir in diesem Abschnitt genauer betrachten:

- ❏ Felder und Konstanten
- ❏ Methoden
- ❏ Konstruktoren und Destruktoren
- ❏ Properties
- ❏ Indexer
- ❏ Events
- ❏ überladene Operatoren
- ❏ geschachtelte Typen (Klassen, Structs, Interfaces, Enumerationen, Delegates)

Hier ist ein Beispiel einer Klasse Counter, die Werte kumuliert und ihren Mittelwert berechnet:

```
class Counter {
    public int value = 0;                               // Felder
    private int n = 0;
    public void Add(int x) { value += x; n++; }         // Methoden
    public float Mean() { return (float) value / n; }
}
```

Bevor ein Counter-Objekt benutzt werden kann, muss es auf folgende Weise erzeugt werden:

```
Counter c = new Counter();
```

Anschließend kann man auf die öffentlichen Felder und Methoden zugreifen, also:

```
c.Add(3); c.Add(17); ...
Console.WriteLine("Summe: {0}, Mittelwert: {1}", c.value, c.Mean());
```

Klassen sind *Referenztypen*. Ihre Objekte liegen am Heap und werden über Zeiger referenziert. Structs sind hingegen *Werttypen*. Ihre Objekte liegen am Methodenkeller (oder sind in andere Objekte eingebettet) und werden direkt in Variablen gespeichert. Folgendes Beispiel zeigt einen Struct-Typ für Bruchzahlen:

```
struct Fraction {
    public int z, n;                                        // Felder (Zähler, Nenner)
    public Fraction(int z, int n) { this.z = z; this.n = n; }   // Konstruktor
    public Add(Fraction f) { z = z * f.n + n * f.z; n = n * f.n; }   // Methoden
    public Multiply(Fraction f) { z = z * f.z; n = n * f.n; }
}
```

Deklariert man eine Struct-Variable, sind ihre Felder noch uninitialisiert. Man kann ihnen aber Werte zuweisen, z.B.:

```
Fraction f;
f.z = 1; f.n = 1;
```

Besser ist jedoch die Initialisierung mittels eines *Konstruktors* (siehe Abschnitt 2.8.4):

```
Fraction f = new Fraction();        // erzeugt hier keine neuen Objekte, sondern initialisiert
Fraction g = new Fraction(1, 2);    // die Objekte f und g am Methodenkeller;
g.Add(new Fraction(1, 3));          // erzeugt ein neues Objekt am Methodenkeller
```

Jeder Struct-Typ hat automatisch einen parameterlosen Standardkonstruktor, der die Felder mit 0 initialisiert. Der bei der Erzeugung von g aufgerufene Konstruktor setzt g.z auf 1 und g.n auf 2. Der Aufruf g.Add(new Fraction(1, 3)) erzeugt am Methodenkeller ein neues Fraction-Objekt mit dem Wert 1/3 und addiert es zu g, so dass g.z den Wert 5 und g.n den Wert 6 bekommt.

Die Initialisierung von Struct-Feldern bei ihrer Deklaration ist aufgrund einer Einschränkung der CLR verboten. Der Compiler würde also in folgendem Fall einen Fehler melden:

```
struct Fraction {
    public int z = 1;    // Fehler!
    public int n = 1;    // Fehler!
    ...
}
```

Objekte von Structs, die am Methodenkeller liegen, werden am Ende der Methode automatisch freigegeben. Objekte von Klassen, die am Heap liegen, werden nie explizit freigegeben, sondern vom Garbage Collector entfernt, sobald sie nicht mehr referenziert werden.

2.8.1   Sichtbarkeitsattribute

Klassen und Structs haben auch die Aufgabe, von der tatsächlichen Implementierung ihrer Daten zu abstrahieren (*Datenabstraktion*), indem sie diese vor anderen Programmteilen verbergen (*Information Hiding*). Zu diesem Zweck kann die Sichtbarkeit von Deklarationen mittels Attributen festgelegt werden.

public. Alles, was mit dem Sichtbarkeitsattribut public deklariert wurde, ist überall sichtbar, wo der deklarierende Namensraum bekannt ist. Die Elemente eines Interface und eines Enumerationstyps sind automatisch public. Die Elemente von Structs und Klassen müssen hingegen explizit als public deklariert werden, wenn man sie öffentlich zugänglich machen will, ansonsten sind sie private.

Typen auf äußerster Ebene eines Namensraums (Klassen, Structs, Interfaces, Enumerationen und Delegates) können ebenfalls als public deklariert werden. Andernfalls haben sie die Sichtbarkeit internal, was bedeutet, dass sie nur innerhalb des Assemblies bekannt sind, in dem sie deklariert sind. Ein *Assembly* besteht grob gesagt aus all jenen Programmteilen, die zusammen übersetzt werden. In Abschnitt 2.13 werden wir uns Assemblies näher ansehen.

Öffentliche Elemente eines Typs sind natürlich nur dort sichtbar, wo auch der Typ, in dem sie enthalten sind, sichtbar ist.

private. Alles, was mit dem Sichtbarkeitsattribut private deklariert wurde, ist nur in der Klasse oder im Struct sichtbar, in dem es deklariert ist. Die Elemente einer Klasse oder eines Structs haben standardmäßig die Sichtbarkeit private. Will man sie öffentlich machen, muss man sie als public deklarieren. Hier ist ein Beispiel für die Verwendung von Sichtbarkeitsattributen:

```
struct Fraction {                       // internal
    public int z, n;                    // public
    private int auxiliary1;             // private
    int auxiliary2;                     // private
    void Reduce() {...}                 // private
    public void Add(Fraction f) {...}   // public
}
```

Folgendes Beispiel zeigt nochmals, wo überall auf private Elemente zugegriffen werden darf:

```
class A {
    private int x;
}

class C {
    private int y;

    public void F(C c) {
        y = ...;          // C-Methode darf auf private Elemente von C zugreifen.
        c.y = ...;        // C-Methode darf auf private Elemente eines anderen
                          // C-Objekts zugreifen.

        A a = new A();
        a.x = ...;        // Falsch! C-Methode darf nicht auf private Elemente
    }                     // eines A-Objekts zugreifen.
}
```

Neben den Sichtbarkeitsattributen public, private und internal gibt es noch die Attribute protected und protected internal, die in Abschnitt 2.9.1 besprochen werden.

2.8.2 Felder

Die Daten innerhalb von Klassen und Structs heißen *Felder* und können Variablen oder Konstanten sein. Folgendes Beispiel zeigt einige erlaubte Deklarationen:

```
class C {
    int value = 0;                                  // Variable
    const long size = ((long)int.MaxValue + 1) / 4;  // Konstante
    readonly DateTime date;                          // Readonly-Variable
    ...
}
```

Variablen. Feldvariablen wie value werden durch ihren Typ und ihren Namen deklariert. In Klassen dürfen sie auch wie im obigen Beispiel initialisiert werden, in Structs jedoch nicht, was mit einer Implementierungsbeschränkung der Common Language Runtime zu tun hat. Die Initialisierung von Struct-Feldern muss immer in einem Konstruktor erfolgen. Initialisiert man ein Feld bei seiner Deklaration, darf man dabei nicht auf andere Felder und Methoden des gleichen Objekts zugreifen.

Konstanten. Eine Konstante wie size ist ein Name für einen Wert, der zur Compilezeit berechnet und an allen Stellen im Programm eingesetzt wird, an denen dieser Name vorkommt. Konstanten werden mit dem Schlüsselwort const deklariert und müssen dabei initialisiert werden (auch in Structs).

Readonly-Felder. Wenn ein Feld mit dem Schlüsselwort readonly deklariert wird, darf man später nur lesend darauf zugreifen. Der Wert eines solchen Felds muss entweder bei der Deklaration oder in einem Konstruktor zugewiesen werden. Eine spätere Zuweisung ist nicht mehr möglich. Im Gegensatz zu Konstanten wird für Readonly-Felder eine Speicherzelle angelegt, auf die später bei der Verwendung zugegriffen wird. Readonly-Felder werden zur Laufzeit initialisiert, Konstantenfelder zur Compilezeit. Der Vorteil liegt darin, dass der Wert eines Readonly-Felds zum Beispiel von einer Datei eingelesen werden kann, was bei Konstanten nicht möglich ist.

Innerhalb der deklarierenden Klasse können Felder einfach über ihren Namen angesprochen werden (z.B. value oder this.value). Die Felder eines anderen Objekts müssen mit dem Objektnamen qualifiziert werden (z.B. c.value).

Statische Felder

Die Felder einer Klasse können entweder in jedem Objekt oder nur einmal pro Klasse vorhanden sein. Wenn sie nur einmal pro Klasse angelegt werden sollen, heißen sie *statische Felder* und müssen mit dem Zusatz static deklariert werden.

```
class Rectangle {
    static Color defaultColor;          // nur einmal pro Klasse vorhanden
    static readonly int scale = 1;      // nur einmal pro Klasse vorhanden
    int x, y, width, height;            // in jedem Objekt gespeichert
    ...
}
```

Die Felder defaultColor und scale gehören also zur Klasse Rectangle selbst und werden nur einmal angelegt. Die Felder x, y, width und height sind hingegen in jedem Rectangle-Objekt vorhanden (siehe Abb. 2.7).

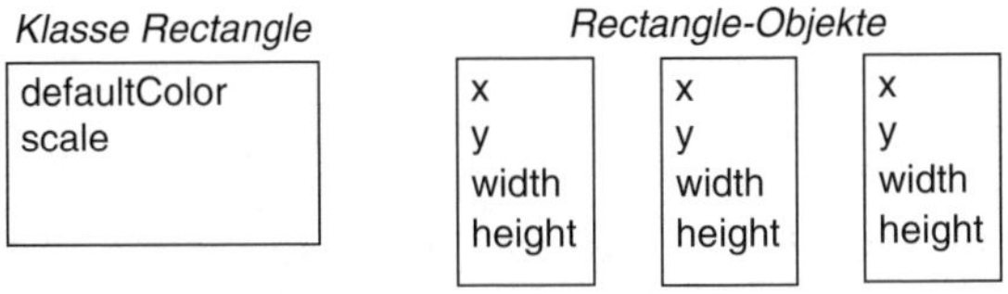

Klasse Rectangle   *Rectangle-Objekte*

defaultColor		x		x		x
scale		y		y		y
		width		width		width
		height		height		height

Abb. 2.7 *Statische und nicht statische Felder*

Alle Methoden einer Klasse können auf die statischen Felder dieser Klasse zugreifen (z.B. mittels defaultColor oder Rectangle.defaultColor). Beim Zugriff auf statische Felder einer fremden Klasse muss man den Feldnamen mit dem Klassennamen qualifizieren (z.B. String.Empty).

Für Konstantenfelder wird kein Speicherplatz angelegt. Daher hat der Zusatz static bei ihnen keinen Sinn und ist verboten.

2.8.3 Methoden

Die zu einer Klasse gehörenden Operationen heißen *Methoden*. Sie werden mit ihrem Namen, einer (eventuell leeren) Parameterliste und ihrem Code deklariert.

```
class Counter {
    int sum = 0, n = 0;

    public void Add(int x) {              // Prozedur
        sum = sum + x; n++;
    }

    public float Mean() {                 // Funktion (muss Wert mit return zurückgeben)
        return (float)sum / n;
    }
}
```

Methoden können Prozeduren oder Funktionen sein. Eine *Prozedur* wird als eigenständige Anweisung aufgerufen, z.B.:

```
counter.Add(3);
```

Sie liefert keinen Funktionswert und wird daher als void deklariert. Eine *Funktion* wird dagegen als Operand eines Ausdrucks aufgerufen, z.B.:

```
float result = 10 + counter.Mean();
```

Sie liefert einen Rückgabewert (*Funktionswert*) und wird daher mit dem Typ dieses Rückgabewerts deklariert (Mean liefert z.B. ein float-Ergebnis). Das Ergebnis muss mittels einer return-Anweisung zurückgegeben werden, andernfalls meldet der Compiler einen Fehler.

Statische Methoden

Ähnlich wie Felder können auch Methoden entweder der Klasse selbst oder den Objekten dieser Klasse zugeordnet werden. Methoden, die der Klasse zugeordnet sind, heißen *statische Methoden* und werden mit dem Schlüsselwort static deklariert.

```
class Rectangle {
    static Color defaultColor;

    public static void ResetColor() {
        defaultColor = Color.white;
    }
    ...
}
```

Statische Methoden sind auf ihre Klasse anwendbar, während nicht statische Methoden auf Objekte ihrer Klasse angewendet werden. Meist benutzt man statische Methoden dazu, um statische Felder zu initialisieren. Innerhalb der deklarierenden Klasse können sie einfach mit ihrem Namen angesprochen werden (z.B. ResetColor oder Rectangle.ResetColor). Statische Methoden fremder Klassen müssen mit dem Klassennamen qualifiziert werden (z.B. String.Format).

Parameter

Parameter sind Werte, die vom Rufer an eine Methode übergeben oder von der Methode an den Rufer zurückgegeben werden. Bei der Deklaration einer Methode wird eine Liste *formaler Parameter* angegeben, die den *aktuellen Parametern* beim Aufruf der Methode entsprechen. Parameter werden wie Variablen deklariert, aber durch Kommas getrennt, statt durch Strichpunkte abgeschlossen, z.B.:

```
void PrintMessage (string msg, int x, int y) {...}
```

C# kennt drei Arten von Parametern, die auf unterschiedliche Weise übergeben werden.

Wertparameter. Ein Wertparameter ist ein *Eingangsparameter*, der vom Rufer an die Methode übergeben wird (*call by value*). Der aktuelle Parameter darf ein beliebiger Ausdruck sein, dessen Wert vor dem Aufruf berechnet und in den entsprechenden formalen Parameter kopiert wird. Im folgenden Beispiel

```
void Inc(int x) { x = x + 1; }

void F() {
    int val = 3;
    Inc(val);        // val hat nach diesem Aufruf noch immer den Wert 3
}
```

wird der Wert von val in den formalen Parameter x kopiert, bevor Inc aufgerufen wird. Wenn x anschließend erhöht wird, bleibt der Wert von val unverändert, weil x ja eine Kopie von val ist. Die Typen von aktuellen und formalen Parametern müssen übrigens wie bei Zuweisungen kompatibel sein, was hier der Fall ist, weil sowohl val als auch x vom Typ int sind.

Ref-Parameter. Ein Referenzparameter ist ein *Übergangsparameter*, der dazu verwendet werden kann, einen Wert an eine Methode zu übergeben und eventuelle Änderungen, die die Methode an diesem Wert vornimmt, im Rufer weiterzuverarbeiten. Der aktuelle Parameter muss eine Variable sein; der entsprechende formale Parameter kann als Alias-Name für dieselbe Variable betrachtet werden. Technisch wird das gelöst, indem die Adresse des aktuellen Parameters übergeben wird (*call by reference*); der entsprechende formale Parameter bekommt einfach dieselbe Adresse wie der aktuelle Parameter. Sowohl formale als auch aktuelle Referenzparameter müssen mit dem Zusatz ref versehen werden. Im Beispiel

```
void Inc(ref int x) { x = x + 1; }

void F() {
    int val = 3;
    Inc(ref val);          // val hat nach diesem Aufruf den Wert 4
}
```

bezeichnen val und x dieselbe Variable. Wenn also Inc den Wert von x erhöht, wird dadurch auch der Wert von val erhöht. Die Variable val muss bereits vor dem Aufruf von Inc einen Wert haben, der an die Methode übergeben wird. Die Methode ändert diesen Wert und gibt ihn wieder an den Rufer zurück. Bei Referenzparametern müssen der aktuelle und der formale Parameter den gleichen Typ haben, da sie ja dieselbe Variable bezeichnen.

Out-Parameter. Ein Out-Parameter ist ein *Ausgangsparameter*, der von der Methode an ihren Rufer zurückgegeben wird. Die Parameterübergabe erfolgt wie bei Referenzparametern durch *call by reference*. Allerdings muss der aktuelle Parameter vor dem Aufruf noch keinen Wert haben. Dafür prüft der Compiler, dass der formale Parameter in der Methode einen Wert bekommt und liefert anderenfalls eine Fehlermeldung. Wie bei Referenzparametern muss ein aktueller Out-Parameter eine Variable sein, deren Typ gleich ist wie der Typ des entsprechenden formalen Parameters. Out-Parameter werden sowohl bei der Deklaration als auch beim Aufruf mit out gekennzeichnet.

```
void Read(out int first, out int next) {
    first = Console.Read();
    next = Console.Read();
}

void F() {
    int a, b;
    Read(out a, out b);
}
```

In diesem Beispiel sind a und first wieder zwei Namen für dieselbe Variable, ebenso b und next. Out-Parameter werden vor allem dann verwendet, wenn eine Methode mehr als einen Wert liefern soll. Andernfalls kann man das Ergebnis auch als Funktionswert zurückgeben.

Variable Anzahl von Parametern

In C# kann man Methoden deklarieren, die eine variable Anzahl von Parametern haben. Genau genommen darf der jeweils letzte Parameter als Array deklariert werden, für das dann beim Aufruf eine Folge von Einzelwerten angegeben werden kann. Dieser Parameter muss bei der Deklaration mit dem Schlüsselwort params gekennzeichnet sein, wie im folgenden Beispiel:

```
void Add(out int sum, params int[] val) {
    sum = 0;
    foreach (int i in val) sum += i;
}
```

Wenn man die Methode folgendermaßen aufruft

```
Add(out sum, 3, 4, 2, 9);
```

wird die Folge 3, 4, 2, 9 zum int-Array val zusammengefasst, und in sum wird der Wert 18 geliefert.

Andere bekannte Beispiele für eine variable Anzahl von Parametern sind die Methoden Write und WriteLine aus der Klasse Console. Sie sind wie folgt deklariert

```
public void WriteLine(string format, params object[] arg) {...}
```

und können nach dem Formatstring eine beliebige Anzahl von Argumenten aufweisen.

Als Einschränkung muss noch gesagt werden, dass das Schlüsselwort params nicht mit ref oder out kombiniert werden darf. Man kann also nur eine variable Anzahl von Eingangsparametern benutzen, nicht aber eine variable Anzahl von Ausgangs- oder Übergangsparametern.

Überladen von Methoden

Methoden einer Klasse dürfen gleich heißen, wenn sie sich in ihren Parametern unterscheiden, d.h., wenn sie

- ❏ unterschiedliche *Anzahl* von Parametern oder
- ❏ unterschiedliche Parameter*typen* oder
- ❏ unterschiedliche Parameter*arten* (value, ref/out) haben.

Im folgenden Beispiel werden fünf Methoden mit dem Namen P deklariert, die sich nach den oben angegebenen Kriterien unterscheiden.

```
void P(int x) {...}
void P(char x) {...}
void P(int x, long y) {...}
void P(long x, int y) {...}
void P(ref int x) {...}
```

Beim Aufruf der Methode wird vom Compiler die richtige Variante anhand der Typen der aktuellen Parameter ausgewählt, also:

```
int i; long n; short s;
P(i);      // P(int x)
P(ref i);  // P(ref int x)
P('a');    // P(char x)
P(i, n);   // P(int x, long y)
P(n, s);   // P(long x, int y)
P(i, s);   // mehrdeutig zwischen P(int x, long y) und P(long x, int y) => Fehler
P(i, i);   // mehrdeutig zwischen P(int x, long y) und P(long x, int y) => Fehler
```

Wenn die Auswahl nicht eindeutig ist, wie in den letzten beiden Zeilen des Beispiels, meldet der Compiler einen Fehler.

Überladene Methoden dürfen sich nicht bloß im Funktionstyp unterscheiden, wie im folgenden Beispiel:

```
int F() {...}
string F() {...}
```

Da sich jede Funktion auch als Prozedur aufrufen lässt

```
F();  // Rückgabewert wird ignoriert
```

kann der Compiler aus diesem Aufruf nicht erkennen, welche der beiden Funktionen gemeint ist. Daher ist dieser Fall verboten.

Auch die Schlüsselwörter params, ref und out dürfen nicht als Unterscheidungskriterien beim Überladen von Methoden verwendet werden. Die folgenden Deklarationen sind also falsch:

```
void P(int[] a) {...}
void P(params int[] a) {...}       // Fehler: Mehrdeutigkeit
```

```
void Q(ref int x) {...}
void Q(out int x) {...}              // Fehler: Mehrdeutigkeit
```

Der Grund für dieses Verbot ist nicht ganz offensichtlich, denn Q muss ja entweder als Q(ref x); oder als Q(out x); aufgerufen werden, womit eine Unterscheidung möglich sein sollte. Das Verbot kommt aber daher, dass der C#-Compiler diese Konstrukte auf denselben CIL-Code abbildet und der JIT-Compiler dann die beiden Aufrufe nicht mehr unterscheiden kann.

2.8.4   Konstruktoren

Konstruktoren sind spezielle Methoden zur Initialisierung von Objekten. Wir behandeln zuerst Konstruktoren in Klassen, anschließend Konstruktoren in Structs und schließlich statische Konstruktoren.

Konstruktoren in Klassen

Ein Konstruktor ist eine Methode, die bei der Erzeugung eines Objekts automatisch aufgerufen wird, um das Objekt zu initialisieren. Konstruktoren tragen denselben Namen wie die Klasse, in der sie deklariert sind, und haben keinen Funktionstyp. Folgende Klasse Rectangle hat zum Beispiel drei überladene Konstruktoren:

```
class Rectangle {
    int x, y, width, height;
    public Rectangle(int x, int y, int w, int h) { this.x = x; this.y = y; width = w; height = h; }
    public Rectangle(int w, int h) : this(0, 0, w, h) {}
    public Rectangle() : this(0, 0, 0, 0) {}
    ...
}
```

Die Anweisung

```
Rectangle r1 = new Rectangle(2, 2, 10, 5);
```

erzeugt ein neues Rectangle-Objekt und ruft den passenden Konstruktor auf (in diesem Fall den mit vier Parametern), der die Felder x, y, width und height mit den Werten 2, 2, 10 und 5 initialisiert. Erzeugung und Initialisierung eines Objekts werden somit zu einer Einheit verbunden. Erzeugt man ein Objekt mittels

```
Rectangle r2 = new Rectangle(10, 5);
```

so wird der Konstruktor mit zwei Parametern aufgerufen. Im Kopf seiner Deklaration sieht man den Aufruf

```
... : this(0, 0, w, h)
```

was bedeutet, dass vor seiner ersten Anweisung ein anderer Konstruktor dieser Klasse aufgerufen wird, und zwar der mit vier Parametern. Die Implementierung eines Konstruktors kann so auf die Implementierung anderer Konstruktoren zurückgeführt werden. Gleiches gilt für den dritten Konstruktor.

Nach der Erzeugung eines Objekts und vor dem Aufruf des Konstruktors werden noch jene Initialisierungen durchgeführt, die bei der Deklaration der Felder angegeben wurden.

Standardkonstruktor. Hat eine Klasse keinen Konstruktor, wird automatisch ein parameterloser Standardkonstruktor erzeugt. Sieht eine Klasse also wie folgt aus

```
class C {
    int x;
    bool y;
}
```

kann man wie gewohnt ein Objekt davon erzeugen:

```
C obj = new C();
```

Dabei wird der parameterlose Standardkonstruktor aufgerufen, der die Felder je nach Typ folgendermaßen initialisiert:

```
numerischer Typ:    0
Enumeration:        Konstante, die dem Wert 0 entspricht
bool:               false
char:               '\0'
Referenztyp:        null
```

Hat eine Klasse zumindest *einen* Konstruktor, so wird *kein* Standardkonstruktor erzeugt. Sieht eine Klasse also wie folgt aus

```
class C {
    int x;
    public C(int y) { x = y; }
}
```

muss man bei der Erzeugung von Objekten einen Parameter angeben:

```
C c1 = new C(3);       // o.k.
C c2 = new C();        // Compiler meldet einen Fehler
```

Konstruktoren in Structs

Grundsätzlich haben Konstruktoren bei Structs dieselbe Form und Bedeutung wie bei Klassen. In Structs dürfen aber keine parameterlosen Konstruktoren deklariert werden (der Grund liegt in der Implementierung der Common Language Runtime). Dafür erzeugt der Compiler für jeden Struct-Typ automatisch einen parameterlosen Standardkonstruktor, der die Felder wie oben beschrieben mit Nullwerten initialisiert. Hier ist ein Beispiel:

```
struct Complex {
    double re, im;
    public Complex(double re, double im) { this.re = re; this.im = im; }
    public Complex(double re) : this(re, 0) {}
    ...
}
...
Complex c0;                          // c0.re und c0.im sind uninitialisiert
Complex c1 = new Complex();          // c1.re == 0, c1.im == 0
Complex c2 = new Complex(5);         // c2.re == 5, c2.im == 0
Complex c3 = new Complex(10, 3);     // c3.re == 10, c3.im == 3
```

Statische Konstruktoren

Wie Methoden können auch Konstruktoren mit dem Schlüsselwort static versehen werden und sind dann statisch. Ein statischer Konstruktor dient vor allem zur Initialisierung einer Klasse (d.h. ihrer statischen Felder) und wird automatisch aufgerufen, bevor die Klasse das erste Mal benutzt wird. Hier sind zwei Beispiele:

```
class Rectangle {
    static Color defaultColor;
    static Rectangle() { defaultColor = Color.black; }
    ...
}
struct Point {
    ...
    static Point() { Console.WriteLine("Point initialized"); }
}
```

Statische Konstruktoren müssen parameterlos sein (auch bei Structs) und werden weder als public noch als private deklariert. Es darf nur einen einzigen statischen Konstruktor pro Typ geben.

Bevor ein statischer Konstruktor aufgerufen wird, werden die bei der Deklaration der statischen Felder angegebenen Initialisierungen ausgeführt. Hat eine Klasse keinen statischen Konstruktor, werden alle ihre statischen Felder, die nicht explizit initialisiert wurden, mit 0, false, '\0' etc. initialisiert.

Die Reihenfolge, in der die statischen Konstruktoren der einzelnen Typen aufgerufen werden, ist nicht definiert. Es wird nur garantiert, dass sie aufgerufen werden, bevor die Typen benutzt werden.

2.8.5 Destruktoren

Destruktoren sind das Gegenstück von Konstruktoren. Sie dienen für Abschluss-arbeiten in Objekten (z.B. zum Schließen von Dateien, die ein Objekt offen hält) und werden – sofern vorhanden – automatisch aufgerufen, bevor der Garbage Collector ein Objekt der entsprechenden Klasse freigibt. Hat auch die Oberklasse einen Destruktor, so wird auch dieser automatisch aufgerufen. Ein Destruktor hat den gleichen Namen wie seine Klasse, ist parameterlos, weder public noch private und wird mit einer Tilde (~) deklariert, zum Beispiel:

```
class Buffer {
    FileStream s = new FileStream("scratch.txt", FileMode.Create);
    ...
    ~Buffer() {              // Destruktor
        s.Close();           // Abschlussarbeiten
    }
}
```

Die meisten Klassen benötigen keinen Destruktor, weil die Abschlussarbeiten normalerweise nur aus dem Freigeben nicht mehr benötigter Objekte bestehen, was der Garbage Collector automatisch durchführt. .NET spezifiziert nicht, in welcher Reihenfolge Destruktoren aufgerufen werden, ja es garantiert nicht einmal, dass sie überhaupt aufgerufen werden. Außerdem benötigen Objekte mit Destruktoren länger bei ihrer Erzeugung und bei ihrer Freigabe. Daher also: Finger weg von Destruktoren! Im Gegensatz zu C++ sind sie meist nicht nötig.

2.8.6 Properties

Properties sind spezielle Felder (*smart fields*), auf die über get- und set-Methoden zugegriffen wird. Die Deklaration eines solchen Felds und seiner get- und set-Methoden bildet eine syntaktische Einheit, zum Beispiel:

```
class Data {
    FileStream s;

    public string FileName {  // Property namens FileName vom Typ string
        set { s = new FileStream(value, FileMode.Create); }   // set-Methode
        get { return s.Name; }                                // get-Methode
    }
    ...
}
```

FileName kann wie ein Feld vom Typ string betrachtet werden. Wenn man darauf schreibend zugreift

```
Data d = new Data();
d.FileName = "myFile.txt";
```

wird automatisch die set-Methode von FileName aufgerufen, und der zugewiesene Wert wird als versteckter Parameter mit dem Namen value und dem Typ des Properties (hier string) übergeben. Die Zuweisung führt also zur Ausführung von

```
s = new FileStream("myFile.txt", FileMode.Create);
```

Wenn man lesend zugreift

```
string str = d.FileName;
```

wird automatisch die get-Methode von FileName aufgerufen, die hier einen string-Wert liefert. Genau genommen werden get und set nicht als Methode aufgerufen, sondern ihr Code wird vom JIT-Compiler an der Aufrufstelle eingesetzt (*inlining*), so dass der Zugriff auf Properties kaum mehr kostet, als der Zugriff auf gewöhnliche Felder.

Properties können auch statisch sein, also zu einer Klasse gehören statt zu ihren Objekten. Außerdem sind neben der gewöhnlichen Zuweisung auch alle kombinierten Zuweisungsoperatoren (+=, -= usw.) erlaubt:

```
class C {
    private static int size;

    public static int Size {
        get { return size; }
        set { size = value; }
    }
}
...
C.Size = 3;      // gewöhnliche Zuweisung
C.Size += 2;     // kombinierte Zuweisung: C.Size = C.Size + 2;
```

Nicht alle Properties müssen sowohl eine set- als auch eine get-Methode haben. Lässt man die set-Methode weg, erhält man ein Readonly-Property, lässt man die get-Methode weg, ein Writeonly-Property. Die Einschränkung auf lesenden Zugriff ist zum Beispiel in folgender Klasse Account nützlich, bei der man zwar die Abfrage, aber nicht die Änderung des Kontostands erlauben möchte.

```
class Account {
    long balance;

    public long Balance {
        get { return balance; }
    }
}
...
long x = account.Balance;  // o.k.
account.Balance = 0;       // verboten: Compiler liefert einen Fehler
```

Da Properties in Methoden übersetzt werden, darf man sie nicht als ref- oder out-Parameter verwenden, weil der aktuelle Parameter hier eine Variable sein muss, in der der Parameter zurückgegeben werden kann.

Nutzen von Properties. Properties findet man weder in C++ noch in Java. In Java wird zwar die Konvention empfohlen, dass man auf ein privates Feld xxx mittels zweier Methoden getXxx und setXxx zugreifen sollte, aber das ist eben nur eine Konvention. Die Verwendung von Properties hat folgende Vorteile:

- ❏ Die Benutzersicht eines Felds und seine Implementierung können verschieden sein, wie im obigen Beispiel für FileName. Klienten benutzen FileName wie ein string-Feld. In Wirklichkeit steckt aber ein FileStream dahinter, der beim Setzen des Properties automatisch geöffnet wird.
- ❏ Bei der Zuweisung können im Hintergrund Plausibilitätsprüfungen, Hilfsdrucke oder sonstige Operationen ablaufen. Wenn das Feld size im obigen Beispiel nur Werte zwischen 0 und 100 annehmen soll, kann man diese Bedingung in der set-Methode des Properties Size prüfen.
- ❏ Wie bereits erwähnt, kann man mit Properties Readonly- und Writeonly-Felder implementieren.
- ❏ In Interfaces (siehe Abschnitt 2.10) dürfen zwar keine Felder, wohl aber Properties deklariert werden. Properties sind also ein Ersatz für Felder in Interfaces.
- ❏ Properties sind mittels Reflection (siehe Abschnitt 4.5) eindeutig als solche erkennbar. Das ist für die komponentenbasierte Programmierung wichtig, in der man beim Zusammenstecken von Komponenten wissen muss, welche Properties die Komponenten haben, um sie geeignet zu konfigurieren.

2.8.7   Indexer

Eine Klasse repräsentiert oft eine Sammlung von Elementen (z.B. eine Liste, eine Menge oder eine Datei), auf die man wie bei Arrays über einen Index zugreifen möchte. In C# kann man für diesen Zweck einen *Indexer* benutzen.

Ein Indexer ist ein programmierbarer Operator zum Indizieren einer Folge von Elementen. Wie ein Property besteht er aus einem Paar von get- und set-Methoden sowie aus einem oder mehreren Indexparametern, die als Schlüssel für den Zugriff dienen. Beim Zugriff über einen Indexer wird die Indexschreibweise von Arrays verwendet, zum Beispiel list[i].

Am besten sehen wir uns dazu ein Beispiel an. In einer Klasse File soll ein Indexer verwendet werden, der den Zugriff auf die einzelnen Zeichen in der Form file[i] erlaubt. Dies wird wie folgt implementiert:

```
class File {
    private FileStream s;

    public int this [int offset] {
        get {  s.Seek(offset, SeekOrigin.Begin);
               return s.ReadByte();
        }
        set {  s.Seek(offset, SeekOrigin.Begin);
               s.WriteByte((byte)value);
        }
    }
    ...
}
```

Ein Indexer hat immer den Namen this. Sein Typ (im obigen Beispiel int) gibt den Typ des gelieferten Elements an. Statt eines Parameters wird in eckigen Klammern ein Indexwert deklariert (im obigen Beispiel [int offset]), der als Schlüssel für den Zugriff dient. Wie bei Properties wird beim schreibenden Zugriff ein impliziter Parameter namens value übergeben. Der Indexer kann wie folgt verwendet werden:

```
File f = new File();
int x = f[10];          // ruft f.get(10) auf
f[10] = 'A';            // ruft f.set(10, 'A') auf
```

Beim lesenden Zugriff wird die get-Methode aufgerufen, wobei offset hier den Wert 10 hat. Beim schreibenden Zugriff wird die set-Methode aufgerufen, wobei offset hier den Wert 10 und value den Wert 'A' hat.

Indexer können wie Methoden überladen werden, indem man Indexwerte mit unterschiedlichem Typ deklariert. Dies wird in folgendem Beispiel gezeigt, aus dem man auch sieht, dass der Indexwert nicht immer vom Typ int sein muss und dass die get- oder die set-Methode auch fehlen kann.

```
class MonthlySales {
    int[] sales = new int[12]; // Verkaufszahlen der letzten 12 Monate

    public int this [int i] {
        get { return sales[i-1]; }
    }

    public int this [string month] {
        get {
            switch (month) {
                case "Jan": return sales[0];
                case "Feb": return sales[1];
                ...
            }
        }
    }
}
```

Wenn s eine Variable vom Typ MonthlySales ist, kann man nun auf die Verkaufszahlen des Monats Februar entweder als s[2] oder als s["Feb"] zugreifen. Dies ist meist lesbarer als Methodenaufrufe wie s.getSales(2) oder s.getSales("Feb").

Indexer werden auch in Bibliotheksklassen häufig benutzt, zum Beispiel beim Zugriff auf die Elemente eines Strings, eines BitArray oder einer ArrayList (siehe Abschnitt 4.1).

2.8.8 Operatoren

Eingebaute Operatoren wie + und * haben in der Regel eine feste, durch die Sprache definierte Bedeutung. C# erlaubt jedoch, einen derartigen Operator als Methode einer Klasse zu implementieren und somit seine Bedeutung selbst festzulegen. Man nennt das *Überladen von Operatoren* (*operator overloading*).

Überladene Operatoren sind z.B. in Klassen oder Structs für Bruchzahlen oder komplexe Zahlen nützlich, bei denen sie aus mathematischer Sicht sinnvoll sind. Zwei Bruchzahlen a und b können dann mittels a + b addiert werden, anstatt durch einen schwerfälligeren Methodenaufruf a.Add(b). Folgendes Beispiel zeigt die Deklaration eines Typs Fraction mit einem überladenen Operator +.

```
struct Fraction {        // Bruchzahlen
    int z, n;            // Zähler, Nenner

    public Fraction(int z, int n) { this.z = z; this.n = n; }

    public static Fraction operator + (Fraction a, Fraction b) {
        return new Fraction(a.z * b.n + b.z * a.n, a.n * b.n);
    }
    ...
}
```

Ein überladener Operator ist immer als *statische* Methode zu deklarieren, die ein Funktionsergebnis liefert (meist ein Objekt desselben Typs, in dem der Operator deklariert ist). Der Name der Methode ist der Operator (z.B. +) mit dem vorausgehenden Schlüsselwort operator.

Es gibt unäre und binäre Operatoren. Methoden für unäre Operatoren haben einen einzigen Parameter, Methoden für binäre Operatoren zwei Parameter. In beiden Fällen muss zumindest einer der Parameter von jenem Typ sein, zu dem die Methode gehört (im obigen Beispiel Fraction).

Variablen des Typs Fraction können nun wie folgt benutzt werden:

```
Fraction a = new Fraction(1, 2);
Fraction b = new Fraction(3, 4);
Fraction c = a + b;                 // c.z == 10, c.n == 8
```

Durch den Ausdruck a + b wird die statische Methode + der Klasse Fraction aufgerufen, und zwar mit a und b als Parametern. Die Methode liefert ein neues
Fraction-Objekt zurück, das das Ergebnis des Ausdrucks darstellt.

Tabelle 2.7 zeigt, welche Operatoren in C# überladen werden dürfen. Wird
der Operator == (bzw. <, <=, true) überladen, muss auch der Operator != (bzw. >,
>=, false) überladen werden.

Tabelle 2.7 *Überladbare Operatoren*

Unäre arithmetische Operatoren	+, -, ++, --
Binäre arithmetische Operatoren	+, -, *, /, %
Unäre Bitoperatoren	!, ~, true, false
Binäre Bitoperatoren	&, I, ^, <<, >>
Vergleichsoperatoren	==, !=, <, >, <=, >=

Bei den Operatoren ++ und -- braucht man nicht zwischen Präfix- und Postfix-
Version zu unterscheiden. Bei x++ wird der überladene Operator auf den geladenen Wert von x angewendet, bei ++x auf die Variable x.

Die Operatoren && und II können nicht direkt überladen werden. Wenn man
für sie eine spezielle Bedeutung definieren möchte, muss man stattdessen die
Operatoren &, I, true und false überladen. Die Operatoren && und II werden dann
auf sie zurückgeführt.

Sehen wir uns das anhand eines Beispiels an: Angenommen, wir benötigen
Werte mit drei möglichen Zuständen: wahr, falsch und unentschieden. Wir kön-
nen diese Werte durch eine Klasse TriState implementieren, die unter anderem die
Operatoren &, I, true und false enthält:

```
class TriState {
    private int state;  // -1 == false, 0 == undecided, 1 == true
    public TriState (int s) { state = s; }

    public static bool operator true (TriState x) { return x.state > 0; }
    public static bool operator false (TriState x) { return x.state <= 0; }

    public static TriState operator & (TriState x, TriState y) {
        if (x.state == -1 II y.state == -1) return new TriState(-1);    // false
        if (x.state == 1 && y.state == 1) return new TriState(1);       // true
        return new TriState(0);                                          // undecided
    }

    public static TriState operator I (TriState x, TriState y) {
        if (x.state == 1 II y.state == 1) return new TriState(1);        // true
        if (x.state == -1 && y.state == -1) return new TriState(-1);     // false
        return new TriState(0);                                          // undecided
    }
}
```

Auf Objekte einer Klasse, die die Operatoren &, |, true und false unterstützt, können auch die Operatoren && und || angewendet werden. Der Compiler übersetzt diese Operatoren dabei folgendermaßen:

```
x && y    ⇒ false(x) ? x : (x & y)
x || y    ⇒ true(x) ? x : (x | y)
```

Wir können daher folgendes Programm schreiben:

```
TriState x = new TriState(1);
TriState y = new TriState(0);
if (x) Console.WriteLine("true"); else Console.WriteLine("false");
if (y) Console.WriteLine("true"); else Console.WriteLine("false");
if (x || y) Console.WriteLine("true"); else Console.WriteLine("false");
if (x && y) Console.WriteLine("true"); else Console.WriteLine("false");
```

und erhalten als Ausgabe true, false, true und false.

Konversionsoperatoren

Wir haben bereits mehrmals Beispiele für Typkonversionen gesehen. Genau genommen unterscheidet man zwischen zwei Arten von Konversionen:

❑ *Implizite Konversionen* finden in Ausdrücken und Zuweisungen statt, ohne dass man es im Quellcode sieht. Wenn man zum Beispiel einen int-Wert einer long-Variablen zuweist, wird er vorher in einen long-Wert konvertiert. Implizite Konversionen sind immer möglich und führen zu keinem Genauigkeitsverlust.

❑ *Explizite Konversionen* werden durch einen Konversionsoperator ausgedrückt (z.B. intVar = (int) longVar;). Sie führen bei Referenztypen zu einer Laufzeittypprüfung oder können bei einfachen Typen zur Folge haben, dass das Konversionsergebnis abgeschnitten wird.

Neben den impliziten und expliziten Konversionen, die die Sprache C# definiert, kann der Programmierer für seine Klassen und Structs eigene Konversionsoperatoren definieren, die Werte dieser Typen in andere Typen umwandeln. Zum Beispiel wäre es wünschenswert, zwischen den Werten der Typen Fraction und int konvertieren zu können, also Folgendes zu schreiben:

```
Fraction f = 3;        // implizite Konversion
int i = (int) f;       // explizite Konversion
```

Die erste Zeile beschreibt eine implizite Konversion, weil int-Werte ohne Genauigkeitsverlust in eine Bruchzahl umgewandelt werden können. Die zweite Zeile beschreibt eine explizite Konversion, weil bei der Umwandlung einer Bruchzahl in eine int-Zahl unter Umständen Nachkommastellen abgeschnitten werden müssen.

Um diese beiden Konversionen bewerkstelligen zu können, kann man in der Klasse Fraction einen impliziten und einen expliziten Konversionsoperator wie folgt deklarieren:

```
class Fraction {
    ...
    public static implicit operator Fraction (int x) { return new Fraction(x, 1); }
    public static explicit operator int (Fraction f) { return f.z / f.n; }
}
```

Der *Name* der Operatormethode ist der *Zieltyp*, in den konvertiert werden soll. Der *Parameter* der Methode beschreibt den zu konvertierenden *Wert*. Das Schlüsselwort implicit oder explicit gibt an, ob die Konversion automatisch bei einer Zuweisung oder durch Angabe eines Konversionsoperators ausgelöst werden soll.

Mit diesen beiden Operatoren der Klasse Fraction sind die Zuweisungen zwischen Fraction und int wie oben beschrieben möglich.

2.8.9　Geschachtelte Typen

Klassen und Structs können selbst wieder Typen enthalten (d.h. weitere Klassen, Structs, Interfaces, Enumerationen oder Delegates). Meist sind das Hilfstypen, die nur lokal in einer Klasse oder einem Struct benötigt werden. Durch die Einbettung macht man diese Lokalität deutlich und kann auch die Sichtbarkeit des geschachtelten Typs auf den enthaltenen Typ einschränken. Folgendes Codestück zeigt ein Beispiel für eine Klasse A und zwei darin geschachtelte Klassen B und C.

```
class A {
    int x;
    B b = new B(this);          // Objekt der lokalen Klasse B
    public void MA() { b.MB(); } // benutzt Methode der lokalen Klasse B

    class B {                    // lokale Klasse B; nur in A sichtbar
        A a;
        public B(A a) { this.a = a; }
        public void MB() { a.x = 3; a.MA(); } // Zugriff auf alle Elemente von A möglich
    }

    public class C {             // lokale Klasse C; auch außerhalb von A  sichtbar
        public int y = 0;
        ...
    }
}

class D {
    A.C c = new A.C();           // A.C ist hier sichtbar, A.B nicht
    void MD() { c.y = 1; }
}
```

Eingeschachtelte Typen sehen alle Elemente ihres umgebenden Typs, selbst wenn diese die Sichtbarkeit private haben. B kann also auf das private Feld x von A zugreifen. Äußere Typen sehen allerdings nur die public-Elemente ihrer inneren Typen. A kann die Methode MB aus B aufrufen, aber nicht auf das Feld a zugreifen. Fremde Typen sehen einen geschachtelten Typ nur, wenn dieser als public deklariert ist. D kann also nur auf A.C zugreifen, nicht aber auf A.B.

Die Felder von inneren und äußeren Klassen gehören zu unterschiedlichen Objekten. Wenn man auf sie zugreift, muss man das Objekt angeben, zu dem sie gehören (z.B. a.x oder c.y). Dies ist anders als in Java, wo die innere Klasse auf die Felder der äußeren Klasse zugreifen kann, wie wenn es ihre eigenen wären.

2.8.10 Partielle Typen

Seit Version 2.0 von C# besteht die Möglichkeit, eine Klasse, ein Struct oder ein Interface in mehreren Teilen zu deklarieren und auf unterschiedliche Dateien zu verteilen. Eine Datei *Part1.cs* könnte zum Beispiel einen Teil einer Klasse C mit einem Feld x und zwei Methoden M1 und M2 deklarieren:

```
public partial class C {
    public int x;
    public void M1() { ... }
    public int M2(string x) { ... }
}
```

Eine zweite Datei *Part2.cs* könnte dann einen weiteren Teil von C deklarieren und ein Feld y sowie eine Methode M3 hinzufügen:

```
public partial class C {
    public int y;
    public void M3() { ... }
}
```

Die beiden Teile bilden eine einzige Klasse C, deren Quellcode lediglich auf zwei Dateien verteilt ist. In allen Deklarationsteilen eines partiellen Typs muss das Schlüsselwort partial unmittelbar vor class, struct oder interface angegeben werden.

Was könnte der Grund sein, die Deklaration eines Typs auf verschiedene Dateien zu verteilen? Zum einen könnten die einzelnen Teile unterschiedliche Funktionalitäten implementieren. In diesem Fall sollte man allerdings lieber unterschiedliche Typen verwenden. Ein anderer Grund könnte sein, dass es mit partiellen Typen für Entwickler einfacher wird, gleichzeitig an einem bestimmten Typ zu arbeiten, ohne dieselben Dateien zu benutzen. Aber auch dieser Grund ist eher fadenscheinig. Der eigentliche Zweck partieller Typen besteht darin, dass es auf diese Weise möglich ist, einen Teil des Typs durch ein Programm erzeugen zu lassen, während in einem anderen Teil handgeschriebene Felder und Methoden hinzugefügt werden können. Diese Situation tritt zum Beispiel bei Werkzeugen wie Visual Studio .NET auf, in denen Teile des Codes generiert werden und andere handgeschrieben sind.

In der Regel sollte man es vermeiden, die Deklaration von Typen auf mehrere Dateien zu verteilen. Eine Klasse, ein Struct oder ein Interface ist ein Baustein, der zusammengehörige Dinge enthält und aus Gründen der Lesbarkeit und Wartbarkeit an einer einzigen Stelle deklariert werden sollte.

2.8.11 Statische Klassen

Eine Klasse kann mit Hilfe des Schlüsselworts static als statische Klasse deklariert werden. Man drückt damit aus, dass diese Klasse nur Konstanten, statische Variablen und statische Methoden deklarieren darf, und gibt dem Compiler dadurch die Möglichkeit, diese Invariante zu überprüfen. Die .NET-Klassenbibliothek enthält zum Beispiel eine statische Klasse Math, von der hier ein Auszug gezeigt wird:

```
public static class Math {
    public const double E = 2.7182818284590452354;
    public const double PI = 3.14159265358979323846;

    public static double Abs(int double) { ... }
    public static double Cos(double d) { ... }
    public static double Sin(double d) { ... }
    ...
}
```

2.8.12 Unterschiede zu Java und C++

Im Gegensatz zu Java kennt C# keine *anonymen Klassen*, die ohne Angabe eines Namens direkt bei der Erzeugung eines Objekts deklariert werden können. Anonyme Klassen werden in Java vor allem für Objekte verwendet, die auf Ereignisse reagieren sollen (so genannte *Listeners*). In C# implementiert man hingegen die Reaktion auf Ereignisse mittels *Delegates* (siehe Abschnitt 2.11).

Wie in C++ gibt es mittlerweile auch in C# (und übrigens auch in Java) *generische Typen*, die mit anderen Typen parametrisiert werden können (siehe Abschnitt 2.14). Während jedoch generische Typen in C++ und Java nur zur Übersetzungszeit existieren und vom Compiler in nichtparametrisierte Typen übersetzt werden, existieren sie in C# auch zur Laufzeit, d.h., sie können zum Beispiel in Laufzeittypprüfungen und Typumwandlungen verwendet werden.

Ein Unterschied zwischen C# und Java besteht auch in der Standardsichtbarkeit von Elementen in Klassen und Structs. Gibt man für ein Element kein Sichtbarkeitsattribut an, hat es in C# die Sichtbarkeit private, in Java hat es die Sichtbarkeit package. Klassen ohne explizites Sichtbarkeitsattribut haben in C# die Sichtbarkeit internal (siehe Abschnitt 2.9.1), in Java die Sichtbarkeit package.

2.9 Vererbung

Als objektorientierte Sprache erlaubt C#, dass eine Klasse von einer anderen Klasse abgeleitet wird. Sie bildet dann eine *Unterklasse*, die alle Elemente ihrer *Oberklasse* erbt, wie wenn sie in der Unterklasse deklariert worden wären. Zusätzlich kann man in der Unterklasse neue Elemente deklarieren und geerbte Methoden, Properties und Indexer überschreiben.

2.9.1 Deklaration von Unterklassen

Bei der Deklaration einer Klasse kann man angeben, von welcher anderen Klasse sie abgeleitet sein soll. Hier ist ein Beispiel einer Oberklasse (oder Basisklasse) A und einer von ihr abgeleiteten Unterklasse B.

```
class A {                    // Oberklasse (oder Basisklasse)
    int a;
    public A() {...}
    public void F() {...}
}

class B : A {                // Unterklasse: erbt von A und erweitert A
    int b;
    public B() {...}
    public void G() {...}
}
```

Durch class B : A wird angegeben, dass B eine Unterklasse von A ist. Sie erbt von A das Feld a und die Methode F und fügt ein neues Feld b und eine Methode G hinzu. Konstruktoren werden nicht vererbt, sondern müssen für jede Klasse neu deklariert werden. Wird für eine Klasse keine explizite Oberklasse angegeben (wie z.B. für A), ist sie implizit von System.Object abgeleitet. Alle Klassen erben also direkt oder indirekt von Object.

In C# darf eine Klasse nur von einer einzigen Oberklasse abgeleitet sein. C# unterstützt also nur *einfache Vererbung* und nicht *mehrfache Vererbung* wie C++. Allerdings kann eine Klasse in C# beliebig viele Interfaces implementieren (siehe Abschnitt 2.10) und somit die meisten gewünschten Effekte der mehrfachen Vererbung erzielen.

Die Vererbung ist nur bei Klassen, aber nicht bei Structs möglich. Structs können von keinem anderen Struct abgeleitet werden. Sie können aber wie Klassen beliebig viele Interfaces implementieren. Außerdem sind sie über *Boxing* (siehe Abschnitt 2.3.8) mit Object kompatibel. Natürlich kann auch eine Klasse nur von einer *Klasse*, aber nicht von einem Struct erben.

Sichtbarkeitsattribut protected. Die privaten Felder und Methoden der Oberklasse sind in der Unterklasse nicht sichtbar, wohl aber die mit public deklarierten

Elemente. Allerdings sind public-Elemente auch in anderen Klassen sichtbar, was unter Umständen unerwünscht ist. Daher gibt es in C# das Sichtbarkeitsattribut protected. Wenn ein Feld oder eine Methode als protected deklariert wird, ist dieses Element nur in der deklarierenden Klasse und ihren Unterklassen sichtbar. Die Unterklassen können es benutzen, um die geerbte Implementierung der Oberklasse zu erweitern. Andere Klasse sehen es aber nicht. Dies wird im folgenden Beispiel gezeigt, in dem die Felder der Klasse Stack zur Implementierung der Methode Contains in der Unterklasse BetterStack benutzt werden.

```
class Stack {
    protected int[] val = new int[32];
    protected int top = -1;
    public void Push(int x) {...}
    public int Pop() {...}
}

class BetterStack : Stack {
    public bool Contains(int x) {
        for (int i = 0; i <= top; i++) if (x == val[i]) return true;
        return false;
    }
}
...
Stack s = new Stack();
s.val = ...;                    // verboten
```

Sichtbarkeitsattribut internal. Schließlich gibt es in C# noch das Sichtbarkeitsattribut internal. Wenn ein Name als internal deklariert wird, ist er im gesamten *Assembly* bekannt, das die Deklaration enthält. Ein Assembly ist grob gesprochen die Menge aller Typen, die gemeinsam übersetzt werden. Assemblies werden in Abschnitt 2.13 näher behandelt. Typen auf äußerster Ebene eines Namensraums haben die Sichtbarkeit internal, falls man nichts anderes angibt.

Die Attribute protected und internal können auch kombiniert werden, was bedeutet, dass ein so in einer Klasse C deklarierter Name im gesamten Assembly bekannt ist und zusätzlich auch in Unterklassen von C, die in einem anderen Assembly liegen. Diese Art von Sichtbarkeit wird allerdings selten verwendet.

2.9.2 Kompatibilität zwischen Klassen

Eine Unterklasse erbt alle Eigenschaften ihrer Oberklasse. Sie ist somit ein Spezialfall der Oberklasse und kann daher überall dort verwendet werden, wo die Oberklasse erwartet wird. Insbesondere kann ein Objekt einer Unterklasse einer Variablen ihrer Oberklasse zugewiesen werden.

Folgendes Beispiel zeigt drei Klassen A, B und C, die voneinander wie folgt abgeleitet sind:

```
class A {...}
class B : A {...}
class C : B {...}
```

Einer Variablen vom Typ A können nun Objekte der Klassen B und C zugewiesen werden, weil B und C Spezialfälle von A sind:

```
A a = new A();
a = new B();
a = new C();
```

Die umgekehrte Zuweisung ist aber verboten:

```
B b = new A();   // verboten
```

Ein A-Objekt darf keiner B-Variablen zugewiesen werden, weil A nicht alle Felder und Methoden von B enthält und daher auch nicht wie ein B-Objekt benutzt werden kann.

Was bedeutet es nun, wenn eine A-Variable ein B-Objekt referenziert? Man sagt, dass diese Variable dann vom *dynamischen Typ* B ist, während ihr *statischer Typ* immer der Typ ist, mit dem sie deklariert wurde. Der dynamische Typ einer Variablen darf also eine Erweiterung ihres statischen Typs sein. Tabelle 2.8 zeigt den statischen und dynamischen Typ einer Variablen nach diversen Zuweisungen.

Tabelle 2.8 *Statischer und dynamischer Typ einer Variablen*

	statischer Typ von a	dynamischer Typ von a
A a = new A();	A	A
a = new B();	A	B
a = new C();	A	C

Laufzeittypprüfungen. Der dynamische Typ einer Variablen kann zur Laufzeit abgefragt werden. Der *Typtest*

```
v is T
```

prüft, ob die Variable v vom dynamischen Typ T oder einem daraus abgeleiteten Typ ist, ob sie also zumindest wie ein T-Objekt verwendet werden kann. Dies wird durch folgende Beispiele illustriert:

```
A a = new C();      // dynamischer Typ von a ist C
if (a is C) ...     // true
if (a is B) ...     // true (dynamischer Typ von a ist eine Erweiterung von B)
if (a is A) ...     // true, aber Warnung, weil sinnlose Abfrage
a = null;
if (a is C) ...     // false: Typtest liefert bei null-Werten immer false
```

Typumwandlungen. Wenn wir wissen, dass a vom dynamischen Typ B ist, sollte es auch möglich sein, diese Variable wie eine B-Variable zu verwenden. Dazu ist aber vorher eine Typumwandlung nötig. Die Typumwandlung

```
(T) v
```

prüft zuerst, ob v vom dynamischen Typ T ist. Wenn ja, wandelt sie den statischen Typ von v für diesen Ausdruck in T um. Wenn nicht, gibt es einen Laufzeitfehler (InvalidCastException). Die Typumwandlung ist in C# also eine sichere Operation. Es kann nicht vorkommen, dass der Typ eines Objekts in etwas umgewandelt wird, was er nicht ist. Folgende Beispiele zeigen, wie Zuweisungen durch Typumwandlungen ermöglicht werden:

```
A a = new C();        // dynamischer Typ von a ist C
B b = (B) a;          // weil "a is B" gilt, darf a in ein B-Objekt umgewandelt werden
C c = (C) a;          // weil "a is C" gilt, darf a in ein C-Objekt umgewandelt werden
a = null;
c = (C) a;            // o.k.: null lässt sich in jeden Referenztyp konvertieren; c == null
```

In C# gibt es noch eine zweite Form der Typumwandlung. Der Ausdruck

```
v as T
```

entspricht (T) v, aber mit dem Unterschied, dass kein Laufzeitfehler gemeldet wird, wenn v nicht vom dynamischen Typ T ist, sondern das Ergebnis des Ausdrucks ist in diesem Fall null. Hier sind wieder einige Beispiele:

```
A a = new B();        // dynamischer Typ von a ist B
B b = a as B;         // weil "a is B" gilt, wird a in ein B-Objekt umgewandelt und zugewiesen
C c = a as C;         // weil "a is C" nicht gilt, wird null zugewiesen
a = null; c = a as C; // c == null
```

2.9.3 Überschreiben und Verdecken von Elementen

Eine Unterklasse kann eine aus der Oberklasse geerbte Methode neu deklarieren. Dabei kann man wählen, ob die geerbte Methode *verdeckt* oder *überschrieben* werden soll. In beiden Fällen wird die geerbte Methode durch die neue ersetzt. Überschreibende Methoden können aber mittels *dynamischer Bindung* (siehe Abschnitt 2.9.4) aufgerufen werden, verdeckende Methoden nicht.

Wenn man will, dass eine Methode in einer Unterklasse überschrieben werden kann, muss man sie bereits in der Oberklasse als virtual deklarieren und beim Überschreiben als override. Hingegen kann jede Methode der Oberklasse in einer Unterklasse verdeckt werden, indem man sie dort als new deklariert. Folgendes Beispiel zeigt einige korrekte und fehlerhafte Fälle beim Überschreiben und Verdecken von Methoden:

```
class A {
    public              void P() {...}
    public              void Q() {...}
    public virtual      void R() {...}
    public virtual      void S() {...}
    public virtual      void T() {...}
    public virtual      void U() {...}
}

class B : A {
    public              void P() {...}      // Fehler: new erforderlich
    public new          void Q() {...}      // o.k.: verdeckt geerbtes Q
    public              void R() {...}      // Fehler: override oder new erforderlich
    public virtual      void S() {...}      // Fehler: override oder new erforderlich
    public override     void T() {...}      // o.k.: überschreibt geerbtes T
    public new          void U() {...}      // o.k.: verdeckt geerbtes U
}
```

Überschreibende oder verdeckende Methoden müssen dieselbe Schnittstelle haben wie die entsprechende Methode der Oberklasse. Unterscheidet sich die Schnittstelle, so *überladen* sie die Methode, überschreiben oder verdecken sie aber nicht (d.h., sie deklarieren eine zweite Implementierung der Methode mit anderen Parametern, siehe Abschnitt 2.8.3). Methoden haben dieselbe Schnittstelle, wenn sie

❏ die gleiche Parameteranzahl, die gleichen Parametertypen (einschließlich des Funktionstyps) und die gleichen Parameterarten (value, ref/out) haben;
❏ das gleiche Sichtbarkeitsattribut (z.B. public) aufweisen.

Eine überschreibende oder verdeckende Methode M kann die entsprechende Methode der Oberklasse immer noch benutzen, indem sie diese über base.M anspricht. Auf diese Weise kann man auf geerbte Funktionalität zurückgreifen und anschließend eigene Aktionen implementieren.

```
class B : A {
    public override void T() {
        base.T();           // ruft überschriebene Methode T der Oberklasse auf
        ...                 // eigene Aktionen
    }
    ...
}
```

Neben Methoden können auch Properties und Indexer überschrieben oder verdeckt werden. Auch hier sind die entsprechenden Schlüsselwörter virtual, override oder new zu verwenden.

Statische Methoden kann man nicht überschreiben, wohl aber verdecken. Dies liegt daran, dass es bei statischen Methoden keine dynamische Bindung gibt.

Das Verdecken von Elementen (nicht aber das Überschreiben) funktioniert auch bei Feldern. Ein geerbtes Feld kann in der Unterklasse durch ein gleichnamiges Feld verdeckt werden, das sogar einen anderen Typ haben kann. Folgendes Beispiel zeigt, wie man auch auf verdeckte Elemente noch zugreifen kann:

```
class A {
    public int x = 0;
    public void P() {...}
}
class B : A {
    public new bool x = true;// verdeckt x aus A
    public new void P() {...} // verdeckt P aus A
}
...
B b = new B();
b.x = false;        // spricht x aus B an
b.P();              // ruft P aus B auf
...
((A)b).x = 3;       // spricht verdecktes x aus A an
((A)b).P();         // ruft verdecktes P aus A auf
```

Verdecken und Überschreiben von Elementen funktioniert nur, wenn das entsprechende Element der Oberklasse in der Unterklasse sichtbar ist, also mit public oder protected deklariert wurde. Im folgenden Beispiel

```
class A {
    private int x;
    private void P() {...}
    ...
}
class B : A {
    public int x;
    public void P() {...}
}
```

erbt B zwar von A die privaten Elemente x und P, da sie aber in B nicht sichtbar sind, muss man bei der Deklaration von x und P in B auch kein new angeben.

2.9.4 Dynamische Bindung

Eine Variable x einer Klasse C kann, wie wir gesehen haben, Objekte beliebiger Unterklassen von C referenzieren. Wenn C eine virtuelle Methode M hat und die Unterklassen diese überschreiben, welche Methode wird dann durch x.M() aufgerufen? Die M-Methode aus C oder die M-Methode einer Unterklasse?

Es gilt folgende Regel: Durch den Aufruf x.M() wird die M-Methode des *dynamischen Typs* von x aufgerufen, also die Methode des Objekts, das x gerade referenziert. Man nennt dies *dynamische Bindung*: Derselbe Aufruf kann je nach Inhalt von x unterschiedliche Wirkung haben.

Angenommen, eine Klasse Animal hätte eine Methode WhoAreYou, die in einer Unterklasse Dog überschrieben wird:

```
class Animal {
    public virtual void WhoAreYou() { Console.WriteLine("I am an animal"); }
}
```

```
class Dog : Animal {
    public override void WhoAreYou() { Console.WriteLine("I am a dog"); }
}
```

Wenn wir nun einer Animal-Variablen ein Dog-Objekt zuweisen

```
Anmal animal = new Dog();
```

so führt der Aufruf

```
animal.WhoAreYou();
```

zur Ausgabe "I am a dog". Der dynamische Typ von animal ist Dog, daher wird die WhoAreYou-Methode von Dog aufgerufen.

Dynamische Bindung erlaubt, dass Programme mit verschiedenen Unterklassen arbeiten können, ohne sie zu unterscheiden. Die Methode

```
void TakeCareOf(Animal animal) {
    animal.WhoAreYou();
    ...
}
```

kann zum Beispiel mit Objekten beliebiger Unterklassen von Animal arbeiten:

```
TakeCareOf(new Animal());        // Ausgabe: "I am an animal"
TakeCareOf(new Dog());           // Ausgabe: "I am a dog"
TakeCareOf(new Cat());           // Ausgabe: "I am a cat"
```

Die dynamische Bindung funktioniert jedoch nur für überschriebene, nicht für verdeckte Methoden. Wenn man daher diesen Mechanismus benutzen will, muss man die entsprechenden Methoden in der Oberklasse mit virtual und in den Unterklassen mit override deklarieren.

Dynamische Bindung und Verdecken von Methoden

Die Möglichkeit, Methoden zu verdecken, gibt der dynamischen Bindung in C# eine komplizierte Semantik. Der Aufruf x.M() führt nämlich nur dann zur M-Methode des dynamischen Typs von x, wenn M nicht in irgendeiner Oberklasse verdeckt wurde. Folgendes Beispiel zeigt das Problem. Die Klasse Beagle verdeckt die von Dog geerbte Methode WhoAreYou, deklariert sie aber gleichzeitig als virtual, so dass sie in einer Unterklasse AmericanBeagle wieder überschrieben werden kann.

```
class Animal {
    public virtual WhoAreYou() { Console.WriteLine("I am an animal"); }
}

class Dog : Animal {
    public override WhoAreYou() { Console.WriteLine("I am a dog"); }
}

class Beagle : Dog {
    public new virtual WhoAreYou() { Console.WriteLine("I am a beagle"); }
}

class AmericanBeagle : Beagle {
    public override WhoAreYou() { Console.WriteLine("I am an American beagle"); }
}
```

Legt man nun ein AmericanBeagle-Objekt an, so verhält es sich unterschiedlich, je nachdem, von welcher Variablen es referenziert wird:

```
Beagle beagle = new AmericanBeagle();
beagle.WhoAreYou();            // "I am an American beagle"

Animal animal = beagle;
animal.WhoAreYou();            // "I am a dog"
```

Obwohl animal vom dynamischen Typ AmericanBeagle ist, wird die WhoAreYou-Methode von Dog aufgerufen, weil die gleichnamige Methode in der Klasse Beagle verdeckt wurde. In C# muss man sich also die gesamte Vererbungskette vom statischen Typ bis zum dynamischen Typ der Variablen animal ansehen und prüfen, ob die aufgerufene Methode irgendwo verdeckt wurde. Das ist unangenehm und komplizierter als in anderen objektorientierten Sprachen wie Java oder C++.

Das Problem der zerbrechlichen Basisklassen

Die Semantik der dynamischen Bindung ist in C# nur deshalb so kompliziert, weil man damit das Problem der zerbrechlichen Basisklassen (*fragile base class problem*, [Szy02]) in den Griff bekommen wollte. Dieses Problem kann in Sprachen wie Java auftreten, wenn z.B. in einer Oberklasse eine Methode eingeführt wird, die es bereits in einer Unterklasse gibt.

Angenommen, jemand benutzt eine Bibliotheksklasse LibraryClass eines fremden Herstellers und leitet davon eine eigene Klasse MyClass ab (Achtung: der folgende Code ist Java und nicht C#!):

```
class LibraryClass {
    public void Setup() {...}
    ...
}
```

```
class MyClass extends LibraryClass {
    public void Delete() {... löscht die Festplatte ...}
}
```

In der nächsten Version von LibraryClass sieht nun der Hersteller selbst eine Methode Delete vor, die von Setup aufgerufen wird:

```
class LibraryClass {  // neue Version
    String name;
    public void Delete() { name = ""; }
    public void Setup() { this.Delete(); ... }
    ...
}
```

Wenn der Programmierer die Klasse MyClass bisher wie folgt benutzt hat

```
MyClass c = new MyClass();
c.Setup();
```

so ruft nun this.Delete() in der Methode Setup wegen der dynamischen Bindung in Java das Delete von MyClass auf, welches die Festplatte löscht. Durch Änderung einer Basisklasse, deren Code der Programmierer vielleicht gar nicht kennt, kann in Java auf diese Weise eine gefährliche Situation entstehen.

In C# kann dieses Problem nicht auftreten. Liefert der Hersteller die Klasse LibraryClass plötzlich mit einer neuen Methode Delete aus, ändert sich zunächst gar nichts, solange man MyClass nicht neu übersetzt. MyClass verwendet einstweilen die alte Version von LibraryClass, die ja kein Delete enthält. Übersetzt man MyClass irgendwann neu, meldet der C#-Compiler einen Fehler, weil Delete in MyClass nicht mit new deklariert wurde, also das geerbte Delete nicht korrekt verdeckt. Dynamische Bindung kommt in C# ohnehin nicht zum Tragen, wenn man Delete in LibraryClass nicht als virtual deklariert hat.

Wir sehen hier ein Beispiel für die *Versionierung* von Bibliotheken in .NET. Jede DLL bekommt bei der Übersetzung eine eindeutige Versionsnummer, die sich benutzende Klassen bei ihrer eigenen Übersetzung merken. Werden sie geladen, verlangen sie nach der DLL in der erwarteten Version. Liegt die DLL in mehreren Versionen vor, wird automatisch die richtige ausgewählt, d.h. diejenige, die bei der Übersetzung der benutzenden Klasse vorlag.

new sollte allerdings sparsam eingesetzt werden, d.h. nur dann, wenn man die in Konflikt stehende Methode nicht mehr umbenennen kann oder will.

2.9.5 Konstruktoren in Ober- und Unterklasse

Die Konstruktoren einer Klasse werden von ihren Unterklassen nicht geerbt, sondern die Unterklasse muss eigene Konstruktoren deklarieren. Allerdings können diese einen Konstruktor der Oberklasse aufrufen und so die Initialisierung der

Oberklassenfelder an die Oberklasse delegieren. Der Aufruf des Oberklassen-
konstruktors erfolgt im Kopf des Unterklassenkonstruktors, wie im folgenden
Beispiel gezeigt:

```
class Animal {
    string name;
    public Animal(string name) { this.name = name; }
    ...
}

class Dog : Animal {
    string breed;
    public Dog(string name, string breed) : base(name) { this.breed = breed; }
    ...
}
```

Legt man ein neues Dog-Objekt an

```
Dog dog = new Dog("Snoopy", "Beagle");
```

so wird zunächst der Konstruktor von Animal ausgeführt, der den Namen des
Tiers auf "Snoopy" setzt; anschließend wird der Konstruktor von Dog ausgeführt,
der die Rasse des Hundes auf "Beagle" einstellt.

Gibt man im Konstruktor der Unterklasse *keinen* base()-Aufruf an, wird automatisch der parameterlose Konstruktor der Basisklasse aufgerufen. Tabelle 2.9
zeigt, welche Fälle auftreten können und welche davon legal sind.

Tabelle 2.9 *Impliziter Aufruf des parameterlosen Konstruktors der Basisklasse*

`class A {`
`    ...`
`}`
`class B : A {`
`    public B(int x) {...}`
`}`
	`class A {`
	`    public A() {...}`
	`}`
	`class B : A {`
	`    public B(int x) {...}`
	`}`
		`class A {`
		`    public A(int y) {...}`
		`}`
		`class B : A {`
		`    public B(int x) {...}`
		`}`

`B b = new B(3);`	`B b = new B(3);`	`B b = new B(3);`
o.k. Es wird der automatisch erzeugte Standardkonstruktor A() aufgerufen und anschließend B(int x).	**o.k.** Es wird A() aufgerufen und anschließend B(int x).	**Falsch.** Es wurde kein Standardkonstruktor A() erzeugt, weil es bereits einen Konstruktor A(int y) gibt, daher kann A() nicht aufgerufen werden. Man müsste schreiben: `    public B(int x) : base(x) {...}`

2.9.6 Abstrakte Klassen

Eine Oberklasse definiert oft einige Methoden, die erst in Unterklassen sinnvoll implementiert werden können. Trotzdem werden diese Methoden bereits in der Oberklasse mit Namen und Parametern, aber noch ohne Code deklariert, damit man sie unter Ausnutzung der dynamischen Bindung auf Variablen der Oberklasse anwenden kann. Man nennt solche Methoden *abstrakt*. Enthält eine Klasse zumindest *eine* abstrakte Methode, so ist sie selbst abstrakt. Sowohl abstrakte Klassen als auch abstrakte Methoden müssen mit dem Schlüsselwort abstract deklariert werden. Hier ist ein Beispiel:

```
abstract class Stream {
    public abstract void Write(char ch);  // kein Code
    public void WriteString(string s) { foreach (char ch in s) this.Write(ch); }
}

class File : Stream {
    public override void Write(char ch) {... /*write ch to disk*/ ...}
}
```

Stream ist eine abstrakte Klasse. Sie enthält eine abstrakte Methode Write, die noch keinen Anweisungsteil hat und erst in der Unterklasse File überschrieben und implementiert wird. Abstrakte Methoden sind implizit virtual, weil sie dazu da sind, in Unterklassen überschrieben zu werden.

Von abstrakten Klassen dürfen keine Objekte erzeugt werden, weil diese sonst unimplementierte Methoden hätten. Man darf aber Variablen einer abstrakten Klasse deklarieren und in ihnen Objekte von Unterklassen speichern:

```
Stream s = new File();
s.Write('x');                  // ruft Write aus File auf (dynamische Bindung)
s.WriteString("Hello");        // ruft WriteString aus Stream auf, welches mittels
                               // dynamischer Bindung Write aus File aufruft.
```

Abstrakte Klassen dienen als Muster für zukünftige Unterklassen. Sie geben an, welche Methoden in Unterklassen überschrieben werden müssen. Neben File könnte man aus Stream auch Klassen wie MemoryStream oder NetworkStream ableiten, die dann alle die Methode Write überschreiben müssten. Abstrakte Klassen fassen also mehrere Unterklassen zu einer *Familie* zusammen, deren Mitglieder alle ähnliches Verhalten aufweisen.

Abstrakte Properties und Indexer

Neben Methoden können auch Properties und Indexer als abstrakt deklariert werden. Auch sie haben keinen Anweisungsteil und müssen in Unterklassen überschrieben werden, wie das in folgendem Beispiel gezeigt wird.

```
abstract class Sequence {
    public abstract void Add(object x);              // Methode
    public abstract string Name { get; }             // Property
    public abstract object this [int i] { get; set; } // Indexer
}


class List : Sequence {
    public override void Add(object x) {...}
    public override string Name { get {...} }
    public override object this [int i] { get {...} set {...} }
}
```

Bei abstrakten Properties und Indexern werden die leeren get- und set-Methoden einfach durch die Schlüsselwörter get und set sowie einen Strichpunkt ausgedrückt. Beim Überschreiben müssen Properties und Indexer die gleichen get- und set-Methoden haben wie in der Oberklasse, weil sich sonst die Schnittstelle des Properties ändern würde.

2.9.7 Versiegelte Klassen

Manchmal möchte man verhindern, dass jemand von einer Klasse weitere Unterklassen ableitet, die Methoden überschreiben oder verdecken. Das kann man erreichen, indem man die Klasse »versiegelt«, d.h. mit dem Schlüsselwort sealed deklariert:

```
abstract class Account {
    public abstract void Deposit(long x);
    public abstract void Withdraw(long x);
    public abstract long Balance { get; }
}
sealed class SafeAccount : Account {
    long balance;
    public override void Deposit(long x) { balance += x; }
    public override void Withdraw(long x) { balance -= x; }
    public override long Balance { get { return balance; } }
}
```

Die Klasse SafeAccount ist versiegelt. Versucht man, eine Unterklasse von ihr abzuleiten, meldet der Compiler einen Fehler. Anstatt eine ganze Klasse zu versiegeln, können *überschreibende* Methoden, Properties oder Indexer aber auch einzeln als sealed deklariert werden. Man könnte also schreiben:

```
class SafeAccount : Account {
    long balance;
    public sealed override void Deposit(long x) { balance += x; }
    public sealed override void Withdraw(long x) { balance -= x; }
    public override long Balance { get { return balance; } }
}
```

In diesem Fall darf man zwar eine Unterklasse aus SafeAccount ableiten, aber darin die Methoden Deposit und Withdraw nicht überschreiben. Das Property Balance ist nicht versiegelt und darf daher in Unterklassen überschrieben werden.

Versiegelte Klassen oder Methoden dienen der Sicherheit. Man kann ihre Semantik nicht versehentlich oder absichtlich durch Überschreiben von Methoden verändern. Außerdem können versiegelte Methoden effizienter aufgerufen werden, indem der Compiler statische statt dynamische Bindung verwendet.

2.9.8 Die Klasse Object

Die Klasse System.Object, auf die der Standardtyp object abgebildet wird, nimmt in C# eine Sonderstellung ein. Sie ist die Wurzel der gesamten Klassenhierarchie; alle Klassen sind direkt oder indirekt von ihr abgeleitet und erben daher ihre Eigenschaften. Über Boxing sind auch Werttypen (Structs, int, char, bool etc.) mit Object kompatibel, d.h., int-Werte können in einer Object-Variablen gespeichert werden. Folgendes Codestück zeigt die wichtigsten Methoden von Object:

```
class Object {
    public Type GetType() {...}
    public virtual bool Equals(object o) {...}
    public virtual string ToString() {...}
    public virtual int GetHashCode() {...}
    protected object MemberwiseClone() {...}
    ...
}
```

GetType liefert den Typ einer Variablen, einer Konstanten oder sogar eines ganzen Ausdrucks, zum Beispiel:

```
Animal a = new Dog();
Type t = a.GetType(); Console.WriteLine(t.Name);      // liefert Dog
t = 17.GetType(); Console.WriteLine(t.Name);          // liefert Int32
long i = 5;
t = (i+1).GetType(); Console.WriteLine(t.Name);       // liefert Int64
```

GetType liefert ein Objekt des Typs System.Type, der unter anderem für Reflection verwendet wird (siehe Abschnitt 4.5) und den wir hier nicht näher beschreiben.

Die Methoden Equals, ToString und GetHashCode sind in Object nur in rudimentärer Form implementiert und sollten in Unterklassen überschrieben werden. x.Equals(y) soll prüfen, ob x und y gleiche Werte enthalten, x.ToString() soll x in einen String konvertieren und x.GetHashCode() soll aus x einen Hashcode berechnen, d.h. eine möglichst eindeutige Zahl, die sich aus dem Wert von x ergibt.

Die Standardimplementierung von Equals in Object führt nur einen Zeigervergleich durch, x.ToString() liefert den Klassennamen von x und x.GetHashCode()

berechnet aus x eine eindeutige Zahl, die jedoch nach Freigabe von x durch den Garbage Collector wieder für andere Objekte verwendet werden kann.

Die Methode x.MemberwiseClone() liefert eine Kopie von x. Sie ist allerdings protected und darf daher nur in Methoden der Klasse von x oder ihren Unterklassen angewendet werden.

Wenn man eigene Klassen sauber implementieren will, sollte man alle von Object geerbten virtuellen Methoden überschreiben. Das folgende Beispiel führt das anhand der Bruchzahlenklasse Fraction vor.

```
class Fraction {
    int z, n;                 // Zähler, Nenner
    public Fraction(int z, int n) { this.z = z; this.n = n; }
    ...
    public override string ToString() {
        return String.Format("{0}/{1}", z, n);
    }

    public override bool Equals(object o) {
        Fraction f = o as Fraction; return f != null && f.z == z && f.n == n;
    }

    public override int GetHashCode() {
        return z ^ n;  // XOR-Verknüpfung
    }

    public Fraction ShallowCopy() {
        return (Fraction) MemberwiseClone();
    }
}
```

Diese Klasse kann nun wie folgt benutzt werden:

```
Fraction a = new Fraction(1, 2);
Fraction b = new Fraction(1, 2);
Fraction c = new Fraction(3, 4);

Console.WriteLine(a.ToString());      // 1/2
Console.WriteLine(a);                 // 1/2  (ToString wird automatisch angewendet)

Console.WriteLine(a.Equals(b));       // true (Wertvergleich)
Console.WriteLine(a == b);            // false (Zeigervergleich)

Console.WriteLine(a.GetHashCode());   // 3 (gebildet durch 1^2)

a = c.ShallowCopy();
Console.WriteLine(a);                 // 3/4
```

Bei diesen Beispielen ist Folgendes zu beachten:

❑ WriteLine(a) wandelt a vor der Ausgabe mittels ToString in einen String um.

❑ a.Equals(b) führt einen *Wertvergleich* zwischen a und b durch und liefert daher true, während a == b einen *Zeigervergleich* vornimmt und daher false zurückgibt.

❑ Zum Kopieren von Fraction-Objektes darf MemberwiseClone nur in der Klasse Fraction aufgerufen werden. Man kann es aber in eine Methode ShallowCopy einbetten, die dann von außerhalb aufgerufen werden kann.

Viele Klassen überladen auch die Operatoren == und !=, so dass man mit ihnen Wertvergleiche durchführen kann. Wir erweitern daher unsere Klasse Fraction ebenfalls in diese Richtung.

```
class Fraction {
    ...
    public static bool operator == (Fraction a, Fraction b) {
        return ((object)a == null && (object)b == null) || ((object)a != null && a.Equals(b));
    }

    public static bool operator != (Fraction a, Fraction b) {
        return ! (a == b);
    }
}
```

Der Compiler meldet einen Fehler, wenn nur einer der beiden Operatoren überladen wird. Außerdem erzeugt er eine Warnung, wenn man == und != überlädt, aber Equals nicht überschreibt. Fraction-Objekte können nun wie folgt benutzt werden:

```
// a und b enthalten den Wert 1/2
Console.WriteLine(a == b);                      // true
Console.WriteLine((object)a == (object)b);      // false
Console.WriteLine(a.Equals(b));                 // true
```

2.10 Interfaces

Interfaces (Klassenschnittstellen) sind Typen, die man sich als vollständig abstrakte Klassen vorstellen kann. Sie enthalten die Schnittstellen von Methoden, Properties, Indexern und Events. Der Anweisungsteil dieser Elemente wird in Interfaces nicht angegeben. Insbesondere dürfen Interfaces keine Felder, Konstanten, Konstruktoren, Destruktoren, überladene Operatoren oder innere Typen enthalten, sondern sie sind eine reine Sammlung von Operationen. Hier ist ein Beispiel für ein einfaches Interface IWriter (der Name eines Interface beginnt per Konvention immer mit einem I):

```
interface IWriter {
    void Write(char ch);
}
```

Das Interface IWriter definiert nur eine einzige Methode Write mit ihren Parametern. In der Regel haben Interfaces aber mehrere Methoden. Alle Elemente eines Interface sind automatisch public und abstract (und somit auch virtual). Sie sind dazu da, in Klassen, die dieses Interface implementieren, überschrieben zu werden. Daher dürfen die Elemente eines Interface auch nicht static sein, weil statische Methoden nicht überschrieben werden können.

Klassen und Structs können ein oder mehrere Interfaces *implementieren*, was bedeutet, dass sie alle Elemente des Interface erben und sie überschreiben müssen. Hier sind zwei Beispiele für Klassen, die IWriter implementieren:

```
class TextField : GUIComponent, IWriter {
    public void Write(char ch) {...} // implementiert IWriter.Write, ist aber selbst nicht virtual
}
```

```
struct Buffer : IWriter {
    char[] buf = new char[128];
    public void Write(char ch) {...}
}
```

Eine Klasse kann nur von *einer* anderen Klasse erben, aber beliebig viele Interfaces implementieren. TextField erbt zum Beispiel von GUIComponent und implementiert IWriter (die Basisklasse muss *vor* den Interfaces angegeben werden). Wenn man von einer Klasse erbt, nennt man das *Codevererbung* (*subclassing*), wenn man ein Interface implementiert, nennt man das *Schnittstellenvererbung* (*subtyping*).

Eine Methode, die eine Interfacemethode implementiert, muss public sein, weil sie dies ja auch im Interface ist. Man braucht sie aber nicht als override zu deklarieren. Der Compiler erkennt von selbst, dass sie die entsprechende Methode des Interface überschreibt. Wenn man allerdings will, dass diese Methode auch in Unterklassen überschrieben werden kann, muss man sie als virtual deklarieren, obwohl die entsprechende Methode des Interface bereits virtual ist.

Anstatt Write selbst zu implementieren, könnte TextField die Methode auch von GUIComponent erben. Wichtig ist nur, dass in TextField eine Implementierung von Write vorliegt.

Jedes Objekt, dessen Typ das Interface IWriter implementiert, kann wie ein IWriter behandelt werden. Man kann es in einer IWriter-Variablen speichern und die Methode Write darauf anwenden, wobei dynamische Bindung zum Tragen kommt:

```
IWriter w = new TextField();
w.Write('x');                    // ruft Write aus TextField auf
w = new Buffer();
w.Write('x');                    // ruft Write aus Buffer auf
```

Man sieht bereits, wozu Interfaces verwendet werden: Sie erlauben es, Typen, die in keiner Verwandtschaftsbeziehung zueinander stehen, gleich zu behandeln, und zwar in dem Sinn, dass man die gleichen Operationen auf sie anwenden kann.

Ein Interface ist wie ein *Steckplatz*, in den man Objekte jener Klassen einstecken kann, die dieses Interface implementieren. Wenn ein Client direkt mit einem Objekt (z.B. list) arbeitet und dessen Methoden aufruft (z.B. list.Add oder
list.Remove), dann ist er fest mit diesem Objekt verbunden. Wenn er jedoch mit
einer Interfacevariablen (z.B. iList) arbeitet (iList.Add, iList.Remove), dann können
dieser Interfacevariablen später Objekte beliebiger passender Klassen zugewiesen
werden, und die Verbindung zwischen Client und Objekt ist nicht so starr (siehe
Abb. 2.8).

Interfaces sind die Grundlage *objektorientierter Frameworks*. Ein Framework ist ein Software-Halbfabrikat mit Steckplätzen, in die man eigene Objekte
einstecken kann, um so das Halbfabrikat zu einem Endfabrikat auszubauen.

Abb. 2.8 *Arbeiten mit einem Objekt versus Arbeiten mit einer Interfacevariablen*

Das folgende Beispiel zeigt nochmals anhand einer Klasse MyClass, die von der
Klasse MyBaseClass erbt und zwei Interfaces IList und ISerializable aus der C#-
Bibliothek implementiert, welche Operationen auf Interfaces erlaubt sind.

```
class MyClass : MyBaseClass, IList, ISerializable {
    //----- Methoden, Properties und Indexer aus IList
    public int Add(object o) {...}
    public bool Contains(object o) {...}
    public bool IsReadOnly { get {...} }
    public object this[int i] { get {...} set {...} }
    //----- Methode aus ISerializable
    public void GetObjectData(SerializationInfo i, StreamingContext c) {...}
    //----- eigene Elemente
    ...
}
```

Wie wir bereits gesehen haben, kann ein MyClass-Objekt einer Variablen vom
Typ IList oder ISerializable zugewiesen werden:

```
MyClass obj = new MyClass();
IList list = obj;
```

Anschließend kann man auf list alle IList-Operationen anwenden:

```
list.Add("Tom");   // dynamische Bindung => Add aus MyClass
```

Auch Typprüfungen sind auf Interfacevariablen erlaubt:

```
if (list is MyClass) ...   // liefert hier true
```

Nicht zuletzt kann man auch Typumwandlungen vornehmen:

```
obj = (MyClass) list;
obj = list as MyClass;
```

Da MyClass sowohl IList als auch ISerializable implementiert, kann ein MyClass-Objekt, das von einer IList-Variablen referenziert wird, sogar in ISerializable umgewandelt werden:

```
ISerializable ser = (ISerializable) list;
```

Enthält ein Interface Properties oder Indexer, die nur eine get-Methode aufweisen, so können diese durch Properties oder Indexer implementiert werden, die sowohl eine get- als auch eine set-Methode haben. Dies steht im Gegensatz zum Überschreiben geerbter Properties und Indexer, bei denen die Anzahl der get- und set-Methoden gleich sein muss wie in der Oberklasse.

Erweiterung von Interfaces

Ähnlich wie Klassen andere Klassen erweitern können, so können auch Interfaces von anderen Interfaces abgeleitet werden. Das folgende Beispiel zeigt ein Interface ISimpleReader mit einer Methode Read sowie ein daraus abgeleitetes Interface IReader, das Read erbt und zwei weitere Methoden Open und Close hinzufügt.

```
interface ISimpleReader {
    int Read();
}

interface IReader : ISimpleReader {
    void Open(string name);
    void Close();
}
```

Klassen oder Structs können nun entweder ISimpleReader implementieren oder IReader. Im ersten Fall müssen sie nur die Methode Read überschreiben, im zweiten Fall auch Open und Close.

```
class Terminal : ISimpleReader {
    public int Read() {...}
}

class File : IReader {
    public int Read() {...}
    public void Open(string name) {...}
    public void Close() {...}
}
```

Die Vererbungsbeziehungen zwischen den Interfaces und Klassen des vorange-
gangenen Beispiels wird in Abb. 2.9 durch ein UML-Klassendiagramm ([RJB04],
[Fow03]) deutlich gemacht.

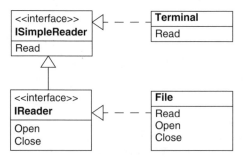

Abb. 2.9 *Abhängigkeiten zwischen ISimpleReader, IReader, Terminal und File*

File und Terminal erben voneinander keinen Code. Sie implementieren aber beide
das Interface ISimpleReader (Terminal implementiert es direkt, File implementiert
es indirekt über IReader). Daher können Objekte dieser beiden Klassen einer
ISimpleReader-Variablen zugewiesen werden.

```
ISimpleReader sr = null;   // null kann jeder Interfacevariablen zugewiesen werden
sr = new Terminal();
sr = new File();
```

File implementiert das Interface IReader und kann daher sowohl einer IReader-
Variablen als auch einer ISimpleReader-Variablen zugewiesen werden.

```
IReader r = new File();
sr = r;
```

Namenskonflikte

Wenn eine Klasse zwei Interfaces implementiert, die gleichnamige Methoden enthalten, kommt es zu einem Namenskonflikt. Dabei stellt sich die Frage, ob man
die gleichnamigen Methoden für jedes Interface getrennt implementieren muss
oder ob eine einzige Implementierung für beide Interfaces reicht.

In C# hat man beide Möglichkeiten. Im folgenden Beispiel werden die beiden
F-Methoden der Interfaces I1 und I2 durch eine einzige Methode der Klasse C implementiert:

```
interface I1 {
    void F();
}
```

```
interface I2 {
    void F();
}

class C : I1, I2 {
    public void F() { Console.WriteLine("C.F"); }// implementiert I1.F und I2.F
}
```

Die Implementierung von F gilt für beide Interfaces:

```
C c = new C(); c.F();        // Ausgabe: C.F
I1 i1 = c; i1.F();           // Ausgabe: C.F
I2 i2 = c; i2.F();           // Ausgabe: C.F
```

Man kann aber auch jede der beiden Methoden getrennt implementieren. Dabei muss man allerdings ihren Namen mit dem Namen des Interface qualifizieren, von dem sie stammen, wie das im folgenden Beispiel gezeigt wird:

```
class D : I1, I2 {
    void I1.F() { Console.WriteLine("I1.F"); }        // darf nicht public sein!
    void I2.F() { Console.WriteLine("I2.F"); }        // -- " --
}
```

In diesem Fall kann man F nur auf eine Variable des Typs I1 oder I2 anwenden, nicht aber auf eine Variable des Typs D.

```
D d = new D();
d.F();                       // Compiler meldet Fehler: F lässt sich nur über Interfaces aufrufen
I1 i1 = d; i1.F();           // Ausgabe: I1.F
I2 i2 = d; i2.F();           // Ausgabe: I2.F
((I1)d).F();                 // Ausgabe: I1.F
```

2.11 Delegates und Events

Ein Delegate-Typ ist ein *Methodentyp* und dient zur Deklaration von Variablen, in denen Methoden gespeichert werden können. Er wird durch das Schlüsselwort delegate und eine Methodenschnittstelle deklariert.

```
delegate void Notifier(string sender);
```

Der Name dieses Typs ist Notifier. Er kann wie gewohnt zur Deklaration von Variablen verwendet werden:

```
Notifier notify;
```

In einer Variablen eines Delegate-Typs können Methoden gespeichert werden, die die gleiche Schnittstelle wie der Delegate-Typ haben, d.h. die gleiche Parameteranzahl, die gleichen Parametertypen (einschließlich des Rückgabetyps) und die gleichen Parameterarten (ref, out, value):

```
void SayHello(string sender) {
    Console.WriteLine("Hello from " + sender);
}
```

notify = **new Notifier(SayHello)**;   // speichert die Methode SayHello in notify

Die Variable notify kann nun anderen Variablen zugewiesen, als Parameter übergeben und schließlich irgendwann wie eine Methode aufgerufen werden:

notify("Alice");

Der Aufruf einer Delegate-Variablen bewirkt den Aufruf der darin gespeicherten
Methode (in unserem Fall SayHello). Wir erhalten also die Ausgabe

Hello from Alice

Natürlich können wir der Variablen notify auch jede andere Methode zuweisen,
die zur Schnittstelle von Notifier passt:

```
void SayGoodBye(string sender) {
    Console.WriteLine("Good bye from " + sender);
}

notify = new Notifier(SayGoodBye);
...
notify("Bob");              // "Good bye from Bob"
notify = null;              // Zuweisung von null ist erlaubt
```

Delegates sind Referenztypen, daher kann man einer Delegate-Variablen auch
den Wert null zuweisen. Wenn man allerdings versucht, diese Variable aufzurufen, gibt es einen Laufzeitfehler (NullReferenceException).

Vielleicht kommt Ihnen das Konzept der Delegates bekannt vor. Sie entsprechen in etwa *Prozedurvariablen* in Pascal oder *Function Pointers* in C++.

2.11.1 Multicasts

Der besondere Reiz von Delegate-Variablen liegt darin, dass man in ihnen nicht
nur eine einzige Methode, sondern beliebig viele Methoden speichern kann, die
alle aufgerufen werden, wenn man die Delegate-Variable aufruft. Man kann Methoden zu einer Delegate-Variablen mit dem Operator += hinzufügen und mit
dem Operator -= wieder entfernen.

```
notify = new Notifier(SayHello);
notify += new Notifier(SayGoodBye);
notify("Alice");            // "Hello from Alice"
                            // "Good bye from Alice"
notify -= new Notifier(SayHello);
notify("Bob");              // "Good bye from Bob"
```

Die Aktivierung mehrerer Methoden durch einen einzigen Aufruf nennt man einen *Multicast*. Multicast-Delegates werden in der .NET-Bibliothek häufig zur Ereignisverarbeitung verwendet. Mehrere Methoden können sich für ein Ereignis (z.B. einen Mausklick) anmelden, indem sie sich in eine Delegate-Variable installieren. Tritt das Ereignis ein, wird die Delegate-Variable aufgerufen und die registrierten Methoden werden aktiviert.

Installiert man in einer Delegate-Variablen mehrere *Funktionen*, so ist der Funktionswert des Delegate-Aufrufs derjenige Wert, der von der zuletzt aufgerufenen Funktion geliefert wurde. Ähnliches gilt für Multicasts mit out-Parametern.

2.11.2 Erzeugen von Delegate-Werten

Beim Erzeugen eines Delegate-Werts mittels new haben wir bisher die Dinge etwas vereinfacht. Genau genommen besteht ein Delegate-Wert nicht nur aus einer Methode, sondern auch aus dem Objekt, auf das die Methode angewendet werden soll. Beides wird in der Delegate-Variablen gespeichert. Die Erzeugung eines Delegate-Werts sieht also wie folgt aus:

> *delegateVar* = new *DelegateType*(**obj.Method**)

Das Objekt, auf das die Methode angewendet werden soll, kann wie in unseren bisherigen Beispielen this sein und daher fehlen. Man kann aber auch Methodenaufrufe für ganz unterschiedliche Objekte in einer Delegate-Variablen speichern.

```
delegate void Adder(int x);

class Counter {
    int value = 0;
    public void Add(int x) { value += x; }
}

class Test {
    static void Main() {
        Counter a = new Counter();
        Counter b = new Counter();
        Adder add = new Adder(a.Add);
        add += new Adder(b.Add);
        add(3);    // ruft a.Add(3) und b.Add(3) auf
    }
}
```

Die aufzurufende Methode kann auch statisch sein. In diesem Fall muss statt obj der Klassenname angegeben werden, der aber entfallen kann, wenn es sich um die Klasse handelt, in der der Delegate-Wert erzeugt wird.

```
class StaticCounter {
    static int value = 0;
    public static void Add(int x) { value += x; }
}

class Test {
    static void Main() {
        Adder add = new Adder(StaticCounter.Add);
        add(3);   // ruft StaticCounter.Add auf
    }
}
```

Eine Methode, die in einer Delegate-Variablen gespeichert werden soll, darf nicht abstrakt sein, wohl aber mit virtual, override oder new deklariert werden.

2.11.3 Vereinfachte Delegate-Zuweisung

In C# 2.0 wurde die Syntax für die Zuweisung einer Methode an eine Delegate-Variable vereinfacht. Anstatt

```
delegateVar = new DelegateType(obj.Method);
```

kann man jetzt einfach schreiben:

```
delegateVar = obj.Method;
```

Wenn wir also auf unser Beispiel mit dem Delegate-Typ Notifier zurückgreifen (siehe Beginn dieses Kapitels), so sind folgende drei Zuweisungen äquivalent:

```
Notifier notify;
notify = new Notifier(this.SayHello);
notify = this.SayHello;
notify = SayHello;
```

In allen drei Fällen wird ein Delegate-Wert erzeugt. In den letzten beiden Zuweisungen leitet der Compiler den Typ des Delegate-Werts vom Typ der Variablen auf der linken Seite der Zuweisung ab. Die vereinfachte Zuweisungssyntax gilt natürlich auch für die Parameterübergabe. Haben wir die Methode

```
void Foo(Notifier n) { ... }
```

so sind folgende drei Aufrufe äquivalent:

```
Foo(new Notifier(this.SayHello));
Foo(this.SayHello);
Foo(SayHello);
```

2.11.4 Ereignisse (Events)

Events sind spezielle Delegate-Variablen, die als Felder von Klassen deklariert werden. Man kennzeichnet sie durch das Schlüsselwort event.

```
class Model {
    public event Notifier notifyViews;
    public void Change() { notifyViews("Model"); }
}
```

Wie bei normalen Delegate-Variablen können verschiedene Methoden in ihnen gespeichert werden:

```
class View1 {
    public View1(Model m) { m.notifyViews += Update; }
    void Update(string sender) { Console.WriteLine("View1 changed by " + sender); }
}

class View2 {
    public View2(Model m) { m.notifyViews += Update; }
    void Update(string sender) { Console.WriteLine("View2 changed by " + sender); }
}
```

Die beiden Klassen View1 und View2 registrieren in den Konstruktoren ihre Update-Methode in der Variablen notifyViews des Modells. Wenn nun das Modell geändert und seine Methode Change aufgerufen wird, führt dies zum Aufruf von notifyViews und somit zum Aufruf der beiden Update-Methoden von View1 und View2.

```
class Test {
    static void Main() {
        Model m = new Model();
        View1 v1 = new View1(m);
        View2 v2 = new View2(m);
        m.Change();        // "View1 changed by Model", "View2 changed by Model"
    }
}
```

Was ist nun der Unterschied zwischen Events und gewöhnlichen Delegate-Variablen? Der Unterschied liegt im Wesentlichen darin, dass ein Event nur innerhalb der Klasse ausgelöst (d.h. aufgerufen) werden darf, in der es deklariert ist. Die Klasse Test darf m.notifyViews nicht aufrufen, sehr wohl aber die Klasse Model. Diese Regel soll verhindern, dass Events versehentlich oder mutwillig von anderen Klassen ausgelöst werden.

Events werden vor allem bei der Programmierung grafischer Benutzeroberflächen benötigt. In diesen Anwendungen gibt es verschiedene Ereignisse wie Tastendrucke, Mausklicks oder Fensterereignisse, auf die reagiert werden muss. Wir werden uns diesem Thema in Abschnitt 4.6 ausführlicher widmen.

2.11.5 Anonyme Methoden

Delegates werden häufig dazu verwendet, eine Methode M als Parameter an eine andere Methode zu übergeben, die M dann zu gegebener Zeit zurückruft. Auf diese Weise kann man einen allgemeinen Algorithmus implementieren, der durch unterschiedliche Methoden parametrisiert werden kann.

Sehen wir uns dazu ein Beispiel an. Angenommen, wir haben eine Klasse Data, die ein Array von Element-Objekten verwaltet. Die Klasse enthält eine Methode ForAll, die als Parameter ein Delegate-Objekt des Typs Visitor bekommt und dieses auf alle ihre Elemente anwendet:

```
class Data {
    Element[] data = ...;
    ...
    public void ForAll(Visitor visit) {
        for (int i = 0; i < data.Length; i++) visit(data[i]);
    }
}
delegate void Visitor(Element e);
```

Wir können diese ForAll-Methode nun dazu verwenden, um die Elemente von Data auf verschiedene Weise zu verarbeiten. Zum Beispiel können wir alle Elemente ausgeben oder aufsummieren. Das sieht dann so aus:

```
class C {
    int sum = 0;
    void Print(Element e) { Console.WriteLine(e.value); }
    void SumUp(Element e) { sum += e.value; }
    static void Main() {
        Data values = new Data();
        values.ForAll(Print); // ruft Print für jedes Element von values auf
        values.ForAll(SumUp);// ruft SumUp für jedes Element von values auf
    }
}
```

Diese Technik ist zwar mächtig, hat aber zwei kleine Schönheitsfehler. Erstens müssen wir für jede Operation, die wir mit den Elementen von values ausführen wollen, eine Methode deklarieren (z.B. Print oder SumUp) und uns einen Methodennamen einfallen lassen, was oft lästig ist. Zweitens können diese Operationen keinen lokalen Zustand haben, sondern müssen diesen als globales Feld deklarieren: Die Methode SumUp muss sich zum Beispiel die Summe aller Werte in einem nichtlokalen Feld sum merken. Daher erlaubt C# ab Version 2.0, eine Methode direkt an der Stelle zu deklarieren, an der sie einem Delegate zugewiesen wird. Die allgemeine Form einer solchen Deklaration lautet:

```
delegate ( parameters ) { statements }
```

Eine solche Methode hat keinen Namen und heißt daher *anonyme Methode*. Sie
ist zu jedem Delegate-Typ kompatibel, zu dem ihre Parameter passen. Unser obi-
ges Beispiel vereinfacht sich damit zu:

```
class C {
    static void Main() {
        Data values = new Data();
        values.ForAll(delegate (Element e) { Console.WriteLine(e.value); });
        int sum = 0;
        values.ForAll(delegate (Element e) { sum += e.value; });
    }
}
```

Beim ersten Aufruf von ForAll wird eine anonyme Methode deklariert, die kompatibel zum Delegate-Typ Visitor ist. Diese Methode wird an ForAll übergeben und
für jedes Element von values aufgerufen, wobei das entsprechende Element als
Parameter e an die anonyme Methode übergeben wird.

Beim zweiten Aufruf von ForAll geschieht Analoges. Hier ist aber noch ein
weiterer Punkt zu beachten: Die anonyme Methode greift auf eine Variable sum
zu, die lokal zur umgebenden Methode Main ist. Sie kann sich also ihren Zustand
in einer lokalen Variablen der umgebenden Methode merken und muss dazu kein
Feld der umgebenden Klasse verwenden.

Wenn eine anonyme Methode auf eine Variable v der umgebenden Methode
M zugreift, kann es vorkommen, dass M bereits zu Ende gelaufen ist, wenn die anonyme Methode aufgerufen wird. Der Speicherplatz von v wäre dann bereits
wieder freigegeben. Für diesen Fall sorgt der Compiler dafür, dass v in einen eigenen Speicherbereich kopiert wird, der so lange lebt wie das Delegate-Objekt, an
das die anonyme Methode zugewiesen wurde. Somit wird garantiert, dass v noch
lebt, wenn die anonyme Methode aufgerufen wird.

In bestimmten Fällen kann man die Deklaration anonymer Methoden noch
weiter vereinfachen. Wenn der Anweisungsteil einer anonymen Methode nicht
auf die Parameter zugreift, kann die Parameterliste entfallen. Man kann dann
zum Beispiel schreiben:

```
int n = 0;
values.ForAll(delegate { n++; });
```

Auch hier wird eine anonyme Methode deklariert. Anschließend wird daraus ein
Delegate-Objekt erzeugt, dessen Typ automatisch aus dem Typ des formalen Parameters von ForAll abgeleitet wird. Einfacher geht es kaum noch.

2.12 Ausnahmen

Ausnahmen (*exceptions*) ermöglichen eine disziplinierte Fehlerbehandlung, bei der die normale Programmlogik vom Fehlerbehandlungscode sauber getrennt wird. Anstatt Fehler über Fehlercodes zu melden, die von Methoden zurückgegeben werden, werden sie über Ausnahmeobjekte gemeldet, die an der Fehlerstelle »geworfen« und an einer anderen Stelle »gefangen« und behandelt werden.

Kern der Ausnahmebehandlung ist die try-Anweisung, die aus einem geschützten Anweisungblock und einem oder mehreren Ausnahmebehandler-Blöcken besteht. Wir erklären sie am besten anhand eines Beispiels:

```
FileStream s = null;
try {                                    // geschützter Anweisungsblock
    s = new FileStream(name, FileMode.Open);
    ...
} catch (FileNotFoundException e) {      // Behandlung von FileNotFoundException
    Console.WriteLine("file {0} not found", e.FileName);
} catch (IOException) {                   // Behandlung von IOException
    Console.WriteLine("some IO exception occurred");
} catch {                                 // Behandlung jeder anderen Ausnahme
    Console.WriteLine("some unknown exception occurred");
} finally {                               // Abschlusscode
    if (s != null) s.Close();
}
```

Die Bedeutung dieser Anweisung ist wie folgt: Tritt im geschützten Block oder in einer dort aufgerufenen Methode eine Ausnahme auf, wird der Block abgebrochen, und es wird zu einer passenden catch-Klausel verzweigt. Die catch-Klauseln werden in der Reihenfolge ihrer Aufschreibung untersucht. Jede catch-Klausel fängt eine Ausnahme einer bestimmten Ausnahmeklasse (oder ihrer Unterklassen) ab. Wurde zum Beispiel eine FileNotFoundException ausgelöst, wird die erste catch-Klausel angesprungen, und das Ausnahmeobjekt wird als Parameter übergeben.

Wie man sieht, kann eine catch-Klausel auch einen Ausnahmetyp ohne Parametervariable enthalten (z.B. IOException). In diesem Fall steht im Behandlungsblock kein Ausnahmeobjekt zur Verfügung. Ausnahmeobjekte enthalten für gewöhnlich nähere Informationen über den Grund der Ausnahme und können in der catch-Klausel ausgewertet werden.

Es ist in C# sogar möglich, eine catch-Klausel ohne Ausnahmetyp zu spezifizieren. Eine derartige Klausel fängt *alle* Ausnahmen ab. Natürlich ist es wichtig, diese Klausel als letzte anzuschreiben, da sonst die weiter hinten liegenden Klauseln nie erreicht würden. Glücklicherweise meldet der Compiler einen Fehler, wenn allgemeinere catch-Klauseln vor spezifischeren stehen.

Eine try-Anweisung kann auch eine finally-Klausel enthalten, die als Abschluss der try-Anweisung *auf jeden Fall* ausgeführt wird, egal ob es im try-Block zu einer Ausnahme kam oder nicht. Der Compiler stellt außerdem sicher, dass die finally-Klausel nicht vorzeitig durch return, goto oder break verlassen wird.

Wenn keine der catch-Klauseln passt, wird das Ausnahmeobjekt nach Ausführung der finally-Klausel weiter nach außen gereicht und von einer (dynamisch) umschließenden try-Anweisung (bzw. deren catch-Klausel) behandelt, wobei diese auch in einer rufenden Methode liegen kann (siehe Abb. 2.11). Wird in keiner der umschließenden try-Anweisungen eine passende catch-Klausel gefunden, bricht das Programm mit einer Fehlermeldung ab. Im obigen Beispiel kann dieser Fall jedoch nicht auftreten, weil die dritte catch-Klausel alle Ausnahmen abfängt.

Eine catch-Klausel kann natürlich ebenfalls wieder eine Ausnahme auslösen, die dann von einer äußeren catch-Klausel abgefangen wird. Will man die soeben gefangene Ausnahme nochmals auslösen, genügt es, die throw-Anweisung ohne Argument zu schreiben, also

```
... catch (FileNotFoundException e) {
    ...
    throw;  // leitet FileNotFoundException weiter nach außen
}
```

Wie man sieht, trennt die try-Anweisung die fehlerfreie Programmlogik im geschützten Block von den verschiedenen Fehlerfällen, die in den catch-Klauseln behandelt werden. Das Programm wird dadurch übersichtlicher.

Ausnahmeklassen

Eine Ausnahme ist ein Objekt einer Ausnahmeklasse. Alle Ausnahmeklassen sind von der Klasse Exception aus dem Namensraum System abgeleitet. Hier ist ein Auszug dieser Klasse:

```
class Exception {
    public Exception() {...}
    public Exception(string message) {...}
    public virtual string Message { get {...} }
    public virtual string Source { get {...} set {...} }
    public MethodBase TargetSite { get {...} }
    public virtual string StackTrace { get {...} }
    public override string ToString() {...}
    ...
}
```

Bei der Erzeugung eines Exception-Objekts e kann man eine Fehlermeldung angeben, die dann mit dem Property e.Message abgefragt werden kann.

```
new Exception("error in message Foo");
```

Das Property e.Source liefert den Namen des Programms (d.h. des Assemblies), in dem die Ausnahme auftrat. e.Source kann man auch auf einen selbst gewählten Namen setzen, der genauer angibt, wo die Ausnahme ausgelöst wurde.

Das Property e.TargetSite liefert Information über die Methode, in der der Fehler auftrat. Mit e.TargetSite.Name bekommt man zum Beispiel ihren Namen.

Das Property e.StackTrace liefert die Prozeduraufrufkette beginnend mit der Methode, in der der Fehler auftrat, bis zurück zur Main-Methode mit der das Programm begann, zum Beispiel:

```
at Test.Foo() in C:\Samples\Test.cs: line 8
at Test.Bar() in C:\Samples\Test.cs: line 14
at Test.Main() in C:\Samples\Test.cs: line 19
```

Man kann auf diese Weise zurückverfolgen, wie das Programm an die Fehlerstelle kam. Um ausführliche Informationen zu erhalten, sollte man sein Programm mit der debug-Option übersetzen:

```
csc /debug Test.cs
```

Die Methode e.ToString() liefert schließlich umfassende Informationen über die Ausnahme e, nämlich den Namen der Ausnahmeklasse sowie die Werte von e.Message und e.StackTrace.

Die .NET-Bibliothek enthält bereits viele vordefinierte Ausnahmeklassen wie FileNotFoundException oder IOException, die von Exception abgeleitet sind. Der Programmierer kann aber auch eigene Ausnahmeklassen deklarieren und in ihnen fehlerspezifische Informationen und Methoden unterbringen. Abb. 2.10 zeigt einen Ausschnitt der Exception-Hierarchie.

```
Exception
 ├── SystemException
 │    ├── ArithmeticException
 │    │    ├── DivideByZeroException
 │    │    ├── OverflowException
 │    │    └── ...
 │    ├── NullReferenceException
 │    ├── IndexOutOfRangeException
 │    └── InvalidCastException
 │
 ├── ApplicationException
 │    ├── ... eigene Ausnahmen ...
 │    └── ...
 │
 ├── IOException
 │    ├── FileNotFoundException
 │    ├── DirectoryNotFoundException
 │    └── ...
 │
 ├── WebException
 └── ...
```

Abb. 2.10 *Auszug aus der Hierarchie der Ausnahmeklassen*

Selbst definierte Ausnahmeklassen sollten als Unterklassen von ApplicationException deklariert werden.

Auslösen von Ausnahmen

Ausnahmen können auf folgende zwei Arten ausgelöst werden:

- ❑ *Implizite Ausnahmen* werden von der CLR durch eine ungültige Operation wie Division durch 0, Indexüberschreitung beim Zugriff auf ein Array-Element oder durch Zugriff über eine null-Referenz ausgelöst.
- ❑ *Explizite Ausnahmen* werden vom Programmierer durch eine throw-Anweisung ausgelöst.

Eine throw-Anweisung hat die Form

```
throw exceptionObject;
```

und wird meist mit der Erzeugung eines Ausnahmeobjekts verbunden, z.B.:

```
throw new Exception("invalid argument in Foo");
```

Hier ist ein Beispiel für eine selbst definierte Ausnahmeklasse sowie für ihre Behandlung in einer try-Anweisung:

```
class InvalidArgumentException : ApplicationException {
    object argument;
    public InvalidArgumentException(string msg, object arg) : base(msg) {
        argument = arg;
    }
    public object Argument { get { return argument; } }
}

class Test {
    static void Foo(int arg) {
        if (arg < 0)
            throw new InvalidArgumentException("bad argument", arg);
        ...
    }
    static void Main() {
        try {
            ...
            Foo(-10);
            ...
        } catch (InvalidArgumentException e) {
            Console.WriteLine(e.Message + ": " + e.Argument);
        }
    }
}
```

Dieses Programm liefert die Ausgabe

bad argument: -10

Wie man sieht, wird die Ausnahme in der Methode Foo ausgelöst, aber erst im Rufer Main behandelt. Die Suche nach einer passenden catch-Klausel wird anhand von Abb. 2.11 nochmals für ein etwas komplizierteres Beispiel erklärt.

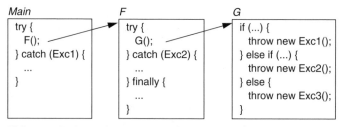

Abb. 2.11 *Suche nach einer passenden catch-Klausel*

Wenn in G eine Ausnahme der Art Exc1 ausgelöst wird, wird zunächst in G nach einer passenden catch-Klausel einer umschließenden try-Anweisung gesucht. Da es eine solche nicht gibt, wird die Suche im Rufer F fortgesetzt. Dort gibt es zwar eine umschließende try-Anweisung, aber sie hat keine catch-Klausel für Exc1, also wird die Suche in Main fortgesetzt. Dort wird nun endlich eine catch-Klausel für Exc1 gefunden. Das Programm bricht die Abarbeitung von G ab, führt die finally-Klausel in F aus, springt dann zur catch-Klausel in Main und macht schließlich nach deren Abarbeitung hinter der try-Anweisung in Main weiter.

Wenn in G eine Ausnahme der Art Exc2 ausgelöst wird, dann wird die catch-Klausel für Exc2 in F ausgeführt, anschließend die finally-Klausel in F und schließlich wird das Programm nach der try-Anweisung in F fortgesetzt.

Wenn in G eine Ausnahme der Art Exc3 ausgelöst wird, kann in keiner der gerade laufenden Methoden eine passende catch-Klausel gefunden werden. Das Programm bricht daher mit einer Fehlermeldung ab.

Von Methoden ausgelöste Ausnahmen

In Java muss eine Methode alle Ausnahmen, die in ihr auftreten können, entweder behandeln oder in ihrem Methodenkopf spezifizieren. Erscheinen sie im Methodenkopf, muss der Rufer diese Ausnahmen behandeln oder sie seinerseits in seinem Methodenkopf spezifizieren. Auf diese Weise kann der Java-Compiler sicherstellen, dass jede Ausnahme auch wirklich behandelt wird. Der Fall, dass keine passende catch-Klausel gefunden wird, ist in Java (zumindest für explizite Ausnahmen) ausgeschlossen.

In C# müssen Ausnahmen *nicht* im Methodenkopf spezifiziert und auch nicht in einer catch-Klausel abgefangen werden. Das mag aus software-technischer Sicht bedenklich erscheinen, wurde aber aus Kompatibilität zu anderen .NET-Sprachen so gewählt. Außerdem ist es vielen Programmierern lästig, wenn sie gezwungen werden, eine catch-Klausel zu schreiben, selbst wenn sie wissen, dass in einer bestimmten Situation keine Ausnahme auftreten kann.

Die Ausnahmebehandlung in C# ist insofern sicher, als garantiert wird, dass keine Ausnahme verloren geht. Wenn sie nicht von einer catch-Klausel abgefangen wird, bricht das Programm immerhin mit einer Fehlermeldung ab.

Ausnahmen in Multicast-Delegates

Wenn mehrere Methoden über eine Delegate-Variable aufgerufen werden und eine davon eine Ausnahme auslöst, kann es sein, dass die weiteren in der Variablen gespeicherten Methoden nicht mehr ausgeführt werden. Abb. 2.12 verdeutlicht das anhand eines Beispiels.

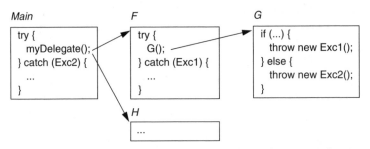

Abb. 2.12 *Suche nach einer catch-Klausel in Zusammenhang mit Delegates*

Angenommen, die Variable myDelegate enthält die beiden Methoden F und H, die in dieser Reihenfolge aufgerufen werden. F ruft wiederum G auf. Tritt dort die Ausnahme Exc1 auf, wird sie in F behandelt, F wird zu Ende geführt und schließlich wird auch die zweite in myDelegate gespeicherte Methode H aufgerufen. Tritt jedoch die Ausnahme Exc2 auf, wird diese erst in Main behandelt. Die Aufrufe in myDelegate werden abgebrochen und H wird nicht mehr ausgeführt.

2.13 Namensräume und Assemblies

Namensräume wurden bereits in Abschnitt 2.5 vorgestellt und in einigen Beispielen verwendet. Wir wollen sie uns nun etwas genauer ansehen und mit dem Konstrukt der *Pakete* in Java vergleichen.

Namensräume fassen mehrere Klassen, Structs, Interfaces, Enumerationen und Delegates zu einer logischen Einheit zusammen. Sie sind jedoch nur ein

Compilezeit-Konstrukt, das die Sichtbarkeit von Namen für den Compiler regelt. Zur Laufzeit haben sie keine große Bedeutung mehr, sondern werden durch Assemblies abgelöst, die mehrere Klassen und Structs zu einer separat ladbaren und versionierbaren Komponente zusammenfassen. Assemblies und Namensräume sind orthogonal, d.h., sie sind voneinander unabhängig. Bevor wir näher darauf eingehen, fassen wir nochmals zusammen, was wir über Namensräume wissen:

Eine Quelldatei kann mehrere Namensräume enthalten, obwohl sie in der Regel nur einen einzigen besitzt. Hier ist ein Beispiel einer Datei mit mehreren Namensräumen:

```
namespace Util {
    public enum Color {red, blue, green};

    namespace Figures {
        public class Rectangle {...}
        public class Circle {...}
    }
}

namespace Drawing {
    public enum Color {black, white}
    public class Rectangle {...}
}

class Test {...}
```

Die Typen Util.Color und Drawing.Color stehen in keinem Namenskonflikt zueinander, weil sie in unterschiedlichen Namensräumen deklariert sind. Das Gleiche gilt für die Typen Util.Figures.Rectangle und Drawing.Rectangle. Die Klasse Test ist in keinem Namensraum enthalten und gehört daher zu einem namenlosen Standardnamensraum.

Ein Namensraum kann sich auch über mehrere Quelldateien erstrecken. Zum Beispiel können die Namensräume Util und Util.Figures in einer anderen Quelldatei nochmals geöffnet und mit weiteren Typen befüllt werden:

```
namespace Util {
    public class Random {...}
}

namespace Util.Figures {
    public class Triangle {...}
}
```

Die Typen eines Namensraums sind in den eingeschachtelten Namensräumen sichtbar. Util.Color darf also in Util.Figures.Triangle benutzt werden. In anderen Namensräumen sind sie jedoch nur dann sichtbar, wenn sie mit ihrem Namensraum qualifiziert werden oder wenn ihr Namensraum wie im folgenden Beispiel mittels using importiert wird:

```
namespace MyProgram {
    using Util.Figures;     // Import aller public-Typen aus Util.Figures

    class Test {
        Rectangle r;        // Benutzung ohne Qualifikation (weil mit using importiert)
        Triangle t;
        Util.Color c;       // Benutzung mit Qualifikation

        ...
    }
}
```

Man beachte, dass der Import von Util.Figures nicht den Import des übergeordneten Namensraums Util impliziert. Daher müssen wir Util.Color qualifizieren oder Util ebenfalls mit using importieren.

Typen, die in anderen Namensräumen importiert werden sollen, müssen die Sichtbarkeit *public* oder *internal* haben.

C#-Namensräume versus Java-Pakete

Das in Java verwendete Konstrukt der *Pakete* ähnelt den Namensräumen von C#. Ein Paket ist ebenfalls ein Namensraum für zusammengehörige Klassen und Interfaces. Allerdings gibt es gewisse Unterschiede. Eine C#-Datei kann zum Beispiel mehrere Namensräume enthalten,

```
namespace A {...}
namespace B {...}
namespace C {...}
```

während eine Java-Datei immer nur zu einem einzigen Paket gehört. Die erste Zeile einer Java-Datei gibt den Namen des Pakets an, zu dem alle Deklarationen dieser Datei gehören.

```
package A;      // Java-Code
class C {...}
class D {...}
```

Ein weiterer Unterschied liegt darin, dass Java-Pakete auf Verzeichnisse abgebildet werden, C#-Namensräume jedoch nicht. Für jedes Java-Paket gibt es ein gleichnamiges Verzeichnis. Geschachtelte Pakete führen zu geschachtelten Verzeichnissen. Jede Klasse C, die zu einem Paket A gehört, wird in eine Datei C.class übersetzt, die im Verzeichnis A abgelegt wird. In C# wird nicht jede Klasse in eine eigene Datei übersetzt, sondern die Klassen C und D können zum Beispiel in eine Datei MyLib.dll übersetzt werden. Namensräume werden auch nicht auf Verzeichnisse abgebildet, sondern MyLib.dll kann in einem Verzeichnis mit beliebigem Namen stehen (siehe Abb. 2.13).

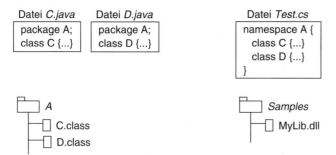

Abb. 2.13 *Pakete werden in Java auf Verzeichnisse abgebildet, Namensräume in C# nicht*

Während in C# mittels

```
using A;
```

alle Typen des Namensraums A importiert werden, kann man in Java gezielt *einzelne* Typen oder *alle* Typen eines Pakets importieren:

```
import java.util.LinkedList;      // importiert in Java nur die Klasse LinkedList
import java.awt.*;                // importiert in Java alle Typen des Pakets java.awt
```

In C# kann die using-Klausel auch dazu verwendet werden, um einen *Alias-Namen* für einen Namensraum zu definieren, zum Beispiel:

```
using F = System.Windows.Forms;  // F ist ein anderer Name für System.Windows.Forms
F.Button b;
```

Diese Möglichkeit gibt es in Java nicht.

In C# sind alle Deklarationen eines Namensraums auch in den darin eingeschachtelten Namensräumen bekannt. In Java gibt es zwar ebenfalls Unterpakete, die aber nicht auf die im umgebenden Paket deklarierten Namen zugreifen können, ohne sie explizit zu importieren.

In Java gibt es schließlich die Sichtbarkeit *package*. Alle Namen, die in Java ohne Sichtbarkeitsattribut deklariert werden, sind nur im deklarierenden Paket bekannt und in anderen Paketen nicht importierbar:

```
package A;
class C {               // C ist nur in A bekannt
    void f() {...}      // f ist nur in A bekannt
}
public class D {...}    // D ist auch außerhalb von A bekannt
```

In C# kann man die Sichtbarkeit von Namen nicht auf einen Namensraum beschränken. Wenn ein Typname die Sichtbarkeit *public* oder *internal* hat, ist er auch in anderen Namensräumen importierbar. Die Sichtbarkeit *internal* schränkt einen Namen zwar auf ein Assembly ein, aber das ist nicht dasselbe wie ein Namensraum.

Assemblies

Assemblies sind ein Konzept, das für den C#-Programmierer zunächst schwer zu verstehen ist. Es gibt in der Sprache kein syntaktisches Konstrukt, das einem Assembly entspricht. Ein Assembly ist vielmehr ein Laufzeitkonstrukt, eine Sammlung von compilierten Klassen und anderen Ressourcen (z.B. Icons), die gemeinsam geladen werden, eine gemeinsame Versionsnummer und gemeinsame Sicherheitsattribute haben.

Für Java-Programmierer kann man Assemblies am ehesten mit *Jar-Dateien* vergleichen: Ein Assembly ist eine Bibliothek aus mehreren Klassen mit einem »Inhaltsverzeichnis« (einem so genannten *Manifest*) und einer Beschreibung der enthaltenen Typen und ihrer Elemente. Unter .NET werden Assemblies entweder als ausführbare Dateien mit der Endung **exe** oder als Bibliotheksdateien mit der Endung **dll** gespeichert.

Assemblies entstehen in der Regel bei der Übersetzung. Alle Dateien (d.h. ihre Klassen), die gemeinsam übersetzt werden, bilden ein Assembly. Der Compiler-Aufruf

    csc A.cs B.cs C.cs

führt zu einem Assembly **A.exe**. Durch Compiler-Optionen kann der Name des Assemblies sowie seine Art (**exe** oder **dll**) festgelegt werden (siehe Abschnitt 8.2). Mit Hilfe des Assembly-Linkers **al.exe** kann man ein Assembly auch aus einzelnen Modulen (z.B. solchen, die nicht in C# geschrieben wurden) und anderen Ressourcen erstellen.

Es ist wichtig, den Unterschied zwischen Assemblies und Namensräumen zu verstehen. Ein Namensraum ist ein Compilezeit-Konstrukt: Es legt die Sichtbarkeit von Namen für den Compiler fest. Ein Assembly ist hingegen ein Laufzeitkonstrukt: Es kann Klassen ganz unterschiedlicher Namensräume enthalten. Ein Namensraum kann auch auf mehrere Assemblies verteilt sein. Abb. 2.14 zeigt zum Beispiel ein Assembly, das aus den Klassen A.C2 und B.C3 sowie aus einem Bild (**Icon**) besteht.

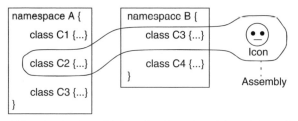

Abb. 2.14 *Ein Assembly bestehend aus den Klassen A.C2 und B.C3 sowie aus einem Icon*

Weitere Einzelheiten zu Assemblies finden sich in Abschnitt 3.6.

2.14 Generische Bausteine

Manchmal möchte man eine Klasse oder eine Methode so allgemein halten, dass sie mit Objekten verschiedener Typen arbeiten kann. Das kann man zum Beispiel erreichen, indem man als Typ dieser Objekte die oberste Basisklasse object wählt, zu der alle anderen Typen kompatibel sind. Folgende Klasse zeigt als Beispiel einen Puffer, in dem man beliebige Daten speichern kann:

```
class Buffer {
    private object[] data = ...;
    public void Put(object x) {...}
    public object Get() {...}
}
```

In diesem Puffer können nun Zahlen, Strings oder beliebige andere Objekte abgelegt werden, z.B.:

```
Buffer buf = new Buffer();
buf.Put(3);
buf.Put("a string");
buf.Put(new Person());
```

Diese Implementierung führt allerdings zu folgenden Problemen:

1. Übergibt man Daten eines Werttyps, müssen diese mittels Boxing zu object kompatibel gemacht werden, was Laufzeit kostet:

   ```
   buf.Put(3);  // Boxing kostet Laufzeit
   ```

2. Die Methode Get liefert Daten vom Typ object. Man benötigt eine Typumwandlung, um diese Daten wieder unter ihrem ursprünglichen Typ benutzen zu können, was wiederum Laufzeit kostet:

   ```
   int x = (int) buf.Get();  // Typumwandlung kostet Laufzeit
   ```

3. Obwohl man vielleicht beabsichtigt, ausschließlich Zahlen im Puffer zu speichern, kann man nicht verhindern, dass jemand auch Strings darin ablegt. Entnimmt man später einen solchen String und versucht ihn in ein int-Objekt zu konvertieren, kommt es zu einem Laufzeitfehler. Der Compiler kann die Homogenität der in Buffer gespeicherten Objekte nicht erzwingen.

Natürlich könnte man unterschiedliche Buffer-Klassen für int, string und andere Typen implementieren, aber das würde zu unnötiger Redundanz führen. In C# 2.0 wurden daher so genannte *generische Typen* eingeführt, die es erlauben, einen einzigen Buffer-Typ zu erstellen, der die oben genannten Probleme vermeidet.

2.14.1 Generische Typen

Generische Typen sind solche, die mit anderen Typen parametrisiert werden können. Um zum Beispiel eine generische Klasse Buffer zu erhalten, parametrisiert man sie mit dem Typ ihrer Elemente:

```
class Buffer<Element> {
    private Element[] data = ...;
    public void Put(Element x) {...}
    public Element Get() {...}
}
```

Der Name Element ist hier ein *Platzhalter*, der in Buffer wie ein normaler Typ benutzt werden kann und später bei der Verwendung von Buffer durch einen konkreten Typ ersetzt wird:

```
Buffer<int> buf = new Buffer<int>();
```

Die Variable buf ist nun vom Typ Buffer<int> (sprich: Buffer of int), d.h., der Platzhalter Element wurde durch den konkreten Typ int ersetzt. Daher arbeiten die Put- und Get-Methoden dieses Typs nun mit int-Werten.

```
buf.Put(3);              // Put erlaubt nur int-Parameter; kein Boxing!
int x = buf.Get();       // Get liefert einen int-Wert; keine Typumwandlung nötig!
```

Natürlich kann man Buffer auch mit jedem anderen Typ parametrisieren, z.B.:

```
Buffer<Person> bp = new Buffer<Person>();
bp.Put(new Person());    // Put erlaubt nur Person-Parameter; kein Boxing
Person p = bp.Get();     // Get liefert einen Person-Wert; keine Typumwandlung nötig
```

Die Vorteile des generischen Typs Buffer<Element> gegenüber dem mit object implementierten Typ Buffer liegen auf der Hand:

1. Der Compiler kann gezieltere Typprüfungen durchführen. Für Buffer<int> kann er zum Beispiel sicherstellen, dass die an Put übergebenen und die von Get gelieferten Werte wirklich vom Typ int sind.

2. Die Operationen von Buffer<int> sind effizienter als die von Buffer, weil weder Typumwandlungen noch Boxing-Operationen nötig sind.

3. Programme werden lesbarer, weil Typumwandlungen wegfallen und man klarer sieht, welche Elemente tatsächlich in Buffer gespeichert werden.

Generische Typen können übrigens nicht nur Klassen, sondern auch Structs und Interfaces sein, z.B.:

```
struct Stack<ElemType> {...}
interface ITokenReader<TokenType> {...}
```

2.14.2 Constraints

In der bisherigen Implementierung von Buffer<Element> werden die Elemente nur abgespeichert und wieder ausgelesen. Will man aber auch Operationen darauf anwenden (zum Beispiel Vergleiche), dann muss man angeben, welche Operationen ein Platzhaltertyp unterstützen soll, d.h., man muss seine Allgemeinheit einschränken. Das geschieht mit Hilfe von *Constraints*. Man gibt dabei für einen Platzhalter einen oder mehrere Typen an, zu denen der spätere konkrete Typ kompatibel sein muss. Dadurch weiß der Compiler, welche Operationen er vom Platzhalter erwarten darf, und kann diese Information in seine Typprüfungen mit einbeziehen.

Nehmen wir an, die Elemente in unserem Puffer sollen eine Priorität haben und die Get-Methode soll das Element mit der höchsten Priorität liefern. Das kann durch folgende Klasse OrderedBuffer erreicht werden, die zwei Platzhalter aufweist, von denen der zweite mit einem Constraint auf Elemente eingeschränkt wird, die das Interface IComparable unterstützen. Der Einfachheit halber verzichten wir hier auf effiziente Datenstrukturen und auf eine Überlaufsprüfung.

```
class OrderedBuffer<Element, Priority>
    where Priority: IComparable {              // Priority implementiert IComparable

    private Element[] data = new Element[100];  // die Elemente im Puffer
    private Priority[] prio = new Priority[100]; // ihre Prioritäten
    private int lastElem = -1;                   // Index des letzten Elements in Buffer

    public void Put(Element x, Priority p) { // sortiert x gemäß seiner Priorität p in data ein
        int i = lastElem;
        while (i >= 0 && p.CompareTo(prio[i]) > 0) { data[i+1] = data[i]; prio[i+1] = prio[i]; i--; }
        data[i+1] = x; prio[i+1] = p;
        lastElem++;
    }

    public void Get(out Element x, out Priority p) {
        x = data[lastElem]; p = prio[lastElem]; lastElem--;
    }
}
```

Wie man sieht, wendet die Methode Put auf ihren Parameter p vom Typ Priority die Operation CompareTo an, was der Compiler akzeptiert, weil wir mit where Priority: IComparable spezifiziert haben, dass Priority das Interface IComparable implementieren muss. Wenn wir nun eine Variable dieser Klasse definieren, zum Beispiel

```
OrderedBuffer<string, int> buf = new OrderedBuffer<string, int>();
```

prüft der Compiler, ob der Typ für den zweiten Platzhalter (d.h. int) tatsächlich das Interface IComparable unterstützt, was hier der Fall ist. Nun können wir die Variable buf folgendermaßen verwenden:

```
buf.Put("C++", 5);
buf.Put("C#", 10);
string lang; int prio;
buf.Get(out lang, out prio);  // lang == "C#", prio == 10
```

Natürlich kann man auch mehrere Constraints für die Platzhalter angeben, z.B.:

```
class OrderedBuffer<Element, Priority>
    where Element: MyBaseClass,
    where Priority: IComparable, ISerializable {
    ...
}
```

In diesem Fall muss der erste Typ eine Unterklasse von MyBaseClass sein, und der zweite Typ muss die Interfaces IComparable und ISerializable implementieren.

Konstruktor-Constraints

Für jeden Platzhalter kann man mit einem so genannten *Konstruktor-Constraint* new() angeben, dass der entsprechende konkrete Typparameter einen parameterlosen Konstruktor haben muss, mit dem man Elemente dieses Typs erzeugen kann. Im folgenden Beispiel hat der Platzhalter E ein solches Constraint:

```
class Stack<T, E> where E: Exception, new() {
    T[] data = ...;
    int top = -1;

    public void Push(T x) {
        if (top >= data.Length - 1)
            throw new E();    // erzeugt ein neues E-Objekt
        else
            data[++top] = x;
    }
}
```

Bei der Deklaration und Erzeugung eines Stack-Objekts

```
Stack<int, OverflowException> stack = new Stack<int, OverflowException>();
```

prüft der Compiler nun, ob der für E eingesetzte Typ (hier OverflowException) von Exception abgeleitet ist und einen parameterlosen Konstrukor hat. Die Klasse OverflowException könnte folgendermaßen aussehen:

```
class OverflowException: Exception {
    public OverflowException(): base("stack overflow");
}
```

2.14.3 Vererbung bei generischen Typen

Ein generischer Typ kann wie jeder andere Typ von einer Klasse erben und mehrere Interfaces implementieren. Dabei können die Basistypen selbst wieder generisch sein. Zum Beispiel könnte unsere Klasse Buffer<Element> von einer Klasse List<Element> abgeleitet sein, welche die Methoden Add und Remove zur Verfügung stellt, mit denen der Puffer implementiert werden kann:

```
class Buffer<Element>: List<Element> {
    ...
    public void Put(Element x) {
        this.Add(x);  // Add wurde von List geerbt
    }
}
```

Der konkrete Typ, der später Element in Buffer ersetzt, ersetzt auch Element in List.

Ein generischer Typ kann von einem konkreten Typ, von einem konkretisierten generischen Typ oder von einem generischen Typ mit gleichem Platzhalter abgeleitet werden, wie das die folgenden Beispiele zeigen:

```
class T<X>: B {...}        // Ableitung von einem konkreten Typ
class T<X>: B<int> {...}   // Ableitung von einem konkretisierten generischen Typ
class T<X>: B<X> {...}     // Ableitung von einem generischen Typ mit gleichem Platzhalter
```

Ein konkreter Typ kann aber niemals von einem generischen Typ erben. Folgende Deklaration ist also nicht erlaubt:

```
class T: B<X> {...}
```

Zuweisungskompatibilität zwischen generischen Typen

Abgeleitete generische Typen sind mit ihren Basistypen kompatibel. Daher sind auch Zuweisungen an Variablen der Basistypen erlaubt. Hat man etwa folgende Klasse B<X>

```
class B<X>: A {...}
```

so ist die Zuweisung

```
A a = new B<int>();
```

erlaubt. Ist der Basistyp ebenfalls generisch, wie in

```
class C<X> {...}
class D<X>: C<X> {...}
```

so ist die Zuweisungskompatibilität zwischen D<X> und C<X> gegeben, falls die Platzhalter in beiden Fällen durch denselben Typ ersetzt werden. Die folgende Zuweisung ist also erlaubt:

```
C<int> c = new D<int>();
```

Hingegen führt die Zuweisung

```
C<int> c = new D<short>();
```

zu einem Compilationsfehler, denn D<short> ist im Gegensatz zu D<int> kein Untertyp von C<int>.

Überschreiben von Methoden

Wenn man eine Methode von einem konkretisierten generischen Typ erbt und überschreibt, so wird ein in der Basismethode vorkommender Platzhalter durch den entsprechenden konkreten Typ ersetzt:

```
class MyBuffer: Buffer<int> {
    ...
    public override void Put(int x) {...}
}
```

Überschreibt man jedoch eine geerbte Methode aus einem nicht konkretisierten generischen Basistyp, so bleibt der Platzhalter erhalten:

```
class MyBuffer<Element>: Buffer<Element> {
    ...
    public override void Put(Element x) {...}
}
```

Laufzeittypprüfungen

Ein konkretisierter generischer Typ (z.B. Buffer<int>) kann wie jeder andere Typ in Typtests und Typumwandlungen verwendet werden, z.B.:

```
Buffer<int> buf = new Buffer<int>();
object obj = buf;          // der dynamische Typ von obj ist nun Buffer<int>
...
if (obj is Buffer<int>)    // Typtest
    buf = (Buffer<int>) obj;  // Typumwandlung
```

In C# stehen also zur Laufzeit alle Informationen über generische Typen zur Verfügung, einschließlich der Typen für ihre Platzhalter. Man kann diese Informationen mittels Reflection abfragen, zum Beispiel:

```
Type t = typeof(Buffer<int>);
Console.WriteLine(t.FullName);  // Ausgabe: Buffer`1[[System.Int32, ...]]
```

2.14.4 Generische Methoden

Nicht nur Klassen können mit Typen parametrisiert werden, sondern auch Methoden. Solche Methoden sind dann auf Daten unterschiedlicher Typen anwendbar. Angenommen, wir wollen eine Funktion Max(a) schreiben, die das Maxi-
mum aller Elemente eines beliebigen Arrays a liefert. So eine Methode könnte
wie folgt aussehen:

```
T Max<T> (T[] a) where T: IComparable {
    T max = a[0];
    for (int i = 1; i < a.Length; i++)
        if (a[i].CompareTo(max) > 0) max = a[i];
    return max;
}
```

Die Platzhaltertypen werden hinter dem Methodennamen angegeben. In unserem
Beispiel hat Max einen Platzhaltertyp T und wird auf ein Array von T-Elementen
angewendet. Da wir spezifiziert haben, dass T das Interface IComparable implementiert, können wir T-Elemente mit Hilfe von CompareTo vergleichen. Wenn
wir nun Max auf ein int-Array anwenden wollen, so schreiben wir:

```
int[] numbers = {3, 7, 4, 6, 9, 2};
int maxNum = Max<int>(numbers);
```

Wir können es aber auch auf jedes andere Array anwenden, dessen Elementtyp
das Interface IComparable implementiert, also zum Beispiel auf ein string-Array:

```
string[] names = {"John", "Betty", "Lisa", "Robert"};
string maxName = Max<string>(names);
```

In den meisten Fällen können wir die aktuellen Typparameter sogar weglassen,
da sie der Compiler automatisch aus den Typen der Argumente ableiten kann. Es
reicht also zu schreiben:

```
maxNum = Max(numbers);        // T wird durch int ersetzt
maxName = Max(names);         // T wird durch string ersetzt
```

In seltenen Fällen kann der Compiler jedoch die aktuellen Typparameter nicht
automatisch ermitteln. Wenn wir zum Beispiel eine Klasse Animal mit Unterklassen wie Cat oder Dog haben und eine Methode schreiben wollen, die aus einem
Animal-Array alle Cat- oder Dog-Objekte herausfiltert, können wird das wie folgt
implementieren:

```
List<T> SelectAll<T> (Animal[] animals) where T: Animal {
    List<T> result = new List<T>();
    foreach (Animal a in animals)
        if (a is T) result.Add((T)a);
    return result;
}
```

Beim Aufruf dieser Methode müssen wir nun den aktuellen Typparameter explizit angeben, denn der Compiler kann nicht wissen, was der Typ der Objekte ist, auf die wir es abgesehen haben:

```
List<Dog> list = SelectAll<Dog>(animals);
```

2.14.5 Generische Delegates

Ähnlich wie Methoden können auch Delegates mit Typparametern versehen werden, die man bei der Deklaration des Delegates hinter seinem Namen angibt. Eine typische Anwendung sind Delegates für so genannte *Filtermethoden*, z.B.:

```
delegate bool Filter<T> (T val);
```

Methoden dieses Typs sollen prüfen, ob ihr Parameter val eine bestimmte Eigenschaft erfüllt, und dann true oder false zurückgeben.

Sehen wir uns an, wie man diese Delegates verwendet. Angenommen, wir wollen eine Klasse Sequence<T> implementieren, die eine Folge von Elementen beliebigen Typs verwaltet. Das könnte so aussehen:

```
class Sequence<T> {

    class Node {
        public T val;
        public Node next;
    }

    Node head = null;

    public void Add (T val) { ... }

    public Sequence<T> Select (Filter<T> matches) {
        Sequence<T> result = new Sequence<T>();
        for (Node p = head; p != null; p = p.next)
            if (matches(p.val)) result.Add(p.val);
        return result;
    }
    ...
}
```

Mit der Methode Add bauen wir eine verkettete Liste von Knoten auf. Die Methode Select verwendet nun unser generisches Delegate, um aus der Liste jene Elemente e herauszukopieren, die das Filterkriterium matches(e) erfüllen. Die Filtermethode wird für jedes Element der Liste aufgerufen. Wenn sie true liefert, wird das Element zur Ergebnisliste hinzugefügt, sonst nicht.

Warum muss das Delegate in diesem Beispiel generisch sein? Weil wir damit ausdrücken können, dass die zu prüfenden Elemente vom gleichen Typ sein müssen wie die Elemente in Sequence.

Nun verwenden wir die Klasse Sequence, um darin zum Beispiel positive und negative ganze Zahlen zu speichern:

```
Sequence<int> numbers = new Sequence<int>();
numbers.Add(3); numbers.Add(-5); numbers.Add(6); ...
```

Wenn wir jetzt die positiven Zahlen aus dieser Liste herausfiltern wollen, können wir schreiben:

```
Sequence<int> positives = numbers.Select(delegate(int x) {return x > 0;});
```

Wir übergeben Select eine anonyme Methode, die für jedes Element x von numbers aufgerufen wird und true liefert, wenn das Element positiv ist. Select fügt jedes Element, für das die Filtermethode true liefert, zur Ergebnisliste hinzu und wir bekommen eine Folge positiver Zahlen.

Beim Aufruf von Select hat der Compiler wieder automatisch aus dem Parameter int x abgeleitet, dass die übergebene Methode vom Typ Filter<int> ist, was den Compiler zufrieden stellt, da numbers vom Typ Sequence<int> ist und die Select-Methode daher einen Parameter vom Typ Filter<int> erwartet.

2.14.6 Nullwerte

Manchmal möchte man eine Variable von einem Platzhaltertyp T auf null setzen. Aber welchen Wert soll man dazu verwenden? Man weiß ja nicht, durch welchen konkreten Typ der Platzhaltertyp T später ersetzt wird. Ist es ein Referenztyp, muss der Nullwert null lauten, ist es ein ganzzahliger Typ, muss als Nullwert hingegen 0 verwendet werden. Daher definiert C# einen generischen Nullwert, der default(T) lautet:

```
T value = default(T);
```

Der generische Nullwert wird je nach aktuellem Typparameter auf null, 0, 0.0, '\0' oder false abgebildet.

Ein ähnliches Problem stellt sich, wenn wir eine Variable v mit Platzhaltertyp T haben und sicherstellen wollen, dass sie nicht den Wert null hat, weil wir ja ansonsten keine Methode darauf anwenden dürfen. Die Abfrage

```
if (v == null) ...
```

führt einen Zeigervergleich durch, wenn der Typ T von v durch einen Referenztyp ersetzt wurde. Wenn er durch einen Werttyp ersetzt wurde, liefert diese Abfrage immer false. Natürlich ist auch die Abfrage

```
if (v != null) ...
```

erlaubt. Für Referenztypen wird auch hier ein Zeigervergleich durchgeführt. Für Werttypen liefert diese Abfrage immer true.

2.14.7 Was geschieht hinter den Kulissen?

Wie werden generische Typen vom Compiler und vom Laufzeitsystem behandelt? Wenn man eine generische Klasse deklariert, z.B.

```
class Buffer<Element> {...}
```

erzeugt der Compiler zunächst nur generischen CIL-Code, der als Schablone für spätere Konkretisierungen dient. Die Konkretisierungen werden in C# erst zur Laufzeit vorgenommen, wobei Werttypen und Referenztypen unterschiedlich behandelt werden. Für jeden Werttyp V, der den Platzhalter Element ersetzt, wird eine konkrete Klasse Buffer<V> erzeugt, während sich alle Referenztypen R nur eine einzige Konkretisierung Buffer<R> teilen. Das Laufzeitsystem erzeugt die konkreten Typen und ihren Code erst, wenn diese das erste Mal benutzt werden, wie das im folgenden Beispiel deutlich wird:

```
Buffer<int> a = new Buffer<int>();          // erzeugt Code für Klasse Buffer<int>
Buffer<int> b = new Buffer<int>();          // verwendet obiges Buffer<int>
Buffer<float> c = new Buffer<float>;        // erzeugt Code für Klasse Buffer<float>
Buffer<string> d = new Buffer<string>();    // erzeugt Code für Klasse Buffer<refType>
Buffer<Person> e = new Buffer<Person>();    // verwendet obiges Buffer<refType>
```

2.14.8 Unterschiede zu Java

In Java gibt es seit der Version 5.0 ebenfalls generische Typen und Methoden, wobei eine ganz ähnliche Syntax wie in C# verwendet wird. Im Gegensatz zu C# können aber in Java Platzhaltertypen nur durch Referenztypen wie String oder Person ersetzt werden, nicht jedoch durch Werttypen wie int oder float. Außerdem werden in Java generische Typen immer auf den Typ Object abgebildet. Im Bytecode (und somit zur Laufzeit) gibt es daher in Java keine generischen Typen. Das hat zur Folge, dass man keine Typtests mit generischen Typen durchführen kann und den aktuellen Typ eines Typparameters nicht mittels Reflection abfragen kann. Ein weiteres daraus resultierendes Problem besteht darin, dass man von einem Typparameter T keine Arrays erzeugen kann. Der Ausdruck

```
new T[10]
```

ist also verboten und muss als

```
(T[]) new Object[]
```

geschrieben werden, wobei der Compiler aber trotzdem eine Warnung ausgibt, weil er bei der Typumwandlung nicht prüfen kann, ob das Array wirklich Elemente vom Typ T enthält.

Da generische Bausteine in C# auf die Common Language Runtime abgebildet werden, sind sie durchgängiger und flexibler zu benutzen als in Java.

2.15 Iteratoren

In Abschnitt 2.6.9 haben wir die foreach-Schleife kennen gelernt, mit der man über die Elemente eines Arrays oder einer Collection (siehe Abschnitt 4.1) iterieren kann. Eine foreach-Schleife über die Elemente einer Liste list

```
foreach (int x in list)
    Console.WriteLine(x);
```

wird vom Compiler in folgendes Codestück übersetzt:

```
IEnumerator e = list.GetEnumerator();
while (e.MoveNext())
    Console.WriteLine(e.Current);
```

Die Methode GetEnumerator liefert einen Enumerator des Typs IEnumerator, der Methoden und Properties zum Durchlaufen der Liste anbietet. e.MoveNext() bewegt den Enumerator zum nächsten Element der Liste (anfangs auf das erste Element) und liefert false, wenn kein nächstes Element mehr existiert. Das Property e.Current liefert das Element der Liste, auf dem der Enumerator gerade steht.

GetEnumerator ist eine Methode des Interface IEnumerable. Die foreach-Schleife kann also auf Objekte aller Typen angewendet werden, die IEnumerable implementieren, was bei Arrays und Collection-Typen der Fall ist.

2.15.1 Allgemeine Iteratoren

Da die Implementierung von IEnumerator (also von MoveNext und Current) aufwändig sein kann, bietet C# 2.0 eine einfachere Möglichkeit zum Durchlaufen von Wertefolgen an: Wenn eine Klasse eine Methode

```
IEnumerator GetEnumerator() { ... }
```

enthält, so wird dadurch ausgedrückt, dass diese Klasse eine Folge von Werten liefert, über die man mit einer foreach-Schleife iterieren kann. Die Methode GetEnumerator() muss eine oder mehrere so genannte *yield-Anweisungen* enthalten, die das jeweils nächste Element der Folge liefern.

Nun wird es aber Zeit für ein Beispiel. Angenommen, wir wollen eine Klasse implementieren, die Verkaufszahlen mehrerer Artikel pro Quartal eines Jahres speichert. Anschließend möchten wir mit Hilfe einer foreach-Schleife über die Jahresverkaufssummen der einzelnen Artikel iterieren. Implementieren wir also zunächst einmal die Klasse mit den Verkaufszahlen:

```
using System.Collections.Generic;  // importiert IEnumerator

class Sales {
    int[][] sales; // sales[a][q] enthält die Verkaufszahl des Artikels a in Quartal q
    ...
```

```
    public IEnumerator<int> GetEnumerator() {
        for (int a = 0; a < sales.Length; a++)
            yield return sales[a][0] + sales[a][1] + sales[a][2] + sales[a][3];
    }
}
```

Dieser Code sieht etwas seltsam aus und erfordert eine Erklärung. Die Methode
GetEnumerator() enthält eine Schleife über das sales-Array. Für jeden Artikel a
werden die Verkaufszahlen der vier Quartale, die in sales[a] gespeichert sind, addiert, und die Summe wird mittels yield return zurückgegeben. Der Trick besteht
nun darin, dass die Methode an dieser Stelle nicht zum Rufer zurückkehrt, sondern den gelieferten Wert lediglich an eine Folge von Ergebniswerten anhängt und
dann weiterläuft. Das eigentliche Ergebnis von GetEnumerator() ist ein vom Compiler erzeugter Enumerator, mit dem man über diese Ergebnisfolge iterieren kann.

Beachten Sie auch, dass wir hier als Rückgabetyp von GetEnumerator() nicht
IEnumerator angegeben haben, sondern IEnumerator<int>, da wir ja einen Enumerator haben wollen, der eine Folge von int-Werten liefert.

Wir können nun die gelieferte Folge von Ergebniswerten mit Hilfe einer
foreach-Schleife durchlaufen:

```
Sales sales = new Sales();

foreach (int x in sales)
    Console.WriteLine(x);
```

Diese Schleife gibt die Jahresverkaufssummen aller in sales gespeicherten Artikel
aus.

Die tatsächliche Implementierung von GetEnumerator() erzeugt in Wirklichkeit keine Folge von Werten, die irgendwo gespeichert wird, sondern liefert einen
vom Compiler erzeugten Enumerator e, der bei jedem Aufruf von e.MoveNext()
bis zur nächsten yield-return-Anweisung läuft und den dort angegebenen Wert
mittels e.Current liefert. Die Folge wird also nicht im Ganzen, sondern stückweise
erzeugt und geliefert.

Beachten Sie auch, dass eine Klasse im Gegensatz zu C# 1.0 nicht mehr das
Interface IEnumerable implementieren muss, um mit einer foreach-Schleife traver-
siert werden zu können. Es reicht, wenn die Klasse eine Methode GetEnumerator()
hat, die einen Rückgabetyp IEnumerator oder IEnumerator<T> aufweist und eine
oder mehrere yield-Anweisungen enthält.

Sehen wir uns nun eine Iterator-Methode mit *mehreren* yield-Anweisungen
an. Angenommen, wir haben eine Klasse Domain, die mehrere Domainnamen
speichert, welche wir der Reihe nach in einer foreach-Schleife verarbeiten wollen:

```
class Domain {
    string name1 = "dotnet.jku.at";
    string name2 = "csharp.jku.at";
    string name3 = "www.ssw.uni-linz.ac.at";
    ...
```

```
public IEnumerator<string> GetEnumerator() {
    yield return name1;
    yield return name2;
    yield return name3;
  }
}
```

Wir können nun über die Namen in Domain-Objekten wie folgt iterieren:

```
Domain domain = new Domain();
foreach (string name in domain) Console.WriteLine(name);
```

Als Ergebnis werden alle drei gespeicherten Domainnamen ausgegeben.

yield-Anweisung

Wie wir gesehen haben, muss eine Iterator-Methode eine oder mehrere yield-Anweisungen enthalten. Genau genommen gibt es aber zwei Arten von yield-Anweisungen. Die Anweisung

```
yield return expression;
```

berechnet einen Ausdruck und fügt ihn an die Wertefolge an, die später mit einer foreach-Schleife durchlaufen werden kann. Wenn der Rückgabetyp der Iterator-Methode IEnumerator<T> ist, muss der Typ von expression zuweisungskompatibel zu T sein, ansonsten zuweisungskompatibel zu object.

```
yield break;
```

Diese Anweisung beendet die Wertefolge, bricht also die Iteration ab. Beide Arten von yield-Anweisungen dürfen übrigens nur in Iterator-Methoden vorkommen.

2.15.2 Spezifische Iteratoren

Neben der allgemeinen Iterator-Methode, die immer den Namen GetEnumerator() haben muss und parameterlos ist, erlaubt C# auch spezifische Iterator-Methoden zu schreiben, die beliebig heißen können und beliebig viele Parameter haben dürfen. Ja sogar ein Property kann als Iterator implementiert werden.

Im Gegensatz zu einem allgemeinen Iterator, der den Rückgabetyp IEnumerator oder IEnumerator<T> haben muss, haben spezifische Iteratoren den Rückgabetyp IEnumerable oder IEnumerable<T>. Sie liefern ebenfalls eine Folge von Werten und müssen daher eine oder mehrere yield-Anweisungen enthalten.

Das folgende Beispiel zeigt eine Klasse Data, die einen allgemeinen Iterator GetEnumerator() und zwei spezifische Iteratoren Range(from, to) und Downwards besitzt, mit denen man auf verschiedene Weise über ein int-Array values iterieren kann. Range(from, to) liefert die Werte im Bereich data[from .. to], Downwards liefert die Werte von data in umgekehrter Reihenfolge.

```
using System.Collections.Generic;    // importiert IEnumerator und IEnumerable

class Data {
    int[] data = {2, 3, 5, 7, 11, 13, 17, 19, 23, 29};

    public IEnumerator<int> GetEnumerator() {// allgemeine Iterator-Methode
        for (int i = 0; i < data.Length; i++)
            yield return data[i];
    }

    public IEnumerable<int> Range(int from, int to) {// spezifische Iterator-Methode
        if (to >= data.Length) to = data.Length - 1;
        for (int i = from; i <= to; i++)
            yield return data[i];
    }

    public IEnumerable<int> Downwards {// spezifisches Iterator-Property
        get {
            for (int i = data.Length - 1; i >= 0; i--)
                yield return data[i];
        }
    }
}
```

Jeder dieser Iteratoren liefert eine Folge von Werten, über die man mit Hilfe einer foreach-Schleife iterieren kann:

```
Data values = new Data();
foreach (int x in values) Console.Write(x + " ");
Console.WriteLine();
foreach (int x in values.Range(2, 5)) Console.Write(x + " ");
Console.WriteLine();
foreach (int x in values.Downwards) Console.Write(x + " ");
```

Das Ergebnis dieses Programmstücks ist:

```
2, 3, 5, 7, 11, 13, 17, 19, 23, 29
5, 7, 11, 13
29, 23, 19, 17, 13, 11, 7, 5, 3, 2
```

Übersetzung spezifischer Iteratoren

Spezifische Iteratoren werden vom Compiler wie folgt übersetzt: Die Methode Range liefert ein Objekt der vom Compiler erzeugten Klasse _Enumerable:

```
class _Enumerable: IEnumerable<int> {
    public IEnumerator<int> GetEnumerator() { ... }
}
```

Die GetEnumerator-Methode dieses Objekts wiederum liefert ein Objekt der Klasse _Enumerator, die ebenfalls vom Compiler erzeugt wurde:

```
class _Enumerator: IEnumerator<int> {
    int from, to;
    public int Current { get { ... } }
    public bool MoveNext() { ... }
    public void Dispose() { ... }
}
```

Die foreach-Schleife

```
foreach (int x in values.Range(2, 5))
    Console.Write(x + " ");
```

wird dann übersetzt in

```
IEnumerator<int> e = values.Range(2, 5).GetEnumerator();
try {
    while (e.MoveNext())
        Console.Write(e.Current + " ");
} finally {
    if (e != null) e.Dispose();
}
```

2.16 Attribute

Alle Programmiersprachen sind von ihrem Umfang her begrenzt, indem sie nur eine beschränkte Anzahl von Sprachkonstrukten anbieten. Zum Teil wird diese Beschränkung aufgehoben, indem gewisse Spracheigenschaften wie die Ein-/Ausgabe oder parallele Prozesse in Bibliotheksklassen ausgelagert werden, wo man jederzeit neue Funktionen hinzufügen kann. Wenn man aber *bestehende* Sprachkonstrukte (z.B. Klassen oder Methoden) um neue Eigenschaften wie Serialisierbarkeit oder COM-Interoperabilität erweitern will, muss man einen anderen Weg gehen. C# bietet dafür das Konzept der *Attribute*.

Attribute sind benutzerdefinierbare Informationen, die man an Programmelemente wie Klassen, Methoden, Parameter oder Assemblies hängen kann und die zur Laufzeit abgefragt und ausgewertet werden können. Sie erweitern die Menge der vordefinierten Attribute wie public, sealed oder abstract.

Attribute werden in eckigen Klammern vor das betreffende Sprachkonstrukt geschrieben. Um zum Beispiel eine Klasse serialisierbar zu machen, d.h., um zu ermöglichen, dass ihre Objekte automatisch auf eine Datei geschrieben und wieder eingelesen werden können (Details siehe später), schreibt man einfach vor die Klassendeklaration das Attribut [Serializable].

```
[Serializable]
class C { ... }
```

Man kann einem Sprachkonstrukt auch mehrere Attribute zuordnen, z.B.:

```
[Serializable] [Obsolete]
class C {...}
```

oder in verkürzter Schreibweise

```
[Serializable, Obsolete]
class C {...}
```

Viele solcher Attribute sind bereits in der .NET-Bibliothek vordefiniert. Man kann aber auch eigene Attribute deklarieren und sie an Programmelemente hängen. Attribute sind nämlich einfach Klassen, die von System.Attribute abgeleitet sind. Man braucht also nur eine eigene Klasse von System.Attribute abzuleiten und kann diese dann als Attribut verwenden.

Attribute mit Parametern

Attribute können auch Parameter haben. Sehen wir uns dazu das vordefinierte Attribut Obsolete an. Wenn man es vor eine Klasse oder Methode setzt, erzeugt der Compiler bei Verwendung dieser Klasse oder Methode eine Warnung, dass das entsprechende Sprachelement veraltet ist und man stattdessen besser ein anderes verwenden sollte. Obsolete hat folgende Parameter:

```
[Obsolete("Use class C1 instead", IsError=true)]
public class C {...}
```

Der erste Parameter ist ein *Positionsparameter*, der zweite ein *Namensparameter*. Positionsparameter sind aus Methodenaufrufen bekannt: Sie werden auf den entsprechenden formalen Parameter an gleicher Position abgebildet. Namensparameter bestehen aus einem Namen und einem konstanten Wert. Ihre Reihenfolge ist beliebig, sie müssen aber *nach* den Positionsparametern kommen. Positionsparameter entsprechen den Konstruktor-Parametern der Attributklasse. Namensparameter hingegen setzen Properties der Attributklasse und sind optional.

Das Attribut Obsolete wird durch die Klasse ObsoleteAttribute implementiert. Attributklassen enden normalerweise auf Attribute; dieser Namensteil kann aber bei der Verwendung des Attributs weggelassen werden.

```
public sealed class ObsoleteAttribute : Attribute {
    string message;
    bool isError;
    public string Message { get { return message; } }
    public bool IsError { get { return isError; } }
    public ObsoleteAttribute() { message = ""; isError = false; }
    public ObsoleteAttribute(string msg) { message = msg; isError = false; }
    public ObsoleteAttribute(string msg, bool error) { message = msg; isError = error; }
}
```

Aus dieser Deklaration sehen wir, dass man Obsolete auf unterschiedliche Weise
verwenden kann:

    [Obsolete]

ruft den parameterlosen Konstruktor auf. message wird dort auf "" und isError
auf false gesetzt.

    [Obsolete("some message")]

ruft den zweiten Konstruktor auf, der message auf "some message" und isError
auf false setzt.

    [Obsolete("some Message", true)]

ruft schließlich den dritten Konstruktor auf, der beide Felder mit den Parameter-
werten initialisiert. Hätte das Property IsError einen set-Teil, könnten wir es auch
mit Hilfe eines Namensparameters setzen:

    [Obsolete("some Message", IsError=true)]

Das ist hier aber nicht erlaubt, weil IsError nur einen get-Teil hat. Das Beispiel der
Klasse ObsoleteAttribute am Anfang dieses Abschnitts ist also eigentlich falsch und
wurde nur zur Demonstration des Konzepts von Namensparametern verwendet.

Wenn wir zum Beispiel die Klasse MyClass mit dem Attribut Obsolete versehen, wird mit Hilfe des passenden Konstruktors ein ObsoleteAttribute-Objekt erzeugt und an die Klasse gehängt. Die Daten dieses Attributs können wir dann zur
Laufzeit wie folgt abfragen:

```
class AttributeTest {
    static void Main() {
        Type t = typeof(MyClass);
        object[] a = t.GetCustomAttributes(typeof(ObsoleteAttribute), true);
        ObsoleteAttribute attr = (ObsoleteAttribute)a[0];
        Console.WriteLine("{0}, IsError = {1}", attr.Message, attr.IsError);
    }
}
```

Die Funktion t.GetCustomAttributes(attType, subclasses) liefert alle Attribute vom
Typ attType, die an t hängen. Der zweite Parameter gibt an, ob auch Attribute
von Unterklassen von t geliefert werden sollen.

Sehen wir uns nun drei weitere Beispiele für vordefinierte Attribute an, und
zwar das Attribut Serializable, das eine Klasse serialisierbar macht, das Attribut
Conditional, das die bedingte Übersetzung einer Methode bewirkt, und das Attribut DllImport, das es erlaubt, eine Funktion aufzurufen, die nicht unter .NET implementiert wurde.

Attribut Serializable

In vielen Anwendungen ist es nötig, eine Datenstruktur *persistent* zu machen,
d.h., sie auf eine Datei auszulagern, um sie bei späteren Programmläufen wieder
einlagern zu können. Da die Datenstruktur ein Graph aus verschiedenen Klassen
sein kann, muss sie zur Auslagerung *serialisiert* werden, d.h., die Objekte müssen
in eine lineare Reihenfolge gebracht werden. Beim Einlesen dieser Objektfolge
müssen die Zeiger zwischen den Objekten wieder so hergestellt werden, wie sie
vor der Auslagerung waren.

In C# nimmt einem das Laufzeitsystem den komplexen Vorgang der Serialisierung ab. Man muss dazu nur vor die Klassen der auszulagernden Objekte das
Attribut Serializable schreiben.

Angenommen, wir haben eine Klasse List, die eine verkettete Liste von Knoten des Typs Node darstellt. Um sie zu serialisieren, schreiben wir vor die Klassen
das Attribut Serializable. Dadurch können später alle ihre Felder automatisch auf
eine Datei geschrieben werden. Wenn wir ein Feld nicht auslagern wollen, kennzeichnen wir es mit dem Attribut NonSerialized.

```
[Serializable]
class Node {
    public int value;
    [NonSerialized] public string temp;
    public Node next;
}

[Serializable]
class List {
    Node head = null;
    public void Add(int value, string temp) {...}
    public bool Contains(int value) {...}
    ...
}
```

Nun müssen wir nur noch die Serialisierung anstoßen. Das geschieht mit Hilfe
eines BinaryFormatter-Objekts und seiner Methode Serialize. Das folgende Beispiel
zeigt das Aufbauen einer Liste sowie ihre Serialisierung und Deserialisierung.

```
using System;
using System.IO;                                      // FileStream
using System.Runtime.Serialization;                   // IFormatter
using System.Runtime.Serialization.Formatters.Binary; // BinaryFormatter

class SerializationTest {
    static void Main() {
        //----- Aufbau der Liste
        List list = new List();
        list.Add(1, "xxx"); list.Add(2, "yyy"); list.Add(3, "zzz");
```

```
//----- Serialisierung der Liste
FileStream s = new FileStream("myfile", FileMode.Create);
IFormatter f = new BinaryFormatter();
f.Serialize(s, list);
s.Close();

//----- Deserialisierung der Liste
s = new FileStream("myfile", FileMode.Open);
List newList = f.Deserialize(s) as List;
s.Close();
if (newList != null) newList.Print();
    }
}
```

Nach der Deserialisierung steht in newList eine Kopie der Liste. Da das Feld temp nicht ausgelagert wurde, hat es in der eingelagerten Liste den Wert null (siehe Abb. 2.15).

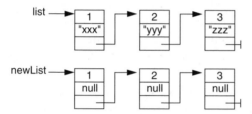

Abb. 2.15 *Ursprüngliche Liste und neue Liste nach Serialisierung und Deserialisierung*

In seltenen Fällen kommt es vor, dass man Objekte anders serialisieren will, als sie im Hauptspeicher stehen. Wenn ein Objekt zum Beispiel einen FileStream referenziert, will man nicht das gesamte FileStream-Objekt auslagern, sondern nur den Dateinamen, aus dem man beim Einlesen das FileStream-Objekt rekonstruieren kann. Die .NET-Klassenbibliothek bietet dazu das Interface ISerializable, mit dem man ganz gezielt Einfluss auf die Serialisierung nehmen kann.

Attribut Conditional

Das Attribut Conditional aus dem Namensraum System.Diagnostics kann auf void-Methoden angewendet werden und bewirkt, dass diese Methoden nur aufgerufen werden, wenn ein bestimmtes Symbol mit einem Präprozessorkommando definiert wurde. Am besten sehen wir uns das an einem Beispiel an:

```
#define debug            // Präprozessorkommando; definiert das Symbol debug
using System;
using System.Diagnostics;    // importiert ConditionalAttribute
```

```
class Test {

   [Conditional("debug")]
   static void Assert(bool ok, string errorMsg) {
      if (!ok) {
         Console.WriteLine(errorMsg);
         System.Environment.Exit(0);// geordneter Programmabbruch
      }
   }

   static void Main(string[] arg) {
      Assert(arg.Length > 0, "no arguments specified");
      Assert(arg[0] == "dir", "invalid argument");
      ...
   }
}
```

Die Methode Assert prüft eine als Parameter spezifizierte Bedingung und gibt
eine Fehlermeldung aus, wenn die Bedingung nicht erfüllt ist. Sie ist mit dem Attribut Conditional("debug") versehen, was bedeutet, dass sie nur dann aufgerufen
wird, wenn das Symbol debug mit dem Präprozessorkommando #define debug
definiert wurde. Fehlt das Kommando, erzeugt der Compiler keine Aufrufe von
Assert.

Bedingte Aufrufe sind für Testzwecke äußerst nützlich. Assert kann zum Beispiel dazu verwendet werden, ein Programm ausführlich mit Plausibilitätsprüfungen zu versehen. Nach der Testphase entfernt man einfach das Präprozessor-
Kommando, lässt die Plausibilitätsprüfungen aber stehen. Da nun keine Aufrufe
mehr erzeugt werden, wird die Effizienz des Programms nicht beeinträchtigt.
Nach Programmänderungen können die Plausibilitätsprüfungen aber jederzeit
wieder aktiviert werden.

Ein anderes nützliches Beispiel für die Anwendung des Attributs Conditional
ist der bedingte Aufruf von Hilfsdrucken, die man durch ein Präprozessor-Kom-
mando ein- und ausschalten kann.

Attribut DllImport

Die .NET-Bibliothek stellt Klassen und Methoden für alle erdenklichen Aufgaben
zur Verfügung (siehe Kapitel 4). Trotzdem kann es manchmal nötig sein, Funktionen aufzurufen, die nicht unter .NET entwickelt wurden und sich z.B. in einer
DLL der Win32-Bibliothek befinden. Die Interoperabilität mit solchen *native
DLLs* wird in .NET über Attribute geregelt.

Angenommen, wir wollen in C# dieWin32-Funktion MessageBox aufrufen,
deren Schnittstelle in C wie folgt aussieht:

```
int MessageBox(HWND hParent, BSTR lpText, BSTR lpCaption, UINT uType);
```

Dazu genügt es, die Funktion in C# wie folgt als statische externe Methode zu deklarieren:

```
[DllImport("user32.dll")]
static extern int MessageBox(int hParent, string text, string caption, int type);
```

Das Attribut DllImport gibt an, in welcher DLL die Funktion zu finden ist. Über weitere Parameter des Attributs kann man noch angeben, wie die Funktion in der DLL wirklich heißt (falls man in C# einen anderen Namen verwenden möchte), welche Aufrufkonventionen verwendet werden sollen und Ähnliches (Details sind der Onlinedokumentation des .NET-Frameworks [SDKDoc] zu entnehmen). In den meisten Fällen reicht aber die Angabe der DLL. In unserem Beispiel können wir die Funktion dann wie folgt benutzen:

```
using System;
using System.Runtime.InteropServices;

class DLLTest {

    [DllImport("user32.dll")]
    static extern int MessageBox(int hParent, string text, string caption, int type);

    public static void Main() {
        int res = MessageBox(0, "Isn't that cool?", "", 1);
        Console.WriteLine("res=" + res);
    }
}
```

Als Ausgabe erscheint das in Abb. 2.16 gezeigte Fenster:

Abb. 2.16 *Ein von einer Native-Funktion erzeugtes Fenster*

Deklaration eigener Attribute

Wie bereits erwähnt, kann man eigene Attribute deklarieren, indem man eine Unterklasse von System.Attribute bildet. Dabei muss man angeben, auf welche Programmelemente (Klassen, Methoden etc.) die neuen Attribute anwendbar sein sollen. Diese Angabe erfolgt durch ein vordefiniertes Attribut der Klasse AttributeUsageAttribute:

```
public sealed class AttributeUsageAttribute : Attribute {
    public AttributeUsageAttribute(AttributeTargets validOn) {...}
    public bool AllowMultiple { get {...} set {...} }
    public bool Inherited { get {...} set {...} }
}
```

Als Parameter des Konstruktors wird die Menge der Programmelemente spezifiziert, auf die das Attribut anwendbar ist, z.B.:

```
AttributeTargets.Method | AttributeTargets.Constructor
```

Das Property AllowMultiple gibt an, ob das Attribut mehrmals an ein Programmelement gehängt werden darf oder nur einmal. Das Property Inherited legt fest, ob das Attribut auch von Unterklassen geerbt wird.

Wir wollen nun ein eigenes Attribut Comment deklarieren, das man an Klassen und Interfaces hängen und in dem man einen Kommentar sowie den Autor des Programmelements angeben kann. Die entsprechende Deklaration sieht wie folgt aus:

```
[AttributeUsage(AttributeTargets.Class | AttributeTargets.Interface, Inherited=true)]
public class CommentAttribute : Attribute {
    string comment, author;
    public string Comment { get { return comment; } }
    public string Author { get { return author; } set { author = value; } }
    public CommentAttribute(string comment) {
        this.comment = comment; author = "unknown";
    }
}
```

Dieses Attribut kann nun folgendermaßen verwendet werden, um Klassen und Interfaces mit Kommentaren zu versehen, die man zur Laufzeit abfragen kann:

```
[Comment("A demo class", Author="HM")]
class Demo {...}
```

Die Abfrage zur Laufzeit sieht wie folgt aus:

```
Type t = obj.GetType();
object[] a = t.GetCustomAttributes(typeof(CommentAttribute), true);
CommentAttribute attr = a[0] as CommentAttribute;
if (attr != null)
    Console.WriteLine("comment = {0}, author = {1}", attr.Comment, attr.Author);
```

2.17 Automatisch generierte Kommentare

Wie Java unterstützt auch C# eine spezielle Form von Kommentaren, aus denen der Compiler automatisch Dokumentationsdateien generieren kann. Kommentare dieser Art beginnen mit drei Schrägstrichen und müssen unmittelbar vor die Deklaration eines Programmelements gesetzt werden, z.B.:

```
/// ... Kommentar für MyClass ...
class MyClass {
    /// ... Kommentar für Foo ...
    public void Foo() {...}
}
```

Wenn eine Datei mit der /doc-Option übersetzt wird

```
csc /doc:MyClass.xml MyClass.cs
```

erzeugt der Compiler aus den Spezialkommentaren eine Datei (hier MyClass.xml) im XML-Format. Daraus kann später mit anderen Werkzeugen, z.B. mit XSL (*Extensible Stylesheet Language*) und CSS (*Cascading Stylesheets*), eine übersichtlich formatierte Dokumentation (z.B. in HTML) erstellt werden.

Dokumentationskommentare enthalten XML-Elemente mit Informationen zu den einzelnen Programmelementen. Folgende XML-Elemente können vor jedes beliebige Programmelement gesetzt werden:

```
<summary>Kurzbeschreibung eines Programmelements</summary>
<remarks>Ausführliche Beschreibung eines Programmelements</remarks>
<example>Beliebiger Beispieltext</example>
```

Bei Methoden können zusätzlich die Parameter, der Rückgabewert sowie eventuell ausgelöste Ausnahmen beschrieben werden:

```
<param name="ParamName">Beschreibung des Parameters</param>
<returns>Beschreibung des Rückgabewerts</returns>
<exception cref="ExceptionType">Beschreibung der Ausnahme</exception>
```

Die Texte in den XML-Elementen können weitere Elemente der folgenden Art enthalten:

```
<code>Mehrzeilige Codestücke</code>
<c>kurze Codestücke im Text</c>
<see cref="ProgramElement">Name des Querverweises</see>
<paramref name="ParamName">Name des Parameters</paramref>
```

Das Element <include> ermöglicht es, Textstücke, die mehrfach benötigt werden (z.B. Copyright-Hinweise oder Autorennamen), nur an einer einzigen Stelle zu spezifizieren und sie dann an beliebig vielen anderen Stellen einzufügen. Dazu muss man die Textstücke in einer XML-Datei (z.B. MyTexts.xml) beschreiben:

```
<?xml version="1.0"?>
<doc>
    <member name="copyright">
        <remarks>Copyright 2000-2007 University of Linz</remarks>
    </member>
    <member name="HM">
        <remarks>Hanspeter Moessenboeck</remarks>
    </member>
</doc>
```

Anschließend kann man sie in Dokumentationskommentare einfügen:

```
/// <summary> ... </summary>
/// <include file='MyTexts.xml' path='doc/member[@name="copyright"]/*'/>
class C {...}
```

Da Dokumentationskommentare gewöhnliches XML sind, kann man auch selbst definierte Elemente (z.B. <author> oder <version>) verwenden, muss sie aber später mit selbst geschriebenen XSL-Spezifikationen behandeln.

Bei einigen Abschnitten der Dokumentationsdatei führt der Compiler Konsistenzprüfungen durch. So wird zum Beispiel geprüft, ob Namen in den Abschnitten <param>, <exception> und <see> korrekt geschrieben wurden. Außerdem wird gefordert, dass bei Methoden entweder alle oder keine Parameter dokumentiert werden.

Leider schreibt der Compiler bei der Extraktion der Spezialkommentare den Typ der Felder, Properties und Methoden nicht in die XML-Datei. Ein Werkzeug, das aus der XML-Datei eine formatierte Dokumentation erzeugen will, muss sich die Typen dieser Elemente also mittels Reflection besorgen.

Beispiel

Das folgende Beispiel zeigt den mit Dokumentationskommentaren versehenen Quellcode einer Klasse Counter:

```
/// <summary>
///   A counter for accumulating values and computing the mean value.
/// </summary>
class Counter {
    /// <summary>The accumulated values</summary>
    private int value;

    /// <summary>The number of added values</summary>
    public int n;

    /// <summary>Adds a value to the counter</summary>
    /// <param name="x">The value to be added</param>
    public void Add(int x) {
        value += x; n++;
    }

    /// <summary>Returns the mean value of all accumulated values</summary>
    /// <returns>The mean value, i.e. <see cref="value"/> / <see cref="n"/></returns>
    public float Mean() {
        return (float)value / n;
    }
}
```

Daraus erzeugt der Compiler folgende XML-Datei:

```xml
<?xml version="1.0"?>
<doc>
    <assembly>
        <name>MyFile</name>
    </assembly>
    <members>
        <member name="T:Counter">
            <summary>
                A counter for accumulating values and computing the mean value.
            </summary>
        </member>
        <member name="F:Counter.value">
            <summary>The accumulated values</summary>
        </member>
        <member name="F:Counter.n">
            <summary>The number of added values</summary>
        </member>
        <member name="M:Counter.Add(System.Int32)">
            <summary>Adds a value to the counter</summary>
            <param name="x">The value to be added</param>
        </member>
        <member name="M:Counter.Mean">
            <summary>Returns the mean value of all accumulated values</summary>
            <returns>
                The mean value, i.e. <see cref="F:Counter.value"/> /
                <see cref="F:Counter.n"/>
            </returns>
        </member>
    </members>
</doc>
```

An dieser XML-Datei kann man mehrere Dinge beobachten: Zunächst einmal
gibt es einen eigenen <member>-Abschnitt für die Klasse sowie für alle ihre Felder
und Methoden. Alle diese Abschnitte stehen auf gleicher Schachtelungstiefe und
müssen erst durch ein XSL-Stylesheet zu einer passenden Hierarchie verarbeitet
werden. Zweitens sieht man, dass die Namen der Programmelemente folgendermaßen qualifiziert werden:

Typen	T:Typname
Felder	F:Typname.Feldname
Methoden	M:Typname.Methodenname
Properties	P:Typname.Propertyname
Events	E:Typname.Eventname

Um die XML-Datei mittels XSL zu formatieren, kann man als zweite Zeile eine
stylesheet-Direktive einfügen, z.B.:

```
<?xml:stylesheet href="doc.xsl" type="text/xsl"?>
```

Das Stylesheet doc.xsl analysiert die XML-Datei, bringt ihre Elemente in die gewünschte Reihenfolge und versieht sie mit Formatierinformationen (unter [JavaWS] kann ein Muster für doc.xsl und das von diesem verwendete Stylesheet doc.css geladen werden). Mit diesen Informationen versehen, kann die XML-Datei hübsch formatiert in einem Web-Browser betrachtet werden.

2.18 Vorschau auf C# 3.0

Die endgültige Version von C# 2.0 war noch nicht am Markt, als Microsoft im Herbst 2005 bereits einige Merkmale der nächsten Version von C# vorstellte. Auch C# 3.0 wird wieder einige mächtige neue Features haben, die vor allem dem Ziel dienen, SQL-artige Abfragen auf Datenmengen im Hauptspeicher vorzunehmen. Diese Abfragetechnik wird als *Language Integrated Query* oder LINQ bezeichnet und soll hier kurz vorgestellt werden.

Alle Neuerungen von C# 3.0 dienen dazu, SQL-artige *Query-Ausdrücke* zu formulieren. Daher beginnen wir mit einer Vorstellung dieser Query-Ausdrücke und sehen uns dann an, welche Sprachmerkmale eingeführt werden mussten, um Query-Ausdrücke zu ermöglichen. Es sind dies *Lambda-Ausdrücke, Erweiterungsmethoden, Objektinitialisierer* und *anonyme Typen.*

Von [LINQ] kann man sich eine Erweiterung für Visual Studio .NET herunterladen, in der die hier vorgestellten Features bereits unterstützt werden. Das Ganze ist allerdings noch nicht einmal im Beta-Stadium und kann sich daher bis zur endgültigen Freigabe von C# 3.0 noch ändern.

2.18.1 Query-Ausdrücke

Angenommen, wir haben eine Menge von Daten (z.B. ein Array oder eine Liste) und wollen darin alle Elemente suchen, die ein bestimmtes Kriterium erfüllen. Natürlich kann man das mit Schleifen und Abfragen implementieren, aber eigentlich handelt es sich hier um ein Problem, das die Datenbank-Leute längst gelöst haben. In Datenbanken sucht man mit der Abfragesprache SQL; warum also nicht auch in Hauptspeicherdaten? Genau das ist der Zweck von Query-Ausdrücken.

Query-Ausdrücke lassen sich auf Objekte aller Datentypen anwenden, die das Interface IEnumerable<T> unterstützen. Das sind zum einen alle Arrays und Collections (siehe Abschnitt 4.1), zum anderen aber auch beliebige selbst geschriebene Klassen, die dieses Interface implementieren.

Beginnen wir mit einem ganz einfachen Beispiel. Angenommen, wir haben ein Array mit Städtenamen, also:

```
string cities = {"London", "Berlin", "Paris", "Lissabon", "Wien"};
```

Ein Query-Ausdruck, der einfach alle Elemente des Arrays liefert, lautet:

```
IEnumerable<string> result = from c in cities select c;
```

Jeder Query-Ausdruck liefert eine Folge von Werten. Der Typ dieser Folge ist IEnumerable<T>, wobei T der Typ der im select-Teil ausgewählten Elemente ist, hier also string. Wenn wir das Resultat dieses Query-Ausdrucks mittels

```
foreach (string s in result) Console.Write(s + " ")
```

ausgeben, so erhalten wir:

```
London Berlin Paris Lissabon Wien
```

Hier ist ein etwas interessanterer Query-Ausdruck:

```
IEnumerable<string> result =
    from c in cities
    where c.StartsWith("L")
    orderby c
    select c.ToUpper();
```

Das Ergebnis dieses Ausdrucks ist:

```
LISSABON LONDON
```

Jeder Query-Ausdruck besteht aus folgenden Teilen:

❑ einer Angabe der Datenmenge, in der gesucht werden soll, sowie einer Laufvariablen (from c in cities),

❑ einem optionalen Auswahlkriterium, das auf die Laufvariable angewendet wird (where c.StartsWith("L"),

❑ einem optionalen Sortierkriterium, das auf die Laufvariable angewendet wird (orderby c),

❑ einem Selektionsausdruck, der auf die Laufvariable angewendet wird und daraus die Elemente des Ergebnisses berechnet (select c.ToUpper()).

Die vereinfachte Syntax von Query-Ausdrücken lautet:

```
QueryExpr =
    "from" variable "in" srcExpr
    { "from" variable "in" srcExpr | "where" predicateExpr }
    [ "orderby" Key {Key} ]
    "select" selectExpr.
Key = keyExpr ["ascending" | "descending"].
```

Die in dieser Grammatik verwendeten Namen bedeuten Folgendes:

srcExpr	eine Datenmenge vom Typ IEnumerable<T>, in der gesucht werden soll
variable	eine Laufvariable, die automatisch den Typ T hat

predicateExpr	ein Ausdruck vom Typ bool, der sich auf die Laufvariable(n) bezieht und ein Suchkriterium angibt
keyExpr	ein Ausdruck beliebigen Typs, der einen Wert liefert, nach dem sortiert werden soll
selectExpr	ein Ausdruck beliebigen Typs, der auf die Laufvariable(n) angewendet wird und die Elemente der Ergebnisfolge bestimmt

Wie man aus der Grammatik sieht, können mehrere Datenmengen und Laufvariablen angegeben werden. Damit kann man einzelne Elemente der Datenmengen verknüpfen, was in der Datenbankwelt als *Join* bezeichnet wird.

Sehen wir uns das anhand eines Beispiels an. Angenommen, wir haben folgende beiden Klassen für Studenten und Noten:

```
class Student {
    public string name;
    public int id;
    ...
}
class Mark { // Note des Studenten "studentId" für einen bestimmten Kurs
    public int studentId;
    public string course;
    public int mark;
}
```

Wenn wir nun zwei Listen mit Studenten und Noten haben

```
List<Student> students = new List<Student>();
students.Add(new Student("John Doe", 12345, ...));
students.Add(new Student("Ann Miller", 23456, ...));
...
List<Mark> marks = new List<Mark>();
marks.Add(new Mark(12345, "Programming", 3));
marks.Add(new Mark(12345, "Databases", 1));
marks.Add(new Mark(23456, "Programming", 1));
...
```

so können wir folgenden Query-Ausdruck auf sie anwenden:

```
IEnumerable<string> result =
    from s in students
    from m in marks
    where s.id == m.studentId
    select s.name + " " + m.course + " " + m.mark;
```

Wir erhalten dann folgendes Ergebnis:

```
John Doe Programming 3
John Doe Databases 1
Ann Miller Programming 1
...
```

LINQ erlaubt es auch, die Elemente der Ergebnismenge nach bestimmten Kriterien zu gruppieren. Wenn wir etwa schreiben:

```
IEnumerable<Grouping<string, string>> result =
    from s in students
    from m in marks
    where s.id == m.studentId
    group m.course + " " + m.mark by s.name;
```

so erhalten wir eine Folge von Gruppen, wobei hier alle Sätze mit gleichem s.name zu einer Gruppe zusammengefasst werden. Jede Gruppe g besteht aus einem Schlüssel (g.Key) und einer Menge von Werten (g.Group). Konzeptionell sieht das Ergebnis so aus:

```
"John Doe" ( "Programming 3", "Databases 1" )
"Ann Miller" ("Programming 1" )
...
```

Wir könnten das Ergebnis nun wie folgt ausgeben

```
foreach (Grouping<string, string> g in result) {
    Console.WriteLine(g.Key + ":");
    foreach (string s in g.Group) Console.WriteLine("  " + s);
}
```

und erhalten:

```
John Doe:
    Programming 3
    Databases 1
Ann Miller:
    Programming 1
...
```

Query-Ausdrücke erlauben es also, SQL-artige Abfragen auf Hauptspeicherdaten anzuwenden. Ähnliches ist zwar auch mit ADO.NET möglich, aber dort werden SQL-Abfragen als Strings angegeben, die vom Compiler nicht geprüft werden. Query-Ausdrücke hingegen sind Teil der Sprache C# und werden vom Compiler in die Typprüfungen mit einbezogen. Wenn wir wie im obigen Beispiel auf das Feld s.name zugreifen, dann prüft der Compiler, ob die Klasse Student so ein Feld hat. Viele Fehler werden somit bereits zur Übersetzungszeit gefunden.

Zur Übersetzung von Query-Ausdrücken mussten in C# einige neue Sprachkonzepte eingeführt werden wie *Lambda-Ausdrücke*, *Erweiterungsmethoden*, *Objektinitialisierer* und *anonyme Typen*. Diese Konzepte sind aber auch unabhängig von Query-Ausdrücken nützlich. Daher sehen wir sie uns nun in den nächsten Abschnitten etwas genauer an.

2.18.2 Lambda-Ausdrücke

Lambda-Ausdrücke sind ein Konzept, das aus der Welt der funktionalen Sprachen nach C# übernommen wurde. Sie sind eine syntaktische Kurzform für anonyme Methoden (siehe Abschnitt 2.11.5), also für Codestücke, die man einer Variablen zuweisen oder als Parameter an eine Methode übergeben kann.

Um Lambda-Ausdrücke richtig einordnen zu können, sehen wir uns folgendes Beispiel an. Angenommen, wir haben einen Delegate-Typ Function

```
delegate int Function(int x);
```

und zwei dazu kompatible Methoden

```
int Square(int x) { return x * x; }
int Inc(int x) { return x + 1; }
```

Wir können diese Methoden nun an Variablen vom Typ Function zuweisen:

```
Function f = new Function(Square);
Function g = new Function(Inc);
```

Der Aufruf f(3) liefert den Wert 9, der Aufruf g(3) den Wert 4. In C# 2.0 wurde die Verwendung von Delegates durch anonyme Methoden erleichtert, die es erlauben, eine Methode direkt an der Stelle zu deklarieren, an der sie zugewiesen wird:

```
Function f = delegate (int x) { return x * x; }
Function g = delegate (int x) { return x + 1; }
```

Der Vorteil liegt darin, dass wir uns keine Namen für diese Operationen einfallen lassen müssen, sondern nur die Parameter und den auszuführenden Code anzugeben brauchen. C# 3.0 geht nun noch einen Schritt weiter und erlaubt es, anonyme Methoden wie folgt zu schreiben:

```
Function f =   x => x * x;
Function g =   x => x + 1;
```

Den Ausdruck

```
parameter => expression
```

nennt man einen *Lambda-Ausdruck*. Er ist äquivalent zur anonymen Methode

```
delegate (T_par parameter) { return expression; }
```

Den Typ T_{par} leitet der Compiler aus der linken Seite der Zuweisung ab, hier also aus Function. Da Function einen int-Parameter hat, muss T_{par} ebenfalls int sein. Ebenso schließt der Compiler, dass der Typ von *expression* dem Rückgabetyp von Function entsprechen muss, also int. Wie bei anonymen Methoden wird aus dem Lambda-Ausdruck ein Delegate-Objekt erzeugt und der Variablen auf der linken Seite zugewiesen. Der Effekt ist der gleiche wie in den vorhergegangenen Beispielen: Der Aufruf f(3) liefert 9, der Aufruf g(3) liefert 4.

Lambda-Ausdrücke als Parameter

Lambda-Ausdrücke sind vor allem dann nützlich, wenn man sie als Parameter an eine Methode übergibt, die sie dann intern verwendet, z.B.:

```
int[] Apply(Function f, params int[] data) {
    int[] result = new int[data.Length];
    for (int i = 0; i < data.Length; i++) result[i] = f(data[i]);
    return result;
}
```

Diese Methode wendet die Funktion f auf alle Elemente von data an. Beim Aufruf der Methode können wir nun f als Lambda-Ausdruck angeben, was den Code besonders kompakt und lesbar macht:

```
int[] result = Apply(x => 2 * x, 1, 2, 3, 4, 5);
```

Das Ergebnis ist ein Array mit den Werten 2, 4, 6, 8 und 10.

Lambda-Ausdrücke und Delegates

Lambda-Ausdrücke funktionieren auch im Zusammenhang mit Delegates, selbst wenn diese generisch sind. Der Typ

```
delegate bool Predicate<T> (T val);
```

beschreibt alle Methoden, die einen Wert eines beliebigen Typs T als Parameter bekommen, irgendeine Eigenschaft dieses Werts prüfen und true oder false zurückgeben. Angenommen, wir haben folgenden generischen Listentyp mit einer Methode Where(p), die alle Elemente der Liste liefert, die das Prädikat p erfüllen:

```
class List<T> {
    public List<T> Where(Predicate<T> matches) {
        List<T> result = new List<T>();
        for (all elements e of the list)  // Pseudocode
            if (matches(e)) result.Add(e);
        return result;
    }
    ...
}
```

Wir können nun zum Beispiel eine Liste von Studenten anlegen

```
List<Student> students = new List<Student>(); ...
```

und mit Hilfe eines Lambda-Ausdrucks alle Studenten herausholen, die *Computer Science* studieren:

```
List<Student> csStudents = students.Where(s => s.subject == "Computer Science");
```

Der Compiler muss hier wieder einige Arbeit in die Typinferenz stecken. Da der formale Parameter von Where den Typ Predicate<T> hat und T bei der Erzeugung der Liste als Student angegeben wurde, schließt der Compiler, dass s vom Typ Student sein muss. Der Rückgabetyp von Predicate<T> ist bool, was auch der Typ des Vergleichsausdrucks s.subject == "Computer Science" ist. Die Typprüfung geht also in Ordnung.

Lambda-Ausdrücke mit mehreren Parametern

In allen bisherigen Beispielen hatten die Lambda-Ausdrücke immer nur einen einzigen Parameter: Der Ausdruck x => 2 * x hat zum Beispiel den Parameter x. Delegates können aber auch mehrere Parameter besitzen, und wir wollen in solchen Fällen ebenfalls Lambda-Ausdrücke verwenden können. Das ist möglich, obwohl es in der jetzigen Version von C# 3.0 noch nicht implementiert ist. Das allgemeine Schema für einen Lambda-Ausdruck mit mehreren Parametern lautet:

```
( par1, par2, ... ) => { statements }
```

Sehen wir uns das anhand eines konkreten Beispiels an: Angenommen, wir haben einen Delegate-Typ mit zwei Parametern:

```
delegate int Comparer<T> (T x, T y);
```

Methoden, die zu diesem Typ passen, sollen einen positiven Wert liefern, wenn x > y ist, einen negativen Wert, wenn x < y ist, und ansonsten 0. Wir wollen nun eine generische Sortiermethode schreiben, die ein Array beliebigen Elementtyps mit Hilfe eines Comparers sortiert.

```
void Sort<T>(T[] data, Comparer<T> compare) {
    for (int i = 0; i < data.Length - 1; i++) {
        int minInd = i;
        for (int j = i+1; j < data.Length; j++)
            if (compare(data[j], data[minInd]) < 0) minInd = j;
        if (minInd != i) { T x = data[i]; data[i] = data[minInd]; data[minInd] = x; }
    }
}
```

Wenn wir nun ein String-Array data haben und es nach der Länge der Strings sortieren wollen, wobei Strings gleicher Länge alphabetisch sortiert werden sollen, so können wir schreiben:

```
Sort(data,
    (x, y) => {
        if (x.Length == y.Length) return x.CompareTo(y);
        else return x.Length - y.Length;
    });
```

2.18.3 Erweiterungsmethoden

Eine Erweiterungsmethode ist – wie der Name schon sagt – eine Methode, die einen fremden Typ um neue Funktionalität erweitert. Sie muss eine statische Methode einer statischen Klasse sein und wird dem fremden Typ (Klasse, Struct oder Interface) über den Typ ihres ersten Parameters zugeordnet. Wenn man zum Beispiel einer Klasse C eine Erweiterungsmethode Foo zuordnen will, so muss der erste Parameter von Foo vom Typ C sein und mit dem Schlüsselwort this gekennzeichnet sein, also:

```
static void Foo(this C par, ...) { ... }
```

Wenn man nun ein Objekt c der Klasse C hat, kann man die Methode Foo wie eine Methode von C aufrufen, also:

```
c.Foo(...);
```

Foo bleibt zwar extern zur Klasse C und kann nur auf die öffentlich sichtbaren Felder, Methoden und Properties von C zugreifen, rein syntaktisch sieht es aber so aus, als ob Foo eine C-Methode wäre.

Sehen wir uns das nun an einem realistischen Beispiel an. Angenommen, wir haben eine Klasse Fraction zur Verwaltung von Bruchzahlen:

```
class Fraction {
    public int z, n;  // Zähler und Nenner
    public Fraction(int z, int n) { ... }
    ...
}
```

Wir nehmen ferner an, dass Fraction nur die wichtigsten Methoden enthält, zum Beispiel solche zur Addition und Multiplikation von Bruchzahlen. Wenn nun jemand weitere Methoden hinzufügen möchte, so ist das oft nicht möglich, weil man den Quellcode von Fraction nicht besitzt oder weil man die Klasse nicht mit selten benötigter Funktionalität überlasten möchte. Hier sind nun Erweiterungsmethoden eine nützliche Alternative.

Will man zum Beispiel eine zusätzliche Methode Inverse(), die den Kehrwert einer Bruchzahl liefert, sowie eine Methode Add(x), die eine ganze Zahl x zu einer Bruchzahl addiert, so kann man diese Methoden wie folgt in einer statischen Klasse deklarieren:

```
static class Utilities {
    static Fraction Inverse(this Fraction f) {
        return new Fraction(f.n, f.z);
    }
    static void Add(this Fraction f, int x) {
        f.z += x * f.n;
    }
}
```

Um diese Methoden benutzen zu können, muss die Klasse Utilities lediglich an der Aufrufstelle sichtbar sein. Wenn man dann schreibt

```
Fraction f = new Fraction(3, 4);
f = f.Inverse();
```

so sucht der Compiler zuerst nach einer Methode Inverse in der Klasse Fraction. Da er dort keine findet, durchsucht er alle sichtbaren statischen Klassen nach einer statischen Methode Inverse, deren erster Parameter vom Typ Fraction ist und mit this gekennzeichnet ist. In Utilities findet er eine solche Methode und ruft diese als Utilities.Inverse(f) auf. Ähnlich verfährt er bei

```
f.Add(3);
```

und ruft hier Utilities.Add(f, 3) auf.

Erweiterungsmethoden sind also lediglich syntaktischer Zierrat, und man mag darüber streiten, ob sie eine gute Designentscheidung sind. Schließlich muss der Leser eines Programms unter Umständen lange suchen, bis er herausgefunden hat, wo die Methode, die hier aufgerufen wird, eigentlich deklariert ist. Wie wir allerdings später sehen werden, sind Erweiterungsmethoden nötig, um Query-Ausdrücke zu übersetzen. In der neuen Klassenbibliothek von .NET gibt es nämlich eine Klasse System.Query.Sequence:

```
namespace System.Query {
    public static class Sequence {
        public static IEnumerable<T> Where<T>(this IEnumerable<T> source, Func<T> f) {
            ... liefert alle Werte x aus source, für die f(x) == true ergibt ...
        }
    }
}
```

Mit der Methode Where kann man Folgen vom Typ IEnumerable<T> nach einem bestimmten Kriterium filtern, das durch das Delegate Func definiert ist:

```
delegate bool Func<T>(T val);
```

Dazu braucht man die Klasse Sequence nur zu importieren, also

```
using System.Query;
```

und kann dann schreiben

```
List<int> list = ...;
IEnumerable<int> result = list.Where(x => x > 0);
```

um aus list alle positiven Zahlen herauszufiltern. Das Interface IEnumerable<T> wurde also um eine Filtermethode erweitert, die man auf alle Typen anwenden kann, die IEnumerable<T> implementieren (also z.B. auf T[], List<T>, Queue<T>, Stack<T>), ohne dass man Where dort überall deklarieren muss.

2.18.4 Objektinitialisierer

Objekte von Klassen und Structs werden üblicherweise mit Hilfe von Konstruktoren initialisiert. Manchmal hat ein Typ aber keinen expliziten Konstruktor oder die vorhandenen Konstruktoren initialisieren nicht alle Felder des Objekts. Für diesen Zweck wurde in C# 3.0 eine alternative Form der Objektinitialisierung eingeführt, bei der die Erzeugung eines Objekts mit einer Reihe von Zuweisungen an seine Felder und Properties verknüpft wird. Schematisch sieht das so aus:

```
new TypeName ( ParameterList ) { Assignment , Assignment , ... }
```

Nach einer (optionalen) Parameterliste für den Konstruktor wird eine Folge von Feld- oder Property-Zuweisungen angegeben, mit der man das Objekt initialisieren kann. Sehen wir uns das anhand einer Klasse Student an:

```
class Student {
    public string name;
    public int id;
    public bool graduate;
    public Student(string name) { this.name = name; }
}
```

Wir können ein Student-Objekt nun wie folgt erzeugen und initialisieren:

```
Student s = new Student("John Doe") { id = 12345, graduate = false };
```

Hätte Student keinen oder einen parameterlosen Konstruktor, so könnten wir die Parameterliste weglassen und schreiben:

```
Student s = new Student { name = "John Doe", id = 12345, graduate = false };
```

Man braucht solche Objektinitialisierer vor allem in Lambda-Ausdrücken, wo ja ein Parameter auf einen Rückgabewert abgebildet wird, wie etwa in

```
IEnumerable<Student> students = list.Select(x => new Student { id = x });
```

Hier wird eine Folge von Studenten erzeugt, wobei die Matrikelnummern aus einer Liste von Zahlen entnommen werden.

2.18.5 Anonyme Typen

Objektinitialisierer sind eigentlich nur eine Vorbereitung für ein noch mächtigeres Konzept, das in C# 3.0 eingeführt wurde, nämlich für *anonyme Typen*. Man kann damit bei der Erzeugung eines Objekts die Struktur jener Klasse definieren, zu der das Objekt gehören soll, und zwar durch eine Folge von Property-Zuweisungen. Eine so definierte Klasse hat keinen Namen, enthält aber all jene Properties, an die etwas zugewiesen wurde. Der Ausdruck

```
new { Length = 100, Width = 50 }
```

erzeugt also ein Objekt des folgenden anonymen Typs

```
class ??? {
    int _Length;
    int _Width;
    public int Length { set { _Length = value; } get { return _Length; } };
    public int Width { set { _Width = value; } get { return _Width; } };
}
```

und initialisiert _Length mit 100 und _Width mit 50. Es geht aber noch einfacher: Wenn die an die Properties zugewiesenen Werte selbst wiederum Felder oder Properties eines Objekts sind, so werden deren Namen automatisch als Property-Namen der anonymen Klasse verwendet. Man kann also einfach schreiben

```
new { student.name, student.id }
```

und erhält ein Objekt einer anonymen Klasse mit den Properties name und id.

Wenn wir nun ein Objekt einer anonymen Klasse einer Variablen zuweisen wollen, dann stellt sich die Frage, mit welchem Typ diese Variable deklariert werden muss. Da ein anonymer Typ keinen Namen hat, können wir ihn bei der Variablendeklaration auch nicht angeben. Daher führt C# 3.0 ein neues Schlüsselwort var ein. Wenn eine Variable v wie folgt deklariert und initialisiert wird

```
var v = expression;
```

so leitet der Compiler den Typ von v automatisch aus dem Typ von expression ab. Wenn wir also schreiben

```
var v = new { Length = 100, Width = 50 }
```

so ist der Typ von v jene anonyme Klasse, die wir oben beschrieben haben.

Anonyme Klassen werden oft in Lambda-Ausdrücken verwendet, um so genannte *Projektionen* auf Objekte zu erhalten. Angenommen, wir haben eine Liste von Student-Objekten und wollen daraus eine Folge von Objekten erzeugen, die jeweils nur den Namen und die Matrikelnummer eines Studenten enthalten. Das können wir wie folgt tun:

```
var result = students.Select(s => new { s.name, s.id });
```

Der Lambda-Ausdruck liefert für jeden Studenten s ein Objekt eines anonymen Typs mit den Properties name und id. Das Ergebnis von Select ist eine Folge vom Typ IEnumerable<???>. Da wir diesen Typ in C# nicht benennen können, schreiben wir einfach var. Der Compiler leitet aus der rechten Seite der Zuweisung den richtigen Typ für ??? ab. Er weiß, dass dieser Typ die beiden Properties name und id hat, daher können wir schreiben:

```
foreach (var obj in result) Console.WriteLine(obj.name + " " + obj.id);
```

Der Typ von obj ist anonym, daher bezeichnen wir ihn hier wieder mit var.

2.18.6 Übersetzung von Query-Ausdrücken

Nun wollen wir uns ansehen, wie der Compiler die neuen Sprachmerkmale von C# 3.0 bei der Übersetzung von Query-Ausdrücken verwendet. Angenommen, wir haben eine Klasse Customer

```
class Customer {
    string name;
    string city;
    int phone;
}
```

und legen dann eine Liste solcher Customer-Objekte an:

```
List<Customer> customers = new List<Customer>();
customers.Add(new Customer {name = "Jones", city = "London", phone = 12345});
...
```

Wenn wir nun folgenden Query-Ausdruck schreiben

```
var result =
    from c in customers
    where c.city == "London"
    orderby c.name
    select new { c.name, c.phone };
```

so übersetzt der Compiler das einfach in Aufrufe von Erweiterungsmethoden:

```
var result =
    customers
    .Where(c => c.city == "London")
    .OrderBy(c => c.name)
    .Select(c => new { c.name, c.phone });
```

Da diese Erweiterungsmethoden in der Bibliotheksklasse System.Query.Sequence deklariert sind, müssen wir den Namensraum System.Query importieren:

```
using System.Query;
```

Das obige Beispiel zeigt sehr schön die einzelnen Bestandteile, die zur Übersetzung von Query-Ausdrücken nötig sind: Erweiterungsmethoden übernehmen die Aufgabe, die Daten zu filtern, zu sortieren und zu transformieren. Lambda-Ausdrücke werden als Selektions- und Sortierkriterien verwendet. Die Select-Methode liefert ein Objekt eines anonymen Typs als Projektion des ursprünglichen Customer-Objekts. Schließlich wird das Ergebnis vom Typ IEnumerable<???> in einer Variablen result gespeichert, deren Typ mit var angegeben wird.

Beachten Sie bitte, dass jede dieser Erweiterungsmethoden (Where, OrderBy und Select) ein Resultat vom Typ IEnumerable<T> liefert, auf das dann wieder die nächste Erweiterungsmethode angewendet wird. Mit gewöhnlichen statischen Methoden wäre das nur sehr umständlich zu schreiben gewesen.

2.18.7 XLinq

Abschließend sehen wir uns noch eine weitere Anwendung von Objektinitialisie-
rern und Query-Ausdrücken an. Unter dem Namen *XLinq* (Language Integrated
Query for XML) wurde eine Menge von Klassen entwickelt, die die Verarbeitung
von XML-Daten im Hauptspeicher vereinfachen. Alle diese Klassen gehören zum
Namensraum System.Xml.XLinq. Wir sehen uns hier nur einige der wichtigsten
Eigenschaften an. Details können unter [XLinq] nachgelesen werden.

XElement und XAttribute

Die beiden wichtigsten Klassen von XLinq sind XElement und XAttribute. XElement speichert ein XML-Element, wie z.B.:

```
<name>John</name>
```

Es kann wie folgt erzeugt werden:

```
XElement e = new XElement("name", "John");
```

Wir können aber auch geschachtelte Elemente erzeugen, wobei jedes Element Attribute haben kann, die durch XAttribute repräsentiert werden, z.B.:

```
XElement e = new XElement("student",
    new XAttribute("id", 12345),
    new XElement("name", "John Doe"),
    new XElement("subject", "Computer Science"));
```

Wenn wir das erzeugte Element mittels Console.WriteLine(e.ToString()); ausgeben,
erhalten wir:

```
<student id="12345">
    <name>John Doe</name>
    <subject>Computer Science</subject>
</student>
```

Anstatt XML-Daten manuell zu erzeugen, können wir sie auch mit Hilfe eines
XML-Readers von einer Datei einlesen, z.B.:

```
XElement e = XElement.Load(new XmlTextReader("students.xml"));
```

Erzeugen von XML-Daten aus einer Wertefolge

Angenommen, wir haben eine Liste von Objekten des Typs Student, der Felder
wie name, id und subject enthält:

```
List<Student> students = new List<Student>(); ...
```

Wir können diese Liste nun mit Hilfe eines Query-Ausdrucks verarbeiten und dabei XML-Daten erzeugen, die dieser Studentenliste entsprechen, z.B.:

```
XElement xmlData = new XElement("students",
    from s in students
    where s.subject == "Computer Science"
    select
        new XElement("student",
            new XAttribute("id", s.id),
            new XElement("name", s.name)
        )
    );
```

Wenn wir xmlData ausgeben, erhalten wir:

```
<students>
    <student id="12345">
        <name>John Doe</name>
    </student>
    <student id="23456">
        <name>Ann Miller</name>
    </student>
    ...
</students>
```

Erzeugen einer Wertefolge aus XML-Daten

Umgekehrt können wir aus XML-Daten, die in einem XElement und seinen Unterelementen gespeichert sind, wieder eine Folge von Student-Objekten erzeugen:

```
IEnumerable<Student> newList =
    from e in xmlData.Elements("student")
    select new Student {
        name = e.Element("name").Value,
        id = Convert.ToInt32(e.Attribute("id").Value),
        subject = "Computer Science" };
```

Die Methode xmlData.Elements("student") liefert alle Unterelemente von xmlData, die den Namen student haben. Die Methode e.Element("name") liefert das Unterelement name von e und e.Attribute("id") liefert das Attribut id von e.

Diese Beispiele zeigen eindrucksvoll, dass die Erzeugung und Verarbeitung von XML-Daten mittels Query-Ausdrücken und Objektinitialisierern eine wesentliche Vereinfachung gegenüber dem bisherigen XML-API von .NET darstellen.

3 Die .NET-Architektur

Mit der neuen Architektur des .NET-Frameworks hat Microsoft sowohl der Windows- als auch der Web-Programmierung eine völlig neue Ausrichtung gegeben. Um diese besser verstehen und in der Folge vorteilhafter nutzen zu können, sollte man sich mit den wichtigsten Säulen und Neuerungen, die sich hinter dem Schlagwort .NET verbergen, vertraut machen.

Dieses Kapitel behandelt Interna der CLR, die zum Verständnis beitragen, aber nicht unbedingt nötig sind, um mit .NET zu arbeiten. Wer an diesem Hintergrundwissen im Moment nicht interessiert ist, kann dieses Kapitel beim ersten Lesen durchaus nur überfliegen.

Wie wir bereits im Einleitungskapitel gesehen haben, besteht das .NET-Framework im Wesentlichen aus zwei Schichten (siehe Abb. 1.1). Die *Common Language Runtime* (CLR) liegt diesem Framework zugrunde. Sie steht direkt mit dem Betriebssystem in Verbindung und ist die Laufzeitumgebung, in der alle .NET-Programme ausgeführt werden. Die CLR versteht eine Zwischensprache (*Common Intermediate Language*, CIL), in die alle .NET-Programme übersetzt werden (siehe Abschnitt 3.4). Die Zwischensprachenanweisungen alleine sind für die CLR aber zu wenig. Mehr Informationen über die Programme findet sie im Beipacktext (*Metadaten*), der ausführliche Typbeschreibungen enthält (siehe Abschnitt 3.5).

Außerdem verlangt die CLR von allen Programmen, dass sie sich an gewisse Spielregeln (*Common Type System*, CTS) halten, und stellt im Gegenzug eine komfortable Infrastruktur zur Verfügung (siehe Abschnitt 3.2). Wollen zwei Programme, die in unterschiedlichen Sprachen implementiert wurden, miteinander arbeiten, dann dürfen sie nur eine eingeschränkte Menge (*Common Language Specification*, CLS) des sonst sehr großzügigen Infrastrukturangebots ausnützen, und auch die Spielregeln werden restriktiver (siehe Abschnitt 3.3).

Um ein .NET-Programm auszuliefern, werden alle Teile in ein Päckchen (*Assembly*) gepackt, das neben Informationen über den Absender auch CIL-Anweisungen und Metadaten enthält (siehe Abschnitt 3.6), die für die Ausführung des Programms notwendig sind (siehe Abschnitt 3.7).

Einige der hier besprochenen Punkte haben große Ähnlichkeit zu den bereits in Kapitel 2 vorgestellten Konzepten. Das ist verständlich, da C# eigens für die CLR entwickelt wurde und daher viele ihrer Eigenschaften ausnutzt.

Aber C# schöpft nicht das volle Potenzial der CLR aus, und so werden wir doch einige Dinge finden, die unter C# verborgen bleiben, aber eventuell von anderen Programmiersprachen benötigt werden. Da eines der Hauptziele von .NET eine weitgehende Sprachunabhängigkeit ist, werden manche Leser in bestimmten Situationen gar nicht wissen wollen, was C# kann, sondern nur nach den entsprechenden Eigenschaften der Common Language Runtime, des Common Type System, der Common Language Specification oder der Common Intermediate Language suchen. Einige dieser Informationen werden wir hier sammeln.

Um die Sprachunabhängigkeit der .NET-Architektur besser zum Ausdruck zu bringen, sind in diesem Kapitel die meisten Codebeispiele in der einzigen Sprache gehalten, die die CLR wirklich kennt, nämlich in der Common Intermediate Language (CIL) gekoppelt mit Metadaten. Das .NET-Framework-SDK wird mit einem nützlichen Werkzeug zum Betrachten dieser Informationen ausgeliefert – dem IL-Disassembler (ildasm.exe, siehe Abschnitt 8.5.1). Dieser erlaubt es dem Benutzer, die CIL und die Metadaten jedes Programms zu betrachten, gleich in welcher Programmiersprache es ursprünglich verfasst wurde. Um Ihnen das Lesen dieser Informationen zu erleichtern, versuchen wir, Sie in diesem Kapitel etwas daran zu gewöhnen.

Die Syntax der Codeausschnitte entspricht also weitgehend der Ausgabe des IL-Disassemblers. Diese Sprache werden wir in der Folge *IL-Assembler* nennen. Aus Gründen der Übersichtlichkeit haben wir uns aber erlaubt, nur die relevanten Teile wiederzugeben und manche Stellen etwas umzuformatieren. Das bedeutet, dass man die Beispiele nicht direkt als Eingabe für den IL-Assembler-Compiler (ilasm.exe) verwenden kann, um daraus .NET-PE-Dateien (siehe Abschnitt 3.6) zu erzeugen. Es kann sein, dass einige Dinge ergänzt werden müssen. Aber, wie gesagt, unser Ziel ist nicht, Ihnen das Programmieren in IL-Assembler beizubringen, sondern Sie sollen lediglich die Ausgabe des Disassemblers verstehen. Die genaue Spezifikation der Sprache IL-Assembler, die CIL-Code und Metadaten zu gut lesbarem Code vermischt, finden Sie unter anderem in [CLI].

Wir beginnen mit einigen allgemeinen Überlegungen zur Motivation für die neue Architektur.

3.1　Wozu eine virtuelle Maschine?

Die Common Language Runtime ist das Herzstück der .NET-Architektur. Sie ist der Motor, der alle Anwendungen, die für diese neue Technologie geschrieben werden, zum Laufen bringt.

Die CLR ist eine virtuelle Maschine (ähnlich zu jenen, die man schon von Java oder Smalltalk kennt), also ein Computer (Prozessor), der nicht in Hardware, sondern in Software gebaut wurde. Wie bei der virtuellen Maschine von Java handelt es sich auch bei der CLR grundsätzlich um eine so genannte Stackmaschine. Ein alternatives Berechnungsmodell, das eher dem von Hardwaremaschinen entspricht, ist die Registermaschine, die zum Beispiel bei den Intel-Pentium-Prozessoren verwendet wird. Der Unterschied zwischen den beiden Modellen ist folgender: Bei einer Stackmaschine müssen die Operanden von Operationen in der richtigen Reihenfolge in einen »Keller« gelegt und wieder herausgenommen werden (in einen Stack oder Kellerspeicher kann man immer nur entweder etwas oben hineingeben oder etwas von oben herausnehmen. Dieses Speichermodell bezeichnet man auch als LIFO (*last in first out*)). Bei einer Registermaschine gibt es hingegen direkt ansprechbare Speicherzellen (Register), die die Werte der Operanden enthalten.

Eine virtuelle Maschine läuft – wie jedes Programm – natürlich selbst immer auf einer realen Maschine. Sie führt somit eine zusätzliche Ebene zwischen dem aus der Hochsprache übersetzten Code und der Maschine ein, auf der das Programm laufen soll.

Bisher hat man unter Windows zum Beispiel C++-Programme direkt in Maschinencode für eine mögliche Zielplattform (z.B. Intel x86) übersetzt und dadurch sofort ausführbare Programme erhalten. Unter .NET werden die Programme zuerst in eine Zwischensprache übersetzt – in diesem Fall die Common Intermediate Language (CIL). Diese Zwischensprachenprogramme können dann von der CLR geladen werden, wobei die Laufzeitumgebung just-in-time entsprechende Maschinenprogramme produziert. Welche Vorteile bringt diese zusätzliche Schicht aber nun wirklich?

Plattform- und Sprachunabhängigkeit. Erstens wird die Plattformunabhängigkeit der Programme erhöht, da es ausreicht, einzig die CLR auf die betreffende Zielplattform zu portieren, um alle existierenden .NET-Programme ohne neuerliche Übersetzung dort laufen lassen zu können. Andererseits wird es dadurch auch möglich, .NET-Programme in anderen Sprachen als C# zu implementieren, da es auch hier genügt, *einen* Compiler zu haben, der die gewünschte Programmiersprache in die Zwischensprache übersetzt.

Wer in einem klassischen Szenario mit *m* verschiedenen Programmiersprachen auf *n* Plattformen arbeiten will, braucht dafür jeweils einen eigenen Compiler pro Plattform und Sprache, also *m* x *n* Stück, weil jeder Compiler sowohl von der Sprache als auch von der Zielplattform abhängig ist (siehe Abb. 3.1).

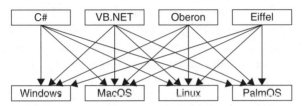

Abb. 3.1 *Je ein Compiler für jede Sprache und jede Plattform (hier: 4 x 4 = 16)*

Mit einer Zwischensprache als Verbindungsebene genügt für jede Programmiersprache ein Compiler, der diese in die Zwischensprache übersetzt (Frontend).
Ferner braucht man nur noch je einen weiteren Compiler, der die Zwischensprache – meist just-in-time zur Laufzeit – in die jeweilige Maschinensprache übersetzt (Backend). Frontends sind *plattformunabhängig*, weil sie ausschließlich
Code für die virtuelle Maschine erzeugen müssen. Backends sind *sprachunabhängig*, weil sie immer von der Zwischensprache ausgehen.

Damit beschränkt sich der Arbeitsaufwand für die Verwendung von m Programmiersprachen auf n Plattformen auf die Implementierung von m Frontends
und n Backends, also lediglich $m + n$ (halben) Compilern (siehe Abb. 3.2).

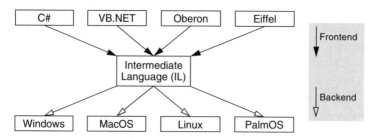

Abb. 3.2 *Nur ein Compiler pro Sprache und eine CLR pro Plattform (hier: 4 + 4 = 8)*

Kompaktheit. Programmcode in einer Zwischensprache ist kompakter als der
Quellcode. Zwar werden oft mehrere Zwischensprachenanweisungen für die
Darstellung einer Quellcode-Anweisung verwendet, diese sind aber in der Regel
nur je ein Byte lang. Auch gegenüber dem Native-Code ergeben sich Speicherver-
brauchsvorteile, da Native-Programme durch Compiler-Optimierungen wie
Function-Inlining oder Loop-Unrolling zwar schneller, aber eben auch größer
werden. Diese Kompaktheit spricht für die Verwendung einer Zwischensprache
und ist besonders interessant, wenn Programme über ein Netzwerk geladen werden. Aber auch lokale Applikationen verbrauchen auf diese Weise weniger Speicherplatz.

Optimierter Code. Der Umweg über eine Zwischensprache muss auch nicht unbedingt einen Geschwindigkeitsverlust bedeuten. Weil die Übersetzung der
Zwischensprache in die maschineneigene Sprache bis zur Ausführung des Programms auf einem konkreten Rechner verzögert wird, hat der Just-in-Time-
Compiler die Möglichkeit, die augenblickliche Konfiguration der Zielmaschine
zu analysieren und diese Informationen in den Übersetzungsprozess einfließen zu
lassen. Der so erzeugte Code kann daher besser optimiert werden, was sich positiv auf Laufzeit und Ressourcenverbrauch auswirkt.

Vergleich zweier virtueller Maschinen: CLR vs. JVM

Die oben beschriebenen Vorteile gelten ganz allgemein für virtuelle Maschinen. Um nun ein paar Besonderheiten der .NET-CLR zu betrachten, vergleichen wir sie kurz mit der Java Virtual Machine (JVM).

Ein Vorteil der CLR gegenüber der JVM ist ihre Vielseitigkeit, was den Einsatz verschiedener Programmiersprachen betrifft. Theoretisch kann man viele Sprachen natürlich genauso in Java-Bytecode wie in CIL übersetzen, aber die von der JVM vorgegebenen Einschränkungen verhindern in der Praxis die gleichwertige Umsetzung verschiedener sprachspezifischer Eigenheiten. Die in der Folge angeführten Beispiele können von der JVM nicht in ihrer eigentlichen Form realisiert, sondern bestenfalls durch JVM-Konstrukte *simuliert* werden, was sich natürlich negativ auf die Performanz auswirkt.

Objekte am Stack (Records, Unions). Strukturierte Datentypen können im Falle der JVM nur als Klassen (= Referenztypen) deklariert werden, deren Objekte auf dem Heap liegen. Variablen solcher Typen enthalten einen Zeiger auf das Objekt. Es ist nicht möglich, die gesamten Daten direkt in einer lokalen Variablen am Stack (als Werttyp) zu speichern. Die CLR hingegen unterstützt solche Konstrukte (siehe Abschnitt 3.2.2). Sie besitzt sogar eigene Befehle, um Objekte von Werttypen auf den Heap auszulagern (Boxing/Unboxing, siehe Abschnitt 3.2.4).

Referenzparameter. Alle Parameter von Methoden werden in der JVM mit der Call-by-Value-Technik übergeben. Die CLR kann hingegen sowohl mit Call-by-Value- als auch Call-by-Reference-Parametern umgehen.

Varargs. Die JVM erlaubt nur Methoden mit einer fixen Anzahl von Argumenten. Wir haben schon in Abschnitt 2.8.3 gesehen, dass C# in Methodendeklarationen eine variable Anzahl von Parametern unterstützt. Dabei ist aber nur die Anzahl der Parameter unbekannt und variabel. Ihr Typ muss in der Deklaration angegeben werden, so dass alle (optionalen) Parameter denselben Typ haben müssen. In der Zwischensprache bleibt von dieser Variabilität wenig übrig. Dort wird letztendlich ein Array vom angegebenen Typ verwendet.

Die CLR erlaubt aber sogar Methoden, bei denen nicht nur die Anzahl, sondern auch der Typ der Argumente bei der Deklaration der Methode unbekannt sind. Die CLR verwendet in diesem Fall einen typsicheren Iterator (System. ArgIterator), um alle Argumente aus einer Methodenparameterliste variabler Länge auszulesen (siehe Abschnitt 3.7.5).

Funktionszeiger. Die CLR stellt eine besondere Zeigerart zur Verfügung, um Methoden zu referenzieren (siehe Abb. 3.4 und Abschnitt 3.2.1). In Java müsste man ein Interface mit der Methode deklarieren, auf die man verweisen will. Eine Variable vom Interfacetyp wäre dann eine Art Funktionszeiger.

Blockmatrizen. Will man auf der JVM mehrdimensionale Arrays verwenden, so steht einem nur die »ausgefranste« Variante, also verkettete eindimensionale Arrays, zur Verfügung (siehe Abb. 3.3). Das bedeutet, dass man in jeder Dimension nur Zeiger auf die Elemente der nächsten Dimension speichert und erst am Ende die Werte selbst findet. So stellt jede Dimension eine weitere Indirektion dar, was Laufzeitverluste bewirkt.

Viel kompakter und effizienter sind die Blockmatrizen (»rechteckige« mehrdimensionale Arrays). Bei diesen stehen die Elemente direkt nacheinander im Speicher. Allerdings haben hier alle Elemente einer Dimension die gleiche Anzahl von Elementen (siehe Abb. 3.3). Die CLR unterstützt beide Varianten (siehe Abschnitt 3.2.3).

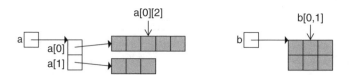

Abb. 3.3 *Zweidimensionale Arrays:* »ausgefranste« *Variante* a, *rechteckige Variante* b

Überlaufprüfung. Die CLR bietet für alle arithmetischen Operationen (add, sub, mul) und Typumwandlung (conv) auch eine Version mit Überlaufprüfung an (*.ovf). Wird zur Laufzeit ein Überlauf festgestellt, so wird von der CLR eine entsprechende Ausnahme (System.OverflowException) ausgelöst (siehe Abschnitt 3.4).

Tail Calls. Die CLR kann den Aktivierungssatz (*stack frame*) eines Methodenrufers vernichten, bevor zur gerufenen Methode verzweigt wird. Programmiersprachen, die intensiv mit Rekursionen arbeiten (wie z.B. *Haskell* oder *Mercury*), brauchen diese Eigenschaft.

Referenztypen. Die JVM unterstützt nur *eine* Art von Zeigern: nämlich Referenzen auf Objekte am Heap. Hier erlaubt die CLR wesentlich mehr Flexibilität, weil eine feinere Unterscheidung zwischen verschiedenen Zeigerarten getroffen werden kann (siehe Abb. 3.4).

Typen natürlicher Größe. Während bei der JVM alle Speicherzellen immer genau 32 Bit breit sind, erlaubt es die CLR auch, die Größe von Werten erst bei der JIT-Compilation, also zur Laufzeit, festzulegen. Da auch alle Zeigerarten (Abschnitt 3.2.1) im Zwischencode durch solche Typen natürlicher Größe repräsentiert werden, kann der JIT-Compiler die Adressierung den lokalen Gegebenheiten anpassen, ohne dass der Zwischensprachencode verändert werden muss. So erhält man ohne Neuübersetzung des Quellcodes 32 Bit große Adressen auf 32-Bit-Architekturen und 64-Bit-Adressen auf 64-Bit-Architekturen.

Mehrsprachenfähigkeit. Die CLR ist von Grund auf darauf ausgerichtet, viele Sprachen – und damit viele Sprachkonstrukte – zu unterstützen, während die JVM grundsätzlich nur für die Programmiersprache Java entworfen wurde. Das heißt aber noch nicht, dass die CLR eine »Wundermaschine« ist, die für jede Sprache eine perfekte Laufzeitumgebung bietet. Zurzeit eignet sie sich gut für imperative (COBOL, Pascal, C usw.) und statisch typisierte, objektorientierte Sprachen (C#, Oberon, Eiffel usw.), aber Microsoft versucht weiterhin auch andere Sprachparadigmen zu unterstützen. Tatsächlich gibt es auch schon .NET-Compiler zum Beispiel für funktionale Sprachen wie Haskell oder ML.

Boxing von Werttypen. In Java erweitern die Klassen aller Objekte direkt oder indirekt java.lang.Object. Aus Effizienzgründen hat man aber eine Hand voll Werttypen (int, float, ...) eingeführt, die nicht von java.lang.Object abgeleitet sind. Das bedeutet, dass zum Beispiel »generische« Datenstrukturen, wie Arrays vom Typ java.lang.Object, keine int-Werte enthalten können, sondern in so genannte Wrapper-Klassen (Integer, ...) eingepackte int-Werte verwendet werden müssen.

Die CLR behandelt Wert- und Referenztypen ebenfalls unterschiedlich, aber sie kann Werttypobjekte bei Bedarf in äquivalente Referenztypobjekte umwandeln, ohne dass dafür bereits entsprechende Wrapper-Klassen vorhanden sein müssen (siehe Abschnitt 3.2.4). Diese Klassen für die auf dem Heap erzeugten Objekte werden automatisch generiert. Sie sind direkt von System.ValueType und somit indirekt auch von System.Object abgeleitet. Damit kann man einer Referenz vom Typ System.Object z.B. auch int-Werte zuweisen.

Darüber hinaus lassen sich unter .NET zu den vordefinierten Werttypen auch beliebige eigene definieren (siehe Abschnitt 3.2.2). Deren Werte können dann genauso automatisch in äquivalente Heap-Objekte kopiert werden. In Java können nur Klassen – also Referenztypen – definiert werden.

Compilation versus Interpretation. Ein grundsätzlicher Unterschied zwischen der JVM und der CLR zeigt sich auch in der Art der Programmausführung. Der Java-Bytecode wurde für die Interpretation durch eine virtuelle Maschine entworfen. Er wird von der JVM interpretiert ausgeführt. (Einige JVMs, wie z.B. die HotSpot-JVM, verfügen auch über einen JIT-Compiler, der einzelne Methoden nach einer bestimmten Anzahl von Aufrufen in Maschinencode übersetzt.) Der CIL-Code dagegen wird von der CLR niemals interpretiert, sondern immer beim ersten Aufruf einer Methode just-in-time in Maschinencode übersetzt und so direkt auf der CPU ausgeführt (siehe Abschnitt 3.7).

Neben den eingangs erwähnten Vorteilen bewirkt eine Laufzeitumgebung wie die CLR noch mehr. Da sie im Zentrum der Architektur steht, legt sie fest, was Programme tun können, was sie nicht tun dürfen und wie sie etwas tun müssen. Sie kann eine Reihe von Diensten und Funktionen anbieten und damit zum Beispiel die Sicherheit und Stabilität der Programme erhöhen, Erleichterungen und Unterstützungen für die Entwickler bringen und vieles mehr.

3.2 Common Type System (CTS)

Das *Common Type System* steht im Mittelpunkt der von Microsoft als Standard vorgeschlagenen *Common Language Infrastructure* (CLI). Es legt die Regeln fest, nach denen Typen deklariert, verwendet und verwaltet werden sollen. Es beschreibt alles, was .NET-Programme können und was Sprachen, die auf die .NET-Plattform abzielen, erwarten dürfen. Das CTS ist sozusagen das Angebot, welches .NET den Entwicklern eröffnet. Mehr als das hier Definierte kann .NET nicht.

Da es sich bei .NET um eine objektorientierte Plattform handelt, lassen Sie uns kurz einige Begriffe der objektorientierten Programmierung zusammenfassen (eine leicht verständliche Einführung in dieses Gebiet finden Sie in [Moe05]). Wer objektorientiert programmiert, implementiert meist Klassen (die in der .NET-Dokumentation und den Spezifikationen mit »Typen« gleichgesetzt werden). Eine Klasse ist ein Konstrukt aus Daten und ihren Zugriffsmethoden. Von diesen Typen können zur Laufzeit Objekte erzeugt werden. Diese Objekte werden durch Belegen der Datenfelder mit konkreten Werten in verschiedene Zustände gebracht und interagieren mit anderen Objekten durch Senden von Nachrichten (= Aufrufe von Methoden).

Generell kann man sagen, dass ein Typ eine Menge von Werten und darauf definierten Operationen beschreibt. Werte werden an verschiedenen Stellen im Speicher abgelegt (siehe Speicherverwaltung (Abschnitt 3.7.5)). In einer typsicheren Umgebung wie der CLR sind alle diese Stellen mit einem Typ gekennzeichnet, der festlegt, welche Werte an der Stelle gespeichert und welche Operationen damit durchgeführt werden dürfen.

Ein Ziel von .NET ist es, auf verschiedenen Plattformen einsetzbar zu sein. Das heißt nicht nur, dass .NET-Anwendungen im Prinzip unter verschiedenen Betriebssystemen laufen können, sondern auch, dass man sie mit verschiedenen Programmiersprachen entwickeln kann. Dabei ist es sogar möglich, einzelne Teile ein und desselben Projekts in unterschiedlichen Programmiersprachen zu implementieren, wie zum Beispiel in folgender Situation: Ein Typ wird in C# entwickelt (das trifft übrigens für viele Klassen aus der .NET-Klassenbibliothek zu). Ein anderer Typ, der in Visual Basic .NET geschrieben wird, kann nun Methoden und Properties des C# Typs verwenden und nicht nur das – er kann sogar von diesem abgeleitet sein!

In der Einleitung zu diesem Kapitel haben wir schon erwähnt, dass alle .NET-Programme in Assemblies verpackt werden, die CIL-Code und Metadaten enthalten. Damit ist auch schon ein erster Schritt für die Interoperabilität von Programmen verschiedener Programmiersprachen gelegt: Nach der Übersetzung werden alle Programme durch CIL-Code und Metadaten repräsentiert. Sie sehen also für die CLR völlig gleich aus, egal in welcher Sprache sie ursprünglich geschrieben wurden.

Trotzdem könnte es sein, dass verschiedene Sprachen unterschiedliche Datentypen verwenden, so dass zum Beispiel eine Methode eines in Visual Basic implementierten Typs eine Gleitkommazahl zurückgibt, deren Format von C++ nicht unterstützt wird. Um solche Situationen zu vermeiden, gibt es das Common Type System, das eine große Menge von Datentypen zur Verfügung stellt und deren Formate festlegt. Jede Programmiersprache kann dann aus dieser Obermenge jene Typen auswählen, die sie für ihre Zwecke benötigt (siehe Abb. 3.8). Andere als die hier definierten Typen dürfen von keiner .NET-Sprache angeboten, unterstützt oder verwendet werden. (Genauer gesagt, dürfen die Compiler im erzeugten Zwischencode nur diese Typen verwenden. Sie müssen also versuchen, alle Typen der Originalsprache auf Typen des CTS abzubilden.)

Die Typarten

Im Gegensatz zu Java, wo einfache Datentypen wie int oder float nicht kompatibel zu Objektreferenzen sind, gibt es unter .NET *keine* Ausnahmen. Alle Typen sind entweder direkt von System.Object (siehe Abschnitte 2.3.7 und 2.9.8) abgeleitet (Referenztypen) oder können von der CLR in eine kompatible Form umgewandelt werden (Boxing, siehe Abschnitt 3.2.4). Die von der CLR unterstützte Vielzahl von Typarten ist in Abb. 3.4 dargestellt (die grau hinterlegten Typen sind vordefiniert, die anderen erlauben benutzerdefinierte Erweiterungen).

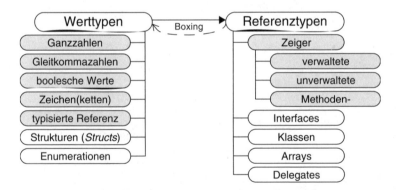

Abb. 3.4 *Die Typenarten der CLR*

Für alle .NET-Typen gilt, dass sie von genau einem anderen Typ abgeleitet sind (*einfache Implementierungsvererbung (subclassing)*) und dass sie beliebig viele Interfaces implementieren können (*mehrfache Schnittstellenvererbung (subtyping)*). Die einzige Ausnahme bildet die Klasse System.Object, die keinen Basistyp hat.

Die CLR unterscheidet zwei grundsätzlich verschiedene Arten von Typen, nämlich *Werttypen*, die einen Wert repräsentieren und deren Objekte direkt an der von der Variablen bezeichneten Stelle im Speicher angelegt werden, und *Referenztypen*, die als Verweis auf ein Objekt am Heap realisiert sind.

3.2.1   Vordefinierte Typen

Die CLR unterstützt eine Reihe von vordefinierten Datentypen. Dazu zählen
Werttypen zur Zahlen- und Zeichendarstellung, ein boolescher Typ sowie die ele-
mentaren Referenztypen, von denen es im CTS im Gegensatz zu Java nicht nur
einen gibt. Für alle diese Typen verwendet man im IL-Assembler spezielle Bezeichnungen. Tabelle 3.1 zeigt diese Bezeichnungen sowie die Typen aus der
.NET-Klassenbibliothek (Namensraum System), auf die sie abgebildet werden.

Tabelle 3.1 Die vordefinierten Datentypen der CLR

IL-Assembler-Bezeichnung	wird abgebildet auf	Beschreibung
bool	System.Boolean	1 Byte: 0 (= false), 1-255 (= true)
char	System.Char	16-Bit-Unicode-Zeichen
string	System.String	Unicode-Zeichenkette
object	System.Object	verwalteter Zeiger auf ein Objekt am Heap
typedref	System.TypedReference	Werttyp aus Zeiger und Typbeschreibung (wird für Varargs verwendet)
		IEEE 754-Gleitkommazahlen
float32	System.Single	32 Bit: [-3,402823E38 .. 3,402823E38]
	(Epsilon)	(kleinste pos. Zahl: 1.4E-45)
float64	System.Double	64 Bit: [-1,79769313486232E308 .. 1,79769313486232E308]
	(Epsilon)	(kleinste pos. Zahl: 4,94065645841247E-324)
		2-Komplement-Ganzzahlen
int8	System.SByte	8 Bit: [-128 .. 127]
int16	System.Int16	16 Bit: [-32768 .. 32767]
int32	System.Int32	32 Bit: [-2147483648 .. 2147483647]
int64	System.Int64	64 Bit: [-9223372036854775808 .. 9223372036854775807]
		vorzeichenlose Ganzzahlen
unsigned int8	System.Byte	8 Bit: [0 .. 255]
unsigned int16	System.UInt16	16 Bit: [0 .. 65535]
unsigned int32	System.UInt32	32 Bit: [0 .. 4294967296]
unsigned int64	System.UInt64	64 Bit: [0 .. 18446744073709551616]
		Zahlen von maschinenabhängiger Größe
native int	System.IntPtr	2-Komplement-Ganzzahl
native unsigned int	System.UIntPtr	vorzeichenlose Ganzzahl

Objektzeiger. Ein Objektzeiger (object) verweist auf Objekte von Klassen oder
Arrays auf dem Heap. Objektzeiger werden durch die Anweisungen newobj oder
newarr erzeugt und können als Methodenargumente und -ergebnisse, als Objekt-
und Klassenfelder, als lokale Variablen und Array-Elemente verwendet werden.

Arithmetische Operationen mit Objektzeigern sind verboten! In IL-Assembler werden benutzerdefinierte Wert- und Referenztypen mit den Schlüsselwörtern valuetype oder class bezeichnet. Das Beispiel

```
.field valuetype Point p
.field class Node[] nodeArr

.method valuetype Point m (class Node n) {
    .locals (valuetype Point V_0, class Node V_1)
}
```

zeigt mögliche Ausprägungen von Objektzeigern:

❏ ein Feld p vom Werttyp Point,

❏ ein weiteres Feld nodeArr, das ein Array von Node-Objekten ist, und

❏ eine Methode m, die als Ergebnis ein Objekt des Werttyps Point liefert, einen Objektzeiger auf ein Node-Objekt als Argument erhält und die lokalen Variablen V_0 vom Werttyp Point und V_1 vom Referenztyp Node deklariert.

Verwaltete Zeiger (*managed pointers*). Objektzeiger können immer nur in den Heap und nur auf Objekte und Arrays als Ganzes, d.h. auf deren Anfänge im Speicher, verweisen. Es gibt aber Fälle, in denen man einen Zeiger auf ein Feld eines Objekts oder ein Element eines Arrays verwenden möchte (z.B. bei Referenzparametern). Das ist mit Objektzeigern verboten. Man muss dafür eine weitere Zeigerart benutzen, die es erlaubt, ins Innere von Objekten zu verweisen. Sie wird in IL-Assembler durch Anhängen des &-Zeichens an die Bezeichnung des Typs ausgedrückt. Im Beispiel

```
.method instance void int32 RefParMethod (int32& i, valuetype Point& p, class Node& n)
```

deklarieren wir eine Methode mit Referenzparametern vom Typ int32, vom Werttyp Point und vom Referenztyp Node. Diese Zeiger sind aber nicht einfach Pointer, wie wir sie von C oder C++ kennen, sondern sie sind typisiert und typsicher, d.h., es wird zur Laufzeit überprüft, ob sie tatsächlich auf Objekte des bezeichneten Typs verweisen. Außerdem unterliegen sie der Kontrolle der Speicherverwaltung, so dass ihre Werte (genau wie die der Objektzeiger) angepasst werden können, falls sich die Position der Zielobjekte im Speicher ändert (das kann zum Beispiel bei einer Speicherbereinigung (*Garbage Collection*, siehe Abschnitt 3.7.5) geschehen). Daher nennen wir diese Zeiger auch *verwaltete Zeiger*. Sie können lediglich als Methodenargumente oder lokale Variablen verwendet werden, nicht jedoch als Objekt- oder Klassenfelder oder Array-Elemente.

Unverwaltete Zeiger (*unmanaged pointers*). Die bisherigen Zeigerarten waren alle typsicher, d.h., es waren Informationen über den referenzierten Typ gegeben, die zur Laufzeit überprüft werden können. Zeiger, wie man sie in C oder C++ verwendet, erfüllen diese Eigenschaft nicht. Sie sind bloß vorzeichenlose Integerwerte, die allerdings nicht die Zahl als solche meinen, sondern eine Adresse im

Speicher. Sie werden auch nicht von der Speicherverwaltung kontrolliert und deshalb *unverwaltete Zeiger* genannt. Um aber die Funktion des Garbage Collectors nicht zu beeinträchtigen, dürfen sie unter .NET nicht auf Klassen oder Arrays, also auf Objekte am Heap, verweisen. Unverwaltete Zeiger werden als natural unsigned int (so werden sie auch von der CLR behandelt) oder durch Anhängen des Zeichens * an eine Typbezeichnung definiert. Mit unverwalteten Zeigern sind auch alle arithmetischen Operationen erlaubt.

Die Verwendung unverwalteter Zeiger birgt aber Sicherheitsrisiken und macht den Code typ-*un*-sicher und somit auch nicht verifizierbar (siehe Abschnitt 3.7.3). Daher dürfen in C# unverwaltete Zeiger nur in Blöcken verwendet werden, die mit dem Schlüsselwort unsafe markiert sind. Außerdem muss der C#-Compiler durch die Option /unsafe darauf aufmerksam gemacht werden. Im Beispiel

```
unsafe {
    int x = 10;
    int* pX = &x;
}
```

wird in C# eine int-Variable x mit dem Wert 10 belegt und ein unverwalteter Zeiger pX auf diesen Wert gerichtet.

Transiente Zeiger. Intern verwendet die CLR noch eine weitere Zeigerart: so genannte *transiente Zeiger*. Diese Form ist aber für den Benutzer unsichtbar und stellt eine Art Zwischenstufe zwischen verwalteten und unverwalteten Zeigern dar, die überall verwendet werden kann, wo eine der beiden Zeigerarten erwartet wird. Solche Zeiger werden zum Beispiel von Instruktionen erzeugt, die Adressen außerhalb des verwalteten Heaps liefern (Idloca, Idarga, Idsfla, ...).

Methodenzeiger. Ein weiteres Extra der CLR gegenüber der JVM sind die Methodenzeiger. Sie werden durch das Schlüsselwort method, den Ergebnistyp, den durch * ersetzten Methodennamen und die Argumenttypen gekennzeichnet. Das Beispiel

```
.field method int32 * (int32&) intMeth

.method static method void * () getMeth ()
```

definiert ein Feld intMeth als Zeiger auf Methoden, die einen int32-Wert liefern und einen Referenzparameter vom Typ int32 erhalten, sowie eine statische Methode getMeth(), die einen Zeiger auf eine parameterlose Prozedur zurückgibt.

Objekte fixieren. Zusätzliche Kontrolle über die Speicherverwaltung erlaubt die CLR durch Anhängen des Attributs

```
type pinned
```

an eine Typbezeichnung. Damit lässt sich gezielt verhindern, dass das Objekt, auf das die lokale Variable zeigt, durch den Garbage Collector verschoben wird (siehe Garbage Collection (Abschnitt 3.7.5)).

Maschinenabhängige Wortlänge. Einige der oben beschriebenen Datentypen verschieben die Festlegung der Größe der gespeicherten Werte auf einen späteren Zeitpunkt, also von der Übersetzungszeit in die Laufzeit (JIT-Compilation). Zu diesen *generischen* Typen zählen alle native-Typen, object, & und *. Damit hat die CLR die Möglichkeit, immer die für den jeweiligen Prozessor optimale Größe zu verwenden, d.h., die Wortlänge wird an die Zielplattform angepasst. Zum Beispiel würde eine Variable vom Typ native int auf einem Intel-Pentium-Prozessor 32 Bit lang sein (also auf int32 abgebildet werden), während dieselbe Variable auf einem IA64-Prozessor 64 Bit (int64) beanspruchen würde.

3.2.2   Werttypen

Ein Werttyp entspricht in etwa dem, was man bereits in C unter einem struct oder in Pascal unter einem record verstanden hat. Der Unterschied zu den Referenztypen besteht darin, dass die Werte nicht am Heap gespeichert werden, sondern an »Ort und Stelle«, also entweder am Methodenkeller im Falle einer lokalen Variablen oder direkt im Objekt, wenn es sich um ein Feld eines Objekts handelt. Durch das Wegfallen der zusätzlichen Indirektion in den Heap wird natürlich der Zugriff auf Werttypen gegenüber Referenztypen beschleunigt. Gleichzeitig muss aber direkt an der Stelle der Variablen genügend Speicherplatz für *alle* Daten des Objekts vorhanden sein, während Referenztypvariablen immer nur die 4 (oder 8) Byte für den Zeiger zum Objekt benötigen. Daher eignen sich Werttypen zur Speicherung kleiner Strukturen, oft auch zur Darstellung von Zwischenergebnissen, da sie im Fall von lokalen Variablen sofort nach Verlassen der aktuellen Methode gelöscht werden und somit den Garbage Collector nicht belasten.

Abb. 3.5 zeigt diesen Sachverhalt an einem einfachen Beispiel (die einzelnen Speicherbereiche, wie Heap, Methodenzustand und Stack, werden in Abschnitt 3.7.5 genauer erklärt). Dabei betrachten wir zwei lokale Variablen einer Methode, die gerade ausgeführt wird. Wir nehmen an, dass in der aktiven Methode Objekte der beiden Typen

```
.class RPoint extends System.Object {          .class VPoint extends System.ValueType {
    .field int32 x                                 .field int32 x
    .field int32 y                                 .field int32 y
}                                              }
```

erzeugt und den beiden lokalen Variablen

```
.locals ( class RPoint rp,   valuetype VPoint vp )
```

zugewiesen wurden. Die Strukturen von RPoint und VPoint sind völlig identisch. Sie unterscheiden sich nur dadurch, dass RPoint ein Referenztyp und VPoint ein Werttyp ist.

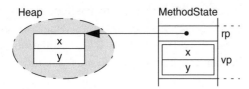

Abb. 3.5 *Objekte von Wert- und Referenztypen im Speicher*

Die lokalen Variablen werden als Teil des Methodenzustands (MethodState) am Methodenkeller gespeichert. Eine davon (rp) verweist auf ein Objekt des Referenztyps RPoint am Heap. Die andere (vp) enthält die Werte für ein Objekt des Werttyps VPoint. RPoint- und VPoint-Objekte können die gleiche Information speichern, aber man erkennt sofort die zusätzliche Indirektion bei der Verwendung von Referenztypen und den größeren Speicherplatzverbrauch am Methodenkeller für die Daten des Werttypobjekts.

Abb. 3.6 *Reste von Wert- und Referenztypobjekten nach Verlassen der Methode*

Nach dem Verlassen der Methode wird ihr gesamter Methodenzustand samt aller lokalen Variablen gelöscht (siehe Abb. 3.6). Damit verschwindet gleichzeitig das Objekt des Werttyps aus dem Speicher, während das Objekt des Referenztyps immer noch im Heap existiert. Es kann aber nicht mehr verwendet werden, weil die einzige Referenz darauf mit der lokalen Variablen rp gelöscht wurde. Das Objekt bleibt nun so lange ungenutzt im Speicher, bis der Garbage Collector aktiviert wird und es entfernt.

Benutzerdefinierbare Werttypen

Neben den vordefinierten Typen aus Tabelle 3.1 ist es unter .NET im Gegensatz zu Java möglich, eigene Werttypen zu definieren. Solche benutzerdefinierten Werttypen sind immer von System.ValueType abgeleitet und lassen keine Erweiterungen mehr zu (Attribut sealed). Man unterscheidet die folgenden drei Arten:

❑ *Struktur* (Struct). Dabei kann die CLR die Reihenfolge der Datenfelder im Speicher beliebig festlegen (Attribut auto), wodurch das Objektlayout optimal an die Zielplattform angepasst werden kann. Der Struct im Beispiel beschreibt eine Person durch ihren Namen und ihr Alter.

```
.class auto sealed Person extends System.ValueType {
  .field string name
  .field int32 age
}
```

Es ist aber auch möglich, die CLR anzuweisen, die Felder in einer bestimmten Reihenfolge anzuordnen (Attribut sequential). Diese kann explizit angegeben werden (wie im Beispiel zur Vereinigung unten). Fehlt diese Angabe, legt die CLR die Felder in der Reihenfolge an, in der sie deklariert wurden. Diese Form wird vom C#-Compiler erzeugt, wenn man ein struct definiert.

```
.class sequential sealed TwoNums extends System.ValueType {
  .field float32 f
  .field int32 i
}
```

❑ *Vereinigung* (Union). Wenn man das Speicherlayout auf keinen Fall der CLR überlassen will, kann man die Angabe der Speicherposition der Felder zwingend vorschreiben (Attribute explicit). Insbesondere darf man so auch derselben Speicherzelle mehrere Felder zuordnen. Damit lässt sich zum Beispiel ein Werttyp definieren, der an derselben Speicherposition entweder eine ganze Zahl oder eine Gleitkommazahl enthält. Ein IntFloat-Objekt ist also nur 4 Byte groß, weil beide Werte an derselben Stelle gespeichert werden, während ein TwoNums-Objekt 8 Byte beansprucht, weil die je 4 Byte großen Felder hintereinander im Speicher angeordnet werden.

```
.class explicit sealed IntFloat extends System.ValueType {
  .field [0] float32 f
  .field [0] int32 i
}
```

Die Layoutattribute sequential und explicit unterscheiden sich hauptsächlich dadurch, dass explicit ein Überlappen der Speicherbereiche verschiedener Felder erlaubt, was die CLR bei sequential verhindert. Außerdem führt das Fehlen der Positionsangaben bei explicit zu einem Laufzeitfehler.

❑ *Enumeration.* Eine Enumeration ordnet Zahlenkonstanten Namen zu. Sie erweitert System.Enum, was direkt von System.ValueType abgeleitet ist. Im folgenden Beispiel wird eine Menge von drei Farben (red, green, blue) definiert. Man sieht, wie die Namen der Farben auf die int32-Konstanten 0, 1 und 2 abgebildet werden.

```
.class sealed Color extends System.Enum {
  .field static literal valuetype Color red = int32(0x00000000)
  .field static literal valuetype Color green = int32(0x00000001)
  .field static literal valuetype Color blue = int32(0x00000002)
}
```

Dabei lässt sich auch der Typ der Konstanten und somit die Größe der Objekte des Enumerationstyps bestimmen. Variablen vom Typ Color sind 4 Byte groß, während ColorB-Variablen nur 1 Byte beanspruchen.

```
.class sealed ColorB extends System.Enum {
    .field static literal valuetype Color red = int8(0x00)
    .field static literal valuetype Color green = int8(0x01)
    .field static literal valuetype Color blue = int8(0x02)
}
```

Genau wie bei Klassen ist es auch bei Structs erlaubt, Konstruktoren, Methoden, Properties und Indexer zu deklarieren.

3.2.3   Referenztypen

Zu den Referenztypen zählen alle jene Konstrukte, bei denen in den Variablen keine Werte, sondern Zeiger auf die Position der Werte gespeichert werden, also Klassen, Interfaces, Arrays und Delegates.

Klassen

Klassen fassen Felder (Daten) und Methoden (Operationen) zusammen. Das CTS kennt zusätzlich noch Properties und Events, die als besondere Objektkomponenten definiert werden können. Im einfachsten Fall sieht eine Klasse in C# so aus:

```
class Bar {   }
```

Der C#-Compiler übersetzt sie in die IL-Assembler-Klassendefinition:

```
.class Bar extends System.Object {
    .method instance void .ctor () { // Konstruktoren heißen immer .ctor
        ldarg.0// this-Zeiger (Argument 0) auf Stack laden
        call instance void System.Object::.ctor()// Konstruktor von System.Object aufrufen
        ret // Ende der Methode: Rückkehr zum Rufer
    }
}
```

Wir sehen also, dass in der Zwischensprache jede Klasse explizit von einer Basisklasse abgeleitet wird (hier: System.Object). Es darf auch nicht mehr als eine Basisklasse angeführt sein, da das CTS nur einfache Implementierungsvererbung zulässt. Außerdem muss jede Klasse mindestens einen Konstruktor (.ctor) haben, der zumindest den Konstruktor der Basisklasse aufruft, um die Initialisierung der geerbten Objektfelder vorzunehmen. Fehlt eine explizite Konstruktordeklaration im Quellcode, so muss der Compiler wie oben einen Konstruktor hinzufügen.

Erzeugung eines Objekts. Eine Besonderheit gibt es bei der Erzeugung eines Objekts einer Klasse. In Java wird dabei mit einer Bytecode-Anweisung der nötige Speicherplatz reserviert und dann durch eine weitere Anweisung der entsprechende Konstruktor aufgerufen, wie folgendes Java-Bytecode-Beispiel zeigt:

```
new Bar                    // Speicherplatz reservieren
dup                        // Referenz auf neues Objekt duplizieren
invokespecial Bar.<init>() // Konstruktoraufruf
```

Da die Speicherallokation und die Initialisierung der Objektfelder in getrennten Anweisungen erfolgen, muss der Java-Bytecode-Verifizierer eine komplexe Datenflussanalyse vornehmen, um sicherzustellen, dass das Objekt nicht vor seiner Initialisierung verwendet und auch nicht mehr als einmal initialisiert wird.

Die CLR vermeidet das, indem sie Speicherplatzreservierung und Inititalisierung untrennbar in einer Anweisung verbindet:

```
newobj instance void Bar::.ctor()
```

Anschließend liegt ein Objektzeiger (object) am Stack, der auf das neue Objekt am Heap verweist.

Methoden. Die CLR bietet nicht nur die von Java bekannten statisch gebundenen Klassenmethoden und dynamisch gebundenen (und somit überschreibbaren) Objektmethoden an, sondern erlaubt zusätzlich noch die Definition statisch gebundener (nicht überschreibbarer) Objektmethoden. Die Klasse

```
.class Bar extends System.Object {
    .method static void foo () { ... }
    .method instance virtual void goo () { ... }
    .method instance void hoo () { ... }
}
```

enthält von jeder der drei Arten eine Methode:

Die Methode foo ist eine *statische* Methode oder Klassenmethode (Attribut static). Sie unterscheidet sich von den beiden anderen Methoden dadurch, dass sie keinem bestimmten Objekt zugeordnet ist und daher auch auf keine Objektkomponenten zugreifen kann. Ihr stehen einzig die statischen Komponenten der Klasse zur Verfügung.

Den beiden Objektmethoden (Attribut instance) goo und hoo wird bei jedem Aufruf als *erstes* Argument ein Zeiger auf ein Objekt am Heap (this-Zeiger in C#) übergeben. Somit können sie auf die Daten dieses Objektes zugreifen.

Die Methode goo ist eine so genannte *virtuelle* Objektmethode (Attribut virtual), wie man sie von Java kennt. Sie kann in abgeleiteten Klassen überschrieben werden.

Diese beiden Methodenarten reichen aber noch nicht aus, um Konstrukte aus möglichst vielen Programmiersprachen zu unterstützen, da z.B. C++ und C# auch nicht überschreibbare Objektmethoden kennen. Die Methode hoo ist eine solche.

Methodenaufruf. Die CLR unterscheidet nur zwischen zwei Aufrufarten. Dabei nimmt sie die Bindung als Kriterium für den Aufrufbefehl. Soll der Methodenaufruf *früh* oder statisch, d.h. schon zur Compilezeit, an die entsprechende Methode gebunden werden, so wird das durch den call-Befehl ausgedrückt. Damit lassen sich sowohl Klassen- als auch beide Arten von Objektmethoden aufrufen. Im folgenden Beispiel rufen wir die Methoden einer Variablen bar vom Typ Bar auf:

```
.locals ( class Bar bar )          // Deklaration von Bar siehe oben

call void Bar::foo()               // statisch gebundener Aufruf einer statischen Methode
ldloc.0                            // lade lokale Variable 0 (= bar) auf den Stack
call instance void Bar::goo()      // statisch gebundener Aufruf einer virt. Objektmethode
ldloc.0
call instance void Bar::hoo()      // statisch gebundener Aufruf einer
                                   // nicht überschreibbaren Objektmethode
```

Der bei Objektmethodenaufrufen (Attribut instance) zusätzlich erforderliche this-Zeiger als erstes Methodenargument wird hier mit ldloc auf den Operandenstack geladen. Bemerkenswert ist, dass auch der Aufruf von bar.goo() nicht dynamisch an die goo()-Methode des *Laufzeittyps* von bar gebunden wird, sondern *statisch* an die Methode goo() der Klasse Bar, obwohl es sich um eine virtuelle Methode handelt. Durch die Verwendung der call-Anweisung lässt sich also bei Bedarf die dynamische Bindung gezielt unterdrücken.

Um Methodenaufrufe *spät* oder dynamisch, also erst zur Laufzeit, an die entsprechenden Methoden zu binden, verwendet man den callvirt-Befehl.

```
ldloc.0
callvirt instance void Bar::goo()   // dynamisch gebundener Aufruf einer virt. Objektmethode
ldloc.0
callvirt instance void Bar::hoo()   // statisch gebundener Aufruf einer
                                    // nicht überschreibbaren Objektmethode
```

Dabei wird nun der Aufruf von bar.goo() *dynamisch* an den Laufzeittyp der Variablen bar gebunden, während aber bar.hoo() nach wie vor *statisch* an die hoo()-Methode der Klasse Bar gebunden wird. Es kann also keine dynamische Bindung für Methoden erzwungen werden, die nicht als virtuell deklariert wurden.

Interfaces

Der Zweck von Interfaces liegt im Wesentlichen in der Auflistung von Operationen (virtuellen Objektmethoden), die auf Daten des Interfacetyps angewandt werden können. Interfaces werden in IL-Assembler wie gewöhnliche Klassen mit dem Schlüsselwort .class deklariert und durch das zusätzliche Attribut interface als solche gekennzeichnet. Dieses Attribut hat einige Auswirkungen auf die weitere Deklaration der Interfaceklasse:

Interfaceklassen müssen immer als abstract markiert sein, weil keine Objekte davon erzeugt werden dürfen. Da das CTS mehrfache Schnittstellenvererbung erlaubt, also jeder Typ beliebig viele Interfaces implementieren darf, gelten für die deklarierbaren Komponenten besondere Regeln. So dürfen Interfaces

- ❑ keine Objektfelder,
- ❑ keine nicht überschreibbaren Objektmethoden,
- ❑ keine inneren Klassen und
- ❑ keine Werttypen

definieren, wohl aber

- ❑ Klassenfelder (nicht in C#),
- ❑ Properties,
- ❑ statische Methoden (nicht in C#) und
- ❑ virtuelle Objektmethoden.

Die virtuellen Objektmethoden müssen immer als public und abstract deklariert werden, um zu erzwingen, dass alle konkreten Klassen eines Interfacetyps auch alle geforderten Methoden implementieren.

Die von einem Datentyp implementierten Interfaces müssen bei der Typdeklaration nach der Angabe des Basistyps hinter dem Schlüsselwort implements aufgelistet werden. Ein Typ ist zu keinem Interface kompatibel, das hier nicht aufgelistet wird, auch dann nicht, wenn er die geforderten Methoden implementiert. Allein aus dem Vorhandensein von Methodenimplementierungen kann also *nicht* auf die unterstützten Interfaces geschlossen werden.

```
.class interface abstract ILockable {
    .method public abstract instance virtual void Lock () { }
}
```

Das Beispiel zeigt ein Interface, das verschließbare Objekte beschreibt: Diese müssen eine Lock-Methode besitzen. Nun gibt es zum Beispiel Türen der Art

```
.class Door extends System.Object implements ILockable {
    .method public instance virtual void Lock () { . . . }
}
```

von denen man weiß, dass sie absperrbar sind. Auch Fenster der Sorte

```
.class Window extends System.Object {
    .method public instance virtual void Lock () { . . . }
}
```

kann man genauso versperren. Trotzdem gelten sie nicht als verschließbare Gegenstände, da ihnen eine entsprechende Kennzeichnung fehlt. Die Anweisungen

```
newobj instance void Window::.ctor()      // legt Zeiger auf neues Window-Objekt auf Stack
callvirt instance void ILockable::Lock()  // ruft Lock-Methode des ILockable-Interface auf
```

liefern einen Laufzeitfehler, weil versucht wird, auf die Lock-Methode des ILockable-Interfacetyps zuzugreifen, während der this-Zeiger am Stack aber nur auf Objekte von Typ Window zeigt. Solche besitzen zwar eine Lock-Methode, sind aber mangels entsprechender Deklaration nicht kompatibel zu ILockable. Daher hilft hier auch eine Typzusicherung

```
newobj instance void Window::.ctor()
castclass ILockable
callvirt instance void ILockable::Lock()
```

nicht weiter. In diesem Fall wird eine System.InvalidCastException ausgelöst.

Arrays

Im Gegensatz zu Klassen, deren Daten über Feldnamen angesprochen werden und von unterschiedlichem Typ sein können, erreicht man die Daten eines Arrays, die alle von demselben Typ sein müssen, über einen Indexwert. Array-Typen bezeichnet man mit deren Elementtyp gefolgt von eckigen Klammern (z.B. char[], object[][], int32[,,,]). Die CLR unterscheidet dabei mehrere Arten von Arrays, die alle von System.Array abgeleitet sind und daher die dort definierten Methoden benutzen können (siehe Abschnitte 2.3.3 und 4.1.4).

Vektoren. Die einfachste Variante sind so genannte Vektoren: eindimensionale Arrays, deren Index bei 0 beginnt. Sie werden von der CLR durch eigene CIL-Befehle (newarr, ldelem, stelem, ...) unterstützt. Auch die »ausgefransten« (*jagged*) mehrdimensionalen Arrays zählen zu den Vektoren, solange ihr Index bei 0 beginnt, da sie ja eindimensionale Arrays sind, deren Elemente wiederum eindimensionale Arrays sind, usw. Nur Vektoren werden mit dem newarr-Befehl erzeugt. Die folgenden Codebeispiele zeigen links Array-Erzeugungen in C#-Syntax und rechts daneben die Ergebnisse der Übersetzung in IL-Assembler.

```
int[]   a;                              .locals ( int32[]   a,
int[][] aj;                                       int32[][] aj )
// eindimensionales Array
a = new int[6];                         ldc.i4.6
                                        newarr System.Int32
                                        stloc a
// zweidimensionales ausgefranstes Array
aj = new int[1][];                      ldc.i4.1
                                        newarr int32[]
                                        stloc aj

aj[0] = new int[3];                     ldloc aj
                                        ldc.i4.0
                                        ldc.i4.3
                                        newarr System.Int32
                                        stelem.ref
```

Arrays als Objekte. In diese Kategorie fallen alle anderen Arten von Arrays, also rechteckige mehrdimensionale Arrays und Arrays, deren Index nicht bei 0 beginnt. Sie werden auch nicht mit dem newarr-Befehl erzeugt, sondern wie Objekte von Klassen mit dem Befehl newobj, z.B.:

```
int[,] ab;                          .locals ( int32[0...,0...] ab )
// zweidimensionales Block-Array
ab = new int[2,3];                  ldc.i4.2
                                    ldc.i4.3
                                    newobj instance void int32[0...,0...]::.ctor(int32,int32)
                                    stloc ab
```

Arrays, deren Index nicht bei 0 beginnt, können nur mit der CreateInstance-Methode der Klasse System.Array erzeugt und anschließend in den gewünschten Typ umgewandelt werden, da es dafür keinen eigenen CIL-Befehl gibt.

Ähnlich wie zur Erzeugung solcher Arrays eine Methode von System.Array aufgerufen werden muss, erfordern auch die Zugriffe auf Elemente dieser Arrays einen Aufruf einer get- oder set-Methode. Die CIL-Anweisungen ldelem und stelem funktionieren nur bei Vektoren.

Delegates

Die vierte Form von Referenztypen im CTS sind die so genannten Delegates, die eine typsichere Variante von Methodenzeigern darstellen. Die Typsicherheit wird dadurch erreicht, dass der Methodenzeiger in einer compilergenerierten, von der Laufzeitumgebung verwalteten Klasse gekapselt wird.

Wie man in C# einen Delegate-Typ definiert und verwendet, haben wir schon in Abschnitt 2.11 gezeigt. Die C#-Deklaration

```
delegate int Adder(int a, int b);
```

übersetzt der C#-Compiler in folgende IL-Assembler-Deklaration:

```
.class sealed Adder extends System.MulticastDelegate {
    .method instance void .ctor (object receiver, native int method) runtime { }
    .method virtual instance int32 Invoke(int32 a, int32 b) runtime { }
    .method virtual instance class System.IAsyncResult BeginInvoke
        (int32 a, int32 b, class System.AsyncCallback acb, object asyncState) runtime { }
    .method virtual instance int32 EndInvoke (class System.IAsyncResult result) runtime { }
}
```

Jeder Delegate-Typ erweitert immer direkt System.MulticastDelegate und von ihm darf – genau wie bei den Werttypen – kein weiterer Typ abgeleitet werden (Attribut sealed). Eine Besonderheit von Delegate-Typen ist auch, dass alle ihre Methoden durch das Attribut runtime gekennzeichnet sind. Dieses besagt, dass für die Methoden eines Delegate-Typs kein CIL-Code angegeben wird, sondern allein die CLR das Verhalten der Methoden bestimmt. Üblicherweise befindet sich hier das Attribut cil und das Verhalten der Methoden ist durch CIL-Code im Methodenrumpf (zwischen den geschwungenen Klammern) spezifiziert.

Jeder Delegate-Typ besitzt zumindest einen Konstruktor und eine Methode namens Invoke zum Aufruf der im Delegate gekapselten Methode. Dem Konstruktor werden der Empfänger des Methodenaufrufs (receiver) sowie ein Zeiger auf die aufzurufende Methode (method) übergeben. Falls der Delegate eine statische Methode aufrufen soll, wird der Empfänger auf null gesetzt. Die Signatur (= Rückgabetyp und Parametertypen) der Methode Invoke entspricht der Delegate-Definition (hier: zwei Parameter vom Typ int32 (a, b), Rückgabe int32). Sie legt fest, welche Methoden einem Objekt der Delegate-Klasse zugewiesen werden dürfen.

Im obigen Beispiel sehen wir noch zwei weitere Methoden BeginInvoke und EndInvoke, die für asynchrone Aufrufe der Delegate-Methode verwendet werden. Es ist also möglich, die Ausführung der Delegate-Methode mit BeginInvoke zu starten und dann nicht auf das Ergebnis zu warten, sondern mit der Berechnung in der rufenden Methode fortzufahren. Über das von BeginInvoke gelieferte IAsyncResult-Objekt kann man auf den Zustand des Aufrufs zugreifen, z.B. um abzufragen, ob die Berechnung schon fertig ist. Der Rufer muss sich selbst darum kümmern, die Ergebnisse des Aufrufs einzusammeln. Das geschieht mit der Methode EndInvoke, der die Referenz auf das entsprechende IAsyncResult-Objekt übergeben wird, damit sie weiß, auf welchen Aufruf man sich bezieht.

Außerdem besteht die Möglichkeit, bei BeginInvoke einen AsyncCallback-Delegate zu registrieren, der von der CLR aufgerufen wird, sobald die Delegate-Methode terminiert. Im letzten Parameter der BeginInvoke-Methode kann der Rufer ein beliebiges Objekt installieren, das Informationen über den Aufruf verwaltet.

Da die asynchrone Verwendung von Delegates in Abschnitt 2.11 noch nicht beschrieben wurde, stellen wir im folgenden C#-Beispiel einen synchronen und einen asynchronen Delegate-Aufruf gegenüber:

```
static int Add(int a, int b) { return a + b; }

static void Main() {
    Adder a = new Adder(Add);

    // synchroner Aufruf der Delegate-Methode
    Console.WriteLine("3 + 5 = " + a(3,5));

    // asynchroner Aufruf der Delegate-Methode
    IAsyncResult asyncCall = a.BeginInvoke(5, 8, null, null);
    . . .
    while (! asyncCall.IsCompleted)// warte bis Berechnung fertig ist
        System.Threading.Thread.Sleep(0);
    int result = a.EndInvoke(asyncCall);
    Console.WriteLine("5 + 8 = " + result);
}
```

3.2.4 Von Wert- nach Referenztyp und zurück

In Java sind einfache Datentypen wie int oder float nicht von java.lang.Object abgeleitet und somit auch nicht zuweisungskompatibel dazu. Es gibt aber Situationen, wo man eine Object-kompatible Repräsentation für diese Werttypen benötigt. Wenn man zum Beispiel eine Liste von Zahlen realisieren will, kann man eine Bibliotheksklasse für Listen von Objekten verwenden (z.B. java.util.Vector) und dann die Zahlen in *Wrapper*-Objekte verpacken. Folgender Java-Code benutzt eine solche Wrapper-Klasse Integer, um int-Werte in einem Vector zu speichern.

```
java.util.Vector v = new java.util.Vector();
Integer intObj = new Integer(5);
v.addElement(intObj);
```

Man muss also ein Objekt einer entsprechenden Wrapper-Klasse (hier: Integer) erzeugen, um den Wert eines Werttyps in ein Objekt eines Referenztyps zu verpacken. In Java mag diese Lösung durchaus praktikabel sein: Da es nicht möglich ist, eigene Werttypen zu definieren, kommt man mit einigen vordefinierten Wrapper-Klassen für die primitiven Datenypen aus.

Nun haben wir aber in Abschnitt 3.2.2 gesehen, dass das CTS die Definition beliebiger Werttypen erlaubt. Um nicht vom Benutzer zu verlangen, für jeden selbst definierten Werttyp eine entsprechende Wrapper-Klasse zu implementieren, hat man sich einen Mechanismus überlegt, der Werttypen in Referenztypen und wieder zurück konvertieren kann.

Die CIL-Anweisung box macht aus jedem Werttyp einen äquivalenten Referenztyp. Dabei wird am Heap entsprechender Speicherplatz reserviert und der Inhalt der Felder des Werttypobjekts wird in die Felder des Objekts am Heap kopiert. Man kann also sagen, dass jeder Werttyp zwei Repräsentationen hat:

❑ *raw*: eine »rohe« Version, die verwendet wird, wenn das Werttypobjekt entweder am Stack liegt oder direkt in ein Objekt am Heap eingebettet ist.

❑ *boxed*: eine »verpackte« Version, in der das Werttypobjekt durch ein neues Referenztypobjekt am Heap ersetzt wurde.

Die CIL-Anweisung unbox löst nun aber nicht, wie der Name vermuten lässt, die exakte Umkehrung der box-Operation aus. Diese Umkehrung würde bedeuten, dass die Werte aus den Feldern eines Objekts am Heap zum Beispiel in eine lokale Variable kopiert werden. Tatsächlich wird nur die Referenz vom Typ object, die vor dem unbox-Aufruf am Operandenstack liegt, in einen verwalteten Zeiger auf die Daten des Werttyps (die im Inneren des Objekts am Heap verpackt sind) umgewandelt. Will man nun diese Daten in einer Variable des Werttyps ablegen, so müssen sie von der im verwalteten Zeiger angegebenen Adresse auf den Stack geladen und dann in der Variablen gespeichert werden.

Ein Beispiel soll diesen Sachverhalt erklären. Wie man Boxing und Unboxing in C# auslöst, haben wir bereits in Abschnitt 2.3.8 gezeigt:

```
object obj = 3;   // Boxing
int x = (int) obj;  // Unboxing
```

Dem Hochsprachenprogrammierer bleiben die Umspeicherungsoperationen bis auf die Typzusicherung ((int)) verborgen. Betrachtet man aber den disassemblierten Code, so entdeckt man explizite Anweisungen für das Ver- und Entpacken von Wertobjekten:

```
    .locals ( object obj, int32 x )

    // object obj = 3;
1   ldc.i4.3                      // Konstante 3 auf den Stack laden
2   box System.Int32              // Wert vom Stack als int32-Objekt am Heap erzeugen
                                  // und Objektzeiger darauf auf den Stack legen
3   stloc obj                     // Objektzeiger vom Stack in lokaler Variablen speichern

    // int x = (int) obj;
4   ldloc obj                     // Objektzeiger aus lokaler Variablen auf Stack laden
5   unbox System.Int32            // in verwalteten Zeiger auf Wert im Objekt umwandeln
6   ldind.i4                      // Wert vom Ziel des verwalteten Zeigers auf Stack laden
7   stloc x                       // Wert vom Stack in lokaler Variablen speichern
```

Abb. 3.7 zeigt, wie man sich den Ablauf dieser Vorgänge innerhalb der CLR vorstellen kann. Die Nummern über den Pfeilen entsprechen den Nummern neben den Anweisungen im obigen Codeausschnitt. In den Kommentaren wird genau beschrieben, was in jedem Schritt passiert. Die einzelnen Speicherbereiche, wie Heap, Methodenzustand und Stack werden in Abschnitt 3.7.5 genauer erklärt.

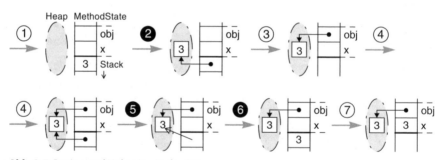

Abb. 3.7 Boxing und Unboxing in der CLR

Man sollte sich als Programmierer also darüber im Klaren sein, dass Boxing und Unboxing im Hintergrund immer etwas Arbeit für die Maschine bedeuten und sich somit auf die Performanz auswirken.

3.3 Common Language Specification (CLS)

Das CTS stellt die Gesamtmenge aller möglichen Eigenschaften dar, die von einer Programmiersprache ausgenutzt werden können. Die *Common Language Specification* hingegen spiegelt die minimalen Anforderungen an jede Programmiersprache wider. Sie ist jene Untermenge der CTS-Eigenschaften und -Typen, die von jedem Compiler unterstützt werden müssen, wenn die Sprache mit anderen .NET-Typen arbeiten will. Von den vordefinierten CLR-Typen aus Tabelle 3.1 sind folgende nicht CLS-konform: typedref, int8, unsigned int16, unsigned int32, unsigned int64, native unsigned int. Abb. 3.8 stellt den Zusammenhang zwischen CTS, CLS und verschiedenen Programmiersprachen dar.

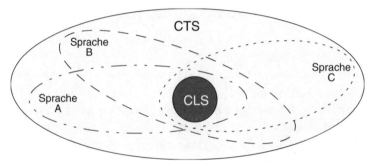

Abb. 3.8 *Zusammenhang zwischen CTS, CLS und Programmiersprachen*

Außerdem gilt für Entwickler, die die Vorzüge von .NET in Bezug auf die Sprach-Interoperabilität ausnutzen wollen, dass alle exportierten Typen und Schnittstellen die CLS-Richtlinien einhalten müssen. Unterstützt eine Sprache alle hier geforderten Eigenschaften, so wird garantiert, dass Typen dieser Sprache mit Typen aus anderen CLS-konformen Sprachen problemlos zusammenarbeiten können. Zu diesen Regeln zählen zum Beispiel folgende:

CLS-Regel 3: »Verpackte« Werttypen (siehe Abschnitt 3.2.4) sind nicht CLS-konform.

CLS-Regel 7: Der Typ der Elemente einer Enumerationen muss ein vordefinierter Integertyp (siehe Tabelle 3.1) sein.

CLS-Regel 15: Die Typen von Array-Elementen müssen CLS-konform sein. Arrays müssen eine fixe Anzahl von Dimensionen haben und ihr Index muss bei 0 beginnen. ...

CLS-Regel 16: Unverwaltete Zeiger sind nicht CLS-konform.

CLS-Regel 22: System.Object ist CLS-konform. ...

Eine erschöpfende Auflistung aller 41 CLS-Regeln kann zum Beispiel [CLI] (Partion I, Section 10 »Collected CLS Rules«) entnommen werden. Wir weisen noch einmal darauf hin, dass diese Regeln nur von »nach außen sichtbaren« Teilen eingehalten werden müssen, um die Kompatibilität zwischen Typen aus verschiedenen Quellsprachen zu garantieren. Nach außen sichtbar sind jene Typen, die außerhalb ihres eigenen Assemblies sichtbar sind, sowie alle Komponenten eines solchen Typs, die public, family oder familiy-or-assembly Zugriff erlauben (siehe Tabelle 3.7, Seite 190).

3.3.1   Attribut CLSCompliant

Um Entwicklern die Einhaltung der Regeln zu erleichtern, findet man in der .NET-Bibliothek das Attribut System.CLSCompliantAttribute, mit dem für Assemblies, Typen oder Komponenten eines Typs gefordert werden kann, dass der Compiler ihre CLS-Konformität prüft ([CLSCompliant(true)]). Dabei gelten folgende Regeln:

1. Ein Assembly ist nur dann CLS-konform, wenn das explizit gefordert wird ([assembly: CLSCompliant(**true**)]).
2. Ein Typ ist CLS-konform, wenn es sein Assembly ist;
   ein geschachtelter Typ, wenn es sein äußerer Typ ist;
   eine Komponente (Methode, Feld, Property, Event), wenn ihr Typ es ist.
3. Die unter 2. aufgelisteten Elemente ((geschachtelte) Typen, Komponenten) können als nicht CLS-konform deklariert werden ([CLSCompliant(**false**)]).

Der Compiler (oder Assembly Linker (al.exe)) überprüft die CLS-Konformität also nur dann, wenn das für das gesamte Assembly gefordert wird. Die dritte Regel erlaubt es, Typen oder Komponenten von der Prüfung auszunehmen. Sie gelten dann als nicht CLS-konform. In C# verwendet man das Attribut CLSCompliant so:

```
using System;

[assembly: CLSCompliant(true)]

public class VisibleType {
    public sbyte Accessible() { ... }
}
```

Im Beispiel soll das gesamte Assembly CLS-konform sein. Daher muss der Compiler die Einhaltung der CLS-Regeln für alle Typen und deren Komponenten prüfen. Da hier der Rückgabewert der Accessible-Methode nicht zu den CLS-konformen Typen gehört, liefert der C#-Compiler folgenden Fehler:

```
error CS3002: Return type of 'VisibleType.Accessible()' is not CLS-compliant
```

Man kann diesen Fehler dadurch beheben, dass man den Typ des Rückgabewerts ändert oder angibt, dass diese Methode nicht CLS-konform sein soll:

```
[CLSCompliant(false)]
public sbyte Accessible() { ... }
```

3.4 Common Intermediate Language (CIL)

Die *Common Intermediate Language* (CIL) (oft auch als *Microsoft Intermediate Language* (MSIL) bezeichnet) ist die Zwischensprache, in die Programme übersetzt werden, die für die CLR geschrieben wurden. Da Sie in diesem Kapitel schon einige CIL-Anweisungen kennen gelernt haben und noch weitere sehen werden, listen wir hier nicht alle auf (es gibt über 220 davon!). Außerdem dokumentiert [CLI] den gesamten CIL-Befehlssatz ausführlich. Wer eine hervorragende Beschreibung der CIL-Instruktionen (mit speziellem Augenmerk auf die Implementierung eines eigenen Compilers für die CLR) sucht, dem können wir [Gou02] empfehlen. Ein paar Merkmale der CIL wollen wir auch hier kurz erwähnen.

Bei einem Vergleich mit den Bytecode-Anweisungen der JVM fällt auf, dass die CIL-Anweisungen oft keine Angaben über den Typ der Argumente machen. Tabelle 3.2 zeigt ein Beispiel zur Veranschaulichung: Wir laden die Werte zweier lokaler Variablen auf den Stack, addieren sie und speichern das Ergebnis in einer dritten lokalen Variablen ab. In einem Fall soll es sich um Integervariablen handeln und im anderen um Gleitkommazahlen (*float*).

Tabelle 3.2 *Vergleich: Typinformation über Operanden in Java-Bytecode und CIL*

Java-Bytecode (für Integer)	Java-Bytecode (für Floats)	CIL (für Integer oder Floats)
iload_0	fload_0	ldloc.0
iload_1	fload_1	ldloc.1
iadd	fadd	add
istore_2	fstore_2	stloc.2

Die CIL-Anweisungen sind vom Typ der Argumente völlig unabhängig. Der Java-Bytecode hingegen verwendet für jeden Argumenttyp eigene Anweisungen.

Weil man schon aus dem Befehl erfährt, welcher Typ nun als Argument folgen wird, lässt sich Java-Bytecode leichter interpretieren. Durch das Weglassen dieser Typinformation hat Microsoft die Erzeugung der CIL für Compiler vereinfacht, dafür aber den JIT-Compilern die Arbeit erschwert, denn diese müssen jetzt selbst feststellen, mit welchen Typen sie es zu tun haben. Da es aber ein erklärtes Ziel der .NET-Plattform ist, möglichst viele Sprachen zu unterstützen, ist es verständlich, dass man es Firmen so einfach wie möglich machen will, Source-to-CIL-Compiler zu entwickeln. Nicht umsonst hat man einen ganzen Namensraum der .NET-Klassenbibliothek (System.Reflection.Emit, siehe Abschnitt 4.5.5) mit Typen gefüllt, die die Erzeugung von CIL noch weiter erleichtern. Außerdem wurden dem .NET-SDK nicht weniger als drei Beispielcompiler (*SMC*, *MyC*, *CLisp*) beigefügt, die die Entwicklung eines eigenen Compilers veranschaulichen sollen.

Die CIL-Befehle arbeiten in der Regel mit Werten, die am Stack abgelegt sind, d.h., sie nehmen ihre Argumente vom Stack und legen ihre Ergebnisse wieder auf dem Stack ab. [CLI] zeigt daher für jeden Befehl auch ein so genanntes *Stack*

Transition Diagram, in dem dargestellt wird, was *vor* der Ausführung des Befehls am Stack liegen soll und was *nach* der Ausführung am Stack liegen wird, z.B.:

add: ..., value1, value2 ➡ ..., result *(=value1+value2)*

Ein interessantes Detail ist hier, dass die CLR die Werte, die auf dem Stack gespeichert sind, anders behandelt als in allen übrigen Speicherplätzen. Den Werten auf dem Stack steht nur ein eingeschränkter Satz von Typen zur Verfügung, nämlich

- ❏ für Ganzzahlen: native int (i), int32 (i4) und int64 (i8)
- ❏ für Gleitkommazahlen: F (hier gibt es nur ein Format)
- ❏ für Zeiger: object, native unsigned int, & und * (hier ist alles unverändert)

Die CIL-Anweisungen arbeiten also nur mit einer Untermenge der in Tabelle 3.1 vorgestellten Datentypen. Alle anderen Typen, die die CLR verwendet, werden durch die entsprechenden Lade- und Speicherbefehle am Übergang zum/vom Stack umgewandelt. Bei einigen Befehlen (ldloc, stloc, ldarg, starg) gibt es nur eine generische Form und die Bestimmung von Quell- und Zieltyp wird der CLR überlassen, andere Befehle geben den Typ der Speicherzelle explizit an. Zu letzterer Gruppe zählen zum Beispiel die Anweisungen zum indirekten Laden, die auf dem Stack eine Speicheradresse vorfinden und von der so spezifizierten Stelle einen Wert laden:

ldind.<*Typ*>:   z.B. ldind.i2, ldind.r8, ...

Hier wird der Datentyp des Werts angegeben, auf den die Adresse am Stack verweist. Es gibt in der CIL auch Anweisungen zur expliziten Konvertierung zwischen den eingeschränkten Stacktypen und den Typen der CLR:

conv.<*Zieltyp*>:   z.B. conv.i, conv.i1, conv.i2, conv.u8, conv.r4, ...

Zum Beispiel nimmt conv.i1 den obersten Wert vom Stack und wandelt diesen so um, dass sichergestellt ist, dass der konvertierte Wert (der immer noch als int32 auf dem Stack liegt) als int8 gespeichert werden kann, indem man nur das letzte Byte ausliest und die obersten drei Bytes nicht beachten muss.

Außerdem existieren Spezialformate für einige Befehle, die Integerwerte am Stack als vorzeichenlos interpretieren, ohne dass diese Werte als solche gekennzeichnet sind (es gibt keinen vorzeichenlosen Ganzzahlentyp am Stack). In IL-Assembler drückt man das durch Anhängen des Zusatzes .un an die CIL-Anweisung aus:

div.**un**, rem.**un**, ..., shr.**un**, ..., bgt.**un**, ble.**un**, ..., add.ovf.**un**, conv.ovf.**un**, ...

Zu den arithmethischen Operationen und den Typkonvertierungen gibt es auch äquivalente Befehle, die eine Überlaufprüfung durchführen und gegebenenfalls eine Ausnahme (System.OverflowException) auslösen:

add.**ovf**, sub.**ovf**, mul.**ovf**, conv.**ovf**.<*Zieltyp*>

3.5 Metadaten

Ein .NET-Programm besteht nicht nur aus den Maschinenbefehlen für die CLR (CIL), sondern es enthält immer auch *Metadaten* in Form von Tabellen. Die Zeilen dieser Tabellen enthalten ausführliche Beschreibungen der im Modul (siehe Abschnitt 3.6) verwendeten oder definierten Typen und deren Komponenten. Sie werden über so genannte *Tokens* angesprochen. Das sind 4 Byte lange Werte, bei denen das höchste Byte den Typ des Tokens angibt – also die Tabelle, auf die es sich bezieht – und die übrigen drei Bytes den Index (Zeilennummer) des gesuchten Eintrages in der jeweiligen Tabelle (siehe Abb. 3.9).

Abb. 3.9 *Aufbau eines Metadaten-Tokens*

Man kann drei Arten von Metadaten-Tabellen unterscheiden:

❏ *Definitionstabellen* beschreiben Elemente, die in dem Modul selbst definiert werden (siehe Tabelle 3.3).
❏ *Referenztabellen* beschreiben Elemente, die im Modul nicht definiert, aber verwendet werden (siehe Tabelle 3.4).
❏ *Manifesttabellen* bilden jenen Teil der Metadaten, der als Manifest bezeichnet wird (siehe Tabelle 3.6, Seite 187). Darauf werden wir in Abschnitt 3.6 eingehen.

Man kann auch sagen, dass die Metadaten eine Art Obermenge älterer Techniken zur Typbeschreibung sind (z.B. Typbibliotheken oder IDL-Dateien). Sie sind mächtiger als ihre Vorgänger, weil sie erstens mehr und detailliertere Informationen enthalten und zweitens immer direkt mit dem dazugehörigen Code verbunden sind. Sie müssen von jedem Compiler, der Code für die .NET-Plattform erzeugt, zusammen mit dem CIL-Code in ein und derselben Datei gespeichert werden. Es ist also nicht möglich, Typbeschreibung und Code zu trennen, wodurch garantiert wird, dass die Typbeschreibung immer mit dem aktuellen Code übereinstimmt.

Die am Ende dieses Abschnitts aufgelisteten Metadaten-Tabellen sind nur ein kleiner Ausschnitt aus der Information, die man in den Metadaten speichern kann. Trotzdem bekommt man eine Vorstellung davon, wie mächtig die Metadaten sind. In [CLI] finden Sie eine genaue Auflistung aller Metadaten-Tabellen. In den folgenden Tabellen zeigt die Spalte *IL-Assembler-Tag* die Schlüsselwörter, die der IL-Disassembler zur Bezeichnung der jeweiligen Metadateninformation verwendet. Die Angabe der Tabellennummer (= *1. Token-Byte*) soll der eindeutigen Identifikation dienen und das Auffinden der Detailinformation in der Dokumentation erleichtern.

Tabelle 3.3 *Metadaten-Tabellen mit Informationen über Definitionen in einem Modul*

Tabellenname	IL-Assembler-Tag	1. Token-Byte
Beschreibung:	Anzahl der Einträge pro Modul - Auszug aus den enthaltenen Informationen	

Module	.module	0x00

Immer nur ein Eintrag.
- vollständiger Dateiname der ursprünglichen Moduldatei

TypeDef	.class	0x02

Ein Eintrag für jeden im Modul definierten Typ.
- vollständig qualifizierter Name
- Verweis auf Basistyp (=TypeDef-Token, falls Basistyp im Modul definiert, oder
                      TypeRef-Token, falls in anderem Modul definiert)
- Attribute: Sichtbarkeit (public, internal) , Layout (auto, sequential, ...), Stringformat, ...
- Verweis auf Liste der Felder in Field-Tabelle
- Verweis auf Liste der Methoden in Method-Tabelle

Field	.field	0x04

Ein Eintrag für jedes im Modul definierte Feld.
- Name
- Signatur (Metadaten verwenden einen erweiterten Signaturbegriff)
- Attribute: Zugriffsrechte (public, protected, private, ...), Static, InitOnly, ...

Method	.method	0x06

Ein Eintrag für jede im Modul definierte Methode.
- Name
- Signatur
- Liste der Parameter (= Param-Tokens)
- Attribute: Zugriffsrechte, Static, Final, Virtual, ..., Codeart (CIL, Native, ...), Synchronized, ...
- Position des IL-Codes der Methode

Param	.param	0x08

Ein Eintrag für jeden im Modul definierten Parameter.
- Name
- Attribute: In, Out, Optional, HasDefault, ...
- Reihenfolge: 0 (= Rückgabewert), 1..n (= Argumente)

PropertyMap	.property	0x15

Ein Eintrag für jeden im Modul definierten Typ mit Properties.
- Verweis auf Typ, der die Properties definiert (= TypeDef-Token)
- Verweis auf Liste der Properties in Property-Tabelle

Property	.property	0x17

Ein Eintrag für jedes im Modul definierte Property.
- Name
- Signatur (Metadata verwendet einen erweiterten Signaturbegriff)
- Attribute: HasDefault, ...

MethodSemantics	.get, .set, .addon, .removeon, .fire, .other	0x18

Ein Eintrag für jede Property- oder Event-Methoden-Beziehung.
- Verweis auf Methode in Method-Tabelle
- Verweis auf Property oder Event in Property- oder Event-Tabelle
- Semantik: Setter / Getter, AddOn / RemoveOn / Fire, Other

Tabelle 3.4 *Metadaten-Tabellen mit Informationen über Referenzen aus einem Modul*

Tabellenname	IL-Assembler-Tag	1.Token-Byte
Beschreibung:	Anzahl der Einträge pro Modul - Auszug aus den enthaltenen Informationen	
AssemblyRef	.assembly extern	0x23
Ein Eintrag für jedes aus dem Modul referenzierte externe Assembly. - Name des Assemblies (ohne Dateierweiterung, ohne Pfad) - Version: (je 2 Byte für) major, minor, build, revision - Sprache - Hashwert - Public Key (128 Byte) oder PublicKey Token (8-Byte-Hashwert des gesamten Schlüssels)		
ModuleRef	.module extern	0x1A
Ein Eintrag für jede Moduldatei mit Typen, die innerhalb dieses Moduls referenziert werden. - Dateiname der Moduldatei (mit Erweiterung, ohne Pfad)		
TypeRef	[*AssemblyName* oder .module *ModulName*] *Typname*	0x01
Ein Eintrag für jeden innerhalb dieses Moduls referenzierten externen Typ. - Namensraum und Name des Typs - Verweis auf Implementierung		
MemberRef		0x0A
Ein Eintrag für jede innerhalb dieses Moduls referenzierte Typkomponente. - Name der Komponente - Signatur der Komponente - Verweis auf Implementierung (= meist TypeRef-Token)		

Um zu zeigen, wie die Metadaten-Tabellen zusammenwirken, erklären wir kurz, wie Properties unter .NET verwaltet werden. Properties (wie auch Events, die nach demselben Schema realisiert werden) sind im Grunde nichts anderes als eine Zusammenfassung mehrerer Methoden unter einem Namen. Ein Property hat meist eine get-Methode, die beim lesenden Zugriff auf das Property aufgerufen wird und dessen aktuellen Wert liefert, und eine set-Methode, die bei einem schreibenden Zugriff aufgerufen wird und den Wert des Property verändert.

Die get- und set-Methoden werden wie jede andere Methode in der Method-Tabelle der Metadaten eingefügt. Die MethodSemantics-Tabelle verknüpft die Methoden mit dem Property. Die PropertyMap-Tabelle ordnet das Property einem Typ zu. Abb. 3.10 zeigt ein Beispiel einer Klasse Person, die ein Property Age mit einer get-Methode get_Age und einer set-Methode set_Age besitzt (diese Zugriffsmethoden für Properties werden z.B. vom C#-Compiler automatisch erzeugt).

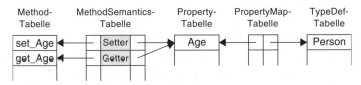

Abb. 3.10 *Metadaten-Tabellen für Properties*

3.5.1 Attribute

Wie schon in Abschnitt 2.16 erwähnt, dienen Attribute dazu, bestimmte Eigenschaften von Programmelementen festzulegen, die dann zur Laufzeit abgefragt werden können. Es gibt eine Reihe von vordefinierten Attributen, die in den Metadaten-Tabellen über Bitmasken gesetzt werden (Public, Static, Final, ...). Es ist aber auch möglich, selbst Attribute zu definieren (*custom attributes*). Diese müssen dann von System.Attribute abgeleitet sein. Einige dieser benutzerdefinierten Attribute stellt schon die .NET-Bibliothek zur Verfügung. Tabelle 3.5 zeigt Beispiele, die einen Eindruck von den vielfältigen Einsatzmöglichkeiten vermitteln sollen. Eine Liste der direkt von System.Attribute abgeleiteten Attribute findet man zum Beispiel in der Dokumentation des .NET-SDK.

Tabelle 3.5 *Attribute der Klassenbibliothek*

Attributname (System.*)	Beschreibung
AttributeUsageAttribute	legt fest, wie ein Attribut verwendet werden darf
CLSCompliantAttribute	gibt an, ob Programmelemente CLS-konform sind oder nicht (siehe Abschnitt 3.3.1)
CodeAccessSecurityAttribute	Basisattribut zur Realisierung deklarativer Sicherheit
ObsoleteAttribute	markiert Programmelemente, die nicht mehr verwendet werden sollen (Verwendung siehe 2.16)
WebMethodAttribute	deklariert Methode als XML-Web-Service (siehe Abschnitt 7.2)

Benutzerdefinierte Attribute können an jedes Element der Metadaten angehängt werden, außer an andere benutzerdefinierte Attribute. In IL-Assembler wird ein Attribut durch den Konstruktor der Attributklasse referenziert und mit dem Schlüsselwort .custom eingeleitet. Im folgenden Beispiel wollen wir ausdrücken, dass die Klasse OurBook serialisierbar sein soll. Dazu verwenden wir das System. SerializableAttribute aus der Klassenbibliothek. Außerdem haben wir ein eigenes Attribut TooLowAttribute definiert und dem Feld ourPrice zugeordnet.

```
.class serializable OurBook extends System.Object {
    .field int32 ourPrice
        .custom instance void TooLowAttribute::.ctor()
}
```

Da sich Attribute in den Metadaten niederschlagen, können sie, wie alle anderen Metadateninformationen, zur Laufzeit abgefragt und ausgewertet werden. Das bedeutet, dass Programme mit Hilfe von Attributen beliebige zusätzliche Informationen über sich selbst speichern können. Es ist also möglich, die Metadaten beliebig zu erweitern und den individuellen Bedürfnissen anzupassen.

3.6   Assemblies und Module

In der Regel liefert man Programme nicht im Quellcode aus, sondern bringt sie in ein binäres Format, das meist vom ausführenden Betriebssystem bestimmt wird. Auch unter .NET ist das so, wenn man davon ausgeht, dass die CLR das ».NET-Betriebssystem« ist. Da .NET in erster Linie für die Windows-Plattform entwickelt wurde, hat man sich für ein Format entschieden, das mit dem Windows-Binärformat PE (*Portable Executable*) kompatibel ist. Solche PE-Dateien können vom Windows-Lader direkt geladen werden. Man kann also zum Beispiel eine Datei HelloWorld.exe durch Eingabe von HelloWorld in der Kommandozeile oder Doppelklick im Windows-Explorer zur Ausführung bringen. Abb. 3.11 zeigt den Aufbau einer typischen .NET-PE-Datei.

Abb. 3.11 *Aufbau einer .NET-PE-Datei*

Der erste Teil ist noch ein Überbleibsel aus DOS-Tagen. Er enthält ein kurzes Prögrämmchen, das dem Benutzer, der diese Datei unter DOS ausführen will, mitteilt, dass das nicht geht. Anschließend folgen Informationen über die weiteren Abschnitte der Datei und deren Positionen innerhalb der Datei.

Das Besondere an einer .NET-PE-Datei, im Vergleich zu bisherigen Windows-PE-Dateien, ist der Inhalt der beiden anderen Abschnitte aus Abb. 3.11. Dabei handelt es sich um .NET-spezifische Informationen, die die CLR braucht, um das Programm ausführen zu können.

Der CLR-Header speichert die Versionsnummer der CLR, für die das Programm geschrieben wurde. Das bedeutet, dass man sogar mehrere Versionen der CLR gleichzeitig auf derselben Maschine installieren kann und die .NET-Programme trotzdem immer von der richtigen CLR ausgeführt werden. Falls es sich um eine ausführbare Datei (.exe) handelt, ist im CLR-Header vermerkt, mit welcher Methode die Ausführung beginnen soll. Schließlich findet man im CLR-Header noch die Größen und Positionen einiger Metadaten-Tabellen.

Wenn man dieses Windows-spezifische Dateiformat sieht, fragt man sich vielleicht, wie sich das auf die gewünschte Plattformunabhängigkeit auswirkt. Wenige Benutzer anderer Betriebssysteme werden willens sein, ihre Lader gegen Windows-Lader auszutauschen, nur um .NET-Programme ausführen zu können. Daher wird es darauf hinauslaufen, dass man in anderen Betriebssystemen die CLR explizit starten muss und die auszuführende .NET-Anwendung als Parameter übergibt. Genauso wie man es bei Java-Anwendung schon gewohnt ist. Zum Beispiel würde man in der Kommandozeile statt java HelloWorld vielleicht clr HelloWorld schreiben, um ein HelloWorld-Programm zu starten. Bei der von Microsoft produzierten Shared Source Version der CLI (Projekt »Rotor«) [SSCLI] ist das schon so. Dort heißt das Programm zum Starten der CLR clix.exe und mit clix HelloWorld führt man das HelloWorld-Programm unter Rotor aus.

Im Zusammenhang mit Dateien fällt unter .NET der Begriff ».NET-PE-Datei« aber nicht allzu oft. Meistens wird von Assemblies die Rede sein, eher selten vielleicht auch von Modulen. Da diese Begriffe keine Entsprechungen in Programmiersprachen haben, stiften sie oft Verwirrung. Abb. 3.12 und die nachfolgenden Erklärungen sollen die beiden Konzepte und deren Unterschied verdeutlichen.

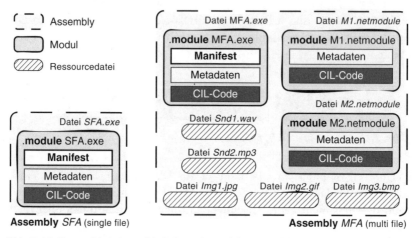

Abb. 3.12 Unterschied: Assembly (= logische Einheit) – Modul (= physische Einheit)

Modul (*managed module*). Jede .NET-PE-Datei ist ein *Modul*. Ein Modul enthält die Definitionen von Typen mit Metadaten und dem CIL-Code der definierten Methoden. Der Grund, warum man so selten mit Modulen zu tun hat, ist, dass die CLR ein Modul alleine nicht direkt verwenden kann. Dazu fehlen noch spezielle Metainformationen, die man als *Manifest* bezeichnet (siehe Tabelle 3.6).

Fügt man diese Informationen hinzu, so wird das Modul zum Assembly. Das kann zum Beispiel auch der C#-Compiler erledigen. Dieser produziert pro Übersetzung genau eine Ergebnisdatei und da man – zumindest anfangs – meist alle Typen eines Programms in einem Schritt übersetzt, erhält man vom Compiler sofort ein fertiges Assembly (.exe oder .dll), und man ist geneigt, zu glauben, ein Assembly sei dasselbe wie eine Modul, also eine .NET-PE-Datei.

Assembly. Tatsächlich aber ist ein *Assembly* die .NET-Einheit für Auslieferung, Kapselung (siehe Abschnitt 3.6.1), Versionierung (siehe Abschnitt 3.6.2) und Sicherheit (siehe Abschnitt 3.8). Man kann auch sagen, Assemblies sind .NET-Komponenten [MeSz01].

Während ein Modul also immer eine einzige physische Datei ist, stellt ein Assembly eine rein logische Einheit dar. Es kann aus einer einzigen .NET-PE-Datei (einem Modul) bestehen (*single file assembly*) oder mehrere separate Dateien

(Module und Ressourcedateien, wie Bild-, HTML-, XML-Dateien usw.) zusammenfassen (*multi file assembly*, siehe Abb. 3.13). In einem Assembly besitzt genau ein Modul das Manifest, welches auf eventuell vorhandene andere Module und Ressourcedateien verweist und so das Assembly zusammenhält. Handelt es sich um ein direkt ausführbares Programm (.exe) im Gegensatz zu einer dynamisch ladbaren Bibliothek (.dll), dann sollte das Modul mit dem Eintrittspunkt (Main-Methode) auch das Manifest enthalten.

Manifest. Im Manifest stehen die Informationen, die nötig sind, um alle Definitionen eines Assemblies zu finden. Diese Informationen sind wieder in Metadaten-Tabellen gespeichert, von denen Tabelle 3.6 einen Ausschnitt zeigt.

Tabelle 3.6 *Metadaten-Tabellen eines Assembly-Manifests*

Tabellenname	IL-Assembler-Tag	1.Token-Byte
Beschreibung:	Anzahl der Einträge pro Modul - Auszug aus den enthaltenen Informationen	
Assembly	.assembly	0x20
Ein Eintrag, falls dieses Modul das Manifest-Modul eines Assemblies ist. - Name des Assemblies (ohne Dateierweiterung, ohne Pfad) - Version: (je 2 Byte für) major, minor, build, revision - Sprache - Hashalgorithmus: None, MD5, SHA1 - Attribute: PublicKey, NonSideBySide, ... - Public Key		
File	.file	0x26
Ein Eintrag für jede weitere Datei des Assemblies. - Dateiname (mit Dateierweiterung, ohne Pfad) - Attribute: ContainsMetaData, ContainsNoMetaData - Hashwert		
ExportedType	.class extern	0x27
Ein Eintrag für jeden außerhalb des Assemblies sichtbaren Typ (public), der in einem anderen Modul dieses Assemblies definiert wird. - Namensraum und Name des Typs - Attribute: Sichtbarkeit, Layout, Stringformat, ... - Verweis auf TypeDef-Eintrag des Moduls, das den Typ definiert - Verweis auf Implementierung (meist File-Token der Datei mit der Implementierung)		

Nur ein einziges Modul eines Assemblies darf in der Assembly-Tabelle einen Eintrag enthalten, der das Assembly selbst identifiziert. Dieses ist das Manifest-Modul. Bei Multi-File-Assemblies sind alle anderen Dateien in der File-Tabelle aufgelistet. Nur die PE-Datei des Manifest-Moduls ist darin nicht zu finden, da diese ohnehin schon geladen sein muss, um überhaupt an die File-Tabelle zu kommen.

Die ExportedType-Tabelle beschreibt Typen, die in anderen Modulen des Assemblies (also nicht im Manifest-Modul) definiert sind und außerhalb des Assemblies sichtbar sein sollen (CIL-Schlüsselwort public). Benötigt ein Programm einen solchen Typ, wird zuerst das Manifest-Modul geladen. Dort steht in der

ExportedType-Tabelle, in welchem Modul der gesuchte Typ implementiert ist.
Erst dann kann dieses Modul geladen werden.

Multi-File-Assemblies verwendet man dann, wenn die einzelnen Module in
verschiedenen Sprachen geschrieben wurden, oder wenn man vermeiden will,
dass alle Teile einer Applikation auf einmal und bei jeder Programmausführung
geladen werden. Besonders bei verteilten Applikationen empfiehlt es sich, nur die
essenziellen Typen in das Manifest-Modul zu packen. So gelingt es, Module oder
Ressourcedateien nicht zu laden, wenn deren Typen oder Daten bei einer Programmausführung nicht verwendet werden (Details zum Laden siehe Abschnitt
3.7.2).

Das in Abb. 3.13 skizzierte Multi-File-Assemby erhält man in C# durch folgende Compilationen (eine genauere Erklärung der Compiler-Optionen finden
Sie in Abschnitt 8.2):

```
csc /target:module /out:priv.mod PrivateType.cs
csc /target:module /out:pub.mod /addmodule:priv.mod PublicType.cs
csc /addmodule:priv.mod,pub.mod MFAApp.cs
```

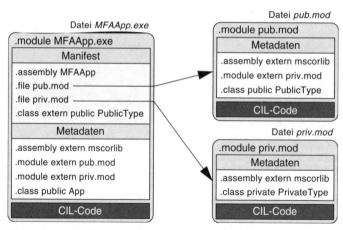

Abb. 3.13 Multi-File-Assembly

Das Assembly aus Abb. 3.13 besteht aus den drei Dateien MFAApp.exe, pub.mod
und priv.mod. Alle drei sind vollständige .NET-PE-Dateien, also Module im Sinne
von .NET, aber nur eines der drei – das Modul MFAApp.exe – ist dafür verantwortlich, dass aus ihnen ein Multi-File-Assembly wird. Es enthält das oben be-
sprochene Manifest. Dort steht, dass der Name des Assemblies MFAApp ist, dass
noch zwei weitere Dateien (pub.mod und priv.mod) zu dem Assembly gehören und
dass ein Typ PublicType aus dem Assembly exportiert wird.

Ein anderes Assembly OtherApp, das den Typ PublicType verwendet, findet in
seinen Metadaten lediglich die Information, dass sich PublicType im Assembly
MFAApp befindet (siehe (1) in Abb. 3.14). Daher kann nicht unmittelbar die Da-

tei pub.mod geladen werden (4). Es muss zuerst das Manifest der Datei MFAApp.exe konsultiert werden (2), um herauszufinden, dass PublicType im Modul pub.mod implementiert wurde (3). Abb. 3.14 veranschaulicht diesen Ablauf.

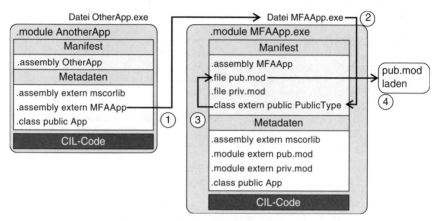

Abb. 3.14 *Zugriff auf exportierten Typ eines Assemblies*

Zero-Impact-Installation. Durch die Informationen im Manifest und die Heuristik zum Auffinden von Assemblies, die wir in Abschnitt 3.7.2 beschreiben, ist ein .NET-Programm völlig unabhängig von anderen Informationsquellen wie zum Beispiel von der Windows-Registry. So wird es möglich, .NET-Programme durch einfaches Kopieren aller Programmdateien in ein Applikationsverzeichnis zu installieren. Solange man nicht mit alten COM-Komponenten zusammenarbeiten will, muss man keine Einträge in der Windows-Registry vornehmen. Hat man ein Programm auf diese Weise installiert, so kann man es einfach durch Löschen des Applikationsverzeichnisses (samt aller enthaltenen Dateien) wieder spurlos vom Rechner entfernen. Daher spricht man auch von *Zero-Impact-Installation*, also von einer Programminstallation ohne jede Nebenwirkungen.

3.6.1 Kapselung

Ein Assembly fasst Module zu einer Einheit zusammen und regelt damit:

- ❏ *Sichtbarkeit (visibility)*, d.h., welche der im Assembly definierten Typen außerhalb des Assemblies sichtbar sind.
- ❏ *Zugriffsrechte (accessibility)*, d.h., von wo aus auf welche Komponenten zugegriffen werden darf.

Es bildet also eine Kapsel um alle beteiligten Elemente. Man hat die Möglichkeit, Typen nach außen unsichtbar zu machen (Schlüsselwort private) oder deren Export zu erlauben (Schlüsselwort public). Ist ein Typ nach außen unsichtbar, so kann von anderen Assemblies aus auch auf seine Komponenten und inneren Typen nicht zugegriffen werden. Ansonsten hängt die Erteilung einer Zugriffserlaubnis von der relativen Lage der Referenz zu der referenzierten Komponente ab. Tabelle 3.7 zeigt die Zugriffsattribute für Komponenten (beginnend mit dem restriktivsten).

Tabelle 3.7 *Zugriff auf Komponenten eines Typs*

Zugriffsattribut	erlaubt Zugriff für Referenzen ...
private	... innerhalb desselben Typs
family	... innerhalb desselben oder eines davon abgeleiteten Typs
assembly	... innerhalb desselben Assemblies
famandassem	... innerhalb desselben Typs ... innerhalb eines von diesem abgeleiteten Typs desselben Assemblies
famorassem	... innerhalb desselben oder eines davon abgeleiteten Typs ... innerhalb desselben Assemblies
public	... an beliebiger Stelle

3.6.2   Versionierung

Für .NET hat man sich zwei Ansätze überlegt, um verschiedene Versionen desselben Programms gleichzeitig in einem System verwalten zu können. Diese Ansätze basieren auf der Unterscheidung zweier Arten von Assemblies:

1. *Private Assemblies* sind nur innerhalb eines Applikationsverzeichnisses bekannt. Verschiedene Versionen liegen in unterschiedlichen Verzeichnissen und können sich daher nicht in die Quere kommen.
2. *Öffentliche Assemblies* (*shared assemblies*) stehen in einem systemweiten Repository, dem so genannten *Global Assembly Cache* (GAC), und müssen durch einen so genannten *starken Namen* (siehe unten) identifiziert werden. Verschiedene Versionen von Assemblies, die in gleichnamigen Dateien enthalten sind, können nun trotzdem vom System unterschieden werden und so nebeneinander existieren.

Starker Name. Jedes Assembly enthält in seinem Manifest einen Metadaten-Eintrag, der es eindeutig identifiziert (siehe *Assembly* in Tabelle 3.6). Andere Assemblies, die es referenzieren, haben einen entsprechenden Eintrag in ihren AssemblyRef-Tabellen (siehe Tabelle 3.4). Dabei gelten zwei Assembly-Referenzen nur dann als gleich, wenn sie in folgenden vier Merkmalen übereinstimmen, die zusammen den *starken Namen* (*strong name*) des Assemblies ergeben:

❑ *Name.* Der Name eines Assemblies sollte mit dem Namen der PE-Datei übereinstimmen, um das Auffinden des Assemblies zu ermöglichen.

❑ *Version.* Die Versionsnummer setzt sich aus 4 durch Punkte getrennten Zahlen zusammen: Major.Minor.Build.Revision. Sie kann entweder im Quellcode mit dem Attribut System.Reflection.AssemblyVersionAttribute oder bei der Assembly-Erzeugung mit dem Assembly-Linker (al.exe) fest-gelegt werden. Alle nicht angegebenen Werte der Versionsnummer werden auf 0 gesetzt. Außerdem kann man die Build- und Revision-Werte durch Angabe eines * automatisch generieren lassen. Build entspricht dann der Anzahl der Tage seit 1.1.2000 und Revision der Anzahl der Sekunden seit Mitternacht (Ortszeit) dividiert durch zwei. Tabelle 3.8 zeigt verschiedene Möglichkeiten für die Angabe der Versionsnummer.

Tabelle 3.8 *Assembly-Versionsnummern (erzeugt am 15.1.2002 um 10:00:00 Ortszeit)*

angegebener Wert	erzeugte Versionsnummer	
	0.0.0.0	
1	1.0.0.0	
1.2	1.2.0.0	
1.2.3	1.2.3.0	
1.2.3.4	1.2.3.4	
1.2.*	1.2.745.18000	(745 = 366 + 365 + 14)
1.2.3.*	1.2.3.18000	(18000 = 10 * 3600 / 2)

❑ *Sprache (culture).* Diese Angabe ordnet dem Assembly sprach- und länder-spezifische Informationen zu. Wird hier kein Wert angegeben, so wird die Sprache mit »neutral« angenommen. Auch dieses Merkmal kann durch ein Attribut (System.Reflection.AssemblyCultureAttribute) oder mit dem Assem-bly-Linker (al.exe) gesetzt werden, wobei die angegebene Zeichenkette einer Sprachspezifikation nach dem IETF RFC 1766 ([RFC]) entsprechen muss: z.B. »en-US« für U.S. English, »de-AT« für österreichisches Deutsch usw.

❑ *Öffentlicher Schlüssel (public key).* Dieser Schlüssel identifiziert den Pro-duzenten des Assemblies. Da der Schlüssel 128 Byte (1024 Bit) lang ist, verwendet man für Referenzen auf Assemblies mit starkem Namen meist nur eine verkürzte Version von 8 Byte (64 Bit) Länge (*public key token*). Genaueres zur Generierung von Paaren von öffentlichen und privaten Schlüsseln und dem Signieren von Assemblies finden Sie in Abschnitt 8.5.2, wo wir uns mit dem Werkzeug sn.exe (*strong name tool*) befassen.

Um Referenzen auf Assemblies mit starkem Namen auch im Quellcode oder in Konfigurationsdateien anschreiben zu können, hat man ein spezielles Format festgelegt. Wir deuten das nur kurz anhand von zwei Beispielen an:

```
MyAssembly, Version=1.2.745.18000, Culture=en-US, PublicKeyToken=13a3f300fff94cef
AnotherAssembly, Version=0.0.0.0, Culture=neutral, PublicKeyToken=null
```

Side-by-Side-Execution und Ende der DLL-Hölle

Im Zusammenhang mit dem .NET-Framework fallen oft die Schlagworte »*Side by Side Execution*« und »*Ende der DLL-Hölle*«. Ersteres bezeichnet die Nebeneinanderausführung verschiedener Versionen eines Programms oder die gleichzeitige Verwendung verschiedener Versionen einer Komponente in demselben Prozess. Unter DLL-Hölle versteht man folgende Situation, die Windows-Benutzern wahrscheinlich leidlich bekannt ist:

Bei der Installation eines Programms werden bereits existierende Versionen von Dynamic Link Libraries (DLLs) von mitgelieferten Versionen überschrieben. Dadurch kann es vorkommen, dass andere Programme, die zuvor mit den alten Versionen dieser DLLs funktionierten, das plötzlich nicht mehr tun.

Um nun Side-by-Side-Execution zu ermöglichen und die DLL-Hölle in den Griff zu bekommen, hat man sich für .NET zwei Maßnahmen überlegt:

Verschiedene Versionen einer DLL haben unterschiedliche starke Namen, da sie sich zumindest in ihrer Versionsnummer unterscheiden. Das verhindert, dass Assemblies einander überschreiben, nur weil sie den gleichen Dateinamen haben. (Wie das intern funktioniert, wird in Abschnitt 8.5.3 beschrieben.)

Da außerdem jedes Programm genau angibt, welche Version einer Komponente es benötigt, kann man neue Versionen der Komponente auf einem Rechner installieren, ohne befürchten zu müssen, dass dadurch plötzlich andere Programme nicht mehr funktionieren.

3.7   Virtual Execution System (VES)

Die CLR ist die Laufzeitumgebung des .NET-Frameworks. Sie kontrolliert die Ausführung aller Programme, die für diese Plattform entwickelt wurden. Um eine Vorstellung zu bekommen, was die CLR tut, werden wir nun den gesamten Prozess der Programmausführung durchgehen und dabei die einzelnen Aufgaben der CLR genau unter die Lupe nehmen. Abb. 3.15 gibt einen Überblick über die wichtigsten Mitspieler, die bei der Ausführung eines .NET-Programms zusammenarbeiten. Man fasst diese auch unter der Bezeichnung *Virtual Execution System* (VES) zusammen.

Jede Ausführung einer .NET-Applikation beginnt unter Windows mit dem Starten einer .exe-Datei. Darin ist der .NET-Programmcode (*managed code*) so verpackt, dass die Datei dem Windows-PE-Dateiformat entspricht (siehe Abschnitt 3.6). Diese Verpackung veranlasst den Windows-Lader die Funktion _CorExeMain aus mscoree.dll (im Windows-System32-Verzeichnis) aufzurufen. mscoree.dll ist nur eine kleine, zentrale Schaltstelle, die entscheidet, welche Version der CLR die .NET-Applikation ausführen soll und diese dann startet. Alles Weitere ist dann Sache der CLR.

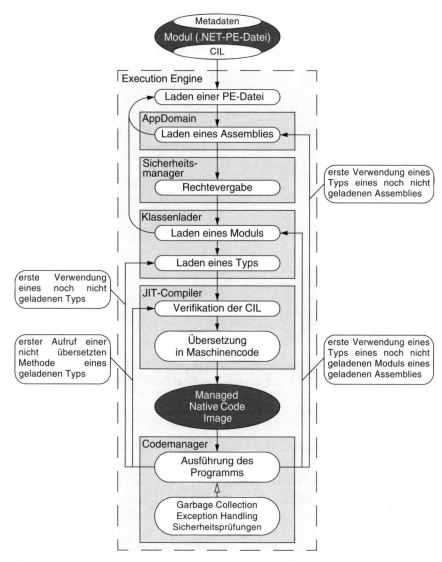

Abb. 3.15 Virtual Execution System (VES)

3.7.1   Applikationsdomänen

Jede Applikation, die von der CLR ausgeführt wird, erhält ihren eigenen Bereich innerhalb des CLR-Prozesses. Darin werden alle Assemblies, Module und Typen der Applikation geladen, die Methodentabellen der geladenen Typen verwaltet und auch die statischen Felder und Objekte sind der Applikationsdomane zuge-ordnet. Mit diesen Applikationsdomänen hat man einen Mechanismus geschaffen, der es erlaubt, in einem Prozess mehrere Applikationen laufen zu lassen und gleichzeitig sicherzustellen, dass diese sich gegenseitig nicht beeinflussen. Die Klasse System.AppDomain aus der .NET-Klassenbibliothek repräsentiert solche Applikationsdomänen. Abb. 3.16 zeigt einen Prozess mit mehreren AppDomains.

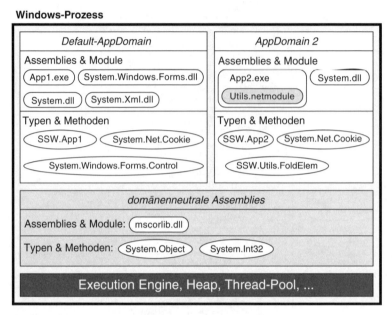

Abb. 3.16 *Mehrere Applikationsdomänen in einem Prozess*

Es wird immer zumindest ein so genannter Default-AppDomain erzeugt. Dieser bleibt so lange bestehen, bis der gesamte Prozess beendet wird. Weitere Applikationsdomänen können entweder direkt im Programmcode (System.AppDomain. CreateDomain) oder vom jeweiligen Host der CLR erzeugt werden. Diese zusätzlichen AppDomains können auch wieder entladen werden, ohne die CLR zu beenden. Daneben gibt es auch noch einen Bereich, in dem Assemblies und Typen verwaltet werden, die von verschiedenen Applikationen gemeinsam benutzt werden sollen. Sie sind von allen Applikationsdomänen aus erreichbar (domänenneutral) und werden also nur einmal pro Prozess geladen.

Beachten Sie, dass Assemblies, die von mehreren Applikationen verwendet werden, in jeder Applikationsdomäne unabhängig voneinander geladen werden (hier: System.dll). Auch alle Typen, statischen Felder usw. werden einmal pro AppDomain angelegt (hier: System.Net.Cookie).

3.7.2 Laden und Ausführen von *Managed Code*

Um mit der Ausführung eines .NET-Programms beginnen zu können, muss die CLR zunächst den Eintrittspunkt ins Programm finden, d.h. die Methode, die in einem ausführbaren Assembly (*.exe statt *.dll) durch das Schlüsselwort .entrypoint gekennzeichnet ist. Wie jede Methode gehört auch diese zu einem Typ, der wiederum zu einem Assembly gehört und in einem Modul implementiert ist (siehe Abschnitt 3.6). Dieses Modul entspricht einer .NET-PE-Datei auf der Festplatte.

Somit besteht die erste Aufgabe der Execution Engine im Laden einer PE-Datei. Das ist auch der einzige Ladevorgang, der tatsächlich auf ein peripheres Speichermedium zugreift. Alle anderen in Abb. 3.15 mit »Laden« bezeichneten Tätigkeiten erzeugen nur unterschiedliche Repräsentationen von bereits im Speicher vorhandenen Daten.

So verwendet die zuständige Applikationsdomäne das nun im Speicher vorhandene PE-Datei-Objekt, um daraus alle notwendigen Informationen für die Erzeugung eines Assembly-Objekts zu gewinnen (*Laden eines Assemblies*).

Anschließend prüft der Sicherheitsmanager, welche Rechte dem Assembly zugewiesen werden dürfen (siehe Abschnitt 3.8). Diese gelten dann für alle Module und Typen des Assemblies.

Aus der Assembly-Repräsentation erhält der Klassenlader die nötigen Informationen, um ein Modulobjekt zu erzeugen. Dabei kann es sein, dass er das Laden einer weiteren PE-Datei anfordern muss.

Steht schließlich auch die Modulinformation in adäquater Form im Speicher, so erzeugt der Klassenlader ein Klassenobjekt für den zu ladenden Typ.

Die CLR hat nur einen einzigen Klassenlader und erlaubt es im Gegensatz zu Java nicht, dass Benutzer eigene Klassenlader verwenden. Das Laden funktioniert allerdings auch bei der CLR dynamisch, d.h., Assemblies, Module und Typen werden nicht gleich alle beim Starten eines Programms geladen, sondern erst dann, wenn sie gebraucht werden, also sobald im Programm auf eine Komponente (Feld, Methode, Property, Event) eines Typs zum ersten Mal zugegriffen wird.

Auffinden eines Assemblies

Sobald ein Assembly geladen wurde, stehen der CLR alle Informationen zum Auffinden der weiteren Teile des Assemblies (Module, Typen, Ressourcen) zur Verfügung. Soll nun aber ein bisher unbekanntes Assembly geladen werden, so muss die CLR versuchen, dieses anhand folgender Informationen aufzuspüren:

- ❑ Name des gesuchten Assemblies
- ❑ Versionsinformationen, die beim Übersetzen festgelegt wurden
- ❑ Informationen über die Applikationsdomäne, die das Assembly laden will
- ❑ Informationen aus diversen Konfigurationsdateien

Für dieses Auffinden eines Assemblies ist der so genannte Assembly Resolver zuständig, der dazu folgende Strategie anwendet:

Zuerst muss man bei der Suche nach einem Assembly unterscheiden, ob es sich um ein privates oder ein öffentliches Assembly handelt (siehe Abschnitt 3.6.2). Nur öffentliche Assemblies werden mit einem starken Namen bezeichnet, der genaue Informationen über Identität, Version und Sprache des Assemblies enthält. Nur sie können daher im *Global Assembly Cache (GAC)*, einer eigenen Datenstruktur zur Verwaltung von Assembly-Dateien, installiert und somit systemweit verfügbar gemacht werden. Private Assemblies müssen im Verzeichnis der jeweiligen Applikation (oder einem Unterverzeichnis davon) liegen und werden immer durch *Probing* (siehe unten) gesucht. Öffentliche Assemblies werden nur dann durch Probing gesucht, wenn folgende 4 Schritte zu keinem Ergebnis führen:

1. Bestimmen der zu ladenden Version des Assemblies unter Berücksichtigung der Applikations- und Maschinenkonfigurationsdateien.
2. Falls die gesuchte Version schon geladen wurde, wird diese verwendet.
3. Ist sie noch nicht geladen, so wird zuerst im GAC danach gesucht.
4. Wurde das Assembly dort nicht gefunden, wird die Suche auf eine der beiden folgenden Arten fortgesetzt:
   – Falls in einer Konfigurationsdatei eine so genannte *Codebase* (URI) angegeben wurde, wird nur noch an dieser Stelle nach dem Assembly gesucht. Falls es dort nicht ist, wird die Suche erfolglos abgebrochen.
   – Anderenfalls setzt das so genannte Probing ein.

Probing. Beim Probing verwendet der Assembly Resolver der CLR folgende Informationen, um den Ort des gesuchten Assemblies festzustellen:

❑ das Basisverzeichnis der Applikation, die ein Assembly laden will (siehe System.AppDomain.BaseDirectory),
❑ (falls vorhanden) die Sprache des zu ladenden Assemblies,
❑ den Namen des zu ladenden Assemblies,
❑ (falls vorhanden) den privaten Suchpfad der Applikation (siehe System.AppDomain.RelativeSearchPath). Diese Liste von Unterverzeichnissen des Applikationsverzeichnisses kann entweder in der Applikationskonfigurationsdatei oder direkt im Code angegeben werden.

Um das an einem kleinen Beispiel zu veranschaulichen, werden wir nach dem öffentlichen Assembly mit dem Namen MyAssembly (vollständig: MyAssembly, Version=1.1.0.0, Culture=neutral, PublicKeyToken=a9ba664985e79673) suchen. Das Basisverzeichnis der Applikation ist http://dotnet.jku.at/. Als privater Suchpfad wurde in der Applikationskonfigurationsdatei (siehe Abschnitt 8.3) nur das Unterverzeichnis bin angegeben. Bei der Suche nach MyAssembly werden nun folgende URIs in der angegebenen Reihenfolge abgesucht:

```
http://dotnet.jku.at / MyAssembly.dll
http://dotnet.jku.at / MyAssembly / MyAssembly.dll
http://dotnet.jku.at / bin / MyAssembly.dll
http://dotnet.jku.at / bin / MyAssembly / MyAssembly.dll

http://dotnet.jku.at / MyAssembly.exe
http://dotnet.jku.at / MyAssembly / MyAssembly.exe
http://dotnet.jku.at / bin / MyAssembly.exe
http://dotnet.jku.at / bin / MyAssembly / MyAssembly.exe
```

Da in den Metadaten der Assembly-Referenz nur der Name des Assemblies, nicht aber der vollständige Dateiname gespeichert wird, muss auch die Dateierweiterung »erraten« werden. Dabei wird zuerst nach .dll-Dateien und anschließend nach .exe-Dateien gesucht. Weitere Endungen werden nicht ausprobiert.

MyAssembly hat kein spezielles Sprachmerkmal definiert (Culture=neutral). Die Suchstrategie für Assemblies mit einem speziellen Sprachmerkmal sieht etwas anders aus: Hier wird immer in einem Unterverzeichnis gesucht, das der Sprachbezeichnung entspricht, z.B. Probing nach

```
AustrianText, Version=2.3.0.0, Culture=de-AT, PublicKeyToken=a9ba664985e79673

http://dotnet.jku.at / de-AT / AustrianText.dll
http://dotnet.jku.at / de-AT / AustrianText / AustrianText.dll
http://dotnet.jku.at / bin / de-AT / AustrianText.dll
http://dotnet.jku.at / bin / de-AT / AustrianText / AustrianText.dll

http://dotnet.jku.at / de-AT / AustrianText.exe
http://dotnet.jku.at / de-AT / AustrianText / AustrianText.exe
http://dotnet.jku.at / bin / de-AT / AustrianText.exe
http://dotnet.jku.at / bin / de-AT / AustrianText / AustrianText.exe
```

Das Auffinden und Laden des Assemblies ist aber nur der erste Schritt. Beim Laden eines Typs T erledigt der Klassenlader außerdem die folgenden Dinge:

❑ Bestimmung des für Objekte von T benötigten Speicherplatzes.
❑ Bestimmung des Speicherlayouts für T-Objekte.
❑ Auflösung aller Referenzen von T auf bereits geladene Typen. Dabei wird die konsistente Verwendung der Referenzen überprüft und die namentlichen Referenzen werden in direkte Verweise umgewandelt.
❑ Prüfung der Konsistenz aller Referenzen von bereits geladenen Typen auf T.
❑ Referenzen von T auf noch nicht geladene Typen werden entweder
  – durch sofortiges Laden der referenzierten Typen aufgelöst, oder
  – nur registriert, so dass ihre Konsistenz beim späteren Laden des referenzierten Typs geprüft werden kann.
❑ Erzeugung von Stubs für alle implementierten Methoden von T, die beim ersten Aufruf der Methode die JIT-Übersetzung des CIL-Codes auslösen.

Mit den oben erwähnten Konsistenzprüfungen unterstützt der Klassenlader bereits das Sicherheitsnetz, das die CLR um die ausgeführten Programme knüpft.

Diese minimalen Tests müssen immer durchgeführt werden und stellen eine erste Stufe der Sicherheitstests dar. Für die komplexere, aber optionale formale Prüfung der Typsicherheit eines Programms, die so genannte Verifikation, sind andere Teile des VES – die Verifizierer (siehe unten) – zuständig.

Sobald ein Typ vollständig geladen wurde, lassen sich Objekte davon erzeugen, können die Felder und Properties verwendet und Methoden ausgeführt werden. Um Letzteres zu tun, ist es notwendig, den Code der Methode, der in CIL vorliegt, in Maschinencode zu übersetzen (siehe Abschnitt 3.7.4). In manchen Situationen, die ein hohes Maß an Sicherheit erfordern, muss aber der CIL-Code vorher noch verifiziert werden.

3.7.3 Verifikation der CIL

Das VES ist für die sichere Ausführung von Programmen verantwortlich. Um das garantieren zu können, muss die Typsicherheit eines Programms vor seiner Übersetzung in Maschinencode bewiesen werden! Man bezeichnet das als *Verifikation*. Die Verifikation fällt zu einem Teil in den Aufgabenbereich des Klassenladers und zum anderen in den des Verifizierers.

Typsicherheit. Typsichere Programme greifen nur auf Speicherbereiche zu, die tatsächlich für sie eingerichtet wurden. Außerdem verwenden sie Objekte nur über deren Schnittstelle. Diese Einschränkungen erlauben es, Objekte in einem gemeinsamen Adressraum zu halten, ohne dass sie sich dabei in die Quere kommen. Ferner wird dadurch verhindert, dass etwaige Sicherheitsüberprüfungen (siehe Abschnitt 3.8) umgangen werden.

Das VES untersucht den CIL-Code einer zu übersetzenden Methode und nimmt unter Zuhilfenahme der Typinformationen eine Kontrollflussanalyse vor, um so zu zeigen, dass

1. der Code typsicher ist, falls die Typinformationen korrekt sind, und dass
2. die Implementierung die Korrektheit der Typinformationen garantiert.

Nun kann leider kein perfekter Verifikationsalgorithmus realisiert werden, der jedes typsichere Programm auch als solches erkennt. Darum verwendet die CLR einen konservativen Algorithmus, der zumindest garantiert, dass jedes erfolgreich verifizierte Programm typsicher ist. Es kann also sein, dass ein Programm die Verifizierung nicht besteht, obwohl es typsicher ist. Daraus ergibt sich die folgende Einteilung von CIL-Code in vier Kategorien:

❑ *Ungültig.* Für ungültigen CIL-Code kann ein JIT-Compiler keinen Maschinencode erzeugen. Der Code entspricht entweder nicht dem CIL-Format oder enthält undefinierte Befehlscodes. Auch eine Sprunganweisung, die nicht an den Beginn einer Anweisung führt, macht den CIL-Code ungültig.

❑ *Gültig.* Zu dieser Kategorien zählen alle CIL-Programme, die nicht zur ersten Gruppe gehören. Für sie lässt sich Maschinencode erzeugen. Ihre Syntax entspricht dem CIL-Format. Sie können aber Anweisungen enthalten, die nicht typsicher sind (z.B. Zeigerarithmetik).

❑ *Typsicher.* Diese CIL-Programme stellen eine echte Untermenge der gültigen dar. In typsicherem CIL-Code halten sich alle Anweisungen streng an die Verträge, die die referenzierten Typen implementieren.

❑ *Verifizierbar.* Für solchen CIL-Code kann bewiesen werden, dass er typsicher ist. Wie oben erwähnt, kann man nicht alle typsicheren Programme verifizieren, daher ist die letzte Kategorie eine echte Teilmenge der vorletzten.

Der Verifizierer ist ein Teil des JIT-Compilers. Daher wird auch er nur für einzelne Methoden aufgerufen, ohne den Kontext dieser Aufrufe zu kennen. Aus diesem Grund kann der Verifizierer eine weitere notwendige Bedingung für die Typsicherheit eines Programms nicht prüfen:

3. Alle Eingangswerte müssen die vorgeschriebene Typsignatur aufweisen.

Diese Prüfung übernimmt der Klassenlader, der mit seinen Konsistenzbedingungen und -tests sicherstellt, dass die Typsignaturen aller Verwendungen von Methoden und Feldern mit deren Implementierungen übereinstimmen. Dabei werden vor allem die Metadaten eines Assemblies betrachtet. Zum Beispiel wird überprüft, ob die verwendeten Metadaten-Tokens auch korrekt in die entsprechenden Tabellen verweisen, oder ob verwendete Stringkonstanten auch in den vorgesehenen Puffern Platz haben (Vermeidung von Pufferüberlauf).

Viele Prüfungen, die der Klassenlader durchführt, kann eigentlich auch schon der Compiler machen. Die meisten Compiler tun das auch. Da man aber nicht weiß, mit welchem Compiler das gerade zu ladende Assembly erzeugt wurde, muss der Lader zur Laufzeit vieles eventuell noch einmal prüfen.

3.7.4 Übersetzung von CIL in Maschinencode

Die CLR kann Zwischensprachenprogramme nicht einfach interpretieren, wie es die JVM teilweise tut. Auf der .NET-Plattform wird nur Maschinencode ausgeführt, d.h., der CIL-Code wird immer vor der ersten Ausführung in Maschinencode übersetzt. Das bedeutet aber nicht, dass die CLR jedes Programm gleich beim Laden vollständig übersetzt. Vielmehr erfolgt die Übersetzung des Programmcodes – genau wie das Laden der Datentypen – dynamisch, also während das Programm läuft. Jede Methode wird erst dann übersetzt, wenn sie zum ersten Mal aufgerufen wird, also so spät wie möglich, aber doch gerade rechtzeitig. Daher nennt man diese Übersetzungsstrategie *just-in-time (JIT)*. Die dafür verantwortlichen Programme werden als *JIT-Compiler* bezeichnet, und manchmal spricht man sogar von *Jitten*, wenn sie ihre Arbeit tun.

Dieses Jitten läuft folgendermaßen ab: Ein Methodenaufruf erreicht immer zuerst den Stub, der vom Klassenlader für jede Methode erzeugt wurde. Der Stub enthält Informationen über den JIT-Status der Methode, also ob sie bereits in Maschinencode übersetzt wurde oder nicht. Falls nicht, wird nun der JIT-Compiler aufgerufen, der die Methode in ein so genanntes *Native Code Image* übersetzt. Die Information im Stub wird dahingehend geändert, dass bei zukünftigen Aufrufen der gerade übersetzten Methode nicht mehr der JIT-Compiler aktiviert wird, sondern sofort der gerade erzeugte Maschinencode ausgeführt wird.

Die JIT-Übersetzung erfolgt also höchstens einmal pro Methode und auch nur dann, wenn die Methode tatsächlich aufgerufen wurde. Sobald man das Programm allerdings beendet, gehen die JIT-übersetzten Native Code Images verloren und müssen bei einer neuerlichen Programmausführung wieder übersetzt werden.

Wer das vermeiden will, dem lässt .NET die Möglichkeit offen, seine Programme mit dem *Native Image Generator* (ngen.exe) nur ein einziges Mal zu übersetzen. Dieser erzeugt zum Installationszeitpunkt den kompletten Maschinencode und legt das Ergebnis in den *Native Image Cache*, der zum GAC gehört. Dadurch werden die Startzeiten solcher vorcompilierter Programme verkürzt.

In der Dokumentation wird dieser Vorgang oft *preJIT* genannt, was unserer Meinung nach aber irreführend ist, da in diesem Fall eben vorab und nicht mehr just-in-time übersetzt wird. Bei der Installation der CLR werden standardmäßig die folgenden Assemblies vorkompiliert: CustomMarshallers, mscorlib, System, System.Design, System.Drawing, System.Drawing.Design, System.Windows.Forms, System.Xml.

Die JIT-Compiler der CLR

Um auf verschiedenen Plattformen eingesetzt werden zu können und unterschiedlichen Anforderungen gerecht zu werden, bietet die CLR drei verschiedene JIT-Compiler an: JIT, EconoJIT und OptJIT.

JIT ist der Standard-JIT-Compiler, den die CLR für gewöhnlich verwendet (und der Einzige, der in der Version 1.0 des .NET-Frameworks bereits enthalten ist). Er führt unter Berücksichtigung der aktuellen Rechnerarchitektur und -konfiguration Codeoptimierungen durch, um die Vorteile der Just-in-Time-Übersetzung voll auszunutzen.

EconoJIT ist eine Variante, die mit dem Ziel entwickelt wurde, beim Compilieren besonders sparsam mit Zeit- und Speicherressourcen umzugehen. Die Verfügbarkeit von EconoJIT ist auch ein Grund, warum auf die Interpretation von CIL-Code verzichtet wurde. Die Sparsamkeit und Einfachheit des EconoJITters verleihen ihm ähnliche Vorteile wie einem Interpreter, auch in Bezug auf die unkomplizierte Portierung auf beliebige Plattformen. Die Codeerzeugungsstrategie von EconoJIT ermöglicht es, erzeugten Maschinencode wieder wegzuwerfen, so dass auch große CIL-Programme mit sehr beschränktem Speicherplatz auskommen können. Aus diesem Grund eignet sich EconoJIT speziell für mobile Geräte wie PDAs und soll für die Windows-CE-Version des .NET-Frameworks verwendet werden. Der in der Shared Source Implementierung der CLI [SSCLI] verwendete JIT-Compiler *FJIT* entspricht dem EconoJIT.

OptJIT unterscheidet sich von den beiden anderen Varianten vor allem dadurch, dass er nicht den vollen Umfang der CIL versteht, sondern lediglich eine Untermenge davon, die man OptIL nennt. OptIL enthält zusätzliche Informationen, die Compiler-Optimierungen vorwegnehmen. Durch die bereits optimierte Eingabe erreicht OptJIT ein mit dem Standard-JIT gleichwertiges Ergebnis, obwohl er im Ressourcenverbrauch fast so sparsam wie EconoJIT ist. Mit OptJIT wird also ein Teil des JIT-Aufwands von der Laufzeit in die Compilezeit vorverlegt. Standard-Source-to-CIL-Compiler nehmen (wenn überhaupt) nur sehr rudimentäre Optimierungen vor. Sie übersetzen den Quellcode mehr oder weniger Anweisung für Anweisung in die Zwischensprache. Die Folge davon ist, dass der JIT-Compiler dann umso mehr Aufwand treiben muss, um effizienten Maschinencode zu erzeugen. Der OptJIT setzt hingegen schon einen optimierenden Source-to-CIL-Compiler voraus, der Zusatzinformationen über den Kontrollfluss oder die Registerallokation erzeugt. Leider sieht es derzeit so aus, als habe Microsoft das OptJIT-Projekt auf Eis gelegt, so dass die CLR in absehbarer Zeit nicht mit einem OptJIT-Compiler ausgestattet werden wird.

Um die Flexibilität der JIT-Compilation noch zu erhöhen, gibt es standardisierte Schnittstellen zwischen der CLR und dem JIT-Compiler, die die Verwendung von benutzerimplementierten JIT-Compilern ermöglicht.

3.7.5 Codemanagement

Der Codemanager hat im VES des .NET-Frameworks folgende Aufgaben:

- ❏ Speicherverwaltung
- ❏ Garbage Collection
- ❏ Exception Handling (siehe Abschnitt 2.12)
- ❏ Sicherheitsprüfungen (siehe Abschnitt 3.8)
- ❏ Unterstützung von Entwicklerservices wie Debugging (siehe Abschnitt 8.4) oder Profiling

Wie bei JIT-Compilern ist es unter .NET auch erlaubt, eigene Codemanager zu implementieren. Auch hierfür soll es in einer späteren Version eine standardisierte Schnittstelle geben. Der Codemanager ist eng mit dem JIT-Compiler verbunden, da der vom Compiler erzeugte Code mit dem vom Codemanager angenommenen Speicherlayout kompatibel sein muss.

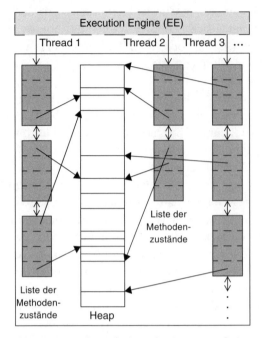

Abb. 3.17 *Speicheraufteilung der CLR zur Laufzeit*

Speicherverwaltung

Um den Zustand der virtuellen Maschine zu jedem Zeitpunkt zu kennen, muss eine Vielzahl an Informationen über laufende Programme gespeichert werden. Dabei unterscheidet die CLR grundsätzlich zwischen ihrem globalen Zustand (siehe Abb. 3.17) und dem Zustand der laufenden Methoden (siehe Abb. 3.18).

Die CLR kann in dem Prozess, in dem sie selbst läuft, mehrere unabhängige Handlungsstränge (*Threads of Control*) parallel (genau genommen verzahnt) ausführen und verwaltet für jeden von ihnen eine Liste von Methodenzuständen. Daneben gibt es im gemeinsamen Adressraum auch noch den Heap, in dem Speicher für dynamisch erzeugte Objekte reserviert wird.

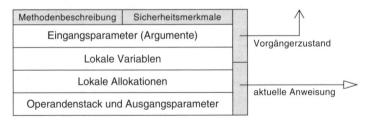

Abb. 3.18 *Methodenzustand*

In einem Methodenzustand, oft auch Aktivierungssatz (*stack frame*) genannt, werden alle Informationen, die für die Ausführung einer Methode von unmittelbarer Bedeutung sind, gespeichert. Die in Abb. 3.17 gezeigten Listen von Methodenzuständen werden oft auch als Methodenkeller oder Prozedurenstack bezeichnet. Bei jedem Aufruf einer Methode wird ein neuer Methodenzustand erzeugt, am Ende der entsprechenden Liste angehängt und mit seinem Vorgänger verkettet. Die aktuelle Methode ist also immer die letzte in der Liste (die oberste am Prozedurenstack). Beim Verlassen einer Methode werden eventuelle Ergebnisse an ihre Zielorte kopiert, der Methodenzustand wird aus der Liste entfernt und mit all seinen Daten gelöscht. Sein Vorgänger ist jetzt wieder der aktuelle Methodenzustand.

Um diesen Vorgänger ausfindig machen zu können, muss jede Methode auch wissen, von welcher Methode sie aufgerufen wurde. Diese Verkettung wird durch den so genannten *return state handle* sichergestellt. Das entspricht in etwa dem *dynamic link* aus dem Compilerbau ([ASU86], [Wir96]).

In der Methodenbeschreibung findet man die Typsignatur der Methode, d.h. den Methodennamen und die Typen der Ein- und Ausgangsparameter. Außerdem gibt sie Auskunft über die Typen der lokalen Variablen und enthält Informationen zur Ausnahmebehandlung (*exception handling*). Diese Beschreibung kann zur Laufzeit nur gelesen, aber nicht verändert werden.

Die Beschreibung der Sicherheitsmerkmale der Methode kann von verwaltetem Programmcode aus nicht direkt eingesehen werden, sie dient lediglich dem Sicherheitsmechanismus der CLR, um die entsprechenden Rechte einer Methode feststellen zu können.

Da die CLR wissen muss, was jede Methode zum aktuellen Zeitpunkt macht, enthält jeder Methodenzustand einen Zeiger auf die CIL-Anweisung, die gerade ausgeführt wird (*instruction pointer*).

Neben diesen informativen Teilen enthält ein Methodenzustand noch vier Bereiche zur dynamischen Speicherung von Daten.

Eingangsparameter. Anders als bei der JVM zählen hier die Eingangsparameter nicht zu den lokalen Variablen. Sie werden in einer über einen Index adressierten Liste gespeichert. Durch spezielle Befehle (ldarg, starg) kann man auf jedes Argument der aktuellen Methode lesend oder schreibend zugreifen. Es ist auch möglich, die Adresse eines Parameters auf den Stack zu laden (ldarga). Die Reihenfolge der Argumente in der Liste entspricht der Deklarationsreihenfolge in der Methodensignatur. Das erste Argument hat den Index 0. Bei Objektmethoden ist das erste Argument immer ein Zeiger auf das Objekt, auf das die Methode angewendet wird (this).

Bei der Verwendung von Argumentlisten variabler Länge erlaubt der System. ArgIterator einen typsicheren Zugriff auf die Argumente, obwohl deren Typ bei der Methodendeklaration unbekannt ist. Für besonders Interessierte werden wir das auf der folgenden Seite an einem CIL-Codebeispiel veranschaulichen.

Als Beispiel nehmen wir eine Methode VarArgMethod an, die einen Parameter vom Typ System.Int32 verlangt und anschließend eine beliebige Anzahl von Parametern beliebigen Typs zulässt (Schlüsselwort vararg).

```
.method static vararg void VarArgMethod (int32 x) { ... }
```

Aufrufe dieser Methode haben als ersten Parameter immer eine int-Zahl und anschließend eventuell noch weitere Parameter. Abb. 3.19 zeigt zwei Aufrufe dieser Methode: einen ohne und einen mit zusätzlichen Parametern.

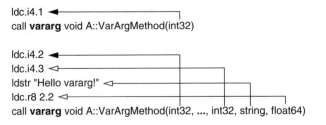

Abb. 3.19 *Aufrufe einer Methode mit variabler Anzahl von Parametern*

Der erste Aufruf enthält keine weiteren Parameter und sieht daher bis auf das Schlüsselwort vararg wie ein gewöhnlicher Methodenaufruf aus. Interessant ist der zweite Aufruf, der von der Möglichkeit weiterer Parameter Gebrauch macht. Alle Parameter werden wie üblich vor dem Aufruf auf den Stack gelegt. Der Aufruf selbst enthält dann die Typen der Parameter in der entsprechenden Reihenfolge. Eine so genannte Ellipse (»...«) trennt die fixen von den zusätzlichen Parametern.

Um nun im Rumpf der VarArgMethod-Methode auf die weiteren Parameter zuzugreifen, verwendet man einen System.ArgIterator, und zwar auf folgende Weise:

```
.locals init (valuetype System.ArgIterator iter)
```

Der Iterator wird dazu in einer lokalen Variablen angelegt.

```
ldloca iter
arglist
call instance void System.ArgIterator::.ctor(valuetype System.RuntimeArgumentHandle)
```

Mit dem Befehl arglist erhält man einen Zeiger auf die Liste der optionalen Parameter, die dem Konstruktor des Iterators übergeben wird.

```
ldloca iter
call instance typedref System.ArgIterator::GetNextArg()
call object System.TypedReference::ToObject(typedref)
```

Die Methode GetNextArg liefert bei jedem Aufruf einen weiteren optionalen Parameter. Der Rückgabewert ist vom vordefinierten Werttyp typedref (System. TypedReference), einem Zeiger-Typ-Paar (siehe Tabelle 3.1), und kann in eine Objektreferenz umgewandelt werden.

Diese Art von variablen Parametern ist etwas völlig anderes als das, was unter C# mit dem params-Schlüsselwort möglich ist (siehe Abschnitt 2.8.3). Dort wird lediglich ein Array eines bestimmten Elementtyps übergeben. Das bedeutet, dass zwar die *Anzahl* der Parameter erst zur Laufzeit festgelegt wird, der *Typ* jedes Parameters steht aber schon bei der Übersetzung fest. Die einzige Vereinfachung gegenüber Java besteht darin, dass man beim Aufruf einer solchen Methode die Argumente nicht selbst in ein Array packen muss, sondern sie einfach durch Kommas getrennt auflisten darf. In der CIL bleibt von dieser Vereinfachung nichts übrig. Der C#-Compiler fügt die notwendigen Anweisungen zur Erzeugung und zum Füllen des übergebenen Arrays ein.

Lokale Variablen. Die lokalen Variablen werden wie die Methodenargumente in einer Liste gespeichert, deren Index bei 0 beginnt. Für den Zugriff auf lokale Variablen gibt es die Befehle ldloc und stloc. Der ldloca-Befehl lädt die Adresse einer lokalen Variablen auf den Stack. Mit dem Schlüsselwort init kann man in IL-Assembler angeben, dass alle lokalen Variablen beim Eintritt in die Methode mit einem ihrem Typ entsprechenden Nullwert initialisiert werden sollen.

Lokale Allokationen (*local memory pool*). Der Befehl localloc erlaubt es, dynamisch Speicherplatz anzulegen, der nicht vom Garbage Collector freigegeben wird, sondern automatisch am Ende der Methode. Das heißt allerdings, dass man diesen Speicherbereich nicht aufräumen kann, solange die Methode noch lebt. Der localloc Befehl wird zum Beispiel dazu benutzt, die C-Anweisung alloca zu unterstützen.

Operandenstack und Ausgangsparameter. Das ist nun endlich der schon so oft erwähnte »Stack« oder Kellerspeicher, auf dem eigentlich die Funktionsweise der gesamten virtuellen Maschine beruht. Beim Eintritt in eine Methode ist er zunächst immer leer. Beim Verlassen der Methode enthält er nur noch den Rückgabewert und eventuelle Ausgangsparameter. Dieser Bereich des Methodenzustandes ist als einziger nicht adressierbar, d.h., man kann nicht auf beliebige Elemente, sondern immer nur auf das oberste (zuletzt abgelegte) Element zugreifen. Erst wenn dieses entfernt wurde, wird das darunter liegende sichtbar.

Der Operandenstack darf nicht mit dem Methodenstack verwechselt werden. Am Methodenstack wird bei jedem Aufruf ein Aktivierungssatz mit den lokalen Variablen der Methode angelegt. Der Operandenstack dient hingegen lediglich zur Zwischenspeicherung von Werten bei der Abarbeitung von Instruktionen und ist von seiner Verwendung her am ehesten mit Registern vergleichbar.

Garbage Collection

Eine wesentliche Neuerung in der Windows-Programmierung (speziell für C-Programmierer) ist die automatische Speicherbereinigung, die von der CLR angeboten wird. Wer von C/C++ auf C# umsteigt, wechselt damit auch in eine Umgebung, in der man sich nicht mehr selbst um die Speicherbereinigung kümmern muss, sondern das dem *Garbage Collector* überlassen kann. Es gibt gar keine Möglichkeit mehr, explizit Speicherplatz freizugeben.

Bei der Ausführung von objektorientierten Programmen werden alle dynamisch erzeugten Objekte auf dem so genannten *Heap* angelegt. Der Lebenszyklus solcher Objekte lässt sich im Allgemeinen in 5 Stufen einteilen:

1. *Allokation*: Speicherplatz für das Objekt reservieren.
2. *Initialisierung*: Gültige Anfangswerte zuweisen.
3. *Benutzung* des Objekts, solange es über mindestens eine Objektreferenz erreichbar ist.
4. *Finalisierung*: Eventuell verwendete Ressourcen (Dateien, Datenbankverbindungen usw.) freigeben.
5. *Freigeben* des Speicherplatzes des Objekts.

Muss man den Speicherplatz von Objekten manuell freigeben, so birgt dieses an sich einfache Schema zwei Quellen für schwerwiegende (und häufige) Programmierfehler in sich:

❏ Speicherplatz wird nie freigegeben.
❏ Speicherplatz wird freigegeben, obwohl noch eine Referenz darauf verweist, die dann ins Leere zeigt.

Diese Fehler sind deshalb so problematisch, weil sie nur schwer zu lokalisieren sind, da sie sich an ganz anderer Stelle bemerkbar machen als dort, wo ihre Ursache liegt. Solange man aber in einer Umgebung arbeitet, die vollständig der Kontrolle eines Garbage Collectors unterliegt, kann keiner der beiden Fehler auftreten!

Managed Heap. Der Heap ist ein zusammenhängender Speicherbereich, in dem alle Objekte von Klassen und Arrays erzeugt werden müssen. Ausschließlich der Garbage Collector darf Speicher am Heap wieder freigegeben. Ein interner Zeiger (NextObjPtr) verweist auf die Position, an der das nächste Objekt angelegt werden kann (siehe Abb. 3.20).

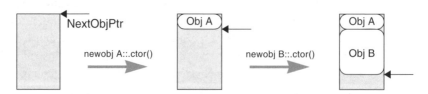

Abb. 3.20 *Managed Heap: leer, nach Anlegen von einem und einem weiteren Objekt*

Allokation. Ein Objekt wird auf dem Heap mit dem Befehl newobj erzeugt. Dabei wird zuerst geprüft, ob noch genügend Speicherplatz vorhanden ist. Falls ja, so wird das Objekt an der Stelle NextObjPtr angelegt, sein Konstruktor wird aufgerufen und seine Adresse auf den Operandenstack gelegt. Abschließend wird NextObjPtr noch an das Ende des gerade erzeugten Objektes gesetzt, also an den neuen Beginn des freien Speichers (siehe Abb. 3.20).

Das Erzeugen von Objekten geht also sehr schnell. Es muss lediglich ein Zeiger verschoben werden. Auch um zu prüfen, ob genügend Platz vorhanden ist, muss lediglich die Differenz zwischen NextObjPtr und dem Heap-Ende mit der gewünschten Objektgröße verglichen werden.

In einer typischen C++-Laufzeitumgebung muss hingegen zum Beispiel zuerst in einer verketteten Liste der verstreut liegenden freien Speicherblöcke nach einem genügend großen Block gesucht werden. Dieser muss dann geteilt und der verbleibende Rest wieder in die Liste der freien Speicherblöcke eingehängt werden. Die schnellere Allokationsstrategie ist unter .NET deshalb möglich, weil der Garbage Collector dafür sorgt, dass der Heap immer schön kompakt bleibt. Es kommen immer zuerst alle allozierten Objekte, dicht aneinander gereiht, und anschließend der gesamte freie Speicher in einem Stück.

Garbage-Collection-Algorithmus. Ist nun einmal nicht mehr genügend Speicherplatz für ein zu erzeugendes Objekt vorhanden, so wird der Garbage Collector aktiviert, um wieder Platz zu schaffen. Bevor dieser allerdings zu arbeiten beginnen kann, müssen zunächst alle aktiven Threads angehalten werden, um sicherzustellen, dass während der Arbeit des Garbage Collectors keine neuen Objekte angelegt oder Referenzen verändert werden. Dieses Anhalten der Programmausführung ist auch der Hauptnachteil der automatischen Speicherbereinigung, weil dadurch die Programmlaufzeit oft entscheidend verlängert wird. Speziell für Echtzeitanwendungen ist die Unvorhersehbarkeit von Zeitpunkt und Dauer eines Garbage-Collection-Vorgangs oft untragbar.

Sind alle Threads angehalten, so werden in einer ersten Phase alle »lebenden« Objekte markiert. Ein Objekt lebt, wenn es direkt oder indirekt von einer »Wurzel« aus erreichbar ist. Wurzeln sind alle Referenzen in globalen Variablen oder in lokalen Variablen und Parametern der gerade ausgeführten Methoden (in Abb. 3.17 sind zum Beispiel alle Zeiger, die aus den Methodenzuständen in den Heap verweisen, solche Wurzeln).

Anschließend kann die zweite Phase beginnen, in der die lebenden Objekte zusammengeschoben werden, wobei auch die Referenzen auf diese Objekte aktualisiert werden. NextObjPtr zeigt anschließend wieder an das Ende des belegten Heap-Bereichs.

Nun erst können die Threads wieder gestartet und die Programmausführung fortgesetzt werden. Abb. 3.21 skizziert die Situation am Heap vor und nach einer Speicherbereinigung.

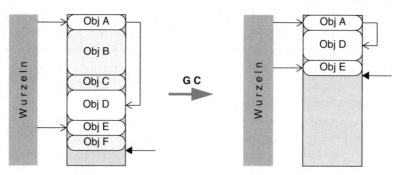

Abb. 3.21 *Heap und Zeiger vor und nach einer Garbage Collection*

Eine genauere Beschreibung der Speicherbereinigung unter .NET findet sich in [Rich00a], [Rich00b] sowie [Rich02]. Dort werden auch die Probleme der Finalisierung sowie die verschiedenen Generationen erläutert, die die CLR zur Optimierung des GC-Algorithmus verwendet.

3.8 Sicherheit

Die Umsetzung der Sicherheitsprüfungen zählt eigentlich zu den Aufgaben des VES, da aber Sicherheit ein so zentrales Thema in .NET ist, haben wir ihr einen eigenen Abschnitt gewidmet. Weil dieses Thema im Kapitel über C# noch nicht behandelt wurde, werden wir hier für die Codebeispiele C#-Syntax anstatt wie bisher IL-Assembler verwenden.

.NET wurde unter anderem dafür entwickelt, verteilte Anwendungen zu unterstützen, also Programme, die über ein Netzwerk (Intra- oder Internet) aufgerufen werden. Wie immer, wenn man binären Code ausführt, weiß man nicht genau, was dieser anstellen wird. Dadurch bestand schon bisher ein gewisses Sicherheitsrisiko. Die Situation wird aber nun drastisch verschärft, da Code von überall auf der Welt auf den eigenen Rechner heruntergeladen und ausgeführt werden kann. Deshalb muss es Mechanismen geben, die verhindern, dass Programme Schaden auf dem eigenen Rechner anrichten.

Eine übliche Vorgehensweise ist die so genannte *rollenbasierte Sicherheit*, die von den meisten Betriebssystemen (Windows 2000, MacOS, Linux, ...) unterstützt wird. Der Administrator stattet jeden Benutzer (oder jede Benutzergruppe) mit bestimmten Rechten aus, die den Zugriff auf Ressourcen des Systems erlauben oder verbieten. Das bedeutet aber, dass jedes Programm die Rechte derjenigen Person hat, von der es gerade ausgeführt wird. Meldet sich ein Unbefugter zum Beispiel als Systemadministrator am Rechner an, so besitzt er naturgemäß vollen Zugriff auf alle Ressourcen. Gleichzeitig haben auch alle Programme, die er ausführt, volle Rechte. Das ist eine Situation, die man auf alle Fälle vermeiden muss. Für .NET wurde daher das Modell der *codebasierten Sicherheit* entwickelt.

3.8.1 Codebasierte Sicherheit

.NET vergibt Rechte nicht für Benutzer, sondern für einzelne Assemblies und benutzt dazu Informationen über die Assemblies selbst, völlig unabhängig von den
Rechten des momentanen Benutzers. Man nennt das *Code Access Security
(CAS)*, bei der es – nomen est omen – hauptsächlich darum geht, festzustellen, ob
ein Assembly (= code) Zugriff (= access) auf eine bestimmte Ressource erhalten
soll oder nicht. Auch hier ist wieder das Assembly die kleinste Einheit, für die
Zugriffsrechte vergeben werden können.

Es kann vorkommen, dass Assemblies von der CLR Rechte erhalten, die der
ausführende Benutzer unter Windows eigentlich nicht hat, aber in solchen Fällen
verhindert das Betriebssystem unerlaubte Zugriffe. Sicherheitsvorkehrungen des
Betriebssystems werden also von .NET nicht untergraben.

Die CAS stützt sich im Wesentlichen auf folgende drei Voraussetzungen:

1. Zur Ladezeit müssen die Rechte eines Assemblies bestimmt und diesem
   zugeordnet werden können.
2. Zur Laufzeit muss geprüft werden können, ob ein Assembly die notwendigen Rechte zum Zugriff auf eine Ressource hat (*security stack walk*).
3. Bei der Implementierung von Typen, die auf kritische Ressourcen zugreifen, muss der Programmierer darauf achten, vor jedem Zugriff eine Überprüfung der Rechte der Rufer anzufordern (*demand*).

Bestimmung der Rechte eines Assemblies

Bildlich kann man sich den Ablauf bei der Bestimmung der Rechte eines Assemblies so vorstellen, wie es Abb. 3.22 zeigt. Die darin auftauchenden Begriffe werden in der Folge erklärt.

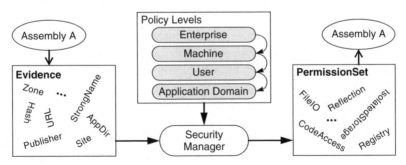

Abb. 3.22 *Bestimmung der Rechte eines Assemblies*

In jedem Assembly sind Informationen über dessen Identität, Herkunft, Produzenten usw. gespeichert, die man unter dem Sammelbegriff *Evidence* zusammen-

fasst. Der Sicherheitsmanager (System.Security.SecurityManager) bestimmt die Menge der Genehmigungen (System.Security.PermissionSet), die dem Assembly zugeordnet werden dürfen, indem er die Assembly-Beschreibung mit den am System vorhandenen Sicherheitspolitiken vergleicht. Er bildet also Evidence (Information über das Assembly) und Politik (auf der Zielmaschine festgelegte Regeln zur Rechtevergabe) auf ein PermissionSet ab.

Assembly-Beschreibung (*evidence*). Die Klasse System.Security.Policy.Evidence repräsentiert eine Sammlung von Objekten, die spezifische Informationen über ein Assembly enthalten. Dazu zählen zum Beispiel die URL (System.Security.Policy. Url), von dem ein Assembly geladen wurde, die Zone (System.Security.Policy.Zone), aus der es stammt (mögliche Zonen werden von der System.Security.-SecurityZone Enumeration aufgelistet), oder der Produzent des Assemblies (System.Security. Policy.Publisher). Außerdem können einem Assembly Objekte benutzerdefinierter Evidence-Klassen hinzugefügt werden. Diese werden zwar in der Standardkonfiguration des Sicherheitssystems ignoriert, ein Administrator kann aber die Konfiguration so anpassen, dass zusätzliche Beweismittel berücksichtigt werden.

Sicherheitspolitik (*security policy*). Die Sicherheitspolitik steuert die vom Sicherheitsmanager durchgeführte Abbildung der Assembly-Beschreibung auf Genehmigungen. Wie Abb. 3.22 zeigt, kennt der Sicherheitsmanager vier Ebenen der Sicherheitspolitik (System.Security.Policy.PolicyLevel), wobei die obersten drei von Administratoren über die in Abschnitt 8.3 erwähnten Konfigurationsdateien angepasst werden können, während die unterste vom Host der Applikation abhängt (genauere Informationen dazu können der Onlinedokumentation entnommen werden). Die Ebenen der Sicherheitspolitik werden nacheinander abgefragt, wenn es darum geht, die Genehmigungen für ein Assembly zu ermitteln. Als Ergebnis kommt die Schnittmenge aller vier resultierenden PermissionSets heraus. Ein Assembly erhält also nur diejenigen Genehmigungen, die wirklich auf allen Ebenen der Sicherheitspolitik für Assemblies mit den angegebenen Charakteristiken vergeben werden.

Man kann sich diese Ebenen als Baumstruktur vorstellen (siehe Abb. 3.24), deren Knoten so genannte Codegruppen (System.Security.Policy.CodeGroup) sind. Eine Codegruppe fasst eine beliebige Anzahl von Untergruppen zusammen und knüpft den Namen einer Menge von Genehmigungen an eine Bedingung (System. Security.Policy.IMembershipCondition). Alle Assemblies, deren Beschreibung mit der Bedingung übereinstimmt, zählen zu den Mitgliedern dieser Codegruppe, und es werden ihnen die Genehmigungen (System.Security.NamedPermissionSet) der Gruppe zugeordnet. Abb. 3.23 zeigt eine solche Zuordnung zwischen einer Codegruppe und dem NamedPermissionSet *Internet*, das in der Standardkonfiguration die dargestellten Genehmigungen enthält.

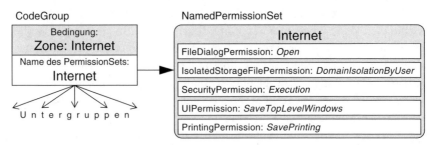

Abb. 3.23 *Codegruppe mit NamedPermissionSet*

Wenn die Assembly-Beschreibung der Bedingung einer Codegruppe entspricht, werden auch die Bedingungen der jeweiligen Untergruppen geprüft. Ein Assembly kann also zu mehreren Codegruppen gehören. Die Menge der Genehmigungen, die einem Assembly erteilt wird, ist die Vereinigung der NamedPermission-Sets aller Codegruppen, deren Mitglied das Assembly ist. Abb. 3.24 zeigt einen Codegruppenbaum wie er für eine Ebene der Sicherheitspolitik konfiguriert sein könnte.

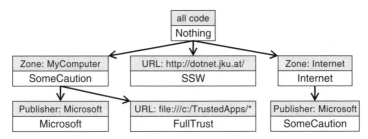

Abb. 3.24 *Ebene der Sicherheitspolitik (security policy level)*

Um zum Beispiel die Rechte zu ermitteln, die dem Assembly c:\TrustedApps\ MSApp.exe von der in Abb. 3.24 gezeigten Ebene der Sicherheitspolitik erteilt werden, geht der Sicherheitsmanager folgendermaßen vor: Begonnen wird immer im Wurzelknoten des Codegruppenbaumes. Jedes Assembly erfüllt die Bedingung »*all code*«, daher erhält MSApp die Rechte aus dem NamedPermissionSet *Nothing* (das keine Genehmigung enthält), und es wird nun die erste Untergruppe geprüft. Da MSApp.exe in einem lokalen Verzeichnis liegt, erfüllt es die Bedingung »*Zone: MyComputer*«. Es erhält die Rechte aus dem NamedPermissionSet *SomeCaution* zugewiesen und der Sicherheitsmanager prüft die Bedingung der ersten Untergruppe dieser Gruppe. Da MSApp.exe von Microsoft produziert wurde, erhält es zusätzlich die Rechte aus dem NamedPermissionSet *Mircosoft*. Dieser Knoten hat keine Söhne, daher wird nun die Bedingung seines Bruders gepruft. MSApp.exe liegt im Verzeichnis c:\TrustedApps und erhält somit auch die Rechte

aus dem NamedPermissionSet *FullTrust*. Auch dieser Knoten hat keine Söhne und
es gibt auch keine weiteren Knoten auf dieser Stufe, also setzt der Sicherheitsmanager eine Stufe zurück und prüft, ob das Assembly von http://dotnet.jku.at geladen
würde und anschließend ob es überhaupt aus dem Internet stammt. Beide
Bedingungen werden nicht erfüllt, weshalb die Ermittlung der Rechte dieser
Ebene abgeschlossen ist. Als Ergebnis befinden sich im PermissionSet von MSApp
nun die Genehmigungen der Vereinigung von *Nothing, SomeCaution, Microsoft*
und *FullTrust*. Dabei sind *Nothing* und *FullTrust* vordefinierte NamedPermissi-
onSets, *SomeCaution* und *Microsoft* wurden eigens für die individuelle Sicherheitspolitik auf dieser Ebene definiert.

Genehmigung (*permission*). Ein Permission-Objekt beschreibt eine Menge von
Operationen, die für bestimmte Ressourcen abgesichert werden sollen. In der
.NET-Klassenbibliothek sind schon eine Reihe solcher Genehmigungen vorhan-
den. Tabelle 3.9 gibt einen kleinen Überblick.

Tabelle 3.9 *Permissions der .NET-Bibliothek (Namensraum System.Security.Permissions)*

Name	Beschreibung
EnvironmentPermission	zur Kontrolle des Zugriffs auf System- und Benutzerumge-bungsvariablen
FileDialogPermission	zur Kontrolle des Zugriffs auf Dateien und Verzeichnisse unter Verwendung des Dateidialogs. Kann z.B. dazu ver-wendet werden, um trotz fehlender FileIOPermission über Dateidialoge doch zumindest lesenden Zugriff auf manche Dateien oder Verzeichnisse zu bekommen.
FileIOPermission	zur Kontrolle des Zugriffs auf Dateien und Verzeichnisse
IsolatedStorageFilePermission	zur Kontrolle des Zugriffs auf Dateien im *Isolated Storage*-Bereich. Das ist ein abgegrenzter Bereich im Dateisystem, der nur einer Komponente zur Verfügung steht.
ReflectionPermission	zur Kontrolle des Zugriffs auf die Metadateninformationen mit Hilfe des Reflection-APIs.
RegistryPermission	zur Kontrolle des Zugriffs auf Werte und Schlüssel der Windows-Registry
SecurityPermission	verwaltet einige elementare Genehmigungen, z.B. - *Execution*: Darf Code ausgeführt werden? - *UnmanagedCode*: Darf nicht verwalteter Code aufgerufen werden? - *SkipVerification*: Darf die Verifikation entfallen? - usw.
UIPermission	verwaltet Genehmigungen, die Benutzerschnittstellen be-treffen, z.B. Auslösen von Ereignissen in Fenstern oder Benutzung der Zwischenablage

Der abstrakte Typ System.Security.CodeAccessPermission definiert die Basisklasse für alle Genehmigungen, die einen *Security Stack Walk* (siehe unten) zur Überprüfung der Rechte eines Assemblies durchführen wollen. Alle Typen aus Tabelle 3.9 sind von diesem Typ abgeleitet. Wie die Schnittstelle einer Genehmigung aussehen soll und wie man sie verwenden kann, beschreiben wir weiter unten, wo wir uns mit der Implementierung befassen.

Security Stack Walk

Unter Speicherverwaltung (Abschnitt 3.7.5) haben wir die Methodenzustände und ihre Verkettung zu so genannten *Threads of Control* erläutert. Einen solchen Thread of Control kann man sich auch als Stack von Methodenzuständen vorstellen. Am Beginn steht immer der Zustand der Startmethode. Ruft diese eine weitere Methode auf, so wird ein Methodenzustand für die neue Methode erzeugt und auf den Methodenkeller gelegt. Der oberste Methodenzustand repräsentiert immer die augenblicklich ausgeführte Methode, alle darunter liegenden Methodenzustände bezeichnet man auch als Rufer dieser Methode.

Will nun die aktuelle Methode auf eine Ressource zugreifen, kann es sein, dass auch die Genehmigungen der Rufer überprüft werden müssen. Die Rufer sind jene Methoden, deren Zustände gerade am Methodenkeller liegen. Da zu ihrer Überprüfung der Methodenkeller durchlaufen wird, spricht man von einem *Stack Walk*. Abb. 3.25 veranschaulicht diesen Vorgang.

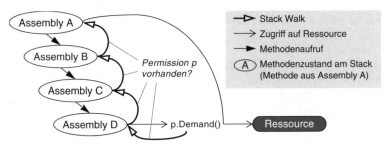

Abb. 3.25 *Security Stack Walk*

In Abb. 3.25 versucht eine Methode aus Assembly D auf eine Ressource zuzugreifen, die durch eine Permission p geschützt ist. Bevor dieser Zugriff erfolgt, fordert die Methode mittels p.Demand() eine Überprüfung ihrer Rufer an. Dabei wird für jeden Methodenzustand am Stack geprüft, ob das zugehörige Assembly die geforderte Permission p besitzt. Nur wenn alle Rufer diese Bedingung erfüllen, darf der Zugriff erfolgen. Ist auch nur eine Methode aus einem Assembly darunter, das p nicht hat, so wird vom Sicherheitsmanager eine System.Security.SecurityException ausgelöst und der Zugriff auf die Ressource verhindert.

Ein Security Stack Walk löst also entweder eine Ausnahme aus und unterbricht damit die »normale« Programmausführung oder es ist alles in Ordnung, und das Programm kann weiterlaufen. Es können also nach dem Aufruf der Demand-Methode Aktionen gesetzt werden, die davon ausgehen, dass das Assembly die verlangten Genehmigungen besitzt.

Implementierung

Damit das Sicherheitssystem überhaupt funktionieren kann, müssen Entwickler die entsprechenden Sicherheitsprüfungen auch durchführen oder anfordern, wenn sie Programme oder Bibliotheken implementieren, die auf sicherheitskritische Ressourcen zugreifen. Dazu bietet ihnen .NET folgende Möglichkeiten:

- ❏ Benutzerdefinierte Permissions können erstellt werden, um neue Arten von Zugriffen oder Ressourcen zu schützen.
- ❏ Vor dem Zugriff auf eine Ressource können alle Rufer einer Methode nach bestimmten Genehmigungen gefragt werden (*demand*).
- ❏ Die Überprüfung der Zugriffsrechte kann modifiziert werden.
- ❏ Die Ausführung eines Assemblies kann an die erteilten Rechte angepasst werden.

Benutzerdefinierte Genehmigungen. Das Interface System.Security.IPermission definiert folgenden Vertrag, den jede Permission implementieren muss, damit der Sicherheitsmanager auch damit arbeiten kann:

```
public interface IPermission : ISecurityEncodable {
    IPermission Copy ();
    void Demand ();
    IPermission Union (IPermission target);
    IPermission Intersect (IPermission target);
    bool IsSubsetOf (IPermission target);
}
```

Copy erzeugt eine Kopie der Permission. Die Methode p.Demand() wird immer dann aufgerufen, wenn überprüft werden soll, ob ein Assembly über die Genehmigung p verfügt (siehe Abb. 3.25).

Union und Intersect werden bei der Ermittlung des PermissionSets für ein Assembly verwendet. Innerhalb einer bestimmten Ebene der Sicherheitspolitik werden die aus den Codegruppen resultierenden PermissionSets vereinigt (Union) (siehe Abb. 3.24). Aus den Vereinigungsmengen der verschiedenen Politikebenen wird abschließend die Schnittmenge (Intersect) als Ergebnis der Rechtevergabe geliefert. Dabei delegieren die PermissionSets die Union- und Intersect-Operationen an ihre Genehmigungen.

p1.IsSubsetOf(p2) überprüft, ob p1 eine Untermenge von p2 ist, oder anders ausgedrückt, ob p2 die Permission p1 impliziert. Das ist der Fall, wenn p1 nicht mehr Zugriffe erlaubt als p2. Wenn zum Beispiel p1 nur lesenden Zugriff auf ein bestimmtes Verzeichnis erlaubt, p2 aber vollen Zugriff, dann ist p1 eine Untermenge von p2. Auch wenn p1 eine bestimmte Zugriffsart auf ein Verzeichnis D und p3 dieselbe Zugriffsart auf ein Oberverzeichnis von D gestattet, ist p1 eine Untermenge von p3. Die drei Beispielpermissions aus den eben beschriebenen Situationen deklariert und erzeugt man in C# folgendermaßen:

```
CodeAccessPermission
    p1 = new FileIOPermission(FileIOPermissionAccess.Read, "c:\\Temp"),
    p2 = new FileIOPermission(FileIOPermissionAccess.AllAccess, "c:\\Temp"),
    p3 = new FileIOPermission(FileIOPermissionAccess.Read, "c:\\");
```

Es gilt:

```
    p1.IsSubsetOf(p2);      // true
    p1.IsSubsetOf(p3);      // true
```

Man sollte sich immer darüber im Klaren sein, dass bestimmte Genehmigungen andere implizieren können. So kann es vorkommen, dass Assemblies Genehmigungen erhalten, die nicht explizit im Code zu finden sind, was dazu führen kann, dass irrtümlich Sicherheitslücken geöffnet werden.

Demand. Bibliothekstypen stellen üblicherweise Funktionen zum Zugriff auf Ressourcen zur Verfügung. Zum Beispiel unterstützen System.IO.File und System.IO. FileStream den Zugriff auf das Dateisystem eines Rechners. Da niemand im Voraus wissen kann, wie oder von welchen Programmen die Bibliothekstypen verwendet werden, müssen die Methoden, die letztendlich auf eine Ressource zugreifen, immer dafür sorgen, dass die notwendigen Sicherheitsgenehmigungen überprüft werden. Das geschieht durch Erzeugen eines entsprechenden Permission-Objekts (oder PermissionSets) und Aufruf der Demand-Methode. Im folgenden Beispiel soll eine Datei c:\F.txt gelesen werden. Zuvor wird eine Überprüfung der Genehmigungen aller Rufer angefordert:

```
CodeAccessPermission p;
p = new FileIOPermission(FileIOPermissionAccess.Read, "c:\\F.txt");
p.Demand();
// nun kann die Datei (ohne Sicherheitsrisiko) gelesen werden
...
```

In Abb. 3.25 wäre zum Beispiel D ein Assembly, das Typen zum Zugriff auf Ressourcen anbietet und vor jedem Zugriff einen Security Stack Walk anfordert.

Diese Implementierungsanforderung ist also besonders für Entwickler von Bibliothekstypen relevant.

Stack Walk anpassen. Entwickler haben auch die Möglichkeit, den Ablauf eines Security Stack Walks, wie er in Abb. 3.25 gezeigt wird, zu modifizieren. Nicht immer müssen ausnahmslos alle Rufer überprüft werden, bevor ein Zugriff zugelassen oder abgelehnt wird. Für jeden Methodenzustand können zur Laufzeit drei spezielle Mengen von Genehmigungen definiert werden, wofür die Klasse System. Security.CodeAccessPermission folgende Methoden zur Verfügung stellt:

❏ Assert: zum vorzeitigen positiven Abbruch des Stack Walks. Damit kann eine Methode für ihre Rufer »bürgen«. Diese werden dann nicht mehr auf ihre Rechte überprüft und der Zugriff darf trotzdem erfolgen, sofern der Bürge selbst die verbürgten Genehmigungen besitzt. Wegen des offensichtlich erhöhten Sicherheitsrisikos sollte diese Funktion nur sehr vorsichtig eingesetzt werden!

❏ Deny: zum vorzeitigen negativen Abbruch des Stack Walks. Damit lässt sich explizit festlegen, dass eine Methode nicht auf eine Ressource zugreifen darf. Wenn man schon zum Entwicklungszeitpunkt weiß, dass man einen bestimmten Zugriff unbedingt vermeiden will, so kann man dies mit der Deny-Methode tun.

❏ PermitOnly: zum vorzeitigen negativen Abbruch des Stack Walks. Im Unterschied zu Deny werden hier die Genehmigungen angegeben, auf die weitere Rufer noch überprüft werden sollen. Damit lassen sich alle Zugriffe bis auf eine Menge ausgewählter verhindern.

Assert-, Deny- und PermitOnly-Genehmigungen sind immer nur für die Methode, in der sie gesetzt wurden, gültig. Beim Verlassen der Methode gelten wieder die Mengen, die vom Rufer zum Zeitpunkt des Methodenaufrufs festgelegt waren. Bei der Verwendung dieser Methoden muss man auch noch bedenken, dass jeder Methodenzustand nur jeweils *eine* Permission oder *ein* PermissionSet für Assert, Deny und PermitOnly speichert und ein Aufruf einer dieser Methoden alle bisherigen überschreibt. Würde man also in einem Methodenrumpf eine der drei Methoden mehrmals aufrufen, so wäre immer nur die Permission oder das PermissionSet des letzten Aufrufs gültig. Im Beispiel rufen wir Deny nacheinander mit zwei verschiedenen Genehmigungen p1 und p2 auf und lösen dann mit Demand jeweils einen Security Stack Walk aus (die Kommentare beschreiben das Resultat der Anweisungen):

```
void SomeMethod () {
    p1.Deny();        // Genehmigung p1 darf von nun an nicht mehr erteilt werden
    p1.Demand();      // muss scheitern, weil p1 in Deny-Menge ist
    p2.Demand();      // normaler Stack Walk; nur p1 ist in der Deny-Menge

    p2.Deny();        // Genehmigung p2 darf von nun an nicht mehr erteilt werden
    p1.Demand();      // normaler Stack Walk; nur p2 ist in der Deny-Menge
    p2.Demand();      // muss scheitern, weil p2 in der Deny-Menge ist
}
```

Der zweite Stack Walk für p1 wird ganz normal durchgeführt und scheitert nicht wie beim ersten Mal sofort, da nach p2.Deny() nur p2 in der Deny-Menge enthalten ist und das zuvor aufgeführte p1.Deny() nun keinerlei Auswirkungen mehr auf den Stack Walk hat.

Um diese Zusatzbestimmungen für den Security Stack Walk wieder aufzuheben, d.h. die speziellen Genehmigungsmengen zu leeren, gibt es entsprechende Revert-Methoden: RevertAll, RevertAssert, RevertDeny, RevertPermitOnly.

Rechtevergabe. Die Genehmigungen, die ein Assembly laut Sicherheitspolitik erhalten darf, müssen nicht mit jenen übereinstimmen, die es tatsächlich erhält. Nach der Ermittlung der erlaubten Genehmigungen, werden nämlich erst in einem zweiten Schritt die Genehmigungen vergeben. Über Attribute und die Enumeration System.Security.Permissions.SecurityAction lassen sich für jedes Assembly drei besondere Mengen von Genehmigungen angeben, die zur Ladezeit evaluiert werden und die die Rechtevergabe beeinflussen. Nur wenn keine der drei Mengen angegeben ist, werden alle erlaubten Genehmigungen an das Assembly vergeben. Diese drei Mengen sind:

❏ *Mindestens notwendige Genehmigungen* (SecurityAction.RequestMinimum). Stellt der Sicherheitsmanager fest, dass nicht alle der so geforderten Genehmigungen erteilt werden dürfen, verhindert er die Programmausführung durch Auslösen einer System.Security.Policy.PolicyException.

❏ *Abgelehnte Genehmigungen* (SecurityAction.RequestRefuse). Um eventuelle Sicherheitsrisiken zu vermeiden, hat ein Entwickler die Möglichkeit, von vornherein auszuschließen, dass ein Assembly bestimmte Genehmigungen erhält.

❏ *Optionale Genehmigungen* (SecurityAction.RequestOptional). Falls diese Genehmigungen nicht erteilt werden dürfen, soll das Programm trotzdem laufen. Es kann dann eventuell bestimmte Funktionen nicht anbieten.

Sicherheitsmechanismen können unter .NET auf zwei Arten implementiert werden, nämlich deklarativ oder imperativ.

Deklarative Sicherheit. Sicherheitsbelange deklarativ auszudrücken, heißt, sie in Form von benutzerdefinierten Attributen dem jeweiligen Programmelement zuzuordnen (Genaueres zur Verwendung von Attributen kann in Abschnitt 2.16 nachgelesen werden).

Alle Attribute zur deklarativen Sicherheit sind vom abstrakten Basisattribut System.Security.Permissions.SecurityAttribute abgeleitet, das folgende öffentliche Schnittstelle aufweist:

```
public abstract class SecurityAttribute : Attribute {
    //----- Konstruktoren
    public SecurityAttribute (SecurityAction action);
    //----- Properties
    public SecurityAction Action { get; set; }
    public bool Unrestricted { get; set; }
    //    Methoden
    public abstract IPermission CreatePermission ();
}
```

Man kann also für jede Permission die gewünschte Aktion als ersten Positionsparameter festlegen und anschließend zusätzliche Eigenschaften als Namensparameter folgen lassen. Die Deklaration

```
[ FileIOPermission(SecurityAction.Demand, Read="c:\\Temp") ]
public void ReadFile (string filename) { /* Datei filename lesen */ }
```

verlangt zum Beispiel, dass vor dem Ausführen der ReadFile-Methode ein Stack Walk durchgeführt wird (SecurityAction.Demand), der überprüft, ob alle Rufer Leserechte für das Verzeichnis c:\Temp haben.

Der Vorteil der deklarativen Implementierungsvariante liegt darin, dass sich die Sicherheitsanforderungen in den Metadaten niederschlagen und von anderen Programmen und Werkzeugen über Reflection abgefragt werden können. Außerdem lassen sich bestimmte Sicherheitanforderungen, wie zum Beispiel die weiter oben beschriebenen Request-Mengen für die Rechtevergabe an Assemblies, nur auf diese Art formulieren.

Ein Nachteil der deklarativen Implementierung ist ihre grobe Granularität, da Sicherheitsattribute nur für gesamte Assemblies, Typen oder Methoden und auch nur zur Compilezeit vergeben werden können.

Imperative Sicherheit. Imperativ drückt man Sicherheitsanforderungen durch Erzeugen einer Permission und anschließenden Aufruf einer Methode wie Demand oder Assert aus. Die Anforderung

```
p = new FileIOPermission(FileIOPermissionAccess.Read, "c:\\Temp");
p.Demand();
```

ist das imperative Äquivalent der deklarativen Anforderung aus dem obigen Beispiel. Darin lässt sich auch schon der entscheidende Vorteil erahnen, den die imperative Variante gegenüber der deklarativen besitzt: Es ist möglich, zur Laufzeit für verschiedene Ausführungspfade einer Methode unterschiedliche Genehmigungen zu verwenden. Damit lassen sich diese Genehmigungen meist genauer spezifizieren, was das Risiko verringert, Sicherheitslücken zu übersehen.

Die ReadFile-Methode aus dem Beispiel für deklarative Sicherheit prüft die Zugriffsrechte für ein ganzes Verzeichnis, obwohl nur eine einzige Datei gelesen werden soll. Deren Name steht aber unter Umständen erst zur Laufzeit fest, also lässt sich deklarativ keine exaktere Angabe für die benötigte Genehmigung machen. Imperativ könnte die Methode aber so aussehen:

```
public void ReadFile (string filename) {
    CodeAccessPermission p;
    p = new FileIOPermission(FileIOPermissionAccess.Read, filename);
    p.Demand();
    ... // Datei filename lesen
}
```

Hier ist also nur eine Untermenge der deklarativ geforderten Rechte notwendig, um dieselbe Funktionalität zu realisieren. Aus zwei Gründen ist es empfehlenswert, immer zu versuchen, nur die minimale Menge an Genehmigungen anzufordern: Erstens kann ein Assembly mit weniger Rechten auch weniger Schaden anrichten und zweitens verringern sich die Möglichkeiten, Sicherheitslücken durch implizierte Genehmigungen (siehe IsSubsetOf-Methode weiter oben) zu übersehen.

3.8.2 Rollenbasierte Sicherheit

Rollenbasierte Sicherheit wird wie oben schon erwähnt von den meisten Betriebssystemen unterstützt. Damit kann sich .NET, wenn es auf einem solchen Betriebssystem läuft, darauf verlassen, dass kein Programm Zugriffe durchführen kann, die dem Benutzer, der es ausführt, nicht erlaubt sind.

In manchen Fällen soll die Benutzeridentität oder -rolle aber vielleicht nicht mit der vom Betriebssystem vergebenen übereinstimmen, etwa, wenn sich der Benutzer bei einem Web-Service anmeldet. Daher gibt es in .NET auch Abstraktionen, die es erlauben, einem Thread eine Benutzeridentität oder eine Benutzerrolle zuzuordnen. .NET-Programme können so ihre eigenen Identitäten und Rollen definieren und vergeben.

Die wichtigsten Typen zur Unterstützung der rollenbasierten Sicherheit befinden sich im Namensraum System.Security.Principal, wo vor allem zwei Interfaces von Bedeutung sind:

❑ IIdentity repräsentiert die Identität des Benutzers, in dessen Namen das Programm ausgeführt wird.

```
public interface IIdentity {
    string Name { get; }
    bool IsAuthenticated { get; }
    string AuthenticationType { get; }
}
```

Alle diese Properties einer Identität werden entweder vom Betriebssystem oder von einer anderen Authentifizierungsinstanz (z.B. ASP.NET) gesetzt.

❑ IPrincipal repräsentiert die Rollen, die einem Benutzer zugeordnet werden. Unter Windows würde das den Benutzergruppen, denen ein Benutzer angehört, entsprechen.

```
public interface IPrincipal {
    //----- Properties
    IIdentity Identity { get; }
    //----- Methoden
    bool IsInRole (string role);
}
```

Jedem Principal muss genau eine Identität zugeordnet sein. Die Methode IsInRole stellt fest, ob ein Principal zu einer bestimmten Rolle gehört oder nicht. Ein Thread kann genau zu einem Principal gehören. Diese Zuordnung wird über die statische Methode CurrentPrincipal des Typs System. Threading.Thread vorgenommen.

Für beide Interfaces gibt es eine Standardimplementierung in Form der Klassen GenericIdentity und GenericPrincipal sowie Implementierungen zur Anbindung an das Sicherheitssystem des Windows-Betriebssystems in WindowsIdentity und WindowsPrincipal.

4 Die .NET-Klassenbibliothek

Die Klassenbibliothek von .NET (*Base Class Library* oder BCL) umfasst etwa 200 Namensräume und über 4500 Typen. Sie ist die Programmierschnittstelle des .NET-Frameworks und enthält APIs für alle erdenklichen Bereiche, angefangen von einfachen Datenstrukturen über Ein-/Ausgabeströme, Datenbankzugriff, XML, Threads, Netzwerkzugriff, Reflection bis zu GUI- und Web-Programmierung. Abb. 4.1 gibt einen groben Überblick.

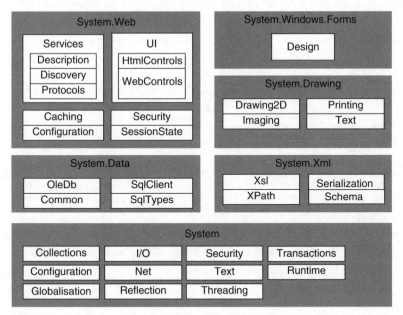

Abb. 4.1 *Die .NET-Klassenbibliothek (Base Class Library)*

In den folgenden Unterkapiteln sehen wir uns nun die wichtigsten Namensräume dieser Bibliothek an. Obwohl wir die Schnittstellen und Beispiele hier in C# angeben, ist die BCL *sprachunabhängig* und kann von allen .NET-Sprachen aus verwendet werden.

Natürlich können wir hier nicht alle Namensräume und Klassen beschreiben und sogar bei den behandelten Klassen beschränken wir uns auf eine Auswahl ihrer Funktionalität. Die vollständige Referenzinformation der BCL kann der Onlinedokumentation des *.NET-Framework-SDK* [SDKDoc] entnommen werden, die mit dem Framework mitgeliefert wird. Bei der Ausführung der Beispiele ist es wichtig, diese von einem lokalen Laufwerk aus zu starten. Startet man sie von verbundenen Laufwerken (*mapped drives*) aus, kann es zu einer SecurityException kommen, da viele Assemblies diese Einschränkung in ihren Sicherheitseinstellungen eingetragen haben.

4.1 Collections

Da C# als Sprache nur Arrays unterstützt, werden andere Arten von Objektsammlungen (so genannte *Collections*) in den Namensräumen System.Collections und System.Collections.Generic angeboten. System.Collections enthält alle untypisierten Objektsammlungen und System.Collections.Generic alle typisierten (d.h. durch Typen parametrisierten) Sammlungen. Da typisierte Collections sicherer und bequemer zu benutzen sind, beschränken wir uns hier auf diese Art von Sammlungen und empfehlen, sie an Stelle der untypisierten Collections zu verwenden. Abb. 4.2 zeigt einen Teil der Collection-Typen mit ihrer Vererbungshierarchie.

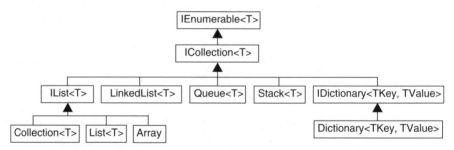

Abb. 4.2 *Ausschnitt der Generic Collections-Hierarchie mit ihren Klassen und Interfaces*

Alle Collection-Klassen implementieren das Interface ICollection und fügen meist zusätzliche Funktionalität hinzu. In den folgenden Abschnitten gehen wir auf die Klassen und Interfaces aus Abb. 4.2 näher ein.

4.1.1 IEnumerable<T>

Das Interface IEnumerable<T> beschreibt alles Aufzählbare. Alle Collection-Klassen implementieren dieses Interface, was bedeutet, dass man Collections mit einem *Iterator* traversieren kann:

```
interface IEnumerable<T> {
    IEnumerator<T> GetEnumerator();
}
```

Ein Aufruf von c.GetEnumerator liefert einen *Iterator*, mit dem man die Collection c durchlaufen kann. Ein Iterator ist ein Entwurfsmuster (*Design Pattern*), das es erlaubt, eine Menge von Elementen zu traversieren, ohne dabei die interne Struktur des Mengenobjekts zu kennen. Jede Collection-Art kann ihren eigenen Iterator anbieten, aber alle Iteratoren unterstützen das folgende Interface IEnumerator:

```
interface IEnumerator<T> {
    T Current {get;}
    bool MoveNext();
    void Reset();
}
```

Das Property Current liefert das gerade besuchte Element der Collection. Mit MoveNext kann man Current auf das jeweils nächste Element setzen (wobei false geliefert wird, wenn es kein nächstes Element mehr gibt). Die Methode Reset setzt Current auf das erste Element der Collection zurück.

4.1.2   ICollection<T>

Das Interface ICollection ist die Basisschnittstelle aller Klassen, die Sammlungen von Daten implementieren:

```
public interface ICollection<T> : IEnumerable<T> {
    //----- Properties
    int Count {get;}
    bool IsReadOnly {get;}
    //----- Methoden
    void Add(T elem);
    void Clear();
    bool Contains(T elem);
    void CopyTo(T[] array, int index);
    bool Remove(T elem);
}
```

Count liefert die Anzahl der Elemente in der Sammlung. Das Property IsReadOnly gibt an, ob die Objektsammlung verändert werden darf. Liefert das Property IsReadOnly true, dann sind die Operationen zum Hinzufügen, Löschen oder Verändern der Sammlung nicht erlaubt. Die Methode Add(elem) fügt das Objekt elem in die Collection ein. Clear entfernt alle Objekte aus der Sammlung. Contains(elem) prüft, ob das Objekt elem in der Collection vorhanden ist. Die Methode c.CopyTo(array, index) kopiert die Sammlung c in das Array array ab der Stelle index.

4.1.3   IList

Das Interface IList ist die Basisschnittstelle aller Objektsammlungen, die als Listen implementiert sind (z.B. List<T>). Listen sind Sammlungen, bei denen die Objekte über einen Index angesprochen werden können:

```
public interface IList<T> : ICollection<T>, IEnumerable<T>, {
    //----- Properties
    T this[int index] {get; set;}        // Indexer für den Zugriff auf einzelne Elemente
    //----- Methoden
    void Insert(int index, T elem);      // fügt elem an der Position index ein
    void RemoveAt(int index);            // entfernt das Element an der Position index
    int IndexOf(T elem);                 // liefert den Index des Elements
}
```

IList definiert typische Listenoperationen wie Insert und RemoveAt sowie einen Indexer, mit dem man auf die Elemente der Liste über einen Index zugreifen kann.

4.1.4   Array

Alle in Programmen deklarierten Arrays sind von der abstrakten Klasse Array abgeleitet, die sich im Namensraum System befindet.

```
public abstract class Array : ICloneable, IList, ICollection, IEnumerable {
    //----- implementiert Properties und Methoden aus folgenden Interfaces
    // IEnumerable: GetEnumerator
    // ICollection: Count, CopyTo, ...
    // IList: Insert, RemoveAt, IndexOf, Indexer
    // ICloneable: Clone
    //----- Properties
    public int Length {get;}        // liefert die Anzahl der Elemente eines Arrays
    public int Rank {get;}          // liefert die Anzahl der Dimensionen eines Arrays
    //----- Methoden
    public static void Clear(Array a, int index, int length);  // initialisiert mit 0, false, null, ...
    public void Initialize(); // initialisiert Werttypen im Array durch Aufruf ihres Konstruktors
    public static void Copy(Array srcArray, Array destArray, int len);
    public static void Copy(Array srcArray, int srcIdx, Array destArray, int destIdx, int len);
    public static int IndexOf(Array a, object val);
    public static int IndexOf(Array a, object val, int startIndex);
    public static int IndexOf(T[] a, T elem);
    public static int LastIndexOf(Array a, object value);
    public static int LastIndexOf(T[] a, T elem);
    public static int LastIndexOf(Array a, object value, int startIndex);
    public static Array CreateInstance(Type elementType, int len);
    public static Array CreateInstance(Type elementType, int[] len);
    public int GetLength(int dimension);  // liefert die Anzahl der Elemente einer Dimension
    public int GetLowerBound(int dimension);
    public int GetUpperBound(int dimension);
```

```
    public object GetValue(int idx);    // liefert das Element an der mit idx angegebenen Stelle
    public object GetValue(int[] idx);  // Array von Indizes für mehrdimensionale Arrays
    public void SetValue(int idx);      // setzt ein Element an die mit idx angegebene Stelle
    public void SetValue(int[] idx);    // Array von Indizes für mehrdimensionale Arrays
    public static void Reverse(Array a);  // invertiert die Reihenfolge der Elemente im Array a
    public static int BinarySearch(Array a, object val);
    public static int BinarySearch(T[] a, T val);
    public static int BinarySearch(Array a, object val, IComparer c);
    public static int BinarySearch(Array a, int index, int len, object val);
    public static int BinarySearch(Array a, int index, int len, object val, IComparer c);
    public static void Sort(Array a);   // sortiert die Elemente im Array a
    public static void Sort(T[] a);
    public static void Sort(Array keys, Array values);  // sortiert jeweils Elementpaare
    public static void Sort(Array a, IComparer comparer);  // spezielle Sortierung
    // ... + überladene Methoden
}
```

Die Klasse Array definiert einen Vektor von Elementen, der eine konstante Größe hat, die nach der Reservierung des Speichers nicht mehr verändert werden kann. Somit liefert das von IList geerbte Property IsFixedSize immer true. Folgendes Beispiel zeigt, wie ein C#-Array die Funktionalität der Klasse Array nutzen kann:

```
int[] a = {3, 1, 5, 2, 9, 4};
Array.Sort(a);              // Sortiert das Array
foreach (int elem in a)
    Console.Write("{0} ", elem);  // Liefert die Elemente in sortierter Reihenfolge: 1 2 3 4 5 9
```

In C# kann ein Array-Objekt wie folgt erzeugt werden:

```
int[] a = new int[6];
```

Das gleiche Ergebnis erhält man auch durch den Aufruf der Methode CreateInstance der Klasse Array:

```
int[] a = (int[]) Array.CreateInstance(typeof(int), 6);
```

a.Clone() erzeugt eine flache Kopie des Arrays a. Wenn das Array also Referenzen auf Objekte enthält, so werden nur die Referenzen, nicht aber die Objekte kopiert.

Mehrdimensionale Arrays

Die Klasse Array erlaubt es, ein- und mehrdimensionale Arrays mit Hilfe der Methode CreateInstance zu erzeugen:

```
Array a = Array.CreateInstance(typeof(int), 10, 20, 30);
```

Diese Anweisung erzeugt ein Array-Objekt a mit drei Dimensionen, wobei die erste 10, die zweite 20 und die dritte 30 Elemente lang ist.

Das Property Rank eines Arrays liefert die Anzahl der Dimensionen, die für das Array-Objekt definiert wurden. Folgendes Beispiel erzeugt eine zweidimensionale Matrix und gibt dann ihre Dimension auf der Konsole aus:

```
Array matrix = Array.CreateInstance(typeof(int), 10, 20);
Console.WriteLine("Dimension:{0}", matrix.Rank); // gibt Dimension: 2 auf der Konsole aus
```

Das Property Length eines Arrays liefert die Anzahl der Elemente *aller* Dimensionen. Gibt man matrix.Length aus, ergibt das 10 mal 20 Elemente, also 200.

```
Console.WriteLine("Anzahl aller Elemente:{0}", matrix.Length); // gibt 200 aus
```

Wenn man die Anzahl der Elemente der Dimension n bestimmen möchte, liefert die Methode GetLength(n) den gewünschten Wert:

```
int count = matrix.GetLength(0);     // liefert 10
count = matrix.GetLength(1);         // liefert 20
```

In C# beginnt ein Array immer mit dem Index 0, aber andere Programmiersprachen definieren oft unterschiedliche Startindizes. Mit der Methode Array.CreateInstance(Type t, int[] dim, int[] bounds) kann man Arrays mit beliebigem Startindex erzeugen. Dabei gibt dim die Anzahl der Elemente pro Dimension und bounds den Startindex jeder Dimension an. Arrays mit Startindex 0 und Arrays mit anderen Startindizes gelten als unterschiedliche Typen.

Um die Indexgrenzen der Dimension n eines Arrays a zu erhalten, können die Methoden a.GetLowerBound(n) und a.GetUpperBound(n) benutzt werden. Die erste Methode liefert den unteren Index, also in der Regel 0, die zweite liefert den höchsten zulässigen Index. Folgende Codesequenz zeigt den Einsatz dieser beiden Methoden:

```
for (int i = matrix.GetLowerBound(0); i <= matrix.GetUpperBound(0); i++) {
    for(int j = matrix.GetLowerBound(1); j <= matrix.GetUpperBound(1); j++)
        Console.Write("{0} ", matrix.GetValue(i, j));
    Console.WriteLine();
}
```

Der Aufruf matrix.GetUpperBound(0) liefert die obere Indexgrenze der Dimension 0 von matrix, in diesem Fall also 9.

Die statische Methode Array.Clear() löscht die Werte der einzelnen Elemente. Je nach Elementtyp wird der Wert auf 0, '\0', null oder false gesetzt.

Sortieren, Invertieren und Suchen

Die Klasse Array erweitert die Funktionalität von IList um einige nützliche Operationen. Die statische Methode Array.Sort(a) sortiert die Elemente des Arrays a. Um die Sortierreihenfolge festzulegen, kann man Sort ein Objekt vom Typ IComparer<T> mitgeben. Das Interface IComparer<T> definiert eine Methode Compare(x, y), die x und y vergleicht.

```
public interface IComparer<T> {
    int Compare(T x, T y); // negative if x < y,   0 if x == y,   positive if x > y
}
```

IComparer ermöglicht die Verwendung selbst definierter Vergleichsoperationen. Wenn der Vergleich zweier Objekte durch den Standardmechanismus erfolgen soll, muss man in Sort kein IComparer-Objekt angeben.

Folgendes Beispiel zeigt die Implementierung eines IComparer-Objekts, das Objekte vom Basistyp Person vergleichen kann. Der Vergleich zweier Personen erfolgt über ihre Sozialversicherungsnummer.

```
using System.Collections.Generic;
using System;

public class Person {
    public string svNr;
    public string name;

    public Person(string svNr, string name) {
        this.svNr = svNr;
        this.name = name;
    }
    public override string ToString() {
        return svNr + ", " + name;
    }
}
public class PersonComparer<T> : IComparer<T> where T: Person {
    // vergleiche die Sozialversicherungsnummern beider Personen
    public int Compare(T person1, T person2) {
        return person1.svNr.CompareTo(person2.svNr);
    }
}
public class TestComparer {
    public static void Main(string[] argv) {
        Person[] persons = { new Person("030819778345", "Herbert Müller"),
                             new Person("010519506534", "Maria Muster"),
                             new Person("100719654298", "Ludwig Mustermann") };
        Array.Sort(persons, new PersonComparer<Person>());
        foreach (Person p in persons) {
            Console.WriteLine(p.ToString());
        }
    }
}
```

Die Klasse TestComparer testet das Sortieren eines Personen-Arrays mit dem neu implementierten PersonComparer-Objekt. Auf der Konsole ergibt sich folgende Ausgabe:

010519506534, Maria Muster
030819778345, Herbert Müller
100719654298, Ludwig Mustermann

Die statische Methode Array.Reverse(a) invertiert die Reihenfolge des Arrays a. Das folgende Beispiel zeigt, wie ein Array sortiert und dann invertiert wird:

```
int[] a = {1, 0, 4, 3, 2};
Array.Sort(a);
foreach (int elem in a) Console.WriteLine(elem);  // Ausgabe: 0, 1, 2, 3, 4
Array.Reverse(a);
foreach (int elem in a) Console.WriteLine (elem);  // Ausgabe: 4, 3, 2, 1, 0
```

Eine weitere typische Array-Operation ist das Suchen eines bestimmten Elements. Auch hier bietet die Klasse Array mit den Methoden Array.IndexOf(a, obj) und Array.BinarySearch(a, obj) nützliche Hilfsfunktionen an. Beide Methoden liefern den Index des Objekts obj im Array a oder den Wert -1, falls es nicht gefunden wurde. Die Methode BinarySearch sucht im Gegensatz zu IndexOf binär, verlangt aber, dass das Array sortiert ist. Die binäre Suche in einem sortierten Array ist wesentlich schneller als die sequenzielle Suche. Folgende Codesequenz zeigt, wie in einer Menge von string-Objekten nach der Position eines bestimmten Objekts gesucht werden kann:

```
string[] a = {"Das", "ist", "ein", "Test"};
int pos = Array.IndexOf(a, "ein");
Console.WriteLine("Position: {0}", pos);  // liefert Position: 2
```

4.1.5   List

Die Klasse List implementiert das Interface IList und steht für alle typisierten Objektsammlungen, auf die mit einem Index zugegriffen werden kann. System.Collections.Generic.List bietet ähnliche Funktionalität wie die Klasse ArrayList, die jedoch nicht typisiert ist. List stellt eine Liste dynamischer Größe dar, die im Gegensatz zu herkömmlichen Arrays wachsen und schrumpfen kann. Objektsammlungen vom Typ List können gleiche Elemente enthalten oder auch null-Referenzen. Die Schnittstelle der Klasse List ist wie folgt definiert:

```
public class List<T> : IList<T>, ICollection<T>, IEnumerable<T> {
    //----- implementiert Properties und Methoden aus folgenden Interfaces
    // IEnumerable<T>: GetEnumerator
    // ICollection<T>: Count, CopyTo, ...
    // IList<T>: Insert, RemoveAt, IndexOf
    //----- Konstruktoren
    public List();
    public List(IEnumerable<T> collection);
    public List(int capacity);
    //----- Properties
```

```
        virtual int Capacity {get; set;}  // reservierte Größe der ArrayList
        public int Count { get; }  // liefert die Anzahl der Elemente der Liste
        public T this [int index] { get; set; }  // liefert oder setzt das Element an der Stelle index
        //----- Methoden
        public ReadOnlyCollection<T> AsReadOnly ();  // liefert die Liste schreibgeschützt
        public virtual void Add(T elem);  // fügt das Element elem am Ende der Liste an
        public virtual IList<T> GetRange(int index, int count);  // liefert eine Teilmenge von
            // Elementen als neue IList, wobei die Elemente nicht kopiert werden
        public virtual void AddRange(IEnumerable<T> c);  // fügt c am Ende ein
        public virtual void InsertRange(int i, IEnumerable<T> c);  // fügt c ab dem Index i ein
        public virtual void RemoveRange(int index, int count);  // entfernt Elemente-Teilmenge
        public virtual void CopyTo(T[] a);  // kopiert die ArrayList in das Array a
        public virtual int LastIndexOf(T o);  // liefert letzten Index des Elements o oder -1,
            // falls das Element nicht gefunden wurde
        public virtual int BinarySearch(T e);  // liefert ersten Index des Elements e oder -1
        public virtual int BinarySearch(T e, IComparer<T>);
        public virtual void Sort();  // sortiert die Elemente der ArrayList
        public virtual void Reverse();  // invertiert die Reihenfolge der Elemente in der ArrayList
        public virtual T[] ToArray();  // kopiert die Elemente in ein object-Array
        public virtual void TrimExcess();  // setzt Kapazität auf die aktuelle Anzahl d. Elemente
    }
```

Das folgende Beispiel erzeugt eine Liste vom Typ List, fügt einige Personen-Elemente ein und führt dann Operationen wie Sortieren und Invertieren darauf aus. Dabei verwenden wir die Klassen Person und PersonComparer<T> aus dem letzten Beispiel:

```
using System;
using System.Collections.Generic;
...
List<Person> list = new List<Person>();

list.Add(new Person("030819778345", "Herbert Müller"));
list.Add(new Person("010519506534", "Maria Muster"));
list.Add(new Person("100719654298", "Ludwig Mustermann"));

list.Sort(new PersonComparer<Person>());
foreach (Person p in list) Console.WriteLine(p);
// Ausgabe:
// 010519506534, Maria Muster
// 030819778345, Herbert Müller
// 100719654298, Ludwig Mustermann
list.Reverse();
for (int i = 0; i < list.Count; i++) Console.WriteLine(list[i]);
// Ausgabe:
// 100719654298, Ludwig Mustermann
// 030819778345, Herbert Müller
// 010519506534, Maria Muster
```

Die Methode list.BinarySearch(elem) sucht das Element elem in der sortierten
Liste list. Als zweiter Parameter kann ein Objekt vom Typ IComparer<T> übergeben werden, das elem mit den anderen Elementen der Liste vergleicht. Binary-
Search funktioniert allerdings nur bei sortierten Listen. Das folgende Beispiel
zeigt das binäre Suchen in einer Liste sowie die Umwandlung der Liste in ein Array fixer Größe:

```
using System;
using System.Collections.Generic;
...
List<String> list = new List<String>();
list.Add("Anton"); list.Add("Dora"); list.Add("Berta"); list.Add("Emil"); list.Add("Caesar");
list.Sort();
int i = list.BinarySearch("Emil");
Console.WriteLine("Pos. {0}: {1}", i, list[i]);        // liefert Pos. 4: Emil
StringComparer ignoreCaseComparer = StringComparer.CurrentCultureIgnoreCase;
i = list.BinarySearch("berta", ignoreCaseComparer);
Console.WriteLine(" Pos. {0}: {1}", i, list[i]);       // liefert Pos. 1: Berta
//----- Umwandlung in ein statisches Array
String[] arr = list.ToArray();
foreach (string s in arr) Console.WriteLine(s);
```

4.1.6 BitArray

Die Klasse BitArray, aus dem Namensraum System.Collections, stellt eine dynamische Liste von Binärwerten dar, die true oder false sein können. Erlaubte Operationen sind unter anderem And, Or, Xor und Not sowie ein Indexer zum Zugriff auf die
einzelnen Binärwerte. Die Schnittstelle der Klasse BitArray ist wie folgt definiert:

```
public sealed class BitArray : ICollection, IEnumerable, ICloneable {
    //----- implementiert Properties und Methoden aus folgenden Interfaces
    // IEnumerable: GetEnumerator
    // ICollection: Count, CopyTo, ...
    // ICloneable: Clone
    //----- Ausschnitt der Konstruktoren
    public BitArray(int length);
    public BitArray(bool[] values);
    public BitArray(byte[] bytes);
    //----- Properties
    public bool this[int index] {get; set;} // Indexer für den Zugriff auf einzelne Elemente
    public int Length {get; set;} // gibt die Anzahl der Bitstellen zurück
    //----- Methoden
    public bool Get(int index);  // liefert den Bitwert der angegebenen Stelle index
    public void Set(int index, bool val);  // setzt den Bitwert val an der Stelle index
    public void SetAll(bool val);  // setzt jede Stelle auf den angegebenen Bitwert val
    public BitArray And(BitArray val);  // binäre Und-Operation
    public BitArray Or(BitArray a);  // binäre Oder-Operation
    public BitArray Xor(BitArray a);  // binäre Exklusiv-Oder-Operation
```

```
        public BitArray Not(); // binäre Nicht-Operation
        public void CopyTo(Array a, int i); // kopiert das BitArray in das Array a ab Stelle i
}
```

Hier ist ein Beispiel für die Verwendung eines Bit-Arrays:

```
BitArray a = new BitArray(8);        // erzeugt ein BitArray mit 8 Elementen, alle false
BitArray b = new BitArray(new bool[] {true, true, true, true, false, false, false, false});
// oder: BitArray b = new BitArray(new byte[] {0x0F}); // Bitmuster = 00001111
a[1] = a[2] = a[5] = true;           // a == 00100110, b == 00001111
a = a.Not();                         // a == 11011001
a = a.Or(b);                         // a == 11011111
if (b[0]) b = b.Xor(a);              // b == 11010000
foreach (bool x in a) Console.WriteLine(x);
for (int i = 0; i < b.Length; i++) Console.WriteLine(b[i]);
```

4.1.7   Queue

Eine *Queue* ist eine Schlange (auch Puffer genannt), bei der Objekte an einem Ende eingefügt und am anderen Ende wieder entfernt werden. Dadurch wird das zuerst eingefügte Element auch wieder als erstes entnommen, was der FIFO-Strategie (*first in first out*) entspricht. Eine typische Anwendung für eine Queue ist eine Folge von Aufträgen (z.B. Druckaufträge), die in der Reihenfolge ihres Eintreffens abgearbeitet werden. Die Schnittstelle der Klasse Queue ist wie folgt definiert:

```
public class Queue<T> : ICollection, IEnumerable<T> {
    //----- implementiert Properties und Methoden aus folgenden Interfaces
    // IEnumerable<T>: GetEnumerator
    // ICollection: Count, CopyTo, ...
    //---- Konstruktoren
    public Queue(); // erzeugt eine leere Queue
    public Queue(IEnumerable<T> c); // erzeugt eine Queue und übernimmt die
        //Elemente aus c
    public Queue(int capacity); // erzeugt eine leere Queue mit der initialen Größe capacity
    //----- Methoden
    public virtual void Enqueue(T elem); // fügt ein Element an das Ende der Queue an
    public virtual T Dequeue(); // liefert das erste Element am Beginn der Queue
    public virtual T Peek(); // liefert das erste Element, ohne es zu entfernen
    public virtual bool Contains(T o); // überprüft, ob die Queue das Object o enthält
    public virtual void Clear(); // entfernt alle Elemente aus der Queue
    public virtual T[] ToArray(); // liefert eine Kopie der Queue als object-Array
    public virtual void TrimExcess(); // setzt Kapazität auf die aktuelle Anzahl der Elemente
}
```

Der Aufruf q.Enqueue(elem) fügt das Element elem in q ein; q.Dequeue() entfernt und liefert das älteste Element von q. Hier ist ein Beispiel:

```
using System;
using System.Collections.Generic;

...

Queue<String> q = new Queue<String>();
q.Enqueue("Anton"); q.Enqueue("Berta"); q.Enqueue("Caesar"); q.Enqueue("Dora");
while (q.Count > 0) Console.Write(q.Dequeue());
```

Dieses Programm erzeugt folgende Ausgabe:

Anton Berta Caesar Dora

Die Arbeitsweise einer Queue ist in Abb. 4.3 grafisch dargestellt.

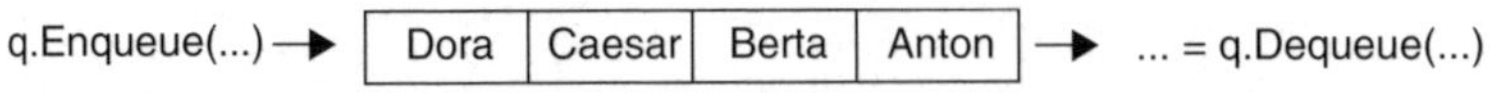

q.Enqueue(...) ⟶ | Dora | Caesar | Berta | Anton | ⟶ ... = q.Dequeue(...)

Abb. 4.3 *Arbeitsweise einer Queue*

Gerade für die Anwendung einer Queue als Warteschlange ist es wichtig, dass sich Threads (siehe Abschnitt 4.3) beim Zugriff auf die Queue nicht in die Quere kommen. Daher bietet Queue das Property SyncRoot an. Bei einem Zugriff auf die Queue müssen alle Klienten eine Sperre auf dieses Objekt anfordern, um einen synchronisierten Zugriff auf die Objektmenge zu garantieren.

4.1.8 Stack

Ein *Stack*, auch Stapel oder Keller genannt, ist eine Datenstruktur, bei der Elemente an einem Ende eingefügt und am gleichen Ende wieder entfernt werden. Das zuletzt eingefügte Element wird als erstes wieder entfernt, was der LIFO-Strategie entspricht (*last in first out*). Die Schnittstelle der Klasse Stack<T> ist hier dargestellt:

```
public class Stack<T> : ICollection, IEnumerable<T> {
    //----- implementiert Properties und Methoden aus folgenden Interfaces
    // IEnumerable<T>: GetEnumerator
    // ICollection: Count, CopyTo, ...
    //----- Konstruktoren
    public Stack();
    public Stack(IEnumerable<T> c);
    public Stack(int capacity);
    //----- Methoden
    public virtual void Push(T elem); // legt elem als erstes Element auf den Stack
    public virtual T Pop(); // liefert das erste Element vom Stack und entfernt es daraus
    public virtual T Peek(); // liefert das erste Element vom Stack, ohne es zu entfernen
    public virtual bool Contains(T elem);  // prüft, ob elem am Stack vorhanden ist
    public virtual void Clear(); // entfernt alle Elemente vom Stack
    public virtual T[] ToArray(); // kopiert alle Elemente vom Stack in ein object-Array
}
```

s.Push(elem) fügt das Element elem in den Stack s ein; s.Pop() entfernt und liefert das zuletzt eingefügte Element. s.Peek() liefert wie Pop das zuletzt eingefügte Element, entfernt es aber nicht vom Stack. Im folgenden Beispiel wird statt einer Queue ein Stack verwendet:

```
Stack<String> s = new Stack<String>();
s.Push("Anton"); s.Push("Berta"); s.Push("Caesar"); s.Push("Dora");
while (s.Count > 0) Console.Write(s.Pop());
```

Dieses Programm erzeugt folgende Ausgabe:

```
Dora Caesar Berta Anton
```

Die Arbeitsweise eines Stacks ist in Abb. 4.4 grafisch dargestellt.

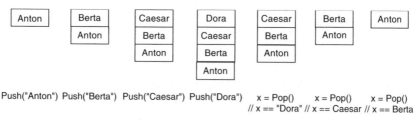

Abb. 4.4 *Arbeitsweise eines Stacks*

4.1.9 IDictionary

Klassen, die das Interface IDictionary<TKey, TValue> implementieren, bilden eine Familie von Listen, die mit Schlüssel-Wert-Paaren arbeiten. Jedem Wert ist ein eindeutiger Schlüssel vom Typ TKey zugeordnet, der nicht null sein darf. Der Wert ist vom Typ TValue und darf null sein. IDictionary<TKey, TValue> impliziert keine Sortierreihenfolge. Hier ist ein Auszug der Schnittstelle von IDictionary<TKey, TValue>:

```
interface IDictionary<TKey, TValue>: ICollection<KeyValuePair<TKey, TValue>>,
IEnumerable<KeyValuePair<TKey, TValue>> {
    // erbt aus ICollection: Count, CopyTo, ...
    //----- Properties
    ICollection<TKey> Keys {get;}
    ICollection<TValue> Values {get;}
    TValue this[TKey key] {get; set;} // Indexer für den Zugriff auf einzelne Elemente
    //----- Methoden
    void Add(TKey key, TValue value);
    void Remove(TKey key);
    bool ContainsKey(TKey key);
    bool TryGetValue(TKey key, out TValue value); // liefert den durch den Schlüssel key
        // definierten Wert in value zurück, der return-Wert ist true, wenn der Schlüssel
        // enthalten ist, ansonsten false
}
```

Da IDictionary von IEnumerable<KeyValuePair<TKey, TValue>> abgeleitet ist, kann man sich von einem IDictionary-Objekt einen Iterator besorgen, mit dem man die Schlüssel-Wert-Paare durchlaufen kann. Das IEnumerable-Objekt liefert ein typisiertes IEnumerator-Objekt, das über eine Menge von Schlüssel-Werte-Paaren läuft.

Die Schnittstelle dieser Schlüssel-Werte-Paare wird durch den Struct-Typ KeyValuePair<TKey, TValue> festgelegt:

```
public struct KeyValuePair<TKey, TValue> {
    // ----- Konstruktor
    public KeyValuePair(TKey key, TValue value);  // erzeugt ein Schlüssel-Wert-Paar
    // ----- Properties
    public TKey Key {get; }      // liefert den Schlüssel eines Schlüssel-Werte-Paares
    public TValue Value {get; }  // liefert den Wert eines Schlüssel-Werte-Paares
}
```

IDictionary definiert auch einen Indexer, der den Schlüssel als Index benutzt und den dazugehörigen Wert liefert. Die Properties Keys und Values liefern jeweils eine Liste der Schlüssel und Werte des IDictionary-Objekts. Durch d.Add(key, value) kann ein Schlüssel-Wert-Paar in das Dictionary d eingefügt werden und durch d.Remove(key) kann der Schlüssel samt Wert wieder entfernt werden.

4.1.10 Dictionary

Die Klasse Dictionary ist eine konkrete Implementierung von IDictionary und ist als *Hashtabelle* implementiert. Dictionary ist das typisierte Äquivalent zu System.Collection.Hashtable. Hashtabellen ermöglichen effizientes Suchen und Einfügen von Objekten. Die Schnittstelle der Klasse Dictionary lautet wie folgt:

```
public class Dictionary : IDictionary<TKey, TValue>, ICollection<KeyValuePair<TKey,
TValue>>, IEnumerable<KeyValuePair<TKey, TValue>>, ... {
    //----- implementiert Properties und Methoden aus folgenden Interfaces
    // ICollection: Count, CopyTo, ...
    // IDictionary: Clear, Add, Remove, Contains, GetEnumerator, Indexer, ...
    //----- Konstruktoren
    public Dictionary();  // legt Dictionary mit Standardgröße an
    public Dictionary(int capacity); // legt ein Dictionary mit angegebener Größe an
    public Dictionary(IEqualityComparer<TKey> comparer);  // Dictionary mit speziellem
        // IEqualityComparer-Objekt zum Vergleich von Schlüsseln
    public Dictionary(IDictionary<TKey, TValue> d); // neues Dictionary gefüllt mit
        // Elementen aus d
    ...
    //----- Methoden
    public virtual bool ContainsKey(TKey key);
    public virtual bool ContainsValue(TValue val);
    ...
}
```

Die in ein Dictionary eingefügten Schlüssel müssen die von Object geerbten Methoden GetHashCode und Equals überschreiben. k.GetHashCode() soll den Schlüssel k mit möglichst guter Streuung in einen int-Wert konvertieren. Dieser wird dann von der Hashtabelle dazu benutzt, den Speicherort des Schlüssel-Wert-Paares in der Tabelle zu bestimmen.

Je kleiner der Füllungsgrad einer Dictionary-Sammlung, desto effizienter ist das Suchen und Einfügen von Elementen, aber auch desto größer der Speicherbedarf. Wird der maximale Füllungsgrad beim Einfügen von Elementen überschritten, so wird die Tabelle automatisch vergrößert.

Im folgenden Beispiel werden Personen in die Dictionary-Sammlung eingefügt, wobei die Sozialversicherungsnummer als Schlüssel verwendet wird. Die Klasse Person ist aus dem Beispiel in Abschnitt 4.1.4 übernommen:

```
public class HashtableExample {
    public static void Main() {
        Dictionary<long, Person> tab = new Dictionary<long, Person>();
        tab.Add(3181030750, new Person("3181030750", "Mike Miller"));
        tab.Add(1245010770, new Person("1245010770", "Susanne Parker"));
        tab.Add(2345020588, new Person("2345020588", "Roland Howard"));
        tab.Add(1245300881, new Person("1245300881", "Douglas Adams"));
        foreach (KeyValuePair<long, Person> e in tab)
            Console.WriteLine(e.Value + ": " + e.Key);
        if (tab.ContainsKey(1245010770))
            Console.WriteLine("Person mit SNr. 1245010770: " + tab[1245010770]);
    }
}
```

Die Ausgabe dieses Programms lautet:

```
3181030750, Mike Miller: 3181030750
1245010770, Susanne Parker: 1245010770
2345020588, Roland Howard: 2345020588
1245300881, Douglas Adams: 1245300881
Person mit SNr. 1245010770: 1245010770, Susanne Parker
```

4.1.11 SortedList

Die Klasse SortedList<TKey, TValue> implementiert wie Dictionary die Schnittstelle IDictionary<TKey, TValue>. Sie stellt ebenfalls eine Liste von Schlüssel-Wert-Paaren dar, die aber im Gegensatz zu Dictionary nach ihrem Schlüssel sortiert sind. SortedList<TKey, TValue> ist eine Mischung aus einem Array und einer Hashtabelle, da Elemente sowohl über ihren Schlüssel als auch über ihren Index angesprochen werden können. Die Schnittstelle der Klasse SortedList<TKey, TValue> ist wie folgt angegeben:

```
public class SortedList<TKey, TValue> : IDictionary<TKey, TValue>,
ICollection<KeyValuePair<TKey, TValue>>, IEnumerable<KeyValuePair<TKey, TValue>>, ... {
    //----- implementiert Properties und Methoden aus folgenden Interfaces
    // ICollection: Count, CopyTo, ...
    // IDictionary: Clear, Add, Remove, Contains, GetEnumerator, Indexer, ...
    //----- Konstruktoren
    public SortedList();
    public SortedList(IComparer<TKey> c);
    public SortedList(IDictionary<TKey, TValue> d);
    public SortedList(IDictionary<TKey, TValue> d, IComparer<TKey> c);
    //----- Properties
    public virtual int Capacity {get; set;}  // reservierte Größe der SortedList
    public virtual IComparer<TKey> Comparer { get; }
    public virtual TValue this [ TKey ] { get; set; }
    public virtual IList<TKey> Keys { get; }
    //----- Methoden
    public virtual void Add(TKey key, TValue value);  // fügt ein Schlüssel-Werte-Paar ein
    public virtual void Clear();
    public virtual void Remove(TKey key);
    public virtual void RemoveAt(int i);  // entfernt das Schlüssel-Wert-Paar mit dem Index i
    public virtual bool ContainsKey(TKey key);
    public virtual bool ContainsValue(TValue val);
    public virtual int IndexOfKey(TKey key);  // liefert den Index für einen Schlüssel
    public virtual int IndexOfValue(TValue value);  // liefert den Index für ein Element
    public virtual bool TryGetValue(TKey key, out TValue v);  // versucht den Wert für den
                           // angegeben key zu liefern. Bei Erfolg ist der return-Wert true, sonst false.
    public virtual void TrimExcess();  // setzt Capacity auf die aktuelle Anzahl der Elemente
    public static SortedList Synchronized(SortedList list);  // Wrapper f. synchr. Zugriff
}
```

Wie schon bei der Sort-Methode von Array und List erwähnt, kann die Sortierung durch ein IComparer<TKey>-Objekt beeinflusst werden, das beim Anlegen einer SortedList im Konstruktor übergeben wird.

Wenn ein Schlüssel-Wert-Paar in eine sortierte Liste eingefügt wird, verschieben sich die dahinter liegenden Elemente.

Operationen auf sortierte Listen sind langsamer als Operationen auf Hashtabellen. Man verwendet sortierte Listen daher meist nur, wenn man Elemente in sortierter Reihenfolge verarbeiten und über einen Index auf sie zugreifen will.

4.2   Ein-/Ausgabe

Die Namensräume System.IO, System.IO.Compression, System.IO.IsolatedStorage und System.IO.Ports enthalten Typen für die Ein- und Ausgabe von Daten auf verschiedenen Medien. Die gesamte Ein- und Ausgabe läuft über Datenströme, die byteorientiertes Lesen und Schreiben von Daten erlauben. Die Basisklasse aller Datenströme ist die abstrakte Klasse Stream, die systemabhängige Details versteckt. Unterklassen von Stream existieren z.B. für Dateien (System.IO.File-Stream), Netzwerkströme (System.Net.Sockets.NetworkStream), komprimierte Datenströme (DeflateStream, GZipStream) und verschlüsselte Ströme (System.Security.Cryptography.CryptoStream).

4.2.1 Streams

Alle Klassen, die einen Datenstrom darstellen, sind von System.IO.Stream abgeleitet. Die Klasse Stream ist abstrakt und legt noch kein Ein-/Ausgabemedium fest. Stattdessen definiert sie die grundlegenden Operationen, die auf alle byteorientierten Datenströme anwendbar sind, nämlich:

1. Lesen von Daten aus einem Datenstrom,
2. Schreiben von Daten in einen Datenstrom,
3. Suchen oder Verändern einer Position innerhalb eines Datenstroms.

Programme, die mit Stream arbeiten, können auch mit jeder Unterklasse davon arbeiten. Durch Austauschen der konkreten Stream-Implementierung funktioniert somit ein und derselbe Algorithmus automatisch mit verschiedenen Ein-/Ausgabemedien. Die Schnittstelle der abstrakten Klasse Stream ist wie folgt definiert:

```
public abstract class Stream : MarshalByRefObject, IDisposable {
    //----- Properties
    public abstract long Length {get;}       // gibt die Länge des Datenstroms zurück
    public abstract long Position {get; set;} // liefert oder setzt die aktuelle Postion im Strom
    public abstract bool CanRead {get;}      // kann aus dem Datenstrom gelesen werden?
    public abstract bool CanSeek {get;}      // unterstützt der Datenstrom das Suchen?
    public virtual bool CanTimeout { get; } // unterstützt der Datenstrom ein Timeout?
    public abstract bool CanWrite {get;} // kann auf den Datenstrom geschrieben werden?
    public virtual int ReadTimeout { get; set; } // setzt die Zeitspanne beim Lesen, bis ein
        // Timeout auftritt
    public virtual int WriteTimeout { get; set; } // setzt die Zeitspanne beim Schreiben, bis
        // ein Timeout auftritt
    //----- Methoden
    public abstract int Read(out byte[] buff, int offset, int count); // liest ein Byte-Array
    public abstract void Write(byte[] buff, int offset, int count); // schreibt ein Byte-Array
    public virtual int ReadByte(); // liest ein Byte vom Datenstrom aus oder -1 am Ende
    public virtual void WriteByte(byte value); // schreibt ein Byte
    public abstract long Seek(long offset, SeekOrigin origin); // setzt die
        // Lese-/Schreibposition
    public abstract void SetLength(long value); // setzt die gewünschte Länge des Stroms
    public abstract void Flush(); // leert den Puffer des Stroms
    public virtual void Close(); // schließt den Strom und gibt alle Ressourcen frei
    ...
}
```

Die Properties CanRead, CanWrite und CanSeek eines Datenstroms bestimmen, ob die jeweilige Operation für diesen Strom erlaubt ist. Ein NetworkStream unterstützt zum Beispiel kein Suchen einer Position innerhalb des Datenstroms, da die Daten kontinuierlich von Kommunikationspartnern geliefert werden und eine Rückkehr an eine frühere Position nicht möglich ist.

Abb. 4.5 zeigt verschiedene Datenströme, die auf unterschiedlichen Medien ausgeben oder für unterschiedliche Anwendungszwecke spezialisiert sind.

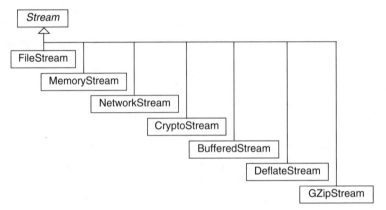

Abb. 4.5 *Vererbungshierarchie der abstrakten Klasse Stream*

FileStream arbeitet mit Dateien. MemoryStreams sind Datenströme, die zur temporären Speicherung von Daten im Hauptspeicher verwendet werden. Network-Streams werden in der Netzwerkkommunikation benutzt, um Daten zwischen Kommunikationspartnern auszutauschen. CryptoStream arbeitet mit verschlüsselten Datenströmen. Die Klasse BufferedStream benutzt einen Datenpuffer, um die Effizienz der Lese- und Schreiboperationen zu erhöhen. Dabei ist zu beachten, dass der Puffer am Ende der Ausgabe mit Flush() entleert werden muss. Close() ruft zuerst Flush() auf, bevor der Datenstrom geschlossen wird und alle Ressourcen freigegeben werden. DeflateStream nutzt den Deflate-Algorithmus (eine Kombination aus dem LZ77- und dem Huffmann-Algorithmus), um den Datenstrom zu komprimieren. GZipStream verwendet ebenfalls den Deflate-Algorithmus zur Kompression und Dekompression von Datenströmen. Im Unterschied zur Klasse DeflateStream kann die Klasse GZipStream durch alternative Kompressionsalgorithmen erweitert werden.

Neben Stream spielen bei der Ein-/Ausgabe auch die Klassen TextReader und TextWriter eine Rolle (siehe Abb. 4.6). Sie sind für die Formatierung der Daten zuständig (z.B. *Unicode*, *XML*, *ASCII*), während ein Stream das jeweilige Medium darstellt, auf dem gelesen oder geschrieben wird. Dieses Modell ist sehr flexibel, da sowohl das Medium als auch die Formatierung variieren können. Während Unterklassen wie StreamReader und StreamWriter mit Streams arbeiten, benutzen andere Unterklassen wie StringReader und StringWriter Zeichenketten. Die Klassen BinaryReader und BinaryWriter sind nicht von TextReader und TextWriter abgeleitet, benutzen aber ebenfalls Stream-Objekte als Datenquelle. BinaryReader und BinaryWriter können dazu verwendet werden, elementare Datentypen wie int, char, bool oder string im Binärformat zu lesen und zu schreiben.

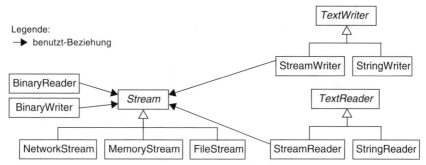

Abb. 4.6 *Streams mit verschiedenen Reader- und Writer-Klassen*

Hier sind die Schnittstellen der abstrakten Basisklassen TextReader und TextWriter:

```
public abstract class TextReader : MarshalByRefObject, IDisposable {
    public virtual int Read(); // liest das nächste Zeichen und entfernt es aus dem Stream
    public virtual int Read(out char[] buf, int idx, int count); // liest maximal count Zeichen
        // in den Puffer buf ab position idx und liefert die Anzahl der gelesenen Zeichen
    public virtual int ReadBlock(out char[] buf, int index, int count); // blockierende Variante
    public virtual string ReadLine(); // liest eine Zeile aus dem Datenstrom als Zeichenkette
        // aus. Eine Zeile endet entweder mit '\r' (carriage return), '\n' (line feed) oder '\r',
        // gefolgt von '\n'. Die gelieferte Zeichenkette enthält diese Steuerzeichen nicht mehr.
    public virtual string ReadToEnd(); // liest bis zum Ende des Datenstroms
    public virtual int Peek(); // liest das nächste Zeichen, ohne es zu entfernen
    public virtual void Close(); // schließt den TextReader und gibt seine Ressourcen frei
    public static TextReader Synchronized(TextReader r); // liefert synchron. Wrapper
}
public abstract class TextWriter : MarshalByRefObject, IDisposable {
    public virtual void Write(bool val); // schreibt einen booleschen Wert
    public virtual void Write(string s); // schreibt einen String
    public virtual void Write(int val); // schreibt einen Integerwert
    ... // + überladene Methoden zum Schreiben aller elementaren Datentypen
    public virtual void WriteLine(); // bewirkt Zeilenumbruch
    public virtual void WriteLine(bool val); // schreibt val, gefolgt von Zeilenumbruch
    ... // + überladene Methoden zum Schreiben aller elementaren Datentypen
    public virtual void Flush(); // leert den Puffer desTextWriters
    public virtual void Close(); // schließt den Writer und gibt seine Ressourcen frei
    public virtual string NewLine {get; set;} // liefert Zeilenende-String (standardm. "\r\n")
    public abstract Encoding Encoding {get;} // liefert das Codierungsobjekt (s. später)
    public static TextWriter Synchronized(TextWriter w); // liefert synchron. Wrapper
}
```

FileStream

Mit Hilfe eines FileStreams kann man in eine Datei schreiben und von einer Datei lesen. Die Schnittstelle der Klasse FileStream ist wie folgt definiert:

```
public class FileStream : Stream {
    //----- Konstruktoren
    public FileStream(string path, FileMode m);  // erzeugt FileStream aus der Datei path
    public FileStream(string path, FileMode mode, FileAccess access);
    public FileStream(string path, FileMode mode, FileAccess access, FileShare share);
    ...
    //----- Properties
    public string Name {get;}  // liefert den Namen des FileStreams
    //----- Methoden
    public virtual void Lock(long pos, long len);  // verbietet Zugriff auf Teil einer Datei
    public virtual void Unlock(long pos, long len);  // aufheben einer Sperre
}
```

Die Read- und Write-Methoden werden von Stream geerbt und entsprechend überschrieben. Wie bereits erwähnt, verwendet man spezielle Reader- und Writer-Klassen (StreamReader und StreamWriter), um mit formatierten Daten zu arbeiten. StreamWriter ist eine Unterklasse von TextWriter, StreamReader eine Unterklasse von TextReader.

```
public class StreamWriter : TextWriter {
    public StreamWriter(Stream s);
    public StreamWriter(Stream s, Encoding e);
    ... // Rest gleich wie TextWriter
}
```

```
public class StreamReader : TextReader {
    public StreamReader(Stream s);
    public StreamReader(Stream s, Encoding e);
    ... // Rest gleich wie TextReader
}
```

Dem StreamWriter kann die Art der Codierung in Form eines Encoding-Objekts übergeben werden. Im folgenden Beispiel wurde für die Codierung Encoding.Unicode gewählt, es stehen aber auch ASCIIEncoding, UTF7Encoding und UTF8Encoding zur Verfügung.

Um die Lese- oder Schreibposition an das Ende der Datei zu verschieben, muss die Methode FileStream.Seek(0, SeekOrigin.End) aufgerufen werden. Die Methode übernimmt hier als ersten Parameter einen Offset, der sich auf den zweiten Parameter bezieht (hier das Dateiende). Wenn der Schreibvorgang beendet ist, muss die Methode Close aufgerufen werden, um eventuell gepufferte Daten implizit mit Flush in die Datei zu schreiben und die Ressourcen des Datenstroms wieder freizugeben.

```
using System;
using System.IO;
using System.Text; // für Encoding-Definitionen

public class StreamWriterExample {

    public static void Main() {
        FileStream fs;
        fs = new FileStream("log.txt", FileMode.OpenOrCreate, FileAccess.Write);
        // Ein StreamWriter-Objekt wird auf fs gesetzt.
        // Beispiel fängt eventuell auftretende Exceptions, der Einfachheit halber, nicht ab.
        StreamWriter sw = new StreamWriter(fs, Encoding.Unicode);
        sw.BaseStream.Seek(0, SeekOrigin.End);
        sw.WriteLine("Log-Eintrag 1");
        sw.WriteLine("Log-Eintrag 2");
        sw.Close();
        fs.Close();
    }
}
```

Im FileStream-Konstruktor können drei Zugriffsattribute angegeben werden, die durch die Enumerationen FileMode, FileAccess und FileShare definiert sind:

```
public enum FileAccess {
    Read,           // Daten können gelesen werden
    ReadWrite,      // Daten können gelesen und geschrieben werden
    Write           // Daten können geschrieben werden
}

public enum FileMode {
    Append,         // öffnet eine vorhandene Datei oder erzeugt eine neue und hängt
                    // Daten an das Ende dieser Datei an
    Create,         // erzeugt eine neue Datei oder überschreibt die bereits vorhandene
    CreateNew,      // erzeugt eine neue Datei; falls bereits vorhanden => IOException
    Open,           // öffnet eine bereits vorhandene Datei;
                    // wenn nicht vorhanden =>  FileNotFoundException
    OpenOrCreate,   // öffnet eine bestehende Datei oder legt eine neue Datei an
    Truncate        // öffnet eine bestehende Datei und löscht deren Inhalt
}

public enum FileShare {
    Inheritable,    // vergebene Dateiattribute können von einem Kindprozess
                    // übernommen werden (Von WinNT nicht unterstützt)
    None,           // Datei ist für alle anderen gesperrt
    Read,           // Datei darf von anderen nur lesend geöffnet werden
    ReadWrite,      // Datei darf von anderen lesend und schreibend geöffnet werden
    Write           // Datei darf von anderen nur schreibend geöffnet werden
}
```

4.2.2   Dateien und Verzeichnisse

System.IO bietet neben den Datenströmen auch umfangreiche Unterstützung bei
der Arbeit mit Verzeichnissen und Dateien an. Der Namensraum System.Secu-
rity.AccessControl ist dabei für die Verwaltung der Zugriffsrechte verantwortlich.

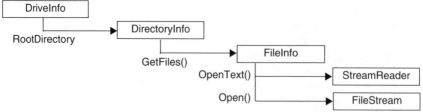

Abb. 4.7 *Zusammenhang der Klassen im Namensraum System.IO*

Laufwerke

In Abb. 4.7 ist der Zusammenhang einiger wichtiger Klassen im Namensraum
System.IO dargestellt. Klasse DriveInfo liefert Informationen über logische Lauf-
werke und deren Struktur, und zwar in Form von Verzeichnissen und Dateien.
Die Schnittstelle der Klasse DriveInfo ist wie folgt definiert:

```
public class DriveInfo : ISerializable {
    //----- Konstruktoren
    public DriveInfo(string drive);  // legt ein DriveInfo-Objekt für ein angegebenes logisches
        // Laufwerk an
    //----- Properties
    public long AvailableFreeSpace { get; }  // liefert den reellen freien Speicherplatz des
        // Laufwerks
    public string DriveFormat { get; }  // Format z.B.: NTFS oder FAT32
    public DriveType DriveType { get; }  // Art des Laufwerks z.B.: Wechselmedium
    public bool IsReady { get; }  // liefert zurück, ob das Laufwerk bereit ist
    public string Name { get; }  // logischer Laufwerksname z.B.: C:\
    public DirectoryInfo RootDirectory { get; }  //  das Wurzelverzeichnis des Laufwerks
    public long TotalFreeSpace { get; }  // freier Speicherplatz des Laufwerks
    public long TotalSize { get; }  // Größe des Laufwerks
    public string VolumeLabel { get; set; }  // Bezeichnung des Laufwerks
    //----- Methoden
    public static DriveInfo[] GetDrives();  // liefert alle logischen Laufwerke auf dem
        // aktuellen Computer
}
```

Folgendes Beispiel gibt Informationen über alle logischen Laufwerke des aktuellen Rechners auf der Konsole aus:

```
DriveInfo[] laufwerke = DriveInfo.GetDrives();
foreach (DriveInfo d in laufwerke) {
    Console.WriteLine("Laufwerk {0}", d.Name);
    Console.WriteLine("  Medium: {0}", d.DriveType);
    if (d.IsReady == true) {
        Console.WriteLine("  Laufwerksbezeichnung: {0}", d.VolumeLabel);
        Console.WriteLine("  Dateisystem: {0}", d.DriveFormat);
        Console.WriteLine("  Freier Speicher: {0, 15} bytes",
            d.AvailableFreeSpace);
        Console.WriteLine("  Laufwerksgröße: {0, 15} bytes ",
            d.TotalSize);
    }
}
```

Die Informationen aller logischen Laufwerke des aktuellen Rechners werden auf der Konsole angezeigt:

```
Laufwerk C:\
    Medium: Fixed
    Laufwerksbezeichnung: Programme
    Dateisystem: NTFS
    Freier Speicher:    26914766848 bytes
    Laufwerksgröße:     40007757824 bytes
Laufwerk D:\
    Medium: Fixed
    Laufwerksbezeichnung: Daten
    Dateisystem: NTFS
    Freier Speicher:    46872514560 bytes
    Laufwerksgröße:     52518379520 bytes
Laufwerk E:\
    Medium: CDRom
Laufwerk F:\
    Medium: Removable
```

Verzeichnisse

Die Klasse System.IO.Directory besitzt eine Reihe von statischen Methoden zur Bearbeitung von Verzeichnissen.

```
public sealed class Directory {
    public static DirectoryInfo CreateDirectory(string path); // erzeugt  DirectoryInfo-Objekt
    public static DirectoryInfo CreateDirectory(string path, DirectorySecurity dirSec);
        // erzeugt ein neues Verzeichnis mit speziellen Windows-Zugriffsrechten
    public static void Move(string src, string dest); // verschiebt Verz. src in Verz. dest
    public static void Delete(string path);  // löscht ein leeres Verzeichnis
    public static void Delete(string path, bool recursive);  // löscht Verzeichnis samt
        // Unterverzeichnissen und darin enthaltenen Dateien
    public static bool Exists(string path);  // prüft, ob ein Verzeichnis existiert
    public static DirectorySecurity GetAccessControl(string path);  // liefert die Windows-
        // Zugriffsrechte für das angegebene Verzeichnis
```

```
    public static void SetAccessControl(string path, DirectorySecurity dirSec);
        // weist dem angegebenen Verzeichnis spezielle Windows-Zugriffsrechte zu
    public static string[] GetFiles(string path); // liefert alle Dateien im Verzeichnis path
    public static string[] GetFiles(string path, string searchPattern);
    public static string[] GetDirectories(string path); // liefert alle Unterverzeichnisse
    public static string[] GetDirectories(string path, string searchPattern);
    public static DirectoryInfo GetParent(string path); // liefert das Vaterverzeichnis
    public static string GetCurrentDirectory(); // liefert das aktuelle Arbeitsverzeichnis
    public static void SetCurrentDirectory(string path); // setzt das aktuelle Verzeichnis
    public static string[] GetLogicalDrives(); // liefert eine Liste aller logischen Laufwerke
    public static DateTime GetCreationTime(string path); // liefert das Erstellungsdatum
    public static DateTime GetLastAccessTime(string path); // liefert den letzten Zugriff
    public static DateTime GetLastWriteTime(string path); // liefert letzten Schreibzugriff
    public static void SetCreationTime(string path, DateTime t); // setzt Erstellungsdatum
    public static void SetLastAccessTime(string path, DateTime t);
    public static void SetLastWriteTime(string path, DateTime t);
}
```

Um ein neues Verzeichnis anzulegen oder ein bestehendes Verzeichnis zu öffnen, wird die Methode Directory.CreateDirectory(path) aufgerufen, die ein Objekt vom Typ DirectoryInfo liefert. Mit diesem Objekt können dann Abfragen über das Verzeichnis durchgeführt werden. Pfadangaben für Dateien oder Verzeichnisse können sowohl relativ als auch mittels *UNC*-Pfad (*Universal Naming Convention*) [UNC] angegeben werden, wobei zu beachten ist, dass Pfadnamen auf 248 Zeichen beschränkt sind. Folgende Aufrufe von CreateDirectory sind somit gültig:

```
Directory.CreateDirectory("\\tmp\\log.txt");
Directory.CreateDirectory("c:\\tmp");
Directory.CreateDirectory("\\\\140.78.195.112\\tmp");
```

Falls das Verzeichnis noch nicht existiert und neu angelegt werden muss, besitzt jeder Benutzer alle Zugriffsrechte darauf. Zugriffsrechte können mit Hilfe des Namensraums System.Security.AccessControl gesetzt werden. Bei einem Zugriff auf ein Verzeichnis über die statischen Methoden der Klasse Directory wird bei jedem Aufruf eine Sicherheitsüberprüfung durchgeführt, wodurch die Performanz erheblich leidet. Bei häufigen Zugriffen auf das gleiche Verzeichnis sollte man deshalb die gleichwertigen Methoden der Klasse DirectoryInfo verwenden, die die Sicherheitsüberprüfung nicht bei jedem Aufruf durchführen und somit effizienter sind. Die Schnittstelle von DirectoryInfo ist wie folgt definiert:

```
public sealed class DirectoryInfo : FileSystemInfo {
    //----- Konstruktor
    public DirectoryInfo(string path); // path spezifiziert das Verzeichnis
    //----- Properties
    public override string Name {get;} // liefert den Namen des Verzeichnisses ohne Pfad
    public override bool Exists {get;} // gibt Auskunft darüber, ob ein Verzeichnis existiert
    public DirectoryInfo Parent {get;} // liefert das darüber liegende Verzeichnis
```

```
        public DirectoryInfo Root {get;}  // liefert das Wurzelverzeichnis
        //----- Methoden
        public void Create();  // erzeugt ein neues Verzeichnis, wenn dieses noch nicht existiert
        public void Create(DirectorySecurity sec);  // erzeugt ein neues Verzeichnis mit
            // den angegebenen Zugriffsrechten
        public DirectoryInfo CreateSubdirectory(string path);  // erzeugt ein Unterverzeichnis
        public void MoveTo(string destDir);  // verschiebt das Verzeichnis nach destDir
        public void Delete();  // löscht das Verzeichnis, wenn es leer ist
        public void Delete(bool recursive);  // löscht das Verzeichnis und den gesamten Inhalt
        public FileInfo[] GetFiles();  // liefert alle Dateien im aktuellen Verzeichnis
        public FileInfo[] GetFiles(string pattern);  // liefert passende Dateien im akt. Verzeichnis
        public DirectoryInfo[] GetDirectories();  // liefert alle enthaltenen Verzeichnisse
        public DirectoryInfo[] GetDirectories(string pattern);  // liefert Verzeichnisse, die zu
            // einem Suchmuster passen (z.B.: '*s' liefert alle Verzeichnisse, die mit 's' enden)
        public FileSystemInfo[] GetFileSystemInfos();  // liefert alle Dateien und Verzeichnisse
        public FileSystemInfo[] GetFileSystemInfos(string pattern);
        public void SetAccessControl(DirectorySecurity dirSec);  // setzt die Zugriffsrechte
        public DirectorySecurity GetAccessControl();  // liefert die Zugriffsrechte
        public override ToString();  // liefert den Pfad, der bei der Erzeugung angegeben wurde
    }
```

Zugriffskontrolle

Die Methoden SetAccessControl(DirectorySecurity dirSec) und GetAccessControl der Klasse DirectoryInfo erlauben das Setzen und Auslesen der Zugriffsrechte (Access Control Entries) eines Verzeichnisses. Die Klasse DirectorySecurity aus dem Namensraum System.Security.AccessControl repräsentiert die Menge der Zugriffsregeln auf Verzeichnisse und Dateien. Das folgende Beispiel zeigt, wie Zugriffsrechte für ein Verzeichnis vergeben werden können:

```
using System.IO;
using System.Security.AccessControl;
using System.Security.Principal;
string verzeichnis = @"c:\temp";
DirectoryInfo dInfo = new DirectoryInfo(verzeichnis);
// aktuelle Zugriffsregeln auslesen
DirectorySecurity dSecurity = dInfo.GetAccessControl();
// neue Zugriffsregel für den Benutzer beer in der Domäne ssw hinzufügen
dSecurity.AddAccessRule(new FileSystemAccessRule(@"ssw\beer",
                            FileSystemRights.FullControl,
                            AccessControlType.Allow));
// setzen der aktualisierten Zugriffsregeln
dInfo.SetAccessControl(dSecurity);
```

Dateien

Die Klasse System.IO.File bietet wie die Klasse Directory eine Reihe von statischen Methoden, mit denen sich typische Dateioperationen (Erzeugen, Löschen, Verschieben) durchführen lassen.

```
public sealed class File {
    public static FileStream Open(string path, FileMode mode);
    public static FileStream Open(string path, FileMode m, FileAccess a);
    public static FileStream Open(string p, FileMode m, FileAccess a, FileShare s);
    public static FileStream OpenRead(string path);
    public static FileStream OpenWrite(string path);
    public static StreamReader OpenText(string path);   // liefert Reader zum Lesen v. Text
    public static StreamWriter AppendText(string path);  // liefert Writer zum Anfüg. v. Text
    public static void AppendAllText(string path, string t);  // fügt den Text t an die Datei an
    public static FileStream Create(string path);   // erzeugt eine neue Datei
    public static FileStream Create(string path, int bufferSize);
    public static StreamWriter CreateText(string path);
    public static void Encrypt (string path);  // verschlüsselt die Datei, so dass nur der
        // Account, der die Datei verschlüsselt hat, sie wieder entschlüsseln kann
    public static void Decrypt (string path);  // entschlüsselt die Datei wieder
    public static void Move(string src, string dest);
    public static void Copy(string src, string dest);  // kopiert eine Datei src nach dest
    public static void Copy(string src, string dest, bool overwrite);
    public static void Delete(string path);
    public static bool Exists(string path);
    public static FileAttributes GetAttributes(string path);
    public static DateTime GetCreationTime(string path);
    public static DateTime GetLastAccessTime(string path);
    public static FileSecurity GetAccessControl(string path);  // liefert die
        // Dateizugriffsrechte
    public static void SetAccessControl (string path, FileSecurity fileSecurity);
        // setzt die Dateizugriffsrechte
    public static DateTime GetLastWriteTime(string path);
    public static void SetAttributes(string path, FileAttributes fileAttributes);
    public static void SetCreationTime(string path, DateTime creationTime);
    public static void SetLastAccessTime(string path, DateTime lastAccessTime);
    public static void SetLastWriteTime(string path, DateTime lastWriteTime);
}
```

Wie die Klasse Directory führt auch die Klasse File vor jeder Operation eine Sicherheitsüberprüfung durch. Auch hier sind die Methoden der Klasse FileInfo effizienter, da sie die Überprüfung nur beim Erzeugen des Objekts vornehmen.

```
public sealed class FileInfo : FileSystemInfo {
    //----- Konstruktoren
    public FileInfo(string fileName);  // erzeugt ein neues FileInfo-Objekt für eine Datei
    //----- Properties
    public override string Name {get;}  // Name der Datei
    public long Length {get;}  // Größe der Datei
```

```
    public override bool Exists {get;}  // überprüft, ob die angegebene Datei existiert
    public DirectoryInfo Directory {get;}  // Verzeichnis, in dem die Datei liegt
    public string DirectoryName {get;}  // Name des Verzeichnisses, in dem die Datei liegt
    public bool IsReadOnly { get; set; }  // liefert, ob die Datei schreibgeschützt ist
    //----- Methoden
    public FileStream Open(FileMode m);  // öffnet einen Datenstrom zur Datei
    public FileStream Open(FileMode m, FileAccess a);
    public FileStream Open(FileMode m, FileAccess a, FileShare s);
    public FileStream OpenRead();  // öffnet einen FileStream, der nur lesbar ist
    public FileStream OpenWrite();  // öffnet einen FileStream nur zum Schreiben
    public StreamReader OpenText();  // öffnet einen UTF8-Reader zum Lesen von Text
    public StreamWriter AppendText();  // liefert StreamWriter, um Text anzuhängen
    public static void Encrypt (string path);  // verschlüsselt die Datei, so dass nur der
        // Account, der die Datei verschlüsselt hat, sie wieder entschlüsseln kann
    public static void Decrypt (string path);  // entschlüsselt die Datei wieder
    public FileSecurity GetAccessControl ();  // liefert die Dateizugriffsrechte
    public void SetAccessControl (FileSecurity fileSecurity);  // setzt die Dateizugriffsrechte
    public FileStream Create();  // erzeugt eine neue Datei
    public StreamWriter CreateText();  // erzeugt eine neue Textdatei
    public void MoveTo(string dest);  // verschiebt die Datei an die Position dest
    public FileInfo CopyTo(string dest);  // kopiert die Datei
    public FileInfo CopyTo(string dest, bool overwrite); // kopiert und überschreibt das Ziel
    public override Delete();  // löscht die Datei
    public override string ToString();  // liefert vollständigen Pfad der Datei
}
```

Im folgenden Beispiel werden zuerst alle Unterverzeichnisse und dann alle Dateien des logischen Laufwerks "c:\\" auf der Konsole ausgegeben.

```
using System;
using System.IO;

public class DirectoryExample {
    public static void Main() {
        DirectoryInfo info = Directory.CreateDirectory("c:\\");
        Console.WriteLine("---------- Verzeichnisse ----------");
        DirectoryInfo[] di = info.GetDirectories();
        for (int i = 0; i < di.Length; i++)
            Console.WriteLine(di[i].Name);
        Console.WriteLine ("---------- Dateien ----------");
        FileInfo[] fi = info.GetFiles();
        for (int i = 0; i < fi.Length; i++)
            Console.WriteLine(fi[i].Name);
    }
}
```

Dieses Beispiel führt natürlich zu unterschiedlichen Ausgaben, je nach Inhalt des
Verzeichnisses "c:\\". Die Ausgabe kann etwa so aussehen:

```
---------- Verzeichnisse ----------
Documents and Settings
I386
My Music
Program Files
System Volume Information
WINNT
---------- Dateien ----------
AUTOEXEC.BAT
AUTOEXEC.VIA
boot.ini
CONFIG.SYS
IO.SYS
MSDOS.SYS
NTDETECT.COM
ntldr
pagefile.sys
```

Überwachen des Dateisystems

Mit der Klasse System.IO.FileSystemWatcher bietet .NET eine nützliche Hilfe zur
Überwachung des Filesystems an, mit der man prüfen kann, ob in einem bestimmten Verzeichnis eine Änderung aufgetreten ist. Diese Überwachung lässt
sich sowohl auf lokalen Festplatten als auch auf einem Netzwerklaufwerk durchführen, solange das Betriebssystem mindestens *Windows NT 4.0* ist. Eine Überwachung von *DVD-* oder *CD-*Laufwerken ist nicht möglich, da deren Dateiattri-
bute nicht verändert werden können. Ein Ausschnitt der Schnittstelle der Klasse
FileSystemWatcher ist hier angegeben:

```
public class FileSystemWatcher : Component, ISupportInitialize {
    //----- Konstruktoren
    public FileSystemWatcher(string path);  // erzeugt ein Überwachungsobjekt
    public FileSystemWatcher(string path, string filter);  // verwendet Filter (z.B. "*.log")
    //----- Properties
    public string Path {get; set;}  // liefert oder setzt den zu überwachenden Pfad
    public string Filter {get; set;}  // liefert oder setzt den Überwachungsfilter
    public bool EnableRaisingEvents {get; set;}  // ist die Überwachung aktiviert?
    public bool IncludeSubdirectories {get; set;}  // werden auch Unterverz. überwacht?
    public WaitForChangedResult WaitForChanged(WatcherChangeTypes types);
        // blockiert, bis ein zu überwachendes Ereignis auftritt, und liefert dann Infos darüber
    ...
    //----- Ereignisse
    public event FileSystemEventHandler Changed;  // meldet alle Veränderungen
    public event FileSystemEventHandler Created;  // meldet Erzeugung von Datei/
        // Verzeichnis
    public event FileSystemEventHandler Deleted; // meldet Löschen v. Datei/Verzeichnis
    public event RenamedEventHandler Renamed;  // meldet Umbenennen
}
```

Dem Konstruktor der Klasse FileSystemWatcher wird eine Pfadangabe und eventuell ein Dateifilter als Parameter mitgegeben. Der Pfad bestimmt, in welchem
Verzeichnis bzw. logischen Laufwerk die Überwachung erfolgen soll, und der Filter spezifiziert die Art der Dateien, die überwacht werden sollen:

```
FileSystemWatcher fsw = new FileSystemWatcher("c:\\", "*.log");
```

Hier werden alle Dateien mit der Endung ".log" des logischen Laufwerks "c:\\" überwacht. Das folgende Beispiel zeigt ein einfaches Programm, das alle Veränderungen von Dateien auf dem logischen Laufwerk "c:\\" überwacht und eine Ausgabe
auf der Konsole erzeugt. Die Klasse FileSystemWatcher unterstützt verschiedene
Ereignisse, die die Veränderungen des Dateisystems an Interessenten weiterleiten:

```
using System;
using System.IO;

public class WatcherEventExample {

    public static void Changed(object sender, FileSystemEventArgs args) {
        Console.WriteLine("Changed ->" + args.Name);
    }

    public static void Created(object sender, FileSystemEventArgs args) {
        Console.WriteLine("Created ->" + args.Name);
    }

    public static void Deleted(object sender, FileSystemEventArgs args) {
        Console.WriteLine("Deleted ->" + args.Name);
    }

    public static void Renamed(object sender, RenamedEventArgs args) {
        Console.WriteLine("Renamed ->" + args.Name);
    }

    public static void Main() {
        FileSystemWatcher fsw = new FileSystemWatcher("c:\\");
        // Registriere alle Ereignis-Interessenten:
        fsw.Changed += new FileSystemEventHandler(Changed);
        fsw.Created += new FileSystemEventHandler(Created);
        fsw.Deleted += new FileSystemEventHandler(Deleted);
        fsw.Renamed += new RenamedEventHandler(Renamed);
        fsw.IncludeSubdirectories = true;
        fsw.EnableRaisingEvents = true;
        fsw.Filter = "*.*";
        while ( ... ) {
            fsw.WaitForChanged(WatcherChangeTypes.All);
        }
    }
}
```

4.2.3 Isolierte Speicherbereiche

Durch den Namensraum System.IO.IsolatedStorage können Daten in isolierten Speicherbereichen abgelegt werden, auf die nur bestimmte Personen oder Module zugreifen können. Isolierte Speicherbereiche sind so gegen unbefugtes Verändern oder Zerstören gesichert. Die verschiedenen Zugriffsgruppen sind in der Enumeration IsolatedStorageScope definiert und lauten wie folgt:

```
public enum IsolatedStorageScope {
    Application,    // Zugriff für alle Module der aktuellen Applikation
    Assembly,       // Zugriff für alle Module des aktuellen Assemblies
    Domain,         // Zugriff für alle Programme des aktuellen Application-Domains
    Machine,        // Zugriff auf aktuellen Rechner beschränkt
    None,           // Zugriff für alle
    Roaming,        // der isolierte Speicherbereich wandert mit dem Benutzeraccount mit
    User            // Zugriff für den aktuellen Benutzer
}
```

Mit den beiden Klassen IsolatedStorageFile und IsolatedStorageFileStream (abgeleitet von IsolatedStorage und FileStream) kann man einen solchen isolierten Speicherbereich erzeugen, wie folgendes Beispiel zeigt:

```
using System;
using System.IO.IsolatedStorage;

public class IsolatedStorageExample {

    public static void Main() {
        // isolierte Datei erzeugen
        IsolatedStorageFile iso =  IsolatedStorageFile.GetStore
            (IsolatedStorageScope.User | IsolatedStorageScope.Assembly, null, null);
        // Datenstrom erzeugen, der in diese isolierte Datei schreibt
        IsolatedStorageFileStream ifs = new IsolatedStorageFileStream
            ("test", FileMode.OpenOrCreate, iso);
        // Ausgabe in StreamWriter umleiten, um Strings komfortabler schreiben zu können
        StreamWriter sw = new StreamWriter(ifs);
        // Test-String in den isolierten Bereich speichern
        sw.Write("Das ist ein Test");
        // Ausgabeströme schließen (bewirkt impliziten Flush des Datenpuffers)
        sw.Close ();
        ifs.Close ();
        iso.Close ();
    }
}
```

Mit dem *Isolated Storage Administrator Tool* kann man dann eine Liste aller isolierten Speicherbereiche einsehen. Der Aufruf des Werkzeugs erfolgt durch

```
StoreAdm /List
```

wobei dann folgende Ausgabe erzeugt wird:

```
Microsoft (R) .NET Framework Store Admin 1.0.2914.16
Copyright (c) Microsoft Corp 1999-2001. All rights reserved.

Record #1
[Assembly]
<System.Security.Policy.Url version="1">
  <Url>file:///C:/tmp/Examples/IsolatedStorageExample.exe</Url>
</System.Security.Policy.Url>
      Size : 1024
```

Die isolierte Datei "test" wurde im lokalen Profil des Benutzers unter dem Verzeichnis "...\LocalSettings\ApplicationData\Microsoft\IsolatedStorage\" abgelegt. Das
XML-Element »<Url>« hält fest, wer den isolierten Speicherbereich angefordert
hat. In diesem Fall war es das Programm *IsolatedStorageExample*.

4.3 Threading

Der Namensraum System.Threading enthält Klassen und Schnittstellen, die für das
Arbeiten mit leichtgewichtigen Prozessen (*Threads*) benötigt werden. Er unter-
stützt die Ablaufplanung von Threads sowie ihre Synchronisation. Das folgende
Kapitel beschreibt das Arbeiten mit Threads anhand einiger Beispiele in C#.

4.3.1 Erzeugen eines Threads

Die Klasse System.Threading.Thread stellt leichtgewichtige Prozesse zur Verfügung und hat in vereinfachter Form folgende Schnittstelle:

```
public sealed class Thread {
    //----- Konstruktor
    public Thread(ThreadStart start);
    public Thread(ParameterizedThreadStart start);
    //----- Properties
    public string Name {get; set;} // legt den Namen des Threads fest
    public ThreadPriority Priority {get; set;} // legt die Priorität des Threads fest
    public ThreadState ThreadState {get;} // liefert den aktuellen Zustand des Threads
    public bool IsAlive {get;} // überprüft, ob der aktuelle Thread gerade aktiv ist
    public bool IsBackground {get; set;} // legt fest, ob der Thread im Hintergrund läuft
    public static Thread CurrentThread {get;} // liefert den gerade laufenden Thread
    ...
    //----- Methoden
    public void Start(); // der Thread wird in den Zustand ThreadState.Running überführt
    public static void Sleep(int time); // hält den aktuellen Thread für eine gewisse Zeit an
    public void Join(); // blockiert den Thread, bis ein anderer Thread beendet ist
    public void Interrupt(); // unterbricht einen Thread, der im WaitJoinSleep-Zustand ist
```

```
public void Abort();  // löst ThreadAbortException aus (beginnt Abbruch des Threads)
public void ResetAbort();  // stoppt den Abbruch des Threads
...
}
```

Jedes Programm besteht anfangs nur aus einem einzigen Thread, der die Main-Methode ausführt, kann aber zusätzliche Threads erzeugen und starten. Den gerade laufenden Thread kann man mit Thread.CurrentThread() abfragen. Um einen Thread anzulegen, erzeugt man ein Objekt der Klasse Thread und gibt dabei ein ThreadStart-Delegate oder ein ParameterizedThreadStart-Delegate als Parameter mit. ThreadStart stellt eine parameterlose Methode dar, welche im neuen Thread abgearbeitet werden soll. Durch das ParameterizedThreadStart-Delegate können einem Thread zusätzlich beliebige Daten übergeben werden:

```
public delegate void ThreadStart();

public delegate void ParameterizedThreadStart(Object dataObj);
```

Die Abarbeitung der Delegate-Methode beginnt, sobald die Methode Start des Threads aufgerufen wird. Um einen Thread t für eine gewisse Zeit d (in Millisekunden) anzuhalten, ruft man die statische Methode Thread.Sleep(d) auf. Wenn die Zeitspanne verstrichen ist, setzt der Thread seine Arbeit fort. Im folgenden Beispiel werden zwei Threads t0 und t1 erzeugt, die eine Folge von Zeichen auf der Konsole ausgeben:

```
using System;
using System.Threading;

public class ThreadExample {
    public static void RunT0() {
        for (int i=0; i<10; i++) {
            Console.Write("x");
            Thread.Sleep(1000);
        }
    }
    public static void RunT1() {
        for (int i=0; i<10; i++) {
            Console.Write("o");
            Thread.Sleep(1000);
        }
    }
    public static void Main() {
        Thread t0 = new Thread(RunT0);
        t0.Start();
        Thread t1 = new Thread(RunT1);
        t1.Start();
    }
}
```

Dieses Beispiel benutzt zwei Methoden RunT0 und RunT1, um die jeweiligen Zeichen auf der Konsole auszugeben. Die Methoden werden als ThreadStart-Delegates bei der Erzeugung der Threads übergeben. Dann werden beide Threads mit t0.Start() bzw. t1.Start() gestartet, worauf sie beginnen, die Delegate-Methoden quasiparallel abzuarbeiten. Dieses Beispiel könnte folgende Ausgabe erzeugen, wobei die Ausgabe davon abhängt, welcher Thread zuerst Prozessorzeit zugewiesen bekommt:

```
xoxoxoxoxoxoxoxoxoxoxo
```

4.3.2 Zustand eines Threads

Sobald ein Thread erzeugt wird, befindet er sich in einem bestimmten Zustand, der über das Property Thread.ThreadState abgefragt werden kann. Diese verschiedenen Zustände sind in der Enumeration ThreadState festgelegt. Eine grafische Darstellung dieser Zustände ist aus Abb. 4.8 ersichtlich.

```
public enum ThreadState {
    Aborted,
    AbortRequested,
    Background,
    Running,
    Stopped,
    StopRequested,
    Suspended,
    SuspendRequested,
    Unstarted,
    WaitSleepJoin
}
```

Wenn ein Thread t erzeugt wurde, befindet er sich im Zustand Unstarted. Durch t.Start() wird er gestartet und wechselt in den Zustand Running. Die Methode Start wird asynchron aufgerufen. Somit kann es vorkommen, dass sie bereits zum Rufer zurückgekehrt ist, bevor der Thread mit der Abarbeitung beginnt. Aus dem Zustand Running kann ein Thread in einen Wartezustand (WaitSleepJoin), einen Unterbrechungszustand (Suspended) oder in den Endzustand (Stopped) überführt werden.

Thread.Sleep(0) bewirkt, dass der Thread die Kontrolle an einen anderen Thread abgibt, aber lauferbereit bleibt. Thread.Sleep(Timeout.Infinite) lässt den Thread so lange in Warteposition, bis er durch t.Interrupt() unterbrochen wird. Die Methode Interrupt kann einen blockierenden Zustand eines Threads aufheben. Ein blockierender Zustand kann durch das Warten auf eine Ressource entstehen oder durch die unendliche Wartezeit (Timeout.Infinite) in der Methode Sleep.

Im Gegensatz zum Aufruf von Thread.Sleep(d), der den aktuellen Thread sofort in den Zustand WaitSleepJoin überführt, wird er durch Suspend() zuerst in ei-

nen Zustand SuspendRequested versetzt und läuft weiter, bis er an einen Punkt
kommt (*safepoint*), an dem er auf sichere Weise unterbrochen werden kann. Dort
geht er in den Zustand Suspended über. Abb. 4.8 zeigt typische Zustandsübergänge eines Threads.

Das Property ThreadState kann oft mehrere Zustände gleichzeitig enthalten.
Mehrere Zustände kommen zum Beispiel dann vor, wenn sich ein Thread gerade
im Zustand WaitSleepJoin befindet und Suspend aufgerufen wird. Dann befindet
er sich im Zustand WaitSleepJoin+SuspendRequested. Wenn der Thread dann den
Zustand WaitJoinSleep verlässt, wird Suspend ausgeführt und der Thread begibt
sich in den Zustand Suspended.

Ein Thread befindet sich im Endzustand, wenn seine Methode an ihr Ende
gelangt ist oder Abort aufgerufen wurde (AbortRequested). Ein Thread, der sich im
Zustand Stopped befindet, kann nicht mehr gestartet werden. Versucht man das,
so wird eine ThreadStateException ausgelöst.

Der Aufruf t.Abort() veranlasst die CLR (*Common Language Runtime*), eine
ThreadAbortException auszulösen, um den Thread zu stoppen. Vorher müssen
aber noch alle offenen finally-Blöcke abgearbeitet werden. Der Abbruchvorgang
eines Threads kann durch den Aufruf von Thread.ResetAbort() wieder rückgängig
gemacht werden. Folgendes Beispiel zeigt, wie ein Thread mit der Methode Abort
abgebrochen werden kann:

```
using System;
using System.Threading;

public class ThreadAbort {

    public static void Go() {
        try {
            while (...) Console.Write("X");
        } catch (ThreadAbortException e) {
            Console.WriteLine(e.Message);
        }
    }

    public static void Main() {
        Thread t = new Thread(new ThreadStart(Go));
        t.Start();
        Thread.Sleep(5000);  // Main-Thread wird für 5000ms angehalten, wobei der
                             // Thread t aber weiterläuft
        t.Abort();
        t.Join();
        Console.WriteLine("fertig");
    }
}
```

Der asynchrone Aufruf von t.Abort() kann Probleme verursachen, da nicht garantiert wird, dass der Thread sofort abgebrochen wird. Möglicherweise wird sein Abbruch durch rechenintensive Aufgaben in einem finally-Block verzögert. Um auf den Abbruch des Threads t zu warten, sollte man t.Join () aufrufen, wie es im obigen Beispiel gezeigt wurde.

Eleganter ist es, einen Thread zu beenden, indem man die Arbeit im Thread selbst beendet. Im folgenden Beispiel wird das durch Setzen von running = false erreicht.

```
public class ThreadAbortAlternative {
    static bool running = true;

    public static void Go() {
        while (running) Console.Write ("X");
    }

    public static void StopThread() {
        running = false;
    }

    public static void Main() {
        Thread t = new Thread(Go);
        t.Start();
        StopThread();
    }
}
```

Abb. 4.8 zeigt die verschiedenen Zustände und Zustandsübergänge eines Threads.

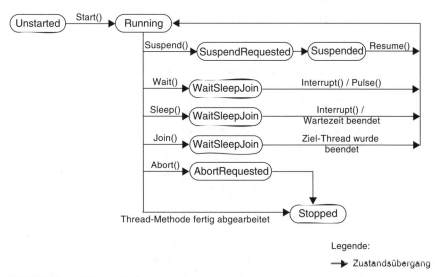

Abb. 4.8 Thread-Zustandsdiagramm

4.3.3 Hintergrund-Threads

Es gibt zwei Arten von Threads: die so genannten Vordergrund- und die Hintergrund-Threads. Bisher wurden nur Vordergrund-Threads behandelt. Solange noch zumindest ein Vordergrund-Thread läuft, wird das Gesamtprogramm nicht abgebrochen. Hintergrund-Threads werden hingegen abgebrochen, wenn kein Vordergrund-Thread mehr läuft. Um einen Thread t als Hintergrund-Thread zu markieren, muss man das Property t.IsBackground auf true setzen.

4.3.4 Gruppierung von Threads in einem Thread-Pool

In vielen Anwendungen kommt es vor, dass ein Thread die meiste Zeit in einem Wartezustand verbringt. Das ist zum Beispiel der Fall, wenn ein Netzwerk-Socket auf eine Clientverbindung wartet (siehe Abschnitt 4.4). Solche Vorgänge sollten im Hintergrund ablaufen und möglichst keinen eigenen Thread benötigen, da sich dieser Thread ohnehin meistens im Zustand WaitSleepJoin befände.

Mit der Klasse ThreadPool können Aufgaben zusammengefasst werden, die dann von einer Menge von Threads (auch *WorkThreads* genannt) abgearbeitet werden. Der Programmierer kann dem System die Optimierung und Verwaltung dieser Aufgaben überlassen. Wird eine Aufgabe beim Thread-Pool registriert, sorgen die Worker-Threads dafür, dass diese Aufgabe zeitgerecht ausgeführt wird. Wenn die Aufgabe beendet ist, steht der Worker-Thread wieder für andere Aufgaben zur Verfügung. Somit ist es einem Worker-Thread möglich, viele verschiedene Aufgaben zu erledigen.

Nach dem Registrieren einer Aufgabe bei einem Thread-Pool kann auf diese Aufgabe nicht mehr direkt zugegriffen werden, da sie der Verwaltung des Systems unterliegt. Die Schnittstelle der Klasse ThreadPool ist wie folgt definiert:

```
public sealed class ThreadPool {
    public static void GetAvailableThreads(out int wThreads, out int completePortThreads);
        // liefert die aktuell zur Verfügung stehende Anzahl von Worker-Threads und
        // asynchronen IO-Threads
    public static void GetMaxThreads(out int wThreads, out int completePortThreads);
        // liefert die Anzahl der maximal vorhandenen Worker-Threads (Standard = 25)
        // und asynchronen IO-Threads (Standard = 25)
    public static bool QueueUserWorkItem(WaitCallback task); // fügt eine Aufgabe ein
    public static bool QueueUserWorkItem(WaitCallback task, object state); // fügt eine
        // Aufgabe ein und übergibt der Aufgabe das Objekt state
    ...
}
```

Um eine Aufgabe task in Form eines WaitCallback-Delegates bei einem Thread-Pool zu registrieren, muss die Methode ThreadPool.QueueUserWorkItem(task) aufgerufen werden. Der Thread-Pool wird angelegt, sobald das erste WaitCallback-Delegate registriert wird.

public delegate void **WaitCallback**(object state);

Pro Application-Domain existiert immer nur *ein* Thread-Pool. Im folgenden Beispiel wird gezeigt, wie verschiedene Aufgaben bei einem Thread-Pool registriert werden können. Dabei werden zwei Arten von Aufgaben registriert: WorkerProcess stellvertretend für lange Aufgaben und TinyWorkerProcess für kurze Aufgaben, die nach ca. 5000 ms bereit beendet sind. Zusätzlich wird in der Main-Methode ständig die Anzahl der aktuell zur Verfügung stehenden Worker-Threads kontrolliert und auf der Konsole ausgegeben:

```
using System;
using System.Threading;

public class ThreadPooling {

    public static void WorkerProcess(object state) {
        while(true) {  // endlos lange Aufgabe
            Thread.Sleep(2000);
            Console.WriteLine("WorkerProcess:{0}", state);
        }
    }

    public static void TinyWorkerProcess(object state) {
        Thread.Sleep(5000);  // kurze Aufgabe
        Console.WriteLine("TinyWorkerProcess:{0}", state);
    }

    public static void Main(string[] argv) {
        int wThreads;  // Worker-Threads
        int asIO; // asynchrone IO-Threads

        // wie viele Worker-Threads stehen den verschiedenen Aufgaben zur Verfügung?
        ThreadPool.GetMaxThreads(out wThreads, out asIO);
        Console.WriteLine("Max. Worker-Threads:{0}", wThreads);
        Console.WriteLine("Max. Asynchronous IO-Threads:{0}", asIO);

        // 3 Arbeitsaufgaben werden angelegt
        for(int i = 0; i < 3; i++) ThreadPool.QueueUserWorkItem(WorkerProcess, i);

        // zusätzlich werden noch 3 weitere Aufgaben festgelegt, die 5000 ms warten
        // und dann nur eine Ausgabe durchführen, bevor sie wieder beendet werden
        for(int i = 0; i < 3; i++) ThreadPool.QueueUserWorkItem(TinyWorkerProcess, i);

        // ständige Kontrolle, wie viele Worker-Threads noch zur Verfügung stehen
        while(true) {
            Thread.Sleep(5000);
            ThreadPool.GetAvailableThreads(out wThreads, out asIO);
            Console.WriteLine("Aktuell verfügbare Worker-Threads:{0}", wThreads);
            Console.WriteLine("Aktuell verfügbare IO-Threads:{0}", asIO);
        }
    }
}
```

Das Beispiel erzeugt folgende Ausgabe auf der Konsole:

```
Max. Worker-Threads:25
Max. Asynchronous IO-Threads:25
WorkerProcess:0
WorkerProcess:1
WorkerProcess:2
WorkerProcess:0
WorkerProcess:1
Aktuell verfügbare Worker-Threads:19
Aktuell verfügbare IO-Threads:25
WorkerProcess:2
WorkerProcess:0
TinyWorkerProcess:0
WorkerProcess:1
TinyWorkerProcess:1
WorkerProcess:2
TinyWorkerProcess:2
WorkerProcess:0
WorkerProcess:1
WorkerProcess:2
Aktuell verfügbare Worker-Threads:22
Aktuell verfügbare IO-Threads:25
```

Bei diesem Beispiel ist zu erkennen, dass der Thread-Pool zu Beginn über 25 freie Worker-Threads verfügt. Nach Registrierung der 6 Aufgaben werden 6 freie Worker-Threads dafür reserviert. Somit stehen dem Thread-Pool nur noch 19 freie Worker-Threads zur Verfügung. Nach etwa 5000 ms werden alle TinyWorkerProcesses beendet und ihre Worker-Treads wieder freigegeben. Dann stehen dem Thread-Pool wieder 22 freie Worker-Threads zur Verfügung.

Folgende Richtlinien sollen die Entscheidung über die Verwendung eines Thread-Pools vereinfachen:

❑ In einem Thread-Pool können den einzelnen Aufgaben keine Prioritäten zugewiesen werden!

❑ Wenn eine Aufgabe viel Prozessorzeit beansprucht, dann ist ein Thread-Pool nicht geeignet.

❑ Wenn man auf eine Aufgabe ständig Zugriff haben möchte, um sie zum Beispiel stoppen zu können, dann ist ein Thread-Pool ebenfalls nicht geeignet.

4.3.5   Synchronisation

Threads, die gemeinsame Ressourcen benutzen (z.B. gemeinsame Datenfelder), müssen darauf *synchronisiert* zugreifen, d.h. nacheinander und nicht gleichzeitig. Werden Threads nicht richtig synchronisiert, kann es zu unvorhersehbaren Ergebnissen kommen. Im folgenden Abschnitt zeigen wir verschiedene Möglichkeiten zur Synchronisation von Threads in C#.

Die lock-Anweisung

Im Beispiel ThreadExample zu Beginn dieses Kapitels geben zwei Threads eine Folge von Zeichen auf die Konsole aus. Die Ressource System.Console wurde von beiden Threads gleichzeitig als Ausgabemedium benutzt. Da der Zugriff nicht synchronisiert erfolgte, variierte die Ausgabe je nach Verteilung der Prozessorzeit. C# bietet eine *lock-Anweisung*, mit der man das verhindern kann.

Eine lock-Anweisung setzt eine Sperre (*lock*) auf ein bestimmtes Objekt (meist die gemeinsam benutzte Ressource selbst). Während ein Thread eine lock-Anweisung abarbeitet, muss ein anderer Thread, der ebenfalls versucht, eine lock-Anweisung auf dasselbe Objekt auszuführen, warten. Das garantiert *wechselseitigen Ausschluss* (*mutual exclusion*) für kritische Regionen, die nicht von mehreren Threads gleichzeitig ausgeführt werden dürfen.

```csharp
using System;
using System.Threading;

public class LockExample {
    public void RunT0() {
        lock (this) {
            for (int i = 0; i < 10; i++) {
                System.Console.Write('x');
                Thread.Sleep(1000);
            }
        }
    }
    public void RunT1() {
        lock (this) {
            for (int i = 0; i < 10; i++) {
                System.Console.Write('o');
                Thread.Sleep(1000);
            }
        }
    }
    public static void Main() {
        LockExample ex = new LockExample();
        new Thread(ex.RunT0).Start();
        new Thread(ex.RunT1).Start();
    }
}
```

Thread T0 sperrt sofort nach dem Start das Objekt *this* und gibt es erst wieder frei, wenn zehn Mal der Buchstabe 'x' ausgegeben wurde. Thread T1 muss am Beginn seiner lock-Anweisung warten, bis T0 die Sperre freigibt, und darf erst dann das Objekt für sich reservieren und seine zehn 'o' ausgeben. Somit ergibt sich in diesem Beispiel immer die Ausgabe:

```
xxxxxxxxxxooooooooooo
```

Klasse Monitor

Neben der lock-Anweisung kann zur Synchronisation von Threads auch die Klasse Monitor verwendet werden, mit der man ebenfalls eine Sperre für einen Codebereich setzen und wieder freigeben kann.

```
public sealed class Monitor {
    public static void Enter(object obj);  // fordert eine exklusive Sperre des Objekts obj an
    public static bool TryEnter(object obj);  // versucht das Object obj zu sperren
    public static bool TryEnter(object obj, int millies);  // versucht eine gewisse Zeit lang
        // (in Millisekunden) eine exklusive Sperre zu erhalten
    public static void Exit(object obj);  // gibt die Sperre auf das Objekt obj wieder frei
    public static bool Wait(object obj);  // blockiert den aktuellen Thread und gibt die Sperre
        // frei. Mit Pulse kann der Thread wieder geweckt werden. Er fordert dann die Sperre
        // wieder an, bevor er weiterlaufen darf.
    public static bool Wait(object obj, int millies);
    public static bool Wait(object obj, int millies, bool exitContext);
    public static void Pulse(object obj);  // erzeugt eine Benachrichtigung für den nächsten
        // Thread in der Warteliste, dass sich der Sperrzustand des Objects obj geändert hat
    public static void PulseAll(object obj);  // erzeugt eine Benachrichtigung für alle Threads
    ...
}
```

Die lock-Anweisung

```
lock (obj) {...}
```

ist eigentlich nichts anderes als eine Kurzform für

```
Monitor.Enter(obj);
try {
    ...
} finally {
    Monitor.Exit(obj);
}
```

Der Unterschied zur lock-Anweisung tritt erst bei der Verwendung von Monitor.TryEnter(obj) in Erscheinung. Diese Methode liefert als Rückgabewert false, wenn bereits eine Sperre auf das angegebene Objekt existiert. Somit blockiert die Methode nicht und ermöglicht es, sofort auf eine Verweigerung einer Sperre zu reagieren. Folgendes Beispiel soll die Verwendung der Klasse Monitor veranschaulichen:

```
public class MonitorExample {
    Queue q;

    public void AddBlocking(object elem) {
        lock (q.SyncRoot) {
            q.Enqueue(elem);
        }
    }
}
```

```
public bool AddNonBlocking(object elem) {
    if (!Monitor.TryEnter(q.SyncRoot)) return false;
    try {
        q.Enqueue(elem);
    } finally {
        Monitor.Exit(q.SyncRoot);
    }
    return true;
}
}
```

Wait und Pulse

Oft kommt es vor, dass sich ein Thread in einem Monitor befindet und auf eine Bedingung warten muss, die nur ein anderer Thread auslösen kann, der dazu aber ebenfalls in den Monitor eintreten müsste. Da das nicht möglich ist, solange der erste Thread noch die Sperre hält, würde es zu einer Verklemmung (*deadlock*) kommen. Der erste Thread muss daher vorübergehend den Monitor freigeben, bis die Bedingung, auf die er wartet, eingetreten ist. Zu diesem Zweck gibt es in der Klasse Monitor die beiden Methoden Wait und Pulse.

Monitor.Wait(obj) versetzt den aktuellen Thread in einen Wartezustand (d.h. reiht ihn in die Warteschlange von obj ein) und gibt die Sperre auf das Objekt obj frei. Monitor.Pulse(obj) weckt den nächsten wartenden Thread in der Warteschlange von obj. Dieser muss jedoch, bevor er weiterlaufen darf, zuerst wieder die Sperre auf obj erhalten. Hält ein anderer Thread diese Sperre, muss er warten, bis sie frei ist. Folgendes Beispiel zeigt die Synchronisation mittels Wait und Pulse.

```
// Thread A                          // Thread B
lock (obj) /*1*/{                     lock (obj) /*3*/{
    ...                                   ...
    /*2*/ Monitor.Wait(obj); /*5*/        /*4*/ Monitor.Pulse(obj);
    ...                                   ...
}                                     } /*6*/
```

1. Thread A kommt zur lock-Anweisung und betritt den Monitor, da die Sperre frei ist.
2. A kommt zum Wait, blockiert und gibt die Sperre frei.
3. Thread B kommt zur lock-Anweisung und betritt den Monitor, da die Sperre frei ist.
4. B kommt zum Pulse, weckt damit Thread A, läuft aber auch selbst weiter.
5. A versucht, die Sperre auf obj wieder zu erlangen, was aber nicht gelingt, da B sie noch hält. A muss also warten.
6. B kommt an das Ende der lock-Anweisung und gibt die Sperre auf obj frei. Somit kann A die Sperre bekommen, weiterlaufen und seine lock-Anweisung beenden.

Das folgende Beispiel zeigt eine klassische Puffersynchronisation mittels Wait und Pulse. Ein Puffer wird von mehreren Threads benutzt, die buf.Put(ch) aufrufen, um ein Zeichen ch in den Puffer einzufügen, und ch = buf.Get(), um ein Zeichen zu entnehmen. Wenn der Puffer voll oder leer ist, muss der ausführende Thread warten, bis ein anderer Thread ein Zeichen entnimmt bzw. eines einfüllt.

```
public class Buffer {
    const int size = 16;
    char[] buf = new char[size];
    int head = 0, tail = 0, n = 0;                          // n = Füllstand

    public void Put(char ch) {
        lock(this) {
            while (n >= size) Monitor.Wait(this);           // Puffer voll
            buf[tail] = ch; tail = (tail + 1) % size; n++;
            Monitor.Pulse(this);                            // wecke evtl. wartenden Get-Thread
        }
    }

    public char Get() {
        lock(this) {
            while (n <= 0) Monitor.Wait(this);              // Puffer leer
            char ch = buf[head]; head = (head + 1) % size; n--;
            Monitor.Pulse(this);                            // wecke evtl. wartenden Put-Thread
            return ch;
        }
    }
}
```

Man beachte, dass die Wait-Aufrufe in einer Schleife stattfinden müssen. Ein wartender Put-Thread wird zwar nur geweckt, wenn ein Get-Thread im Puffer Platz gemacht hat, es könnte aber sein, dass ein anderer Put-Thread zuvorgekommen ist und den freien Pufferplatz bereits wieder gefüllt hat. Daher darf der geweckte Put-Thread nur weiterlaufen, wenn n < size gilt.

4.4 Netzwerkkommunikation

Das .NET-Framework entstand zu einer Zeit, zu der die Kommunikation über ein Netzwerk bereits zur Tagesordnung gehörte. Somit wurde sie von Anfang an zu einem unverzichtbaren Teil von .NET.

Dieses Kapitel gibt einen Überblick über die Netzwerkkommunikation unter .NET, wobei *Web-Services* ausgespart bleiben, da ihnen das Kapitel 7 (Web-Services) gewidmet ist. Es können außerdem nur die wichtigsten Klassen und Methoden erläutert werden, da eine ausführliche Diskussion dieser Thematik Bücher füllen würde. Die hier beschriebenen Klassen gehören zu den Namensräumen System.Net und System.Net.Sockets.

4.4.1 Adressierung

Bevor zwei Rechner über das Netz miteinander kommunizieren können, müssen sie eine Verbindung zueinander aufbauen. Verbindungen werden über *End-punkte* geknüpft, die durch die *IP-Adresse* (Internetprotokoll-Adresse) des Rechners und eine auf diesem Rechner eindeutige *Portnummer* identifiziert werden. Während die Portnummern 0 bis 1023 für Standardprotokolle wie HTTP (*Hypertext Transfer Protocol*, Port 80) [HTTP] oder SMTP (*Simple Mail Transfer Protocol*, Port 25) [SMTP] reserviert sind, können die anderen Nummern in der Regel für eigene Verbindungen verwendet werden.

Im folgenden Beispiel wird ein Endpunkt für die IP-Adresse 254.10.120.3 und die Portnummer 50000 erzeugt:

```
IPAddress ip = IPAddress.Parse("254.10.120.3");
IPEndPoint ep = new IPEndPoint(ip, 50000);
```

IP-Adressen kann man sich nur schwer merken. Daher arbeitet man stattdessen meist mit *DNS-Namen* (Domain-Name-System-Namen) wie www.dotnet.jku.at, die von einem DNS-Server in eine IP-Adresse umgesetzt werden. Die Klasse Dns hilft einem dabei. Der Aufruf

```
IPHostEntry host = Dns.GetHostEntry("www.dotnet.jku.at");
```

liefert in host eine Beschreibung aller Alias-Namen und IP-Adressen, die dem DNS-Namen www.dotnet.jku.at zugeordnet sind. Folgendes Codestück gibt die zugeordnete Liste von IP-Adressen und Alias-Namen aus:

```
foreach (IPAddress ip in host.AddressList) Console.WriteLine(ip.ToString());
foreach (string alias in host.Aliases) Console.WriteLine(alias);
```

Wenn man nicht nur einen Endpunkt auf einem Rechner adressieren möchte, sondern eine dort befindliche Ressource (z.B. eine Datei), so verwendet man URIs (*Universal Resource Identifier*) [URI], die eine Übermenge der URLs (*Universal Resource Locator*) sind. Hier sind drei Beispiele für URIs:

```
http://www.jku.at/Courses/index.html?id=12345
file:///Samples/DotNet/first.aspx
/Joe/index.html
```

Die erste URI bezeichnet eine Web-Ressource, die zweite eine Datei auf dem lokalen Rechner, die dritte ist eine relative URI, die sich auf eine andere URI bezieht. Das Adressierungsschema (z.B. "http://" oder "file://") legt auch das zu verwendende Zugriffsprotokoll fest. Die Klassen Uri und UriBuilder unterstützen die Analyse und das Zusammenbauen von URIs, werden hier aber nicht näher beschrieben.

4.4.2   Sockets

Sockets sind bidirektionale Kommunikationspunkte, über die Daten gesendet und empfangen werden können. Bevor Daten übertragen werden, müssen sowohl der Client als auch der Server einen Socket anlegen und diese verbinden.

Folgendes Beispiel zeigt, welcher Code auf dem Server und auf dem Client nötig ist, wenn der Client eine Verbindung zu Port 50000 auf dem Rechner mit der IP-Adresse 254.10.120.3 aufnehmen will:

```
// Server                                          // Client
IPAddress ip = IPAddress.Parse("254.10.120.3");    IPAddess ip = IPAddress.Parse("254.10.120.3");
IPEndPoint ep = new IPEndPoint(ip, 50000);         IPEndPoint ep = new IPEndPoint(ip, 50000);

Socket s0 = new Socket(...);                        Socket s2 = new Socket(...);
s0.Bind(ep);
s0.Listen(10);
```

Der Server legt einen Socket s0 an und bindet ihn an den Endpunkt mit der gewünschten Adresse. Anschließend führt er s0.Listen(10) aus, womit er seine Empfangsbereitschaft ausdrückt und bis zu 10 Clients bedienen kann, die gleichzeitig versuchen, eine Verbindung aufzunehmen.

Der Client legt ebenfalls einen Socket s2 an, ohne ihn jedoch einstweilen mit einem Endpunkt zu verbinden. Abb. 4.9 zeigt die Situation nach Ausführung dieses Codes.

Abb. 4.9 *Sockets am Server und am Client (noch unverbunden)*

Der Server wartet nun mit s0.Accept() auf eine Verbindung und der Client nimmt diese mittels s2.Connect(ep) auf:

```
// Server                      // Client
Socket s1 = s0.Accept();       s2.Connect(ep);
```

Der Accept-Aufruf blockiert, bis eine Verbindung hergestellt ist. Als Resultat liefert er einen neuen Socket s1, der mit dem Client-Socket s2 verbunden ist. Der Socket s0 ist nun wieder bereit, neue Verbindungen aufzunehmen. Abb. 4.10 zeigt diese Situation.

Abb. 4.10 *Sockets s1 und s2 sind verbunden und bereit zur Kommunikation*

Nachdem die Verbindung hergestellt ist, können der Client und der Server miteinander mittels Send und Receive kommunizieren:

```
// Server                          // Client
s1.Receive(msg1);                  s2.Send(msg1);
...                                ...
s1.Send(msg2);                     s2.Receive(msg2);
s1.Shutdown(SocketShutdown.Both);  s2.Shutdown(SocketShutdown.Both);
s1.Close();                        s2.Close();
```

Die Details der Socket-Schnittstelle können folgendem Auszug entnommen werden:

```
public class Socket : IDisposable {
    //----- Konstruktor
    public Socket(AddressFamily af, SocketType st, ProtocolType pt);
    //----- Properties
    public AddressFamily AddressFamily { get; }
    public SocketType SocketType { get; }
    public ProtocolType ProtocolType { get; }
    public bool Connected { get; }
    public EndPoint LocalEndPoint { get; }
    public EndPoint RemoteEndPoint { get; }
    public int Available { get; }
    ...
    //----- Methoden
    public void Bind(EndPoint localEndPoint);
    public void Listen(int backlog);
    public Socket Accept();
    public void Connect(EndPoint remoteEP);
    public int Send(byte[] buffer);
    public int Receive(byte[] buffer);
    public void Shutdown(SocketShutdown how);
    public void Close();
    ...
}
```

Wenn man einen Socket erzeugt, muss man das gewünschte Adressierungsschema, die Socket-Art und das Übertragungsprotokoll angeben. Das Adressierungsschema wird durch den Typ AddressFamily bestimmt:

```
public enum AddressFamily {
    InterNetwork,      // IP-Adresse Version 4
    InterNetworkV6,    // IP-Adresse Version 6
    AppleTalk,         // Adresse des AppleTalk-Protokolls
    IrDa,              // Adresse für Infrarotkommunikation über das IrDA-Protokoll
    NetBios,           // NetBios-Adresse
    ..
}
```

Die Enumeration SocketType gibt die Art des gewünschten Sockets an. Ein Socket kann zum Beispiel einen verbindungsorientierten oder einen verbindungslosen, paketorientierten Datentransfer erlauben.

```
public enum SocketType {
    Dgram,      // paketorientierter Transfer mittels UDP; Pakete können verloren gehen
    Rdm,        // paketorientierter Transfer, der jedoch garantiert, dass keine Pakete verloren
                // gehen und die Pakete in der richtigen Reihenfolge ankommen
    Seqpacket,  // verbindungsorientierter Transfer in beide Richtungen
    Stream,     // verbindungsorientierter Transfer in beide Richtungen mittels TCP-Protokoll
    Raw,        // wird benutzt, um auf tiefere Schichten des OSI-Modells zugreifen zu können,
                // zum Beispiel um ICMP-Pakete zu verschicken (Ping)
    Unknown,    // spezifiziert eine unbekannte Art von Sockets
    ...
}
```

Schließlich muss man für einen Socket mittels ProtocolType angeben, welches Übertragungsprotokoll verwendet werden soll:

```
public enum ProtocolType {
    Icmp,    // Internet Control Message Protocol (z.B. für die Impl. von Ping notwendig)
    IP,      // IP-Protokoll
    TCP,     // Transmission Control Protocol
    UDP,     // User Datagram Protocol
    ...
}
```

Ist ein Socket einmal erzeugt, können sein Adressierungsschema, seine Socket-Art und seine Protokollart mit den Properties AddressFamily, SocketType und ProtocolType abgefragt werden. Connected gibt an, ob ein Socket mit einem anderen verbunden ist. Mit LocalEndPoint und RemoteEndPoint lassen sich die Endpunkte der Verbindung abfragen. Das Property Available gibt an, wie viele Bytes zum Empfang bereitstehen.

Beispiel Echo-Server

Wir wollen nun als Beispiel einen *Echo-Server* implementieren, der Daten empfängt und sie unverändert wieder an den Sender zurückschickt. Der Einfachheit halber sollen sowohl der Echo-Server als auch seine Clients auf dem lokalen

Rechner laufen. Deshalb wird als IP-Adresse die des lokalen Rechners angegeben, die auch *Loopback*-Adresse heißt (**IPAddress.Loopback**). Um das Beispiel auf unterschiedlichen Rechnern laufen zu lassen, müssen nur die *Loopback*-Adressen gegen andere IP-Adressen ausgetauscht werden.

Der Echo-Server ist sehr einfach gehalten und kann deshalb nur einen Client nach dem anderen bedienen, wobei die Verbindung nach jedem Datentransfer wieder geschlossen wird:

```
using System;
using System.Net;
using System.Net.Sockets;

class EchoServer {
    Socket s;

    public bool StartUp(IPAddress ip, int port){
        try {
            s = new Socket
                (AddressFamily.InterNetwork, SocketType.Stream, ProtocolType.Tcp);
            s.Bind(new IPEndPoint(ip, port));
            s.Listen(10);
        } catch (Exception e) {
            Console.WriteLine(e.Message);
            return false;
        }
        while (true) {
            Socket newSocket = s.Accept();  // blockiert, bis sich Client verbindet
            Communicate(newSocket);
        }
    }

    void Communicate(Socket clSock) {
        try {
            byte[] buffer = new byte[1024];
            while (clSock.Receive(buffer) > 0 ) // Receive blockiert, bis Daten kommen
                clSock.Send(buffer);
            clSock.Shutdown(SocketShutdown.Both);
            clSock.Close ();
        } catch (Exception e) {
            Console.WriteLine(e.Message);
        }
    }

    public static void Main() {
        EchoServer server = new EchoServer( );
        if (!server.StartUp(IPAddress.Loopback, 50000))
            Console.WriteLine("Der Echo-Server konnte nicht gestartet werden");
    }
}
```

Der Client wird durch die folgende Klasse EchoClient realisiert. Sie erzeugt einen Socket, dem als Zieladresse ebenfalls IPAdress.Loopback übergeben wird. Dann wird eine Folge von Bytes an den Echo-Server geschickt, die Antwort des Servers empfangen und auf der Konsole ausgegeben:

```
using System;
using System.Text;
using System.Net;
using System.Net.Sockets;

class EchoClient {

    public static void Main() {
        try {
            //----- Verbindung aufnehmen
            Socket s = new Socket(AddressFamily.InterNetwork, SocketType.Stream,
                ProtocolType.Tcp);
            s.Connect(new IPEndPoint(IPAddress.Loopback, 50000));
            //----- Senden
            byte[] msg = Encoding.ASCII.GetBytes("Das ist ein Test");
            s.Send(msg);
            //----- Empfangen
            byte[] retMsg = new byte[1024];
            s.Receive(retMsg);
            string str = Encoding.ASCII.GetString(retMsg);
            Console.WriteLine(str);
        } catch (Exception e) {
            Console.WriteLine(e.Message);
        }
    }
}
```

4.4.3 NetworkStream

In den bisherigen Beispielen wurden die Daten direkt über Sockets gesendet und empfangen. Man kann sie aber auch über einen Datenstrom lesen und schreiben, den man mit dem Socket-Objekt verknüpft, was den Vorteil hat, dass man nicht mit byte-Arrays hantieren muss.

Der Konstruktor der Klasse NetworkStream übernimmt als Datenquelle ein Socket-Objekt, auf dem dann alle Lese- und Schreibvorgänge durchgeführt werden:

```
Socket s = new Socket(...);
s.Connect(new IPEndPoint(ip, port));
NetworkStream ns = new NetworkStream(s);
```

Der NetworkStream ns kann in weiterer Folge von einem *Reader* oder *Writer* verwendet werden, um formatierte Daten wie zum Beispiel *ASCII*-Zeichenketten oder XML-Code (siehe Abschnitt 4.7) zu verarbeiten. Im folgenden Beispiel wird gezeigt, wie ns als Datenquelle für einen XMLTextReader verwendet werden kann, um XML-Text von einem Server zu lesen:

```
XMLTextReader r = new XMLTextReader(ns);
for (int i = 0; i < r.AttributeCount; i++) {
    r.MoveToAttribute(i);
    Console.Write("{0} = {1}", r.Name, r.Value);
}
```

4.4.4   WebRequest und WebResponse

Die bisher gezeigte Kommunikation über Sockets erfordert zahlreiche Detailoperationen. Das .NET-Framework bietet aber auch Kommunikationsklassen auf höherer Ebene, mit denen gängige Protokolle wie http:// oder file:// bequem benutzt werden können.

Grundlage für diese Art von Kommunikation sind die abstrakten Klassen WebRequest und WebResponse, die den Zugriff auf Web-Ressourcen (im Allgemeinen Dateien) mittels eines *Request/Response*-Protokolls erlauben. Der Client schickt dabei dem Server eine Anforderung (*Request*) und der Server schickt als Antwort (*Response*) die gewünschte Web-Ressource zurück. Ein Request-Objekt wird zum Beispiel durch den Aufruf

```
WebRequest request = WebRequest.Create("http://www.jku.at/index.html");
```

erzeugt. Je nach Art der übergebenen URI werden dabei Objekte unterschiedlicher Klassen erzeugt. Beginnt die URI mit http://, so kommt ein HttpWebRequest-Objekt zurück, beginnt sie mit file://, wird ein FileWebRequest-Objekt geliefert. HttpWebRequest und FileWebRequest sind Unterklassen von WebRequest. Andere Unterklassen und ihre Präfixe können mit der Methode RegisterPrefix registriert werden. Das Request-Objekt kann mittels Properties wie Method (z.B. "GET" oder "POST"), ContentType (z.B. "text/html") oder Headers konfiguriert werden. Bei POST-Requests können noch Parameter in den Datenstrom geschrieben werden, der mit GetRequestStream geholt werden kann. Für die meisten Requests benötigt man aber diese Konfigurationen nicht. Hier ist ein Auszug der Schnittstelle von WebRequest:

```
public abstract class WebRequest : MarshalByRefObject, ISerializable {
    //----- Properties
    public virtual string Method { get; set; }
    public virtual string ContentType { get; set; }
    public virtual WebHeaderCollection Headers { get; set; }
    ...
    //----- Methoden
    public static WebRequest Create(string uri);
```

```
    public virtual Stream GetRequestStream();
    public virtual WebResponse GetResponse();
    public static bool RegisterPrefix(string prefix, IWebRequestCreate creator);
    ...
}
```

Sobald man die Methode request.GetResponse() aufruft, wird der Request abge-
schickt und als Anwort ein WebResponse-Objekt empfangen, das je nach Protokoll z.B. vom Typ HttpWebResponse oder FileWebResponse sein kann. Hier ist
wieder ein Auszug der Schnittstelle der abstrakten Klasse WebResponse:

```
public abstract class WebResponse : MarshalByRefObject, ISerializable, IDisposable {
    //----- Properties
    public virtual long ContentLength { get; set; }
    public virtual string ContentType { get; set; }
    public virtual WebHeaderCollection Headers { get; }
    public virtual Uri ResponseUri { get; }
    ...
    //----- Methoden
    public virtual Stream GetResponseStream();
    public virtual void Close();
    ...
}
```

Das empfangene Response-Objekt kann nun über seine Properties ausgewertet
werden. Den Antwortstrom (z.B. den Inhalt der angeforderten HTML-Datei)
kann man mittels response.GetResponseStream() abrufen. Im folgenden Beispiel
wird eine HTML-Datei angefordert und auf der Konsole ausgegeben:

```
using System;
using System.IO;              // für Stream, StreamReader
using System.Net;            // für HttpWebRequest, HttpWebResponse

class WebTest {
    static void Main() {
        HttpWebRequest req = (HttpWebRequest)WebRequest.Create("http://dotnet.jku.at");
        HttpWebResponse response = (HttpWebResponse)req.GetResponse();
        StreamReader r = new StreamReader(response.GetResponseStream());
        string line = r.ReadLine();
        while (line != null) {
            Console.WriteLine(line);
            line = r.ReadLine();
        }
    }
}
```

4.5   Reflection

Unter *Reflection* versteht man den Zugriff auf Typinformationen zur Laufzeit. Die Namensräume System.Reflection und System.Reflection.Emit bieten Klassen an, die zur Laufzeit Metainformationen über Assemblies, Module (siehe Abschnitt 3.6) und Typen zur Verfügung stellen. Ein Assembly kann ein oder mehrere Module enthalten, in denen verschiedene Typen definiert sind. Die einzelnen Typen besitzen Elemente (*members*) wie Felder, Methoden, Events, Properties oder innere Klassen. Reflection wird in diesem Zusammenhang dazu eingesetzt, um folgende Aufgaben zu erfüllen:

- ❏ Auslesen von Metainformationen über Assemblies, Module und Typen.
- ❏ Auslesen von Metainformationen über die Elemente eines Typs.
- ❏ Erzeugen von Objekten eines bestimmten Typs.
- ❏ Dynamischer Aufruf von Methodenobjekten (*dynamic invocation*) und Zugriff auf die Werte von Feldern und Properties über Metainformationen.
- ❏ Zusammenstellen eines neuen Typs zur Laufzeit mit Hilfe des Namensraums System.Reflection.Emit.

Der Namensraum System.Reflection.Emit bietet außerdem Unterstützung für die Programmierung von Compilern und Interpretern. Er enthält Klassen, mit denen man Zwischencode in *CIL* (*Common Intermediate Language*) erzeugen und in *PE*-Dateien (*Portable Executable*) abspeichern kann. Somit können Typen zur Laufzeit erzeugt werden.

4.5.1   System.Reflection.Assembly

Mittels Reflection kann man ein Assembly laden und Informationen über die darin enthaltenen Module und Typen abfragen. Zu diesem Zweck ist im Namensraum System.Reflection die Klasse Assembly definiert, die Metainformationen auf Assembly-Ebene anbietet. Hier ist ein Ausschnitt ihrer Schnittstelle:

```
public class Assembly : IEvidenceFactory, ICustomAttributeProvider, ISerializable {
    //----- Properties
    public virtual string FullName {get;}  // liefert Name und Version des Assemblies
    public virtual string Location {get;}  // liefert Dateiname und Pfad des Assemblies
    public virtual MethodInfo EntryPoint {get;}  // liefert Main-Methode oder null
    public bool GlobalAssemblyCache {get;}  // wurde Assembly aus GAC geladen?
    public Module ManifestModule { get; }  // liefert das Modul, in dem das Manifest des
        // Assemblies liegt
    ...
    //----- Methoden
    public static Assembly Load(string name);  // lädt Assembly namens name
    public static Assembly LoadFrom(string file),  // lädt Assembly von einem Dateipfad
    public static Assembly LoadFrom(string file, Evidence securityEvidence);
```

```
    public static Assembly GetAssembly(Type t);  // liefert Assembly, das Typ t enthält
    public static Assembly GetEntryAssembly();  // liefert Assembly des Hauptprogramms
    public static Assembly GetExecutingAssembly();  // liefert gerade laufendes Assembly
    public virtual AssemblyName GetName();  // liefert den Namen des Assemblies
    public Module[] GetModules();  // liefert alle Module des Assemblies
    public Module[] GetLoadedModules();  // liefert geladene Module des Assemblies
    public Module GetModule(string name);  // liefert das angegebene Modul
    public virtual Type[] GetTypes();  // liefert alle Typen des Assemblies
    public virtual Type[] GetExportedTypes();  // liefert alle public-Typen des Assemblies
    public virtual Type GetType(string typeName);  // liefert den angegebenen Typ
    public object CreateInstance(string typeName);  // erzeugt Objekt des Typs typeName
    public virtual object[] GetCustomAttributes(bool inherit);  // liefert alle Attribute des
        // Assemblies, wobei der Parameter inherit ignoriert wird
    public virtual object[] GetCustomAttributes(Type attributeType, bool inherit);
        // liefert alle Attribute des Assemblies, die vom Typ attributeType sind
}
```

Um Informationen über ein Assembly abfragen zu können, muss man sich eine Referenz darauf besorgen, zum Beispiel indem man das Assembly lädt:

```
Assembly a = Assembly.Load("mscorlib");
```

In diesem Beispiel wird das Assembly mscorlib.dll geladen, das viele der Grundklassen der .NET-Bibliothek enthält. Nach dem erfolgreichen Laden können Metainformationen über dieses Assembly abgefragt werden. Folgender Code listet alle im Assembly a enthaltenen Typen auf der Konsole:

```
Type[] types = a.GetTypes();
foreach (Type t in types)
    Console.WriteLine(t.FullName);
```

Hier ein Ausschnitt der Ausgabe:

```
System.Reflection.Emit.AssemblyBuilder
System.Reflection.Emit.AssemblyBuilderData
System.Reflection.Emit.ResWriterData
System.Reflection.Emit.NativeVersionInfo
...
```

4.5.2 System.Type

Die abstrakte Klasse Type, die im Namensraum System deklariert ist, bildet die Grundlage für alle *Reflection*-Operationen. Type ist die abstrakte Beschreibung aller Typen, die in der Laufzeitumgebung existieren können. Dazu zählen Klassen, Interfaces, Structs, Generics, Arrays, Enums und Delegates. Mit Hilfe der Klasse Type können zur Laufzeit Informationen über einen Typ ermittelt werden (diese Informationen kann man übrigens auch über das Disassembler-Werkzeug *ildasm.exe* abfragen). Hier ist ein Ausschnitt der Schnittstelle von Type:

```
public abstract class Type : MemberInfo, IReflect {
  //----- Properties
  public abstract string FullName {get;}
  public abstract Type BaseType {get;}  // direkter Basistyp oder null
  public abstract Assembly Assembly {get;}  // Assembly, in dem der Typ deklariert ist
  public TypeAttributes Attributes {get;}  // Attribute des Typs
  public bool IsAbstract {get;}  // ist der Typ abstrakt?
  public bool IsClass {get;}  // ist der Typ eine Klasse?
  public bool IsPublic {get;}  // ist der Typ als public deklariert?
  public virtual bool IsGenericParameter {get;}  // ist der Typ ein Typ-Parameter eines
      // Generic-Typs?
  public virtual bool IsGenericType {get;}  // ist der Typ ein Generic-Typ?
  public virtual bool IsGenericTypeDefinition {get;}  // handelt es sich um eine
      // Generic-Typdefinition?
  //----- Methoden
  public ConstructorInfo[] GetConstructors();  // liefert eine Liste aller Konstruktoren
  public virtual Type[] GetGenericArguments ();  // liefert die Liste der
      // Generic-Parameter dieses Typs
  public virtual Type[] GetGenericParameterConstraints();  // liefert die Liste der
      // Constraints für die Generic-Parameter dieses Typs
  public Type[] GetInterfaces();  // liefert alle von diesem Typ implementierten Schnittstellen
  public FieldInfo[] GetFields();  // liefert eine Liste aller Felder des Typs
  public MethodInfo[] GetMethods();  // liefert eine Liste aller Methoden dieses Typs
  public MethodInfo GetMethod(string name);  // liefert die gesuchte Methode des Typs
  public MethodInfo GetMethod(string name, Type[] argTypes);
  public PropertyInfo[] GetProperties();  // liefert eine Liste aller Properties dieses Typs
  public virtual EventInfo[] GetEvents();  // liefert eine Liste aller Ereignisse des Typs
  public MemberInfo[] GetMembers();  // liefert eine Liste aller Elemente dieses Typs
}
```

Um Informationen über einen bestimmten Typ abzufragen, muss man sich ein Type-Objekt für diesen Typ besorgen. Das geht auf eine der folgenden Arten:

```
Type t1 = Type.GetType("System.String");
Type t2 = typeof(System.String);
string s = "Hello";
Type t3 = s.GetType();  // GetType wird von Object geerbt
```

Sobald man ein Type-Objekt hat, kann man Metainformationen über seine Elemente abfragen, wie das im folgenden Beispiel gezeigt wird:

```
using System;
using System.Reflection;
...
string s = "Hello";
Type t = s.GetType ();
Console.WriteLine("s ist vom Typ: {0}", t.FullName);
Console.WriteLine("direkter Basistyp {0}", t.BaseType);
Console.WriteLine("Der Typ implementiert folgende Interfaces:");
foreach (Type i in t.GetInterfaces())
    Console.WriteLine(" {0}", i.FullName);
```

```
Console.WriteLine("Er besitzt folgende Konstruktoren:");
foreach (ConstructorInfo i in t.GetConstructors())
    Console.WriteLine("  {0}", i);
Console.WriteLine("Er besitzt folgende Properties:");
foreach (PropertyInfo i in t.GetProperties())
    Console.WriteLine("  {0}", i);
```

Das Beispiel liefert folgende Ausgabe:

```
s ist vom Typ: System.String
direkter Basistyp: System.Object
Der Typ implementiert folgende Interfaces:
  System.IComparable
  System.ICloneable
  System.IConvertible
  System.Collections.IEnumerable
Er besitzt folgende Konstruktoren:
  Void .ctor(Char*)
  Void .ctor(Char*, Int32, Int32)
  Void .ctor(SByte*)
  Void .ctor(SByte*, Int32, Int32)
  Void .ctor(SByte*, Int32, Int32, System.Text.Encoding)
  Void .ctor(Char[], Int32, Int32)
  Void .ctor(Char[])
  Void .ctor(Char, Int32)
Er besitzt folgende Properties:
  Char Chars [Int32]     // Indexer zählen zu den Properties
  Int32 Length
```

Metainformationen über Typen, Felder, Methoden, Properties und Events werden durch die abstrakte Klasse MemberInfo und ihre Unterklassen beschrieben (siehe Abb. 4.11).

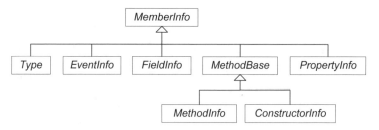

Abb. 4.11 *Vererbungshierarchie der MemberInfo-Klassen*

Will man zum Beispiel Metainformationen über alle Konstruktoren eines Typs t, ruft man t.GetConstructors() auf und erhält eine Liste von ConstructorInfo-Objekten. MethodInfo und ConstructorInfo haben eine gemeinsame Basisklasse Method-Base, deren Schnittstelle wie folgt aussieht:

```
public abstract class MethodBase : MemberInfo {
   //----- Properties
   public abstract MethodAttributes Attributes {get;}  // Attribute der Methode
   public virtual CallingConventions CallingConvention {get;};
   public bool IsAbstract {get;}
   public virtual bool IsGenericMethod {get;}
   public virtual bool ContainsGenericParameters {get;}
   public bool IsPublic {get;}
   public bool IsStatic {get;}
   public bool IsVirtual {get;}
   ...

   //----- Methoden
   public static MethodBase GetCurrentMethod();  // die gerade ausgeführte Methode
   public abstract ParameterInfo[] GetParameters();  // die Parameter der Methode
   public object Invoke(object obj, object[] params);
   ...
}
```

Der Aufruf method.Invoke(obj, args) führt die durch method beschriebene Methode für das Objekt obj aus und übergibt die in args zusammengestellten Parameter. Auf diese Weise kann man eine durch Reflection ermittelte Methode dynamisch aufrufen, siehe Abschnitt 4.5.4.

4.5.3   Dynamische Objekterzeugung

Um ein Objekt eines bestimmten Typs zu erzeugen, verwendet man die Klasse
Activator aus dem Namensraum System:

```
public sealed class Activator {
   public static object CreateInstance(Type type);
   public static object CreateInstance(Type type, object[] args);
   ...
}
```

Durch den Aufruf Activator.CreateInstance(type) wird ein Objekt des angegebenen
Typs erzeugt. Beim Aufruf Activator.CreateInstance(type, args) können auch Argumente in Form eines object-Arrays übergeben werden. Diese Argumente dienen
zur Auswahl des richtigen Konstruktors. Hier ist ein Beispiel:

```
Type t = Type.GetType("System.String");
object[] args = new object[] { new char[]{'T','e','s','t'} };
string s = (string) Activator.CreateInstance(t, args);
Console.WriteLine(s);
```

Der Typ von args[0] wählt den Konstruktor

```
String(char[] c)
```

aus. Das String-Objekt wird erzeugt und mit "Test" initialisiert. Die Ausgabeanweisung liefert "Test".

Die Klasse Activator enthält ferner Methoden zum Erzeugen von COM-Objekten und Proxy-Objekten zur Netzwerkkommunikation. Auf Details kann hier allerdings nicht eingegangen werden (siehe [Ram05]).

4.5.4   Dynamische Ausführung von Methoden

Durch die Metainformationen, welche die Klasse Type zur Verfügung stellt, kann man eine Methode eines Typs zur Laufzeit suchen und sie dynamisch mit den gewünschten Parametern ausführen. Man nennt dies auch späte Bindung der Methode (*late binding* oder *custom binding*).

Suchen einer Methode

Informationen über die Methoden eines Typs können mit Hilfe der Klasse MethodInfo ausgelesen werden:

```
Type t = typeof(System.String);
MethodInfo[] methods = t.GetMethods();
foreach (MethodInfo m in methods) Console.WriteLine(m);
```

Dieses Codestück liefert alle Methoden der Klasse System.String:

```
Int32 LastIndexOf(System.String, Int32)
System.String PadLeft(Int32)
System.String PadLeft(Int32, Char)
System.String PadRight(Int32)
System.String PadRight(Int32, Char)
Boolean StartsWith(System.String)
System.String ToLower()
...
```

Man kann die Suche auch mittels Flags einschränken. Wenn wir zum Beispiel nur die statischen Methoden haben wollen, die mit public deklariert sind, können wir schreiben:

```
Type t = typeof(string);
MethodInfo[] methods = t.GetMethods(BindingFlags.Static | BindingFlags.Public);
foreach (MethodInfo m in methods) Console.WriteLine(m);
```

und erhalten:

```
System.String Format(System.String, System.Object[])
System.String Format(System.IFormatProvider, System.String, System.Object[])
System.String Copy(System.String)
...
```

Kennt man den Namen der gesuchten Methode bereits, kann man durch t.GetMe-
thod(name, argTypes) gezielt nach ihrer Metainformation fragen. Dabei ist die
Groß- und Kleinschreibung im Methodennamen signifikant. Wenn die Methode
nicht vorhanden ist, wird null geliefert. Das folgende Beispiel zeigt die Suche nach
Methoden mit und ohne Parameter:

```
Type t = typeof(string);
MethodInfo m1 = t.GetMethod("Clone");          // suche nach Clone()
if (m1 != null) Console.WriteLine(m1);
Type[] args = {typeof(char), typeof(int)};
MethodInfo m2 = t.GetMethod("IndexOf", args);  // suche nach IndexOf(char, int)
if (m2 != null) Console.WriteLine(m2);
```

Die Ausgabe lautet in diesem Fall:

```
System.Object Clone()
Int32 IndexOf(Char, Int32)
```

Ausführen einer Methode

Haben wir erst einmal das MethodInfo-Objekt einer Methode, können wir sie auf
ein Objekt anwenden, indem wir methInfo.Invoke(obj, args) aufrufen.

Das folgende Beispiel zeigt diesen Vorgang, von der Methodensuche über die
dynamische Objekterzeugung bis zur dynamischen Ausführung der gefundenen
Methode:

```
//----- Erzeugen eines String-Objekts
Type t = typeof(string);
object[] args = new object[]{ new char[]{'F','o','O','B','A','r'} };
string s = (string)Activator.CreateInstance (t, args);
Console.WriteLine("Vor der Anwendung der Methode ToLower (): {0}", s);
//----- Suche und Aufruf von s.ToLower ():
MethodInfo method = t.GetMethod("ToLower", new Type[0]); // kein Parameter
object result = method.Invoke(s, new object[0]); // kein Parameter
Console.WriteLine("Rückgabe der Methode ToLower (): {0}", result);
```

Als Ergebnis erhalten wir folgende Ausgabe:

```
Vor der Anwendung der Methode ToLower (): FoOBAr
Rückgabe der Methode ToLower (): foobar
```

Im Gegensatz zum direkten Aufruf einer Methode müssen hier der Methodenname und die Parameter erst zur Laufzeit bekannt sein: Sie können zum Beispiel
von einer Datei eingelesen werden. Die Suche und der Aufruf der Methode erfolgen dynamisch.

Als zweites Beispiel sehen wir uns nun noch den Aufruf s.IndexOf('B', 1) an,
bei dem eine Methode mit Parametern aufgerufen wird.

```
// String-Objekt s wurde aus vorigem Beispiel übernommen ("FoOBAr").
Type[] parTypes = { typeof(char), typeof(int) };
MethodInfo method = t.GetMethod("IndexOf", parTypes);
object[] parameters = { 'B', 1 };
object ret = method.Invoke(s, parameters);
```

Als Ausgabe erscheint die erste gefundene Position von 'B' ab der Stelle 1. Es wird also 3 auf der Konsole ausgegeben.

4.5.5 Reflection.Emit

Der Namensraum Reflection.Emit wird hauptsächlich von Compilern und Interpretern verwendet, um Quellprogramme in *CIL*-Zwischencode (*Common Intermeditate Language*) zu übersetzen. Er bietet die Möglichkeit, neue Typen samt Metadaten in *CIL*-Code zu erzeugen und sofort zu verwenden oder sie in einer *PE*-Datei (*Portable Executable*) abzulegen. Insbesondere unterstützt er folgende Aufgaben:

❑ Erzeugen von *Assemblies* mit der Möglichkeit, diese auszuführen und/oder als PE-Dateien abzuspeichern.

❑ Erzeugen von Modulen samt der Möglichkeit, sie in neu erzeugte Assemblies einzufügen.

❑ Erzeugen von Typen samt der Möglichkeit, Objekte dieser Typen zur Laufzeit anzulegen sowie Methoden dieser Objekte auszuführen.

❑ Erzeugen von Metainformationen für bestehende Module zur Unterstützung von Profilern und Debuggern.

Als kleines Beispiel wird hier gezeigt, wie eine Klasse HelloWorld dynamisch erzeugt und ihre Methode SayHelloTo ausgeführt werden kann:

```
//----- Erzeugen eines Assemblies
AssemblyName assemblyName = new AssemblyName();
assemblyName.Name = "HelloWorldAssembly";
AssemblyBuilder newAssembly =
    Thread.GetDomain().DefineDynamicAssembly(assemblyName,
    AssemblyBuilderAccess.RunAndSave);
//----- Erzeugen eines Moduls im neuen Assembly
ModuleBuilder newModule = newAssembly.DefineDynamicModule("HelloWorldModule");
//----- Erzeugen eines Typs im neuen Modul
TypeBuilder newType = newModule.DefineType("HelloWorld", TypeAttributes.Public);
//----- Erzeugen einer Methode mit ihren Parametertypen im neuen Typ
Type[] paramTypes = { typeof(string) };
Type retType = typeof(string);
MethodBuilder newMethod = newType.DefineMethod("SayHelloTo",
    MethodAttributes.Public | MethodAttributes.Virtual, retType, paramTypes);
//----- Einfügen der CIL-Instruktionen in die neu erzeugte Methode:
ILGenerator ilGen = newMethod.GetILGenerator();
```

```
ilGen.Emit(OpCodes.Ldstr, "Hello ");
ilGen.Emit(OpCodes.Ldarg_1);
Type t = typeof(string);
MethodInfo mi = t.GetMethod("Concat", new Type[] {typeof(string),typeof(string)});
ilGen.Emit(OpCodes.Call, mi);
ilGen.Emit(OpCodes.Ret);
//----- Schließe den neuen Typ ab
newType.CreateType();
//----- Führe die neu erzeugte Methode SayHelloTo("Wolfgang") aus
MethodInfo method = newType.GetMethod("SayHelloTo", new Type[] {typeof(string)});
object obj = Activator.CreateInstance(newType);
object ret = method.Invoke(obj, new string[]{"Wolfgang"});
Console.WriteLine(ret);
```

Dieses Beispiel erzeugt die Ausgabe "Hello Wolfgang".

4.6   Grafische Benutzeroberflächen mit Windows.Forms

Bisher wurden alle Beispiele dieses Buches als Konsolenprogramme realisiert, d.h., die Ein- und Ausgabe war auf die Konsole beschränkt. Durch den Namensraum System.Windows.Forms ist es möglich, Anwendungen für die grafische Oberfläche von *Windows* zu entwickeln. Die Klassen in System.Windows.Forms stellen ein objektorientiertes, grafisches Oberflächenmodell zur Verfügung, das die bisher verwendeten Modelle wie MFC (*Microsoft Foundation Classes*) oder ATL (*Active Template Library*) ersetzt und damit die Windows-GUI-Programmierung erheblich erleichtert.

Bei der Verwendung von grafischen Oberflächen wird derzeit noch zwischen zwei verschiedenen Ansätzen unterschieden:

❑ *Windows-Anwendungen* (System.Windows.Forms). Diese Art von Anwendungen laufen lokal auf einem Rechner und werden benutzt, wenn eine Applikation große Rechnerleistung benötigt. Ein weiterer Vorteil einer Windows-Anwendung ist der einfache Zugriff auf lokale Ressourcen wie Festplatten und andere Geräte. Beispiele für solche Anwendungen sind Grafikprogramme, Visualisierungen, Spiele oder numerische Berechnungen.

❑ *Web-Anwendungen* (System.Web). Web-Anwendungen besitzen grafische Oberflächen, die durch einen Web-Browser dargestellt werden. Die verwendete Technologie ist ASP.NET. Da sie auf Standard-HTML aufbaut, sind diese Oberflächen zwar plattform- und browserunabhängig, in ihren Möglichkeiten momentan jedoch noch etwas eingeschränkt. Details zu webbasierten grafischen Oberflächen werden im Kapitel über *ASP.NET* vermittelt (siehe Kapitel 6).

Möglicherweise werden diese beiden Ansätze in Zukunft in ein einheitliches Modell überführt, so dass es keinen Unterschied zwischen lokalen Oberflächen und Web-Oberflächen mehr gibt.

Da die Programmierung grafischer Oberflächen ein äußerst umfangreiches Thema ist, beschränkt sich dieses Kapitel auf die Erklärung der Grundstruktur und der Präsentation einiger kleinerer Beispiele, die auch ohne *Visual Studio* erstellt werden können.

4.6.1 Steuerelemente

Jede grafische Benutzeroberfläche besteht aus Steuerelementen, die Informationen darstellen und Ereignisse auslösen können. Diese Aufgabe erfüllen Objekte vom Typ Control und UserControl. Die Klasse Control ist die Basisklasse aller grafischen Steuerelemente (*controls*), die im Namensraum System.Windows.Forms definiert sind. Steuerelemente werden in Fenstern dargestellt, die unter .NET *Formulare* (*forms*) heißen und durch die Klasse Form realisiert sind (siehe Abschnitt 4.6.2). Hier ist ein Auszug der Schnittstelle von Control:

```
public class Control : Component, ISynchronizeInvoke, IWin32Window {
    //----- Konstruktoren
    public Control();
    public Control(string text);  // übernimmt eine darzustellende Zeichenkette
    public Control(Control parent, string text);  // erzeugt ein Element als Unterelement
    ...
    //----- Properties
    public string Name {get; set;}
    public virtual string Text {get; set;}
    public virtual Color ForeColor {get; set;}
    public virtual Color BackColor {get; set;}
    public Size Size {get; set;}  // aktuelle Größe des Steuerelements
    public Rectangle Bounds {get; set;}  // Größe und Position des Steuerelements
    public Point Location {get; set;}  // linke obere Ecke relativ zum Container
    public bool Visible {get; set;}  // ist das Steuerelement sichtbar?
    public Control.ControlCollection Controls {get;}  // eingeschachtelte Steuerelemente
    public virtual Cursor Cursor {get; set;}  // der im Element verwendete Mauszeiger
    public virtual bool AllowDrop {get; set;}  // ist Datenempfang durch Drag&Drop möglich?
    ...
    //----- Methoden
    public void Show();  // das Element wird sichtbar gemacht
    public void Hide();  // das Element wird unsichtbar gemacht
    public void Invalidate();  // der gesamte grafische Bereich des Elements wird ungültig
    public void Invalidate(Rectangle region);  // nur ein bestimmter Bereich ist ungültig
    public void Update();  // bewirkt sofortiges Neuzeichnen aller ungültigen Bereiche
    public virtual void Refresh();  // zwingt das Element zum sofortigen Neuzeichnen
    public void Select();  // selektiert das Element
    public bool Focus();  // setzt den Fokus auf das Element
```

```
        public void Scale(float ratioX, float ratioY);  // skaliert das Element
        public void SetBounds(int x, int y, int width, int height);  // Größe und Lage festlegen
        public void BringToFront();
        public void SendToBack();
        public bool Contains(Control ctl);
        public Control GetChildAtPoint(Point p);
        public Control GetNextControl(Control ctl, bool forward);  // nächstes Element in der
            // festgelegten Tabulator-Folge
        public IContainerControl GetContainerControl();
        public Form FindForm();  // liefert das Formular, in dem sich das Element befindet
        public DragDropEffects DoDragDrop(object data, DragDropEffects allowedEffects);
        ...

        //----- Ereignisse
        public event EventHandler Click;
        public event EventHandler DoubleClick;
        public event KeyEventHandler KeyDown;
        public event EventHandler GotFocus;
        public event EventHandler LostFocus;
        public event EventHandler MouseEnter;  // Mauszeiger tritt in den Bereich des Controls
        public event EventHandler MouseHover;  // Mauszeiger bewegt sich über dem Control
        public event EventHandler MouseLeave;  // Mauszeiger verlässt das Element
        public event MouseEventHandler MouseDown;  // Maus über dem Element gedrückt
        public event MouseEventHandler MouseMove;
        public event MouseEventHandler MouseUp;  // Maus über dem Element losgelassen
        public event EventHandler TextChanged;  // das Text-Property wurde verändert
        public event EventHandler BackColorChanged;
        public event ControlEventHandler ControlAdded;
        public event ControlEventHandler ControlRemoved;
        public event DragEventHandler DragEnter;
        public event PaintEventHandler Paint;  // das Control wurde neu gezeichnet
        ...
    }
```

.NET bietet bereits eine Menge nützlicher Steuerelemente an, die alle von Control abgeleitet sind (siehe Tabelle 4.1). Jedes davon fügt Funktionalität zu Control hinzu. So gibt es zum Beispiel ein Steuerelement MonthCalendar, das einen Kalender darstellt, in dem einzelne Tage ausgewählt werden können (siehe Abb. 4.12).

Abb. 4.12 *Beispiel eines Steuerelements: MonthCalendar*

Tabelle 4.1 *Verschiedene Steuerelemente*

Label	Einfaches Label
Button	Button
CheckBox	CheckBox
CheckedListBox	☑ Option1 ☐ Option2
ComboBox	ComboBox1
RadioButton	○ RadioButton
ListBox	Objekt1 Objekt2
Menu	Datei	Hilfe
GroupBox	GroupBox1
Panel	
TextBox	Textinhalt
ScrollBar	
StatusBar	Bereit
TabControl	Tab1	Tab2
ToolBar	
TreeView	⊞ Wurzel

4.6.2   Formulare (Fenster)

Die Klasse Form ist ebenfalls von Control abgeleitet und stellt ein Fenster einer Windows-Anwendung dar. Ein Form-Objekt kann Steuerelemente wie *Buttons*, *Scrollbars*, *Menus*, *Toolbars* etc. enthalten und anzeigen. Hier ist ein Ausschnitt der Form-Schnittstelle:

```csharp
public class Form : ContainerControl {
    //----- Konstruktor
    public Form();
    //----- Properties
    public new Size Size {get; set;}
    public new Size ClientSize {get; set;}  // Fensterbereich ohne Menü und Rahmen
    public Point DesktopLocation {get; set;}
    public Rectangle DesktopBounds {get; set;}  // Fensterbereich mit Menü und Rahmen
    public FormBorderStyle FormBorderStyle {get; set;}
    public double Opacity {get; set;}  // Transparenz (0 bis 1.00).
    public bool Modal {get;}
    public MainMenu Menu {get; set;}
    public bool MinimizeBox {get; set;}  // enthält das Fenster ein Verkleinerungskästchen?
    public bool MaximizeBox {get; set;}  // enthält das Fenster ein Vergrößerungskästchen?
    public bool ShowInTaskbar {get; set;}  // wird das Fenster im Task-Balken angezeigt?
    public IButtonControl AcceptButton {get; set;}  // Button-Objekt, das beim Drücken der
                                                     // Enter-Taste aktiviert wird
    public IButtonControl CancelButton {get; set;}
    public DialogResult DialogResult {get; set;}  // Ergebnis bei modalen Dialogen
    public bool IsMdiChild {get;}
    public bool IsMdiContainer {get; set;}
    public Form[] MdiChildren {get;}  // liefert ein Array von MDI-Subfenstern
    public Form MdiParent {get; set;}  // liefert das übergeordnete MDI-Fenster
    public Form ActiveMdiChild {get;}  // liefert das aktuelle MDI-Fenster
    public static Form ActiveForm {get;}  // liefert das aktuelle Fenster einer Anwendung
    //----- Methoden
    public DialogResult ShowDialog();  // zeigt das Form-Control als modalen Dialog an
    public DialogResult ShowDialog(IWin32Window owner);  // Dialog mit Besitzerfenster
    public void Activate();  // aktiviert und fokussiert das Fenster
    public void Close();
    public void AddOwnedForm(Form ownedForm);  // Fenster wird Besitzer eines anderen
    public void RemoveOwnedForm(Form ownedForm);
    protected void CenterToParent();
    protected void CenterToScreen();
    public void LayoutMdi(MdiLayout value);  // ordnet alle MDI-Fenster nach einem Layout
    public void SetDesktopBounds(int x, int y, int width, int height);
    public void SetDesktopLocation(int x, int y);
    //----- Ereignisse
    public event EventHandler Load;  // Ereignis vor dem ersten Anzeigen des Fensters
    public event EventHandler Closed;  // Ereignis nach dem Schließen des Fensters
    public event CancelEventHandler Closing;  // Ereignis vor dem Schließen des Fensters
    public event EventHandler Activated;
    public event EventHandler Deactivate;
    public event EventHandler MaximizedBoundsChanged;
    public event EventHandler MaximumSizeChanged;
    public event EventHandler MinimumSizeChanged;
    public event EventHandler MdiChildActivate;
    public event EventHandler MenuStart;
    public event EventHandler MenuComplete;
}
```

Durch die Property-Einstellungen eines Form-Fensters kann dieses auch in ein modales Dialogfenster oder in ein *MDI*-Fenster (*Multiple Document Interface*) umgewandelt werden. Ein MDI-Fenster kann mehrere Unterfenster enthalten und ist dadurch gekennzeichnet, dass das Property IsMdiContainer den Wert true hat. Um ein Fenster als Dialogfenster zu öffnen, muss die Methode form.ShowDialog() aufgerufen werden. Damit können auch Objekte vordefinierter Dialogfensterklassen angezeigt werden. Folgendes Beispiel öffnet einen Dialog zur Auswahl einer Datei:

```
OpenFileDialog openDialog = new OpenFileDialog();
openDialog.InitialDirectory = "c:\\";
openDialog.Filter = "Alle Dateien|*.*";  // "Filtername | Filtermuster"
if (openDialog.ShowDialog() == DialogResult.OK) {
    Stream file = openDialog.OpenFile();
    if (file != null) {
        ... // die ausgewählte Datei wurde für die Bearbeitung geöffnet
        file.Close();
    }
}
```

Im nächsten Beispiel wollen wir das Konsolenprogramm *HelloWorld* in eine Anwendung mit grafischer Oberfläche umschreiben. Wir deklarieren dazu eine neue Fensterklasse als Unterklasse von Form:

```
using System;
using System.Windows.Forms;
using System.Drawing;

class HelloWorldForm : Form {
    Label lab;

    HelloWorldForm() {
        this.Text = "Hello World Fenster";  // Fenstertitel
        this.Size = new Size (200,100);     // Fenstergröße
        lab = new Label();                  // Label realisiert ein statisches Textfeld
        lab.Text = "Hello World";
        lab.Location = new Point(20, 20);   // Position des Textfelds im Fenster
        this.Controls.Add(lab);             // das Textfeld wird in das Fenster eingefügt
    }

    public static void Main() {
        Application.Run(new HelloWorldForm()); // Fenster wird als Windows-App. gestartet
    }
}
```

Durch den Aufruf von Application.Run wird eine Windows-Anwendung gestartet, die ein neues Fenster öffnet und an das ereignisgesteuerte Programmiermodell von .NET ankoppelt (siehe Abschnitt 4.6.3).

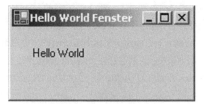

Abb. 4.13 *HelloWorldForm-Fenster*

Neben dem Namensraum System.Windows.Forms gibt es noch andere Namensräume für die Programmierung von Windows-Anwendungen. Der Namensraum
System.Drawing und seine Unternamensräume liefern zum Beispiel Funktionen
zur grafischen Ausgabe. Im obigen Beispiel wird dieser Namensraum benötigt,
um mit der Klasse Point die Koordinaten des Textfelds festzulegen.

4.6.3   Ereignisgesteuertes Programmiermodell

Windows-Anwendungen basieren auf einem ereignisorientierten Modell. Die
Aufgabe einer Applikation ist es, auf auftretende Ereignisse zu achten und gegebenenfalls zu reagieren. Ereignisse können vom Benutzer, von Steuerelementen
und sogar vom Betriebssystem selbst ausgelöst werden. Um am Ereignismodell
des Systems teilzunehmen, muss eine Anwendung ihr Fenster form beim System
mittels Application.Run(form) anmelden. Mit Hilfe der Klasse Application kann eine
Anwendung gestartet, überwacht und beendet werden:

```
public sealed class Application {
    //----- Properties
    public static string StartupPath {get;}
    public static bool AllowQuit {get;}
    public static CultureInfo CurrentCulture {get; set;}
    public static FormCollection OpenForms {get;}  // liefert eine Menge von geöffneten
        // Forms die der Applikation gehören
    ...
    //----- Methoden
    public static void Run(Form mainForm);
    public static void Exit();
    public static void AddMessageFilter(IMessageFilter value);
    public static void RemoveMessageFilter(IMessageFilter value);
    ...
    //----- Ereignisse
    public static event EventHandler ApplicationExit;
    public static event EventHandler ThreadExit;
    public static event EventHandler Idle;
    public static event ThreadExceptionEventHandler ThreadExoeption;
}
```

Sobald eine Anwendung gestartet wurde, reagiert sie auf Ereignisse wie Click oder TextChanged, die von Steuerelementen ausgelöst werden (letztendlich eigentlich vom Benutzer). Da alle Steuerelemente (einschließlich Form) von Control abgeleitet sind, erben sie von dort bereits eine große Menge auslösbarer Ereignisse. Jedes Steuerelement kann aber auch noch zusätzliche Ereignisse definieren.

Wenn sich ein Objekt für ein Ereignis registrieren möchte, muss es im Steuerelement, das das Ereignis auslöst, eine Ereignisbehandlungsmethode in Form eines Delegates installieren. Details über *Events* und *Delegates* sind in Abschnitt 2.11 nachzulesen. Der am häufigsten verwendete Ereignisbehandlungstyp ist EventHandler:

```
public delegate void EventHandler(object sender, EventArgs e);
```

Der Parameter sender bezeichnet das Objekt, das das Ereignis ausgelöst hat, und e ist eine Liste zusätzlicher Ereignisargumente. Folgendes Beispiel zeigt, wie man eine Methode OnMouseEnter als Ereignisbehandler für das Ereignis MouseEnter des Steuerelements elem anmeldet:

```
elem.MouseEnter += new EventHandler(OnMouseEnter);
// oder: elem.MouseEnter += OnMouseEnter;
```

Wenn der Mauszeiger in den grafischen Bereich von elem eintritt, wird das Ereignis MouseEnter ausgelöst und die Methode OnMouseEnter (sowie eventuell andere für dieses Ereignis registrierte Methoden) aufgerufen. Wenn der Mauszeiger den Bereich von elem wieder verlässt, wird das Ereignis MouseLeave ausgelöst. Folgendes Beispiel nutzt diese zwei Ereignisse, um ein Panel-Element so einzufärben, dass es rot ist, wenn sich der Mauszeiger außerhalb des Elements befindet, und grün, wenn er im Element steht:

```
class MouseEventTest : Form {
    Panel p;

    MouseEventTest() {
        p = new Panel();
        p.BackColor = Color.Red;
        p.Size = new Size(100,100);
        p.Location = new Point(100,100);
        p.MouseEnter += OnMouseEnter;
        p.MouseLeave += OnMouseLeave;
        this.Controls.Add(p);
    }

    public void OnMouseEnter (object sender, EventArgs args) {
        p.BackColor = Color.Green;
    }

    public void OnMouseLeave (object sender, EventArgs args) {
        p.BackColor = Color.Red;
    }
```

```
        public static void Main() {
            Application.Run(new MouseEventTest());
        }
    }
```

Einige Ereignisse benötigen zusätzliche Parameter und somit auch Delegate-Typen, die von EventHandler abweichen. Per Konvention heißen solche Delegates *Name*EventHandler und die damit verbundenen Argumente *Name*EventArgs. Als Beispiel wird hier das Ereignis *MouseDown* behandelt, das die Mausposition und die gedrückten Maustasten als Argumente liefert. Der Delegate-Typ für die Ereignisbehandlungsmethode lautet hier MouseEventHandler und die übergebenen Argumente MouseEventArgs:

```
    class MouseEventExample : Form {
        Label lab;

        MouseEventExample (){
            this.Size = new Size(300,100);
            lab = new Label();
            lab.BackColor = Color.White;
            lab.Size = new Size(300,100);
            lab.Font = new Font(lab.Font.FontFamily,20.0f);
            lab.MouseDown += new MouseEventHandler(OnMouseDown);
            this.Controls.Add (lab);
        }

        public void OnMouseDown(object sender, MouseEventArgs args) {
            lab.Text = "Button:" + args.Button + "\nx:" + args.X + " y:" + args.Y;
        }

        public static void Main() {
            Application.Run(new MouseEventExample());
        }
    }
```

Über MouseEventArgs können, wie im obigen Beispiel zu sehen ist, Informationen über das aufgetretene Ereignis abgefragt werden. So kann ermittelt werden, welche Maustaste gedrückt wurde und wo sich der Mauszeiger dabei befand. Ein Mausklick in das Fenster führt zur Ausgabe, wie sie in Abb. 4.14 zu sehen ist.

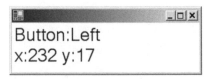

Abb. 4.14 *Beispiel MouseEventArgs*

4.6.4 Benutzerdefinierte Steuerelemente: UserControls

Neben den bereits in der .NET-Bibliothek definierten Steuerelementen kann man auch eigene Steuerelemente entwerfen und sie dann in verschiedenen Anwendungen immer wieder einsetzen. Um ein eigenes Steuerelement zu entwickeln, muss die Klasse System.Windows.Forms.UserControl erweitert werden.

Als Beispiel wollen wir nun ein Element BarChartControl entwickeln, das ein Balkendiagramm für eine Folge von Werten anzeigt. BarChartControl erweitert die Funktionalität von UserControl und überschreibt die Methode OnPaint, die für das Zeichnen der grafischen Darstellung verantwortlich ist. Um Zeichenfunktionalität (z.B. Color, Graphics, Point) zur Verfügung zu haben, müssen wir den Namensraum System.Drawing importieren.

Um die Verwendung von Standardsteuerelementen in Verbindung mit selbst definierten Elementen zu veranschaulichen, wurde ein Text (Label) in das Bar-ChartControl eingefügt. Wenn man mit der Maus darauf klickt, werden die Balken in sortierter Reihenfolge dargestellt. Bei einem erneuten Klick werden sie wieder in der ursprünglichen Reihenfolge angezeigt. Die durch die Balken dargestellten Werte werden in Form des Properties Values gesetzt und abgefragt:

```
using System;
using System.Drawing;
using System.Collections;
using System.Windows.Forms;


class BarChartControl : UserControl {
    ArrayList val;  // die Werte des Balkendiagramms
    ArrayList backup;     // Sicherungskopie der Werte
    bool sorted = false;  // ist die Darstellung sortiert oder unsortiert?
    Label label;

    public BarChartControl() {
        val = new ArrayList();
        this.BackColor = Color.Coral;
        label = new Label();
        label.Text = "sortiert";
        label.Location = new Point(1, this.Height-15);
        label.Click += new EventHandler(OnSortLabelClick);
        this.Controls.Add(label);
    }

    public int[] Values {
        get { return (int[]) val.ToArray(typeof(int)); }
        set { val = new ArrayList(value); }
    }
```

```
protected void OnSortLabelClick(object sender, EventArgs args) {
    if (sorted) {
        val = new ArrayList(backup);
        label.Text = "sortiert";
    } else {
        backup = new ArrayList(val);
        val.Sort();
        label.Text = "unsortiert";
    }
    sorted = !sorted;
    this.Refresh();
}

protected override void OnPaint(PaintEventArgs e) {
    Graphics g = e.Graphics;
    Rectangle r = this.DisplayRectangle;
    int b = r.Width / (val.Count * 2+1); // Breite und Abstand der Balken
    int x = b;
    foreach (int i in val) {
        g.FillRectangle(new SolidBrush(this.ForeColor), x, r.Height - i - 20, b, i);
        x += b * 2;
    }
}

public static void Main() {
    Form f = new Form();
    BarChartControl chart = new BarChartControl();
    chart.Values = new int[] {30, 20, 50, 10, 15, 40, 100, 70, 80, 100};
    f.Controls.Add(chart);
    Application.Run(f);
}
}
```

Die Methode Main erzeugt ein BarChartControl, füllt es mit Werten und fügt es in ein neues Fenster ein. Durch einen Klick auf den Text »sortiert« oder »unsortiert« kann zwischen sortierter und unsortierter Form umgeschaltet werden (siehe Abb. 4.15).

Abb. 4.15 *BarChartControl in unsortierter und sortierter Reihenfolge*

4.6.5 Anordnen mehrerer Controls

Eine Windows-Form-Anwendung enthält typischerweise mehrere Elemente, um dem Benutzer Daten anzuzeigen. Wenn sich mehrere Controls in einer Form-Anwendung befinden, müssen diese vom Entwickler geeignet angeordnet werden. In den bisherigen Beispielen haben wir uns darauf beschränkt, einzelne Controls fest an einer bestimmten Position zu verankern. Diese Art der Anordnung hat den Nachteil, dass sich die einzelnen Elemente immer an der gleichen Position, relativ zum Container, befinden. Auch die Größe eines Elements verändert sich nicht, wenn der Benutzer die Größe des Containers ändert.

Folgendes Beispiel zeigt die Nachteile von fester Positionierung. Das Textfeld ist zu klein um den gesamten Text darstellen zu können. Der Benutzer vergrößert die Form-Anwendung (linker Teil der Abbildung), das Textfeld bleibt jedoch unverändert:

Abb. 4.16 *Form mit fester Anordnung der Elemente*

Anchor

Mit einem so genannten *Anker* (anchor) kann man Elemente an den vier Seiten eines Containers so befestigen, dass der Abstand des Elements zum Container konstant bleibt. Alle Elemente sind standardmäßig an der linken und oberen Kante ihres Containers befestigt. Ändert sich die Größe des Containers, so ändert sich auch die Größe aller befestigten Elemente. Die Enumeration AnchorStyle definiert, an welcher Kante ein Control befestigt werden kann:

```
enum AnchorStyles {
    None,
    Left,  // Standard
    Top, // Standard
    Bottom,
    Right,
}
```

Diese Anchor-Stile können im Property Anchor des Textfeldes bitweise kombiniert werden:

```
textBox.Anchor = AnchorStyles.Top | AnchorStyles.Left | AnchorStyles.Right;
```

Dock

Mit dem Dock-Konzept ist der Entwickler in der Lage, ein Element an einer Seite eines Containers festzumachen. Das Element bleibt dann in direktem Kontakt mit der Containerseite. Oft sind Werkzeugleisten direkt an eine Seite eines Containers »angedockt«. Die Enumeration DockStyle definiert, wie ein Control angedockt werden kann:

enum **DockStyle** { **None, Bottom, Top, Left, Right, Fill** }

Folgendes Beispiel zeigt einen Form-Container mit einem Panel-Element (dunkelgrau), das an die obere Seite des Containers angedockt ist.

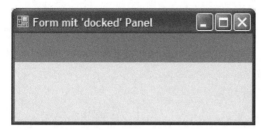

Abb. 4.17 *Form-Container mit angedocktem Panel-Element*

4.7 XML

XML (*eXtensible Markup Language*) ist ein plattformunabhängiges Format für hierarchisch strukturierte Daten. Es wurde vom W3C (*World Wide Web Consortium*) [W3C] definiert und hat sich als Standard für den Datenaustausch durchgesetzt. XML ist ein textbasiertes Format. Somit sind XML-codierte Informationen auch für Menschen lesbar. Viele neue Standards, wie *SOAP* oder *UDDI*, bauen auf XML auf. Microsoft gibt folgende Gründe für die starke Einbindung von XML im .NET-Framework an:

1. *Verwendung bestehender Standards*: Durch die Verwendung bestehender und öffentlich zugänglicher Standards wie XML soll der Datenaustausch zwischen verschiedenen Anwendungen und Plattformen ermöglicht werden.
2. *Durchgängige Verwendung*: Die Verwendung von XML wird durchgängig in allen Bereichen des .NET-Frameworks angeboten (ADO.NET, Web-Services, Konfiguration usw.). Dadurch stellt es für Entwickler eine vertraute Notation dar.
3. *Erweiterbarkeit*: XML kann vom Benutzer erweitert werden. XML-Klassen in der .NET-Bibliothek (z.B. XmlReader, XmlWriter) sind abstrakt und können durch eigene Erweiterungen ersetzt werden.

4. *Performanz*: Die XML-Klassen der .NET-Bibliothek sind effizient und bilden eine optimale Basis für anwendungsspezifische XML-Verarbeitung.

.NET verwendet XML-basierte Formate für Datenbankzugriffe, Web-Services, Konfigurationsdateien, für die Dokumentation von Quellcode und vieles mehr. Die .NET-Bibliothek enthält einen Namensraum System.Xml mit zahlreichen Klassen und Interfaces zur Verarbeitung von XML-Daten. In diesem Kapitel werden wieder einige wichtige Aspekte näher beschrieben.

4.7.1   XML-Architektur

Werkzeuge zur Bearbeitung von XML-Daten haben folgende Aufgaben:

1. Lesen von XML-Daten
2. Bearbeiten und transformieren von XML-Daten
3. Verifizieren von XML-Daten
4. Schreiben von XML-Daten

Der Namensraum System.Xml und seine Unternamensräume bieten Klassen für diese Aufgaben an. Grundlage für alle XML-Leseoperationen ist die abstrakte Klasse XmlReader. Wenn XML-Daten durch einen XmlReader gelesen wurden, können sie mit Hilfe der Klassen XmlDocument und XPathDocument für eine weitere Bearbeitung zwischengespeichert werden. Die Klasse XmlWriter ist für das Schreiben von XML-Daten zuständig.

XSL (*eXtensible Stylesheet Language*) ist eine Notation zur Umformung von XML-Daten in eine andere XML-Repräsentation (z.B. in HTML). Die Klasse XslTransform wandelt ein XmlDocument oder ein XPathDocument mit Hilfe eines XSL-Stylesheets in eine andere Repräsentation um. Das Zusammenspiel dieser Klassen ist in Abb. 4.18 dargestellt und in Abschnitt 4.7.5 näher beschrieben.

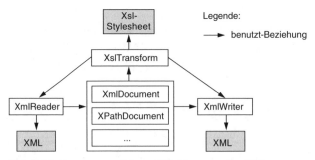

Abb. 4.18 *Zusammenspiel von XML-Klassen unter .NET*

Beim Lesen von XML-Daten gibt es zwei verschiedene Ansätze, die als *SAX (Simple API for XML)* und *DOM (Document Object Model)* bezeichnet werden:

❏ *SAX*. Die XML-Daten werden sequenziell gelesen, wobei keine Datenstruktur im Hauptspeicher aufgebaut wird. Die Analyse der XML-Daten erfolgt mit Hilfe eines Ereignismechanismus: Wenn der Parser auf XML-Teile stößt, an denen die Anwendung interessiert ist, schickt er ihr ein Ereignis. Unwesentliche XML-Teile werden hingegen überlesen. Somit ist das Parsen von XML-Dokumenten beliebiger Länge effizient möglich.

❏ *DOM*. Ein DOM-Parser baut eine XML-Datenstruktur im Hauptspeicher auf, die anschließend weiterverarbeitet werden kann. Somit können nur Dokumente bis zu einer bestimmten Länge gelesen und zwischengespeichert werden. Es ist auch möglich, eine DOM-Struktur im Speicher durch einen SAX-Parser zu erzeugen.

4.7.2 Sequenzielles Lesen mit einem XmlReader

Die Klasse XmlReader ermöglicht sequenzielles Lesen von XML-Daten, ohne sie zwischenzuspeichern. Ein XmlReader besitzt somit Eigenschaften eines SAX-Parsers. Der Unterschied zu einem SAX-Parser besteht darin, dass ein XmlReader dem *Pull-Modell* folgt, bei dem die Anwendung XML-Daten anfordert. Im Gegensatz dazu geht ein SAX-Parser nach dem *Push-Modell* vor, bei dem der Parser die Anwendung mittels Ereignissen über den Inhalt der XML-Daten informiert.

Erweiterungen der abstrakten Klasse XmlReader sind XmlTextReader, XmlNodeReader und XmlValidatingReader. Die effizienteste Variante ist XmlTextReader, da diese beim Lesen keine Validierung der XML-Daten durchführt. Für die Validierung bezüglich eines *DTD*-Dokuments (*Document Type Definition*) oder eines *XML-Schemas* ist der XmlValidatingReader zuständig. Für Leseoperationen auf einem Objekt vom Typ XmlNode verwendet man einen XmlNodeReader. Die Klasse XmlNode als Darstellung eines XML-Elements ist in Abschnitt 4.7.3 beschrieben.

```
public abstract class XmlReader {
    //----- Properties
    public abstract string Name {get;} // Name des aktuellen Elements mit Präfix
    public abstract string LocalName {get;} // Name des aktuellen Elements ohne Präfix
    public abstract string Value {get;} // Wert des aktuellen Elements
    public abstract XmlNodeType NodeType {get;} // Typ des aktuellen Elements
    public abstract int AttributeCount {get;} // Anzahl der Attribute des aktuellen Elements
    public abstract int Depth {get;} // Schachtelungstiefe des aktuellen Elements
    public abstract bool EOF {get;} // steht der Reader am Ende des Dokuments?
    //----- Methoden
    public abstract bool Read(); // liest das nächste Element
    public virtual void Skip(); // überspringt das aktuelle Element mit seinen Subelementen
    public abstract string GetAttribute(int i); // liefert das i. Attribut des aktuellen Elements
    public virtual XmlNodeType MoveToContent(); // springt zur nächsten XML-Marke
    public virtual bool IsStartElement(string name); // ist nächstes Element Startmarke?
    public abstract void Close(); // gibt Ressourcen frei
}
```

Folgendes XML-Dokument enthält einen Ausschnitt eines Adressbuchs, das hier als Grundlage für verschiedene Beispiele verwendet wird:

```xml
<?xml version='1.0' encoding="utf-8"?>
<Adressbuch Besitzer="1">
   <Person id="1">
      <Vorname>Wolfgang</Vorname>
      <Nachname>Beer</Nachname>
      <email>beer@uni-linz.at</email>
   </Person>
   <Person id="2">
      <Vorname>Dietrich</Vorname>
      <Nachname>Birngruber</Nachname>
      <email>birngruber@uni-linz.at</email>
   </Person>
   <Person id="3">
      <Vorname>Hanspeter</Vorname>
      <Nachname>Moessenboeck</Nachname>
      <email>moessenboeck@uni-linz.at</email>
   </Person>
   <Person id="4">
      <Vorname>Albrecht</Vorname>
      <Nachname>Woess</Nachname>
      <email>woess@uni-linz.at</email>
   </Person>
</Adressbuch>
```

Die Methode r.Read() der XmlReader-Klassen liest bei jedem Aufruf das jeweils nächste XML-Element (z.B. <Person>, <Vorname>, Wolfgang, ...). Wenn das Ende des Dokuments erreicht ist, gibt die Methode false zurück. Wenn ein Element gelesen wurde, sich also im Lesepuffer befindet, kann mit r.IsStartElement(name) überprüft werden, ob es ein XML-Startelement mit dem Namen name ist.

Ein Element kann nur einmal gelesen werden, da der Lesevorgang sequenziell erfolgt. Mit r.Skip() kann man ein Element mit allen seinen Unterelementen überspringen. Über die Properties der Klasse XmlReader können Informationen über das im Lesepuffer befindliche Element abgefragt werden. Folgendes Beispiel zeigt, wie alle Nachnamen aus dem XML-Adressbuch ausgelesen werden können:

```csharp
XmlTextReader r = new XmlTextReader("Adressbuch.xml");
while (r.Read()) {
   if (r.IsStartElement("Nachname")) {    // <Nachname>
      r.Read();                           // Name
      Console.WriteLine(r.Value);
   }
}
r.Close();
```

Auf der Konsole werden folgende Namen ausgegeben:

```
Beer
Birngruber
Moessenboeck
Woess
```

4.7.3   Lesen mit einem DOM-Parser

Ein DOM-Parser (*Document Object Model Parser*) erlaubt es, ein XML-Dokument zu lesen und in eine Hauptspeicherdatenstruktur umzuwandeln. Dort können XML-Daten bequem manipuliert werden, was beim sequenziellen Lesen mit einem XmlReader nicht möglich ist. Ein Nachteil der DOM-Datenstruktur ist ihr Speicherbedarf, was bei großen XML-Dokumenten zu Problemen führen kann. Abb. 4.19 zeigt einen Ausschnitt der Datenstruktur, die entsteht, wenn man das XML-Adressbuch mit einem DOM-Parser lädt. In dieser Grafik werden XML-Elemente als Ellipsen und ihre Attribute als Rechtecke dargestellt.

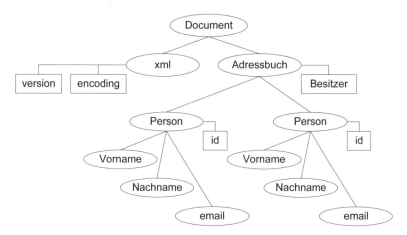

Abb. 4.19 *Ausschnitt der DOM-Datenstruktur des XML-Adressbuchs*

XmlNode

XML-Elemente werden durch die abstrakte Klasse XmlNode aus dem Namensraum System.Xml repräsentiert, die das Traversieren von DOM-Datenstrukturen sowie das Einfügen und Löschen von Elementen unterstützt. Hier ist ein Auszug ihrer Schnittstelle:

```
public abstract class XmlNode : ICloneable, IEnumerable, IXPathNavigable {
    //----- Properties
    public abstract string Name {get;}   // Name des Elements
    public abstract string LocalName {get;}
```

```
    public abstract XmlNodeType NodeType {get;}
    public virtual string Value {get; set;}    // Wert eines Elements
    public virtual XmlAttributeCollection Attributes {get;}  // Attribute dieses XML-Knotens
    public virtual XmlDocument OwnerDocument {get;}
    public virtual bool IsReadOnly {get;}
    public virtual bool HasChildNodes {get;}  // besitzt dieser Knoten Subknoten?
    public virtual XmlNodeList ChildNodes {get;}  // Liste von XML-Subknoten
    public virtual XmlNode FirstChild {get;}  // erster Subknoten
    public virtual XmlNode LastChild {get;}
    public virtual XmlNode NextSibling {get;}  // liefert den nächsten Knoten nach diesem
    public virtual XmlNode PreviousSibling {get;}  // liefert den Vorgänger dieses Knotens
    public virtual XmlElement this[string name] {get;}  // Indexer für XML-Subelemente
    public virtual XmlElement this[string localname, string ns] {get;}
    public virtual XmlNode ParentNode {get;}
    public virtual string Prefix {get; set;}
    public virtual string BaseURI {get;}  // von welcher URI wurde der Knoten geladen?
    public virtual string NamespaceURI {get;}
    ...
    //----- Methoden
    public virtual XmlNode AppendChild(XmlNode newChild);
    public virtual XmlNode PrependChild(XmlNode newChild);
    public virtual XmlNode InsertAfter(XmlNode newChild, XmlNode refChild);
    public virtual XmlNode InsertBefore(XmlNode newChild, XmlNode refChild);
    public virtual XmlNode RemoveChild(XmlNode oldChild);
    public virtual void RemoveAll();
    public XPathNavigator CreateNavigator();  // liefert einen XPath-Navigator
    public XmlNodeList SelectNodes(string xpath);  // alle Knoten, die xpath entsprechen
    public XmlNode SelectSingleNode(string xpath);  // erster Knoten, der xpath entspricht
    public abstract void WriteContentTo(XmlWriter w);  // schreibt Knoten und Kinder in w
    public abstract void WriteTo(XmlWriter w);  // schreibt den aktuellen Knoten in w
    ...
    }
```

Die Elemente einer DOM-Datenstruktur werden durch die Enumeration XmlNodeType unterschieden:

```
    public enum XmlNodeType {
      Attribute,              // XML-Attribut, z.B. id="1"
      CDATA,                  // Text, der nicht als XML-Syntax interpretiert wird:
                              // <![CDATA[escaped text]]>
      Comment,                // XML-Kommentare, z.B. <!-- Kommentar -->
      Document,               // enthält das Wurzelobjekt des gesammten XML-Dokuments
      DocumentFragment,       // Teil, der nicht in einem XML-Dokument enthalten sein muss
      DocumentType,           // gibt den Typ des XML-Dokuments an, z.B. <!DOCTYPE: ... >
      Element,                // ein XML-Element, z.B. <Person>
      EndElement,             // Ende eines XML-Elements, z.B. </Person>
      EndEntity,              // Element, das v. ResolveEntity eines XmlReader geliefert wird
      Entity,                 // die Deklaration eines XML-Entities, z.B. <!ENTITY ...>
      EntityReference,        // eine Referenz eines XML-Entities
      None,                   // wird geliefert, falls das Lesen eines XML-Dokuments
                              // noch nicht begonnen hat
```

```
Notation,              // eine Notation, z.B. <!NOTATION ...>
ProcessingInstruction, // z.B. <?pi anweisung ?>
SignificantWhitespace,
Text,                  // Textinhalt eines XML-Elements
Whitespace,
XmlDeclaration         // Deklaration des XML-Dokuments, z.B. <?xml version='1.0'?>
}
```

XmlDocument

Von XmlNode ist die Klasse XmlDocument abgeleitet, die das Laden und Speichern von XML-Dokumenten ermöglicht. Sie enthält auch Methoden, mit denen man neue XML-Dokumente zusammenstellen kann. Hier ist ein Auszug ihrer Schnittstelle:

```
public class XmlDocument : XmlNode {
    //----- Konstruktoren
    public XmlDocument();
    ...
    //----- Properties
    public XmlElement DocumentElement {get;} // liefert das XML-Wurzelelement
    public virtual XmlDocumentType DocumentType {get;} // Dokumenttyp-Knoten
    XmlResolver XmlResolver {set;};
    ...
    //----- Methoden
    public virtual void Load(Stream in);  // lädt ein XML-Dokument aus einem Datenstrom
    public virtual void Load(string url);  // lädt ein XML-Dokument aus einer Datei
    public virtual void LoadXml(string data);  // erzeugt XML-Dokument aus Zeichenkette
    public virtual void Save(Stream out);  // speichert das Dokument in einen Datenstrom
    public virtual void Save(string url);  // speichert das Dokument in eine Datei
    public virtual XmlDeclaration CreateXmlDeclaration(string version, string encoding,
        string standalone);
    public XmlElement CreateElement(string name);
    public XmlElement CreateElement(string qualifiedName,string namespaceURI);
    public virtual XmlElement CreateElement(string prefix, string lName, string nsURI);
    public virtual XmlText CreateTextNode(string text);
    public virtual XmlComment CreateComment(string data);
    ...
    //----- Ereignisse
    public event XmlNodeChangedEventHandler NodeChanged;
    public event XmlNodeChangedEventHandler NodeChanging;
    public event XmlNodeChangedEventHandler NodeInserted;
    public event XmlNodeChangedEventHandler NodeInserting;
    public event XmlNodeChangedEventHandler NodeRemoved;
    public event XmlNodeChangedEventHandler NodeRemoving;
}
```

Folgendes Beispiel erzeugt ein XML-Dokument aus einer Zeichenkette:

```
XmlDocument doc = new XmlDocument();
doc.LoadXml("<?xml version='1.0' encoding=\"utf-8\"?>" +
            "<Adressbuch besitzer=\"1\">" +
            "</Adressbuch>");
```

Nach der Ausführung dieser Codesequenz befindet sich das Gerüst für das XML-Adressbuch im Objekt doc. Die XML-Daten können aber auch aus einer Datei oder von einer URL geladen werden:

```
doc.Load("Adressbuch.xml");
doc.Load("http://www.test.com/Adressbuch.xml");
```

Tritt beim Parsen der XML-Daten ein Fehler auf, wird eine XmlException ausgelöst. Mit der Methode doc.Save(stream) kann die XML-Datenstruktur wieder abgespeichert werden.

Der Aufruf

```
doc.Save(Console.Out);
```

ergibt folgende Ausgabe auf der Konsole ('IBM437' ist die Kodierung, die automatisch für die Konsole gewählt wird, 'utf-8' wird in diesem Fall ignoriert):

```
<?xml version="1.0" encoding="IBM437"?>
<Adressbuch besitzer="1">
</Adressbuch>
```

Erzeugen von XML-Dokumenten

Die Klasse XmlDocument ermöglicht es auch, XML-Dokumente von Hand zusammenzustellen. Als Beispiel dafür wollen wir nun ein XML-Dokument für unser Adressbuch aufbauen. Dazu legen wir zunächst ein neues XmlDocument-Objekt an:

```
XmlDocument doc = new XmlDocument();
```

Im nächsten Schritt erzeugen wir mit doc.CreateXmlDeclaration(version, encoding, standalone) den Deklarationsteil des XML-Dokuments. Dabei muss die XML-Version 1.0 übergeben werden sowie eine eventuelle Codierung, die in der Klasse Encoding angeboten wird. Für den dritten Parameter standalone übergeben wir hier den Wert null. Die XML-Deklaration wird dann in das XML-Dokument eingefügt:

```
XmlDeclaration decl = doc.CreateXmlDeclaration("1.0", null, null);
doc.AppendChild(decl);
```

Nun erzeugen wir die Hierarchie der XML-Elemente, beginnend mit dem Wurzelelement Adressbuch samt seinem Attribut Besitzer sowie den Unterelementen für Personen, Namen und E-Mail-Adressen. Das wird durch folgendes Codestück bewerkstelligt:

```
//----- Erzeugen des Elements "Adressbuch"
XmlElement rootElem = doc.CreateElement("Adressbuch");
rootElem.SetAttribute("Besitzer","1");  // Methode von XmlElement
doc.AppendChild(rootElem);
//----- Erzeugen eines Elements "Person"
XmlElement person = doc.CreateElement("Person");
person.SetAttribute("id","1");
XmlElement e = doc.CreateElement("Vorname");        // Vorname
e.AppendChild(doc.CreateTextNode("Wolfgang"));
person.AppendChild(e);
e = doc.CreateElement("Nachname");                  // Nachname
e.AppendChild(doc.CreateTextNode("Beer"));
person.AppendChild(e);
e = doc.CreateElement("email");                     // E-Mail-Adresse
e.AppendChild(doc.CreateTextNode("beer@uni-linz.at"));
person.AppendChild(e);
doc.DocumentElement.AppendChild(person);
//----- Erzeugen weiterer Personen ....
// ...
//----- Testausgabe auf der Konsole
doc.Save(Console.Out);
```

Das Codestück gibt folgenden Text auf der Konsole aus:

```
<?xml version="1.0" encoding="IBM437"?>
<Adressbuch Besitzer="1">
    <Person id="1">
        <Vorname>Wolfgang</Vorname>
        <Nachname>Beer</Nachname>
        <email>beer@uni-linz.at</email>
    </Person>
</Adressbuch>
```

4.7.4   XPath

XPath (*XML Path Language*) ist eine Notation zur Navigation in XML-Dokumenten. Mit Hilfe einer Abfragesyntax ist es möglich, einzelne XML-Elemente oder ganze Gruppen davon zu selektieren. Die genaue Definition der XPath-Syntax ist auf [XPath] zu finden. Beispiele für XPath-Abfragen sind:

❑ "*": Liefert alle XML-Elemente unterhalb des Wurzelelements.
❑ "/Adressbuch/*": Liefert alle Elemente unterhalb des Adressbuch-Elements.
❑ "/Adressbuch/Person[1]": Liefert das Person-Element mit dem Index 1.
❑ "/Adressbuch/*/Vorname": Liefert die Vornamen-Elemente aus allen Personen.

Das Interface IXPathNavigable, das von XmlNode implementiert wird, enthält eine Methode, die einen XPathNavigator liefert:

```
public interface IXPathNavigable {
   XPathNavigator CreateNavigator();
}
```

Mit der Klasse XPathNavigator kann man dann XPath-Abfragen durchführen. Hier ist ein Auszug ihrer Schnittstelle:

```
public abstract class XPathNavigator : ICloneable {
   //----- Properties
   public abstract string Name {get;}
   public abstract string LocalName {get;}
   public abstract XPathNodeType NodeType {get;}
   public abstract string Value {get;}
   public abstract bool HasAttributes {get;}
   public abstract bool HasChildren {get;}
   //----- Methoden
   public virtual XPathNodeIterator Select(string xpath);
   public virtual XPathNodeIterator Select(XPathExpression expr);
   public virtual XPathExpression Compile(string xpath);
   public abstract bool MoveToNext();
   public abstract bool MoveToFirstChild();
   public abstract bool MoveToParent();
}
```

Als Beispiel werden hier die Vornamen aller Personen des Adressbuchs auf der Konsole ausgegeben:

```
XmlDocument doc = new XmlDocument();
doc.Load("Adressbuch.xml");
XPathNavigator nav = doc.CreateNavigator();
XPathNodeIterator iterator = nav.Select("/Adressbuch/*/Vorname");
while (iterator.MoveNext())
   Console.WriteLine(iterator.Current.Value);
```

Wenn dieselbe Abfrage mehrmals durchgeführt werden soll, ist es effizienter, sie in ein Objekt der Klasse XPathExpression zu übersetzen, das dann ebenfalls in der Methode Select verwendet werden kann. Um die E-Mail-Adresse aller Personen des Adressbuchs auszulesen, die den Vornamen *Wolfgang* besitzen, kann man folgenden Code verwenden:

```
XPathExpression expr = nav.Compile("/Adressbuch/Person[Vorname='Wolfgang']/email");
XPathNodeIterator iterator = nav.Select(expr);
while (iterator.MoveNext())
   Console.WriteLine(iterator.Current.Value);
```

Anstatt die Elemente mit einem XPathNodeIterator zu durchlaufen, kann man auch die Methoden MoveToNext, MoveToFirstChild und MoveToParent der Klasse XPathNavigator verwenden. iterator.Current liefert ein XPathNavigator-Objekt, das dann zur Navigtion benutzt werden kann. Über die Properties von XPathNavigator können die Eigenschaften der besuchten Knoten abgefragt werden.

4.7.5 XSL-Transformationen

XSL (*eXtensible Stylesheet Language*) ist eine Notation zur Erstellung so genannter *Stylesheets*, in denen die Transformation des Inhalts von XML-Dokumenten beschrieben wird. Der Namensraum System.Xml.Xsl bietet Klassen und Interfaces für den Umgang mit Stylesheets.

Eng mit XSL-Stylesheets verbunden ist der bereits beschriebene XPath-Standard. Um durch XML-Dokumente navigieren zu können, muss ein XPathNavigator vorhanden sein.

Die Klasse XslTransform kann ein XML-Dokument mit Hilfe eines Stylesheets in eine andere XML-Repräsentation transformieren. XslTransform verwendet aber nur Datenquellen, die das Interface XPathNavigable implementieren. Nur diese Datenquellen liefern einen XPathNavigator, den die Klasse XslTransform benötigt, um eine Transformation durchzuführen. Die Schnittstelle der Klasse Xsl-Transform ist wie folgt definiert:

```
public class XslTransform {
    //----- Konstruktor
    public XslTransform();
    //----- Methoden
    public void Load(string url);  // lädt ein XSL-Stylesheet von einer URL
    public void Load(XmlReader r);  // lädt ein XSL-Stylesheet von einem Reader
    public void Transform(string infile, string outfile);  // transformiert die XML-Datei infile
        // in die XML-Datei outfile
    ... //+ zahlreiche Überladungen der Methoden Load und Transform
}
```

Durch den Aufruf der Methode Load kann ein Stylesheet geladen werden. Mit Transform wird dann die Transformation der angegebenen XML-Datenquelle in eine andere XML-Repräsentation durchgeführt.

Folgendes Beispiel zeigt, wie das bisher verwendete XML-Adressbuch in eine HTML-Repräsentation umgewandelt werden kann. Dazu muss zuerst folgendes Stylesheet (in der Datei Adressbuch.xsl) angelegt werden:

```
<xsl:stylesheet version="1.0" xmlns:xsl="http://www.w3.org/1999/XSL/Transform">
<xsl:template match="/">
    <html>
        <head> <title>XML-Adressbuch</title> </head>
        <body>
            <table border="3" cellspacing="10" cellpadding="5">
                <xsl:apply-templates/>
            </table>
        </body>
    </html>
</xsl:template>
<xsl:template match="Adressbuch">
    <xsl:apply-templates select="Person"/>
</xsl:template>
```

```
<xsl:template match="Person">
    <tr>
        <td> <xsl:value-of select="Vorname"/> </td>
        <td> <b><xsl:value-of select="Nachname"/></b> </td>
        <td> <xsl:value-of select="email"/> </td>
    </tr>
</xsl:template>
</xsl:stylesheet>
```

Folgende Codesequenz führt nun aufgrund dieses Stylesheets die Transformation in eine HTML-Repräsentation durch:

```
using System; using System.Xml.Xsl;
...
XslTransform xt = new XslTransform();
xt.Load("Adressbuch.xsl");
xt.Transform("Adressbuch.xml", "Adressbuch.html");
```

Als Ergebnis dieser Transformation wird eine Datei Adressbuch.html erzeugt, die folgenden HTML-Code enthält:

```
<html>
<head>
    <META http-equiv="Content-Type" content="text/html; charset=utf-8">
    <title>XML-Adressbuch</title>
</head>
    <body>
        <table border="3" cellspacing="10" cellpadding="5">
            <tr>
                <td>Wolfgang</td>
                <td><b>Beer</b></td>
                <td>beer@uni-linz.at</td>
            </tr>
            <tr>
                <td>Dietrich</td>
                <td><b>Birngruber</b></td>
                <td>birngruber@uni-linz.at</td>
            </tr>
            <tr>
                <td>Hanspeter</td>
                <td><b>Moessenboeck</b></td>
                <td>moessenboeck@uni-linz.at</td>
            </tr>
            <tr>
                <td>Albrecht</td>
                <td><b>Woess</b></td>
                <td>woess@uni-linz.at</td>
            </tr>
        </table>
    </body>
</html>
```

Der Web-Browser stellt dieses Dokument wie in Abb. 4.20 gezeigt dar.

Abb. 4.20 *Darstellung des erzeugten HTML-Codes in einem Browser*

5 ADO.NET

Nichttriviale Programme arbeiten in der Regel mit externen Daten. ADO.NET ist derjenige Teil des .NET-Frameworks, mit dem man strukturierte Daten aus Datenbanken, XML-Dateien und anderen Quellen verarbeiten kann.

Der Vorgänger von ADO.NET hieß ADO (*ActiveX Data Objects*). Wer ADO kennt, wird vermuten, dass ADO.NET bloß eine Anpassung an das .NET-Framework ist. In Wirklichkeit wurde ADO.NET aber mit dem .NET-Framework völlig neu konzipiert und mit der Version .NET 2.0 nochmals entscheidend erweitert. Die wesentlichen Unterschiede zwischen ADO.NET und ADO liegen in der Unterstützung eines verbindungslosen Datenzugriffs und der starken Integration mit den restlichen .NET-Bibliotheken. Die Integration reicht von verschiedenen GUI-Frameworks wie z.B. *Web Forms* (siehe Kapitel 6), *Mobile Forms* und *Windows Forms* (siehe Abschnitt 4.6) bis hin zu verteilten *Web-Services* (siehe Kapitel 7).

Das folgende Kapitel stellt den Zugriff auf Datenbanken und auf XML-Dateien mittels ADO.NET vor.

5.1 Überblick

ADO.NET ist eine von mehreren Schichten in Microsofts Architektur für den Zugriff auf verschiedene Datenquellen (siehe Abb. 5.1). Sie baut u.a. auf OLE DB auf, welches von den verschiedenen Datenquellen abstrahiert. OLE DB ist eine Menge von Interfaces und Komponenten für den Zugriff auf strukturierte Daten. ODBC (*Open Database Connectivity*) war der Vorgänger von OLE DB. Mit OLE DB kann auf *verschiedene* Datenquellen (wie Datenbanksysteme oder Mainframes) zugegriffen werden, während ODBC in der Regel nur für den Zugriff auf Datenbanksysteme verwendet wird.

ADO.NET vereinfacht den Zugriff auf OLE DB, ODBC bzw. auf datenquellenspezifische Zugriffsprotokolle. ADO.NET ist das Bindeglied zwischen .NET-Anwendungen und OLE DB-, ODBC- bzw. anderen Datenanbietern.

ODBC, OLE DB und ADO sind Teile der MDAC-Bibliothek (*Microsoft Data Access Components*). Um ADO.NET verwenden zu können, muss zumindest die Bibliothek MDAC in der Version 2.7 (oder höher) vorhanden sein, welche bei der Installation des .NET-SDK automatisch mitinstalliert wird.

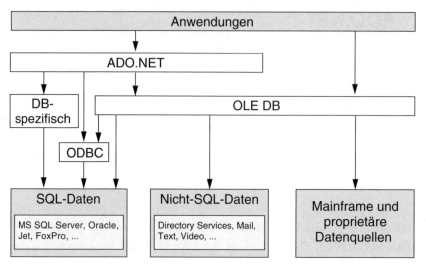

Abb. 5.1 *Microsofts Datenzugriffsarchitektur und Teile der MDAC-Bibliothek*

Bibliotheken für den Zugriff auf Daten (wie ADO.NET) weisen alle eine ähnliche Architektur auf. Sie haben die Aufgabe, die Welt der (objektorientierten) Softwareentwicklung mit der Welt der (mengenorientierten) Datenquellen zu verbinden. Auf der einen Seite gibt es die Anwendungen, die wir *Datenkonsumenten* (*data consumers*) nennen. Sie greifen auf strukturierte Daten zu, die in Datenquellen abgelegt sind. Je nach Programmiersprache liegen den Konsumenten verschiedene Programmiermodelle zugrunde, wie etwa das objektorientierte Modell, bei dem die Daten in Form von Objekten (siehe Abschnitt 2.8) oder Collections (siehe Abschnitt 4.1) manipuliert werden.

Auf der anderen Seite gibt es Datenbanksysteme und andere Datenquellen, in denen Daten in strukturierter bzw. mengenorientierter Form (z.B. in Tabellen) abgelegt sind. Wir nennen sie *Datenanbieter* (*data providers*). Datenbanksysteme garantieren für gewöhnlich die so genannten *ACID-Eigenschaften* (*atomicity, consistency, isolation* und *durability*) [ElNa03]. Die Daten in den Tabellen werden über die Sprache SQL (*Structured Query Language*) definiert und manipuliert. Die Sprache SQL wurde durch das *American National Standards Institute* (ANSI) standardisiert [MeSi92]. Die Praxis zeigt aber, dass Datenbankhersteller verschiedene SQL-Erweiterungen für ihre Produkte verwenden und damit oft nicht kompatibel sind.

In der Architektur von ADO.NET kann man nun zwei wesentliche Schichten identifizieren (siehe Abb. 5.2). Die *Datenanbieterschicht* (*managed providers*) realisiert den direkten Zugriff auf die Datenquellen und ist damit abhängig vom vorliegenden Datenanbieter. Die *Datenkonsumentenschicht* baut auf der Datenanbieterschicht auf und bietet für die Datenkonsumenten unterschiedliche Möglichkeiten, mit strukturierten Daten zu arbeiten. Somit hat ADO.NET zwei

Hauptaufgaben: Es soll einerseits ermöglichen, Daten unabhängig von der Art und dem Ort der Datenquelle zu manipulieren bzw. zu definieren, und andererseits datenquellenspezifische Typen in .NET-Datentypen umzuwandeln.

Wir werden uns hauptsächlich mit der Konsumentenschicht beschäftigen. Die Datenanbieterschicht ist vor allem für Datenbankhersteller wichtig, damit verschiedene Datenquellen über ADO.NET angesprochen werden können. Anwendungsentwickler sollten jedoch ein Grundverständnis der Datenanbieterschicht haben — zumindest so viel, um in ihrer Anwendung die passende Zugriffsart für ihre Datenquelle auswählen zu können.

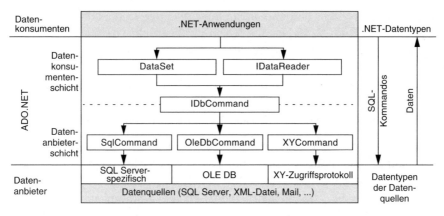

Abb. 5.2 *Grobarchitektur von ADO.NET*

Grundsätzlich stehen in ADO.NET zwei Zugriffsarten zur Verfügung: Der *verbindungsorientierte* Zugriff über das Interface IDataReader und der *verbindungslose* Zugriff über die Klasse DataSet (siehe Abb. 5.2). IDataReader ist ein Datenbankcursor. DataSet wurde in ADO.NET eingeführt und ist eine Hauptspeicher-Repräsentation ausgewählter Daten aus möglicherweise verschiedenen Datenquellen.

Der Zugriff auf die Datenanbieter selbst wird über Kommandoobjekte vom Typ IDbCommand durchgeführt. Die Implementierungen des Interface IDbCommand sorgen für den jeweils passenden physischen Zugriff auf OLE DB, ODBC bzw. auf das spezifische Zugriffsprotokoll eines Datenbankherstellers, um z.B. die Daten aus der Tabelle einer Datenbank auszulesen. Kommandoobjekte führen den Zugriff mittels SQL-Anweisungen wie SELECT, INSERT, UPDATE und DELETE durch. Zusätzlich wird auch der Datendefinitionsteil von SQL (CREATE TABLE, DROP TABLE etc.) zum Definieren von Datenbankschemas unterstützt.

Neben der Zugriffsart muss noch die richtige Datenanbieter-Implementierung ausgewählt werden. ADO.NET stellt eine Reihe von Implementierungen für gängige Datenanbieter zur Verfügung. Eine besonders wichtige ist die Implementierung für den Zugriff auf OLE DB-fähige Datenquellen, mit der eine .NET-Anwendung unabhängig von der gewählten Datenquelle ist. Die Implementierung für den SQL Server hingegen ist auf diesen eingeschränkt, dafür aber für diesen optimiert. Sie ist erstens leistungsfähiger und bietet zweitens Zusatzfunktionen, die bei anderen Datenanbietern nicht zur Verfügung stehen. Ebenso gibt es eine optimierte Implementierung für Oracle-Datenbanken. Weitere Datenanbieter-Implementierungen, die mit ADO.NET mitgeliefert werden, sind eine Implementierung für den Zugriff über ODBC und eine Implementierung für SQL Server Mobile, der SQL Server-Variante für mobile Endgeräte. Mittlerweile gibt es aber von Fremdherstellern Datenanbieter-Implementierungen für alle weiteren gängigen Datenbanken.

Die Klassen und Interfaces im Assembly System.Data.dll realisieren das ADO.NET-Kernsystem und enthalten einige wichtige Datenanbieter-Implementierungen, während die Typen im Assembly System.Xml.dll für den Datenaustausch via XML verwendet werden (siehe Abschnitt 4.7). Im Assembly System.Data.OracleClient.dll findet man eine Implementierung eines Datenanbieters für die Oracle-Datenbank und im Assembly System.Data.SqlServerCE.dll eine für die SQL Server-Variante für mobile Endgeräte.

Das Assembly System.Data.dll enthält folgende Namensräume:

❑ System.Data stellt den Kern von ADO.NET dar. Dieser Namensraum enthält Klassen und Interfaces, mit denen man verbindungslos oder verbindungsorientiert auf verschiedene Datenquellen zugreifen kann. Konsumenten, die unabhängig von einer bestimmten Datenquellen-Implementierung sein wollen, sollten für den Datenzugriff die hier definierten Interfaces benutzen.

❑ System.Data.Common enthält Typen für Datenanbieter-Implementierungen. Hier befinden sich Typen, die von allen Datenanbietern und deren Implementierungen benutzt oder erweitert werden.

❑ System.Data.OleDb stellt eine Implementierung eines Datenanbieters dar, der auf OLE DB-Treiber aufsetzt. Dieser Namensraum enthält Typen, um auf OLE DB-fähige Datenquellen zuzugreifen, SQL-Kommandos abzusetzen und deren Ergebnisse zu lesen. Manche dieser Typen sind Erweiterungen der Typen aus System.Data.Common bzw. System.Data.

❑ System.Data.SqlClient stellt eine spezielle Datenanbieter-Implementierung für das SQL Server-Datenbanksystem zur Verfügung. Dieser Namensraum enthält Typen, um auf SQL Server-Datenbanken zuzugreifen, SQL-Kommandos abzusetzen und deren Ergebnisse zu lesen. Die Typen aus System.Data.SqlClient sind ähnlich zu den Typen aus System.Data.OleDb. Sie sind jedoch für die Verwendung des SQL Server 7.0 und dessen Nachfolger optimiert.

❑ System.Data.SqlTypes enthält spezielle Typen für die SQL Server-Implementierung. Mit diesen Typen kann man SQL Server-Datentypen in .NET-Datentypen umwandeln und umgekehrt. Im Namensraum System.Data ist eine allgemeinere Abbildung von SQL-Datentypen (z.B. varchar) auf .NET-Datentypen (z.B. string) implementiert.

❏ System.Data.Sql bietet einige besondere Funktionen, die nur für den SQL Server zur Verfügung stehen. Diese sind das Ausforschen von Datenbanken in einem Netzwerk und ein Notifikationsmechanismus für Datenbankabfragen.

❏ System.Data.Odbc enthält die Datenanbieter-Implementierung für den Datenbankzugriff über ODBC.

Die Klassen und Interfaces aus den ADO.NET-Namensräumen, mit denen man z.B. eine Verbindung erstellen und SQL-Anweisungen ausführen kann, werden in den nachfolgenden Abschnitten genauer behandelt.

5.2 Verbindungsorientierter und verbindungsloser Zugriff

System.Data.IDataReader und System.Data.DataSet erlauben den Zugriff auf Daten in verschiedenen Datenquellen. Implementierungen des Interface IDataReader werden für den verbindungsorientierten Zugriff verwendet, während die Klasse DataSet für den verbindungslosen Zugriff benutzt wird.

Bei einem *verbindungsorientierten* Zugriff bleibt die Verbindung zur Datenquelle erhalten. Zum Lesen der Daten wird ein IDataReader verwendet, der eine Art Datenbankcursor für den Lesezugriff in eine Richtung ist. Ähnlich einem Iterator kann man damit die Zeilen einer Tabelle durchwandern. Implementierungen des Interface IDataReader erlauben einen lesenden Zugriff, wobei die Datenstruktur nur in Vorwärtsrichtung durchwandert werden kann. Während des gesamten Lesevorgangs bleibt die Verbindung zur Datenbank offen. Falls andere Anwendungen die Daten in der Datenquelle verändern, so sind diese Änderungen beim nächsten Leseschritt im IDataReader sichtbar. Wird der Cursor (IDataReader) in der .NET-Anwendung auf den nächsten Datensatz weiterbewegt, so wird dieser von der Datenquelle gelesen.

Diese Zugriffsart ist vor allem für Anwendungen gedacht, bei denen es wichtig ist, immer auf die aktuellen Daten zuzugreifen, und bei denen die Verarbeitungszeit der Daten zwischen den einzelnen Zugriffen kurz ist. ADO.NET bietet für die unterschiedlichen Datenanbieter verschiedene Implementierungen von IDataReader an.

Bei einem *verbindungslosen* Zugriff werden alle Daten von der Datenquelle gelesen und im Hauptspeicher in einem DataSet-Objekt gespeichert. Bevor sie in der .NET-Anwendung weiterverarbeitet werden, wird die Verbindung zur Datenquelle getrennt. Die Daten im DataSet sind also eine Momentaufnahme des aktuellen Datenbestands. Sie sind unter Umständen bereits nach dem Füllen des DataSets nicht mehr aktuell, weil andere Anwendungen die Originaldaten modifiziert haben. Werden die Daten im DataSet verändert, so spiegelt sich diese Änderung *nicht* automatisch in der Datenquelle wider und umgekehrt. Sollen die im DataSet durchgeführten Änderungen auch in der Datenquelle übernommen werden, muss wieder eine Verbindung aufgebaut und die Daten des DataSets explizit mit der zugrunde liegenden Datenquelle synchronisiert werden. Treten dabei Konflikte auf, so müssen diese im Anwendungsprogramm behandelt werden.

Die verbindungslose Zugriffsart ist vor allem für verteilte, von der Datenquelle entkoppelte Szenarien gedacht, bei denen Skalierbarkeit eine Rolle spielt. Anwendungen dieser Art besitzen typischerweise eine *Drei-Schichten-Architektur (three tier architecture)*, wie sie in Abb. 5.3 dargestellt ist. Schicht 1 ist für die Benutzeroberfläche zuständig und kann am Server (z.B. mit Web Forms) oder am Desktop (z.B. mit Windows Forms) laufen. Die zweite Schicht enthält Komponenten, welche die Anwendungslogik und den Datenbankzugriff implementieren. Beispiele für die Anwendungslogik und ihre Geschäftsprozesse sind das Abfragen von Lagerbeständen, das Bestellen in einem Web-Shop oder die Anmeldung in einem Computersystem. Die Konsistenz der Daten wird erreicht, indem alle Anwendungen, egal ob Web- oder Desktop-Anwendungen, die Daten nur über die zweite Schicht manipulieren und nicht direkt auf die Datenquelle in der dritten Schicht zugreifen. Beispiele für solche verteilten Anwendungen sind ASP.NET-Applikationen (siehe Kapitel 6) oder Web-Services (siehe Kapitel 7).

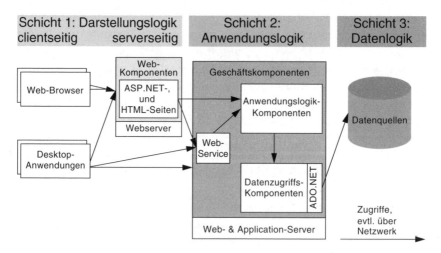

Abb. 5.3 *Drei-Schichten-Architektur von verteilten Anwendungen*

Folgendes Beispielszenario soll die Unterschiede des verbindungslosen Zugriffs gegenüber einem verbindungsorientierten Zugriff verdeutlichen. Angenommen, es greifen 500 Benutzer gleichzeitig für längere Zeit auf Lagerdaten zu. Bei einem verbindungsorientierten Zugriff würde dies im schlimmsten Fall zu 500 gleichzeitigen, länger benutzten Verbindungen zu den entsprechenden Datenquellen führen – eine nicht sehr effiziente Lösung. Bei einem verbindungslosen Zugriff sind *maximal* 500 *kurze* Verbindungen zur Datenquelle nötig, weil die Daten in die zweite Schicht übertragen und dort in einem DataSet gepuffert werden. Auf diese Weise bestehen bei gleichzeitigen Datenzugriffen keine permanenten Verbindungen zur Datenquelle.

5.3   Verbindungsorientierter Zugriff

Eine ADO.NET-Anwendung benutzt zumindest den Namensraum System.Data und einen Namensraum einer Datenanbieter-Implementierung. Eine typische verbindungsorientierte ADO.NET-Anwendung weist eine Struktur auf, wie sie im folgenden Pseudocode dargestellt ist. Nach dem Aufbau einer Verbindung zur Datenquelle werden die Daten gelesen und verarbeitet. Am Ende müssen verwendete Ressourcen, wie Verbindungen oder DataReader, wieder freigegeben werden.

```
using System.Data;
....
Verbindung deklarieren;
try {
    Verbindung zur Datenquelle anfordern;
    SQL-Anweisungen ausführen;
    Daten lesen und verarbeiten;
} catch ( Ausnahme ) {
    Fehlerbehandlung oder Ausnahme an den Aufrufer weiterleiten;
} finally {
    try {
        Ressourcen freigeben;
    } catch (Exception) { Fehlerbehandlung; }
}
```

In .NET müssen Ausnahmen nicht zwingend behandelt werden. Unbehandelte Ausnahmen führen jedoch zu einem Programmabbruch. Bei ADO.NET-Anwendungen können verschiedene Ausnahmen eintreten, z.B. die Verbindung zur Datenquelle bricht ab, die Datenquelle kann nicht gefunden werden etc. Es ist daher sinnvoll, diese Ausnahmen zu behandeln.

ADO.NET hat verschiedene Klassen für Ausnahmen. DbException aus dem Namensraum System.Data.Common ist die Basisklasse für Ausnahmen der verschiedenen Datenanbieter-Implementierungen. Zum Beispiel verwendet die OLE DB-Implementierung eine Ausnahmeklasse System.Data.OleDb.OleDbException und die SQL Server-Implementierung eine Ausnahmeklasse System.Data.Sql-Client.SqlException, die beide DbException erweitern. Die Ausnahmen System.Data.DataException und System.Data.DBConcurrencyException können vor allem in Verbindung mit DataSets auftreten und werden in Abschnitt 5.4 behandelt.

Bevor wir näher auf die Typen für den verbindungsorientierten Zugriff eingehen, sehen wir uns ein einfaches Beispiel an, in dem eine Verbindung zu einer Datenbank aufgebaut und die Zeilen einer Tabelle ausgelesen und auf der Konsole ausgegeben werden. Dazu verwenden wir eine Entwicklerversion von SQL Server, die im .NET-SDK (MSDE) enthalten ist, sowie die *Northwind*-Beispieldatenbank[1], die Daten einer Lebensmittelhandlung enthält. Im folgenden Beispiel werden die Angestellten der Firma Northwind aus der Datenbank gelesen und auf der Konsole ausgegeben.

```csharp
using System;
using System.Data;
using System.Data.OleDb;


public class EmployeeReader {
    public static void Main() {
        //---- Aufbauen einer Verbindung zur Northwind-Datenbank am lokalen Rechner
        Console.WriteLine("Verbindung wird aufgebaut");
        string connStr = "provider=SQLOLEDB; data source=(local)\\NetSDK; " +
                "  initial catalog=Northwind; user id=sa; password=; ";
        IDbConnection conn = null; // Verbindung deklarieren
        try {
            conn = new OleDbConnection(connStr);
            conn.Open(); // Verbindung anfordern
            //---- SQL-Kommando aufbauen, um ID und Namen aller Angestellten abzufragen
            IDbCommand cmd = conn.CreateCommand(); //erzeugt ein OleDbCommand
            cmd.CommandText = "SELECT EmployeeID, LastName, FirstName " +
                            "FROM Employees";
            //---- SQL-Kommando ausführen; es liefert einen OleDbDataReader
            IDataReader reader = cmd.ExecuteReader();
            object[] dataRow = new object[reader.FieldCount];
            //---- Daten zeilenweise lesen und verarbeiten
            while (reader.Read()) { // solange noch Daten vorhanden sind
                int cols = reader.GetValues(dataRow); // tatsächliches Lesen
                for (int i = 0; i < cols; i++) Console.Write("| {0} " , dataRow[i]);
                Console.WriteLine();
            }
            //---- Reader schließen
            reader.Close();
        } catch (Exception e) { //---- Fehlerbehandlung
            Console.WriteLine(e.Message);
        } finally {
            try {
                if (conn != null) conn.Close(); // Verbindung schließen
            } catch (Exception ex) { Console.WriteLine(ex.Message); }
        }
    }
}
```

---

1. Die Northwind-Datenbank war in früheren Versionen von SQL Server als Beispieldatenbank enthalten. In der Version SQL Server 2005 wird diese Datenbank nicht mehr mitgeliefert, kann aber von http://www.microsoft.com/downloads/ bezogen und nachträglich installiert werden. Installationsanweisungen findet man auf http://dotnet.jku.at.

Dieses Beispiel zeigt die drei grundlegenden Bestandteile des verbindungsorientierten Zugriffs:

❑ eine Verbindung zur Datenbank (IDbConnection),

❑ ein oder mehrere Kommandoobjekte (IDbCommand), welche die auszuführenden SQL-Anweisungen enthalten,

❑ wenn eine SELECT-Anweisung ausgeführt wird, einen IDataReader, um die Ergebnisse auslesen zu können.

In den folgenden Abschnitten werden diese drei Bestandteile näher erläutert.

5.3.1 Verbindungen

Bevor auf die Daten über Kommandoobjekte zugegriffen werden kann, muss eine Verbindung (*connection*) zur Datenquelle aufgebaut werden. Die Art der Verbindung kann von einem einfachen Dateizugriff bis zu einer Verbindung zu einem Datenbanksystem auf einem anderen Rechner reichen. Die verschiedenen Verbindungsarten werden durch das Interface System.Data.IDbConnection abstrahiert, dessen Schnittstelle teilweise weiter unten dargestellt ist. Bei den unterschiedlichen Datenanbieter-Implementierungen gibt es entsprechende Klassen, die dieses Interface implementieren. Zum Beispiel bietet ADO.NET die Klassen System.Data.SqlClient.SqlConnection und System.Data.OleDb.OleDbConnection an, mit denen man Verbindungen zu einer SQL Server-Datenbank bzw. zu einer OLE DB-fähigen Datenquelle herstellen kann.

```
public interface IDbConnection : IDisposable {
    //---- Properties
    string ConnectionString {get; set;}
    int ConnectionTimeout {get;}
    ...
    //---- Methoden
    IDbTransaction BeginTransaction();
    IDbTransaction BeginTransaction(IsolationLevel lvl);
    void Close();
    void Open();
    IDbCommand CreateCommand();
    ...
}
```

Eine Verbindung wird durch den Aufruf von Open() hergestellt. Dies kann eine zeitintensive Angelegenheit sein. Um die Datenbankzugriffe zu beschleunigen, ist es daher sinnvoll, wenn sich mehrere Kommandoobjekte eine Verbindung zur gleichen Datenquelle teilen. Verbindungen werden in einem so genannten *Connection-Pool* verwaltet. Beim Herstellen einer Verbindung überpruft ADO.NET, ob im Connection-Pool schon eine Verbindung mit dem gleichen Namen (Property ConnectionString) vorhanden ist. Ist das der Fall, wird sie verwendet, sonst wird eine neue Verbindung hergestellt.

Die Methode Close schließt die aktuelle Verbindung und gibt sie in den Connection-Pool. Darum sollte eine Verbindung sofort geschlossen werden, sobald sie nicht mehr benötigt wird. Wurde die Verbindung nicht geöffnet, so wird *keine* Ausnahme ausgelöst, d.h., Close kann mehrmals aufgerufen werden.

IDbConnection erweitert das Interface System.IDisposable. IDisposable enthält nur die Methode void Dispose(). IDisposable kennzeichnet Typen, welche Ressourcen verwalten, die nicht unter der Kontrolle der CLR stehen (*unmanaged resources*). Mit der Methode Dispose werden diese Ressourcen freigegeben. Für manche Typen ist es intuitiver, sie zu schließen (Close), als sie wegzuwerfen (Dispose). Solche Typen können eine Methode Close anbieten, die jedoch die Methode Dispose aufrufen sollte. Eine ausführliche Diskussion über das *dispose pattern* und IDisposable findet der interessierte Leser in [Rich00b].

Eine Verbindung wird über eine Verbindungszeichenfolge identifiziert. Die Verbindungszeichenfolge besteht aus mehreren Teilen, die je nach Datenanbieter-Implementierung unterschiedlich sein können. Diese Teile konfigurieren eine Verbindung. Im obigen Beispiel wird die OLE DB-Implementierung verwendet, um sich zu einer SQL Server-Datenbank am lokalen Rechner zu verbinden. Würde sich die Datenbank Northwind in einem Oracle-Datenbanksystem befinden, müsste nur die Verbindungszeichenfolge geändert werden. Dank OLE DB brauchen die SQL-Anweisungen *nicht* verändert zu werden.

Beim obigen Beispiel sieht die Verbindungszeichenfolge wie folgt aus:

```
"provider=SQLOLEDB; data source=(local)\\NetSDK; initial catalog=Northwind; " +
"user id=sa; password=; "
```

Sie enthält folgende Teile, die jeweils mit einem Strichpunkt abgeschlossen werden:

❏ provider bezeichnet den Namen der OLE DB-Implementierung für den Zugriff von OLE DB auf die eigentliche Datenquelle. SQLOLEDB ist der Name des OLE DB-Treibers für den SQL Server. Das Feld provider wird nur bei OleDBConnection benötigt und nicht bei SqlConnection.

❏ data source beschreibt die IP-Adresse oder den DNS-Namen des Datenbankservers. NetSDK ist hier der Name des Datenbankservers am lokalen Rechner. Der lokale Rechner wird mit (local) bezeichnet.

❏ initial catalog spezifiziert den Namen der Datenbank.

❏ user id gibt den Benutzer an. In diesem Beispiel wird der Standardadministrator "sa" angegeben.

❏ password beschreibt das verwendete Passwort.

Beim ConnectionString-Property einer OleDbConnection oder einer SqlConnection zu einem SQL Server können noch weitere Teile zur Konfiguration angegeben

werden (wie Connection Timout oder Packet Size), die in der .NET-Onlinedoku-
mentation zu finden sind. Hier sind weitere Beispiele für Verbindungszeichenfolgen:

```
"provider=Microsoft.Jet.OLEDB.4.0; data source=c:\bin\LocalAccess40.mdb;"

"provider=MSDAORA; data source=ORACLE8i7; user id=OLEDB; password=OLEDB;"

"data source=(local)\\NetSDK; initial catalog=MyDB; user id=sa; pooling=false; Integrated
Security=SSPI;"
```

Die ersten beiden Beispiele sind Verbindungszeichenfolgen für OLE DB-Verbindungen: die erste zu einer MS Access-Datenbank und die zweite zu einer
Oracle8i-Datenbank. Bei OLE DB-Verbindungen müssen zumindest die beiden
Felder provider und data source angegeben werden. Das letzte Beispiel bezeichnet
eine Verbindungszeichenfolge einer SQL Server-Verbindung (System.Data.SqlCli-
ent.SqlConnection) am lokalen Rechner zur Datenbank MyDB. Mit pooling=false
wird ADO.NET angewiesen, diese SqlConnection nicht in den Connection-Pool
zu geben bzw. dort zu suchen, sondern eine neue Verbindung zu erzeugen. Integrated Security ist ein Spezifikum des SQL Server und beschreibt, über welche
Methode der SQL Server den Benutzer autorisieren soll.

Das IDbConnection-Property ConnectionTimeout liefert die maximale Zeit in
Sekunden, die für einen neuen Verbindungsaufbau benötigt werden darf. Kommt
innerhalb dieser Zeit keine Verbindung zustande, wird beim Aufruf von Open()
eine Ausnahme ausgelöst. Ein Wert von 0 bedeutet, dass beliebig lange gewartet
werden soll. Diesen Wert sollte man aber nicht verwenden, um bei Ausnahmesi-
tuationen (z.B. falls der Server nicht gefunden wurde) nicht endlos zu warten.
Der Wert von ConnectionTimeout kann in der Verbindungszeichenfolge gesetzt
werden, zum Beispiel:

```
"data source=(local)\\NetSDK;initial catalog=MyDB; user id=sa; Connection
Timeout=20;"
```

Mit der Methode CreateCommand wird ein Kommandoobjekt erzeugt, das später
über die Verbindung ausgeführt werden kann. Kommandoobjekte werden in Abschnitt 5.3.2 behandelt.

Die überladene Methode BeginTransaction initiiert eine benutzerdefinierte
Transaktion und erzeugt ein ADO.NET-Transaktionsobjekt. Eine detaillierte Behandlung des Transaktionskonzepts in .NET findet man im Abschnitt 5.3.4.

Erzeugungsmuster und Verbindungszeichenfolgen-Generatoren

Das oben diskutierte Vorgehen zum Aufbau einer Verbindung zeigt zwei Schwächen: Erstens ist das Programm durch das Erzeugen der spezifischen Verbindungsobjekte von der Datenanbieter-Implementierung abhängig. Zweitens erscheint das Erstellen der Verbindungszeichenfolgen mühselig und fehleranfällig.

In der Version 2.0 von .NET wurden diese beiden Schwächen mit der Realisierung eines *Erzeugungsmusters* [GHJV95] und dem Bereitstellen von Verbin-
dungszeichenfolgen-Generatoren behoben.

Mit DbProviderFactory wird ein Erzeugungsmuster realisiert, mit dem eine Familie von zusammengehörigen Datenanbieter-Objekten erzeugt werden kann.
Der verwendete Datenanbieter wird einmal beim Erzeugen des DbProviderFac-
tory-Objektes angegeben und dieses erzeugt dann die für den gewählten Datenanbieter passenden Objekte. Das folgende Programmstück zeigt das Vorgehen. Die
statische Methode GetFactory() der Klasse DbProviderFactories wird mit einem
Namen aufgerufen, der den verwendeten Datenanbieter bestimmt. Hier ist der
Name "System.Data.SqlClient". Weitere gültige Namen entsprechen den Namensräumen der anderen .NET-Datenanbieter-Implementierungen (z.B. "Sys-
tem.Data.OleDb" oder "System.Data.SqlServerCe"). Mit dem DbProviderFactory-Ob-
jekt werden nun die weiteren Objekte wie Verbindungsobjekte,
Kommandoobjekte oder Parameterobjekte erzeugt.

```
//---- Erzeugerobjekt erzeugen
DbProviderFactory factory = DbProviderFactories.GetFactory("System.Data.SqlClient");
//---- spezifische Datenanbieter-Objekte erzeugen
IDbConnection   conn = factory.CreateConnection();
IDbCommand cmd = factory.CreateCommand();
cmd.Connection = conn;
IDataParameter param = factory.CreateParameter();
...
```

Mit DbConnectionStringBuilder kann eine Verbindungszeichenfolge aufgebaut
werden, wobei die syntaktische Korrektheit und Vollständigkeit der Verbindungszeichenfolge bereits beim Aufbau geprüft wird. Fehler treten nicht erst
beim Öffnen der Verbindung auf. Die Konfiguration einer Verbindung erfolgt
dabei durch Angabe der entsprechenden Schlüssel-Wert-Paare für die einzelnen
Eigenschaften einer Verbindung. Im folgenden Beispiel wird eine Verbindung zur
Northwind-Datenbank im SQL Server auf dem lokalen Rechner konfiguriert.
Eine Prüfung der in dieser Weise erstellten Verbindungszeichenfolge auf syntaktische Korrektheit und Vollständigkeit erfolgt spätestens beim Auslesen der ConnectionString-Property.

```
//---- DbConnectionStringBuilder erzeugen
DbConnectionStringBuilder builder = factory.CreateConnectionStringBuilder();
builder["Server"] = "localhost\\SQLEXPRESS";
builder["Initial Catalog"] = "Northwind";
builder["Integrated Security"] = true;
//---- Verbindungszeichenfolge auslesen und Verbindung konfigurieren
conn.ConnectionString = builder.ConnectionString;
//---- Verbindung öffnen
conn.Open();
```

5.3.2   SQL-Kommandoobjekte

SQL-Anweisungen werden in ADO.NET als Kommandoobjekte modelliert, die das Interface System.Data.IDbCommand unterstützen. Ein Kommandoobjekt enthält entweder eine SQL-Anweisung oder eine Datenbankprozedur (*stored procedure*) und führt diese auf der Datenquelle aus. Wie im vorigen Abschnitt angesprochen, können sich mehrere Kommandoobjekte eine Verbindung teilen und auch zu einer Transaktion (siehe Abschnitt 5.3.4) zusammengefasst werden.

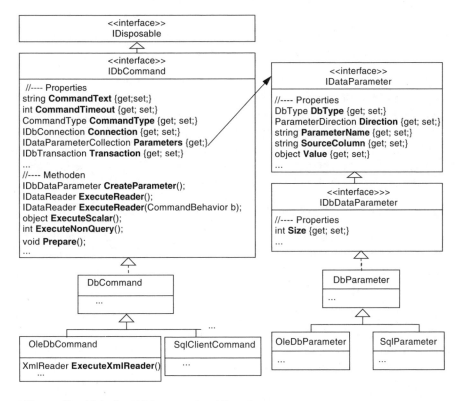

Abb. 5.4 *Überblick über IDbCommand und IDataParameter*

IDbCommand enthält verschiedene Execute-Methoden, um Lesezugriffe (SELECT) und Schreibzugriffe (INSERT, UPDATE, DELETE, DROP TABLE etc.) auszuführen. Abb. 5.4 zeigt die wichtigsten Properties zum Konfigurieren von Kommandoobjekten sowie die verschiedenen Execute-Methoden zum Ausführen der Kommandos und die Methode CreateParameter zum Erzeugen eines Parameters. Diese Properties und Execute-Methoden werden nun anhand von Beispielen erklärt. Parameter werden später in diesem Abschnitt noch näher behandelt. Die Execute-Methoden setzen eine offene Verbindung und eine syntaktisch korrekte, auszuführende SQL-Anweisung voraus.

```
cmd.CommandText = "UPDATE Employees SET City = 'Seattle' WHERE EmployeeID=8";
```

Das Property CommandText stellt die SQL-Anweisung dar, die durch die Execute-Methoden bei der Datenquelle ausgeführt werden soll. CommandText kann eine beliebige SQL-Anweisung (auch zum Manipulieren eines Datenbankschemas, z.B. CREATE TABLE), der Name einer Datenbankprozedur oder sogar einfach nur der Name einer Tabelle der Datenbank sein. Die Art von CommandText wird durch das Property CommandType unterschieden.

```
cmd.CommandType = CommandType.Text;
cmd.CommandType = CommandType.StoredProcedure;
cmd.CommandType = CommandType.TableDirect;
```

Dieses Property codiert die Art des Kommandos mit Hilfe der Enumeration CommandType. Die Standardeinstellung Text besagt, dass im Property CommandText eine SQL-Anweisung steht. Hingegen bedeutet CommandType.StoredProcedure, dass dort der Name einer Datenbankprozedur gespeichert ist. Soll der ganze Inhalt einer oder mehrerer Tabellen abgefragt werden, so wird CommandType auf TableDirect und CommandText auf den Namen der Tabelle gesetzt. TableDirect wird nur von der OLE DB-Datenanbieter-Implementierung unterstützt.

```
IDataParameterCollection params = cmd.Parameters;
```

Das Property Parameters liefert die Eingangs- und Ausgangsparameter eines Kommandos. Die Parameter selbst werden über Objekte vom Interface IDataParameter beschrieben. Am Ende dieses Abschnittes befindet sich ein Beispiel für die Verwendung von Parametern.

```
IDbTransaction trans = conn.BeginTransaction();
cmd.Transaction = trans;
```

Das Property Transaction repräsentiert die benutzerdefinierte Transaktion (siehe Abschnitt 5.3.4), zu der das Kommando gehört.

```
int sec = cmd.CommandTimeout;
cmd.CommandTimeout = 30;
```

CommandTimeout repräsentiert die maximale Zeit in Sekunden, die zur Ausführung des Kommandos benötigt werden darf. Die Standardeinstellung liegt bei 30 Sekunden.

```
IDataReader reader = cmd.ExecuteReader();
IDataReader reader = cmd.ExecuteReader(CommandBehavior.CloseConnection);
IDataReader reader = cmd.ExecuteReader(CommandBehavior.SchemaOnly);
```

Die ExecuteReader-Methoden führen ein SELECT-Kommando aus und liefern einen IDataReader zum Abarbeiten der Ergebnisse. Die Enumeration CommandBe-

havior legt zusätzliche Eigenschaften des Kommandos fest, zum Beispiel, ob die
Verbindung mit dem Schließen des IDataReader gleich mitbeendet werden soll
(CloseConnection) oder ob statt der Daten Schemainformationen (d.h. Informati-
onen über die Spalten der Tabelle) zurückgeliefert werden sollen (SchemaOnly).
Der Enumerationstyp CommandBehavior bietet neben CloseConnection und Sche-
maOnly noch Default, KeyInfo, SequentialAccess, SingleResult und SingleRow.

```
int affectedRows = cmd.ExecuteNonQuery();
```

ExecuteNonQuery führt einen Schreibzugriff (INSERT, UPDATE, DELETE, CREATE
TABLE etc.) aus und liefert die Anzahl der betroffenen Zeilen zurück. Bei manchen SQL-Anweisungen (z.B. CREATE TABLE) sind keine Zeilen betroffen; es
wird daher -1 zurückgegeben. Tritt ein Fehler auf, so wird eine System.Invalid-
OperationException ausgelöst.

```
object o = cmd.ExecuteScalar();
```

ExecuteScalar kann einen einzelnen Wert (z.B. einen Aggregatwert) aus einer Datenbank abrufen. Im folgenden Beispiel wird mit der Aggregatfunktion count(*)
die Anzahl der Datensätze in der Mitarbeiter-Tabelle ermittelt.

```
IDbCommand cmd = new SqlCommand("SELECT count(*) FROM Employees",
    new SqlConnection(connStr));
cmd.Connection.Open();
int count = (int) cmd.ExecuteScalar();
cmd.Connection.Close();
```

Mit der Methode Prepare kann eine vorliegende Anweisung vorcompiliert werden und steht dann bei Aufruf bereits in compilierter Form zur Verfügung.

```
cmd.Prepare();
```

Asynchrone Kommandoausführung

Datenbankkommandos werden üblicherweise synchron ausgeführt, d.h., das
aufrufende Programm wartet, bis die Abarbeitung des Kommandos abgeschlossen ist. Bei lang laufenden Kommandos will man vielleicht die Kommandos asynchron ausführen: Die aufrufende Routine startet das Kommando und setzt dann
mit anderen Aufgaben fort. Erst wenn die Abarbeitung des Kommandos beendet
ist, wird der Aufrufer verständigt und kann dann das Ergebnis auswerten.

In der Version 2.0 von .NET wird die asynchrone Ausführung von Kommandos unterstützt, allerdings nur in Verbindung mit dem SQL Server. Das Schema
folgt anderen asynchronen APIs im .NET-Framework, wie asynchrone Datei-
oder Netzwerkoperationen.

Das folgende Beispiel demonstriert das asynchrone Ausführen von Datenbankkommandos. Um asynchrone Ausführung zu ermöglichen, muss bei der

Verbindungszeichenfolge die Eigenschaft Asynchronous Processing=True gesetzt werden. In der Methode CallCmdAsync wird die Ausführung des Kommandos mit BeginExecuteNonQuery asynchron gestartet, wobei ein Delegate auf die Methode AsyncCmdEnded übergeben wird. Diese Methode wird dann aufgerufen, wenn die asynchrone Abarbeitung des Kommandos beendet ist. Mit EndExecuteNon-Query kann man das Ergebnis des Kommandos – in diesem Fall die Anzahl der betroffenen Zeilen – abrufen.

```
public class Async {
    SqlCommand cmd; //---- Kommando, das asynchron ausgeführt werden soll

    public void CallCmdAsync() {
        SqlConnection conn = new SqlConnection(
            "Data Source=(local)\\NetSDK...; Asynchronous Processing=true");
        cmd = new SqlCommand("MyLongRunningStoredProc", conn);
        cmd.CommandType = CommandType.StoredProcedure;
        conn.Open();
        //---- Start der asynchronen Ausführung des Kommandos
        cmd.BeginExecuteNonQuery(new AsyncCallback(AsyncCmdEnded), null);
        ...
    }
    //---- Rückruf-Methode, ausgeführt bei Beendigung der Ausführung des Kommandos
    public void AsyncCmdEnded(IAsyncResult result) {
        //---- verarbeite Ergebnis des Datenbankkommandos
        int affectedRows = cmd.EndExecuteNonQuery(result);
        ...
    }
}
```

Parameter

SQL-Anweisungen und Datenbankprozeduren benutzen Eingangs- und Ausgangsparameter, die in IDbCommand über das Property Parameters (siehe Abb. 5.4) gesetzt und abgefragt werden können. Die tatsächliche Parameterübergabe findet beim Ausführen des Kommandoobjektes statt. Dabei werden Datenbanktypen (vgl. dazu die Enumerationen System.Data.SqlDbType, System.Data.OleDb.OleDbType, System.Data.Odbc.OdbcType, System.Data.OracleClient.OracleType) in .NET-Typen (string, System.Int16 etc.) umgewandelt, wie dies aus Tabelle 5.1 am Beispiel der OLE DB- und SQL Server-Typen in Abschnitt 5.3.3 ersichtlich ist. Das IDataParameter-Property DbType enthält den entsprechenden Typ der Datenquelle.

Das IDbCommand-Property Parameters ist eine Sammlung von IDataParameter-Objekten, die die Ein- und Ausgangsparameter des Kommandoobjekts repräsentieren. Im SQL-Kommando werden die Parameter durch Platzhalter identifiziert, wie im nächsten Beispiel dargestellt ist. Wie der Platzhalter auszusehen hat, hängt von der gewählten Datenanbieter-Implementierung ab. Platzhalter bei einer SQL Server-Datenanbieter-Implementierung beginnen mit einem "@" (z.B. "@ID"). Das Platzhaltersymbol bei einer OLE DB-Datenanbieter-Implementierung ist ein "?". Die Parameter werden hier aufgrund der Platzhalterposition aus der Sammlung Parameters übernommen. Das dritte Auftreten von "?" bezeichnet z.B. den dritten Parameter im Property Parameters.

```
//---- CommandText bei der Datenanbieter-Implementierung für den SQL Server
cmd.CommandText = "DELETE FROM Employees WHERE EmployeeID = @ID";
//---- CommandText bei der Datenanbieter-Implementierung für OLEDB
cmd.CommandText = "DELETE FROM Employees WHERE EmployeeID = ?";
```

Bei Datenbankprozeduren braucht man keinen Parameternamen anzugeben. Durch die Position der Aktualparameter im IDbCommand-Property Parameters werden die Aktualparameter auf die Formalparameter der Datenbankprozedur abgebildet. Über den Aufruf cmd.Parameters.Add wird ein IDataParameter-Objekt hinzugefügt.

Folgende Anweisung fügt ein SqlParameter-Objekt mit dem Namen "@ID" und vom SQL Server-Typ bigint dem IDbCommand-Property Parameters hinzu:

```
cmd.Parameters.Add("@ID", new SqlParameter("@ID", SqlDbType.BigInt));
```

Unter OLE DB werden Parameter wie nachfolgend dargestellt hinzugefügt. Dieser Parameter könnte dann wie in der obigen DELETE-Anweisung gezeigt verwendet werden. Der Parametername "anID" ist beliebig gewählt, um später über die Anweisung cmd.Parameters["anID"] oder cmd.Parameters[0] auf den Parameter zugreifen zu können.

```
cmd.Parameters.Add(new OleDbParameter("anID", OleDbType.BigInt));
```

Bei @ID handelt es sich um einen Eingangsparameter. Die Richtung (Eingangs- oder Ausgangsparameter) kann über das IDataParameter-Property Direction festgelegt werden. Die Standardeinstellung ist ParameterDirection.Input, was einem Eingangsparameter entspricht. Die Enumeration ParameterDirection enthält neben Input noch Output (Ausgangsparameter), ReturnValue (Rückgabewert einer Funktion oder Datenbankprozedur) und InputOutput (Übergangsparameter).

Möchte man den Wert des Eingangsparameters @ID vor dem Aufruf angeben, so wird das IDataParameter-Property Value gesetzt, wie es in der nachfolgenden Anweisung dargestellt ist:

```
cmd.Parameters["@ID"].Value = 1234;
```

Das nächste Beispiel benutzt eine Tabelle Contact, die ähnlich einem Telefonbuch Einträge der Struktur ID, FirstName, Name, NickName, EMail und Phone enthält. Der Primärschlüssel ist ID und der Wert von ID wird von der Datenbank für jeden neuen Eintrag automatisch vergeben. Das Beispiel benutzt die SQL Server-Datenanbieter-Implementierung und fügt einen neuen Datensatz ein. Es wird auch der Umgang mit Parametern gezeigt. Die Methode NewInsertCmd liefert das IN-

SERT-Kommandoobjekt und definiert die formalen SQL-Parameter. Die Methode Execute fügt schließlich einen neuen Datensatz ein. Der String cmdStr in NewInsertCmd definiert zwei SQL-Anweisungen: die erste zum Einfügen des neuen Datensatzes und die zweite zum Auslesen des vergebenen Primärschlüsselwerts.

```
using System; using System.Data; using System.Data.SqlClient;
public class InsertContacts {
    static SqlConnection NewConnection() {
        return new SqlConnection(
            "data source=(local)\\NetSDK; initial catalog=NETBOOK; user id=sa;");
    }
    static SqlCommand NewInsertCmd() {
        string cmdStr = "INSERT INTO Contact " +
            "(FirstName, Name, NickName, EMail, Phone)"+
            "VALUES (@FirstName, @Name, @Nick, @EMail, @Phone ); " +
            "SELECT @ID = @@IDENTITY"; // @@IDENTITY ist SQL Server-spezifisch!
        SqlCommand cmd = new SqlCommand(cmdStr);
        cmd.Connection = NewConnection();
        cmd.CommandType = CommandType.Text;
        //---- Namen und SQL-Typen der formalen Eingangsparameter setzen
        IDataParameterCollection pars = cmd.Parameters;
        pars.Add(new SqlParameter("@FirstName", SqlDbType.NVarChar) );
        pars.Add(new SqlParameter("@Name", SqlDbType.NVarChar) );
        pars.Add(new SqlParameter("@Nick", SqlDbType.NVarChar) );
        pars.Add(new SqlParameter("@EMail", SqlDbType.NVarChar) );
        pars.Add(new SqlParameter("@Phone", SqlDbType.NVarChar) );
        //---- Name und SQL-Typ des formalen Ausgangsparameters setzen
        SqlParameter idPar = new SqlParameter("@ID", SqlDbType.BigInt);
        idPar.Direction = ParameterDirection.Output;
        pars.Add(idPar);
        return cmd;
    }
    static void ExecuteInsertCmd(string firstName, string name, string nickName,
            string email, string phone, out long id) {
        SqlCommand cmd = NewInsertCmd();
        //---- Aktualparameter setzen
        cmd.Parameters["@FirstName"].Value = firstName;
        cmd.Parameters["@Name"].Value = name;
        cmd.Parameters["@Nick"].Value = nickName;
        cmd.Parameters["@EMail"].Value = email;
        cmd.Parameters["@Phone"].Value = phone;
        //---- neuen Datensatz einfügen
        cmd.Connection.Open();
        cmd.ExecuteNonQuery(); // führt INSERT aus
        //---- Ausgangsparameter abfragen
        id = (long) cmd.Parameters["@ID"].Value;
        cmd.Connection.Close();
    }
```

```
public static void Main() {
    long id;
    try {
        ExecuteInsertCmd("Dietrich", "Birngruber", "Didi",
                        "didi@dotnet.jku.at", "7133", out id);
        Console.WriteLine("neuer Datensatz mit der ID {0} wurde eingefügt", id);
    } catch (Exception e) {
        Console.WriteLine("Datensatz konnte nicht eingefügt werden - {0}", e);
    }
}
}
```

Die Contact-Tabelle vergibt für jeden eingefügten Datensatz automatisch einen neuen Schlüssel, der mit @@IDENTITY abgefragt werden kann. @@IDENTITY ist ein SQL Server-spezifisches Property und wird über den Ausgangsparameter @ID an die .NET-Anwendung zurückgegeben. Das Einfügen eines neuen Datensatzes und die Rückgabe eines automatisch vergebenen Schlüssels innerhalb eines einzigen SQL-Kommandos ist keine besonders elegante Lösung, weil sie datenbankabhängig ist und nur beim SQL Server funktioniert.

5.3.3   DataReader

Das Interface IDataReader und das Interface IDataRecord repräsentieren die Schnittstelle für einen verbindungsorientierten Cursor, der lesend in Vorwärtsrichtung bewegt werden kann. IDataReader wird je nach Datenanbieter unterschiedlich implementiert.

Ein IDataReader wird verwendet, um auf das Ergebnis von SELECT-Anweisungen zugreifen zu können. Dazu muss er auch die Datentypen der Datenquelle in .NET-Datentypen umwandeln. Welche Spalten und Daten von einer Abfrage zurückgeliefert werden, wird im Kommandoobjekt definiert. Wie wir im vorigen Abschnitt besprochen haben, kann ein Kommando über ExecuteReader einen IDataReader erzeugen, der später mittels reader.Close() wieder geschlossen werden muss.

Einige Methoden und Properties von IDataReader und IDataRecord werden in den nachfolgenden Schnittstellen beschrieben. Wird ein IDataReader mit ExecuteReader erzeugt, so zeigt der Cursor vorerst noch auf keine Zeile. Dazu muss erst die Methode Read aufgerufen werden. Mit Read wird der Cursor von einem Datensatz zum nächsten bewegt. Read liefert true, solange der Cursor auf einen Datensatz zeigt (siehe Abb. 5.5).

Mit IDataReader ist es auch möglich, mehrere Ergebnistabellen einer Datenbankabfrage zu verarbeiten. Mit der Methode NextResult kann dabei auf die jeweils nächste Ergebnistabelle gesprungen werden, wobei der boolesche Rückgabewert angibt, ob eine weitere Ergebnistabelle vorhanden ist.

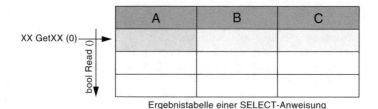

Abb. 5.5 *Datenzugriff mit IDataReader und IDataRecord*

IDataReader selbst bietet keine Methoden, um die Daten eines Datensatzes auszulesen, diese sind bereits im Interface **IDataRecord** zu finden, welches der Basistyp von **IDataReader** ist. Über die verschiedenen GetXX-Methoden von **IDataRecord** kann auf die Daten zugegriffen werden, wobei XX für den passenden .NET-Datentyp steht. Die GetXX-Methoden benötigen als Parameter den Spaltenindex (z.B. byte b = reader.GetByte(idx);). Die erste Spalte hat den Index 0. Will man den Spaltennamen verwenden, so kann man das über einen Indexer tun (z.B. byte b = (byte)reader["IsMale"];). Mit GetValues kann der ganze Datensatz auf einmal gelesen werden und mit IsDBNull kann man prüfen, ob eine Zelle eines Datensatzes Daten enthält oder nicht.

```
public interface IDataRecord {
    //---- Properties
    int FieldCount {get;} // Anzahl der Spalten
    object this[int] {get;} // Zugriff mittels Spaltenindex
    object this[string] {get;} // Zugriff mittels Spaltennamen

    //---- einige Zugriffsmethoden
    bool GetBoolean(int idx);
    byte GetByte(int idx);
    IDataReader GetData(int idx);
    string GetDataTypeName(int i);
    string GetName(int idx);
    int GetOrdinal(string name);
    int GetValues(object[] values);
    bool IsDBNull(int idx),
    ...
}

public interface IDataReader : IDisposable, IDataRecord {
    //---- Properties
    bool IsClosed {get;}
    ...
    //---- einige Zugriffsmethoden
    void Close();
    bool Read();
    bool NextResult();
}
```

Tabelle 5.1 zeigt, welche SQL- und OLE DB-Typen welchen .NET-Typen entsprechen. Die Umwandlung der Typen ist von der jeweiligen Datenanbieter-Implementierung abhängig. Die GetXX-Methoden der IDataRecord-Implementierungen müssen .NET-Typen als Rückgabewert liefern (z.B. string GetString(int idx)). Wie wir gesehen haben, werden die Typen der Kommandoparameter über die Enumerationen OleDbType bzw. SqlType festgelegt (siehe Abschnitt 5.3.2).

Tabelle 5.1 *Zuordnung zwischen .NET-, OLE DB- und SQL Server-Typen*

.NET-Datentyp	OLE DB-Datentyp	SQL Server-Datentyp
bool	DBTYPE_BOOL	bit
byte	DBTYPE_UI1	tinyint
byte[]	DBTYPE_BYTES	binary, image, timestamp, varbinary
DateTime	DBTYPE_DATE, DBTYPE_DBDATE, DBTYPE_DBTIMESTAMP, DBTYPE_FILETIME	datetime, smalldatetime
DBNull	DBTYPE_NULL	null
Decimal	DBTYPE_CY, DBTYPE_DECIMAL, DBTYPE_NUMERIC	decimal, money, numeric, smallmoney
Double	DBTYPE_R8	float
Exception	DBTYPE_ERROR	
Guid	DBTYPE_GUID	uniqueidentifier
Int16	DBTYPE_I2	smallint
Int32	DBTYPE_I4	int
Int64	DBTYPE_I8	bigint
not supported	DBTYPE_HCHAPTER, DBTYPE_UDT, DBTYPE_VARNUMERIC	
null	DBTYPE_EMPTY	
object	DBTYPE_IDISPATCH, DBTYPE_IUNKNOWN, DBTYPE_PROPVARIANT, DBTYPE_VARIANT	sql_variant
SByte	DBTYPE_I1	
Single	DBTYPE_R4	real

Tabelle 5.1 *Zuordnung zwischen .NET-, OLE DB- und SQL Server-Typen (Forts.)*

.NET-Datentyp	OLE DB-Datentyp	SQL Server-Datentyp
string	DBTYPE_BSTR, DBTYPE_STR, DBTYPE_WSTR	char, nchar, ntext, nvarchar, text, varchar
TimeSpan	DBTYPE_DBTIME	
UInt16 (Int32)	DBTYPE_UI2	
UInt32 (Int64)	DBTYPE_UI4	
UInt64 (Int64)	DBTYPE_UI8	

Neben den Zugriffsmethoden und den Methoden zum Weiterbewegen des Cursors können auch Schemainformationen über die Ergebnistabelle abgefragt werden. Die Schemainformationen umfassen u.a. die Anzahl der Spalten der Ergebnistabelle (Property FieldCount), welcher Typ für eine bestimmte Spalte verwendet wird (Methode GetDataTypeName), welchen Index eine Spalte hat (Methode GetOrdinal) oder welchen Namen eine Spalte besitzt (Methode GetName). Diese Schemainformationen sind vor allem für Werkzeugentwickler wichtig oder wenn Daten von beliebigen SELECT-Anweisungen verarbeitet werden sollen.

Im folgenden Beispiel wird eine Datenbankprozedur verwendet. Datenbankprozeduren bestehen aus mehreren SQL-Anweisungen, welche im Datenbanksystem gespeichert sind. In unserem Beispiel handelt es sich um eine Datenbankprozedur für einen SQL Server. Datenbankprozeduren können mit Hilfe eines Kommandoobjekts aufgerufen werden, wobei man auch Parameter übergeben kann. Die folgende Datenbankprozedur GetContacts liefert die Kontakte mit einem bestimmten Nachnamen bzw. Anfangsbuchstaben. Der gesuchte Name wird über den Eingangsparameter @Name bestimmt. Das Ergebnis der SELECT-Anweisung in GetContacts ist eine Tabelle mit den gesuchten Datensätzen.

```
CREATE PROCEDURE GetContacts
    @Name varchar(50) = null  -- Eingangsparameter
AS
    SELECT   ID, FIrstName, Name, NickName, EMail, Phone
    FROM     Contact
    WHERE    (Name LIKE (@Name+'%') )
```

Die folgende Methode NewSelectCmd liefert das Kommandoobjekt, das später die Datenbankprozedur aufrufen soll.

```
static IDbCommand NewSelectCmd() {
    SqlCommand cmd = new SqlCommand();
    cmd.Connection = NewConnection();
    cmd.CommandText = "GetContacts"; // Name der Datenbankprozedur
    cmd.CommandType = CommandType.StoredProcedure;
```

```
//---- Parameter der Datenbankprozedur
IDataParameterCollection pars = cmd.Parameters;
pars.Add(new SqlParameter("@Name", SqlDbType.NVarChar) );
return cmd;
}
```

Im folgenden Programmteil werden die Datensätze nacheinander gelesen, indem sie aus der Datenbank in den IDataReader übertragen werden. Dabei wird auf die einzelnen Felder (entsprechend den Spalten der Ergebnistabelle) sowohl über den Spaltenindex als auch über den Spaltennamen zugegriffen.

```
IDbCommand cmd = NewSelectCmd();
cmd.Connection.Open();
((IDataParameter)cmd.Parameters["@Name"]).Value =  "B";
IDataReader r = cmd.ExecuteReader(CommandBehavior.CloseConnection);
while (r.Read()) {
//---- Lesen von ID, FirstName, Name, EMail, Phone
StringBuilder buf = new StringBuilder();
buf.Append(r.GetInt64(0)); buf.Append(","); // ID (mittels Zugriffmethode gelesen)
buf.Append(r.GetString(1)); buf.Append(","); // FirstName (mit Zugriffsmethode gelesen)
buf.Append(r[2]); buf.Append(","); // Name (mittels Indexer gelesen)
buf.Append(r[3]); buf.Append(","); // Email (mittels Indexer gelesen)
buf.Append(r["Phone"]);  // Phone (mittels Indexer gelesen)
Console.WriteLine(buf);
}
r.Close(); // schließt den DataReader und die Verbindung
```

Beim Aufruf von cmd.ExecuteReader wird hier CommandBehavior.CloseConnection mitgegeben, was bedeutet, dass die Datenbankverbindung beendet werden soll, wenn der IDataReader r mit r.Close() geschlossen wird.

Im vorhergehenden Beispiel wurde auf die Spalten über ihren Namen oder ihren Index zugegriffen. Wenn man jedoch das Schema der Ergebnistabelle nicht kennt, können die Daten nur unter Verwendung der Schemainformationen gelesen werden. Das folgende Beispiel baut auf Letzterem auf und liest die Daten ohne Kenntnis des Schemas, indem zuerst die Spaltennamen (r.GetName) und dann die Datensätze gelesen und auf der Konsole ausgegeben werden.

```
static void PrintData(IDataReader r) {
if (r.IsClosed) return;
//---- Spaltennamen ausgeben
int cols = r.FieldCount; // Anzahl der Spalten
for (int i = 0; i < cols; i++) Console.Write(r.GetName(i) + " | "); // Spaltennamen lesen
Console.WriteLine();
//---- Daten ausgeben
while (r.Read()) { //eigentliche Datensätze lesen und ausgeben
    for (int i = 0; i < cols; i++) Console.Write (r.GetValue(i) +" | "); // Spalten ausgeben
    Console.WriteLine();
}
}
```

Das Ergebnis könnte auf der Konsole wie unten angegeben aussehen, wobei die Spalte Phone für den letzten Datensatz leer ist. Ob ein Feld i eines Datensatzes einen Nullwert enthält, kann über r.IsDBNull(i) abgefragt werden.

```
ID | FirstName | Name | NickName | EMail | Phone |
1 | Dietrich | Birngruber | Didi | didi@dotnet.jku.at | 7133 |
4 | Wolfgang | Beer | Wutschgo | wutschgo@dotnet.jku.at | |
```

Im folgenden Beispiel wird die Verarbeitung von mehreren Ergebnistabellen gezeigt. Es wird ein Kommandoobjekt verwendet, das mit zwei SELECT-Anweisungen die beiden Tabellen Person und Contact vollständig ausliest. Der erzeugte DataReader hat für jede Tabelle im DataSet eine eigene Ergebnistabelle. In einer äußeren Schleife wird mit r.NextResult über alle Ergebnistabellen und in der inneren Schleife mit r.Read über alle Datensätze der Ergebnistabellen iteriert und die Daten ausgegeben.

```
SqlCommand cmd = new SqlCommand();
cmd.Connection = new SqlConnection(...);
cmd.CommandText = "SELECT * FROM Person; SELECT * FROM Contact";
int i = 0;
cmd.Connection.Open();
IDataReader r = cmd.ExecuteReader();
do
{
  Console.WriteLine(" ---- Table " + i + "----------------");
  while (r.Read()) {
    object[] vals = new object[r.FieldCount];
    r.GetValues(vals);
    foreach (object v in vals) {
      Console.Write(v.ToString() + " - ");
    }
    Console.WriteLine();
  }
  i++;
} while (r.NextResult());
...
```

SQL Server-Datenbanken bieten die proprietären SQL-Erweiterungen FOR XML AUTO, FOR XML RAW und FOR XML EXPLICIT an, um Ergebnisse von SELECT-Abfragen als XML-Datenstrom zu erhalten. Die Klasse SqlCommand trägt dieser Funktionalität durch die Methode ExecuteXmlReader Rechnung. Das folgende Programmstück gibt die Mitarbeiter von Northwind im XML-Format auf der Konsole aus.

```
SqlConnection conn = new SqlConnection(connStr);
conn.Open ();
SqlCommand cmd = new SqlCommand("SELECT EmployeeID, LastName, FirstName "
  + "FROM Employees FOR XML AUTO", conn);
System.Xml.XmlReader reader = cmd.ExecuteXmlReader();
```

```
while (reader.Read())
    Console.WriteLine(reader.ReadOuterXml());
reader.Close(); conn.Close();
```

Das Ergebnis könnte auf der Konsole so aussehen:

```
<Employees EmployeeID="1" LastName="Davolio" FirstName="Nancy"/>
<Employees EmployeeID="3" LastName="Leverling" FirstName="Janet"/>
<Employees EmployeeID="5" LastName="Buchanan" FirstName="Steven"/>
  ...
```

Multiple Active Result Sets (MARS)

Beim Arbeiten mit DataReader, wie oben gezeigt, kann für eine Verbindung nur ein einziger DataReader geöffnet sein. Will man ein zweites SELECT-Kommando für dieselbe Verbindung ausführen und das Ergebnis mit einem DataReader verarbeiten, muss zuerst der aktuelle DataReader geschlossen werden.

In der Version 2.0 von .NET wird nun die gleichzeitige Verwendung von mehreren DataReaders ermöglicht. Diese Technik wird *MARS* (*Multiple Active Result Sets*) genannt und ist nur in Verbindung mit dem SQL Server verfügbar. MARS kann eine nützliche Technik sein, wenn man zum Beispiel Daten aus mehreren Tabellen gleichzeitig verarbeiten und kombinieren will, wie das folgende Beispiel zeigt.

Um MARS verwenden zu können, muss man in der Verbindungszeichenfolge zur Verbindung mit der SQL Server-Datenbank die Eigenschaft MultipleActiveResultSets=true setzen. Es werden Kommandoobjekte für den Zugriff auf die Customers- und Orders-Tabellen für die gleiche Verbindung erzeugt und ausgeführt. Man hat nun die Möglichkeit, beide Resultate auszulesen. In diesem Beispiel werden für alle Zeilen der Customers-Tabelle die entsprechenden Zeilen der Orders-Tabelle ausgegeben.

```
SqlConnection conn = new SqlConnection("...;MultipleActiveResultSets=true");
conn.Open();
//---- Erzeugen zweier Kommandoobjekte für eine Verbindung
SqlCommand custCmd = new SqlCommand("SELECT CustomerId, CompanyName " +
        "FROM Customers ORDER BY CustomerId", conn);
SqlCommand ordCmd = new SqlCommand("SELECT CustomerId, OrderId, OrderDate " +
        "FROM Orders ORDER BY CustomerId, OrderDate", conn);
//---- Ausführen der Kommandos und Erzeugen von 2 DataReader
IDataReader custRdr = custCmd.ExecuteReader();
IDataReader ordRdr = ordCmd.ExecuteReader();
//---- gleichzeitiges Lesen der Daten mittels der beiden IDataReader
string custId = null;
bool moreOrders = ordRdr.Read();
while (custRdr.Read() && moreOrders) {
    custId = custRdr.GetString(0);
    string custName = custRdr.GetString(1);
```

```
while (moreOrders && custId == ordRdr.GetString(0)) {
    Console.WriteLine(custName + " ordered " + ordRdr.GetInt32(1) +
        " at " + ordRdr["OrderDate"]);
    moreOrders = ordRdr.Read();
    }
}
custRdr.Close();
ordRdr.Close();
```

5.3.4 Transaktionen

Datenbankzugriffe bestehen oft aus mehreren Einzeloperationen. Bei einer Überweisung zwischen zwei Bankkonten muss der Betrag zum Beispiel vom ersten Konto abgebucht und dann dem zweiten Konto gutgeschrieben werden. Um eine konsistente Datenhaltung zu gewährleisten, müssen beide Schritte entweder zur Gänze oder gar nicht ausgeführt werden. Eine solche Reihe von Schritten nennt man eine *Transaktion* (siehe auch [LBK01]), die eine Datenbank von einem konsistenten Zustand in einen neuen konsistenten Zustand überführt.

In .NET werden zwei Arten von Transaktionen unterstützt: *lokale* und *verteilte Transaktionen*. Lokale Transaktionen sind bei DbConnection-Klassen realisiert. Damit können mehrere Kommandos einer Verbindung zu einer Transaktion zusammengefasst werden. Verteilte Transaktionen sind mit dem Namensraum System.Transactions verfügbar. Damit lassen sich Transaktionen realisieren, die sich über mehrere Verbindungen und über mehrere Datenbanken erstrecken. Wir werden uns zuerst eingehend mit den lokalen Transaktionen befassen und am Ende des Abschnitts die Realisierung von verteilten Transaktionen unter der Verwendung der Klassen CommitableTransaction und TransactionScope im Namensraum System.Transactions besprechen.

Lokale Transaktionen werden direkt von ADO.NET bereitgestellt. Im Namensraum System.Data findet man das Interface IDbTransaction, welches die Datenanbieter-Implementierungen entsprechend implementieren. Das Interface IDbConnection definiert die Methode BeginTransaction, welche ein IDbTransaction-Objekt erzeugt und die Transaktion damit startet. Die Verbindung muss dazu bereits geöffnet sein. Je nach Datenanbieter-Implementierung können eine oder mehrere Transaktionen parallel mit BeginTransaction geöffnet werden. Kommandoobjekte werden über das Setzen des Properties Transaction zu einer benutzerdefinierten Transaktion zusammengefasst und somit innerhalb der Transaktion ausgeführt.

IDbTransaction bietet eine Methode zum erfolgreichen Beenden (Commit) und eine Methode zum Abbrechen (Rollback) einer Transaktion. Eine noch nicht beendete Transaktion wird auch abgebrochen, wenn die Datenbankverbindung der Transaktion mit Close geschlossen wird.

```
public interface IDbTransaction : IDisposable {
    //---- Properties
    IDbConnection Connection  {get;}
    IsolationLevel IsolationLevel  {get;}
    //---- Methoden
    void Commit();
    void Rollback();
}
```

Im folgenden Beispiel löschen wir eine bestimmte Bestellung aus der Northwind-Datenbank. Der Bestellkopf befindet sich in der Tabelle Orders und die bestellten Artikel in der Tabelle [Order Details]. Namen von Datenbankobjekten, die Leerzeichen enthalten, müssen beim SQL Server mit eckigen Klammern ([...]) begrenzt werden. Zum Löschen einer ganzen Bestellung sind zwei DELETE-Anweisungen nötig, die zu einer benutzerdefinierten Transaktion zusammengefasst werden. Schlägt eine DELETE-Anweisung fehl, so werden weder der Bestellkopf noch die Details gelöscht (siehe trans.Rollback).

```
SqlConnection conn = new SqlConnection(connStr);
IDbTransaction trans = null;
try {
    conn.Open ();
    //---- Kommandoobjekt anlegen
    IDbCommand cmd = conn.CreateCommand();
    //---- Beginn einer benutzerdefinierten Transaktion, die zwei SQL-Anweisungen umfasst
    trans = conn.BeginTransaction();
    cmd.Transaction = trans;
    //Bestellungen löschen
    cmd.CommandText = "DELETE [Order Details] WHERE OrderID = 10258";
    cmd.ExecuteNonQuery();
    //Bestellkopf löschen
    cmd.CommandText = "DELETE Orders WHERE OrderID = 10258";
    cmd.ExecuteNonQuery();
    trans.Commit(); // Transaktion erfolgreich beenden
} catch (Exception e) {
    if (trans != null)
        trans.Rollback(); // Transaktion abbrechen und Änderungen rückgängig machen
    Console.WriteLine(e.ToString());
} finally {
    try { conn.Close(); } catch (Exception ex) { Console.WriteLine(ex.ToString()); }
}
```

Isolationsstufen

Die ACID-Eigenschaft *Isolation* legt fest, dass eventuell parallel ablaufende Transaktionen isoliert sind und sich nicht gegenseitig beeinflussen können. Das Ergebnis von parallel ablaufenden Transaktionen soll demnach gleich dem Ergebnis einer seriellen Ausführung der gleichen Transaktionen sein. Eine Transaktion kann verschiedene *Isolationsstufen* verwenden, die durch die Enumeration System.Data.IsolationLevel modelliert werden und als optionale Parameter bei der Methode BeginTransaction angegeben werden können (siehe Tabelle 5.2).

Die Verwendung von Sperren (*locks*) ist eine Möglichkeit, wie Isolationsstufen realisiert werden können. Um bei gleichzeitigem Zugriff verschiedener Transaktionen auf die gleichen Daten nicht inkonsistent zu werden, werden Sperren zum Synchronisieren der Lese- und Schreibzugriffe eingesetzt. Sperren werden normalerweise so lange aufrechterhalten, bis die Transaktion durch Commit oder Rollback beendet wird. Sperren verhindern einen gleichzeitigen Zugriff, reduzieren damit aber auch die Performanz. Es wird zwischen Lesesperren und Schreibsperren unterschieden. Bei einer SELECT-Anweisung kann eine Lesesperre verwendet werden, weil die Daten nur gelesen werden. Schreibsperren beziehen sich auf INSERT-, UPDATE- und DELETE-Anweisungen. Die Sperren werden am Anfang einer Transaktion auf jene Objekte angefordert, auf welche die SQL-Anweisungen der Transaktion zugreifen. Dabei stellen sich folgende Fragen:

❏ Was soll gesperrt werden (ganze Tabellen, einzelne Zeilen)?
❏ Wann sollen die Sperren wieder freigegeben werden (am Ende der Transaktion oder sofort nach dem Ausführen der SQL-Anweisung)?

Die möglichen Optionen können mit so genannten Sperrprotokollen festgelegt werden. Die Optionen werden in so genannten ANSI-Standard-*Isolationsstufen* (*isolation levels*) beschrieben (siehe [LBK01]). Der Programmierer kann nicht direkt Sperren anfordern, sondern er entscheidet sich lediglich für eine bestimmte Isolationsstufe beim Starten einer Transaktion.

Die Isolationsstufen unterscheiden sich durch die Phänomene bzw. Anomalien, die bei ihnen auftreten können. Die angesprochenen Phänomene sind *dirty reads*, *Phantomzeilen* und *repeatable reads*. Isolationsstufen sind streng monoton geordnet: Phänomene, die bereits von einer niedrigeren Stufe verhindert werden, können in einer höheren Stufe nicht mehr auftreten. Die Stufen sind (von niedrig bzw. weniger mächtig bis hoch): *read uncommitted*, *read committed*, *repeatable read* und *serializable* (siehe Tabelle 5.2). Eine hohe Stufe ermöglicht höhere Sicherheit vor Transaktionsabbrüchen aufgrund von Schreib/Schreib- und Schreib/Lese-Konflikten, sowie eine niedrigere Parallelität in der Ausführung verzahnter Transaktionen und bedeutet daher eine geringere Performanz. Durch das Wählen einer Isolationsstufe bestimmt der Programmierer, wie verzahnt Transaktionen ablaufen können und welche Phänomene auftreten dürfen bzw. welche unbedingt vermieden werden sollen.

Jede Isolationsstufe benutzt Lesesperren auf ihre Weise (z.B. bezüglich der Dauer und was gesperrt wird). Mit dem Ende einer Transaktion werden die Schreibsperren aufgehoben. Betrachten wir ein Beispiel: Transaktion T1 enthält folgende SELECT-Anweisung, um alle Konten von 'Peter' zu lesen:

SELECT * FROM Konten K WHERE K.Name = 'Peter';

Es stellt sich nun die Frage, ob die ganze Tabelle Konten mit über 10.000 Tupeln (Datensätzen) gesperrt werden soll, obwohl nur wenige Tupel gelesen werden, oder ob nur die betroffenen Tupel gesperrt werden sollen. Oder soll überhaupt nicht gesperrt werden?

Werden nur die betroffenen Tupel gesperrt, können so genannte *Phantomzeilen* auftreten, welche durch eine andere Transaktion T2 verursacht wurden: Nehmen wir an, T1 sperrt nur die Tupel, die durch die WHERE-Bedingung betroffen sind, und nicht die ganze Tabelle. Dadurch kann T2, noch bevor T1 beendet wird, ein neues Konto für 'Peter' in die Tabelle einfügen. *Repeatable read* ist ein anderes Vorgehen und bewirkt, dass sich Daten, die während einer Transaktion mehrmals gelesen werden, nicht unterscheiden. Es werden immer die gleichen Daten gelesen. Um die parallel zu T1 durchgeführten Änderungen (z.B. Löschen von Peters Konten) in T1 zu sehen, muss die Transaktion T1 beendet und neu gestartet werden. Kann die gleiche Abfrage innerhalb einer Transaktion T1 unterschiedliche Daten liefern, spricht man auch von *non-repeatable read*s.

In ADO.NET wird beim Erzeugen einer Transaktion mit BeginTransaction auch die Isolationsstufe festgelegt. Verschiedene Transaktionen können demnach verschiedene Isolationsstufen besitzen. Wird durch das Setzen der Isolationsstufe eine Sperre angefordert und auch gewährt, können die Anweisungen mit der Änderung bzw. dem Lesen ihrer Daten beginnen. Wird sie nicht gewährt, müssen die Anweisungen warten, bis sie die Sperre erhalten (außer bei Isolationsstufe ReadUncommitted) oder bis eine Wartefrist verstrichen ist (siehe Kommando-Property CommandTimeout in Abschnitt 5.3.2).

In Tabelle 5.2 werden die wichtigsten Isolationsstufen mit einer kurzen Beschreibung angegeben.

Tabelle 5.2 *Die wichtigsten Isolationsstufen bei Transaktionen*

IsolationLevel	Beschreibung
ReadUncommitted	Eine Transaktion kann beliebige Daten lesen, sogar solche, die von einer anderen Transaktion geschrieben, gesperrt und noch nicht mit Commit bestätigt wurden.
	Dadurch können die gelesenen Daten allerdings in einem inkonsistenten Zustand sein (*dirty reads*).
ReadCommitted	ReadCommitted ist die vom SQL Server vorgenommene Standardeinstellung. Sie garantiert, dass Daten, die von einer Transaktion T1 geschrieben wurden, von einer anderen Transaktion T2 erst gelesen werden können, nachdem T1 beendet wurde. T1 und T2 dürfen jedoch gleichzeitig unterschiedliche Sätze derselben Tabelle ändern.
	Dirty reads sind nicht mehr möglich. Phantomzeilen werden nicht verhindert und die gleiche SELECT-Anweisung kann unterschiedliche Ergebnisse liefern (*non-repeatable read*).

Tabelle 5.2 *Die wichtigsten Isolationsstufen bei Transaktionen (Forts.)*

IsolationLevel	Beschreibung
RepeatableRead	Diese Isolationsstufe ist etwas strenger als ReadCommitted. Sie garantiert, dass gleiche Abfragen innerhalb einer Transaktion T1 immer dasselbe Ergebnis liefern, unabhängig von Änderungen durch andere Transaktionen. Alle von einer Abfrage betroffenen Datensätze werden für die Transaktion T1 reserviert (gesperrt). Andere Transaktionen können diese Daten nicht ändern, wohl aber neue Datensätze hinzufügen. Diese neuen Datensätze (Phantomzeilen) werden beim Wiederholen der Abfrage aus T1 nicht angezeigt. *Non-repeatable reads* sind nicht mehr möglich. Phantomzeilen werden nicht verhindert, haben aber auf das Lese-Ergebnis keinen Einfluss.
Serializable	Dies ist die strengste Isolationsstufe. Sie serialisiert den Zugriff mehrerer Transaktionen auf die gleichen Daten. Die Transaktionen dürfen nicht gleichzeitig, sondern nur nacheinander auf die Daten zugreifen. Phantomzeilen können hier nicht auftreten. Phantomzeilen, *non-repeatable reads* und *dirty reads* werden alle vermieden. Diese Isolationsstufe wird auch beim Füllen von DataSets verwendet (siehe Abschnitt 5.4).

Verteilte Transaktionen

Der Namensraum System.Transactions unterstützt verteilte Transaktionen, die sich über mehrere Verbindungen und damit auch über mehrere Datenbanken erstrecken können. Dazu wird die *Microsoft Distributed Transaction Component* (MSDTC) benutzt. MSDTC muss daher für die Verwendung von verteilten Transaktionen installiert und gestartet sein.

Der Namensraum System.Transaction unterstützt ein *implizites* und ein *explizites* Programmiermodell für verteilte Transaktionen. In der .NET-Onlinedokumentation wird die Verwendung des impliziten Modells empfohlen. Wir wollen hier aber trotzdem zuerst das explizite Programmiermodell besprechen, weil es ähnlich dem oben besprochenen Programmiermodell für lokale Transaktionen funktioniert.

Das explizite Modell verwendet die Klasse CommitableTransaction, das eine Unterklasse der Klasse Transaction im Namensraum System.Transactions ist. Das Programmiermodell arbeitet nun derart, dass Verbindungen bei einem CommitableTransaction-Objekt eingetragen werden und damit an dieser Transaktion teilnehmen. Die Transaktion erstreckt sich daher über alle Datenbankzugriffe, die über die eingetragenen Verbindungen durchgeführt werden. Das Bestätigen der Änderungen innerhalb der Transaktion erfolgt wie bei lokalen Transaktionen mit Commit, das Zurücknehmen aller Änderungen mit Rollback.

Im folgenden Beispiel werden Änderungen an den zwei Tabellen Employees und Contact in zwei unterschiedlichen Datenbanken Northwind und Personal durchgeführt. Diese werden über eine verteilte Transaktion abgewickelt und gemeinsam bestätigt oder im Falle von Ausnahmen beide zurückgenommen.

```
string connStr1 = "Data Source=localhost\\SQLEXPRESS;Initial Catalog=Northwind; ...";
string connStr2 = "Data Source=localhost\\SQLEXPRESS;Initial Catalog=Personal; ...";
SqlConnection con1 = new SqlConnection(connStr1);
SqlConnection con2 = new SqlConnection(connStr2);
CommittableTransaction trans = new CommittableTransaction();
try {
    con1.Open();
    con2.Open();
    //---- Verbindungen bei verteiltem Transaktionsobjekt eintragen
    con1.EnlistTransaction(trans);
    con2.EnlistTransaction(trans);
     //---- Kommandoobjekt anlegen
    IDbCommand cmd1 = con1.CreateCommand();
    IDbCommand cmd2 = con2.CreateCommand();
    //---- die zwei SQL-Anweisungen in Transaktion ausführen
    cmd1.CommandText =
            "UPDATE Employees SET Extension=777 WHERE LastName = 'King'";
    cmd1.ExecuteNonQuery();
    cmd2.CommandText = "UPDATE Contact SET Phone=9999 WHERE Name = 'King'";
    cmd2.ExecuteNonQuery();
    //---- Änderungen bestätigen
    trans.Commit();
}
catch (Exception e) {
    trans.Rollback(); // Transaktion abbrechen und Änderungen zurücknehmen
}
finally {...}
```

Beim impliziten Programmiermodell werden die Transaktionsobjekte nicht vom Anwendungsprogrammierer erzeugt und direkt verwendet, sondern sie werden durch einen so genannten *Transaktionsbereich* (Klasse TransactionScope) implizit angelegt und verwaltet. Mit einem Transaktionsbereich wird ein ganzer Codeblock als Teilnehmer einer Transaktion markiert. Wird der Codeblock ordnungsgemäß abgeschlossen und sollen damit die Änderungen permanent übernommen werden, muss dies am Ende des Blocks mit einem Aufruf von Complete beim TransactionScope-Objekt angezeigt werden. Wird der Block hingegen, z.B. durch das Auftreten einer Ausnahme, vorzeitig verlassen und die Methode Complete damit nicht ausgeführt, so erfolgt automatisch ein Rollback.

Im folgenden Programm ist das obige Beispiel nun mit der Verwendung eines TransactionScope-Objektes ausgeführt. In einer using-Anweisung wird ein Codeblock mit einem lokalen TransactionScope-Objekt angelegt, wobei mit der Option TransactionScopeOption.RequiresNew angegeben wird, dass immer ein neues

Transaction-Objekt verwendet werden soll. Innerhalb dieses Codeblocks werden alle Datenbankanweisungen als Transaktion ausgeführt. Am Ende des Blocks erfolgt die Bestätigung durch Complete. Nur wenn dieser Methodenaufruf ausgeführt wird, erfolgt eine Übernahme der Änderungen. Wird z.B. eine Ausnahme ausgelöst, wird der Block ohne Aufruf von Complete verlassen und alle Änderungen werden zurückgenommen.

```
//---- gleiche Verbindungen wie im Beispiel oben
try {
    using (TransactionScope transScope =
                new TransactionScope(TransactionScopeOption.RequiresNew)) {
        con1.Open();
        con2.Open();
        IDbCommand cmd1 = con1.CreateCommand();
        cmd1.CommandText =
            "UPDATE Employees SET Extension=1234 WHERE LastName = 'King'";
        cmd1.ExecuteNonQuery();
        IDbCommand cmd2 = con2.CreateCommand();
        cmd2.CommandText = "UPDATE Contact SET Phone=1234 WHERE Name = 'King'";
        cmd2.ExecuteNonQuery();

        transScope.Complete();
    }
}
catch (Exception e) { ... }
```

5.4 Verbindungsloser Zugriff mit DataSet

Im Abschnitt 5.2 wurde der Unterschied zwischen verbindungsorientiertem und verbindungslosem Zugriff erklärt. Beim verbindungslosen Zugriff werden die Daten von den Datenquellen gelesen und in einem DataSet-Objekt abgelegt. Ein DataSet kann Teile einer Datenbank im Hauptspeicher halten, wobei es die eigentlichen Datenquellen nicht kennt und daher auch keine Verbindung zu ihnen halten kann. Änderungen der Daten im DataSet oder in einer der Datenquellen erfolgen unabhängig voneinander.

Ein DataSet enthält mehrere Tabellen vom Typ DataTable in Form einer DataTableCollection. Ein DataTable-Objekt hat ein Schema und besteht ähnlich wie eine Datenbanktabelle aus Zeilen (*rows*), die die eigentlichen Daten enthalten (siehe DataRowCollection in Abb. 5.6). DataTable-Objekte können auch in einer Beziehung (*relation*) zueinander stehen. Beziehungen werden in einer DataRelationCollection verwaltet. Man kann sagen, dass ein DataSet ein vereinfachtes Datenbanksystem im Hauptspeicher ist. Auf ein DataSet können verschiedene Sichten vom Typ DataView zum Filtern oder zum Suchen der Daten erzeugt werden.

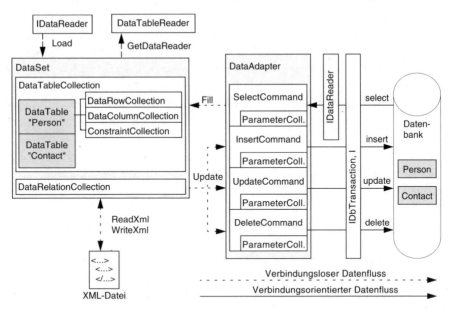

Abb. 5.6 *Architektur von DataSet und DataAdapter*

Ein Datenbanksystem ist natürlich mächtiger als ein DataSet, weil es zusätzlich Benutzer, Rollen, Zugriffsrechte, Mehrbenutzerkontrollen, Indizes usw. bietet. In einem DataSet gibt es auch keine Synchronisationsmechanismen. Das ist aber auch nicht nötig, weil ein DataSet in der Regel nur von einer einzigen Anwendung benutzt wird. Ein Datenbanksystem wird hingegen von mehreren Anwendungen benutzt. Ist ein paralleler Zugriff auf ein DataSet nötig, so werden Threads (siehe Abschnitt 4.3) und die dafür erforderlichen Synchronisationsmechanismen verwendet.

Ein weiterer Unterschied zwischen DataSets und Datenbankensystemen besteht darin, dass DataSets flüchtig sind. Die Daten werden nicht automatisch auf der Platte gespeichert. Bei einem Programmabsturz gehen sie verloren und es gibt keinen Wiederanlauf (*recovery*) wie in einem Datenbanksystem.

DataSets sind unabhängig von einer Datenquelle. Der Anwendungsentwickler hat selbst für den Abgleich zwischen DataSets und den Datenquellen zu sorgen. Dazu bietet ADO.NET zwei Möglichkeiten: Die Standardvariante ist die Verwendung eines *DataAdpaters*. Ein DataAdapter stellt eine Verbindung zu einer Datenquelle dar und kann über Fill ein DataSet befüllen und über Update die Änderungen in einem DataSet wieder in die Datenquelle zurückschreiben (siehe »Fill« und »Update« in Abb. 5.6). Wird ein DataSet mittels eines Adapters in die Datenquelle zurückgeschrieben, so wird für jeden Datensatz überprüft, ob er im

DataSet verändert, hinzugefügt oder gelöscht wurde. Je nach Art der Änderung wird automatisch ein entsprechendes Aktualisierungs- (UpdateCommand), Einfüge- (InsertCommand) oder Löschkommando (DeleteCommand) aufgerufen. Diese Kommandos sind vom Typ IDbCommand (siehe Abschnitt 5.3.2).

In der Version 2.0 von .NET gibt es auch die Möglichkeit, Daten über Data-Reader in ein DataSet zu schreiben und aus einem DataSet zu lesen. Hier kann ein beliebiger DataReader, z.B. ein SqlDataReader, für das Befüllen eines DataSets verwendet werden. DataSets bieten ferner die Möglichkeit, einen DataTableReader zu erzeugen, mit dem die Daten des DataSets im "pull"-Modus ausgelesen werden können.

DataSets können serialisiert werden, was insbesondere bei verteilten Anwendungen von Bedeutung ist. Das Standardformat für die Serialisierung ist XML. Das Schema wird dabei als XML-Schema gespeichert. Es ist auch möglich, aus XML-Dateien wieder DataSets zu erzeugen und diese dann z.B. in eine Datenbank zu schreiben. Mit ADO.NET 2.0 steht auch eine binäre Serialisierung zur Verfügung, mit der eine entscheidende Leistungssteigerung und ein erkennbar verminderter Speicherbedarf erzielt werden kann. Sie bietet sich daher für den Datentransport zwischen verteilten .NET-Anwendungen an.

In den Beispielen der vorhergehenden Abschnitte wurde häufig die Tabelle Contact verwendet. Sie enthält die Kontakte von Personen, wobei wir diese Daten bisher noch nicht beschrieben haben. Wir führen daher eine Tabelle Person mit den Spalten ID, FirstName und Name ein. Der Primärschlüssel der Tabelle Person ist ID. Contact speichert Kontakte von Personen und enthält die Spalten ID, FirstName, Name, NickName, EMail, Phone und PersonID. Die Beziehung zwischen den Tabellen Person und Contact besteht darin, dass eine Person mehrere Kontakte haben kann und ein Kontakt genau einer Person zugeordnet wird. Daher enthält die Tabelle Contact eine Spalte PersonID, die als Fremdschlüssel verwendet wird (siehe Abb. 5.7). Dieses Beispiel werden wir in diesem Abschnitt noch öfter heranziehen, um den Umgang mit DataSets zu erläutern.

Wenn die Daten der Datenbanktabellen Person und Contact im DataSet gespeichert werden, möchte man natürlich die gleiche Organisation wie in der zugrunde liegenden Datenbank beibehalten. Wie Abb. 5.6 zeigt, ist ein DataSet nicht bloß eine beliebige Sammlung von Daten, sondern gliedert diese in Tabellen (Property Tables). Eine Tabelle wird als DataTable-Objekt realisiert, das wie eine Datenbanktabelle aus Spalten (Property Columns) und Zeilen (Property Rows) besteht. Selbst die *referenzielle Integrität* wird in ADO.NET gewährleistet und von der Klasse DataRelationCollection als eine Sammlung von DataRelation-Objekten verwaltet. Die referenzielle Integrität verhindert das Einfügen inkonsistenter Daten in Tabellen, wobei die Tabellen dabei in einer Beziehung (z.B. 1:N oder 1:1) stehen müssen.

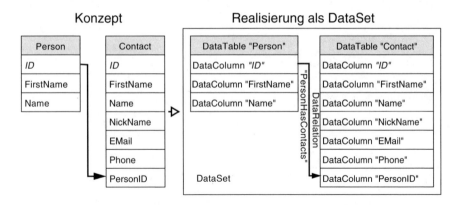

Abb. 5.7 *Die Tabellen Person und Contact und ihre Realisierung als DataSet*

Betrachten wir ein Beispiel: Das Attribut PersonID der Tabelle Contact ist ein Fremdschlüssel, über den die Tabellen Person und Contact in einer 1:N-Beziehung stehen, d.h., *eine* Person kann N Kontakte haben. Die referenzielle Integrität verbietet es, einen Datensatz in die Tabelle Contact einzufügen, wenn kein entsprechender Datensatz in der Tabelle Person existiert. Die Werte von Contact.PersonID müssen auch als Person.ID vorhanden sein. Dieses Verhalten kann auch mit DataSets erreicht werden.

In Verbindung mit DataSets können unterschiedliche Ausnahmen auftreten, für die es unterschiedliche Ausnahmeklassen gibt. Eine DBConcurrencyException kann beim Abgleich von DataSets mit einer Datenbank auftreten. DataExceptions werden bei fehlerhafter Verwendung von DataSets ausgelöst. DataException hat mehrere Unterklassen, die auf unterschiedliche Fehler hinweisen und hier angeführt sind:

ConstraintException	NoNullAllowedException
DeletedRowInaccessibleException	ReadOnlyException
DuplicateNameException	RowNotInTableException
InRowChangingEventException	StrongTypingException
InvalidConstraintException	TypedDataSetGeneratorException
InvalidExpressionException	VersionNotFoundException
MissingPrimaryKeyException	

In den folgenden Abschnitten werden die Typen DataSet, DataAdapter, DataTable-Reader sowie die Integration von DataSet mit XML näher vorgestellt. Zuerst wird der Umgang mit DataSets und DataTables *ohne* eine Datenquelle gezeigt. Anschließend sehen wir uns an, wie mit einem DataAdapter die Daten eines DataSets mit einer Datenbank abgeglichen werden können und wie man mit DataReaders Daten aus DataSets lesen und in DataSets schreiben kann.

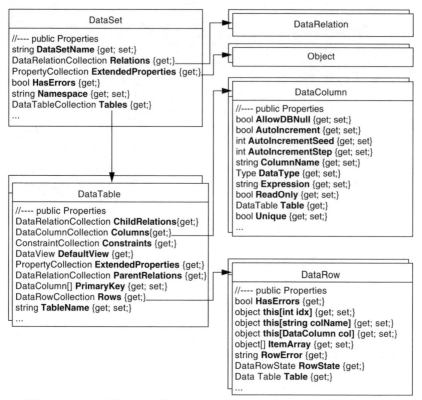

Abb. 5.8 *Ausgewählte ADO.NET-Typen und Properties zur Datenverwaltung*

5.4.1 Erzeugen und Verwenden von DataSets

Die Klassen DataSet und DataTable sind zwei der wichtigsten Klassen in
ADO.NET. Ein DataSet oder eine DataTable kann in eine XML-Datei gespeichert werden oder in einen Bytestrom transformiert und in verteilten Anwendungen über ein Netzwerk gesendet werden. DataSet und DataTable sind die einzigen
Klassen von ADO.NET, die das Verschicken der enthaltenen Daten über ein
Netzwerk unterstützen. Über DataSet und DataTable wird ADO.NET auch mit
anderen Teilen des .NET-Frameworks integriert. Windows Forms und Web
Forms können zum Beispiel DataSets und DataTables verwenden, um den Inhalt
einer Datenbankabfrage am Bildschirm darzustellen (siehe Kapitel 6).

In Abb. 5.8 wird der Aufbau von DataSets dargestellt. Der Zugriff auf die
Bestandteile eines DataSets erfolgt über Properties. Das Property Tables liefert
die Tabellen, die die eigentlichen Daten enthalten. Im Property Relations werden
die DataRelation-Objekte aufbewahrt, die die Beziehungen zwischen den Tabellen
modellieren, und in ExtendedProperties können zusätzliche, benutzerdefinierte Eigenschaften (z.B. Ladezeitpunkt) gespeichert werden, die für das ganze DataSet
gelten.

Eine Tabelle besteht aus Zeilen und Spalten. Daher legt die Klasse DataTable ihre Daten in DataRow-Objekten ab. Das Property Rows liefert eine DataRowCollection, welche die Sammlung aller Zeilen darstellt. Das Property Columns zeigt die Schemainformation zu den einzelnen Spalten (siehe Abb. 5.9), indem Columns für jede Spalte ein DataColumn-Objekt enthält. Über die einzelnen DataColumn-Objekte wird das Schema einer DataTable definiert, also welche Daten in den einzelnen Zellen einer Zeile erlaubt sind. Ein DataColumn-Objekt enthält u.a. den Namen (ColumnName) und den .NET-Typ (DataType) einer Spalte. Es kann auch eine Aggregatfunktion oder ein Filterausdruck für eine Spalte definiert werden (Expression). Zum Beispiel kann eine DataTable die Spalten (DataColumn) »Bruttopreis« und »Nettopreis« enthalten. Der Inhalt der Spalte »Bruttopreis« wird über das Property Expression bestimmt, indem das Property Expression auf »NettoPreis * 1.2« gesetzt wird.

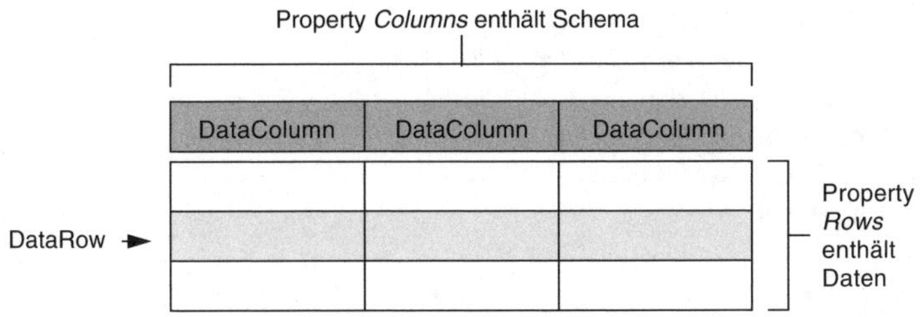

Abb. 5.9 *Beziehung von DataColumn und DataRow in einer DataTable*

In den nachfolgenden Abschnitten wird zunächst unabhängig von einer Datenquelle der Umgang mit DataSet, DataTable, DataColumn, DataRow und DataView anhand des Kontakte-Beispiels gezeigt. Zuerst wird das Schema der Tabellen Contact und Person im DataSet festgelegt. Danach werden Datensätze im DataSet hinzugefügt, gelöscht, gesucht und gefiltert.

Schema definieren

Wir werden nun ein neues DataSet-Objekt anlegen und eine leere DataTable in dieses DataSet einfügen. Das Schema der Tabelle Person aus dem Beispiel am Anfang dieses Abschnitts besteht aus den Spalten ID, FirstName und Name. Im folgenden Codestück wird ein DataSet-Objekt namens "PersonContacts" erzeugt und eine leere DataTable Person in dieses DataSet eingefügt. Danach wird das Schema der DataTable Person festgelegt. Die Spalten der DataTable werden als DataColumn-Objekte angelegt. DataColumn ID wird bei der DataTable Person als Primärschlüsselspalte festgelegt (personTable.PrimaryKey). Wenn später Datensätze (d.h. DataRow-Objekte) in die DataTable Person eingefügt werden, soll für jeden neuen Datensatz ein fortlaufender Schlüssel vergeben werden. Dazu wird bei der DataColumn ID das Property AutoIncrement auf true gesetzt. In unserem Beispiel werden nur negative Zahlen beginnend bei -1 (col.AutoIncrementSeed = -1) als Schlüssel verwendet. Der fortlaufende Wert des Schlüssels (-1, -2 etc.) verringert sich immer um 1 (col.AutoIncrementStep = -1). Die Schlüsselvergabe erfolgt aber nur dann automatisch, wenn beim eingefügten Datensatz der Wert von ID null ist. Ist ID nicht null, wird der gegebene Wert verwendet.

Typischerweise werden in Datenbanken positive Primärschlüssel vergeben. Wir wenden hier einen Kniff an, um im DataSet feststellen zu können, ob die Daten mit einer Datenquelle abgeglichen wurden oder nicht. Durch die Vergabe von negativen Schlüsseln im DataSet kann bei einem Datenabgleich mit einer Datenquelle sofort festgestellt werden, ob der in der Datenquelle vergebene positive Primärschlüssel von der Datenquelle zum DataSet übertragen wurde. Doch mehr zum Abgleich von DataSets und Datenquellen im Abschnitt 5.4.2.

```
DataSet ds = new DataSet("PersonContacts");
DataTable personTable = new DataTable("Person");
//---- erzeuge die Spalte ID, die auch Schlüssel ist
DataColumn col = new DataColumn();
col.DataType = typeof(System.Int64);
col.ColumnName = "ID";
col.ReadOnly = true;  // nur lesender Zugriff
col.Unique = true; // nur eindeutige Werte
col.AutoIncrement = true;  // Schlüsselwert wird automatisch vergeben
col.AutoIncrementSeed = -1;  // erster autom. vergebene Schlüsselwert beginnt bei -1
col.AutoIncrementStep = -1; // autom. Schlüsselwert wird immer um eins reduziert
//---- füge die Spalte zur Tabelle hinzu und definiere sie als Schlüsselspalte
personTable.Columns.Add(col);
personTable.PrimaryKey = new DataColumn[] { col };
//---- erzeuge die Spalte FirstName und füge sie zur Tabelle hinzu
col = new DataColumn();
col.DataType = typeof(string);
col.ColumnName = "FirstName";
personTable.Columns.Add(col);
//---- erzeuge die Spalte Name und füge sie zur Tabelle hinzu
col = new DataColumn();
col.DataType = typeof(string);
col.ColumnName = "Name";
personTable.Columns.Add(col);
//---- füge die Tabelle zum DataSet hinzu
ds.Tables.Add(personTable);
```

Setzt man das Property Unique der Schlüsselspalte auf true, wird eine Ausnahme ausgelöst, falls die später eingefügten Schlüsselwerte nicht eindeutig sind. Durch Setzen von Unique wird ein Objekt vom Typ UniqueConstraint in die Constraints-Collection der DataTable Person hinzugefügt. Dieses UniqueConstraint-Objekt überprüft bei jedem neuen Datensatz, ob der Schlüsselwert eindeutig ist. Das

Property ReadOnly der DataColumn ID besagt, dass die Werte in dieser Spalte nicht geändert werden dürfen.

Um das Schema des Kontakte-Beispiels zu vervollständigen, muss man noch die DataTable Contact analog der DataTable Person definieren und in die Tables-Sammlung des DataSets hinzufügen. Auf die in ds.Tables hinzugefügten Data-Table-Objekte kann wieder über die Tabellennamen oder einen Index zugegriffen werden, z.B.:

```
DataTable contactTable = ds.Tables["Contact"];
```

Die Beziehung zwischen den Tabellen Person und Contact erfordert einen Eintrag im DataSet-Property Relations, wie das im nächsten Beispiel gezeigt wird. Person und Contact stehen in einer 1:N-Beziehung, welche über die Spalten Person.ID und Contact.PersonID ausgedrückt wird (siehe Abb. 5.7). Das DataRelation-Objekt mit dem Namen "PersonHasContacts" legt die referenzielle Integrität zwischen der DataTable Person und der DataTable Contact fest. Beim Erzeugen der DataRelation PersonHasContacts werden die beteiligten Spalten Person.ID und Contact.PersonID mitgegeben.

```
void DefineRelation(DataSet ds) {
    DataColumn parentCol = ds.Tables["Person"].Columns["ID"];
    DataColumn childCol = ds.Tables["Contact"].Columns["PersonID"];
    DataRelation rel = new DataRelation("PersonHasContacts", parentCol, childCol);
    ds.Relations.Add(rel);
}
```

Durch das Anlegen der DataRelation PersonHasContacts wird dem Property Constraints der DataTable Contact ein Objekt vom Typ ForeignKeyConstraint hinzugefügt. Dieses ForeignKeyConstraint-Objekt überwacht die referenzielle Integrität bei der DataTable Contact.

Wenn man die DataRelation PersonHasContacts als Baum betrachtet, so stellt ein Person-Datensatz den Vaterknoten und die Contact-Datensätze die Kinderknoten dar. Daher enthält die DataTable Person im Property ChildRelations (siehe Abb. 5.8) ein Objekt vom Typ DataRelation, und die DataTable Contact hat einen entsprechenden Eintrag im Property ParentRelations. Aufgrund dieser Beziehung kann jeder Person-Datensatz nach seinen Contact-Datensätzen befragt werden und umgekehrt. Ein Beispiel dazu befindet sich im nächsten Abschnitt.

Daten hinzufügen, suchen und löschen

Nachdem wir die DataTable-Objekte definiert haben, können wir nun Datensätze in Form von DataRow-Objekten in die Tabellen einfügen. Die DataTable Person hat die DataColumns ID, FirstName und Name. Daher enthält auch ein DataRow-Objekt der DataTable Person drei Zellen mit den Typen long, string und string.

Es gibt zwei Möglichkeiten, einen Datensatz in eine DataTable einzufügen. Entweder man erzeugt mittels table.NewRow ein DataRow-Objekt und fügt dort über Spaltenindex oder Spaltennamen die entsprechenden Zellenwerte ein oder man fügt zur Rows-Collection direkt ein object-Array mit den Daten hinzu.

Auf den Inhalt eines DataRow-Objekts kann mit Indexer wie auf Arrays mittels Index, DataColumn-Objekt oder Name zugegriffen werden. Der Zugriff mit Index ist schneller, während der Zugriff mit Namen den Code lesbarer macht.

Ähnlich wie bei einer Transaktion kann man Änderungen akzeptieren oder ablehnen. Durch Aufruf der Methode AcceptChanges kann man einer DataRow, einer DataTable oder einem ganzen DataSet mitteilen, alle Änderungen zu akzeptieren. Wird AcceptChanges für DataSet aufgerufen, so propagiert DataSet dies an alle seine Tabellen und Datensätze. Durch Aufruf von RejectChanges werden alle Änderungen wie bei einem Rollback abgelehnt. In Datenbanksystemen können Commit oder Rollback fehlschlagen, hingegen werden AcceptChanges und RejectChanges immer durchgeführt – schließlich werden die Methoden auf ein DataSet im Hauptspeicher von der gleichen Anwendung ausgeführt.

```
DataTable table = ds.Tables["Person"];
//---- ersten Datensatz einfügen
DataRow row = table.NewRow();  // hat 3 Spalten; Spalte 0 (ID) wird automatisch vergeben
row[1] = "Wolfgang";           // Spalte 1: "FirstName"
row["Name"] = "Beer";          // Spalte 2: "Name"
table.Rows.Add(row);
//---- zweiten Datensatz einfügen
table.Rows.Add(new object[] {null,"Dietrich", "Birngruber"});
System.Console.WriteLine ("Neue IDs {0} {1} ", row[0], table.Rows[1]["ID"]);
ds.AcceptChanges(); // entspricht dem »Commit« einer Transaktion
```

DataRow-Objekte haben einen Zustand, der über das Property RowState abgefragt werden kann und der angibt, ob der Satz in der gerade laufenden »Transaktion« hinzugefügt, geändert oder gelöscht wurde. Mögliche Zustände werden in der Enumeration DataRowState modelliert und lauten Added, Deleted, Modified, Unchanged und Detached.

Einen Überblick über die wichtigsten Zustandstransformationen eines DataRow-Objekts gibt Abb. 5.10. Ein DataRow-Objekt wird von einer DataTable über den Aufruf von NewRow erzeugt, wodurch es den Zustand Detached bekommt. Jetzt kann das DataRow-Objekt zur Tabelle hinzugefügt werden und befindet sich danach im Zustand Added. Über den Aufruf von AcceptChanges werden die Änderungen (d.h. das neue DataRow-Objekt mit den Daten) in der DataTable akzeptiert und das DataRow-Objekt hat den Zustand Unchanged. Ein DataRow-Objekt merkt sich immer die Daten, die es im Zustand Unchanged hat. Werden nun die Daten im DataRow-Objekt verändert, wechselt es den Zustand von Unchanged auf Modified. Über den Aufruf von RejectChanges können die Änderungen rückgängig gemacht werden, weil die im Zustand Unchanged gespeicherten Daten wieder zu den aktuellen Daten werden. Über AcceptChanges können die Änderungen übernommen werden.

Ähnlich funktioniert das Löschen von Datensätzen. Mit Delete wird ein Datensatz aus der aktuellen Tabelle entfernt und befindet sich dann in Zustand Deleted. Mit RejectChanges wird das Löschen rückgängig gemacht und der Datensatz erhält wieder seinen ursprünglichen Zustand. Mit AcceptChanges wird das Löschen bestätigt und der Datensatz hat dann den Zustand Detached.

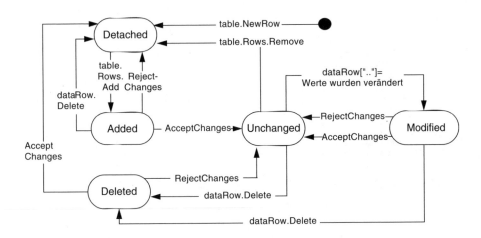

Abb. 5.10 *Zustandsdiagramm eines DataRow-Objekts (Ausschnitt)*

Im nächsten Beispiel wird in der Person-Tabelle nach einer bestimmten Person gesucht; dann werden ihre Kontakte mit der Methode GetChildRows unter Verwendung der Relation PersonHasContacts abgefragt und auf der Konsole ausgegeben. Die Find-Methode der DataRowCollection akzeptiert nur Werte für die Primärschlüsselspalten. Ausdrücke wie in der WHERE-Klausel einer SQL-Anweisung, in denen beliebige Spaltennamen verwendet werden dürfen, sind nicht erlaubt. Dazu ist ein DataView-Objekt nötig, das wir uns im nächsten Abschnitt näher ansehen.

```
//---- Person mit bestimmtem Primärschlüssel suchen
DataRow person = ds.Tables["Person"].Rows.Find(-11); //Suche nach Person mit ID=-11
if (person != null) {
    Console.WriteLine("Kontakte von {0}:", person["Name"]);
    //---- alle Kontakte der gefundenen Person ausgeben
    foreach (DataRow contact in person.GetChildRows("PersonHasContacts")) {
        Console.WriteLine("{0}, {1}: {2}", contact[0], contact["Name"], contact["Phone"]);
    }
}
```

DataView

Mittels DataView-Objekten können verschiedene Sichten auf eine DataTable erzeugt werden (siehe Abb. 5.11). DataViews kommen vor allem dann zum Einsatz,
wenn Datensätze gesucht oder gefiltert werden sollen, ähnlich dem VIEW-Kon-
zept von SQL. SQL-VIEWs können auch über JOINs verbunden werden. Dies ist
mit DataViews nicht möglich. DataViews werden nur zum Suchen und Filtern von
DataRow-Objekten aus einer DataTable verwendet.

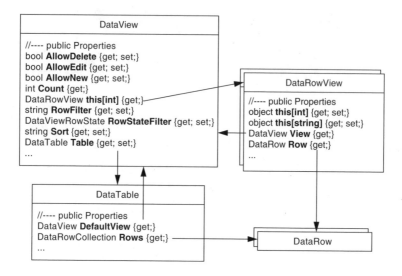

Abb. 5.11 *Überblick über DataView und DataRowView*

Viele GUI-Elemente in Windows Forms und Web Forms können den Inhalt eines
DataView-Objekts direkt anzeigen. Das Property DefaultView eines DataTable-Ob-
jekts liefert für diesen Zweck eine Standardsicht auf diese Tabelle.

So wie DataTable-Objekte eine Menge von DataRow-Objekten enthalten, besitzt ein DataView-Objekt eine Menge von DataRowView-Objekten, die jeweils ein
DataRow-Objekt referenzieren. Über die Properties RowFilter und RowStateFilter
eines DataView-Objekts lassen sich die Daten einer Tabelle filtern. Mit RowState-
Filter kann man zum Beispiel alle neu hinzugefügten Datensätze aus einer Tabelle
heraussuchen. RowFilter erwartet einen Ausdruck, der eine Bedingung enthält,
ähnlich der WHERE-Klausel in einer SQL-Anweisung.

Im folgenden Beispiel wird nach allen Datensätzen der Tabelle Person gesucht, deren Name mit "B" beginnt, um deren Kontakte zu löschen. Dazu wird
zuerst ein DataView-Objekt erzeugt, das die gesuchten Datensätze enthält. Dann
werden einfach alle Kontakte der gefundenen Personen gelöscht.

```
DataView view = new DataView(ds.Tables["Person"]); // oder Tables["Person"].DefaultView
//---- suche alle Personen, deren Name mit 'B' beginnt
view.RowFilter = "Name LIKE 'B*'";   // Strings müssen in " stehen
foreach (DataRowView person in view) {
    //---- lösche alle Kontakte der gefundenen Personen
    foreach (DataRow contact in person.Row.GetChildRows("PersonHasContacts"))
        contact.Delete ();
}
ds.AcceptChanges(); // alle Änderungen werden übernommen
```

Datensätze können über DataView-Objekte nicht nur gefiltert, sondern auch sortiert werden. Über das Property Sort gibt man einfach die Spalten an, nach denen sortiert werden soll. Die Sortierreihenfolge kann je Attribut (Spalte) aufsteigend (mit ASC) bzw. absteigend (mit DESC) festgelegt werden. Wird keine Sortierreihenfolge angegeben, wird aufsteigend sortiert. Im nächsten Beispiel werden alle Kontakte aufsteigend nach Name und bei gleichem Namen absteigend nach der Telefonnummer sortiert.

```
DataView view = ds.Tables["Contact"].DefaultView;
view.Sort = "Name, Phone DESC";
```

Mit mehreren DataSets arbeiten

Bisher wurden Daten nur in einem einzigen DataSet manipuliert. Es kann jedoch vorkommen, dass die gleichen Daten in verschiedenen DataSets verändert werden. Dann müssen diese wieder zu einem einzigen DataSet zusammengemischt werden.

Angenommen, die Daten aus dem Kontakte-Beispiel sind auf einem Application-Server (Schicht 2) gespeichert, werden aber am Client (Schicht 1) geändert und sollen anschließend an den Application-Server zur Validierung und Speicherung zurückgesendet werden (siehe Abb. 5.12). Um die übertragene Datenmenge so gering wie möglich zu halten, sollen nur die geänderten Daten aus dem DataSet gesendet werden. Wir brauchen in diesem Fall keine Maßnahmen zur Schemaevolution der DataTables treffen, weil Client und Server gleich strukturierte (wenn auch nicht identische) DataSets verwenden. Für dieses Szenario bietet die Klasse DataSet die Methoden GetChanges und Merge an.

Im folgenden Beispiel werden am Client in der Methode SendDataToServer die veränderten Daten gesucht und an den Server geschickt. In der Methode MergeData werden die vom Client geänderten Daten in einer Datenbank gespeichert und die Änderungen im Original-DataSet (das im Hauptspeicher liegt) nachgeführt. DataSets und DataTables können serialisiert und über ein Netzwerk übertragen werden, um am Server wieder deserialisiert zu werden. Wie die Übertragung stattfindet, wird in diesem Beispiel vernachlässigt (siehe dazu Abschnitt 4.4 und Kapitel 7).

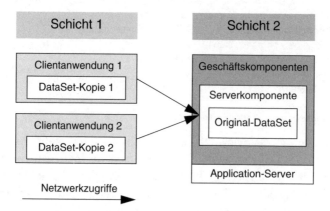

Abb. 5.12 *Client-Server-Szenario: Verschiedene DataSets enthalten die »gleichen« Daten*

```
//---- Methode am Client
void SendDataToServer(DataSet ds) {
    //---- Annahme: ds.AcceptChanges wurde noch nicht aufgerufen!
    DataSet changedDS = ds.GetChanges(); // liefert nur die veränderten DataRows
    bool ok = serverProxy.MergeData(changedDS);
    if (ok) ds.AcceptChanges(); else ds.RejectChanges();
}

//---- Methode am Server
bool MergeData(DataSet changedDS) {
    if (!changedDS.HasChanges(DataRowState.Modified)) return true;
    StoreTable(changedDS, ...);  // changedDS abspeichern (siehe später)
    origDS.Merge(changedDS);  // Änderungen zu Originaldaten hinzufügen
    bool ok = !origDS.HasErrors;  // Sind Fehler beim Mischen aufgetreten?
    if (ok) origDS.AcceptChanges(); else origDS.RejectChanges();
    return ok;
}
```

ds.GetChanges() liefert ein DataSet, das nur die Änderungen aus ds enthält. Das neue DataSet ist also eine Teilmenge von ds. Sobald AcceptChanges oder RejectChanges aufgerufen wurde, liefert GetChanges die leere Menge (siehe dazu die Diskussion über DataRowState und Abb. 5.10 am Anfang dieses Abschnitts). Am Server wird für die Originaldaten (origDS) die Methode Merge aufgerufen. Dadurch werden die gleichen Änderungen in origDS durchgeführt, die auch in changedDS gespeichert sind.

Angenommen, es gibt noch eine zweite DataTable PersonMail mit den Spalten ID und EMail, während die bisher betrachtete DataTable Person die Spalten ID, FirstName und Name hat. Die DataTable Person soll nun so geändert werden, dass sie auch die Spalte EMail besitzt und die E-Mail-Daten aus der DataTable PersonMail übernimmt. Neben dem Mischen von Daten muss auch das Schema von Person geändert werden. Ein Beispiel dazu findet man in Abschnitt 5.5.2.

5.4.2 Datenbankzugriff mittels DataAdapter

Bisher haben wir DataSets erzeugt und die Daten manipuliert, ohne die Daten mit einer Datenquelle (z.B. Datenbank) abzugleichen. Mit DataAdapter-Objekten kann man eine Verbindung zwischen einem DataSet und einer Datenquelle herstellen, indem man die Methoden Fill und Update verwendet (siehe Abb. 5.13). Mit Fill wird ein DataSet mit Werten aus einer Datenbank befüllt und mit Update werden die veränderten Daten des DataSets in die Datenbank zurückgeschrieben. Wie beim verbindungsorientierten Zugriff müssen beim DataAdapter vorher SQL-Kommandos gesetzt werden (siehe Abschnitt 5.3.2), die angeben, welche Daten gelesen oder geschrieben werden sollen. Dafür besitzt der DataAdapter die Properties SelectCommand zum Lesen, DeleteCommand zum Löschen, UpdateCommand zum Aktualisieren und InsertCommand zum Einfügen der Daten. Damit ein DataAdapter weiß, welche DataTable welcher Tabelle der Datenquelle entspricht, kann beim DataAdapter eine entsprechende Zuordnung getroffen werden, indem ITableMapping-Objekte in das Property TableMappings eingefügt werden.

Ein DataSet kann Daten aus Tabellen verschiedener Datenbanken enthalten. Tabelle 1 kann zum Beispiel von einem SQL Server, Tabelle 2 von einem XML-Datenstrom und Tabelle 3 von einer Oracle-Datenbank stammen. DataAdapter-Objekte abstrahieren von der Art, dem Schema und dem Ort der Daten.

Jeder Datenanbieter hat seine eigene DataAdapter-Klasse, die allerdings das Interface System.Data.IDataAdapter und das abgeleitete Interface System.Data.IDbDataAdapter implementieren muss. Abb. 5.13 zeigt die Vererbungshierarchie und die wichtigsten Methoden und Properties der unterschiedlichen DataAdapter-Interfaces und Klassen. Oberstes Interface ist IDataAdapter mit den wichtigen Methoden Fill und Update sowie Properties zur Definition der Schemaabbildung (siehe nächster Abschnitt). Davon abgeleitet ist das Interface IDbDataAdapter, welches Properties für das Setzen und Lesen der Kommandoobjekte definiert. DataAdapter aus dem Namensraum System.Data.Common stellt eine Basisimplementierung des Interface IDataAdapter dar und fügt eine Reihe von zusätzlichen Methoden hinzu, insbesondere spezielle überladene Methoden für Fill, die z.B. auch IDataReader-Objekte als Datenquelle akzeptieren. Die Klasse DbDataAdapter, ebenfalls aus dem Namensraum System.Data.Common, leitet sich von DataAdapter ab und implementiert nun auch das Interface IDbDataAdapter. Sie stellt die Basisklasse für die konkreten DataAdapter-Klassen der unterschiedlichen Datenanbieter-Implementierungen, z.B. SqlDataAdapter oder OleDbDataAdapter, dar.

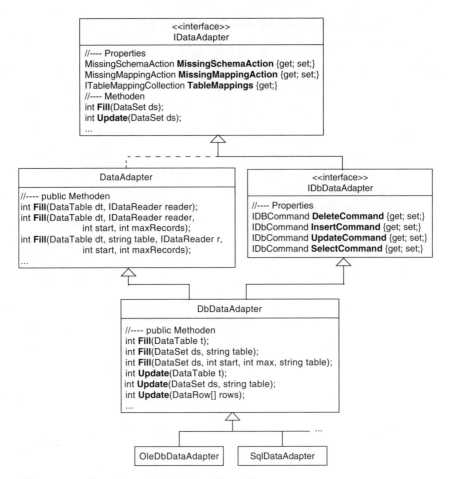

Abb. 5.13 *Vererbungshierarchie der DataAdapter-Typen*

Laden von Daten und Schemainformationen

Nun ist es an der Zeit, Daten aus einer Datenbank in ein DataSet zu laden. Das Ergebnis einer SELECT-Anweisung ist bekanntlich eine Tabelle und ein DataSet enthält DataTable-Objekte. Das heißt, wir wollen den Inhalt einer Datenbanktabelle in eine DataTable laden. Wir legen dazu einen DataAdapter an, der eine Verbindung zu einer Datenbank aufbauen kann, setzen sein Property SelectCommand und rufen seine Methode Fill auf.

Im nächsten Beispiel wird die DataTable Person mit Hilfe eines DataAdapters befüllt. Dieses Mal wird auf den Datenbankserver über OLE DB zugegriffen.

```
IDbCommand GetSelectPersonCmd() {
    OleDbCommand cmd = new OleDbCommand();
    cmd.Connection = new OleDbConnection("provider=SQLOLEDB; " +
        "server=127.0.0.1\\NetSDK; data source=netbook; user id=sa; password=;");
    cmd.CommandText = "SELECT * FROM Person";
    return cmd;
}


void LoadPersonData(DataSet ds) {
    //---- Annahme: ds enthält die DataTable "Person"
    IDbDataAdapter adapter = new OleDbDataAdapter();
    adapter.SelectCommand = GetSelectPersonCmd();  // SELECT-Kommando setzen
    ((DbDataAdapter)adapter).Fill(ds.Tables["Person"]); // DataTable "Person" befüllen
    if (ds.HasErrors) ds.RejectChanges(); else ds.AcceptChanges();
    //---- adapter sollte informiert werden, dass er Ressourcen freigeben kann
    if (adapter is IDisposable) ((IDisposable)adapter).Dispose();
}
```

In LoadPersonData wird zuerst ein DataAdapter erzeugt. Damit dessen Fill-Methode die Person-Tabelle füllen kann, muss ein gültiges Kommandoobjekt gesetzt werden. Wir verwenden die Methode Fill(DataTable dt) der Basisklasse DbDataAdapter, die eine bestimmte DataTable im DataSet befüllt. Tritt beim Lesen der Daten aus der Datenbank ein Fehler auf, so ist das Property HasErrors des DataSets auf true gesetzt. Mit AcceptChanges oder RejectChanges werden die Änderungen im DataSet akzeptiert oder verworfen, d.h., die Fill-Methode ruft diese Methoden nicht auf. Nach dem Füllen der DataTable kann z.B. wie folgt auf die geladenen Daten zugegriffen werden:

```
foreach (DataRow row in ds.Tables["Person"].Rows)
    Console.WriteLine("{0}, {1}, {2}", row["ID"], row["FirstName"], row["Name"]);
```

In der Methode LoadPersonData sind wir von einem bereits existierenden DataSet mit einer vordefinierten DataTable Person ausgegangen. DataTable Person und die Datenbanktabelle Person haben ein kompatibles Schema. Attribute und Spalten haben die gleichen Namen und die SQL-Typen sind zuweisungskompatibel zu den .NET-Datentypen der einzelnen Spalten. Einfacher wäre es allerdings, wenn die SELECT-Anweisung gleich eine DataTable Person mit der passenden Schemainformation erzeugen und dem DataSet hinzufügen würde. Dann müssten wir die DataTables und DataColumns nicht vor dem Befüllen selbst definieren, wie wir es im vorhergehenden Abschnitt gemacht haben, und könnten beliebige Datenbanktabellen auslesen.

Im nächsten Beispiel wird genau das gemacht: In der Methode GetSelectAllCmd wird ein IDbCommand-Objekt mit *zwei* SELECT-Anweisungen erzeugt, eine Anweisung für die Tabelle Person und eine Anweisung für die Tabelle Contact. Dieses Kommando wird in der Methode LoadData zum Befüllen eines leeren DataSets benutzt, das noch keine DataTables enthält.

Damit der DataAdapter weiß, wie er die zwei neuen Tabellen dem DataSet hinzufügen soll, wird das Property MissingSchemaAction des DataAdapters auf AddWithKey gesetzt. Dadurch werden nicht nur fehlende Tabellen hinzugefügt, sondern auch die Constraints ihrer Spalten erzeugt und die Primärschlüssel der DataTables bestimmt.

Wird eine noch nicht vorhandene DataTable über Fill in ein DataSet eingefügt, so bekommt sie automatisch den Namen "Table". Werden weitere Tabellen eingefügt, wird beim Namen einfach eine Zahl angehängt (z.B. "Table", "Table1", "Table2"). Für selbst hinzugefügte DataTables wie Person sollte daher nicht der Name "Table" verwendet werden. Wir definieren deshalb zwei Abbildungsregeln, damit die erzeugten Namen "Table" und "Table1" in die Namen "Person" und "Contact" umgewandelt werden. Dazu müssen entsprechende Einträge dem Property TableMappings des DataAdapters hinzugefügt werden.

```
IDbCommand GetSelectAllCmd() {
    OleDbCommand cmd = new OleDbCommand();
    cmd.Connection = new OleDbConnection ("provider=SQLOLEDB; " +
        " data source=(local)\\NetSDK; database=netbook; user id=sa; password=;" );
    cmd.CommandText = "SELECT * FROM Person; SELECT * FROM Contact";
    return cmd;
}


DataSet LoadData() {
    DataSet ds = new DataSet("PersonContacts");
    IDbDataAdapter adapter = new OleDbDataAdapter();
    adapter.SelectCommand = GetSelectAllCmd();
    //---- im DataSet befinden sich noch keine Tabellen, also füge sie bei Fill hinzu!
    adapter.MissingSchemaAction = MissingSchemaAction.AddWithKey;
    //---- Automatisch erzeugte Tabellen umbenennen
    adapter.TableMappings.Add("Table", "Person");
    adapter.TableMappings.Add("Table1", "Contact");
    //---- Daten aus der Datenbank laden
    adapter.Fill(ds);
    if (ds.HasErrors) ds.RejectChanges(); else ds.AcceptChanges();
    if (adapter is IDisposable) ((IDisposable)adapter).Dispose();
    return ds;
}
```

Die einzigen Schemainformationen, die nicht dem DataSet hinzugefügt wurden, sind die relationalen Beziehungen zwischen Datenbanktabellen. Das DataSet aus dem obigem Beispiel enthält noch keine Information darüber, dass die DataTable Person und die DataTable Contact eine Fremdschlüsselbeziehung haben. Möchte man auch diese Beziehungen von Datenbanktabellen aus der Datenbank übernehmen, so muss diese Schemainformation aus der Datenbank abgefragt und als DataRelation-Objekte in das DataSet nachträglich eingefügt werden.

In der Version 2.0 bietet ADO.NET für das Abrufen von Schemainformation das so genannte Schema-API. Mit den überladenen Methoden GetSchema der

DbConnection-Klassen kann man Schemainformationen aus der Datenbank auslesen. Die Schemainformationen werden dabei in DataTable-Objekten zurückgeliefert. Leider ist die Verwendung des Schema-APIs etwas mühsam und es werden
nicht immer alle relevanten Informationen geliefert. So wird von den meisten Datenanbietern nicht die volle Information über Fremdschlüssel geliefert, was gerade die Verwendung des Schema-APIs für den Aufbau von Relationen in Data-
Sets einschränkt.

Bei der OleDbConnection-Klasse gibt es eine alternative Methode GetOleDb-
SchemaTable zum Auslesen von Schemainformationen. Hier wird die Art der ge-
wünschten Schemainformation durch Konstanten der Klasse OleDbSchemaGuid
bestimmt. Folgendes Beispiel zeigt die Verwendung. Mit dem Aufruf von GetOle-
DbSchemaTable mit dem Wert OleDbSchemaGuid.ForeignKeys werden die Infor-
mationen über die Fremdschlüssel ausgelesen und in einer DataTable geliefert.
Bei diesem Zugriff stehen alle relevanten Informationen für den Aufbau einer
DataRelation im DataSet zur Verfügung. Jede Zeile der Schematabelle enthält die
Namen der Parent-Tabelle (Spalte "PK_TABLE_NAME") und Child-Tabelle (Spalte
"FK_TABLE_NAME") sowie die Spaltennamen für Primärschlüssel (Spalte
"PK_COLUMN_NAME") und Fremdschlüssel (Spalte "FK_COLUMN_NAME") einer
Relation in der Datenbank. Diese Namen werden verwendet, um die Tabellen
und Spalten im DataSet zu bestimmen und damit die DataRelation im DataSet
einzufügen.

```
static void DefineRelation(DataSet ds, OleDbConnection conn) {
    DataTable schemaTable = null;
    try {
        schemaTable =
            conn.GetOleDbSchemaTable(OleDbSchemaGuid.Foreign_Keys, null);
        foreach (DataRow r in schemaTable.Rows) {
            DataTable parentTab = ds.Tables[r["PK_TABLE_NAME"].ToString()];
            DataTable childTab = ds.Tables[r["FK_TABLE_NAME"].ToString()];
            DataRelation rel = new DataRelation(
                parentTab.TableName+"_"+childTab.TableName,
                parentTab.Columns[r["PK_COLUMN_NAME"].ToString()],
                childTab.Columns[r["FK_COLUMN_NAME"].ToString()]
            );
            ds.Relations.Add(rel);
        }
    }
    catch (Exception ex) { Console.WriteLine(ex); }
}
```

Speichern von Daten

Wie bereits dargestellt, wird nach dem Laden der Daten die Verbindung zur Datenquelle getrennt. Typischerweise werden die Daten im DataSet aber nicht nur

geladen, sondern auch verändert. Damit diese Änderungen auch in der Datenquelle nachgeführt werden, muss das DataSet mittels eines DataAdapters in die
Datenbank zurückgeschrieben werden. Mögliche Änderungen sind das Hinzufügen, Löschen und Modifizieren eines Datensatzes, was den SQL-Anweisungen
INSERT, DELETE und UPDATE entspricht.

Das folgende Programmstück zeigt, wie ein DataSet in eine Datenbank zurückgeschrieben wird. Es wird eine Verbindung zur Datenbank aufgebaut und
ein DataAdapter mit einem SELECT-Kommando erzeugt, das die Abbildung der
Daten in der Datenbank und der Daten im DataSet definiert. Damit man mit Update die Änderungen des DataSets in der Datenquelle nachführen kann, müssen
die Properties InsertCommand, UpdateCommand und DeleteCommand des Adapters gesetzt sein. Sind diese Kommandoobjekte nicht gesetzt, würde die Data-
Adapter-Methode Update nicht funktionieren und die Ausnahme System.Invalid-
OperationException auslösen. In unserem Beispiel werden diese jedoch nicht
gesetzt, sondern über den OleDbCommandBuilder automatisch generiert. Diese
Generierung geschieht einfach durch das Erzeugen eines OleDbCommandBuilder-
Objektes.

```
//---- speichert die Datensätze einer Tabelle
void StoreTable(DataSet ds, string tableName) {
    OleDbConnection conn = new OleDbConnection ("provider=SQLOLEDB; " +
        " data source=(local)\\NetSDK; database=netbook; user id=sa; password=;");
    //---- SelectCommand setzen, damit der OleDbCommandBuilder automatisch
    //---- Insert-, Update- und Delete-Kommandos generieren kann
    OleDbDataAdapter adapter =
        new OleDbDataAdapter("SELECT * FROM " + tableName, conn);
    OleDbCommandBuilder cmdBuilder = new OleDbCommandBuilder(adapter);
    //---- Daten speichern!
    try {
        adapter.Update(ds, tableName);
    } catch (DBConcurrencyException) {
        //---- Datenbank wurde auch von einer anderen Transaktion geändert!
        //---- Auf Fehler reagieren! z.B.: DataSet neu laden!
    }
    adapter.Dispose();
}
```

Ein CommandBuilder kann dort eingesetzt werden, wo eine DataTable genau einer
Tabelle der Datenbank entspricht. Die Spalten der DataTable haben den gleichen
Namen wie die Spalten der Datenbanktabelle und ihre Datentypen sind kompatibel zueinander. Durch das angegebene SELECT-Kommando weiß der CommandBuilder, wie die INSERT-, UPDATE- und DELETE-Kommandos auszusehen
haben. Es werden beim Adapter nur diejenigen Kommandos automatisch erzeugt, die noch nicht vorhanden sind. Ist zum Beispiel bereits ein INSERT-Kommando gesetzt, wird kein neues erzeugt (siehe nächstes Beispiel).

Weil einige Zeit verstrichen sein kann, seit das DataSet das letzte Mal aktualisiert wurde, könnten inzwischen andere Transaktionen die Daten in der Datenquelle verändert haben. Eine veränderte DataRow enthält daher zwei Datensätze: den geladenen Originaldatensatz und den neuen veränderten Datensatz. Falls der Originaldatensatz einer DataRow nicht mit dem Datensatz in der Datenquelle übereinstimmt, wird eine DBConcurrencyException ausgelöst. Dadurch wird verhindert, dass bereits geänderte Datensätze unbeabsichtigt gelöscht oder überschrieben werden. Beim Ausführen der Methode Update wird die Isolationsebene IsolationLevel.Serializable (siehe Abschnitt 5.3.4) verwendet.

Im Kontakte-Beispiel werden die Schlüssel für Contact- und Person-Datensätze von der Datenbank vergeben. Da das automatisch erzeugte INSERT-Kommando keine Ausgangsparameter liefert, kann der neu vergebene Schlüssel in der Datenbank verschieden vom Schlüssel im DataSet sein. Eine Möglichkeit, den vergebenen Schlüssel beim Einfügen zurückgeliefert zu bekommen, besteht darin, ein eigenes InsertCommand zu definieren, ähnlich dem Beispiel aus Abschnitt 5.3.2. Eine andere Möglichkeit ist, auf das Ereignis RowUpdated des DataAdapters zu reagieren, das für jedes veränderte Tupel ausgelöst wird, um den automatisch erzeugten Wert mit einem eigenen SQL-Kommando auszulesen.

Im folgenden Beispiel wird als INSERT-Kommando die selbst geschriebene SQL Server-Prozedur InsertPerson verwendet. Die Update- und Delete-Kommandos des DataAdapters werden automatisch erzeugt.

```
CREATE PROCEDURE InsertPerson
    @FirstName nvarchar(50) = '',
    @Name nvarchar(50) = '',
    @ID bigint OUTPUT -- zugewiesener Schlüssel
AS
    INSERT INTO Person (FirstName, Name)
    VALUES    (@FirstName, @Name)
    SELECT @ID = @@IDENTITY -- Schlüssel des neuen Datansatzes zurückgeben
```

In C# kann diese Prozedur wie folgt verwendet werden:

```
OleDbConnection conn = new OleDbConnection(conStr);
OleDbDataAdapter adapter = new OleDbDataAdapter("SELECT * FROM Person", conn);
//---- Setzen der Datenbankprozedur im InsertCommand
adapter.InsertCommand = new OleDbCommand("InsertPerson");
adapter.InsertCommand.CommandType = CommandType.StoredProcedure;
adapter.InsertCommand.Connection = conn;
//---- Parameter definieren und den Spalten der Person-Tabelle zuweisen
OleDbParameterCollection parms = adapter.InsertCommand.Parameters;
parms.Add ("@FirstName", OleDbType.VarWChar, 50, "FirstName");
parms.Add ("@Name", OleDbType.VarWChar, 50, "Name");
parms.Add ("@ID", OleDbType.BigInt, 8, "ID");
parms["@ID"].Direction = ParameterDirection.Output;
//---- Update- und Delete-Kommandos erzeugen
OleDbCommandBuilder cmdBuilder = new OleDbCommandBuilder(adapter);
```

```
//---- Kommandos ausführen und Daten speichern!
try {
  adapter.Update(ds, "Person");
} catch (DBConcurrencyException) {}
adapter.Dispose();
```

In diesem Beispiel werden die einzelnen DataColumns den Spalten der Zieltabelle zugewiesen. Durch den Aufruf

```
adapter.InsertCommand.Parameters.Add("@Name", OleDbType.VarWChar, 50, "Name");
```

wird zum Beispiel die DataColumn mit Namen "Name" dem Parameter "@Name" der Datenbankprozedur zugeordnet. In der Datenbankprozedur wird der Parameter @Name als SQL-Typ varchar der Länge 50 definiert. Darum wird auch beim obigen Aufruf der entsprechende OleDbTyp VarWChar genommen, der zum SQL-Typ der Datenbankprozedur kompatibel ist. Durch die explizite Zuweisung der einzelnen Parameter zu Spaltennamen können DataColumns anders als ihre Datenbankspalten benannt werden. Darüber hinaus wird auch noch die Umwandlung zwischen .NET-Typen und OLE DB-Typen festgelegt.

Eine generelle Zuordnung von DataTables und DataColumns zu Tabellen und Spalten einer Datenquelle kann mit der Property TableMappings des Data-Adapters festgelegt werden. TableMappings ist eine Sammlung von ITableMapping-Objekten, die die eigentliche Zuordnung beschreiben und von den Methoden Fill und Update verwendet werden. Ist kein ITableMapping-Objekt vorhanden, wird nach einer DataTable bzw. DataColumn mit dem gleichen Namen wie die Tabelle bzw. Spalte der Datenquelle gesucht.

5.4.3 Befüllen und Lesen von DataSets mit DataReader

Zusätzlich zur sehr bequemen Art, ein DataSet mit einem DataAdapter zu befüllen, gibt es auch die Möglichkeit, für diesen Zweck einen beliebigen DataReader zu verwenden. Dies kann insbesondere dann sinnvoll sein, wenn man große Datenmengen in ein DataSet einlesen will und ein synchroner Aufruf der Fill-Methode vielleicht zu lange dauern würde. Hier bietet sich das asynchrone Protokoll eines DataReaders an (siehe Abschnitt 5.3.3). Man kann mit BeginExecuteReader das Lesen der Daten starten und bei Beendigung der Leseoperation die Daten ins DataSet übernehmen.

Die Verwendung eines DataReaders für das Befüllen eines DataSets ist einfach. Wie in Abschnitt 5.3 beschrieben, wird eine Verbindung zur Datenquelle geöffnet und ein Kommandoobjekt mit einer SELECT-Anweisung erzeugt. Anschließend werden die Daten mit ExecuteReader (oder BeginExecuteReader) aus der Datenquelle ausgelesen und in der Form eines DataReader-Objekts zur Verfügung gestellt. Die Klasse DataSet bietet nun die überladene Methode Load, die als erstes Argument ein IDataReader-Objekt erhält. Wird diese Methode aufgerufen, werden die Datensätze durch den DataReader sequenziell ausgelesen und zum Befüllen des DataSets verwendet. Mit den weiteren Parametern kann man die zu befüllenden Tabellen im DataSet, ein Delegate für eine Fehlerbehandlung sowie verschiedene Optionen für das Übernehmen bei geänderten Datensätzen angeben.

```
public void Load (IDataReader reader,LoadOption loadOption, params DataTable[] tables)
public void Load (IDataReader reader,LoadOption loadOption, params string[] tables)
public void Load (IDataReader reader,LoadOption loadOption,
                    FillErrorEventHandler errorHandler, params DataTable[] tables)
```

LoadOption definiert, wie bei Datensätzen verfahren werden soll, die bereits im DataSet vorhanden sind und geändert wurden. Erinnern wir uns, dass bei geänderten Datensätzen in DataSets sowohl die aktuellen als auch die ursprünglichen Werte gespeichert sind (siehe Abschnitt 5.4.1). Folgende Optionen sind möglich:

❑ OverwriteChanges. Die eingelesenen Werte überschreiben die aktuellen und die ursprünglichen Werte im DataSet.

❑ PreserveChanges. Die eingelesenen Werte überschreiben die ursprünglichen Werte im DataSet. Die aktuellen Werte bleiben erhalten.

❑ Upsert. Die eingelesenen Werte überschreiben die aktuellen Werte im DataSet. Die ursprünglichen Werte bleiben erhalten.

Das folgende Beispielprogramm zeigt die Verwendung von Load. Es wird zuerst über eine Verbindung ein entsprechendes Kommandoobjekt und der DataReader erzeugt. Man beachte, dass der Kommandotext *zwei* SELECT-Anweisungen definiert, die die zwei Tabellen Person und Contact aus der Datenquelle auslesen. Dann wird ein neues DataSet-Objekt erzeugt. Es wird die Load-Methode mit dem DataReader aufgerufen. Als Tabellennamen für die zwei Tabellen im DataSet werden Person und Contact angegeben und die Ladeoption ist OverwriteChanges. Man sieht, dass das Anlegen der Tabellen und das Erzeugen der Tabellenschemas im DataSet nicht notwendig ist. Beides wird aus den gelesenen Daten automatisch ermittelt.

```
//---- Verbindung aufbauen
conn = new SqlConnection("data source=(local)\\SQLEXPRESS; " +
                " database=netbook; Integrated Security= True;");
 //---- Select-Kommando erzeugen
IDbCommand cmd = new SqlCommand();
cmd.Connection = conn;
cmd.CommandText = "SELECT * FROM Person; SELECT * FROM Contact";
//---- Verbindung öffnen
conn.Open();
//---- Reader erzeugen
IDataReader reader = cmd.ExecuteReader();
//---- DataSet erzeugen und mit Reader befüllen
DataSet ds = new DataSet("PersonContacts");
ds.Load(reader, LoadOption.OverwriteChanges, "Person", "Contact");
```

So wie das Befüllen wird auch das Auslesen der Daten aus einem DataSet über einen DataReader unterstützt. Dazu wird die Klasse DataTableReader bereitgestellt. DataTableReader implementiert das Interface IDataReader und kann daher in gleicher Weise wie alle anderen DataReader verwendet werden. Man erhält einen DataTableReader durch die überladene Methode CreateDataReader der Klasse DataSet

```
public DataTableReader CreateDataReader ()
public DataTableReader CreateDataReader (params DataTable[] dataTables)
```

wobei mit der ersten überladenen Methode alle Tabellen des DataSets ausgelesen werden und mit der zweiten nur die im Parameter dataTables angegebenen.

In der folgenden Methode Print wird ein DataSet durch einen DataTableReader gelesen und die Daten auf der Konsole ausgegeben. Mit CreateDataReader wird der Reader erzeugt. Der Reader hat für jede Tabelle im DataSet eine eigene Ergebnismenge, über die, wie in Abschnitt 5.3.3 beschrieben, mit NextResult iteriert werden kann. Die Methode Print iteriert über alle Datensätze aller Tabellen in DataSet und gibt diese auf der Konsole aus.

```
static void Print(DataSet ds) {
    DataTableReader r = ds.CreateDataReader();
    int i = 1;
    do {
        Console.WriteLine(" ---- Table " + i + "----------------");
        while (r.Read()) {
            object[] vals = new object[r.FieldCount];
            r.GetValues(vals);
            foreach (object v in vals) {
                Console.Write(v.ToString() + " - ");
            }
            Console.WriteLine();
        }
        i++;
    } while (r.NextResult());
}
```

5.5 Integration mit XML

Wie bereits in Abschnitt 4.7 dargestellt, kann XML zum plattformunabhängigen Datenaustausch verwendet werden. Durch das Zusammenspiel von DataSets und XML können DataSets in XML-Daten umgewandelt und z.B. über das Netz an ein Programm auf einem anderen Rechner verschickt werden. Diese Plattformunabhängigkeit von XML und das Zusammenspiel mit DataSets wird auch bei Web-Services genutzt (siehe Kapitel 7).

Da ein DataSet unabhängig von einer Datenquelle ist, kann es nicht nur mit Daten aus einer Datenbank oder Datenströmen, sondern auch aus XML-Doku-

menten befüllt werden. Die XML-Daten und XML-Schemainformationen können in einem DataSet sogar mit Daten und Schemainformationen aus einer anderen Datenquelle (z.B. einer Datenbank) kombiniert werden. Auf Daten eines
DataSets kann relational über DataTables oder hierarchisch mittels XML-Navi-
gation zugegriffen werden.

In diesem Abschnitt wird gezeigt, wie DataSets als XML-Dokumente und die
Schemainformationen von DataSets als XML-Schemas gespeichert und wieder
gelesen werden können. Es wird außerdem besprochen, wie auf Daten in einem
DataSet wie auf XML-Daten zugegriffen werden kann. Schließlich zeigen wir,
wie aus einem XML-Schema spezielle DataSet- und DataTable-Klassen – so genannte »stark typisierte« DataSets – generiert werden können, die den Zugriff
auf die Werte mit benutzerfreundlichen, typisierten Properties erlauben.

Die in diesem Abschnitt verwendeten Beispiele basieren wieder auf dem Kontakte-Beispiel aus Abschnitt 5.4.

5.5.1   DataSets und XML-Daten

Die Klasse DataSet bietet Methoden zum Lesen und Schreiben von Daten und
Schemainformation in XML-Format an. Man kann ein DataSet mittels der mehrfach überladenen Methode WriteXml in eine Datei, in einen Ausgabestrom, in einen TextWriter oder in einen XmlWriter speichern und über die Methode ReadXml
wieder laden.

```
public class DataSet :
    MarshalByValueComponent, IListSource, ISupportInitialize, ISerializable {

    //---- Methoden zum Lesen und Schreiben von XML-Daten
    public void WriteXml(Stream dest);
    public void WriteXml(string fileName)
    public void WriteXml(TextWriter writer)
    public void WriteXml(XmlWriter writer)
    public void WriteXml(Stream dest, XmlWriteMode m)
    public void WriteXml(string fileName, XmlWriteMode m)
    public void WriteXml(TextWriter writer, XmlWriteMode m)
    public void WriteXml(XmlWriter writer, XmlWriteMode m)
    public XmlReadMode ReadXml(Stream dest)
    public XmlReadMode ReadXml(string fileName)
    public XmlReadMode ReadXml(TextReader reader)
    public XmlReadMode ReadXml(XmlReader reader)
    public XmlReadMode ReadXml(Stream dest, XmlReadMode m)
    public XmlReadMode ReadXml(string fileName, XmlReadMode m)
    public XmlReadMode ReadXml(TextReader reader, XmlReadMode m)
    public XmlReadMode ReadXml(XmlReader reader, XmlReadMode m)
    ...
}
```

Denkbar einfach ist es, ein DataSet von einer Datenbank auszulesen und in einer XML-Datei zu speichern. Im folgenden Beispiel nehmen wir an, dass wir das DataSet, wie in Abschnitt 5.4.2 gezeigt, aus der Datenbank "netbook" befüllt haben. Mit dem Aufruf der Methode WriteXml werden die Daten als XML-Dokument in die Datei mit Namen "data.xml" geschrieben.

```
ds.WriteXml ("data.xml");
```

Das Wurzelelement des XML-Dokuments hat den Namen PersonContacts des DataSets und enthält eine Liste von Person- und Contact-Elementen, was den Namen der Tabellen entspricht. Die untergeordneten XML-Elemente eines Person- bzw. Contact-Elements entsprechen den Spalten wie ID, FirstName oder Name. Ein Auszug der Datei data.xml könnte wie folgt aussehen:

```
<?xml version="1.0" standalone="yes"?>
<PersonContacts> -- Wurzelelement ist der Name des DataSets
    <Person> -- Person-Datensatz
        <ID>4</ID>
        <FirstName>Hanspeter</FirstName>
        <Name>Moessenboeck</Name>
    </Person>
    -- weitere Person-Elemente
    <Contact> -- Contact-Datensatz
        <ID>1</ID>
        <FirstName>Wolfgang</FirstName>
        <Name>Beer</Name>
        <NickName>Wutschgo</NickName>
        <EMail>beer@dotnet.jku.at</EMail>
        <Phone>7132</Phone>
        <PersonID>4</PersonID>
    </Contact>
    -- weitere Contact-Elemente
</PersonContacts>
```

Im nächsten Beispiel wird nun ein neues DataSet aus der Datei data.xml erzeugt. Alle erzeugten Spalten haben den Datentyp string, weil die Datei data.xml keine Schemainformationen enthält. Auch die DataColumn ID, die eigentlich den .NET-Typ long haben sollte, ist vom Typ string. Würde data.xml auch ein XML-Schema enthalten, so würde ReadXml auch die Schemainformationen in die entsprechenden DataTable-Objekte laden.

```
DataSet ds = new DataSet();
ds.ReadXml("data.xml", XmlReadMode.Auto);
```

Der zweite Parameter von ReadXml legt fest, in welchem XML-Format die Daten vorliegen und ob auch ein Schema gelesen werden soll. Die Enumeration XmlRead-Mode enthält die Werte Auto, DiffGram, Fragment, IgnoreSchema, InferSchema und ReadSchema. Der Modus Auto bewirkt, dass neben den Daten auch das Schema gelesen wird, falls die Datei ein Schema enthält. Das entspricht auch dem Verhalten von XmlReadMode.ReadSchema. Umfasst die Datei kein Schema, wird beim Modus Auto wie beim Modus XmlReadMode.InferSchema anhand der gelesenen Daten auf ein Schema geschlossen. Über einen ähnlichen Parameter der Enumeration XmlWriteMode, nämlich XmlWriteMode.WriteSchema, kann auch bei WriteXml angegeben werden, ob neben den Daten auch das Schema geschrieben werden soll. Der Umgang mit Schemainformationen wird vor allem dann interessant, wenn ein bereits mit Daten gefülltes DataSet noch zusätzlich Daten aus einer XML-Quelle bezieht. Mehr zu XML-Schemas und DataSets im nächsten Abschnitt.

5.5.2   DataSets und XML-Schemas

Ein XML-Schema beschreibt die Struktur eines XML-Dokuments, ähnlich einem relationalen Schema, das angibt, wie die Tabellen aufgebaut sind und in welcher Beziehung sie zueinander stehen. DataSet nutzt diese Ähnlichkeit und bietet Methoden zum Lesen, Erzeugen und Speichern von XML-Schemas an. Darüber hinaus ist auch die Integration von Schemas aus verschiedenen Datenquellen in einem einzigen DataSet möglich.

Die Beschreibung eines XML-Schemas erfolgt wieder in XML [W3C]. Diese Schemadokumente werden typischerweise in Dateien mit der Endung .xsd abgelegt. Der Schemanamensraum ist http://www.w3.org/2001/XMLSchema.

In diesem Abschnitt wird das Laden und Speichern eines XML-Schemas, das automatische Erstellen eines Schemas und das Arbeiten mit mehreren Schemas mit den Methoden WriteXmlSchema, ReadXmlSchema und InferXmlSchema näher behandelt.

```
public class DataSet :
    MarshalByValueComponent, IListSource, ISupportInitialize, ISerializable {
    //---- Methoden zum Schreiben von XML-Schemas
    public void WriteXmlSchema(Stream dest)
    public void WriteXmlSchema(string fileName)
    public void WriteXmlSchema(TextWriter writer)
    public void WriteXmlSchema(XmlWriter writer)
    //---- Methoden zum Lesen von XML-Daten, um daraus ein Schema zu erzeugen
    public void InferXmlSchema(Stream dest, string[] namespaces)
    public void InferXmlSchema(string fileName, string[] namespaces)
    public void InferXmlSchema(TextWriter writer, string[] namespaces)
    public void InferXmlSchema(XmlWriter writer, string[] namespaces)
    //---- Methoden zum Lesen von bestehenden XML-Schemas
    public void ReadXmlSchema(Stream dest)
    public void ReadXmlSchema(string fileName)
    public void ReadXmlSchema(TextReader reader)
    public void ReadXmlSchema(XmlReader reader)
    ...
}
```

Speichern eines XML-Schemas

Ein XML-Schema kann über die überladene Methode WriteXmlSchema in eine Datei, in einen Ausgabestrom oder in einen XmlWriter geschrieben werden. Folgende Anweisung schreibt das Schema des DataSet ds (d.h. Informationen über Tabellen, Spalten und Relationen) mittels WriteXmlSchema in die Datei contacts.xsd:

```
ds.WriteXmlSchema("contacts.xsd");
```

Die Datei sieht anschließend wie folgt aus:

```
<?xml version="1.0" standalone="yes"?>
<xs:schema id="PersonContacts" xmlns="" xmlns:xs="http://www.w3.org/2001/
  XMLSchema" xmlns:msdata="urn:schemas-microsoft-com:xml-msdata">
   <xs:element name="PersonContacts" msdata:IsDataSet="true"
      msdata:Locale="de-AT">
      <xs:complexType>
         <xs:choice maxOccurs="unbounded">
            <xs:element name="Person">
               <xs:complexType>
               <xs:sequence>
               <xs:element name="ID" msdata:ReadOnly="true"
                  msdata:AutoIncrement="true"
                  msdata:AutoIncrementSeed="1" type="xs:long" />
               <xs:element name="FirstName" type="xs:string" minOccurs="0" />
               <xs:element name="Name" type="xs:string" minOccurs="0" />
               </xs:sequence>
               </xs:complexType>
            </xs:element>
            <xs:element name="Contact">
               <xs:complexType>
               <xs:sequence>
               <xs:element name="ID" msdata:ReadOnly="true"
                  msdata:AutoIncrement="true"
                  msdata:AutoIncrementSeed="1" type="xs:long" />
               <xs:element name="FirstName" type="xs:string" minOccurs="0" />
               <xs:element name="Name" type="xs:string" minOccurs="0" />
               <xs:element name="NickName" type="xs:string" minOccurs="0" />
               <xs:element name="EMail" type="xs:string" minOccurs="0" />
               <xs:element name="Phone" type="xs:string" minOccurs="0" />
               <xs:element name="PersonID" type="xs:long" minOccurs="0" />
               </xs:sequence>
               </xs:complexType>
            </xs:element>
         </xs:choice>
      </xs:complexType>
      <xs:unique name="Constraint1" msdata:PrimaryKey="true">
         <xs:selector xpath=".//Person" />
         <xs:field xpath="ID" />
      </xs:unique>
```

```
          <xs:unique name="Contact_Constraint1" msdata:ConstraintName="Constraint1"
          msdata:PrimaryKey="true">
            <xs:selector xpath=".//Contact" />
            <xs:field xpath="ID" />
          </xs:unique>
          <xs:keyref name="PersonHasContacts" refer="Constraint1">
            <xs:selector xpath=".//Contact" />
            <xs:field xpath="PersonID" />
          </xs:keyref>
      </xs:element>
  </xs:schema>
```

XSD (XML-Schema-Definition) enthält bereits einige vordefinierte Datentypen wie string oder long. Es wird hier nicht weiter auf die Zuweisungskompatibilität zwischen XSD-Typen und .NET-Typen eingegangen. Diese Information kann der .NET-Dokumentation oder der Tabelle 7.3 entnommen werden.

Für jedes DataTable-Objekt wird ein eigenes komplexes XML-Element (z.B. <xs:element name="Person">) und für die einzelnen Spalten (DataColumn-Objekte) werden XML-Unterelemente (z.B. <xs:element name="Name" type="xs:string" min-Occurs="0" />) definiert. Möchte man einzelne Spaltenwerte nicht als XML-Unterelemente, sondern z.B. als XML-Attribute speichern, kann dies im DataColumn-Property ColumnMapping eingestellt werden und es wird ein entsprechender XML-Attributtyp definiert. ColumnMapping ist vom Enumerations-Typ System.Data.MappingType, welcher die Konstanten Attribute, Element, Hidden und SimpleContent enthält.

Laden eines XML-Schemas

Um das Schema aus contacts.xsd wieder in ein DataSet zu laden, können die Methoden ReadXmlSchema oder InferXmlSchema verwendet werden. ReadXml-Schema lädt ausschließlich die Schemainformationen und keine Daten, auch wenn die XML-Datei, von der gelesen wird, sowohl Daten als auch Schemainformationen enthält.

```
DataSet ds = new DataSet();
ds.ReadXmlSchema("contacts.xsd");
```

InferXmlSchema lädt wie ReadXmlSchema ein Schema aus einer XML-Datenquelle in ein DataSet. Enthält die Datenquelle aber kein explizites Schema, so versucht InferXmlSchema aufgrund der XML-Daten auf das Schema zu schließen. Schließlich gibt es noch die Methode ReadXml, die Daten und Schemainformation aus einer XML-Datei lesen kann.

Das Ableiten eines Schemas für das DataSet aus den XML-Daten, wenn kein explizites Schema vorliegt, erfolgt nach folgenden Regeln (weitere Details findet man in der .NET-Dokumentation):

❑ *Tabellen* (DataTable) werden aus Elementen mit Attributen, aus Elementen mit Unterelementen oder aus wiederholten Elementen erzeugt.

❑ *Spalten* (DataColumn) werden aus Attributen oder aus einzelnen (nicht wiederholten) Elementen ohne Attribute und ohne Unterelemente erzeugt.

❑ Eine *Beziehung* (DataRelation) wird für ein Unterelement erzeugt, falls sowohl für das Unterelement als auch für dessen Überelement je eine Tabelle erzeugt wurde. Die Spaltennamen (Fremdschlüssel und Primärschlüssel) in den beiden Tabellen, über die die Beziehung erstellt werden soll, müssen den gleichen Namen haben.

Die im vorhergehenden Abschnitt erzeugte Datei data.xml enthält keine Beziehung zwischen Person und Contact. Dazu müssten die Contact-Elemente Unterelemente der einzelnen Person-Elemente sein, und der Schlüssel von Person müsste ebenfalls PersonID heißen, wie im folgenden Beispiel:

```
<Person> -- Person-Datensatz
    <PersonID>1</PersonID> -- Schlüssel
    <Contact> -- Contact-Datensatz
        <ID>102</ID> -- Schlüssel
        -- weitere Elemente (FirstName, Name, Phone, EMail)
        <PersonID>1</PersonID> -- Fremdschlüssel!!
    </Contact>
    -- weitere Contact-Elemente und die Elemente FirstName, Name
</Person>
```

❑ Falls Elemente, die keine Unterelemente besitzen und zu Tabellen werden, Text enthalten, wird eine Spalte mit dem Namen »TableName_Text« hinzugefügt, sonst wird der Text ignoriert.

Im Gegensatz zu ReadXml können bei der Schemaerzeugung mittels InferXml-Schema einzelne XML-Elemente und XML-Attribute bestimmter XML-Namensräume ausgeschlossen werden. Die Methode InferXmlSchema hat zwei formale Parameter: Der erste gibt die XML-Quelle an, der zweite bestimmt die auszuschließenden Namensräume. Hier ist ein Beispiel für InferXmlSchema, bei dem alle Elemente und Attribute ausgeschlossen werden, die zum Namensraum http://dotnet.jku.at/ExcludeNamespace gehören:

```
ds.InferXmlSchema("other_data.xml",
    new string[] {"http://dotnet.jku.at/ExcludeNamespace"});
```

Enthält ein DataSet bereits Schema und Daten, so stellt sich die Frage, wie es mit neuen Daten und einem neuen Schema kombiniert werden kann. Dafür gibt es zwei Möglichkeiten: Man kann entweder ein neues DataSet erzeugen und über die Methode Merge mit dem bestehenden DataSet kombinieren oder man kann die neuen Daten mittels ReadXml oder InferXmlSchema in das bestehende DataSet einfügen.

ReadXml und InferXmlSchema fügen zu einem DataSet Tabellen und Spalten hinzu, die dort noch nicht vorhanden sind. Treten Konflikte zwischen den bereits im DataSet existierenden DataTables und den einzufügenden Tabellen auf, z.B. wenn die Tabellen denselben Namen, aber unterschiedliche Namensräume haben oder falls existierende Spalten von einem anderen Typ als in der XML-Quelle sind, so werden Ausnahmen ausgelöst. Wir wollen uns nun ansehen, wie Read-Xml, InferXmlSchema und Merge verwendet werden.

Das DataSet ds aus dem Kontakte-Beispiel enthält eine DataTable Person mit den DataColumns ID, FirstName und Name. Die folgende Datei personDataWith-Schema.xml enthält ebenfalls ein XML-Element und damit eine Tabelle Person mit den Unterelementen bzw. Spalten ID und EMail und zusätzlich auch das Schema dieser Daten. Die Datei personData.xml bestehe nur aus den Daten.

```
<?xml version="1.0"?>
<PersonContacts>
    <xs:schema id="PersonContacts" xmlns=""
        xmlns:xs="http://www.w3.org/2001/XMLSchema"
        xmlns:msdata="urn:schemas-microsoft-com:xml-msdata">
        <xs:element name="PersonContacts" msdata:IsDataSet="true">
            <xs:complexType>
                <xs:choice maxOccurs="unbounded">
                    <xs:element name="Person">
                        <xs:complexType>
                            <xs:sequence>
                                <xs:element name="ID" msdata:ReadOnly="true"
                                    msdata:AutoIncrement="true" type="xs:long" />
                                <xs:element name="EMail" minOccurs="0">
                                    <xs:simpleType>
                                        <xs:restriction base="xs:string">
                                            <xs:maxLength value="50" />
                                        </xs:restriction>
                                    </xs:simpleType>
                                </xs:element>
                            </xs:sequence>
                        </xs:complexType>
                    </xs:element>
                </xs:choice>
            </xs:complexType>
            <xs:unique name="Constraint1" msdata:PrimaryKey="true">
                <xs:selector xpath=".//Person" />
                <xs:field xpath="ID" />
            </xs:unique>
        </xs:element>
    </xs:schema>
    <Person> -- 1. Datensatz
        <ID>1</ID>
        <EMail>peter@dotnet.jku.at</EMail>
    </Person>
```

```
    <Person> -- 2. Datensatz
       <ID>2</ID>
       <EMail>gogo@dotnet.jku.at</EMail>
    </Person>
  </PersonContacts>
```

Abb. 5.14 zeigt, wie das DataSet ds verändert wird, wenn wir folgende drei Operationen darauf anwenden:

a) ds.ReadXml("personDataAndSchema.xml", XmlReadMode.ReadSchema);
b) ds.InferXmlSchema("personData.xml", new string[0]);
c) DataSet ds2 = new DataSet();
   ds2.ReadXml("personDataAndSchema.xml");
   ds.Merge(ds2);

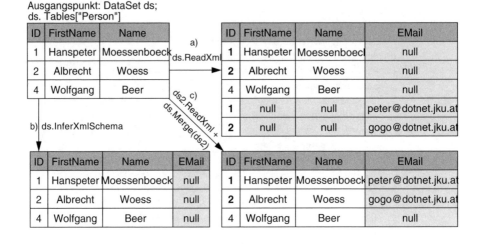

Abb. 5.14 *Beispiele für Schema- und Datenmigrationen*

Bei ReadXml kann ein XmlReadMode-Parameter angegeben werden. Hat der Parameter den Wert ReadSchema, wird das Schema aus der XML-Datei verwendet. Hat er den Wert InferSchema, wird ein neues generiert. Mit der Option Auto, der Standardeinstellung, wird wenn vorhanden ein Schema gelesen, ansonsten wird es aus den Daten ermittelt.

ReadXml fügt die Daten am Ende der Tabelle an. Ist die Spalte ID der Tabelle Person zugleich auch Schlüssel, führt dies zu einer Ausnahme. InferSchema ermittelt die Schemainformation aus den Daten, die Daten werden aber nicht eingefügt. Ruft man zuerst ReadXml für ein neues, leeres DataSet d2 auf und mischt dieses dann mittels Merge mit dem ursprünglichen, werden die Daten und das Schema wie gewünscht zusammengeführt. Die Verwendung von Merge ist aber nur dann möglich, wenn Person einen Schlüssel (ID) hat und in der XML-Datei nur Elemente vorkommen, deren Schlüssel (<ID>) auch bereits in der Tabelle Person vorkommen.

5.5.3   XML-Navigation bei DataSets

Man kann auf den Inhalt eines DataSets hierarchisch wie auf ein XML-Dokument zugreifen und ihn auch verändern. Zum Beispiel kann eine XPath-Abfrage (siehe Abschnitt 4.7.4) auf ein bestehendes DataSet durchgeführt werden oder der Inhalt des DataSets kann mittels einer XSL-Transformation (siehe Abschnitt 4.7.5) verarbeitet werden.

Ermöglicht wird dies durch die Klasse System.Xml.XmlDataDocument. XmlDataDocument ist eine Spezialisierung von System.Xml.XmlDocument und hat daher die gleiche Schnittstelle. Wesentlich ist, dass ein XmlDataDocument-Objekt aus einem DataSet erzeugt wird und dann immer mit diesem verbunden und synchronisiert bleibt. Das nächste Beispiel soll dies veranschaulichen.

Im folgenden Programmstück wird aus dem in Abschnitt 5.4.1 erstellten DataSet ein XmlDataDocument-Objekt erzeugt. Anschließend ändern wir einen Satz des DataSets und greifen dann auf denselben Satz im XML-Dokument zu. Obwohl die Änderung im DataSet ds noch nicht mit AcceptChanges bestätigt wurde, ist sie auch im XML-Dokument bereits sichtbar! DataSet und und das XmlDataDocument-Objekt verwalten die Daten zwar in unterschiedlichen Objekten, aber sie reagieren auf entsprechende Ereignisse und halten die Daten synchronisiert. Werden die Daten im DataSet verändert, so ist diese Änderung auch im XmlDataDocument sichtbar und umgekehrt.

```
XmlDataDocument xmlDoc = new XmlDataDocument(ds);  // ds enthält Daten + Schema
//---- Namen der Person mit ID=3 im DataSet ändern
DataTable table = ds.Tables["Person"];
table.Rows.Find(3)["Name"] = "Changed Name!";
//---- Ist die Änderung schon im XML-Dokument sichtbar?
XmlElement root = xmlDoc.DocumentElement;
XmlNode person = root.SelectSingleNode("descendant::Person[ID='3']");
Console.WriteLine("Zugriff via XML: \n" + person.OuterXml);
//---- XML-Dokument speichern
xmlDoc.Save("data2.xml");
Console.WriteLine("Anzahl der veränderten Zeilen: {0}", table.GetChanges().Rows.Count);
```

Die Ausgabe auf der Konsole lautet:

```
Zugriff via XML:
<Person><ID>3</ID><FirstName>Dietrich</FirstName>
<Name>Changed Name!</Name></Person>
Anzahl der veränderten Zeilen: 1
```

5.5.4 Typisierte DataSets

Ein vorhandenes XML-Schema kann auch als Vorlage für die Generierung eines so genannten *typisierten DataSets* benutzt werden. Bisher haben wir auf den Inhalt eines DataSets immer über verschiedene Sammlungen zugegriffen, z.B.:

```
//---- Name des Person-Datensatzes mit ID == 3 setzen
ds.Tables["Person"].Rows.Find(3)["Name"] = "Joe";
```

Für den Entwickler wäre es bequem, wenn er auf den Inhalt einer Tabelle über typisierte Properties zugreifen könnte. Der Code würde dadurch lesbarer und gewisse Prüfungen könnten bereits zur Übersetzungszeit stattfinden.

Um das zu erreichen, könnte man eigene Klassen definieren, die die Daten kapseln oder Typen wie DataSet und DataTable erweitern und entsprechende Properties anbieten. Jede dieser Möglichkeiten hat Vorteile, aber alle haben einen entschiedenen Nachteil: Sie sind langwierig und aufwändig.

Das .NET-Framework enthält genau für diesen Zweck das Werkzeug xsd.exe, das ein XSD-Schema abarbeitet und daraus Klassen in C#, VB oder JavaScript erzeugt. Die generierten Klassen liegen dann im Quellcode vor und können nachträglich verändert werden. Bei der Codegenerierung durch xsd.exe kann man angeben, ob die neuen Klassen DataSet und DataTable erweitern oder ob völlig unabhängige Klassen erzeugt werden sollen.

Im folgenden Beispiel werden mit dem Werkzeug xsd.exe aus dem in contacts.xsd enthaltenen Schema Klassen für ein entsprechendes typisiertes DataSet erzeugt:

```
xsd contacts.xsd /dataset
```

Die Ergebnisdatei contacts.cs enthält die C#-Klassen PersonContacts, PersonDataTable, PersonRow, PersonRowChangeEvent, ContactDataTable, ContactRow und ContactRowChangeEvent für einen typisierten Zugriff im DataSet PersonContacts. Der Zugriff ist jetzt folgendermaßen möglich:

```
PersonContacts typedDS = new PersonContacts();
//---- Code, um typedDS mit Daten zu füllen ...
typedDS.Person.FindByID(3).Name = "Joe";
```

6 ASP.NET

Eines der Hauptanwendungsgebiete von .NET ist die Entwicklung verteilter Internetanwendungen, wie sie zum Beispiel im Electronic Commerce vorkommen. ASP.NET ist jener Teil der .NET-Technologie, der sich mit solchen Internetanwendungen beschäftigt. Insbesondere geht es dabei um die Gestaltung dynamischer Webseiten mittels *Server Scripts* und *Web Forms*, zweier Technologien, die wir uns in diesem Kapitel näher ansehen werden. Manche Leute zählen auch *Web-Services* zu ASP.NET. Wir behandeln jedoch Web-Services erst in Kapitel 7.

ASP.NET baut auf der bereits etwas älteren ASP-Technologie von Microsoft auf [Kra02]. Beide Namen stehen für *Active Server Pages*, einer Technik, mit der man Webseiten dynamisch aus Daten zusammenstellen kann, die am Server gespeichert sind. Auf diese Weise lassen sich Verkaufskataloge, Veranstaltungsprogramme oder Börsenberichte zur Laufzeit aus aktuellen Daten generieren.

Obwohl es gewisse Ähnlichkeiten zu ASP gibt, ist ASP.NET doch von seiner Mächtigkeit und von seiner Architektur her radikal anders:

- ❑ *Objektorientierung*. Eine ASP.NET-Seite (auch aspx-Seite genannt) wird in eine Klasse übersetzt, die bereits viele nützliche Eigenschaften von einer Basisklasse des .NET-Frameworks erbt. Die GUI-Elemente (*graphical user interface elements*) wie Buttons, Textfelder oder Listen, die auf einer Webseite vorkommen, werden ebenfalls als Klassen modelliert und von der Seiten-Klasse benutzt.
- ❑ *Web Controls*. Es gibt eine reichhaltige Bibliothek von GUI-Elementen (so genannte *Web Controls* oder *Steuerelemente*), die weit über die in HTML verfügbaren Elemente hinausgehen, aber trotzdem von jedem Web-Browser angezeigt werden können. Man kann sie nicht nur in HTML verwenden, sondern auch von Codestücken aus als Objekte ansprechen und Einstellungen vornehmen, die in normalem HTML nicht möglich sind.
- ❑ *Trennung von Layout und Anwendungslogik*. Während in alten ASP-Seiten HTML und Skriptcode bunt gemischt wurden, kann man unter ASP.NET sauber zwischen dem *Layout* einer Seite, welches in einer aspx-Datei beschrieben wird, und der *Anwendungslogik*, die als reiner Code (z.B. in C#, Visual Basic .NET oder einer anderen .NET-Sprache) in einer

eigenen Datei steht, unterscheiden. Auf diese Weise können Web-Designer und Programmierer jeweils mit getrennten Dokumenten arbeiten.

❏ *Komponentenorientierung.* Die GUI-Elemente einer Webseite sind Komponenten, die Ereignisse auslösen, auf die andere Komponenten reagieren können. Die Eigenschaften der GUI-Elemente können mittels Properties in HTML-ähnlichen Marken (*tags*) eingestellt werden.

❏ *Interaktive Gestaltung von Webseiten.* Wer mit *Visual Studio .NET* arbeitet, kann Webseiten interaktiv mittels Drag-and-Drop zusammenbauen, wobei die Properties und Events der GUI-Elemente ohne Programmieraufwand editiert werden können. Diese Arbeitsweise gleicht der Erstellung von Benutzeroberflächen für lokale Anwendungen mit *Windows Forms* (siehe Abschnitt 4.6).

❏ *Compilation statt Interpretation.* Während Skriptcode in ASP interpretiert wurde (z.B. in VBScript oder JavaScript), wird er in ASP.NET in einer Sprache wie C# oder Visual Basic .NET geschrieben, die compiliert wird. ASP.NET-Anwendungen laufen daher wesentlich schneller und können auf die gesamte .NET-Bibliothek zugreifen.

❏ *Bessere Verwaltung des Seitenzustands.* Der Zustand von GUI-Elementen (z.B. der Text eines Textfelds) wurde in ASP bei der Aktualisierung einer Webseite nicht automatisch aufbewahrt. Der ASP-Programmierer musste den Zustand mühsam selbst wieder herstellen. In ASP.NET geschieht das automatisch. Der Programmierer muss sich nicht mehr darum kümmern.

Wir werden uns nun ASP.NET schrittweise erarbeiten. Zuerst sehen wir uns an, wie man einfache Webseiten dynamisch erzeugt. Anschließend widmen wir uns dem umfangreichen Gebiet der Gestaltung grafischer Oberflächen mittels Web Controls. Zum Schluss behandeln wir dann noch fortgeschrittenere Themen wie Plausibilitätsprüfungen, Zustandsverwaltung, Konfigurierbarkeit und Sicherheit.

6.1   Erzeugung dynamischer Webseiten

Statische HTML-Seiten

Fast jeder Programmierer hat schon einmal mit HTML (*hypertext markup language*) gearbeitet oder zumindest einmal HTML-Texte gesehen. HTML ist eine Sprache zur Layoutbeschreibung von Webseiten. Ein einfacher HTML-Text sieht zum Beispiel folgendermaßen aus:

```
<html>
    <head>
        <title>Einfache HTML-Seite</title>
    </head>
```

```
<body>
    <h1>Willkommen</h1>
        Sie sind der 1. Besucher dieser Seite!
    </body>
</html>
```

Er besteht aus Textstücken, die durch Markenpaare (z.B. <html>...</html>) gegliedert werden. Die Bedeutung der Marken (*tags*) ist u.a. in [HTML] und [HTML1] erklärt. Speichert man diesen Text z.B. in einer Datei First.html auf einem Rechner, auf dem ein Webserver läuft (z.B. Microsofts *Internet Information Server* IIS [IIS]), kann man sie in einem Web-Browser ansehen, indem man den Browser auf die Adresse dieser Datei richtet, z.B.:

    http://dotnet.jku.at/book/samples/6/First.html

Der Browser zeigt dann das in Abb. 6.1 dargestellte Bild.

Abb. 6.1 *Darstellung von First.html im Web-Browser*

Was geschieht dabei im Hintergrund? Der Browser fordert die HTML-Datei vom Server an und benutzt dazu das *HTTP-Protokoll* [HTTP], ein zustandsloses Client/Server-Protokoll, das ihm einfach den Text der Datei liefert (siehe Abb. 6.2). Der Browser interpretiert diesen Text dann und zeigt ihn formatiert an.

Abb. 6.2 *Anforderung einer HTML-Datei*

First.html beschreibt eine *statische Webseite*, die genau jenen Text anzeigt, der in der Datei steht. Jeder Besucher der Seite erfährt also, dass er der 1. Besucher ist, was natürlich nicht stimmt. Es wäre hübsch, wenn wir die Besuche zählen und in der Seite anzeigen könnten. Wir wünschen uns also einen Besucherzähler, wie man ihn auf vielen Webseiten findet.

Dynamische aspx-Seiten

Um einen Besucherzähler zu realisieren, brauchen wir eine *dynamische Webseite*, die die Anzahl der Besuche nicht im Text festschreibt, sondern erst bei Bedarf in den Text einsetzt. Wir könnten den aktuellen Zählerstand zum Beispiel in einer Datei Counter.dat halten, die bei jeder Seitenanforderung gelesen und aktualisiert wird. Dann bräuchten wir den Zählerstand nur noch in die Seite einzusetzen. Dazu bietet ASP.NET die Möglichkeit, Codestücke zur Berechnung von Werten in den HTML-Code einer Seite einzufügen. Diese Codestücke können in einer beliebigen .NET-Sprache abgefasst sein (z.B. in C#) und werden durch die Zeichenfolgen <% und %> geklammert. Dynamische Webseiten speichert man in Dateien mit der Endung aspx. Unsere Seite soll First.aspx heißen und wie folgt aussehen:

```
<%@ Page Language="C#" %>
<%@ Import Namespace="System.IO" %>
<html>
    <head> <title>Dynamische ASPX-Seite</title> </head>
    <body>
        <h1>Willkommen</h1>
        Sie sind der <%
        FileStream s;
        s = new FileStream("c:\\Data\\Counter.dat", FileMode.OpenOrCreate);
        int n;
        try {
            BinaryReader r = new BinaryReader(s);
            n = r.ReadInt32();
        } catch { n = 0; } // falls die Datei leer ist
        n++;
        s.Seek(0, SeekOrigin.Begin);
        BinaryWriter w = new BinaryWriter(s);
        w.Write(n);
        s.Close();
        Response.Write(n);
        %>. Besucher dieser Seite!
    </body>
</html>
```

Die Teile zur Berechnung des Zählerstands sind fett hervorgehoben. Die ersten beiden Zeilen enthalten so genannte *Direktiven*, die angeben, wie die Seite zu verarbeiten ist. Die *Page-Direktive* besagt zum Beispiel, dass der Skriptcode auf dieser Seite in C# geschrieben ist. Die *Import-Direktive* importiert den Namensraum System.IO, der für Dateioperationen benötigt wird. Sie entspricht dem using-Konstrukt aus C#. Es gibt noch mehr Direktiven, die wir im Laufe dieses Kapitels kennen lernen werden.

Nun aber zum Skriptcode. Er öffnet die Datei Counter.dat als FileStream und versucht, mittels eines BinaryReaders den Zählerstand n zu lesen. Ist die Datei noch leer, gibt es einen Ausnahmefehler und n wird auf 0 gesetzt. Anschließend

wird der Zähler erhöht und mit einem BinaryWriter wieder auf die Datei zurückgeschrieben. Vorher muss die Schreibposition mit Seek wieder an den Anfang der
Datei zurückgesetzt werden.

Die letzte Zeile des Skriptcodes ist besonders interessant. Response.Write(n)
fügt den Wert von n an der Stelle des Skriptcodes in den HTML-Text ein.
Response ist ein Objekt, das die Antwort des Servers an den Web-Browser darstellt. Sämtlicher HTML-Code der Datei wird von ASP.NET automatisch in dieses Objekt geschrieben. Die von uns generierten Teile müssen hingegen explizit
mit Response.Write hinzugefügt werden (siehe auch Abschnitt 6.7.1).

Virtuelle Verzeichnisse

Bevor wir unsere neue Seite ausprobieren können, müssen wir am lokalen Webserver ein *virtuelles Verzeichnis* anlegen, in das wir die aspx-Datei speichern. Ein
virtuelles Verzeichnis enthält alle zu einer Web-Applikation gehörenden Dateien
(aspx-Seiten, Code, Konfigurationsdateien etc.). Um ein solches Verzeichnis an-
zulegen, öffnen wir die Internet Information Services (Control Panel | Administra-
tive Tools | Internet Information Services) und erhalten das in Abb. 6.3 gezeigte Bild
(hier unter Windows XP in der englischen Version).

Abb. 6.3 *Fenster zur Verwaltung virtueller Verzeichnisse*

Klicken wir nun mit der rechten Maustaste auf Default Web Site und wählen aus
dem aufklappenden Menü New | Virtual Directory, so erscheint ein Wizard, der uns
beim Anlegen eines virtuellen Verzeichnisses hilft. Zuerst werden wir aufgefordert, einen Alias-Namen für unser Verzeichnis anzugeben. Wir tragen dort zum
Beispiel den Namen Samples ein und klicken auf Next. Als Nächstes werden wir
gebeten, einen Pfad zu einem physischen Verzeichnis anzugeben, in dem unsere
aspx-Dateien liegen. Wir können ein beliebiges Verzeichnis anlegen (z.B. C:\MyFi-
les\Samples), diesen Pfad eintragen und auf Next klicken. Es erscheint ein Fenster,
in dem wir Zugriffsrechte setzen können. Für den Anfang belassen wir es bei den
voreingestellten Rechten und klicken Next (wir können alle Einstellungen später

ändern, indem wird mit der rechten Maustaste auf das virtuelle Verzeichnis klicken und Properties wählen). Nachdem wir auf Finish geklickt haben, erscheint unser neues virtuelles Verzeichnis unter Default Web Site. Wir legen nun die Datei First.aspx im gerade angelegten Verzeichnis Samples ab und steuern sie im Web-Browser mittels

    http://localhost/Samples/First.aspx

an, wodurch wir das in Abb. 6.4 gezeigte Bild erhalten. Bei jedem neuen Besuch der Seite erhöht sich der Zähler um 1.

Abb. 6.4 *Darstellung von First.aspx im Web-Browser*

Was geschieht hinter den Kulissen?

Sehen wir uns über das View-Menü des Browsers den HTML-Text der Seite aus Abb. 6.4 an, so lautet er:

```
<html>
    <head> <title>Dynamische ASPX-Seite</title> </head>
    <body>
        <h1>Willkommen</h1>
        Sie sind der 2. Besucher dieser Seite!
    </body>
</html>
```

Der Skriptcode und die Direktiven sind verschwunden. Wir sehen nur den HTML-Text, den ASP.NET aus First.aspx und der Zählerdatei erzeugt hat. Abb. 6.5 zeigt, was beim Anfordern der aspx-Seite geschieht.

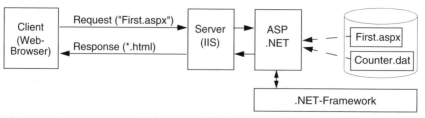

Abb. 6.5 *Anfordern einer Webseite unter ASP.NET*

Die Seitenanforderung wird vom Webserver an ASP.NET weitergeleitet, das aus
First.aspx und Counter.dat unter Zuhilfenahme des .NET-Frameworks eine
HTML-Seite generiert und über den Webserver an den Client zurückgibt.

Serverseitiger Skriptcode in aspx-Dateien

Manche Leser mögen an First.aspx bemängeln, dass der eingebettete C#-Code
den Blick auf das umgebende HTML verstellt. Wir zeigen daher eine leicht abge-
änderte Version namens Second.aspx, in der die Berechnung des Zählerwerts in
eine Methode ausgelagert wird, die zwischen <script>-Marken steht.

```
<%@ Page Language="C#" %>
<%@ Import namespace="System.IO" %>
<html>
    <head>
        <title>Besucherz&auml;hler</title>
        <script Language="C#" Runat="server">
            int CounterValue() {
                FileStream s;
                s = new FileStream("c:\\Data\\Counter.dat", FileMode.OpenOrCreate);
                int n;
                try {
                    BinaryReader r = new BinaryReader(s);
                    n = r.ReadInt32();
                } catch { n = 0; }
                n++;
                s.Seek(0, SeekOrigin.Begin);
                BinaryWriter w = new BinaryWriter(s);
                w.Write(n);
                s.Close();
                return n;
            }
        </script>
    </head>
    <body>
        <h1>Willkommen</h1>
        Sie sind der <%= CounterValue() %>. Besucher dieser Seite!
    </body>
</html>
```

Zwischen den Marken <script> und </script> können beliebige Methoden und
Variablen deklariert werden, die man dann in den Codestücken zwischen <% und
%> ansprechen kann. Man muss die Sprache des Skriptcodes angeben sowie das
Attribut Runat="server". Dieses Attribut ist wichtig und bedeutet, dass der Skriptcode nicht wie JavaScript im Web-Browser, sondern am Server ausgeführt werden soll, wo er ja benötigt wird, um den Zählerwert aus der Datei Counter.dat zu
lesen.

Die Methode CounterValue kann nun an der benötigten Stelle aufgerufen werden. Eigentlich müsste man den gelieferten Zählerwert in der Form

```
<% Response.Write(CounterValue()); %>
```

in den HTML-Strom schreiben. Die Schreibweise

```
<%= CounterValue() %>
```

ist jedoch eine bequeme Kurzform für denselben Zweck.

Methoden gehören wie wir wissen immer zu einer Klasse. Zu welcher Klasse gehört also die von uns deklarierte Methode CounterValue? Sie gehört zur Klasse Second_aspx, die ASP.NET aus der Datei Second.aspx erzeugt und die wie folgt aussieht:

```
namespace ASP {
    ...
    using System.IO;

    public class Second_aspx : System.Web.UI.Page,
        System.Web.SessionState.IRequiresSessionState {
        ...
        int CounterValue() {
            FileStream s;
            s = new FileStream("c:\\Data\\Counter.dat", FileMode.OpenOrCreate);
            ...
            return n;
        }
        ...
        private void __Render__control1(System.Web.UI.HtmlTextWriter __w,
            System.Web.UI.Control parameterContainer) {
            __w.Write("\r\n<html>\r\n\t<head>\r\n\t\t<title>");
            __w.Write("Besucherz&auml;hler</title>\r\n\r\n\t\t");
            __w.Write("\r\n\r\n\t</head>\r\n\t<body>\r\n\t\t<h1>");
            __w.Write("Willkommen</h1>\r\n\t\tSie sind der ");
            __w.Write(CounterValue());
            __w.Write(". Besucher dieser Seite!\r\n\t</body>\r\n</html>\r\n");
        }
    }
}
```

Die von uns geschriebenen Teile sind wieder fett hervorgehoben, der Rest wurde generiert. Wir sehen, dass die Klasse Second_aspx von System.Web.UI.Page abgeleitet ist. Von dort erbt sie eine ganze Menge von Verhalten, das allen aspx-Seiten gemeinsam ist. Die Methode __Render__control1 erzeugt den HTML-Text für diese Seite einschließlich unseres Zählerwerts. Das Ergebnis im Web-Browser ist wieder dasselbe wie in Abb. 6.4.

Wenn die Datei Second.aspx von einem Web-Browser angefordert wird, sieht ASP.NET zuerst nach, ob die Klasse Second_aspx bereits in compilierter Form vorliegt. Wenn nicht, wird sie wie oben beschrieben generiert und compiliert. Anschließend erzeugt ASP.NET ein neues Objekt dieser Klasse, das schließlich seine Render-Methode aufruft, um den HTML-Text zu erzeugen. Dieser wird dann an den Browser zurückgegeben. Eine aspx-Datei wird also nie explizit vom Entwickler compiliert. Das macht ASP.NET automatisch im Hintergrund.

Hintergrundcode

Manchen Lesern mag selbst Second.aspx noch zu aufgebläht vorkommen. Es wäre besser, den C#-Code völlig vom HTML-Code zu trennen und in eine eigene Datei zu schreiben. Dann hätten Web-Designer und Programmierer getrennte Dokumente, mit denen sie unabhängig voneinander arbeiten können.

In ASP.NET geht das wie folgt: Die aus einer aspx-Datei generierte Klasse ist wie wir gesehen haben von der Klasse Page abgeleitet. Wir können sie allerdings auch von einer selbst geschriebenen partiellen Klasse (z.B. CounterPage) ableiten, die ihrerseits von Page abgeleitet ist. CounterPage können wir dann in einer eigenen Datei CounterPage.cs implementieren. Man nennt solche Dateien *Hintergrundcode (code behind)*. Alle Felder und Methoden von CounterPage werden von der generierten Seiten-Klasse geerbt und können daher dort verwendet werden. Die Datei CounterPage.cs sieht wie folgt aus:

```
using System.IO;

public partial class CounterPage : System.Web.UI.Page {
    public int CounterValue() {
        FileStream s = new FileStream("c:\\Data\\Counter.dat", FileMode.OpenOrCreate);
        int n;
        try {
            BinaryReader r = new BinaryReader(s);
            n = r.ReadInt32();
        } catch { n = 0; }
        n++;
        s.Seek(0, SeekOrigin.Begin);
        BinaryWriter w = new BinaryWriter(s);
        w.Write(n);
        s.Close();
        return n;
    }
}
```

In unserer dritten Version der Zählerseite (Third.aspx) müssen wir nur noch angeben, von welcher Klasse die Seite abgeleitet sein soll (Inherits="CounterPage") und wo der Code dieser Klasse zu finden ist (CodeFile="CounterPage.cs"). Diese Angaben erfolgen in der *Page-Direktive*. Damit schrumpft Third.aspx auf folgendes Codestück zusammen:

```
<%@ Page Language="C#" Inherits="CounterPage" CodeFile="CounterPage.cs" %>
<html>
    <head>
        <title>Besucherz&auml;hler</title>
    </head>
    <body>
        <h1>Willkommen</h1>
        Sie sind der <%= CounterValue() %>. Besucher dieser Seite!
    </body>
</html>
```

Wenn wir Third.aspx im Web-Browser öffnen, erhalten wir wieder das Bild aus Abb. 6.4.

ASP.NET erzeugt aus Third.aspx eine Klasse Third_aspx, die aber diesmal von CounterPage erbt (siehe Abb. 6.6). Außerdem wird noch eine weitere zu CounterPage gehörende partielle Klasse mit einigen Deklarationen generiert. Die Methode CounterValue gehört nun zur Klasse CounterPage und wird an Third_aspx vererbt, so dass wir sie dort benutzen können. Der Rest ist wie oben beschrieben.

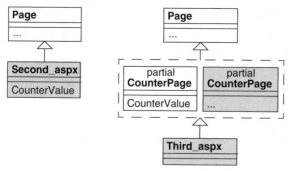

Abb. 6.6 *Vererbungshierarchie von Seiten-Klassen ohne und mit Hintergrundcode (die grauen Teile wurden von ASP.NET erzeugt)*

6.2   Einfache Web-Formulare

Die meisten interaktiven Webseiten ähneln Formularen. Sie bestehen aus Textfeldern, Auswahllisten, Markierungskästchen (*checkboxes*) und dergleichen. Der Benutzer füllt sie aus und drückt dann einen Knopf, wodurch die eingegebenen Daten an einen Empfänger geschickt werden, der sie auswertet.

Formulare spielen in ASP.NET unter dem Namen *Web-Formulare* (*Web Forms*) eine wichtige Rolle. Es gibt aber auch bereits in HTML die Möglichkeit, Formulare zu gestalten. Da Web-Formulare ähnlich aufgebaut sind, sehen wir uns zuerst HTML-Formulare an, bevor wir uns mit Web-Formularen beschäftigen.

HTML-Formulare

Ein HTML-Dokument kann beliebig viele Formulare enthalten, die durch <form>-Marken beschrieben werden. Jedes Formular enthält Formularelemente wie zum Beispiel

Textfelder	`<input type="text" ...>`	Text
Buttons	`<input type="button" ...>`	click me
Checkboxes	`<input type="checkbox" ...>`	☐ check box
Radiobuttons	`<input type="radio" ...>`	○ radio button
Auswahllisten	`<select ...> ... </select>`	London ▾

Eine Beschreibung all dieser Elemente würde den Rahmen dieses Buches sprengen, kann aber zum Beispiel unter [HTML1] nachgelesen werden. Es soll hier reichen, ein Beispiel eines HTML-Formulars zu betrachten.

```
...
<body>
    <h2>Anmeldeformular</h2>
    <form action="mailto:office@dotnet.jku.at" method="post">
        <input type="text" name="vorname"> Vorname<br>
        <input type="text" name="nachname"> Nachname<br>
        <input type="radio" name="sex" value="male" checked> m&auml;nnlich
        <input type="radio" name="sex" value="female"> weiblich<br><br>
        <input type="submit" value="Abschicken">
    </form>
</body>
```

Speichert man diesen Text in einer Datei und öffnet sie mit einem Web-Browser, so erhält man das in Abb. 6.7 gezeigte Bild.

Abb. 6.7 *HTML-Formular im Web-Browser*

Wenn wir nun als Vornamen "Charly" und als Nachnamen "Brown" eingeben und auf »Abschicken« klicken, werden die Daten als E-Mail an office@dotnet.jku.at geschickt, wie wir das im <form>-Element angegeben haben. Die Namen und Werte der Formularelemente werden dabei folgendermaßen codiert:

```
vorname=Charly
nachname=Brown
sex=male
```

Diese Codierung entspricht der Angabe method="post": Die Daten werden als Name-Wert-Paare in den Eingabestrom des Empfängers geschrieben. Hätten wir stattdessen angegeben

```
<form action="http://localhost/Samples/Foo.asp" method="get">
```

so wäre vom Browser die Seite Foo.asp angefordert worden und die Daten wären als Name-Wert-Paare an die Adresse der Seite angehängt worden, also

```
http://localhost/Samples/Foo.asp?vorname=Charly&nachname=Brown&sex=male
```

In beiden Fällen ist der Empfänger dafür verantwortlich, die Daten zu lesen und zu decodieren. Bei HTML-Formularen gibt es drei Arten von Empfängern:

- ❏ ein E-Mail-Empfänger, z.B. action="mailto:office@dotnet.jku.at"
- ❏ ein Programm, z.B. action="http://dotnet.jku.at/cgi-bin/myprog"
- ❏ eine Webseite, z.B. action="http://dotnet.jku.at/foo/bar.asp"

Programme, die Formulardaten auswerten, können in einer beliebigen Sprache wie C, *Pascal* oder *Perl* geschrieben sein und werden vom Webserver über das CGI-Protokoll (*Common Gateway Interface* [CGI]) aufgerufen. Nach Auswertung der Formulardaten baut das Programm einen neuen HTML-Text auf und schickt ihn an den Browser zurück, der ihn als Webseite anzeigt.

Formulardaten können auch an eine Webseite geschickt werden, die mit ASP (*Active Server Pages* [Kra02]), JSP (*Java Server Pages* [Tur01]) oder PHP (*Hypertext Processor* [PHP]) codiert ist und ähnlich wie in Abschnitt 6.1 HTML und Skriptcode zu einer neuen HTML-Seite verarbeitet und an den Browser zurückschickt.

Abgesehen davon, dass das Schreiben von CGI-Programmen oder ASP-Seiten mehr Aufwand erfordert als die Benutzung von ASP.NET, bieten HTML-Formulare nur eingeschränkte Ausdrucksmöglichkeiten. Zum einen gibt es nur eine beschränkte Anzahl von Formularelementen, die von HTML vorgegeben sind und nicht erweitert werden können. Zum anderen passen HTML-Formularelemente nicht zum objektorientierten Programmiermodell von ASP.NET, in dem sowohl Webseiten als auch die darin vorkommenden GUI-Elemente *Objekte* sind, die in C#-Programmen wie gewöhnliche Objekte angesprochen werden können. HTML-Elemente können zwar in Skriptsprachen wie JavaScript als Objekte angesprochen werden, nicht aber in compilierten Sprachen wie C#. Aus diesem Grund bietet ASP.NET eine eigene Menge von Formularelementen, die jedoch denen von HTML ähneln.

Beispiel eines Web-Formulars

Web-Formulare werden wie HTML-Formulare durch <form>-Elemente beschrieben, die aber das Attribut Runat="server" tragen, was bedeutet, dass sie serverseitig ausgewertet werden. Die Steuerelemente in einem Web-Formular (z.B. Textfelder, Buttons, Checkboxes) heißen *Web Controls* und haben die allgemeine Form

```
<asp:ClassName PropertyName="value" ... Runat="server" > ... </asp:ClassName>
```

oder auch

```
<asp:ClassName PropertyName="value" ... Runat="server" />
```

Jedes Steuerelement wird durch eine gleichnamige Klasse aus dem Namensraum System.Web.UI.WebControls implementiert und mit dem Namen dieser Klasse im Formular angesprochen. Die Klasse Button wird z.B. als <asp:Button ...> codiert. Jedes Property einer Steuerelement-Klasse kann als Attribut des <asp>-Elements angegeben werden. Ein Button hat z.B. ein Property Text, das seine Beschriftung enthält und durch <asp:Button Text="OK" ...> gesetzt werden kann. Alle Steuerelemente haben ein Property namens ID, das den Namen des Elements angibt. Über diesen Namen kann das Element im Code wie eine Variable angesprochen werden.

Als Beispiel wollen wir nun ein Web-Formular erstellen, das es uns erlaubt, Geldbeträge aufzuaddieren und den aktuellen Kassenstand anzuzeigen. Wir benötigen dazu ein Textfeld, in dem wir einen Betrag eingeben können, einen Button, um die Eingabe zu bestätigen, und einen statischen Text, der den Kassenstand anzeigt. Diese Steuerelemente werden uns bereits durch die Klassen TextBox, Button und Label zur Verfügung gestellt. Wir brauchen sie nur noch in ein <form>-Element einzubetten und in eine aspx-Datei zu schreiben, die z.B. Adder.aspx heißen soll.

```
<%@ Page Language="C#" %>
<html>
    <head> <title>Kassenstand</title> </head>
    <body>
        <form method="post" Runat="server">
            <b>Kassenstand:</b>
            <asp:Label ID="total" Text="0" Runat="server"/> Euro<br><br>
            <asp:TextBox ID="amount" Runat="server"/>
            <asp:Button ID="ok" Text="Einzahlen" Runat="server" />
        </form>
    </body>
</html>
```

Die drei Steuerelemente tragen die Namen total, amount und ok. Die Kassen-
standsanzeige wird mit "0" initialisiert und der Button trägt die Beschriftung "Einzahlen". Nicht zu vergessen ist das Attribut Runat="server", das bei allen Steuerelementen und auch im <form>-Element angegeben werden muss. Beachten Sie
bitte, dass Web-Formulare im Gegensatz zu HTML-Formularen nur ein einziges
<form>-Element enthalten dürfen.

Manche Steuerelemente wie zum Beispiel Label erlauben statt des Text-
Attributs auch folgende Schreibweise:

```
<asp:Label ID="total" Runat="server"> 0 </asp:Label>
```

Wenn wir Adder.aspx in unserem virtuellen Verzeichnis Samples abgelegt haben,
können wir den Browser auf

```
http://localhost/Samples/Adder.aspx
```

richten und erhalten das in Abb. 6.8 gezeigte Bild. Das erstmalige Anzeigen dau-
ert etwas länger, weil die Klasse Adder_aspx erzeugt und übersetzt werden muss.
Wenn wir die Seite später noch einmal anzeigen, geht das wesentlich schneller.

Abb. 6.8 *Erscheinungsbild von Adder.aspx im Web-Browser*

Aus Neugier sehen wir uns über das View-Menü des Browsers den HTML-Code
der Seite an und staunen. Er enthält reines HTML. Alle <asp>-Elemente sind verschwunden und wurden durch äquivalente HTML-Marken ersetzt:

```
<html>
    <head> <title>Kassenstand</title> </head>
    <body>
        <form name="_ctl0" method="post" action="Adder.aspx" id="_ctl0">
            <input type="hidden" name="__VIEWSTATE"
                value="dDwxNTg0NTEzNzMyMyOzs+" />
            <b>Kassenstand:</b>
            <span id="total"> 0 </span> Euro<br><br>
            <input name="amount" type="text" id="amount" />
            <input type="submit" name="ok" value="Einzahlen" id="ok" />
        </form>
    </body>
</html>
```

ASP.NET konvertiert also seine eigenen Steuerelemente in Standard-HTML-Elemente. Dadurch wird garantiert, dass das vom Server gelieferte Dokument von jedem beliebigen Web-Browser angezeigt werden kann, obwohl auf der Serverseite mit C# und dem .NET-Framework gearbeitet wurde, das dem Web-Browser auf der Clientseite unter Umständen nicht zur Verfügung steht.

Im obigen HTML-Code sehen wir noch eine andere Merkwürdigkeit: Es wurde ein Element <input type="hidden" ...> eingefügt, das einen seltsam codierten Wert enthält. Das ist der Zustand des Formulars, in dem alle Werte der Steuerelemente codiert wurden. ASP.NET benötigt diese Information, wenn das Formular ausgefüllt wieder zurückgeschickt wird. Näheres dazu werden wir uns im Abschnitt 6.7.2 ansehen.

Bis jetzt wird unsere Seite lediglich angezeigt, leistet aber noch nichts Sinnvolles. Wir wollen erreichen, dass ein Klick auf »Einzahlen« den im Textfeld eingegebenen Betrag zum Kassenstand addiert und diesen auf der Seite anzeigt.

Ein Klick auf einen Button löst ein Ereignis aus, das wir abfangen und behandeln können. Wir brauchen dazu nur dem Click-Ereignis des Buttons eine Ereignismethode zuzuweisen (z.B. eine Methode namens ButtonClick)

```
<asp:Button ID="ok" Text="Einzahlen" Runat="server" OnClick="ButtonClick" />
```

und sie in einer partiellen Klasse AdderPage zu implementieren, die wir in einer Hintergrunddatei Adder.aspx.cs abspeichern:

```
using System;

public partial class AdderPage : System.Web.UI.Page {

    public void ButtonClick (object sender, EventArgs e) {
        int totalVal = Convert.ToInt32(total.Text);
        int amountVal = Convert.ToInt32(amount.Text);
        total.Text = (totalVal + amountVal).ToString();
    }
}
```

Die Verbindung zwischen Adder.aspx und Adder.aspx.cs schaffen wir über die Attribute Inherits und CodeFile in der Page-Direktive von Adder.aspx:

```
<%@ Page Language="C#" Inherits="AdderPage" CodeFile="Adder.aspx.cs" %>
...
```

ASP.NET sorgt nun dafür, dass bei einem Klick auf den Button »Einzahlen« die Methode ButtonClick aufgerufen wird. Dort kann auf die Werte der anderen Steuerelemente (amount.Text und total.Text) zugegriffen werden. Deren Summe wird wieder nach total.Text gespeichert und schon sehen wir auf unserer Webseite den veränderten Kassenstand (siehe Abb. 6.9).

Abb. 6.9 *Anzeige des Web-Formulars nach Addition von 25 Euro*

Man beachte, dass das Textfeld auch nach Klicken des Buttons noch den Wert 25 hat. ASP.NET bewahrt den Zustand aller Steuerelemente auf, im Gegensatz zur älteren ASP-Technologie, bei der der Programmierer dafür sorgen musste, dass der Zustand der Steuerelemente vor jedem neuen Anzeigen der Seite wiederhergestellt wird.

Wir haben hier ein stark vereinfachtes Bild der Abläufe gezeichnet, die bei einem Klick auf den Button »Einzahlen« stattfinden. Im nächsten Kapitel wollen wir einen Blick hinter die Kulissen werfen und uns ansehen, wie Ereignisse in ASP.NET behandelt werden.

6.3   Ereignisbehandlung in ASP.NET

Web-Formulare folgen einem *ereignisgesteuerten* Modell. Jede Benutzerinteraktion wie zum Beispiel ein Klick auf einen Button, das Ausfüllen eines Textfelds, das Ankreuzen einer Checkbox oder die Auswahl eines Eintrags aus einer Auswahlliste löst ein Ereignis aus, auf das der Programmierer reagieren kann. Es gibt aber auch Ereignisse, die ohne Zutun des Benutzers ausgelöst werden, wie etwa beim Laden einer Webseite oder unmittelbar bevor ein Steuerelement nach HTML abgebildet wird. Wir sehen uns in diesem Kapitel an, wie Ereignisse ausgelöst und wie sie behandelt werden.

Rundreise einer Webseite

Ereignisse werden normalerweise vom Benutzer im Web-Browser ausgelöst. Man kann sie entweder direkt im Browser (also am Client) oder am Server behandeln.

Soll ein Ereignis am Client behandelt werden, muss der entsprechende Code in einer Skriptsprache wie *JavaScript* oder *VBScript* geschrieben sein. Diese Art der Ereignisbehandlung hat nichts mit ASP.NET zu tun und wir werden uns daher auch nicht weiter darum kümmern (siehe z.B. [Koch01]).

Soll ein Ereignis am Server behandelt werden, muss es zusammen mit den Inhalten der Seite an den Server geschickt werden. Dort wird eine Behandlungsmethode aufgerufen, die die Seite auswertet, eventuell neu befüllt und an den

Client zurückschickt, der sie wieder im Web-Browser anzeigt. Man nennt diesen
Zyklus eine *Rundreise (round trip)*.

Nicht alle Ereignisse lösen eine Rundreise aus, sondern nur so genannte
Rücksendeereignisse (postback events), zu denen Button-Klicks gehören. Wenn
hingegen ein Textfeld geändert, eine Checkbox angekreuzt oder ein Eintrag einer
Liste ausgewählt wird, wird das entsprechende Ereignis lediglich zwischengespeichert und erst bei der nächsten Rundreise behandelt. Man nennt diese Ereignisse
daher *verzögerte Ereignisse (cached events)*.

Manchmal möchte man jedoch, dass auch ein verzögertes Ereignis sofort bei
seinem Auftreten zu einer Rundreise führt. In diesem Fall muss man im entsprechenden Steuerelement das Attribut AutoPostBack="true" angeben, z.B.:

```
<asp:TextBox ID="amount" Runat="server" AutoPostBack="true" />
```

Wenn man den Wert dieses Textfelds ändert und die Eingabetaste drückt oder
den Cursor an eine andere Stelle setzt, wird ein TextChanged-Ereignis ausgelöst,
das sofort zu einer Rundreise führt und am Server behandelt werden kann.

Bei jeder Rundreise wird ein neues Objekt der Seiten-Klasse erzeugt und mit
neuen Objekten der Steuerelemente gefüllt. Damit ein Webserver beliebig viele
Klienten bedienen kann, ist er *zustandslos*, d.h., er merkt sich nicht, wie eine Seite
das letzte Mal ausgesehen hat. Der Zustand der Seite und ihrer Steuerelemente
muss also in der Seite selbst codiert und bei jeder Rundreise mitgeschickt werden.

Ereignisbehandler

Ereignisse führen zum Aufruf von Methoden, die folgender Delegate-Schnitt-
stelle entsprechen:

```
delegate void EventHandler(object sender, EventArgs args);
```

Der erste Parameter bezeichnet das Objekt, das das Ereignis ausgelöst hat (z.B.
den Button, auf den geklickt wurde). Der zweite Parameter enthält Ereignispara-
meter, falls das Ereignis welche hat. Die meisten Ereignisse sind parameterlos.
args hat in diesem Fall den Wert EventArgs.Empty und wird ignoriert.

Jedes Steuerelement besitzt eine Reihe von Events, denen Methoden zur Ereignisbehandlung zugewiesen werden können. Die Klasse Button hat zum Beispiel ein
Event Click, in dem Ereignisbehandler für Mausklicks gespeichert werden können:

```
class Button : System.Web.UI.WebControl {
    public event EventHandler Click;
    ...
}
```

Wenn der Hintergrundcode einer Webseite eine Methode ButtonClick enthält

```
public void ButtonClick(object sender, EventArgs e) { ...}
```

so können wir diese wie folgt als Ereignisbehandler eines Buttons ok installieren:

```
ok.Click += ButtonClick;
```

Nichts anderes geschieht, wenn ASP.NET die Zeile

```
<asp:Button ID="ok"... OnClick="ButtonClick" />
```

übersetzt: ButtonClick wird als Ereignisbehandler für ok installiert.

Ereignisarten

Alle Steuerelemente eines Web-Formulars einschließlich der Webseite selbst sind von der Klasse System.Web.UI.Control abgeleitet (siehe Abb. 6.10).

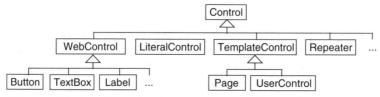

Abb. 6.10 *Die Klasse* Control *und einige ihrer Unterklassen*

Control deklariert einige Standardereignisse, auf die alle Unterklassen reagieren können. Diese Ereignisse sind in Tabelle 6.1 zusammengefasst.

Tabelle 6.1 *Standardereignisse der Klasse Control*

Ereignis	Wann tritt es auf?
Init	Ausgelöst, nachdem alle Control-Objekte der Seite erzeugt wurden. Es können hier Initialisierungen vorgenommen werden.
Load	Ausgelöst, nachdem die vom Browser geschickten Daten in das Control-Objekt eingetragen wurden.
DataBinding	Ausgelöst, wenn das Control-Objekt an eine bestimmte Datenquelle gebunden wird (siehe Abschnitt 6.4.9).
PreRender	Ausgelöst, bevor die Render-Methode dieses Control-Objekts aufgerufen wird, bevor also HTML für dieses Objekt erzeugt wird.
Unload	Ausgelöst, bevor das Control-Objekt aus dem Speicher entfernt wird. Es können hier Abschlussarbeiten stattfinden.

Neben diesen Standardereignissen können bestimmte Steuerelemente auch ihre eigenen Ereignisse auslösen. Tabelle 6.2 gibt einige Beispiele dafür.

Tabelle 6.2 *Spezifische Ereignisse einzelner Steuerelemente*

Steuerelement	Ereignis	Was wird durch das Ereignis signalisiert?
Button	Click	Der Button wurde angeklickt.
TextBox	TextChanged	Der Inhalt des Textfelds wurde geändert.
CheckBox	CheckedChanged	Die Checkbox wurde angekreuzt.
ListControl	SelectedIndexChanged	Es wurde ein neuer Eintrag der Liste gewählt.

Click ist ein *Rücksendeereignis*, das eine Rundreise der Seite auslöst. Alle anderen Ereignisse aus Tabelle 6.2 sind *verzögerte Ereignisse*, die erst bei der nächsten Rundreise behandelt werden. Die Standardereignisse aus Tabelle 6.1 treten bei jeder Rundreise automatisch auf und beschreiben den *Lebenszyklus* einer Seite.

Jedem Ereignis *Evt* eines Steuerelements *Ctrl* kann ein Ereignisbehandler zugewiesen werden, und zwar entweder in der aspx-Seite mit

```
<asp:Ctrl ID="ctrlName" Runat="server" OnEvt="EvtHandler" />
```

oder im Hintergrundcode mittels

```
ctrlName.Evt += EvtHandler;
```

Lebenszyklus einer aspx-Seite

Bei jeder Rundreise wird ein neues Seiten-Objekt erzeugt, das in einer genau festgelegten Reihe von Schritten verarbeitet wird und schließlich einen HTML-Strom generiert, der an den Web-Browser zurückgeschickt wird. Diese Schritte definieren den *Lebenszyklus* der Seite und der in ihr enthaltenen Objekte.

1. **Erzeugung.** Das Seiten-Objekt und alle in ihm enthaltenen Steuerelemente werden erzeugt und zu einem Baum verkettet. Die in Abb. 6.8 dargestellte Seite führt zum Beispiel zu dem in Abb. 6.11 gezeigten Baum.

Abb. 6.11 *Baum der Steuerelemente aus Abb. 6.8*

2. **Initialisierung.** Für alle Steuerelemente und anschließend für das Seiten-Objekt wird ein Init-Ereignis ausgelöst. Die Objekte können darauf reagieren, indem sie nötigenfalls Initialisierungen vornehmen.

3. **Laden.** Zunächst wird für alle Objekte der Seite der Zustand vor der letzten Rundreise aus dem hidden-Feld namens __VIEWSTATE restauriert, das in den HTML-Code der Seite eingeschleust wurde. Anschließend werden die vom Benutzer eingegebenen und vom Web-Browser geschickten Daten in die Steuerelemente eingetragen. Zum Schluss wird für das Seiten-Objekt und dann für alle Steuerelemente ein Load-Ereignis ausgelöst, auf das der Programmierer reagieren kann.

4. **Aktionen.** Diese Phase enthält die eigentliche Logik der Seite. Zunächst werden alle verzögerten Ereignisse für Steuerelemente dieser Seite ausgelöst (z.B. TextChanged). Anschließend wird das Rücksendeereignis (z.B. Click) behandelt, das die Rundreise ausgelöst hat.

5. **Abbildung nach HTML.** Hier wird für alle Objekte des in Abb. 6.11 gezeigten Baums top-down ein PreRender-Ereignis ausgelöst, bei dem der Programmierer Gelegenheit hat, noch irgendwelche Änderungen vorzunehmen, bevor die Objekte nach HTML abgebildet werden. Anschließend wird für alle Objekte die Methode SaveViewState aufgerufen, die den Zustand des Objekts im hidden-Feld __VIEWSTATE ablegt. Zum Schluss wird für alle Objekte des Baums die Render-Methode aufgerufen, die für jedes Objekt entsprechenden HTML-Code erzeugt.

6. **Entladen.** In der letzten Phase wird für jedes Objekt die Dispose-Methode aufgerufen und anschließend das Unload-Ereignis ausgelöst, bei dem eventuelle Abschlussarbeiten (z.B. das Schließen von Dateien) vorgenommen werden können.

In ASP.NET 2.0 wurden noch einige weitere Ereignisse eingeführt, die bei der Verarbeitung einer Webseite auftreten. Das neue Ereignis PreInit wird ausgelöst, bevor die Steuerelemente der Seite erzeugt werden. Es wird zum Beispiel benötigt, um das Layout-Thema der Seite festzulegen (siehe Abschnitt 6.10.1). Ferner gibt es das neue Ereignis PreLoad, das vor dem Laden des Seitenzustands ausgelöst wird, sowie die Ereignisse LoadComplete und PreRenderComplete, die auftreten, wenn die Load-Phase bzw. die PreRender-Phase abgeschlossen sind. Diese Ereignisse werden allerdings kaum benötigt und daher hier nicht weiter besprochen.

Ein Beispiel soll uns nun davon überzeugen, dass die Ereignisse tatsächlich in der oben angegebenen Reihenfolge auftreten. Dazu schreiben wir Ereignisbehandler für die Seite und den Button in Adder.aspx und geben darin Hilfsdrucke aus.

Um die Ereignisbehandler einer Seite zu setzen, gibt es eine vereinfachte Möglichkeit: Wenn in der Page-Direktive der aspx-Datei das Attribut AutoEventWireup="true" gesetzt wird, werden Methoden mit dem Namen Page_*EventName* automatisch an das Ereignis *EventName* der Seiten-Klasse gebunden. Adder.aspx sieht somit wie folgt aus:

```
<%@ Page Language="C#" Inherits="AdderPage" CodeFile="Adder.aspx.cs"
   AutoEventWireup="true" %>
<html>
   <head> <title>Kassenstand</title> </head>
   <body>
      <form method="post" Runat="server">
         <b>Kassenstand:</b>
         <asp:Label ID="total" Runat="server"> 0 </asp:Label>
         Euro<br><br>
         <asp:TextBox ID="amount" Runat="server" />
         <asp:Button ID="ok" Text="Einzahlen" Runat="server" OnInit="ButtonInit" />
      </form>
   </body>
</html>
```

In der Hintergrunddatei Adder.aspx.cs stehen die Ereignisbehandler mit den Hilfsdrucken:

```
using System;
using System.IO;

public partial class AdderPage : System.Web.UI.Page {
   private StreamWriter w = File.CreateText("trace.txt");

   private void Put(string s) { w.WriteLine(s); }

   //----- automatisch verknüpfte Ereignisbehandler von Page
   public void Page_Init(object sender, EventArgs e){
      Put("Page.Init ");
      ok.Load += new EventHandler(ButtonLoad);
      ok.Click += new EventHandler(ButtonClick);
      ok.PreRender += new EventHandler(ButtonPreRender);
      ok.Unload += new EventHandler(ButtonUnload);
   }
   public void Page_Load(object sender, EventArgs e) { Put("Page.Load"); }
   public void Page_PreRender(object sender, EventArgs e) { Put("Page.PreRender"); }
   public void Page_Unload(object sender, EventArgs e) { Put("Page.Unload"); w.Close();}

   //----- in Page_Init manuell verknüpfte Ereignisbehandler des Buttons ok
   public void ButtonClick(object sender, EventArgs e) {
      Put("Button.Click");
      int totalVal = Convert.ToInt32(total.Text);
      int amountVal = Convert.ToInt32(amount.Text);
      total.Text = (totalVal + amountVal).ToString();
   }
   public void ButtonInit(object sender, EventArgs e) { Put("Button.Init"); }
   public void ButtonLoad(object sender, EventArgs e) { Put("Button.Load"); }
   public void ButtonPreRender(object sender, EventArgs e) { Put("Button.PreRender"); }
   public void ButtonUnload(object sender, EventArgs e) { Put("Button.Unload"); }
}
```

Für das Init-Ereignis der Seite wird wegen AutoEventWireup automatisch Page_Init als Ereignisbehandler installiert. In dieser Methode installieren wir dann die Ereignisbehandler des Buttons ok. Die Hilfsdrucke werden in die Datei trace.txt geschrieben und wir erhalten:

```
Button.Init
Page.Init
Page.Load
Button.Load
Button.Click
Page.PreRender
Button.PreRender
Button.Unload
Page.Unload
```

Beachten Sie bitte, dass der Init-Ereignisbehandler des Buttons ok nicht in Page_Init gesetzt werden kann, weil das Init-Ereignis für den Button bereits vor dem Init-Ereignis für die Seite kommt. Wir müssen die Verknüpfung daher in Adder.aspx mittels OnInit="ButtonInit" vornehmen.

6.4   Steuerelemente für Web-Formulare

ASP.NET bietet eine Fülle von Steuerelementen, von denen wir bis jetzt lediglich TextBox, Button und Label kennen. Neben den vordefinierten Steuerelementen kann der Programmierer aber auch eigene entwickeln, solange diese auf HTML abbildbar sind (siehe Abschnitt 6.6). Auf diese Weise lassen sich maßgeschneiderte Web-Oberflächen gestalten.

6.4.1   Control

Die Basisklasse aller Steuerelemente ist System.Web.UI.Control. Von ihr sind nicht nur Web-Steuerelemente abgeleitet, sondern auch die Klasse Page, die die Basisklasse unserer Webseiten ist. Abb. 6.10 zeigt einen kleinen Auszug der von Control abgeleiteten Klassen.

Control deklariert eine Reihe von Properties, Methoden und Events, die von allen Unterklassen geerbt werden. Hier ist ein Auszug ihrer Schnittstelle:

```
public class Control : IComponent,IDisposable,IParserAccessor,IDataBindingsAccessor {
    //----- Properties
    public virtual string ID { get; set; }
    public virtual ControlCollection Controls { get; }
    public virtual Control Parent { get; }
    public virtual Page Page { get; set; }
    public virtual bool Visible { get; set; }
    protected virtual StateBag ViewState { get; }
```

```
        public virtual bool EnableViewState { get; set; }
        ...
        //----- Methoden
        public virtual bool HasControls();
        public virtual Control FindControl(string id);
        public void RenderControl(HtmlTextWriter w);
        public virtual void DataBind();
        protected virtual void LoadViewState(object savedState);
        protected virtual object SaveViewState();
        protected virtual void Render(HtmlTextWriter w);
        ...

        //----- Events
        public event EventHandler Init;
        public event EventHandler Load;
        public event EventHandler DataBinding;
        public event EventHandler PreRender;
        public event EventHandler Unload;
        ...
    }
```

Properties. Das Property ID enthält den Namen des Steuerelements, der auch bei der Deklaration im Hintergrundcode einer Seiten-Klasse angegeben wird. Falls ein Control-Objekt strukturiert ist (z.B. ListBox oder Page), enthält es innere Steuerelemente, auf die über Controls zugegriffen werden kann. Umgekehrt liefert Parent das umgebende Steuerelement, falls eines existiert. Das Property Page erlaubt den Zugriff auf die Seite, zu der das Element gehört.

Wenn man ein Steuerelement auf einer Webseite ausblenden möchte, kann man das Property Visible auf false setzen. In diesem Fall wird das Element nicht nach HTML abgebildet und daher auch nicht angezeigt.

Der Zustand einer Seite wird vom Server in einem versteckten HTML-Feld codiert und von einer Rundreise zur nächsten aufbewahrt. Die Daten der Steuerelemente werden dabei automatisch gerettet und später wieder restauriert. Daneben kann der Programmierer aber auch selbst definierte Zustandsinformationen im Property ViewState eines Control-Objekts ablegen. Möchte man sich zum Beispiel merken, wie oft der Benutzer bereits auf einen Button geklickt hat, kann man das wie folgt implementieren:

```
    public void ButtonClick(object button, EventArgs e) {
        int clicks = 0;
        if (this.ViewState["NoOfClicks"] != null) clicks = (int)this.ViewState["NoOfClicks"];
        this.ViewState["NoOfClicks"] = ++clicks;
    }
```

Die Anzahl der Klicks wird hier im ViewState der Seite selbst abgelegt. Er wird automatisch gerettet und bei der nächsten Rundreise restauriert. ViewState hat die Sichtbarkeit protected, weshalb es in diesem Beispiel nicht möglich ist, auf ViewState des Buttons zuzugreifen. Bei selbst geschriebenen Steuerelementen kann eine derartige Information aber direkt als Zustand des Steuerelements abgelegt werden. Will man verhindern, dass ein Steuerelement seinen Zustand bis zum nächsten Mal aufbewahrt, kann man das Property EnableViewState auf false setzen.

Alle Properties mit der Sichtbarkeit public können nicht nur im Hintergrundcode einer Seite, sondern auch in der aspx-Datei gesetzt werden, zum Beispiel:

```
<asp:Button ID="ok" EnableViewState="false" Runat="server" />
```

Methoden. Die Methoden eines Steuerelements werden von Programmierern nur selten benötigt. Mit HasControls() kann man abfragen, ob ein Steuerelement innere Elemente hat. Mit FindControl(id) lässt sich das innere Steuerelement mit dem Namen id finden. Durch Aufruf von RenderControl wird die protected-Methode Render angestoßen, die das Steuerelement nach HTML übersetzt.

Die Methode DataBind wird verwendet, um Steuerelemente mit Werten aus einer Datenbank zu füllen. Wir werden das in Abschnitt 6.4.9 näher besprechen.

Von den protected-Methoden wollen wir nur LoadViewState und SaveViewState erwähnen, die beide von ASP.NET aufgerufen werden. SaveViewState speichert den Zustand eines Steuerelements in ein object-Array und gibt dieses als Funktionswert zurück. Das Array wird in das Feld __VIEWSTATE der Webseite verpackt. Bei der nächsten Rundreise wird das object-Array wieder aus __VIEWSTATE entnommen und als Parameter an die Methode LoadViewState übergeben, die den Zustand des Steuerelements damit restauriert.

Events. Die Ereignisse Init, Load, DataBinding, PreRender und Unload haben wir schon in Abschnitt 6.3 besprochen. Sie werden in Control deklariert und an alle Steuerelement-Klassen vererbt.

6.4.2 WebControl

Die für unsere Zwecke wichtigste Unterklasse von Control ist WebControl. Sie ist die Basisklasse aller grafischen Steuerelemente einer Webseite. Hier ist ein Auszug der von WebControl abgeleiteten Klassen, wobei die Klassenhierarchie durch Einrückungen dargestellt ist:

```
WebControl
-  Button
-  TextBox
-  Label
      -  BaseValidator
            -  RequiredFieldValidator
            -  BaseCompareValidator
            -  CustomValidator
            -  RegularExpressionValidator
-  CheckBox
      -  RadioButton
```

- ListControl
    - ListBox
    - DropDownList
    - CheckBoxList
    - RadioButtonList
- Image
    - ImageButton
- HyperLink
- LinkButton
- Table
- TableCell
    - TableHeaderCell
- TableRow
    - DataGridItem
- BaseDataList
    - DataList
    - DataGrid
- DataListItem
- AdRotator
- Calendar
- ValidationSummary
- ...

Wir werden nur die wichtigsten dieser Klassen besprechen. Vorher wollen wir uns aber noch ansehen, welche Properties von WebControl angeboten werden und die somit alle Web-Steuerelemente gemeinsam haben:

```
public class WebControl : Control, IAccessor {
    //----- Properties
    public virtual Unit Width { get; set; }
    public virtual Unit Height { get; set; }
    public virtual FontInfo Font { get; set; }
    public virtual Color ForeColor { get; set; }
    public virtual Color BackColor { get; set; }
    public virtual Unit BorderWidth { get; set; }
    public virtual Color BorderColor { get; set; }
    public virtual BorderStyle BorderStyle { get; set; }
    public virtual bool Enabled { get; set; }
    public virtual short TabIndex { get; set; }
    public virtual string ToolTip { get; set; }
    ...
}
```

Mittels der Properties Width und Height lässt sich die Breite und Höhe eines Steuerelements festlegen. Höhe und Breite sind vom Typ Unit, der neben dem Wert auch die Maßeinheit des Werts enthält:

```
public struct Unit {
    public Unit(double value, UnitType type);
    public double Value { get; }
```

```
    public UnitType Type { get; }
    ...
}
public enum UnitType {Cm, Em, Ex, Inch, Mm, Percentage, Pica, Pixel, Point}
```

In der aspx-Datei lassen sich diese Werte wie folgt codieren:

```
<asp:TextBox ID="text1" Width="100" Runat="server" />
<asp:TextBox ID="text2" Width="10cm" Runat="server" />
```

Wenn man keine Maßeinheit angibt, wird der Wert in Pixel genommen. Im Programm kann man diese Werte wie folgt setzen:

```
text1.Width = 100;  // implizite Konversion von int nach Unit; Standardeinheit = Pixel
text2.Width = new Unit(10, UnitType.Cm);
```

Für Steuerelemente, die Text enthalten, kann man die gewünschte Schriftart über das Property Font setzen. FontInfo ist wie folgt definiert:

```
public sealed class FontInfo {
    public string Name { get; set; }
    public FontUnit  Size { get; set; }
    public bool Bold { get; set; }
    public bool Italic { get; set; }
    public bool Underline { get; set; }
    ...
}
public struct FontUnit {
    public FontUnit(FontSize size);
    public FontUnit(int size);
    public FontSize Type { get; }
    public Unit Unit { get; }
    ...
}
public enum FontSize {AsUnit, XSmall, Small, Medium, Large, XLarge, ...}
```

Alle diese Informationen lassen sich in der aspx-Datei angeben, zum Beispiel:

```
<asp:Button ID="button1" Text="Button 1" Runat="server"
    Font-Name="Arial" Font-Size="Large" Font-Bold="true" />
<asp:Button ID="button2" Text="Button 2" Runat="server"
    Font-Name="Times" Font-Size="12px" Font-Italic="true" />
```

Im Programm kann man diese Werte wie folgt codieren:

```
button1.Font.Name = "Arial";
button1.Font.Size = new FontUnit(FontSize.Large);
button1.Font.Bold = true;
button2.Font.Name = "Times";
button2.Font.Size = new FontUnit(12);
button2.Font.Italic = true;
```

Mit den Properties ForeColor und BackColor können die Vordergrundfarbe (typischerweise die Farbe des Texts) und die Hintergrundfarbe eines Steuerelements gesetzt werden. Als Farbe wird dabei normalerweise einer der vordefinierten Werte Color.Red, Color.Green, Color.Blue etc. angegeben. Der Typ System.Drawing.Color erlaubt aber auch die Definition eigener Farben mit Hilfe eines RGB-Werts (Anteile von Rot, Grün und Blau). Hier ist ein Beispiel:

```
<asp:Label ID="lab" Text="sample" ForeColor="Red" BackColor="Blue" Runat="server" />
```

Vom Programm aus wird die Farbe folgendermaßen gesetzt:

```
lab.ForeColor = System.Drawing.Color.Red;
```

Die meisten Steuerelemente erlauben eine Umrandung, die mit den Properties BorderStyle, BorderWidth und BorderColor definiert werden kann. BorderStyle kann folgende Werte annehmen, die wie in Abb. 6.12 dargestellt werden:

```
public enum BorderStyle {
    NotSet, None, Dotted, Dashed, Solid, Double, Groove, Ridge, Inset, Outset
}
```

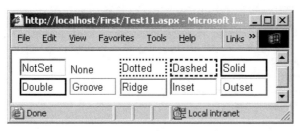

Abb. 6.12 *Umrandungsarten eines Steuerelements*

In einer aspx-Datei lassen sich diese Eigenschaften wie folgt codieren:

```
<asp:TextBox BorderStyle="Outset" BorderColor="Red" BorderWidth="4" Runat="server"/>
```

Wenn man das Property Enabled eines Steuerelements auf **false** setzt, deaktiviert man das Element. In diesem Fall wird es zwar angezeigt, reagiert aber nicht auf Benutzereingaben. Ein Button wird zum Beispiel gedimmt und lässt sich nicht anklicken.

```
button.Enabled = false;
```

Mit Hilfe des Properties TabIndex kann man die Reihenfolge definieren, in der die Steuerelemente einer Seite den Fokus bekommen, wenn man wiederholt die Tabulator-Taste drückt. Der Wert 0 bedeutet, dass der Index nicht definiert ist, ein Wert größer als 0 legt die Reihenfolge fest. Wenn man drei Textfelder wie folgt definiert

```
<asp:TextBox ID="box1" TabIndex="3" Runat="server" />
<asp:TextBox ID="box2" TabIndex="2" Runat="server" />
<asp:TextBox ID="box3" TabIndex="1" Runat="server" />
```

erhalten sie den Fokus in der Reihenfolge box3, box2 und box1.

Das Property ToolTip erlaubt schließlich die Definition eines Hilfetexts, der in einem Popup-Fenster angezeigt wird, wenn der Benutzer mit der Maus über das Steuerelement fährt.

```
<asp:Button Text="OK" Tooltip="Bestätigt die Eingabe" Runat="server" />
```

Nachdem wir die Basisklassen aller Steuerelemente, Control und WebControl, eingehend behandelt haben, sehen wir uns nun die wichtigsten Web-Steuerelemente wie Button, TextBox, CheckBox usw. an.

6.4.3 Button

Fast jede Webseite enthält einen oder mehrere Buttons, die zur Bestätigung eines ausgefüllten Formulars oder zum Ausführen von Kommandos verwendet werden. Die Klasse Button hat folgende Schnittstelle:

```
public class Button : WebControl, IPostBackEventHandler {
    //----- Properties
    public string Text { get; set; }
    public string CommandName { get; set; }
    public string CommandArgument { get; set; }
    public bool CausesValidation { get; set; }
    //----- Events
    public event EventHandler Click;
    public event CommandEventHandler Command;
}
```

Das Property Text setzt die Beschriftung des Buttons. Wir haben es bereits mehrmals in Beispielen benutzt. Die Properties CommandName und CommandArgument werden wir in Zusammenhang mit dem Command-Ereignis besprechen. Das Property CausesValidation kann benutzt werden, um die Validierung der Steuerelemente einer Webseite auszuschalten. Die Validierung von Steuerelementen werden wir in Abschnitt 6.5 behandeln.

Das wichtigste Ereignis, auf das ein Button reagieren kann, ist das Click-Ereignis. Es wird ausgelöst, wenn der Benutzer auf den Button klickt. Das Click-Ereignis führt immer zu einer Rundreise der Webseite und kann am Server durch einen geeigneten Ereignisbehandler abgefangen werden. Wir haben bereits in einigen Beispielen gesehen, wie man einen solchen Ereignisbehandler installiert.

Wenn eine Seite mehrere Buttons enthält, möchte man unter Umständen nur einen einzigen Ereignisbehandler für *alle* Buttons definieren. Zum Beispiel könnte es drei Buttons geben, mit denen man die Farbe eines Textstücks auf rot, blau oder grün setzen kann. Damit der Ereignisbehandler herausfinden kann, welcher Button geklickt wurde, kann man die Buttons so deklarieren, dass sie statt des Click-Ereignisses ein Command-Ereignis auslösen, dem man einen Kommandonamen und Kommandoparameter mitgeben kann, die dann vom Ereignisbehandler ausgewertet werden. Das wird im folgenden Beispiel gezeigt:

```
<%@ Page Language="C#" %>
<html>
    <head>
        <script Language="C#" Runat="server">
            void ButtonClick(object sender, CommandEventArgs e) {
                text.ForeColor = System.Drawing.Color.FromName(e.CommandName);
            }
        </script>
    </head>
    <body>
        <form Runat="server">
            <asp:Label ID="text" Text="Probetext" Runat="server" /><br><br>
            <asp:Button Text="Rot" CommandName="Red" OnCommand="ButtonClick"
                Runat="server" />
            <asp:Button Text="Blau" CommandName="Blue" OnCommand="ButtonClick"
                Runat="server" />
            <asp:Button Text="Grün" CommandName="Green" OnCommand="ButtonClick"
                Runat="server" />
        </form>
    </body>
</html>
```

Abb. 6.13 zeigt, wie diese Seite im Browser dargestellt wird. Klickt man auf den Blau-Button, wird ein Command-Ereignis ausgelöst, das zum Aufruf von Button-Click führt. In e.CommandName steht der String "Blue", der zum Setzen der Textfarbe verwendet wird.

Abb. 6.13 *Drei Buttons zum Setzen der Textfarbe mittels eines Command-Ereignisses*

In diesem Beispiel wurde kein Kommandoargument verwendet. Man könnte es aber bei der Definition des Buttons mit CommandArgument="..." auf einen beliebigen Wert setzen und in ButtonClick über o.CommandArgument ansprechen.

6.4.4 TextBox

Fast ebenso wichtig wie Buttons sind Textfelder, in denen der Benutzer Werte eingeben kann. Textfelder werden durch die Klasse TextBox implementiert. Es gibt einzeilige und mehrzeilige Textfelder mit verschiedenen Eingabemodi. Hier ist zunächst einmal die Schnittstelle von TextBox:

```
public class TextBox : WebControl, IPostBackHandler {
    //----- Properties
    public virtual string Text { get; set; }
    public virtual TextBoxMode TextMode { get; set; }
    public virtual int MaxLength { get; set; }
    public virtual int Columns { get; set; }
    public virtual int Rows { get; set; }
    public virtual bool Wrap { get; set; }
    public virtual bool ReadOnly { get; set; }
    public virtual bool AutoPostBack { get; set; }
    //----- Event
    public event EventHandler TextChanged;
}
```

Das wichtigste Property ist Text, mit dem man den Inhalt des Textfelds setzen und abfragen kann. Man kann es in einer der beiden folgenden Arten einstellen.

```
<asp:TextBox Text="Beispieltext" Runat="server" />
<asp:TextBox Runat="server">Beispieltext</asp:TextBox>
```

Mit dem Property TextMode kann man ein Textfeld als einzeilig, mehrzeilig oder als einzeiliges Passwortfeld definieren.

```
public enum TextBoxMode {SingleLine, MultiLine, Password}
```

Ist es als Passwortfeld definiert, wird jedes eingegebene Zeichen als Stern dargestellt.

Bei einzeiligen Textfeldern kann die maximale Anzahl der eingebbaren Zeichen mittels MaxLength definiert werden. Bei mehrzeiligen Textfeldern ist dieses Property wirkungslos. Dafür kann man dort die Anzahl der Zeichen pro Zeile und die Höhe des Textfelds mit den Properties Columns und Rows definieren. Natürlich kann die Breite und Höhe eines Textfelds auch über die geerbten Properties Width und Height eingestellt werden, ebenso wie auch die Farbe und die Schriftart mittels ForeColor, BackColor und Font.

Ist der eingegebene Text länger als das Textfeld, kann man durch Ziehen mit der Maus scrollen. Bei mehrzeiligen Textfeldern kann man das auch mit Hilfe des eingeblendeten Rollbalkens tun.

Das Property Wrap gibt bei mehrzeiligen Textfeldern an, ob der Text am rechten Rand des Felds umbrochen werden soll. Bei einzeiligen Textfeldern bleibt Wrap wirkungslos.

Mit dem Property ReadOnly kann das Textfeld für die Eingabe gesperrt werden. Diese Einstellung wird meist vom Programmcode aus vorgenommen. Natürlich kann man ReadOnly aber auch in der aspx-Datei einstellen.

Wenn der Inhalt eines Textfelds geändert wird, löst das ein TextChanged-Ereignis aus. Dieses Ereignis führt normalerweise nicht zu einem Abschicken der Seite an den Server und kann daher erst bei der nächsten Rundreise behandelt werden (z.B. wenn ein Button auf der Seite geklickt wird). Will man das Text-Changed-Ereignis jedoch sofort verarbeiten, muss man das Property AutoPostBack auf true setzen. In diesem Fall wird die Seite sofort an den Server geschickt, sobald man den Eingabecursor aus dem Textfeld entfernt. Bei einzeiligen Textfeldern wird das Ereignis auch ausgelöst, wenn man die Eingabetaste drückt. Bei mehrzeiligen Textfeldern bewirkt die Eingabetaste lediglich einen Zeilenvorschub.

Das folgende Beispiel zeigt ein mehrzeiliges Textfeld, dessen Änderung sofort zu einer Rundreise der Seite führt. Der Ereignisbehandler für TextChanged gibt die Properties des Textfelds auf der Seite aus.

```
<%@ Page Language="C#" %>
<html>
    <head>
        <script Language="C#" Runat="server">
            void HandleText(object sender, EventArgs e) {
                label.Text = "TextMode=" + box.TextMode + ", Rows=" + box.Rows
                + ", Columns=" + box.Columns + ", Wrap=" + box.Wrap;
            }
        </script>
    </head>
    <body>
        <form Runat="server">
            <asp:Label ID="label" Runat="server" /><br>
            <asp:TextBox ID="box" TextMode="MultiLine" Rows="3" Columns="15"
                OnTextChanged="HandleText" AutoPostBack="true" Runat="server" />
        </form>
    </body>
</html>
```

Abb. 6.14 zeigt, wie die Seite dargestellt wird.

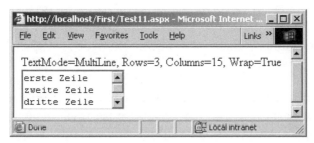

Abb. 6.14 *Mehrzeiliges Textfeld mit seinen Properties*

6.4.5   Label

Die Klasse Label implementiert statische Textstücke auf einer Webseite, also
Textstücke, die vom Benutzer nicht editiert werden können.

```
public class Label : WebControl {
    public virtual String Text { get; set; }
}
```

Man kann den Text eines Label-Objekts auf zwei Arten setzen:

```
<asp:Label ID="lab1" Text="Montag" Runat="server" />
<asp:Label ID="lab2" Runat="server">Montag</asp:Label>
```

Natürlich kann man auch die Farbe und Schriftart eines Labels wie bei anderen
Steuerelementen mittels ForeColor, BackColor und Font einstellen.

Label ist die Basisklasse für Validatoren, die wir in Abschnitt 6.5 behandeln.
Ein Validator prüft ein anderes Steuerelement auf Plausibilität und erzeugt gegebenenfalls eine Fehlermeldung, die als Text des Validator-Labels dargestellt wird.

6.4.6   CheckBox

Eine Checkbox ist ein Benutzeroberflächenelement, das zwei Zustände annehmen kann: angekreuzt oder nicht angekreuzt (true oder false).

```
public class CheckBox : WebControl, IPostBackHandler {
    //----- Properties
    public virtual bool Checked { get; set; }
    public virtual string Text { get; set; }
    public virtual TextAlign TextAlign { get; set; }
    public virtual bool AutoPostBack { get; set; }
    //----- Event
    public event EventHandler CheckedChanged;
}
```

Der Zustand der Checkbox kann mit dem Property Checked definiert werden:
true bedeutet angekreuzt, false bedeutet nicht angekreuzt.

Neben einer Checkbox steht üblicherweise ein Text, der ihre Bedeutung angibt. Dieser Text kann über das Property Text gesetzt werden. Dabei kann man
sich mit TextAlign aussuchen, ob der Text links oder rechts neben der Checkbox
erscheinen soll. Die Standardeinstellung ist rechts.

```
public enum TextAlign {Left, Right}
```

Ändert der Benutzer den Zustand einer Checkbox, wird ein CheckedChanged-
Ereignis ausgelöst, das jedoch verzögert, d.h. erst bei der nächsten Rundreise der
Seite, behandelt wird. Will man es sofort behandeln, muss man AutoPostBack auf
true setzen. Hier ist ein Beispiel:

```
<%@ Page Language="C#" %>
<html>
    <head>
        <script Language="C#" Runat="server">
            void ButtonClicked(object sender, EventArgs e) {
                label.Text = "Sie haben Folgendes eingekauft: ";
                if (apples.Checked) label.Text += "&Auml;pfel ";
                if (pears.Checked) label.Text += "Birnen ";
                if (bananas.Checked) label.Text += "Bananen ";
            }
        </script>
    </head>
    <body>
        <form Runat="server">
            <asp:CheckBox ID="apples" Text="&Auml;pfel" Runat="server" /><br>
            <asp:CheckBox ID="pears" Text="Birnen" Runat="server" /><br>
            <asp:CheckBox ID="bananas" Text="Bananen" Runat="server" /><br>
            <asp:Button Text="Einkaufen" OnClick="ButtonClicked" Runat="server" />
            <br><br>
            <asp:Label ID="label" Runat="server" />
        </form>
    </body>
</html>
```

Abb. 6.15 zeigt, wie diese Seite im Browser dargestellt wird.

Abb. 6.15 *Darstellung von Checkbox-Elementen im Browser*

6.4.7   RadioButton

Ein Radiobutton kann wie eine Checkbox mit der Maus ein- und ausgeschaltet werden. Im Gegensatz zu einer Checkbox wird er aber nicht für sich alleine verwendet, sondern immer in einer Gruppe. Schaltet man einen Radiobutton dieser Gruppe ein, werden alle anderen Radiobuttons der Gruppe ausgeschaltet.

```
public class RadioButton : CheckBox {
    public virtual string GroupName { get; set; }
}
```

Über das Property GroupName definiert man den Namen der Gruppe, zu der der Radiobutton gehören soll. Alle Radiobuttons mit demselben Gruppennamen gehören zur selben Gruppe. Ansonsten hat RadioButton genau die gleiche Funktionalität wie CheckBox. Aus folgendem Beispiel sollte die Verwendung von Radiobuttons klar werden.

```
<%@ Page Language="C#" %>
<html>
<head>
    <script Language="C#" Runat="server">
        void DoRadio(object sender, EventArgs e) {
            label.Text = "Bezahlung: ";
            if (cash.Checked) label.Text += cash.Text;
            if (cheque.Checked) label.Text += cheque.Text;
            if (card.Checked) label.Text += card.Text;
        }
    </script>
</head>
<body>
    <form Runat="server">
        <p>Wie wollen Sie bezahlen:</p>
        <asp:RadioButton ID="cash" Text="bar" GroupName="payment"
            OnCheckedChanged="DoRadio" AutoPostBack="true" Runat="server" /><br>
        <asp:RadioButton ID="cheque" Text="mit Scheck" GroupName="payment"
            OnCheckedChanged="DoRadio" AutoPostBack="true" Runat="server" /><br>
        <asp:RadioButton ID="card" Text="mit Kreditkarte" GroupName="payment"
            OnCheckedChanged="DoRadio" AutoPostBack="true" Runat="server" />
        <br><br>
        <asp:Label ID="label" Runat="server" />
    </form>
</body>
</html>
```

Abb. 6.16 zeigt wieder die Darstellung dieser Seite im Browser.

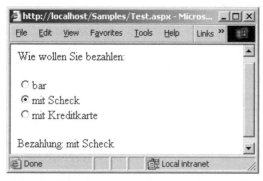

Abb. 6.16 *Darstellung von Radiobuttons im Browser*

6.4.8   ListControl

ListControl ist die Basisklasse für verschiedene Listen, die in einem Web-Formular dargestellt werden können. Dazu gehören einfache Listen (ListBox), aufklappbare Listen (DropDownList) sowie Listen von CheckBox- und RadioButton-Elementen.

Eine Liste ist eine Menge von Name-Wert-Paaren. Im Browser wird lediglich die Menge der Namen angezeigt. Wenn der Benutzer einen der Namen anklickt, kann als Ergebnis der zu diesem Namen gehörende Wert abgefragt werden.

Listen können entweder statisch durch Aufzählung der Elemente in der aspx-Datei angegeben werden oder im Hintergrundcode der Seite. Es kann auch eine bestehende Sammlung (*collection*) von Elementen, die zum Beispiel durch eine Datenbankabfrage ermittelt wurde, an eine Liste gebunden werden.

Wir werden uns Beispiele für Listen in Zusammenhang mit ListBox ansehen. Hier ist zuerst einmal die Schnittstelle von ListControl:

```
public abstract class ListControl : WebControl {
    //----- Properties
    public virtual ListItemCollection Items { get; }
    public virtual ListItem SelectedItem { get; }
    public virtual int SelectedIndex { get; set; }
    public virtual string DataTextFormatString { get; set; }
    public virtual object DataSource { get; set; }
    public virtual string DataTextField { get; set; }
    public virtual string DataValueField { get; set; }
    public virtual bool AutoPostBack { get; set; }
    //----- Event
    public event EventHandler SelectedIndexChanged;
}
```

Properties. Das Property Items enthält die Menge der Elemente, aus denen die Liste besteht. Jedes Element ist vom Typ ListItem, dessen Schnittstelle wie folgt aussieht:

```
public sealed class ListItem : IStateManager, IParserAccessor, IAttributeAccessor {
    public string Text { get; set; }
    public string Value { get; set; }
    public bool Selected { get; set; }
    ...
}
```

Die Properties Text und Value beschreiben den Namen und den Wert des Listenelements. Selected gibt an, ob der Benutzer das Listenelement mit der Maus selektiert hat.

Das Property SelectedItem von ListControl gibt das vom Benutzer selektierte Listenelement an. Wenn kein Element selektiert wurde, hat SelectedItem den Wert null. Manche Listen erlauben die Selektion mehrerer Elemente. In diesem Fall gibt SelectedItem das erste selektierte Element der Liste an.

Ähnlich wie SelectedItem gibt SelectedIndex den Index des selektierten Listenelements an, wobei die Indizierung bei 0 beginnt. Wurde kein Element selektiert,
hat SelectedIndex den Wert -1.

Mit dem Property DataTextFormatString kann die Anzeige des Listenelements
durch einen Formatierungsstring spezifiziert werden, wie er in Abschnitt 2.7.1
beschrieben wurde (z.B. "{0:f2}").

Event. Wenn der Benutzer ein Listenelement mit der Maus selektiert, wird ein
SelectedIndexChanged-Ereignis ausgelöst. Dieses Ereignis wird erst bei der nächsten Rundreise der Seite behandelt, außer man setzt AutoPostBack auf true. Um im
Ereignisbehandler herauszufinden, welches Element selektiert wurde, kann man
SelectedItem oder SelectedIndex abfragen. Falls man herausfinden will, ob mehrere Elemente selektiert wurden, muss man alle Elemente in Items durchlaufen
und deren Property Selected prüfen.

Anschluss einer Datenquelle. Wenn man die Liste mit Werten aus einer Datenbank füllen will, muss man eine Sicht (DataView) einer Datentabelle (DataTable)
erstellen und sie dem Property DataSource zuweisen. Durch den anschließenden
Aufruf von DataBind werden die Listenelemente als Name-Wert-Paare aus der
Datentabelle extrahiert, wobei die Properties DataTextField und DataValueField
diejenigen Spalten der Datentabelle bezeichnen, aus denen das Name-Wert-Paar
entnommen werden soll. Ein Beispiel dafür wird in Abschnitt 6.4.9 gegeben.

DataSource kann aber nicht nur mit einem DataView-Objekt initialisiert werden, sondern mit einem Objekt jeder beliebigen Klasse, die das Interface ICollection implementiert (z.B. Array, ArrayList oder SortedList). Auch dafür werden wir
uns ein Beispiel in Abschnitt 6.4.11 ansehen.

6.4.9 ListBox

Eine ListBox ist die einfachste Unterklasse von ListControl. Sie stellt die Listenele-
mente einfach in mehreren Zeilen dar, von denen eine oder mehrere mit der
Maus selektiert werden können. Jede Zeile wird durch ein Objekt der Klasse
ListItem repräsentiert.

```
public class ListBox : ListControl, IPostBackHandler {
    public virtual int Rows { get; set; }
    public virtual ListSelectionMode SelectionMode { get; set; }
}
```

Rows gibt die Anzahl der Zeilen an, mit denen die Listbox im Browser dargestellt
werden soll. Die Breite ergibt sich aus dem breitesten Listenelement. Hat die
Liste mehr Einträge als Zeilen, kann gescrollt werden. SelectionMode gibt an, ob
nur eine oder mehrere Zeilen selektiert werden können.

```
public enum ListSelectionMode {Single, Multiple};
```

Statisch spezifizierte Listen

Im einfachsten Fall werden die Listenelemente statisch in der aspx-Datei mittels ListItem-Elementen angegeben.

```
<%@ Page Language="C#" %>
<html>
    <head>
        <script Language="C#" Runat="server">
            void ButtonClick(object sender, EventArgs e) {
                lab.Text = "Das gewählte Land hat das Autokennzeichen ";
                if (list.SelectedItem != null) lab.Text += list.SelectedItem.Value;
            }
        </script>
    </head>
    <body>
        <form Runat="server">
            <asp:ListBox ID="list" Rows="3" Runat="server" >
                <asp:ListItem Text="Deutschland" Value="D" Runat="server" />
                <asp:ListItem Text="Frankreich" Value="F" Runat="server" />
                <asp:ListItem Text="Italien" Value="I" Runat="server" />
                <asp:ListItem Text="Österreich" Value="A" Runat="server" />
                <asp:ListItem Text="Schweiz" Value="CH" Runat="server" />
            </asp:ListBox><br><br>
            <asp:Button OnClick="ButtonClick" Text="Anzeigen" Runat="server" /><br>
            <asp:Label ID="lab" Runat="server" />
        </form>
    </body>
</html>
```

Längere Texte eines Listenelements können auch wie folgt geschrieben werden:

```
<asp:ListItem Value="D" Runat="server">Deutschland</asp:ListItem>
```

Wenn wir die Seite im Browser ansehen, erscheint sie wie in Abb. 6.17 gezeigt:

Abb. 6.17 *Beispiel für eine ListBox*

Dynamisch erstellte Listen

In vielen Fällen möchte man die Listenelemente aber nicht statisch angeben, sondern dynamisch im Programm zusammenstellen. Am einfachsten geht das, indem wir die gewünschten Elemente in einer Collection (z.B. SortedList) sammeln und dann dem Property DataSource der ListBox zuweisen. Anschließend dürfen wir nicht vergessen, DataBind aufzurufen, damit die Daten aus SortedList an die Listbox gebunden werden.

```
<%@ Import Namespace="System.Collections" %>
<%@ Page Language="C#" %>
<html>
  <head>
    <script Language="C#" Runat="server">
      void Fill(object sender, EventArgs e) {
        SortedList data = new SortedList();
        data["Deutschland"] = "D";
        data["Frankreich"] = "F";
        data["Italien"] = "I";
        data["Österreich"] = "A";
        data["Schweiz"] = "CH";
        list.DataSource = data;
        list.DataTextField = "Key";  // Text kommt aus Key der SortedList-Elemente
        list.DataValueField = "Value";  // Wert kommt aus Value der SortedList-Elem.
        list.DataBind();
      }
      ...
    </script>
  </head>
  <body>
    <form Runat="server">
      <asp:ListBox ID="list" Rows="3" Runat="server" /><br><br>
      <asp:Button OnClick="Fill" Text="Füllen" Runat="server" />
      ...
    </form>
  </body>
</html>
```

Wenn die Namen und Werte der Listenelemente gleich sind, können wir es uns noch einfacher machen. In diesem Fall reicht es, DataSource ein Array von Strings zuzuweisen:

```
list.DataSource = new string[] {"D", "F", "I", "A", "CH"};
list.DataBind();
```

Aus einer Datenbank generierte Liste

Nun wollen wir uns noch ansehen, wie man eine Liste mit Werten aus einer Da-
tenbank befüllt. Wir nehmen als Beispiel die Northwind-Datenbank, die in Kapi-
tel 5 beschrieben wurde und eine Tabelle Employees mit den Angestellten der
Firma Northwind enthält. Die Liste soll die Namen der Angestellten anzeigen; als
Wert jedes Listenelements soll die Personalnummer verwendet werden. Diese
Werte entsprechen den Spalten LastName und EmployeeID der Datenbanktabelle.

Wenn man Werte einer Datenbank in einer ListBox anzeigen möchte, muss
man wie in Abschnitt 5.4 beschrieben ein DataSet anlegen, es zum Beispiel mit
einem DataAdapter füllen, daraus dann ein DataView-Objekt erzeugen und dieses
schließlich dem Property DataSource der Listbox zuweisen. Die Tabellenspalten,
die dem Text und dem Wert der anzuzeigenden Listenelemente entsprechen sollen, muss man mit den Properties DataTextField und DataValueField spezifizieren.

Im folgenden Beispiel trennen wir aus Übersichtlichkeitsgründen die aspx-
Datei von ihrem Hintergrundcode. Die aspx-Datei ist dann sehr einfach und sieht
wie folgt aus:

```
<%@ Page Language="C#" Inherits="BasePage" CodeFile="List.aspx.cs" %>
<html>
    <body>
        <form OnInit="PageInit" Runat="server">
            <asp:ListBox ID="list" Runat="server" AutoPostBack="true"
                DataTextField="LastName" DataValueField="EmployeeID"
                OnSelectedIndexChanged="HandleSelect" /><br>
            <asp:Label ID="label" Runat="server" />
        </form>
    </body>
</html>
```

Die dazugehörende Hintergrunddatei List.aspx.cs enthält in der Klasse BasePage
zwei Ereignisbehandler. Beim Auftreten des Init-Ereignisses der Seite wird die Liste
mit Werten aus der Datenbank gefüllt. Beim Auftreten des SelectedIndexChanged-
Ereignisses der Listbox wird der Wert des ausgewählten Listenelements angezeigt.

```
using System;
using System.Data;
using System.Data.Common;
using System.Data.SqlClient;

public partial class BasePage : System.Web.UI.Page {

    public void PageInit(object sender, EventArgs e) {
        DataSet ds = new DataSet();
        SqlConnection con = new SqlConnection("data source=localhost\\SQLEXPRESS; " +
            "initial catalog=Northwind; persist security info=True;" +
            "integrated security=True; pooling=False");
        string cmdString = "SELECT * FROM Employees";
```

```
        SqlDataAdapter adapter = new SqlDataAdapter(cmdString, con);
        adapter.Fill(ds, "Employees");
        if (ds.HasErrors) ds.RejectChanges(); else ds.AcceptChanges();
        list.DataSource = ds.Tables["Employees"].DefaultView;
        list.DataBind();
    }

    public void HandleSelect(object sender, EventArgs e) {
        label.Text = "Personalnummer = ";
        if (list.SelectedItem != null) label.Text += list.SelectedItem.Value;
    }
}
```

Nachdem das DataSet ds erzeugt und die Verbindung con spezifiziert wurde, wird
ein Adapter mit dem passenden SQL-Kommando und der gewünschten Verbindung angelegt. Dieser Adapter wird dann verwendet, um ds zu füllen und die
Tabelle »Employees« anzulegen. Das Property DefaultView liefert die Standardsicht auf diese Tabelle und wird dem Property DataSource der Liste zugewiesen.
Zum Schluss darf man nicht vergessen, mittels DataBind die Übertragung der
Werte aus der Datenquelle in die Liste zu initiieren. Abb. 6.18 zeigt das Ergebnis.

Abb. 6.18 *Darstellung der aus einer Datenbank gefüllten Liste*

6.4.10 DropDownList

Die Klasse DropDownList implementiert eine aufklappbare Liste. Sie wird als eine
einzige Zeile angezeigt, in der das zuletzt selektierte Element steht. Klickt man
auf den Pfeil am rechten Rand der Zeile, klappt eine Liste auf, aus der man einen
Eintrag wählen kann.

```
public class DropDownList : ListControl, IPostBackHandler {
    // gleiche Schnittstelle wie ListControl
}
```

Das folgende Beispiel zeigt, dass DropDownList völlig analog zu ListBox verwendet
werden kann. Das einzig Bemerkenswerte an diesem Beispiel ist, dass durch die
Angabe von AutoPostBack="true" die Auswahl eines Listenelements sofort zu einer
Rundreise der Seite führt und von HandleSelect behandelt wird.

```
<%@ Page Language="C#" %>
<html>
    <head>
        <script Language="C#" Runat="server">
            void HandleSelect(object sender, EventArgs e) {
                lab.Text = "Das gewählte Land hat das Autokennzeichen ";
                if (list.SelectedItem != null) lab.Text += list.SelectedItem.Value;
            }
        </script>
    </head>
    <body>
        <form Runat="server">
            <asp:DropDownList ID="list" OnSelectedIndexChanged="HandleSelect"
            AutoPostBack="true" Runat="server" >
            <asp:ListItem Text="Deutschland" Value="D"/>
            <asp:ListItem Text="Frankreich" Value="F"/>
            <asp:ListItem Text="Italien" Value="I"/>
            <asp:ListItem Text="Österreich" Value="A"/>
            <asp:ListItem Text="Schweiz" Value="CH"/>
            </asp:DropDownList>
            <br>
            <asp:Label ID="lab" Runat="server" />
        </form>
    </body>
</html>
```

Das Ergebnis ist wieder in Abb. 6.19 dargestellt.

Abb. 6.19 *Beispiel für DropDownList*

Auch in DropDownList kann man wie in ListBox die Listenelemente entweder statisch oder dynamisch angeben oder wie in Abschnitt 6.4.9 gezeigt aus einer Datenbank auslesen.

6.4.11 DataGrid

Neben einfachen Steuerelementen wie Buttons oder Textfelder bietet ASP.NET
auch hochkomplexe Steuerelemente, die strukturierte Informationen anzeigen
und auf vielfältige Weise manipuliert werden können. Als Beispiel eines solchen
komplexen Elements wollen wir die Klasse DataGrid herausgreifen.

Ein DataGrid ist eine Tabelle aus Zeilen und Spalten. Sie wird meist aus einer
Datenbank befüllt, kann aber auch manuell aufgebaut werden. ASP.NET erlaubt
dem Programmierer, solche Tabellen in verschiedenen Formaten anzuzeigen, sie
zu editieren sowie Zeilen hinzuzufügen und zu löschen. Insbesondere können
auch Buttons in die einzelnen Zeilen gesetzt werden, die Kommandos für die betreffende Zeile implementieren.

Es wird hier nur ein kleiner Auszug der Funktionalität von DataGrid vorgestellt. Wer Details wissen will, möge in der Onlinedokumentation von .NET
[SDKDoc] nachschlagen.

```csharp
public class DataGrid : BaseDataList, INamingContainer {
    //----- Properties
    public virtual object DataSource { get; set; }
    public virtual DataGridColumnCollection Columns { get; }
    public virtual bool AutoGenerateColumns { get; set; }
    public virtual DataGridItemsCollection Items { get; }
    public virtual DataGridItem SelectedItem { get; set; }
    public virtual int SelectedIndex { get; set; }
    public virtual GridLines GridLines { get; set; }
    public virtual int CellPadding { get; set; }
    public virtual int CellSpacing { get; set; }
    public virtual bool ShowHeader { get; set; }
    public virtual bool ShowFooter { get; set; }
    public virtual TableItemStyle AlternatingItemStyle { get; }
    public virtual TableItemStyle HeaderStyle { get; }
    public virtual TableItemStyle FooterStyle { get; }
    public virtual TableItemStyle ItemStyle { get; }
    public virtual TableItemStyle SelectedItemStyle { get; }
    ...
    //----- Methods
    public override void DataBind();
    ...
    //----- Events
    public event DataGridCommandEventHandler DeleteCommand;
    public event DataGridCommandEventHandler EditCommand;
    public event DataGridCommandEventHandler CancelCommand;
    public event DataGridCommandEventHandler UpdateCommand;
    public event DataGridCommandEventHandler ItemCommand;
    public event EventHandler SelectedIndexChanged;
    ...
}
```

DataGrid ist von BaseDataList abgeleitet und dieses wiederum von WebControl. Alle Eigenschaften von WebControl gelten also auch für DataGrid.

Properties. Über das Property DataSource kann man wie bei ListControl eine Datenquelle setzen, von der die Daten bezogen werden sollen. Anschließend darf man nicht vergessen, die Übernahme der Daten durch Aufruf von DataBind anzustoßen.

Ein DataGrid-Objekt besteht aus mehreren Spalten, auf die über das Property Columns zugegriffen werden kann. Wenn das Property AutoGenerateColumns true ist, werden die Spalten direkt aus der Datenquelle generiert (z.B. aus einem Data-Table-Objekt). Wenn es false ist, muss man sie selbst definieren, und zwar entweder im Hintergrundcode der Seite oder in der aspx-Datei (siehe Beispiel weiter unten). Hier ist eine Auswahl der häufigsten Spaltenarten:

- ❏ BoundColumn. Eine Spalte, die der Spalte einer Datentabelle entspricht. Über Properties kann man die Spalte einer bestimmten Spalte der Datentabelle zuordnen und ihr Format bestimmen. In der Regel reichen aber die Standardeinstellungen.
- ❏ ButtonColumn. Eine Spalte, die Buttons anzeigt, über die man Kommandos für die betreffende Zeile des DataGrid auslösen kann. Über Properties kann man die Art der Buttons, den Namen des auszulösenden Kommandos und die Zuordnung zu Daten aus der Datenbank festlegen.
- ❏ EditCommandColumn. Eine Spalte, die Edit-Buttons anzeigt, die man über Properties konfigurieren kann. Klickt man auf einen Edit-Button, wird ein EditCommand-Ereignis ausgelöst und der Edit-Button wird durch einen Cancel- und einen Update-Button ersetzt, die bei einem Klick CancelCommand- und UpdateCommand-Ereignisse auslösen.
- ❏ HyperLinkColumn. Eine Spalte, die einen Hypertext-Link zu einer anderen Seite anzeigt. Über Properties kann man einstellen, wohin der Link geht.

Das Property Items enthält eine Sammlung aller Zeilen des DataGrid. Für jede Zeile kann man Formatinformationen einstellen sowie auf die Zellen der Zeile zugreifen, z.B.:

```
foreach (DataGridItem row in myDataGrid.Items)
    foreach (TableCell cell in row.Cells)
        Console.WriteLine(cell.Text);
```

Wenn man über das Select-Kommando (siehe Beispiel: »Ändern eines DataGrid« weiter unten) eine Zeile des DataGrid auswählt, kann man diese anschließend über die Properties SelectedItem und SelectedIndex ansprechen.

Ein DataGrid kann auf vielfältige Art formatiert werden. Das Property Grid-Lines bestimmt, ob Gitterlinien angezeigt werden sollen. ShowHeader und Show-Footer schalten Kopf- und Fußzeilen ein und aus. Mit CellPadding und CellSpacing kann man, wie Abb. 6.20 zeigt, die Abstände zwischen Zellenrand und Zelleninhalt bzw. zwischen den einzelnen Zellen einstellen.

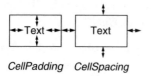

CellPadding   CellSpacing

Abb. 6.20 *CellPadding und CellSpacing*

Schließlich können über die folgenden Properties die Schriftart, Farbe und andere Formatinformationen der einzelnen Zeilen festgelegt werden:

HeaderStyle	legt den Stil der Kopfzeile fest
FooterStyle	legt den Stil der Fußzeile fest
ItemStyle	legt den Stil der Inhaltszeilen fest
SelectedItemStyle	legt den Stil der selektierten Zeile fest
AlternatingItemStyle	legt den Stil jeder zweiten Zeile fest

Events. Neben den allgemeinen Ereignissen wie Init, Load, PreRender usw., die alle Web-Steuerelemente unterstützen, können DataGrid-Objekte auch auf eine Fülle zusätzlicher Ereignisse reagieren.

Die meisten dieser Ereignisse werden nicht von DataGrid selbst ausgelöst, sondern von einem Steuerelement in einer seiner Zellen. Solche Ereignisse werden aber nicht vom auslösenden Steuerelement oder von der Zelle behandelt, in der es steht, sondern sie werden an das DataGrid-Objekt weitergeleitet, das dann reagiert. Man nennt diese Weiterleitung *event bubbling*.

Die Bedingungen, unter denen die verschiedenen Ereignisse ausgelöst werden, sind kompliziert. Sie hängen von der Art der Spalte ab, in der ein Button geklickt wurde, sowie vom Kommandonamen, der in diesem Button installiert war. Tabelle 6.3 fasst diese Bedingungen zusammen:

Tabelle 6.3 *Bedingungen, unter denen bestimmte Ereignisse ausgelöst werden*

Spaltenart		Ereignis
ButtonColumn	CommandName == "Select"	ItemCommand + SelectedIndex-Changed
	CommandName == "Delete"	ItemCommand + DeleteCommand
	CommandName == beliebig	ItemCommand
EditCommandColumn	EditText == "..."	ItemCommand + EditCommand
	UpdateText == "..."	ItemCommand + UpdateCommand
	CancelText == "..."	ItemCommand + CancelCommand

Ein Klick auf einen Button in einer ButtonColumn-Spalte löst in der Regel ein Item-Command-Ereignis aus, außer der Kommandoname ist "Select"; dann wird ein SelectedIndexChanged-Ereignis ausgelöst. Wenn der Kommandoname "Delete" ist, wird zusätzlich zum ItemCommand- noch ein DeleteCommand-Ereignis ausgelöst.

In einer EditCommandColumn-Spalte ist entweder ein Edit-Button oder sowohl ein Update- als auch ein Cancel-Button sichtbar. Je nachdem, auf welchen man klickt, wird ein EditCommand-, ein UpdateCommand- oder ein CancelCommand-Ereignis ausgelöst.

Beispiel: Anzeigen eines DataGrid

Nun wird es aber Zeit für ein Beispiel. Wir beginnen mit einem ganz einfachen Fall, in dem Daten aus der Northwind-Datenbank (siehe Kapitel 5) in einem DataGrid angezeigt werden, wobei die Tabelle kaum formatiert wird.

```
<%@ Page Language="C#" Inherits="BasePage" CodeFile="DataGrid.aspx.cs" %>
<html>
    <body>
        <form OnInit="PageInit" Runat="server">
            <asp:DataGrid ID="grid" OnLoad="GridLoad" Runat="server" />
        </form>
    </body>
</html>
```

Der Hintergrundcode dieser Seite liegt in der Datei DataGrid.aspx.cs und enthält die Ereignisbehandler PageInit für das Init-Ereignis der Seite und GridLoad für das Load-Ereignis des DataGrid.

```
using System;
using System.Data;
using System.Data.Common;
using System.Data.SqlClient;

public partial class BasePage : System.Web.UI.Page {
    DataView dataView;

    public void PageInit(object sender, EventArgs e) {
        DataSet ds = new DataSet();
        SqlConnection con = new SqlConnection("data source=localhost\\SQLEXPRESS; " +
            "initial catalog=Northwind; persist security info=True;" +
            "integrated security=True; pooling=False");
        string sqlString = "SELECT EmployeeID, FirstName, LastName FROM Employees";
        SqlDataAdapter adapter = new SqlDataAdapter(sqlString, con);
        adapter.Fill(ds, "Employees");
        if (ds.HasErrors) ds.RejectChanges(); else ds.AcceptChanges();
        dataView = ds.Tables["Employees"].DefaultView;
    }
```

```
public void GridLoad(object sender, EventArgs e) {
    grid.HeaderStyle.Font.Bold = true;
    grid.AlternatingItemStyle.BackColor = System.Drawing.Color.LightGray;
    grid.DataSource = dataView;
    grid.DataBind();
}


}
```

In PageInit wird, wie in Abschnitt 6.4.9 beschrieben, eine Tabelle »Employees« mit Daten aus der Datenbank befüllt. Eine Sicht auf diese Tabelle wird im Feld dataView gespeichert. GridLoad stellt einige Tabellenformate ein (die Kopfzeile wird fett gedruckt und jede zweite Zeile der Tabelle soll grau erscheinen). Anschließend wird die Datenquelle des Grids gesetzt und DataBind aufgerufen. Das Ergebnis ist aus Abb. 6.21 ersichtlich.

Abb. 6.21 Ein einfaches DataGrid

Beispiel: Ändern eines DataGrid

Nun wollen wir uns noch ein etwas anspruchsvolleres Beispiel ansehen. Wir werden wieder die Daten der Northwind-Datenbank in einem DataGrid anzeigen, aber diesmal die Möglichkeit vorsehen, einzelne Zeilen zu löschen oder zu selektieren. Außerdem sollen die Tabelle und ihre Spalten ansprechender formatiert werden als im letzten Beispiel.

Wir lassen in diesem Beispiel die Spalten des DataGrid nicht automatisch generieren, sondern geben Sie explizit in der aspx-Datei an. Das sieht dann so aus:

```
<%@ Page Language="C#" Inherits="BasePage" CodeFile="DataGrid1.aspx.cs" %>
<html>
    <body>
        <form onLoad="PageLoad" Runat="server">
            <asp:DataGrid ID="grid" Runat="server"
                AutoGenerateColumns="false"
                CellPadding="3"
                AlternatingItemStyle-BackColor="LightGray"
                OnDeleteCommand="DeleteRow"
                OnSelectedIndexChanged="SelectRow">
                <HeaderStyle BackColor="#aaaadd"/>
                <Columns>
                    <asp:BoundColumn HeaderText="Nr" DataField="EmployeeID">
                        <ItemStyle HorizontalAlign="Right" />
                    </asp:BoundColumn>
                    <asp:BoundColumn HeaderText="Vorname" DataField="FirstName" />
                    <asp:BoundColumn HeaderText="Nachname" DataField="LastName" />
                    <asp:ButtonColumn ButtonType="LinkButton" Text="l&ouml;schen"
                        CommandName="Delete" />
                    <asp:ButtonColumn ButtonType="LinkButton" Text="ausw&auml;hlen"
                        CommandName="Select" />
                </columns>
            </asp:DataGrid><br>
            <asp:Label ID="label" Runat="server" />
        </form>
    </body>
</html>
```

Das DataGrid-Element enthält das Attribut AutoGenerateColumns="false", was bedeutet, dass die Spalteninformation nicht automatisch aus der Datenbank erzeugt
werden soll. Vielmehr werden die Spalten als <Columns>-Elemente definiert.

Wie man sieht, gibt es 5 Spalten. Die ersten drei sind von der Art BoundColumn, was bedeutet, dass sie an jene Spalten der Datentabelle gebunden sind, deren Name durch das Attribut DataField spezifiziert wird. Mit dem Attribut Hea-
derText können wir einen ansprechenderen Spaltenkopf definieren: Statt
"FirstName" verwenden wir z.B. "Vorname". Für die erste Spalte geben wir noch
an, dass die Daten rechtsbündig ausgerichtet werden sollen. Anstatt des geschachtelten <ItemStyle>-Elements könnten wir auch das Attribut ItemStyle-Hori-
zontalAlign="Right" verwenden.

Die vierte Spalte ist von der Art ButtonColumn. Es wird ein Link-Button mit
der Beschriftung "löschen" angezeigt. Wenn man ihn klickt, wird ein DeleteCommand-Ereignis ausgelöst, das vom DataGrid durch die Methode DeleteRow abgefangen wird.

Die fünfte Spalte ist ebenfalls von der Art ButtonColumn. Es wird ein Link-
Button mit der Beschriftung "ändern" angezeigt. Wenn man ihn klickt, wird ein
SelectedIndexChanged-Ereignis ausgelöst, das von DataGrid durch die Methode
SelectRow abgefangen wird.

Das DataGrid-Element hat noch einige Formatierattribute: Mit CellPadding wird der Abstand zwischen Text und Zellenrand spezifiziert. AlternatingItemStyle-BackColor gibt die Hintergrundfarbe jeder zweiten Zeile an.

Der Hintergrundcode zu dieser Seite steht in der Datei DataGrid1.aspx.cs und sieht wie folgt aus:

```csharp
using System;
using System.Data;
using System.Data.Common;
using System.Data.SqlClient;
using System.Web.UI.WebControls;

public partial class BasePage : System.Web.UI.Page {
    DataView dataView;

    public void PageLoad(object sender, EventArgs e) {
        DataSet ds;
        if (!IsPostBack) {
            ds = new DataSet();
            SqlConnection con = new SqlConnection(
                "data source=localhost\\SQLEXPRESS; initial catalog=Northwind; " +
                "persist security info=True; integrated security=True; pooling=False");
            string cmd = "SELECT EmployeeID, FirstName, LastName FROM Employees";
            SqlDataAdapter adapter = new SqlDataAdapter(cmd, con);
            adapter.Fill(ds, "Employees");
            if (ds.HasErrors) ds.RejectChanges(); else ds.AcceptChanges();
            Session["Data"] = ds;
        } else
            ds = (DataSet)Session["Data"];
        dataView = ds.Tables["Employees"].DefaultView;
        grid.DataSource = dataView;
        grid.DataBind();
    }

    public void DeleteRow(object sender, DataGridCommandEventArgs e) {
        dataView.RowFilter = "EmployeeID='" + e.Item.Cells[0].Text + "'";
        if (dataView.Count > 0) dataView.Delete(0);// löscht Daten nur im DataView-Objekt,
        dataView.RowFilter = "";                   // nicht in der Datenbank
        grid.DataSource = dataView;
        grid.DataBind();
    }

    public void SelectRow(object sender, EventArgs e) {
        grid.SelectedItemStyle.BackColor = System.Drawing.Color.Gray;
        label.Text = grid.SelectedItem.Cells[1].Text + " " +
            grid.SelectedItem.Cells[2].Text;
    }

}
```

Beim Laden der Seite wird die Methode PageLoad aufgerufen, die die Daten aus der Datenbank liest. Die Seite wird bei jeder Rundreise neu geladen, aber nur beim erstmaligen Laden sollen die Daten aus der Datenbank gelesen werden. Das kann man erreichen, indem man das Property IsPostBack des Page-Objekts abfragt. Beim erstmaligen Laden ist es false, bei jeder weiteren Rundreise true. Damit das DataSet bis zur nächsten Rundreise erhalten bleibt, speichern wir es mittels

```
Session["data"] = ds;
```

im Zustand der aktuellen Sitzung (siehe Abschnitt 6.7.3) unter einem selbst gewählten Namen (z.B. "data") ab. Bei der nächsten Rundreise wird es mittels

```
ds = (DataSet)Session["data"];
```

wieder aus dem Sitzungszustand restauriert.

Wenn man auf den Button »löschen« einer Zeile klickt, wird ein Delete-Command-Ereignis ausgelöst, das zum Aufruf von DeleteRow führt. Dabei wird die betroffene Zeile im Parameter e.Item übergeben. Wir schränken die Sicht auf das DataSet ein, indem wir das Property RowFilter auf "EmployeeID='...'" setzen, wobei mit e.Item.Cells[0].Text die Angestelltennummer der betroffenen Zeile eingesetzt wird. Wenn wir nun dataView.Delete(0) aufrufen, wird genau jene Zeile gelöscht, die zum RowFilter passt, also die Zeile, in der der Button geklickt wurde. Anschließend setzen wir RowFilter wieder zurück, weisen die Sicht dem DataGrid zu und rufen DataBind() auf, um die Änderung sichtbar zu machen.

Wenn der Benutzer auf den Button »auswählen« einer Zeile klickt, wird ein SelectedIndexChanged-Ereignis ausgelöst, das zum Aufruf von SelectRow führt. Wir setzen dort die Hintergrundfarbe der selektierten Zeile auf grau und geben den Text der Spalten 1 und 2 in einem Label-Element aus. Abb. 6.22 zeigt, wie die Seite im Browser erscheint.

Abb. 6.22 *DataGrid mit selektierter Zeile und einigen gelöschten Zeilen*

6.4.12 GridView

Im letzten Abschnitt haben wir gesehen, wie man mit dem DataGrid-Element Daten aus einer Datenbank anzeigen und manipulieren kann. Seit ASP.NET 2.0 gibt es aber auch das Steuerelement GridView, das diese Aufgabe noch einfacher macht. Während man bei DataGrid Hintergrundcode schreiben muss, um die Datenbankverbindung herzustellen, die Daten auszulesen und das DataGrid-Element damit zu befüllen, nimmt einem GridView die meisten dieser Aufgaben ab. Man muss nur noch einige Attribute des GridView-Elements einstellen und braucht meist überhaupt keinen Hintergrundcode mehr.

Die Datenquelle eines GridView-Elements wird ebenfalls durch ein Steuerelement angegeben, das je nach Datenquelle SqlDataSource, AccessDataSource oder XmlDataSource heißt. Um eine SQL Server-Datenbank anzusprechen, verwendet man SqlDataSource. In diesem Steuerelement gibt man auch den Verbindungsnamen (ConnectionString) zur Datenbank an sowie das Select-Kommando, das nötig ist, um die Daten auszulesen, z.B.:

```
<asp:SqlDataSource ID="data" Runat="server"
    ConnectionString="<%$ ConnectionStrings:Northwind %>"
    SelectCommand="SELECT EmployeeID, LastName, City FROM Employees" />
```

Anstatt den Verbindungsnamen explizit anzugeben, holen wir ihn hier mit dem ASP.NET-Ausdruck $ConnectionStrings:Northwind aus der Datei Web.config, d.h., wir greifen auf den <connectionString>-Eintrag mit dem Namen Northwind zu. Das hat den Vorteil, dass wir den Verbindungsnamen nur an einer einzigen Stelle angeben müssen und uns dann in mehreren Webseiten darauf beziehen können. Die Datei Web.config könnte zum Beispiel so aussehen:

```
<configuration>
  <connectionStrings>
    <add Name="Northwind"
        connectionString="Data Source=.\SQLEXPRESS;Initial Catalog=Northwind;
        Persist Security Info=True;Integrated Security=True;Pooling=False"
        providerName="System.Data.SqlClient" />
  </connectionStrings>
</configuration>
```

Nachdem wir nun also die Datenquelle samt dem gewünschten Select-Kommando spezifiziert haben, können wir die Daten in einem GridView anzeigen. In der einfachsten Form sieht das so aus:

```
<asp:GridView DataSourceID="data" Runat="server" />
```

Das GridView-Element wird über das Attribut DataSourceID mit der gewünschten Datenquelle verbunden und wir erhalten das in Abb. 6.23 gezeigte Bild.

EmployeeID	FirstName	LastName	City
1	Nancy	Davolio	Seattle
2	Andrew	Fuller	Tacoma
3	Janet	Leverling	Kirkland
4	Margaret	Peacock	Redmond
5	Steven	Buchanan	London
6	Michael	Suyama	London
7	Robert	King	London
8	Laura	Callahan	Seattle
9	Anne	Dodsworth	London

Abb. 6.23 *GridView mit Daten aus der Northwind-Datenbank*

Beachten Sie, dass wir keine einzige Zeile Code schreiben mussten. Alle nötigen Angaben erfolgten in den Steuerelementen SqlDataSource und GridView. Die Standardwerte der Attribute dieser Steuerelemente sind so gewählt, dass man sie in den meisten Fällen nicht verändern muss. Natürlich gibt es zahlreiche Möglichkeiten, ein GridView-Element zu formatieren und seinen Vorstellungen anzupassen. Der Leser kann diese Details in der Onlinedokumentation des .NET-Frameworks nachlesen.

Man kann eine Datenquelle nicht nur an ein GridView-Element binden, sondern auch an jedes andere Steuerelement, das eine Menge von Datenwerten enthält, wie etwa ListBox oder DropDownList. Hier ist ein Beispiel:

```
<asp:SqlDataSource ID="data" Runat="server"
    ConnectionString="<%$ ConnectionStrings:Northwind %>"
    SelectCommand="SELECT DISTINCT City FROM Employees" />
<asp:DropDownList DataSourceID="data" DataTextField="City" Runat="server" />
```

Dieses Beispiel holt aus der Employees-Tabelle der Datenbank alle Städtenamen und zeigt sie in einer DropDownList an (siehe Abb. 6.24).

Abb. 6.24 *DropDownList mit Städtenamen aus einer SqlDataSource*

Das in SqlDataSource angegebene Select-Kommando benötigt manchmal auch Parameter, zum Beispiel wenn wir die Suche auf jene Personen einschränken wollen, die in einer bestimmten Stadt wohnen. Solche Parameter können im Abschnitt <SelectParameters> des SqlDataSource-Elements angegeben werden. Die aktuellen Parameterwerte können aus einer Variablen oder aus einem anderen Steuerelement (z.B. aus einer TextBox) kommen:

```
<asp:TextBox ID="CityName" AutoPostBack="true" Runat="server" />
<asp:SqlDataSource ID="data" Runat="server"
    ConnectionString="<%$ ConnectionStrings:Northwind %>"
    SelectCommand="SELECT LastName, City FROM Employees WHERE City=@par" >
    <SelectParameters>
        <asp:ControlParameter Name="par" ControlID="CityName" PropertyName="Text" />
    </SelectParameters>
</asp:SqlDataSource>
<asp:GridView DataSourceID="data" Runat="server" />
```

Hier wird der im Select-Kommando verwendete Parameter @par im Abschnitt <SelectParameters> als das Text-Property des Textfeldes CityName beschrieben. Das Ergebnis dieses Codestücks ist in Abb. 6.25 dargestellt.

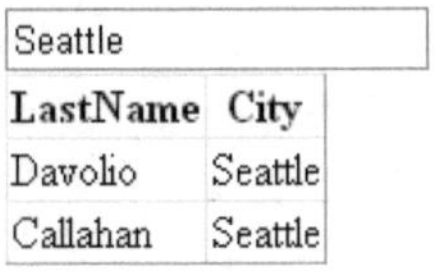

Seattle	
LastName	**City**
Davolio	Seattle
Callahan	Seattle

Abb. 6.25 *Ergebnis des Select-Kommandos mit Parameter WHERE City=@par*

Das GridView-Element ist noch viel mächtiger, als wir bisher gesehen haben. Wir können es zum Beispiel auch benutzen, um Einträge aus der Datenbank zu löschen oder zu ändern. Dazu müssen wir in SqlDataSource lediglich ein Delete-Command und ein UpdateCommand angeben:

```
<asp:SqlDataSource ID="data" Runat="server"
    ConnectionString="<%$ ConnectionStrings:Northwind %>"
    SelectCommand="SELECT EmployeeID, FirstName, LastName FROM Employees"
    DeleteCommand="DELETE FROM Employees WHERE EmployeeID=@EmployeeID"
    UpdateCommand="UPDATE Employees SET FirstName=@FirstName,
        LastName=@LastName WHERE EmployeeID=@EmployeeID" />
<asp:GridView DataSourceID="data" Runat="server"
    DataKeyNames="EmployeeID"
    AutoGenerateDeleteButton="true"
    AutoGenerateEditButton="true" />
```

Wie man sieht, können als Parameter des Delete- und Update-Kommandos die Spaltennamen des GridView-Elements verwendet werden, die standardmäßig gleich sind wie die Spaltennamen der Datenbanktabelle. Das DataKeyNames-Attribut von GridView gibt den Primärschlüssel der Datenbanktabelle an. Die Attribute AutoGenerateDeleteButton und AutoGenerateEditButton bewirken, dass in jeder Zeile der GridView-Tabelle ein Delete- und ein Edit-Button angezeigt werden. Das Ergebnis dieses Codestücks ist aus Abb. 6.26 ersichtlich.

	EmployeeID	FirstName	LastName
Edit Delete 1		Nancy	Davolio
Edit Delete 2		Andrew	Fuller
Edit Delete 3		Janet	Leverling
Edit Delete 4		Margaret	Peacock
Edit Delete 5		Steven	Buchanan
Edit Delete 6		Michael	Suyama
Edit Delete 7		Robert	King
Edit Delete 8		Laura	Callahan
Edit Delete 9		Anne	Dodsworth

Abb. 6.26 *GridView mit Edit- und Delete-Buttons*

Wenn wir auf den Delete-Button einer Zeile klicken, wird diese Zeile aus der Datenbank gelöscht. Wenn wir auf den Edit-Button klicken, werden die Felder dieser Zeile, die keine Primärschlüssel sind, im Editiermodus angezeigt und es erscheinen Update- und Cancel-Buttons, mit denen die Änderungen permanent gemacht oder verworfen werden können (siehe Abb. 6.27). Zum Löschen und Aktualisieren einer Zeile werden die im SqlDataSource-Element angegebenen Delete- und Update-Kommandos verwendet.

	EmployeeID	FirstName	LastName
Edit Delete	1	Nancy	Davolio
Update Cancel	2	Andrew	Fuller
Edit Delete	3	Janet	Leverling
Edit Delete	4	Margaret	Peacock
Edit Delete	5	Steven	Buchanan
Edit Delete	6	Michael	Suyama
Edit Delete	7	Robert	King
Edit Delete	8	Laura	Callahan
Edit Delete	9	Anne	Dodsworth

Abb. 6.27 *Editieren einer GridView-Tabelle*

DetailsView

Neben GridView gibt es in ASP.NET 2.0 auch das Steuerelement DetailsView, mit dem man eine Datenbanktabelle zeilenweise anzeigen kann. Das ist vor allem bei Tabellen mit vielen Spalten nützlich, deren Darstellung die Bildschirmbreite überschreiten würde. Wie GridView kann auch DetailsView an jedes beliebige DataSource-Element gebunden werden, z.B.:

```
<asp:SqlDataSource ID="data" Runat="server"
    ConnectionString="<%$ ConnectionStrings:Northwind %>"
    SelectCommand="SELECT EmployeeID, LastName, City FROM Employees" />
```

```
<asp:DetailsView DataSourceID="data" Runat="server"
    BackColor="LightGray"
    DataKeyNames="EmployeeID"
    AllowPaging="true"
    PagerSettings-Mode="NextPreviousFirstLast" />
```

Das Attribut AllowPaging spezifiziert, dass Buttons zur Navigation durch die Zeilen der Tabelle angezeigt werden sollen. Mit dem Attribut PagerSettings-Mode kann man die gewünschte Art dieser Buttons genauer definieren. Hier haben wir als Wert NextPreviousFirstLast angegeben, weshalb Buttons für *Next* (>), *Previous* (<), *First* (<<) und *Last* (>>) angezeigt werden. Abb. 6.28 zeigt das Resultat.

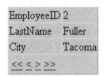

Abb. 6.28 *Steuerelement DetailsView*

6.4.13 Calendar

Zum Abschluss sehen wir uns noch ein etwas verspieltes, aber oft nützliches Web-Steuerelement an, nämlich einen Kalender, aus dem der Benutzer ein bestimmtes Datum auswählen kann. Das Steuerelement Calendar ist komplex. Wir stellen daher nicht seine ganze Schnittstelle vor, sondern begnügen uns mit einem Beispiel. Details können in der Onlinedokumentation von .NET nachgelesen werden.

Die folgende aspx-Datei enthält ein Calendar-Element mit verschiedenen Formatangaben sowie ein Label-Element für die Ausgabe des selektierten Datums.

```
<%@ Page Language="C#" %>
<html>
  <script Runat="server">
      void ShowDate(object sender, EventArgs e) {
          DateTime date = cal.SelectedDate;
          lab.Text = date.ToShortDateString();
      }
  </script>
  <body>
    <form Runat="server">
        <asp:Calendar ID="cal" OnSelectionChanged="ShowDate" Runat="server">
            <TitleStyle BackColor="Gray" />
            <DayStyle BackColor="LightGray" />
            <OtherMonthDayStyle ForeColor="Gray" />
            <SelectedDayStyle ForeColor="Red" Font-Bold="True" />
        </asp:Calendar><br>
        <asp:Label ID="lab" Runat="server" />
```

```
      </form>
    </body>
  </html>
```

Ein Calendar-Element erlaubt die Definition von Stilen (Schriftart, Farbe, Ausrichtung) für verschiedene Bereiche des Kalenders:

TitleStyle	Stil der Kopfzeile
DayStyle	Stil der Tage im ausgewählten Monat
OtherMonthDayStyle	Stil der Tage außerhalb des ausgewählten Monats
SelectedDayStyle	Stil des gerade selektierten Tages
TodayDayStyle	Stil des heutigen Tages
WeekEndDayStyle	Stil der Wochenendtage

Außerdem können einzelne Bereiche wie die Kopfzeile und die Tagesnamen ausgeblendet werden.

Der Benutzer kann nun mit der Maus einen oder mehrere Tage des Kalenders auswählen (einstellbar). Dies löst ein SelectionChanged-Ereignis und eine sofortige Rundreise aus. Das Property SelectedDate gibt das ausgewählte Datum an. Abb. 6.29 zeigt das Aussehen des Kalenders für dieses Beispiel.

Abb. 6.29 *Ein Calendar-Steuerelement*

6.5   Validierung von Benutzereingaben

Die Benutzereingaben eines Formulars sollten vor der Weiterverarbeitung auf Plausibilität überprüft werden. Zum Beispiel sollten gewisse Eingabefelder nicht leer sein, das Alter einer Person darf nicht negativ sein oder eine E-Mail-Adresse sollte das Zeichen '@' enthalten. Da solche Prüfungen immer sehr ähnlich sind, bietet ASP.NET einige Steuerelemente (*Validatoren*) an, die einem die Routinearbeit bei der Implementierung solcher Prüfungen abnehmen.

Alle Validatoren sind von der Klasse BaseValidator abgeleitet, die wiederum eine Unterklasse von Label ist. Hier ist eine Übersicht über alle Validatoren:

BaseValidator
- RequiredFieldValidator   prüft, ob ein Eingabefeld leer ist
- BaseCompareValidator
  - RangeValidator   prüft, ob ein Wert im erlaubten Bereich liegt
  - CompareValidator   vergleicht zwei Eingabewerte
- RegularExpressionValidator   prüft, ob ein Wert einem reg. Ausdr. entspricht
- CustomValidator   führt eine benutzerdefinierte Prüfung durch

Jedem Validator ist ein Steuerelement zugeordnet (z.B. eine TextBox), das er überprüfen soll. Eine Ausnahme bildet der CompareValidator, dem *zwei* Steuerelemente zugeordnet sind. Wenn die Prüfung einen Fehler ergibt, wird der Text des Validators, der ja ein Label ist, an der Stelle seines Auftretens im Web-Formular angezeigt. Zusätzlich kann eine Zusammenfassung von Fehlermeldungen in einem Steuerelement der Klasse ValidationSummary angezeigt werden. Beim Auftreten eines Fehlers wird auch das Property IsValid der Seite auf false gesetzt. Durch Abfrage dieses Properties können andere Steuerelemente auf den Fehler reagieren. Hier ist ein einfaches Beispiel eines RequiredFieldValidators für ein Textfeld:

```
<asp:TextBox ID="box" Runat="server" />
<asp:RequiredFieldValidator ControlToValidate="box"
    ErrorMessage="Sie müssen einen Text eingeben" Runat="server" />
```

Die Plausibilitätsprüfungen finden immer nur unmittelbar vor einer Rundreise der Seite statt. Damit fehlerhafte Eingaben aber nicht zu unnötigen Rundreisen führen, implementiert ASP.NET die Validatoren für Browser, die JavaScript verstehen, durch JavaScript-Code, der vor der Rundreise am Client ausgeführt wird. Wird ein Fehler festgestellt, kommt es zu keiner Rundreise, sondern es werden lediglich die Fehlermeldungen im Browser angezeigt. Versteht der Browser kein JavaScript, findet die Prüfung am Server statt.

6.5.1 BaseValidator

BaseValidator definiert das Verhalten, das allen Validatoren gemeinsam ist. Hier ist ein Auszug der Schnittstelle:

```
public abstract class BaseValidator : Label, IValidator {
    //---- Properties
    public string ControlToValidate { get; set; }
    public string ErrorMessage { get; set; }
    public bool IsValid { get; set; }
```

```
        public ValidatorDisplay Display { get; set; }
        public override bool Enabled { get; set; }
        public bool EnableClientScript { get; set; }
        //----- Methode
        public void Validate();
    }
```

ControlToValidate enthält den Namen des Steuerelements, das validiert werden soll. Die wichtigsten validierbaren Steuerelemente sind TextBox, ListBox und DropDownList.

Schlägt die Validierung fehl, wird das von Label geerbte Property Text als Fehlermeldung an der Position des Validators angezeigt. In ErrorMessage kann man eine ausführlichere Fehlermeldung spezifizieren, die in ein eventuell vorhandenes Steuerelement ValidationSummary aufgenommen wird. Setzt man das Property Text nicht, wird ErrorMessage auch an der Position des Validators angezeigt.

Im Fehlerfall wird das Property IsValid auf false gesetzt. Auch die Webseite hat ein gleichnamiges Property, das die Und-Verknüpfung aller IsValid-Properties der Validatoren enthält.

Über das Property Display kann man spezifizieren, wie die Fehlermeldung an der Position des Validators eingefügt wird. Der Wert None bedeutet, dass die Meldung nie eingefügt wird. Static bedeutet, dass im Layout der Seite Platz für die Fehlermeldung gelassen wird. Dynamic schließlich bedeutet, dass kein Platz freigelassen wird und die anderen Steuerelemente beim Einfügen der Fehlermeldung unter Umständen verschoben werden.

Wenn man das von WebControl geerbte Property Enabled auf false setzt, wird die Validierung unterdrückt. Mit EnableClientScript kann man spezifizieren, ob die Validierung am Client oder am Server stattfinden soll. Soll sie am Client stattfinden, muss der Web-Browser die verwendete Skriptsprache (z.B. JavaScript) unterstützen. Die Standardeinstellung is true.

Durch Aufruf der Methode Validate kann man schließlich die Validierung explizit anstoßen, zum Beispiel wenn man den Wert eines Steuerelements vom Programm aus gesetzt hat und ihn validieren möchte.

6.5.2   RequiredFieldValidator

In vielen Fällen möchte man lediglich sicherstellen, dass der Benutzer ein bestimmtes Textfeld ausgefüllt hat. Für diesen Zweck kann man einen RequiredFieldValidator verwenden, der eine Fehlermeldung ausgibt, falls das betreffende Feld leer ist.

```
    public class RequiredFieldValidator : BaseValidator {
        public string InitialValue { get; set; }
    }
```

Mit InitialValue kann man den Anfangswert des überprüften Textfelds angeben
(z.B. "Bitte ausfüllen"). Hat sich dieser Wert bis zum Beginn der Prüfung nicht geändert, wird eine Fehlermeldung ausgelöst. Wird kein InitialValue angegeben,
wird die Fehlermeldung bei leerem Textfeld ausgelöst.

6.5.3 RangeValidator

Dieser Validator prüft, ob der Wert eines Steuerelements in einem bestimmten
Bereich liegt.

```
public class RangeValidator : BaseCompareValidator {
    public string MinimumValue { get; set; }
    public string MaximumValue { get; set; }
    public ValidationDataType Type { get; set; }
}
```

Mit MinimumValue und MaximumValue gibt man den erlaubten Wertebereich an.
Zusätzlich muss man im Property Type angeben, ob die zu vergleichenden Werte
Zahlen, Zeichenketten oder sonstige Werte sind. Standardmäßig wird angenom-
men, dass sie Zeichenketten sind.

```
public enum ValidationDataType {String, Integer, Double, Date, Currency}
```

6.5.4 CompareValidator

Ein CompareValidator ermöglicht den Vergleich zweier Werte aufgrund eines angegebenen Operators.

```
public class CompareValidator : BaseCompareValidator {
    public string ControlToCompare { get; set; }
    public string ValueToCompare { get; set; }
    public ValidationCompareOperator Operator ( get; set; }
    public ValidationDataType Type { get; set; }
}
```

Man kann das zu kontrollierende Steuerelement (ControlToValidate) entweder mit
einem anderen Steuerelement (ControlToCompare) oder mit einem konstanten
Wert (ValueToCompare) vergleichen. Es darf aber nicht sowohl ControlToCompare
als auch ValueToCompare gesetzt werden. Das Property Operator gibt den
Vergleichsoperator an:

```
public enum ValidationCompareOperator {Equal, NotEqual, GreaterThan,
    GreaterThanEqual, LessThan, LessThenEqual, DataTypeCheck}
```

Die Vergleichsreihenfolge ist ControlToValidate Operator ControlToCompare. Gibt
man ValidationCompareOperator.DataTypeCheck an, wird nur überprüft, ob das zu
validierende Steuerelement den geforderten Typ hat.

Der Typ der zu vergleichenden Werte wird wie beim RangeValidator über das
Property Type angegeben.

6.5.5 CustomValidator

Die flexibelste Validator-Art ist der CustomValidator, bei dem eine selbst geschriebene Methode aufgerufen wird, in der man beliebige Prüfungen vornehmen
kann.

```
public class CustomValidator : BaseValidator {
    public string ClientValidationFunction { get; set; }
    public event ServerValidateEventHandler ServerValidate;
}
```

Die Validierung kann entweder am Client oder am Server erfolgen. Soll sie am
Client durchgeführt werden, gibt man in ClientValidationFunction den Namen der
aufzurufenden Methode an, die man in einer am Client ausführbaren Skriptsprache (z.B. JavaScript oder VBScript) implementieren muss. Für JavaScript sieht die
Schnittstelle einer solchen Methode zum Beispiel so aus:

```
<script Language="JavaScript">
    function MyClientValidationFunction(source, arg) {
        ...
    }
</script>
```

In arg.Value wird der Wert des zu validierenden Steuerelements übergeben. Das
Ergebnis der Validierung (true oder false) wird in arg.IsValid zurückgegeben.
Natürlich muss der Web-Browser die verwendete Skriptsprache unterstützen.

Soll die Validierung nicht am Client, sondern am Server erfolgen, setzt man
ClientValidationFunction nicht, sondern definiert einen Ereignisbehandler für das
ServerValidate-Ereignis, der zum Beispiel in C# geschrieben sein kann und Zugriff
auf alle Steuerelemente der Webseite und auf die gesamte .NET-Bibliothek hat.

```
void MyServerValidationFunction(object sender, ServerValidateEventArgs arg) {
    ...
}
```

Der übergebene Parameter arg hat wie bei der clientseitigen Validierung die beiden Properties Value und IsValid.

6.5.6   Beispiel

Im folgenden Beispiel werden die vier besprochenen Validatoren angewendet. Jeder Validator kontrolliert ein bestimmtes Textfeld und gibt einen Stern neben diesem Feld aus, wenn der Inhalt des Felds die Validierung nicht bestanden hat. Zusätzlich werden ausführliche Fehlermeldungen in einem Steuerelement ValidationSummary gesammelt, das am Ende der Webseite platziert ist. Der Einfachheit halber wird auf eine schöne Formatierung der Webseite verzichtet.

```
<%@ Page Language="C#" %>
<html>
    <script Runat="server">
        void HandleClick(object sender, EventArgs e) {
            if (IsValid) label.Text = "alles ok"; else label.Text = "Fehler!";
        }
    </script>
    <script Language="JavaScript">
        function ValidateEmail(source, arg) {
            if (arg.Value.indexOf("@") < 0)
                arg.IsValid = false;
            else
                arg.IsValid = true;
        }
    </script>
<body>
    <form Runat="server">
        Name:
        <asp:TextBox ID="name" Runat="server" />
        <asp:RequiredFieldValidator ID="nameVal" ControlToValidate="name" Text="*"
            ErrorMessage="Sie müssen einen Namen eintragen" Runat="server" />
        <br>
        Alter:
        <asp:TextBox ID="age" Runat="server" />
        <asp:RangeValidator ID="ageVal" ControlToValidate="age" Text="*"
            MinimumValue="0" MaximumValue="100" Type="Integer"
            ErrorMessage="Das Alter muss zwischen 0 und 100 liegen" Runat="server" />
        <br>
        Mitgliedsjahre:
        <asp:TextBox ID="memberSince" Runat="server" />
        <asp:CompareValidator ID="memberVal" Text="*"
            ControlToValidate="memberSince" Operator="LessThan"
            ControlToCompare="age" Type="Integer"
            ErrorMessage="Das Alter ist kleiner als die Mitgliedsjahre" Runat="server" />
        <br>
        E-Mail:
        <asp:TextBox ID="email" Runat="server" />
        <asp:CustomValidator ID="emailVal" ControlToValidate="email" Text="*"
            ClientValidationFunction="ValidateEmail"
            ErrorMessage="Die E-Mail-Adresse ist ungültig" Runat="server" /><br>
```

```
        <asp:Button ID="ok" Text="Abschicken" OnClick="HandleClick" Runat="server" />
        <br>
        <asp:Label ID="label" Runat="server" /><br>
        <asp:ValidationSummary Runat="server" />
    </form>
  </body>
</html>
```

Wenn wir als Browser den Internet-Explorer 4.0 oder höher verwenden, erzeugt ASP.NET JavaScript-Code, um die Validierung am Client durchzuführen. Ein Klick auf den Button »Abschicken« führt daher bei fehlerhaft ausgefülltem Formular gar nicht zu einer Rundreise, sondern die Fehler werden bereits am Client bemerkt. In Abb. 6.30 sieht man, dass die Ereignismethode HandleClick gar nicht ausgeführt wurde, anderenfalls müsste die Webseite den Text "Fehler" enthalten.

Abb. 6.30 *Textfelder mit Validatoren*

6.6   Eigene Steuerelemente

ASP.NET bietet bereits eine große Menge vordefinierter Steuerelemente für Web-Oberflächen an. Darüber hinaus kann ein Programmierer jedoch auch neue Elemente implementieren und damit Web-Oberflächen nach seinen eigenen Vorstellungen gestalten. Das ist auch einer der Vorteile von ASP.NET gegenüber HTML. Während HTML nur einen beschränkten Vorrat von Steuerelementen bietet, ist ASP.NET erweiterbar.

Es gibt zwei Möglichkeiten, neue Steuerelemente zu implementieren. Entweder man setzt sie aus vorhandenen Steuerelementen zusammen oder man implementiert sie als völlig neue Klasse, die von System.Web.UI.Control oder einer ihrer Unterklassen abgeleitet sein muss. Die erste Variante wird im Englischen als *User Controls* bezeichnet, die zweite als *Custom Controls*. Da diese beiden Begriffe zum Verwechseln ähnlich sind, bezeichnen wir sie in diesem Buch als *zu-sammengesetzte Steuerelemente* und als *selbst geschriebene Steuerelemente*. Diese beiden Arten werden nun eingehender beschrieben.

6.6.1 Zusammengesetzte Steuerelemente (User Controls)

Ein zusammengesetztes Steuerelement besteht aus mehreren Steuerelementen samt sonstigem HTML-Code, die zu einer Gruppe zusammengefasst werden und dann wie ein einziges Steuerelement in einer aspx-Datei verwendet werden können.

Zum Beispiel könnte man ein Textfeld und eine Dropdown-Liste zu einem neuen Steuerelement MoneyField zusammenfassen, in dem man einen Geldbetrag eingeben und mit der Dropdown-Liste in verschiedene Währungen umrechnen kann (siehe Abb. 6.31).

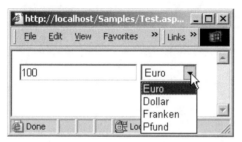

Abb. 6.31 *Zusammengesetztes Steuerelement aus einem Textfeld und einer Dropdown-Liste*

MoneyField kann dann als eigenständiges Steuerelement beliebig oft (auch mehrmals pro Webseite) verwendet werden.

ascx-Datei

Der Code eines zusammengesetzten Steuerelements wird in einer Datei mit der Endung ascx gespeichert. Wir legen daher für unser Beispiel eine Datei Money-Field.ascx mit folgendem Inhalt an:

```
<%@ Control Inherits="MoneyFieldBase" CodeFile="MoneyField.ascx.cs" %>
<asp:TextBox ID="amount" Runat="server" />
<asp:DropDownList ID="currency" AutoPostBack="true"
    OnSelectedIndexChanged="Select" Runat="server">
    <asp:ListItem Text="Euro" Value="1.0" Selected="true" />
    <asp:ListItem Text="Dollar" Value="0.88" />
    <asp:ListItem Text="Franken" Value="1.47" />
    <asp:ListItem Text="Pfund" Value="0.62" />
</asp:DropDownList>
```

Wie man sieht, enthält diese Datei ein TextBox- und ein DropDownList-Element. In der Dropdown-Liste sind die gewünschten Währungen und ihre Umrechnungsfaktoren zum Euro (Stand Januar 2002) gespeichert. Wird eine neue Währung ausgewählt, kommt es zu einem SelectedIndexChanged-Ereignis, das von der Methode Select behandelt werden soll.

Hintergrundcode einer ascx-Datei

Wir könnten die Methode Select als serverseitigen Skriptcode direkt in Money-Field.ascx aufnehmen. In diesem Beispiel haben wir uns aber entschieden, sie in einer Hintergrunddatei zu speichern, die in der ascx-Datei durch eine Control-Direktive spezifiziert werden muss, wie das in der ersten Zeile unseres Beispiels gemacht wurde. Unsere Hintergrunddatei heißt MoneyField.ascx.cs und enthält eine partielle Klasse MoneyFieldBase, von der unser zusammengesetztes Steuerelement erbt. MoneyFieldBase muss wiederum von der Klasse System.Web.UI.UserControl abgeleitet sein, ähnlich wie wir das schon beim Hintergrundcode von aspx-Seiten kennen gelernt haben.

```csharp
using System;
using System.Globalization;

public partial class MoneyFieldBase : System.Web.UI.UserControl {
    private CultureInfo culture = new CultureInfo("en-US");

    public string Text {
        get { return amount.Text; }
        set { amount.Text = value; }
    }

    public double OldFactor {
        get {return ViewState["factor"] == null ? 1 : (double)ViewState["factor"];}
        set {ViewState["factor"] = value;}
    }

    public void Select(object sender, EventArgs arg) {
        try {
            double val = Convert.ToDouble(amount.Text, culture);
            double newFactor = Convert.ToDouble(currency.SelectedItem.Value, culture);
            double newVal = val / OldFactor * newFactor;
            amount.Text = newVal.ToString("f2", culture);
            OldFactor = newFactor;
        } catch (Exception) {
            amount.Text = "0";
        }
    }
}
```

Die Methode Select berechnet den im Textfeld anzuzeigenden Wert aus seinem momentanen Wert, dem Umrechnungsfaktor der gewählten Währung aus der Dropdown-Liste und dem alten Umrechnungsfaktor des gerade angezeigten Werts im Verhältnis zum Euro. Ist der gerade angezeigte Betrag zum Beispiel ein Dollar-Wert, der nun nach Franken umgerechnet werden soll, so wird der neue Wert als Wert / 0.88 * 1.47 berechnet.

Da der Server zustandslos ist, muss der alte Umrechnungsfaktor bis zur nächsten Rundreise irgendwo aufbewahrt werden. Wir verwenden dazu das Property ViewState der Klasse UserControl, das automatisch in einem versteckten Feld der an den Browser gelieferten HTML-Seite abgelegt wird. Um den Zugriff auf ViewState zu vereinfachen, haben wir für unser zusammengesetztes Steuerelement ein Property OldFactor deklariert, das auf den abgelegten Wert mittels ViewState["factor"] zugreift.

Die Umrechnung eines string-Werts (z.B. "0.88") in einen double-Wert erfolgt mit der Methode Convert.ToDouble. Da wir den Dezimalpunkt als "." und nicht wie im Deutschen üblich als "," angegeben haben, funktioniert diese Umrechnung nur, wenn wir als zweiten Parameter ein CultureInfo-Objekt mitgeben, das den Dezimalpunkt nach amerikanischem Muster erkennt. Da CultureInfo im Namensraum Globalization deklariert ist, muss dieser Namensraum importiert werden.

Wie man sieht, darf ein zusammengesetztes Steuerelement eigene Properties und Methoden besitzen, auf die man dann von außen zugreifen kann. Das Property Text von MoneyField erlaubt es zum Beispiel, den Text des Steuerelements amount zu setzen und abzufragen.

Löst ein Element eines zusammengesetzten Steuerelements ein Ereignis aus, so muss dieses in der ascx-Datei oder im entsprechenden Hintergrundcode behandelt werden. Es ist nicht möglich, auf dieses Ereignis in der Seite, die das zusammengesetzte Steuerelement enthält, zu reagieren.

Verwendung von zusammengesetzten Steuerelementen

Wir können nun unser MoneyField-Element beliebig oft in einer anderen Webseite verwenden. Die folgende aspx-Datei enthält zum Beispiel zwei MoneyField-Elemente, die unabhängig voneinander manipuliert werden können:

```
<%@ Page Language="C#" %>
<%@ Register TagPrefix="my" TagName="MoneyField" Src="MoneyField.ascx" %>
<html>
<body>
    <form Runat="server">
        Betrag 1: <my:MoneyField ID="field1" Text="100" Runat="server" /><br>
        Betrag 2: <my:MoneyField ID="field2" Runat="server" />
    </form>
</body>
</html>
```

Um MoneyField bekannt zu machen, benötigen wir eine Register-Direktive. Sie gibt den Namen des Steuerelements an (TagName) sowie sein Präfix (TagPrefix), das dann statt des bisher benutzten Präfixes asp verwendet wird. Außerdem muss man mit Src angeben, in welcher ascx-Datei dieses Steuerelement definiert wurde.

Wie man sieht, wird beim ersten MoneyField auch das selbst definierte Property Text benutzt, um den Initialwert des Textfelds im Steuerelement zu setzen. Abb. 6.32 zeigt, wie die obige aspx-Datei im Browser dargestellt wird.

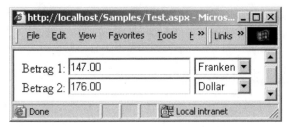

Abb. 6.32 *Mehrere zusammengesetzte Steuerelemente in einer Webseite*

6.6.2   Selbst geschriebene Steuerelemente (Custom Controls)

Da Steuerelemente wie TextBox, Button oder DropDownList nichts anderes als gewöhnliche Klassen sind, ist es nicht verwunderlich, dass man auch eigene Klassen implementieren und damit die Bibliothek der Steuerelemente erweitern kann. Der Phantasie sind dabei keine Grenzen gesetzt, solange man die Steuerelemente irgendwie nach HTML abbilden kann.

Ein selbst geschriebenes Steuerelement muss von der Klasse Control oder einer ihrer Unterklassen (WebControl, Label, Button etc.) abgeleitet sein. Leitet man es von Control ab, muss man seine gesamte Funktionalität selbst implementieren. Leitet man es z.B. von Label ab, kann man dessen Funktionalität bereits nutzen. Die einzige Methode, die man immer überschreiben muss, ist Render. Sie erzeugt für das Steuerelement den HTML-Code, der zum Browser zurückgeschickt wird.

Beginnen wir gleich mit einem Beispiel. Manche Editoren erlauben es, Textstücke zu falten, d.h. auszublenden und durch einen Hintergrundtext zu ersetzen. Wir wollen nun diese Funktionalität auch für Web-Browser implementieren, und zwar als selbst geschriebenes Steuerelement in Form einer Klasse Fold. Abb. 6.33 zeigt, wie das gewünschte Ergebnis aussehen soll.

Ein Fold-Element soll aus zwei kleinen Dreiecken bestehen, zwischen denen Text steht. Klickt man auf das erste der Dreiecke, wird der Text gegen einen Hintergrundtext ausgetauscht (d.h., das Element wird expandiert; siehe Abb. 6.33 rechts). Klickt man nochmals auf das erste Dreieck, wird das Element wieder kollabiert (siehe Abb. 6.33 links). Ob ein Fold-Element kollabiert oder expandiert ist, wird durch gefüllte und nicht gefüllte Dreiecke angezeigt.

Abb. 6.33 *Fold-Elemente im Browser: links kollabiert, rechts expandiert*

Implementierung der Steuerelement-Klasse

Überlegen wir uns zunächst einmal, was wir zur Implementierung von Fold-Elementen benötigen:

- ❑ Eine Klasse Fold, die wir am besten aus ImageButton ableiten. Ein Image-Button zeigt ein Bild an (z.B. unser öffnendes Dreieck) und reagiert, wenn der Benutzer das Bild anklickt.
- ❑ Zwei Properties zur Speicherung des Vordergund- und Hintergrundtextes. Die Klasse ImageButton hat bereits ein Property AlternateText, das wir für den Hintergrundtext verwenden können. Für der Vordergrundtext definieren wir ein neues Property namens Text. Wir müssen allerdings dafür sorgen, dass der Inhalt dieser beiden Properties von Rundreise zu Rundreise erhalten bleibt. Bei AlternateText besorgt das bereits die Klasse ImageButton. Bei Text müssen wir selbst dafür sorgen, indem wir seinen Wert im ViewState von Fold speichern.
- ❑ Eine Methode FoldClick, die auf Click-Ereignisse reagiert. ImageButton hat bereits ein event-Feld namens Click, in das wir unseren Ereignisbehandler installieren können. In FoldClick tauschen wir einfach die Inhalte von Text und AlternateText aus. Da sich dabei auch die Form der Dreiecke ändert, definieren wir noch ein weiteres Property Icon, das die Werte "Solid" und "Hollow" annehmen kann und ebenfalls im ViewState gerettet wird.
- ❑ Eine Implementierung der Methode Render, in der wir HTML erzeugen.
- ❑ Vier kleine Bilder für die öffnenden und schließenden Dreiecke. Wir nennen sie SolidLeft.gif, SolidRight.gif, HollowLeft.gif und HollowRight.gif.

Nach diesen Überlegungen können wir bereits die Klasse Fold implementieren und ihren Quellcode in einer Datei Fold.cs speichern.

```
using System; using System.Web.UI; using System.Web.UI.WebControls;
namespace Folds {
    public class Fold : ImageButton {
        public string Text {  // Property
            get { return ViewState["Text"] == null ? "" : (string)ViewState["Text"]; }
            set { ViewState["Text"] = value; }
        }
        public string Icon {  // Property
            get { return ViewState["Icon"] == null ? "Solid" : (string)ViewState["Icon"]; }
            set { ViewState["Icon"] = value; }
        }
        public Fold() : base() {  // Konstruktor
            Click += new ImageClickEventHandler(FoldClick);
        }
        void FoldClick(object sender, ImageClickEventArgs e) {  // Ereignisbehandler
            string s = Text;
            Text = AlternateText;
            AlternateText = s;
            if (Icon == "Solid") Icon = "Hollow"; else Icon = "Solid";
        }
        protected override void Render(HtmlTextWriter w) {  // Erzeugung von HTML
            w.Write("<input type=image name=" + UniqueID);
            w.Write(" src='" + TemplateSourceDirectory + "/" + Icon + "Left.gif' border=0 />");
            w.Write(Text);
            w.Write("<img src='" + TemplateSourceDirectory + "/" + Icon + "Right.gif'>");
        }
    }
}
```

Selbst geschriebene Steuerelemente müssen in einem eigenen Namensraum implementiert werden. Wir nennen unseren Namensraum Folds. Die Methode Render erzeugt folgenden HTML-Code:

```
<input type=image name=_ctl1 src='/Samples/SolidLeft.gif' border=0 />
... Hintergrundtext ...
<img src='/Samples/SolidRight.gif>
```

Das <input>-Element beschreibt einen Button mit dem Bild SolidLeft.gif. Im <img>-Element befindet sich das schließende Dreieck SolidRight.gif. Das in Render verwendete Property UniqueID enthält einen von ASP.NET automatisch vergebenen eindeutigen Namen für das Steuerelement. In diesem Beispiel ist er _ctl1. Es ist wichtig, auch das erzeugte HTML-Element so zu nennen, da die Zuordnung der Ereignisse zu Steuerelementen über diesen Namen läuft. Render benutzt auch das Property TemplateSourceDirectory, das den Namen des virtuellen Verzeichnisses enthält, in dem später unsere aspx Datei liegt. In unserem Beispiel heißt das virtuelle Verzeichnis "/Samples".

Die get- und set-Methoden der Properties Text und Icon speichern ihre Werte im ViewState des Fold-Elements. ViewState wird zwischen Rundreisen im HTML-Code aufbewahrt, der an den Client geht.

Bevor wir unser neues Steuerelement benutzen können, müssen wir Fold.cs in ein dll-Assembly übersetzen und dieses in einem Unterverzeichnis namens bin des virtuellen Verzeichnisses ablegen. Alle selbst geschriebenen Steuerelemente müssen als dll-Assemblies im Verzeichnis bin stehen. Ein dll-Assembly kann aber gleich mehrere Steuerelemente enthalten. Die Übersetzungsanweisung lautet:

```
csc /target:library /out:bin/Folds.dll Fold.cs
```

Verwendung des neuen Steuerelements

Wir können unser neues Steuerelement Fold nun in einer aspx-Datei verwenden. Dabei müssen wir allerdings mit einer Register-Direktive bekannt geben, in welchem Assembly und in welchem Namensraum das Steuerelement zu finden ist. Außerdem müssen wir ein Präfix wählen, das wir statt des Standardpräfixes asp vor das Element schreiben.

```
<%@ Page Language="C#" %>
<%@ Register TagPrefix="my" Namespace="Folds" Assembly="Folds" %>
<html>
    <body>
        <form Runat="server">
            <my:Fold Text="Vordergrundtext" AlternateText="Hintergrundtext"
                Runat="server" />
        </form>
    </body>
</html>
```

Da Fold von ImageButton abgeleitet ist, kann man im <Fold>-Element auch alle anderen Properties von ImageButton setzen, zum Beispiel einen zusätzlichen Ereignisbehandler für Mausklicks:

```
<my:Fold OnClick="MyClickHandler" ... Runat="server" />
```

Klickt man nun auf das öffnende Dreieck des Fold-Elements wird sowohl die Methode FoldClick als auch die Methode MyClickHandler aufgerufen.

Steuerelemente mit innerer Struktur

Manche Steuerelemente enthalten innere Elemente. ListBox besteht zum Beispiel aus ListItem-Objekten. Auch in selbst geschriebenen Steuerelementen können sich innere Elemente befinden. Wie man das für den allgemeinen Fall implementiert, ist der Onlinedokumentation von .NET [SDKDoc] zu entnehmen. Wir zeigen hier nur den einfachen Spezialfall, dass ein Fold-Element beliebigen Text als innere Struktur enthält, also etwa so:

```
<my:Fold Text="Bitte lesen!" Runat="server">
    ASP.NET erlaubt die Entwicklung eigener Web-Steuerelemente, die nahezu
    unbeschränkte Möglichkeiten für neue Web-Funktionalität eröffnen.
</my:Fold>
```

Wenn der Benutzer ein Fold-Element auf diese Weise angibt, soll der innere Text als Wert des Attributs AlternateText interpretiert werden. Dazu müssen wir Folgendes machen:

❑ Die Klasse Fold wird mit dem Attribut [ParseChildren(false)] deklariert. Dieses Attribut gibt an, dass das Steuerelement strukturiert ist (ParseChildren), aber keine weiteren Steuerelemente, sondern nur Text enthält (false).

❑ Die Methode AddParsedSubObject, die den inneren Text als Parameter vom Typ LiteralControl erhält, wird überschrieben.

Damit sieht unsere Klasse wie folgt aus:

```
[ParseChildren(false)]
public class Fold : ImageButton {
    ...
    protected override void AddParsedSubObject(object obj) {
        if (obj is LiteralControl) AlternateText = ((LiteralControl)obj).Text;
    }
    ...
}
```

Der innere Text kann beliebig sein, also auch HTML-Marken enthalten, allerdings keine ASP-Marken, da er einfach in den zurückgelieferten HTML-Strom eingefügt wird und am ASP-Compiler vorbeigeht.

Eigene Ereignisse auslösen

Unsere Fold-Elemente lösen Click-Ereignisse aus und reagieren auch selbst darauf. Click-Ereignisse gehören schon zur Funktionalität der Basisklasse ImageButton. Wie kann man aber selbst geschriebene Steuerelemente dazu bewegen, neue Ereignisse auszulösen, so dass der Anwendungsprogrammierer darauf reagieren kann?

Um das zu demonstrieren, wandeln wir unsere Fold-Elemente ein wenig ab: Es soll möglich sein, den Hintergrundtext aus einer Datei zu lesen, deren Namen man mit einem führenden '@' im Property AlternateText angibt (z.B. "@background.txt"). Dabei kann es vorkommen, dass diese Datei nicht gefunden wird. In diesem Fall soll ein Ereignis FileNotFound ausgelöst werden, auf das der Programmierer reagieren kann, indem er zum Beispiel AlternateText von woanders bezieht.

Zuerst müssen wir den Mechanismus verstehen, der zur Auslösung von Ereignissen am Server führt. Wenn eine Seite vom Client an den Server geschickt wird, dann geschieht das, weil ein bestimmtes Steuerelement der Seite (z.B. ein Button) den Rücksendeauftrag (*postback*) eingeleitet hat. Der Server sieht nun nach, ob dieses Steuerelement eine Methode RaisePostBackEvent hat und ruft sie gegebenenfalls auf. In dieser Methode wird dann entschieden, welche Ereignisse ausgelöst werden: Ein ImageButton ruft zum Beispiel seine Methode OnClick auf und löst damit ein Click-Ereignis aus. Das sieht etwa so aus:

```
public class ImageButton : Image, IPostBackEventHandler, IPostBackDataHandler {
    public event ImageClickEventHandler Click;
    ...
    protected virtual void OnClick(ImageClickEventArgs e) {
        if (Click != null) Click(this, e);
        ...
    }
    ...
}
```

Wenn die Klasse Fold Ereignisse vom Typ FileNotFound auslösen soll, müssen wir also Folgendes tun:

❑ Ein Event namens FileNotFound deklarieren.

❑ Eine Methode OnFileNotFound implementieren, die dieses Ereignis auslöst.

❑ Die von ImageButton geerbte Methode OnClick überschreiben und dort versuchen, die in AlternateText angegebene Datei zu öffnen. Gelingt das nicht, muss die Methode OnFileNotFound aufgerufen werden.

Das ergibt folgenden Code:

```
[ParseChildren(false)]
public class Fold : ImageButton {
    public event EventHandler FileNotFound;

    protected virtual void OnFileNotFound(EventArgs e) {
        if (FileNotFound != null) FileNotFound(this, e);
    }

    protected override void OnClick(ImageClickEventArgs e) {
        try {
            if (AlternateText.StartsWith("@")) {
                string fileName = Page.MapPath(TemplateSourceDirectory) + "/"
                    + AlternateText.Substring(1);
                FileStream s = File.OpenRead(fileName);
                StreamReader r = new StreamReader(s);
                AlternateText = r.ReadToEnd();
            }
        } catch (FileNotFoundException) {
            OnFileNotFound(EventArgs.Empty);
```

```
            } finally {
                base.OnClick(e);
            }
        }
        ...
    }
```

Das in OnClick verwendete Property TemplateSourceDirectory gibt das virtuelle Verzeichnis an (z.B. "/Samples"). Die Methode MapPath bildet es auf das physische Verzeichnis ab, in dem die aspx-Dateien liegen und in dem wir auch die Datei mit dem Hintergrundtext erwarten.

Man darf nicht vergessen, in OnClick die gleichnamige Methode aus der Basisklasse ImageButton aufzurufen, da sonst das Click-Ereignis nicht ausgelöst wird.

Nun können wir die neuen Fold-Elemente in einer aspx-Datei verwenden und dort auf das Ereignis FileNotFound reagieren.

```
<%@ Page Language="C#" %>
<%@ Register TagPrefix="my" Namespace="Folds" Assembly="Folds" %>
<html>
    <script Language="C#" Runat="server">
        void HandleNotFound(object sender, EventArgs e) {
            fold.AlternateText="Datei nicht gefunden";
        }
    </script>
    <body>
        <form Runat="server">
            <my:Fold ID="fold" Text="Bitte lesen!" AlternateText="@background.txt"
                OnFileNotFound="HandleNotFound" Runat="server"/>
        </form>
    </body>
</html>
```

6.7 Zustandsverwaltung

Webserver sind unter ASP.NET zustandslos, d.h., sie merken sich keine Informationen über Webseiten, Benutzer oder deren Daten. Jede Anforderung einer Webseite wird vom Server als unabhängiger Auftrag betrachtet, der keinen Bezug zu vorher eingegangenen Aufträgen hat.

So ist es zumindest im Prinzip. In der Praxis ist die Verwaltung von Zustandsinformationen aber sehr wichtig. Ein Benutzer, der die Seiten einer Buchhandlung besucht, möchte sich nicht auf jeder Seite neu identifizieren müssen. Er möchte auch die ausgewählten Bücher in einem Warenkorb sammeln und damit später zur Kasse gehen. All das erfordert Zustandsinformationen.

ASP.NET unterscheidet zwischen drei Kategorien von Zuständen, die alle äußerst einfach zu verwalten sind:

❑ *Seitenzustand.* Dieser umfasst die Werte aller Steuerelemente auf einer Webseite, z.B. den Inhalt der Textfelder, den Zustand der Checkboxen usw. Der Seitenzustand wird von ASP.NET automatisch in einem versteckten Feld der zum Client geschickten HTML-Seite untergebracht und somit am Client und nicht am Server verwaltet, was den Server enorm entlastet. Der Programmierer kann auch eigene Informationen in den Seitenzustand verpacken.

❑ *Sitzungszustand.* Alle Anforderungen an einen Server, die innerhalb einer gewissen Zeit vom gleichen Client kommen, werden zu einer Sitzung (*session*) zusammengefasst. Als Zustand kann eine Sitzung zum Beispiel einen Warenkorb speichern. Während der Client verschiedene Seiten des Servers besucht, bleibt der Warenkorb für ihn erhalten. Der Sitzungszustand wird am Server verwaltet und über einen automatisch vergebenen Sitzungsnamen identifiziert.

❑ *Applikationszustand.* Alle Webseiten, Codedateien und sonstigen Ressourcen, die in einem virtuellen Verzeichnis liegen, bilden eine Applikation, die ebenfalls einen am Server verwalteten Zustand hat. Mehrere Sitzungen einer Applikation können auf denselben Applikationszustand zugreifen.

Abb. 6.34 zeigt den Zusammenhang zwischen Seiten, Sitzungen und der Applikation samt den verschiedenen Zuständen.

Wir werden in den nächsten Unterkapiteln näher auf die drei Arten von Zuständen eingehen. Vorher sehen wir uns aber noch die Klasse Page an, die eine Webseite beschreibt und von der aus die verschiedenen Zustandsarten erreichbar sind.

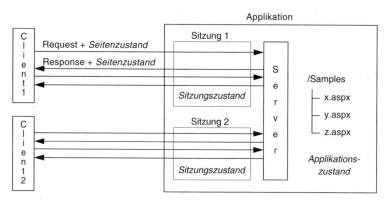

Abb. 6.34 *Seiten-, Sitzungs- und Applikationszustand*

6.7.1 Klasse Page

In den vorausgegangenen Abschnitten haben wir die Klasse System.Web.UI.Page bereits mehrmals benutzt. Sie ist die Basisklasse aller Webseiten und stellt einige nützliche Properties und Methoden zur Verfügung, die für die Webseitenprogrammierung gebraucht werden. Hier ist ein Auszug ihrer Schnittstelle.

```
public class Page : TemplateControl, IHttpHandler {
    //----- Properties
    public virtual ControlCollection Controls { get; }
    public ValidatorCollection Validators { get; }
    public bool IsValid { get; }
    public bool IsPostBack { get; }
    public virtual string TemplateSourceDirectory { get; }
    public HttpApplicationState Application { get; }
    public virtual HttpSessionState Session { get; }
    public HttpRequest Request { get; }
    public HttpResponse Response { get; }
    public HttpServerUtility Server { get; }
    public IPrincipal User { get; }
    ...
    //----- Methoden
    public string MapPath(string virtualPath);
    public virtual void Validate();
    ...
    //----- Events: Init, Load, DataBinding, PreRender, Unload von Control geerbt
    ...
}
```

Page ist von TemplateControl abgeleitet und dieses wiederum von Control, was bedeutet, dass Page alle Properties, Methoden und Events von Control erbt. So kann Page zum Beispiel auf die Ereignisse Init, Load, DataBinding etc. reagieren, was in den Beispielen der vorausgegangenen Abschnitte ja bereits mehrmals verwendet wurde.

Das Property Controls enthält eine Sammlung aller Steuerelemente der Webseite. Man kann vom Programm aus neue Steuerelemente hinzufügen oder ein bestimmtes Steuerelement heraussuchen.

Validators ist eine Sammlung aller Validatoren der Webseite. Auch hier kann man über die Validatoren iterieren und sie einzeln ein- oder ausschalten. Jeder Validator hat ein Property IsValid. Wenn eines davon false ist, ist auch IsValid von Page false. Durch Aufruf der Methode Validate kann man die Validierung der Seite explizit anstoßen, d.h., alle Validatoren der Seite führen dann ihre Plausibilitätsprüfung durch.

Das Property IsPostBack ist true, wenn die Webseite im Rahmen einer Rundreise zurückgeschickt wurde. Beim ersten Zugriff auf eine Webseite ist IsPostBack false. Wir haben dieses Property in Abschnitt 6.4.11 benutzt, um Initialisierungen nur beim ersten Besuch einer Seite durchzuführen.

TemplateSourceDirectory liefert den Namen des aktuellen virtuellen Verzeichnisses (z.B. "/Samples"). Mittels der Methode MapPath kann dieser Name in den Pfad zum entsprechenden physischen Verzeichnis umgewandelt werden.

Das Property Session liefert den Sitzungszustand (siehe Abschnitt 6.7.3), das Property Application den Applikationszustand (siehe Abschnitt 6.7.4) und das von Control geerbte Property ViewState den Seitenzustand (siehe Abschnitt 6.7.2).

Die beiden Properties Request und Response sind ebenfalls interessant, weshalb wir etwas näher auf sie eingehen wollen.

HttpRequest

Wenn der Client eine Webseite vom Server anfordert, wird der Auftrag in ein HttpRequest-Objekt verpackt, in dem alle Informationen über den Auftrag gespeichert sind. ASP.NET benutzt dieses Objekt, um die Seite mit ihren Steuerelementen zu erzeugen und zu initialisieren. Der Programmierer kann aber ebenfalls auf das HttpRequest-Objekt zugreifen und interessante Informationen herausholen. Hier sind die wichtigsten Properties:

```
public sealed class HttpRequest {
    public string UserHostName { get; }
    public string UserHostAddress { get; }
    public string HttpMethod { get; }
    public HttpBrowserCapabilities Browser { get; }
    public NameValueCollection Form { get; }
    public NameValueCollection QueryString { get; }
    public HttpCookieCollection Cookies { get; }
    public NameValueCollection ServerVariables { get; }
    ...
}
```

UserHostName gibt den DNS-Namen des Client an und UserHostAddress die dazugehörige IP-Nummer. In HttpMethod ist die Request-Methode (GET oder POST) codiert. Das Property Browser enthält Informationen über den vom Client verwendeten Web-Browser, z.B. seinen Namen, seine Version und die Fähigkeit, Cookies oder Scripts zu verarbeiten.

Die Namen und Werte der Steuerelemente auf der sendenden Webseite werden im Property Form des HttpRequest-Objekts codiert. Mit Form.Keys[i] kann man auf den Namen des i-ten Elements zugreifen und mit Form[i] auf seinen Wert.

Eine URL kann Parameter in Form eines so genannten Query-Strings enthalten, zum Beispiel:

http://www.fake.com/Mission.aspx**?id=007&agent=JamesBond**

Diese Parameter werden im Property QueryString übergeben. QueryString.Keys[1] enthält hier zum Beispiel den Namen "agent", QueryString[1] enthält den Wert

"JamesBond". Man kann auf die Elemente von QueryString auch über ihren Namen zugreifen, z.B. QueryString["agent"] und erhält hier den Wert "JamesBond".

Cookies enthält die Namen und Werte eventuell übergebener Cookies. In ServerVariables befinden sich Informationen über den verwendeten Webserver.

HttpResponse

Als Ergebnis eines Requests erzeugt ASP.NET einen HTML-Strom, der an den Client zurückgeschickt wird. Die Klasse HttpResponse enthält Properties und Methoden zum Aufbauen dieses HTML-Stroms.

```
public sealed class HttpResponse {
    //----- Properties
    public string ContentType { get; set; }
    public TextWriter Output { get; }
    public int StatusCode { get; set; }
    public HttpCookieCollection Cookies { get; set; }
    ...
    //----- Methoden
    public void Write(string s); // es gibt verschiedene überladene Versionen davon
    public void Redirect(string newURL);
    ...
}
```

ContentType beschreibt den MIME-Typ des HTML-Stroms (im Standardfall "text/html"). Output ist ein TextWriter, den man benutzen kann, um in den HTML-Strom zu schreiben, und der als Parameter an die Render-Methode der Steuerelemente übergeben wird, damit sich diese in HTML darstellen. StatusCode gibt Auskunft über den Erfolg des Requests. Der Wert 200 bedeutet zum Beispiel OK, der Wert 404 bedeutet, dass die verlangte Seite nicht gefunden wurde. In Cookies kann man Cookies vom Server an den Client zurückgeben.

Die Methode Write ist eine Kurzform für Output.Write(...) und kann zur Ausgabe in den HTML-Strom verwendet werden. Im folgenden Beispiel wird die IP-Nummer des Senders in den HTML-Strom geschrieben:

```
<body>
    Client = <% Response.Write(Request.UserHostAddress); %>
</body>
```

Mit Redirect kann man einen Request auf eine andere Webseite umlenken. Dabei kann man Parameterwerte als Query-String in der Seitenadresse übergeben, z.B.:

```
Response.Redirect("http://localhost/Samples/Warning.aspx?id=3&name=Meier");
```

Auf der Empfängerseite kann man die Parameter dann wie folgt lesen:

```
int id = Convert.ToInt32(Request.QueryString["id"]);     // liefert 3
string name = Request.QueryString["name"];               // liefert Meier
```

6.7.2   Seitenzustand

Wenn der Server eine Seite an den Browser schickt, wird ihr Zustand samt den
Werten ihrer Steuerelemente in den HTML-Code der Seite mitverpackt. Wenn
die Seite zum Server zurückkommt, kann dieser aus dem gespeicherten Zustand
und den eventuell neu eingegebenen Werten der Steuerelemente, die im Property
Form von HttpRequest stehen, den aktuellen Zustand der Seite aufbauen.

Der Seitenzustand wird in ein verstecktes Feld namens __VIEWSTATE verpackt, das zum Beispiel folgendermaßen aussehen kann.

```
<input type="hidden" name="__VIEWSTATE" value="dDwxNzg3NTQzOTc5O3Q802">
```

Der Zustand ist im Attribut value codiert und wird von ASP.NET automatisch
abgespeichert, ohne dass sich der Programmierer darum kümmern muss.

Manchmal möchte man aber zusätzliche Informationen im Zustand verpacken, um sie bei der nächsten Rundreise verfügbar zu haben, zum Beispiel Werte
von selbst deklarierten Feldern oder Properties der Seiten-Klasse. Diese Informationen muss man manuell im Property ViewState retten.

Die Seite und alle ihre Steuerelemente haben ein von Control geerbtes Property ViewState, das eine Collection ist, in der man Werte unter einem selbst gewählten Namen ablegen kann. Um zum Beispiel einen Zähler namens counter bis
zur nächsten Rundreise zu retten, schreibt man:

```
ViewState["counter"] = counter;
```

Der counter-Wert wird dann unter dem Namen "counter" im ViewState der Seite
abgelegt und zusammen mit anderen Werten ins __VIEWSTATE-Feld verpackt.
Bei der nächsten Rundreise kann man ihn mit

```
int counter = (int)ViewState["counter"];
```

wieder auslesen. Es ist guter Programmierstil, die Zugriffe auf ViewState in den
get- und set-Methoden eines Properties zu verbergen, zum Beispiel:

```
int Counter {
    get { return (int)ViewState["counter"]; }
    set { ViewState["counter"] = value; }
}
```

Leider hat ViewState die Sichtbarkeit protected, so dass die Seite nicht auf das
ViewState-Property ihrer Steuerelemente zugreifen kann. Selbst geschriebene
Steuerelemente können aber ihre Informationen im eigenen ViewState ablegen.

Indem der Seitenzustand am Client gehalten wird, wird der Webserver entlastet und kann somit wesentlich mehr parallele Seitenzugriffe verkraften.

6.7.3   Sitzungszustand

Mehrere Requests, die vom gleichen Client kommen, werden zu einer Sitzung zusammengefasst, selbst wenn sie unterschiedliche Seiten der gleichen Applikation betreffen. Die Requests einer Sitzung können Informationen in einem Sitzungszustand ablegen, der während der gesamten Sitzung erhalten bleibt und von allen Requests der Sitzung zugreifbar ist (z.B. einen Warenkorb).

Eine Sitzung beginnt mit dem ersten Zugriff auf eine Webseite eines virtuellen Verzeichnisses und läuft automatisch aus, wenn eine gewisse Zeit lang keine Zugriffe erfolgten. Diese Frist beträgt im Normalfall 20 Minuten, kann aber über das Property Timeout der Klasse HttpSessionState (siehe unten) verändert werden.

Der Sitzungszustand ist im Property Session jeder Webseite gespeichert. Um zum Beispiel einen Warenkorb, der in einem DataTable-Objekt shoppingCart gespeichert ist, im Sitzungszustand abzulegen, schreibt man einfach:

```
Session["cart"] = shoppingCart;
```

Bei der nächsten Rundreise kann man ihn folgendermaßen wieder herausholen:

```
DataTable shoppingCart = (DataTable)Session["cart"];
```

wobei "cart" ein selbst gewählter Name ist. Natürlich sollte man auch hier den Zugriff auf Session["cart"] hinter einem Property verbergen.

Das Property Session liefert ein Objekt vom Typ HttpSessionState, dessen Schnittstelle wir uns nun auszugsweise ansehen:

```
public sealed class HttpSessionState : ICollection, IEnumerable {
    //----- Properties und Indexer
    public int Count { get; }
    public object this[string name] { get; set; }
    public object this[int index] { get; set; }
    public NameObjectCollectionBase.KeysCollection Keys { get; }
    public string SessionID { get; }
    public bool IsNewSession { get; }
    public int Timeout { get; set; }
    public SessionStateMode Mode { get; }
    ...
    //----- Methoden
    public void Abandon();
    public void Clear();
    public void Remove(string name);
    ...
}
```

Count gibt die Anzahl der Name-Wert-Paare im Sitzungszustand an. Mit den beiden Indexern kann man auf die Zustandswerte entweder über ihren Namen oder über ihren Index zugreifen. Den Namen des i-ten Zustandswerts erhält man über Key[i].

Jede Sitzung wird durch einen eindeutigen Sitzungsbezeichner identifiziert, den man über SessionID abfragen kann. IsNewSession gibt Auskunft, ob der momentan laufende Request der erste seiner Sitzung ist.

Mit Timeout kann man die Zeit einstellen, wann eine Sitzung automatisch beendet und ihr Sitzungszustand gelöscht wird. Der Standardwert beträgt 20 Minuten nach dem letzten Request. Man kann eine Sitzung aber auch explizit durch Aufruf der Methode Abandon beenden.

Der Sitzungszustand wird normalerweise im Hauptspeicher gehalten. Das hat zwar den Vorteil, dass er schnell zugreifbar ist, aber den Nachteil, dass er bei einem Serverabsturz verloren geht. Wenn es Hunderte von gleichzeitigen Sitzungen gibt, die alle ihren eigenen Zustand haben, kann das auch zu einem Skalierungsproblem werden. Daher kann man über das Property Mode einstellen, dass der Sitzungszustand auf eine Datenbank ausgelagert wird, was hier aber nicht weiter beschrieben wird.

Durch Aufruf der Methode Clear kann man schließlich den gesamten Zustand einer Sitzung löschen und mit Remove(n) den Zustandswert, der unter dem Namen n gespeichert ist.

6.7.4 Applikationszustand

Alle Zugriffe auf Seiten eines virtuellen Verzeichnisses bilden eine Applikation. Auch eine Applikation kann einen Zustand haben, der für alle Requests der verschiedenen Sitzungen dieser Applikation zugreifbar ist.

Der Applikationszustand wird im Property Application jeder Webseite gespeichert und bildet wie die anderen Zustandsarten eine Sammlung von Name-Wert-Paaren. Um zum Beispiel den Namen einer Datenbank im Applikationszustand abzulegen, schreibt man

```
Application["database"] = databaseName;
```

und kann ihn jederzeit wieder mit

```
string databaseName = (string)Application["database"];
```

abfragen. Das Property Application liefert ein Objekt vom Typ HttpApplication-State, dessen Schnittstelle wie folgt aussieht:

```
public sealed class HttpApplicationState : NameObjectCollectionBase {
    //----- Properties und Indexer
    public override int Count { get; }
    public object this[string name] { get; set; }
    public object this[int index] { get; }
    public string[] AllKeys { get; }
    ...
```

```
//----- Methoden
public void Clear();
public void Lock();
public void UnLock();
}
```

Count liefert die Anzahl der Name-Wert-Paare im Applikationszustand. Mit Hilfe der beiden Indexer kann man wie bei Sitzungen einen Zustandswert über seinen Namen oder über seinen Index ansprechen. Seltsamerweise kann man aber im Gegensatz zum Sitzungszustand über den Index nur lesend zugreifen. Mit AllKeys erhält man ein Array aller Namen der Zustandswerte.

Mit Clear kann man den gesamten Applikationszustand löschen. Im Gegensatz zum Sitzungszustand ist es aber nicht möglich, einen bestimmten Zustandswert zu entfernen.

Da mehrere Sitzungen einer Applikation gleichzeitig aktiv sein können, muss man verhindern, dass sie sich beim schreibenden Zugriff auf den Applikationszustand in die Quere kommen. Das erreicht man, indem man den Zustand mit Lock und UnLock während des Schreibens sperrt, z.B.:

```
Application.Lock();
Application["database"] = databaseName;
Application.UnLock();
```

Eine Applikation wird beim ersten Zugriff auf eine ihrer Webseiten gestartet. Wenn sie erst einmal läuft, kann man sie nicht mehr explizit beenden, sondern sie läuft im Prinzip so lange, bis man den Webserver neu startet.

6.8 Konfiguration

Die Konfiguration einer ASP.NET-Applikation erfolgt in der Datei Web.config. Diese XML-Datei bestimmt die Konfiguration des aktuellen Verzeichnisses und seiner Unterverzeichnisse. Es können aber auch mehrere Web.config-Dateien in verschiedenen Unterverzeichnissen existieren. Eine Web.config-Datei eines Unterverzeichnisses kann die Einstellungen für das Unterverzeichnis erweitern.

Web.config-Dateien sind optional. Wenn in einem Verzeichnis kein Web.config existiert, wird die Konfiguration des übergeordneten Verzeichnisses verwendet. Die Standardeinstellungen für den gesamten Webserver befinden sich in der Datei

```
c:\WINNT\Microsoft.NET\Framework\ [version] \CONFIG\Machine.config
```

Diese Konfigurationsdateien werden ständig auf Änderungen überwacht, die sich dann sofort auf neue Anfragen auswirken. Bei einer Änderung wird die neue Konfiguration sofort übernommen, ohne dass der IIS dazu neu gestartet werden muss.

Web.config enthält Konfigurationseinstellungen für die Bereiche Sicherheit, Authentifikation, Datenbanken, Debugging, Browsing und Web-Services. Alle

Einstellungen befinden sich innerhalb des Elements <configuration> und bestehen
aus zwei Teilen: der Definition von Konfigurationsabschnitten und den Daten
der Konfigurationsabschnitte.

6.8.1 Definition von Konfigurationsabschnitten

In diesem Teil werden die *Konfigurationsabschnitte* definiert, die später in
Web.config vorkommen (z.B. <appSettings>). Für jeden Konfigurationsabschnitt
wird der Name der *Handler-Klasse* angegeben, die die Konfigurationsdaten in
diesem Abschnitt verarbeiten soll.

Dieser Teil befindet sich am Beginn der Konfigurationsdatei. Er darf nur einmal vorkommen und kann entweder in Web.config oder in Machine.config stehen.
Ist er bereits in Machine.config definiert, darf er in Web.config nicht erneut definiert werden. Untergeordnete Konfigurationsdateien erben diese Einstellungen.
Die Definition beginnt mit dem XML-Element <configSections> und enthält <sec-
tion>-Elemente mit den Namen der Konfigurationsabschnitte und ihrer Handler:

```
<configuration>
  <configSections>
    <section name="appSettings"
        type="System.Configuration.NameValueFileSectionHandler, System,
        Version=1.0.3300.0, Culture=neutral, PublicKeyToken=b77a5c561934e089"/>
  </configSections>
  <appSettings> ... </appSettings>
  ...
</configuration>
```

Im Normalfall werden Konfigurationsabschnitte bereits in Machine.config definiert, wobei zusammengehörende Abschnitte meist mit <sectionGroup>-Elemen-
ten zusammengefasst werden:

```
<configuration>
  <configSections>
    <sectionGroup name="system.web">
      <section name="browserCaps" ... />
      <section name="authorization" ... />
      ...
    </sectionGroup>
    ...
  </configSections>
  ...
</configuration>
```

6.8.2 Daten der Konfigurationsabschnitte

In diesem Bereich folgen nun die tatsächlichen Konfigurationsabschnitte mit ihren Einstellungen. Der oben definierte Abschnitt <appSettings> erlaubt zum Beispiel, einer Applikation Name-Wert-Paare zu übergeben. Das kann wie folgt aussehen:

```
<configuration>
    <!-- Deklarationsteil -->
    <configSections>
        <!-- Die Definition des Abschnitts "appSettings" erfolgte bereits in der Datei
            Machine.config und darf hier nicht noch einmal definiert werden -->
    </configSections>
    <!-- Nun folgt die tatsächliche Konfiguration -->
    <appSettings>
        <add key="DefaultHelpHomepage" value="www.help.com"/>
        <add key="AdminEmail" value="admin@nirwana.com"/>
    </appSettings>
</configuration>
```

Der Applikation wird hier eine Einstellung für die Hilfe-Seite und die E-Mail-Adresse des Administrators übergeben. In einer ASP.NET-Applikation können diese beiden Einstellungen dann wie folgt ausgelesen werden:

```
<%@ Page Language="C#"%>
<%@ Import Namespace="System.Configuration" %>
<html>
    <script Language="C#" Runat="server">
        string GetHelpHomepage() {
            return ConfigurationSettings.AppSettings["DefaultHelpHomepage"];
        }
        string GetAdminEmail() {
            return ConfigurationSettings.AppSettings["AdminEmail"];
        }
    </script>
    <head>
        <title>ASPX-Seite mit Konfiguration</title>
    </head>
    <body>
        <h1>Willkommen</h1>
        Die Hilfe zu dieser Seite befindet sich auf:
        <a href="<% Response.Write(GetHelpHomepage()); %>">
        <% Response.Write(GetHelpHomepage()); %></a><br>
        Die E-Mail des Admins lautet:
        <a href="mailto:<% Response.Write(GetAdminEmail()); %>">
        <% Response.Write(GetAdminEmail()); %></a>
    </body>
</html>
```

Diese Seite wird wie in Abb. 6.35 dargestellt.

Abb. 6.35 *Übergabe von Konfigurationsparametern*

6.8.3   Übersicht der Konfigurationsabschnitte für ASP.NET

Die unter <sectionGroup name="system.web"> definierten Konfigurationsabschnitte sind besonders für ASP.NET-Applikationen wichtig. Wir geben hier eine Übersicht über diese Abschnitte und erklären einige davon mit Beispielen. Ihr Definitionsteil befindet sich in Machine.config und wird an alle Web.config-Dateien vererbt.

```
<configuration>
   <system.web>
      <authorization>
         <allow><deny>
      <authentication>
         <forms><credentials><passport>
      <browserCaps>
         <result><use><filter><case><clientTarget><add><remove><clear>
      <compilation>
         <compilers><compiler><assemblies><add><remove><clear>
      <customErrors>
         <error>
      <globalization>
      <httpHandlers>
         <add><remove><clear>
      <httpModules>
         <add><remove><clear>
      <httpRuntime>
      <identity>
      <machineKey>
      <pages>
      <processModel>
      <securityPolicy>
         <trustLevel>
      <sessionState>
```

```
        <trace>
        <trust>
        <webServices>
            <protocols>
                <add><remove>
            <serviceDescriptionFormatExtensionTypes>
                <add><remove><clear>
            <soapExtensionTypes>
                <add>
            <soapExtensionReflectorTypes>
                <add>
            <soapExtensionImporterTypes>
                <add>
            <WsdlHelpGenerator>
        </webServices>
    </system.web>
```

authorization

Der Abschnitt <authorization> legt fest, welche Benutzer Zugriff auf eine ASP.NET-Applikation haben. Die Elemente <allow users="..."> und <deny users="..."> bestimmen, welche Benutzer immer Zugriff haben und welche sich zuerst authentifizieren (d.h. anmelden) müssen. Die Authentifizierung erfolgt immer vor der Autorisierung eines Benutzers, da zuerst die Identität des Benutzers bestätigt werden muss. Für das Attribut users sind folgende Werte möglich:

*   Alle Benutzer
?   Anonyme Benutzer
[name]   Benutzer werden explizit mit ihrem Namen angegeben

Um zu erzwingen, dass sich jeder anonyme Benutzer anmelden muss, wird folgender Teil in Web.config eingefügt:

```
<authorization>
    <deny users="?"/>
</authorization>
```

authentication

Im Abschnitt <authentication mode="..."> kann man festlegen, wie die Identität eines Benutzers ermittelt werden soll. Es gibt folgende Arten der Authentifizierung, die im Attribut mode angegeben werden können: None, Windows, Passport und Forms.

modc="None" ist als Standardeinstellung in Machine.config festgelegt und bedeutet, dass keine Anmeldung erforderlich ist.

Bei mode="Windows" wird die Windows-Anmeldung verwendet, welche die am Windows-Server eingestellten Benutzerdaten abfragt und prüft. Die Windows-Anmeldung stellt aber einen hohen administrativen Aufwand dar und funktioniert nicht außerhalb einer Firewall.

mode="Passport" benutzt den Passport-Service, der durch *Microsoft My Services* (siehe Kapitel 7) angeboten wird. Fordert der Benutzer eine Webseite an, die Passport-Authentifizierung verlangt, wird er automatisch zu einer Seite des Passport-Servers umgeleitet, wo er aufgefordert wird, seine Benutzerdaten einzugeben (der Benutzer muss dazu natürlich ein Konto auf dem Passport-Server haben). Nach der Authentifizierung wird die ursprünglich angeforderte Webseite angezeigt. Der Vorteil dieser Authentifizierungsart liegt darin, dass ein einziges Konto für den Zugriff auf alle Webseiten ausreicht, die dieses Authentifizierungsschema benutzen.

mode="Forms" ermöglicht es dem Entwickler, ein eigenes Anmeldeformular zu implementieren. Da die Forms-Anmeldung eine einfache und flexible Auhentifizierungstechnik ist, die unabhängig von einer Firewall funktioniert, wird meistens diese Art der Authentifizierung verwendet. Abb. 6.36 zeigt ihre Funktionsweise.

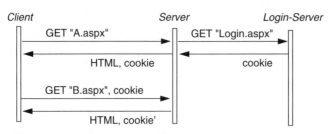

Abb. 6.36 *Forms-basierte Anmeldung*

Der Client fordert die Seite A.aspx an. Da er noch nicht authentifiziert ist, leitet der Server die Anfrage an eine Seite Login.aspx weiter, auf der der Benutzer aufgefordert wird, Name und Passwort einzugeben. Wurde der Benutzer aufgrund dieser Daten authentifiziert, erzeugt der Server ein *Cookie* (serverbezogenes Datenstück) und schickt es mit dem HTML-Code der ursprünglichen Seite A.aspx an den Client zurück. Dort wird das Cookie automatisch gespeichert und bei allen weiteren Seitenanforderungen (z.B. B.aspx) an denselben Server gleichsam als Ausweis mitgeschickt. Der Server erkennt anhand des Cookies, dass der Client bereits authentifiziert wurde und schickt sofort die gewünschte Seite samt einem neuen Cookie, das das alte ersetzt. Cookies haben nämlich ein Ablaufdatum. Werden sie nicht innerhalb einer gewissen Zeit durch ein neues Cookie ersetzt, verfallen sie, und der Client muss sich beim nächsten Mal wieder auf der Login-Seite anmelden.

Wir wollen nun die Forms-Anmeldung anhand eines Beispiels durchspielen. Zuerst müssen wir eine geeignete Konfigurationsdatei Web.config erstellen:

```
<configuration>
  <system.web>
    <authorization>
      <deny users="?"/>
    </authorization>
    <authentication mode="Forms">
      <forms name="MyCookie" loginUrl="Login.aspx" protection="All"
        timeout="20" path="/">
        <credentials passwordFormat="MD5">
          <user name="wolfgang" password="85C69322756E01FD4A7A22DE55E19743" />
          <user name="dietrich" password="85C69322756E01FD4A7A22DE55E19743" />
          <user name="peter" password="85C69322756E01FD4A7A22DE55E19743" />
          <user name="albrecht" password="85C69322756E01FD4A7A22DE55E19743" />
        </credentials>
      </forms>
    </authentication>
  </system.web>
</configuration>
```

Der <authorization>-Abschnitt legt fest, dass sich alle anonymen Benutzer authentifizieren müssen. Falls diese Einschränkung in Web.config fehlt, wird der nachfolgende <authentication>-Abschnitt einfach ignoriert.

Das <forms>-Element enthält den Namen des Cookies, das an den Benutzer geschickt wird, falls die Authentifizierung erfolgreich war. Der Wert des Cookies wird vom Server automatisch erzeugt. Das Attribut timeout bestimmt, wie viele Minuten das Cookie ohne eine weitere Anfrage gültig ist. Login.aspx ist die Seite, die den Benutzer nach seinem Namen und Passwort fragt und dann eine Authentifizierung anhand der unter <credentials> eingetragenen Benutzer vornimmt. Die Passwörter der einzelnen Benutzer sind durch das gewählte Format (hier »MD5«) verschlüsselt. Für alle Benutzer wurde hier im Klartext das Passwort »dotnet« gewählt und mit folgendem Hilfsprogramm in MD5 verschlüsselt:

```
using System;
using System.Web.Security;

public class CryptPwd {
    public static void Main(string[] arg) {
        // arg[0] stellvertretend für Klartext-Passwort
        // arg[1] für das Verschlüsselungsformat ("MD5")
        string pwd =
            FormsAuthentication.HashPasswordForStoringInConfigFile(arg[0],arg[1]);
        Console.WriteLine(pwd);
    }
}
```

Die Liste der Benutzer wird in größeren Projekten sinnvollerweise aus einer Datenbank übernommen. Ob die in <credentials> eingetragenen Benutzer ebenfalls gültig sind, kann die Methode zur Authentifizierung (im unten angegebenen Beispiel die Methode Authenticate) selbst bestimmen.

Die Seite Login.aspx ist für die Authentifizierung der Benutzer verantwortlich und ist wie folgt aufgebaut:

```
<%@ Page language='C#' %>
<%@ import namespace='System.Web.Security' %>
<html>
<script Runat='server'>
    bool Authenticate(string name, string pwd) {
        // Authentifizierung aufgrund der in credentials eingetragenen Benutzer.
        // Könnte aber auch aufgrund einer Datenbank erfolgen oder beides zusammen.
        return FormsAuthentication.Authenticate(name, pwd);
    }

    void Login(Object sender, EventArgs eventArgs) {
        if (Authenticate(name.Text, pwd.Text)) {
            // Die Weiterleitung auf die ursprünglich gewünschte Seite erfolgt nur,
            // wenn die Autentifizierung erfolgreich war.
            FormsAuthentication.RedirectFromLoginPage(name.Text, permanent.Checked);
        } else {
            // Wenn die Authentifizierung nicht erfolgreich war,
            // bleibt der Benutzer auf der Loginseite und eine Ausgabe erfolgt.
            msg.Text = "Anmeldung fehlgeschlagen!";
        }
    }
</script>
<head>
    <title>Anmeldung</title>
</head>
</body>
    <form Runat='server'>
        <table>
            <tr>
                <td>Benutzername</td>
                <td><asp:TextBox ID='name' Runat='server'/></td>
            </tr><tr>
                <td>Passwort</td>
                <td><asp:TextBox ID='pwd' TextMode='password' Runat='server'/></td>
            </tr>
        </table>
        <p><asp:CheckBox ID='permanent' Runat='server'
            Text='Zugriffsberechtigung permanent speichern?'/></p>
        <p><asp:Label ID='msg' Runat='server'/></p>
        <p><asp:Button Text='Anmelden' Runat='server' OnClick='Login'/></p>
    </form>
</body>
</html>
```

Wenn nun ein anonymer Benutzer eine aspx-Seite mit Forms-Anmeldung abfragt, wird er sofort auf die Anmeldeseite Login.aspx weitergeleitet. Dort kann er sich mit seinem Namen und seinem Passwort authentifizieren. War die Authentifizierung erfolgreich, wird der Benutzer auf die ursprünglich angeforderte Seite weitergeleitet. Abb. 6.37 zeigt die grafische Darstellung der Seite Login.aspx.

Abb. 6.37 *Darstellung der Anmeldungsseite Login.aspx*

compilation

Im Abschnitt <compilation> können Einstellungen bezüglich der Übersetzung einer ASP.NET-Seite eingetragen werden. Das Attribut <compilation debug='true'> liefert zum Beispiel bei einem Übersetzungsfehler eine übersichtlichere Meldung im Browserfenster.

httpHandlers

Durch den Abschnitt <httpHandlers> kann man festlegen, wer für die Behandlung einer HTTP-Anfrage zuständig ist. Hier ist ein Ausschnitt der <httpHandlers> aus der Konfigurationsdatei Machine.config:

```
<httpHandlers>
    <add verb="*" path="*.aspx" type="System.Web.UI.PageHandlerFactory"/>
    <add verb="*" path="*.config" type="System.Web.HttpForbiddenHandler"/>
    <!-- ... -->
</httpHandlers>
```

In diesem Ausschnitt ist zu erkennen, dass Anfragen bezüglich aspx-Seiten immer an PageHandlerFactory weitergeleitet werden, Anfragen bezüglich Konfigurationsdateien (*.config) hingegen an HttpForbiddenHandler. Da die Veröffentlichung einer Konfigurationsdatei nicht erwünscht ist, verbietet der HttpForbiddenHandler generell den Zugriff auf alle Dateien mit der Endung .config.

6.9 Einheitliches Layout von Webseiten

Webseiten existieren meist nicht isoliert, sondern sind mit anderen Webseiten zu einer Web-Applikation (oder Website) zusammengefasst. Eine Web-Applikation hat meist eine Startseite, von der aus die anderen Seiten durch Verweise erreichbar sind. Typischerweise möchte man, dass alle Seiten einer Applikation ein einheitliches Aussehen haben. Zum Beispiel soll im Kopf jeder Seite ein Logo erscheinen und am linken Rand eine Navigationsleiste. ASP.NET 2.0 unterstützt die Gestaltung einheitlicher Layouts durch *Master-Seiten* und *Navigationshilfen*. Das wollen wir uns nun etwas genauer ansehen.

6.9.1 Master-Seiten

Eine Master-Seite ist eine Schablone, die das gemeinsame Aussehen aller Seiten einer Web-Applikation festlegt. Im Grunde sieht sie wie eine normale ASP.NET-Seite aus, hat aber eine Master-Direktive anstatt einer Page-Direktive und die Dateierweiterung .master an Stelle von .aspx. Eine Master-Seite enthält ein oder mehrere Steuerelemente der Art ContentPlaceHolder, die Bereiche definieren, welche später von anderen Webseiten ausgefüllt werden, die auf diesem Master basieren. Abb. 6.38 skizziert eine Master-Seite mit einem Kopfbereich für ein Firmenlogo, einer seitlichen Navigationsleiste mit Verweisen und einem Platzhalterbereich für den eigentlichen Inhalt, der aber erst später festgelegt wird.

```
<%@ Master Language="C#" %>
<html>
    ...
    <table>
```

<img src="...">	
<a href="..."> ... <a href="..."> ... <a href="..."> ...	<asp:**ContentPlaceHolder** ID="MainContent" Runat="server" />

```
    ...
```

Abb. 6.38 *Master-Seite Main.master mit einem ContentPlaceHolder-Bereich*

Nehmen wir an, dass diese Master-Seite in einer Datei namens Main.master steht, so können wir nun andere Webseiten implementieren, die auf dieser Master-Seite basieren, also wie die Master-Seite aussehen, aber den Platzhalterbereich auf ihre Art ausfüllen. Dazu schreiben wir eine aspx-Seite und geben in der Page-Direktive an, dass die Seite auf Main.master basiert. Für jedes ContentPlaceHolder-Element des Masters definieren wir ein Content-Element und verknüpfen es über ContentPlaceHolderID mit dem Namen des entsprechenden Platzhalters (siehe Abb. 6.39).

```
<%@ Page Language="C#" MasterPageFile="Main.master" %>

<asp:Content ContentPlaceHolderID="MainContent" Runat="server">
  ...
  ...
</asp:Content>
```

Abb. 6.39 *Webseite MyPage.aspx, basierend auf Main.master*

Ein Content-Element kann beliebigen HTML-Code oder Steuerelemente enthalten, aber außerhalb des Content-Elements darf nichts stehen. Wenn wir unsere Seite in einer Datei MyPage.aspx speichern, können wir sie im Web-Browser über

> http://*domainName/virtualDirectory*/MyPage.aspx

aufrufen und erhalten eine Kombination der Master-Seite und des durch MyPage.aspx definierten Inhalts.

Noch etwas ist zu beachten: Das ContentPlaceHolder-Element der Master-Seite muss in ein <form>-Tag eingeschlossen werden. Da es aber pro Webseite nur ein einziges <form>-Tag geben darf, dürfen die auf diesem Master basierenden Unterseiten keine <form>-Tags mehr enthalten, sondern lediglich Steuerelemente, die dann zum <form>-Tag der Master-Seite gehören.

Geschachtelte Master-Seiten

Master-Seiten können auch geschachtelt werden. Zum Beispiel könnte Main.master eine firmenweite Master-Seite sein, auf der Unter-Master-Seiten für Angestellte (Employee.master) und für Kunden (Clients.master) basieren. Clients.master könnte dann etwa folgendermaßen aussehen:

```
<%@ Master Language="C#" MasterPageFile="Main.master" %>
<asp:Content ContentPlaceHolderID="MainContent" Runat="server">

    ...

    <asp:ContentPlaceHolder ID="ClientContent" Runat="server">
      Welcome on the client pages ...
    </asp:ContentPlaceHolder>
</asp.Content>
```

Die erste Zeile gibt an, dass Clients.master auf Main.master basiert. Clients.master füllt den Platzhalter von Main.master und enthält wieder ein ContentPlaceHolder-Element, das später von einer aspx-Seite gefüllt wird, zum Beispiel:

```
<%@ Page Language="C#" MasterPageFile="Clients.master" %>
<asp:Content ContentPlaceHolderID="ClientContent" Runat="server">

    ...

</asp:Content>
```

Das ContentPlaceHolder-Element von Clients.master enthält in unserem Beispiel außerdem bereits einen Standardinhalt, der angezeigt wird, wenn dieser Platzhalter in einer aspx-Seite nicht mit anderem Inhalt gefüllt wird.

Hintergrundcode von Master-Seiten

Da Master-Seiten auch Steuerelemente wie Buttons oder Dropdown-Listen enthalten können, ist es oft wünschenswert, die dazu nötige Steuerlogik in eine Hintergrundcode-Datei auszulagern. Das ist ähnlich wie bei aspx-Seiten möglich. Man gibt dazu in der Master-Direktive den Namen der Hintergrundcode-Datei an (z.B. Main.master.cs) sowie den Namen der Klasse im Hintergrundcode (z.B. MainPage).

```
<%@ Master Language="C#" Inherits="MainPage" CodeFile="Main.master.cs" %>
```

Diese Klasse ist eine von System.Web.UI.MasterPage abgeleitete partielle Klasse, die mit der nötigen Steuerlogik ausgebaut werden kann. Die Datei Main.master.cs könnte also folgendermaßen aussehen:

```
public partial class MainPage: System.Web.UI.MasterPage {
    ... Event-Handler für Steuerelemente in Main.master ...
}
```

Angabe der Master-Seite in der Konfigurationsdatei

Anstatt die Master-Seite in jeder aspx-Seite anzugeben, kann man sie auch in der Konfigurationsdatei Web.config für alle Seiten einer Web-Applikation festlegen:

```
<configuration>
    <system.web>
        <pages masterPageFile="~/Main.master" />
    </system.web>
</configuration>
```

Beispiel

Sehen wir uns nun ein zusammenhängendes Beispiel an. Angenommen, wir wollen Webseiten für einen Computer-Laden entwickeln. Alle diese Webseiten sollen eine Überschriftszeile mit dem Namen »Budget Computer Shop« aufweisen sowie eine seitliche Navigationsleiste, die neben Verweisen auch eine Dropdown-Liste enthält, aus der der Kunde Produktkategorien wie PCs, Notebooks und Drucker auswählen kann. Wir definieren dazu folgende Master-Seite Main.master:

```
<%@Master Language="C#" Inherits="MainPage" CodeFile="Main.master.cs" %>
<html>
<body>
    <form Runat="server">
        <table cellspacing="0" cellpadding="5">
            <tr bgcolor="LightGrey">
                <td colspan="2">
                    <h1>Budget Computer Shop</h1>
                </td>
            </tr>
            <tr valign="top">
                <td bgcolor="LightGrey">
                    <a href="Search.aspx">Search</a><br>
                    <a href="Contact.aspx">Contact</a><br>
                    ... <br><br>
                    <asp:DropDownList ID="sections" Runat="server">
                        <asp:ListItem Text="PCs" Selected="true" Runat="server" />
                        <asp:ListItem Text="Notebooks" Runat="server" />
                        <asp:ListItem Text="Printers" Runat="server" />
                    </asp:DropDownList>
                </td>
                <td>
                    <asp:ContentPlaceHolder ID="MainContent" Runat="server" />
                </td>
            </tr>
        </table>
    </form>
</body>
</html>
```

Nehmen wir außerdem an, dass die Dropdown-Liste von den Unterseiten aus ansprechbar sein soll. Da die Deklaration des Steuerelements sections aber protected ist, implementieren wir in der Hintergrundcode-Datei Main.master.cs ein Property Sections, das die Dropdown-Liste liefert:

```
using System.Web.UI.WebControls;
public partial class MainPage: System.Web.UI.MasterPage {
    public DropDownList Sections {
        get { return sections; }
    }
}
```

Nun können wir mehrere Webseiten schreiben, die auf Main.master basieren, zum Beispiel eine Seite Search.aspx, in der der Benutzer nach bestimmten Produkten suchen kann. Die Seite enthält eine Textbox für den Suchbegriff und einen Search-Button. Als Ergebnis soll der Preis des Produkts und die Produktkategorie im Label result ausgegeben werden:

```
<%@ Page Language="C#" MasterPageFile="Main.master"
    Inherits="SearchPage" CodeFile="Search.aspx.cs" %>
<asp:Content ContentPlaceHolderID="MainContent" Runat="server">
    <asp:TextBox ID="subject" Runat="server" />
    <asp:Button ID="search" Text="Search" OnClick="Search" Runat="server" />
    <br><br>
    <asp:Label ID="result" Runat="server" />
</asp:Content>
```

Beachten Sie bitte, dass TextBox, Button und Label nicht in ein <form>-Tag eingeschlossen sind, da ein solches bereits in der Master-Seite existiert. Die Hintergrundcode-Datei Search.aspx.cs könnte dann so aussehen:

```
using System;
public partial class SearchPage: System.Web.UI.Page {
    public void Search(object sender, EventArgs e) {
        int price = ...; // get price of subject.Text
        result.Text = subject.Text + " from category ";
        result.Text += ((MainPage)Master).Sections.SelectedItem.Text;
        result.Text += ": Price = " + price + " Euro";
    }
}
```

Zur Ausgabe der gewählten Produktkategorie greifen wir auf das Property Master der aktuellen Webseite zu, das allerdings ein Objekt der Klasse MasterPage liefert, das wir erst nach MainPage konvertieren müssen, bevor wir auf die Dropdown-Liste Sections zugreifen können. Wenn wir nun im Web-Browser die Seite
Search.aspx anfordern, so erhalten wir das in Abb. 6.40 gezeigte Bild.

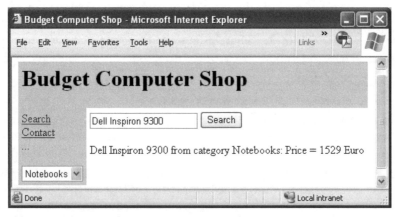

Abb. 6.40 *Anzeige von Search.aspx, basierend auf Main.master*

6.9.2   Navigationshilfen

Wenn eine Web-Applikation aus Dutzenden von Seiten besteht, die alle über Verweise miteinander verknüpft sind, kann man leicht den Überblick verlieren. Man navigiert dann zu einer bestimmten Seite und weiß plötzlich nicht mehr, wo man sich befindet, wie man hierher gekommen ist und wie man wieder zurückfindet. Ab Version 2.0 bietet ASP.NET deshalb Navigationshilfen an, die es erlauben, den Überblick in einer hierarchisch strukturierten Menge von Webseiten zu behalten.

Sitemaps

Grundlage für die Navigation ist eine Beschreibung der Webseiten-Hierarchie (eine so genannte *Sitemap*). Im Prinzip kann diese Hierarchie von einem beliebigen SiteMapProvider-Objekt geliefert werden. Standardmäßig wird aber ein Xml-SiteMapProvider verwendet, der die Seitenhierarchie aus einer Datei Web.sitemap entnimmt, die im Applikationsverzeichnis liegen muss.

Die Datei Web.sitemap enthält eine Hierarchie von <siteMapNode>-Elementen, die jeweils eine Webseite und ihre Unterseiten beschreiben. Für einen Computer-Laden könnte diese Datei folgendermaßen aussehen:

```
<?xml version="1.0" encoding="utf-8" ?>
<siteMap>
    <siteMapNode title="Articles" url="Home.aspx" >
        <siteMapNode title="Computers" url="Computers.aspx">
            <siteMapNode title="PCs" url="PCs.aspx" />
            <siteMapNode title="Notebooks" url="Notebooks.aspx" />
        </siteMapNode>
        <siteMapNode title="Printers" url="Printers.aspx">
            <siteMapNode title="Laser" url="Laser.aspx" />
            <siteMapNode title="InkJet" url="InkJet.aspx" />
        </siteMapNode>
    </siteMapNode>
</siteMap>
```

Jedes <siteMapNode>-Element enthält ein title-Attribut mit einer Kurzbeschreibung der Webseite sowie ein url-Attribut mit der Seitenadresse. Weitere Attribute kann man der Onlinedokumentation von .NET entnehmen. Um die in Web.sitemap beschriebene Hierarchie in einer Webseite ansprechen zu können, definiert man dort ein SiteMapDataSource-Element und gibt ihm einen Namen (z.B. map):

```
<asp:SiteMapDataSource ID="map" Runat="server" />
```

Navigationselemente wie TreeView, SiteMapPath oder Menu können sich nun auf dieses SiteMapDataSource-Element beziehen, was wir uns in den folgenden Abschnitten ansehen.

TreeView

Ein TreeView-Element zeigt die Seitenhierarchie einer Sitemap als Baum an. In seiner einfachsten Form sieht es wie folgt aus:

```
<asp:TreeView DataSourceID="map" Runat="server"/>
```

Dies liefert das in Abb. 6.41 gezeigte Bild. Die einzelnen Ebenen des Baums können kollabiert und expandiert werden. Jeder Eintrag ist ein Verweis, der zu der in der Sitemap angegebenen Seitenadresse führt.

```
⊟ Articles
    ⊟ Computers
          PCs
          Notebooks
    ⊟ Printers
          Laser
          InkJet
```

Abb. 6.41 *TreeView ohne Formatierung*

TreeView-Elemente können auf vielfältige Weise formatiert werden, z.B.:

```
<asp:TreeView DataSourceID="map" Runat="server"
    ExpandDepth="1"
    Width="120"
    BackColor="LightGray" BorderColor="Gray" BorderWidth="1"
    Font-Name="Verdana" Font-Size="9"
    NodeIndent="10"
    SelectedNodeStyle-ForeColor="Red"
    ShowLines="true" />
```

Das ergibt das in Abb. 6.42 gezeigte Bild.

Abb. 6.42 *TreeView mit Formatierung*

TreeView-Elemente werden häufig in Navigationsleisten einer Master-Seite verwendet, wodurch sie in allen auf diesem Master basierenden Seiten angezeigt werden.

SiteMapPath

Ein SiteMapPath-Element repräsentiert einen Pfad durch eine Seitenhierarchie – von der Wurzelseite bis zur aktuellen Seite. Es bezieht sich auf die in Web.sitemap gespeicherte Seitenhierarchie und wird wie folgt geschrieben:

```
<asp:SiteMapPath Runat="server" />
```

Wenn wir dieses Steuerelement zum Beispiel in der Datei Notebooks.aspx unterbringen, die Teil der in Web.sitemap gespeicherten Seitenhierarchie ist, so erhalten wir das in Abb. 6.43 gezeigte Bild.

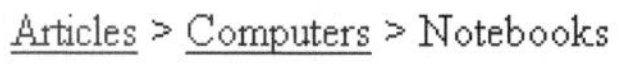

Articles > Computers > Notebooks

Abb. 6.43 *SiteMapPath auf der Seite Notebooks.aspx*

Klicken wir einen der Namen des Seitenpfades an (z.B. Computers oder Articles), so gelangen wir auf die entsprechende Seite, die für diesen Namen in Web.sitemap angegeben wurde. Auch SiteMapPath-Elemente lassen sich auf vielfältige Weise formatieren (siehe [SDKDoc]) und werden oft in Master-Seiten verwendet.

Menu

Eine weitere nützliche Navigationshilfe ist das ASP.NET-Steuerelement Menu, mit dem man hierarchische Menüs von Seitenverweisen realisieren kann. Das Menu-Element basiert wie die anderen Navigationshilfen auf einer Sitemap und wird in seiner einfachsten Form wie folgt angegeben:

```
<asp:Menu DataSourceID="map" Runat="server" />
```

Standardmäßig wird zunächst nur einmal das oberste Element der Seitenhierarchie angezeigt (siehe Abb. 6.44a). Bewegt man jedoch die Maus über das Dreieck rechts von diesem Element, klappt ein Menü mit Unterelementen heraus (siehe Abb. 6.44b und c). Jedes Element ist ein Verweis auf die in Web.sitemap angegebene Seitenadresse.

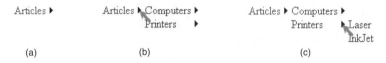

(a)   (b)   (c)

Abb. 6.44 *Dynamisch aufklappendes Menu-Element*

6.10 Personalisierung

Benutzer erwarten heute oft, dass sie das Aussehen von Webseiten ihren Bedürfnissen anpassen können und dass Einstellungen, die sie bei einem Besuch einer
Seite vorgenommen haben, auch beim nächsten Besuch noch gelten. ASP.NET
bietet dazu seit Version 2.0 einige Hilfen an: Zum einen kann man das Aussehen
von Steuerelementen durch so genannte *Themen* festlegen und durch Wechsel des
Themas das Erscheinungsbild einer Seite ändern; zum anderen kann man beliebige Informationen in *Benutzerprofilen* ablegen, die dann bei weiteren Besuchen
der Seite wieder zur Verfügung stehen. Das sehen wir uns nun genauer an.

6.10.1 Themen und Skins

Unter dem Begriff *Skin* versteht man die Definition eines Steuerelements mit gewissen Voreinstellungen, aber ohne ID-Attribut. Skin-Definitionen werden in einer Datei mit der Endung .skin abgelegt. Zum Beispiel könnte eine Datei
Plain.skin folgende Skin-Definitionen für Label- und TextBox-Elemente enthalten:

```
<asp:Label Font-Name="Verdana" Font-Size="8" ForeColor="gray" Runat="server" />
<asp:TextBox Font-Name="Verdana" Font-Size="8" Runat="server" />
```

Eine oder mehrere solcher Skin-Dateien kann man in einem Verzeichnis ablegen,
das dann ein *Thema* darstellt. Nehmen wir an, dass unsere Datei Plain.skin in einem Themenverzeichnis Plain liegt, während eine andere Datei Fancy.skin folgende Definitionen enthält

```
<asp:Label Font-Name="Times" Font-Bold="true" ForeColor="red" Runat="server" />
<asp:TextBox Font-Name="Times" BackColor="LightGray" Runat="server" />
```

und in einem Themenverzeichnis Fancy liegt. Man kann nun mehrere Themen-
verzeichnisse in einem Verzeichnis sammeln, das App_Themes heißen und im
Wurzelverzeichnis der Web-Applikation liegen muss. Unsere Verzeichnisstruktur
könnte also folgendermaßen aussehen:

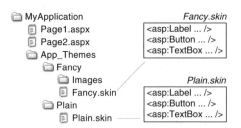

Ein Thema kann auf eine oder mehrere Webseiten angewendet werden. Dadurch
bekommen die Steuerelemente dieser Seite das in den Skin-Dateien des Themas
definierte Aussehen. Steuerelemente, die nicht in einer der Skin-Dateien dieses

Themas definiert wurden, behalten ihr Standardaussehen. Es gibt drei Möglichkeiten, einer Webseite ein Thema zuzuweisen:

❏ Es kann global für alle Seiten einer Applikation gesetzt werden, indem man in der Datei Web.config folgende Einstellungen vornimmt:

```
<configuration>
  <system.web>
    <pages Theme="Fancy" />
  </system.web>
</configuration>
```

❏ Es kann einer Webseite statisch in der Page-Direktive zugewiesen werden:

```
<%@Page Language="C#" Theme="Fancy" %>
```

❏ Es kann einer Webseite dynamisch als Reaktion auf das PreInit-Ereignis zugewiesen werden:

```
public void Page_PreInit(object sender, EventArgs e) {
    Theme="Fancy";
}
```

Skin-Dateien können auch mehrere Definitionen für dasselbe Steuerelement enthalten, wobei man dann allerdings das Attribut SkinID verwenden muss, um die einzelnen Skins dieses Steuerelements zu unterscheiden, zum Beispiel:

```
<asp:Label Font-Name="Verdana" Runat="server" />
<asp:Label SkinID="red" Font-Name="Verdana" ForeColor="red" Runat="server" />
```

Wenn man einer Webseite das in dieser Skin-Datei definierte Thema zuweist, kann man das Aussehen der dort verwendeten Labels durch das SkinID-Attribut wählen:

```
<asp:Label Runat="server">Label without default skin</asp:Label>
<asp:Label SkinID="red" Runat="server">Label with SkinID="red"</asp:Label>
```

Die Definition eines Themas kann auf mehrere Skin-Dateien verteilt werden. Zum Beispiel könnte Plain.skin nur Definitionen ohne SkinID-Attribut enthalten und Red.skin nur Definitionen mit SkinID="red". ASP.NET fasst alle Skins der in einem Thema enthaltenen Skin-Dateien zusammen, wie wenn sie in einer einzigen Datei definiert worden wären.

6.10.2 Benutzerprofile

ASP.NET 2.0 erlaubt die Verwaltung von *Benutzerprofilen*, in denen beliebige Informationen über die Besucher einer Web-Applikation abgelegt werden können, zum Beispiel ihr Name, ihre E-Mail-Adresse oder das von ihnen bevorzugte Seitenlayout-Thema. Benutzerprofile werden von ASP.NET automatisch in einer Datenbank gespeichert und stehen bei weiteren Besuchen wieder zur Verfügung.

Aus welchen Daten ein Benutzerprofil besteht, wird in der Datei Web.config des Applikationsverzeichnisses definiert:

```
...
<system.web>
    <anonymousIdentification enabled="true" />
    <profile>
        <properties>
            <add name="UserName" type="System.String" allowAnonymous="true" />
            <add name="Visits" type="System.Int32" allowAnonymous="true" />
        </properties>
    </profile>
</system.web>
```

Das <profile>-Element definiert die Properties des Benutzerprofils mit ihren Namen und Typen. Im obigen Beispiel werden ein Property UserName vom Typ string und ein Property Visits vom Typ int definiert. Die Klasse Page hat ein neues Property Profile, über das man das Benutzerprofil im Hintergrundcode ansprechen kann:

```
label.Text = "Welcome " + Profile.UserName + "! ";
Profile.Visits++;
label.Text += "You visited us for the " + Profile.Visits + ". time";
```

Benutzerprofile werden automatisch in einer Datenbank gespeichert. Standardmäßig ist das eine SQL Server-Datenbank, die ASP.NET im Unterverzeichnis App_Data der Web-Applikation anlegt. Wenn man will, kann man aber auch einen eigenen ProfileProvider implementieren, der das Benutzerprofil auf andere Art abspeichert. Benutzer werden bei ihren Besuchen durch Cookies oder durch URL-Rewriting identifiziert und somit ihrem Benutzerprofil zugeordnet. Natürlich braucht man eine Webseite, auf der Profile.UserName und Profile.Visits initialisiert werden. Typischerweise ist das eine Login-Seite.

Der obige Auszug aus Web.config enthält das Element <anonymousIdentification>, das nötig ist, wenn nicht authentifizierte Benutzer (siehe Abschnitt 6.11.1) auf das Benutzerprofil schreibend zugreifen wollen. Aus demselben Grund muss das <add>-Element auch das Attribut allowAnonymous enthalten. Für authentifizierte Benutzer sind diese Angaben nicht nötig.

Als Typen der Benutzerprofil-Properties dürfen in Web.config alle Typen des .NET-Frameworks verwendet werden, zum Beispiel System.String, System.Int32 oder System.DateTime. Wenn kein Typ angegeben wird, nimmt ASP.NET den Typ System.String an. Man kann aber auch selbst definierte Typen vergeben, deren Definition man entweder als DLL im Unterverzeichnis bin oder als Quellcode im Unterverzeichnis App_Code der Web-Applikation ablegen muss. Das folgende Beispiel definiert die Typen ShoppingCart und Item in der Quellcodedatei App_Code/ShoppingCart.cs. Diese Typen müssen mit dem Attribut [Serializable] gekennzeichnet sein, da sie ASP.NET zur Ausgabe in die Datenbank serialisieren muss:

```
using System;
using System.Collections.Generic;

[Serializable]
public class ShoppingCart: List<Item> {}

[Serializable]
public class Item {
    public string Name;
    public int Quantity;
    public Item() {} // nötig für die Deserialisierung
    public Item(string n, int q) { Name = n; Quantity = q; }
}
```

Die Typen können dann in Web.config wie folgt benutzt werden:

```
<properties>
    <add name="UserName" allowAnonymous="true" />
    <add name="LastVisit" type="System.DateTime" allowAnonymous="true" />
    <add name="Cart" type="ShoppingCart" allowAnonymous="true" />
    <group name="Preferred">
        <add name="Theme" allowAnonymous="true" />
        <add name="BackgroundColor" allowAnonymous_="true" />
    </group>
</properties>
```

UserName ist vom Standardtyp System.String, LastVisit vom Bibliothekstyp System.DateTime und Cart von unserem selbst definierten Typ ShoppingCart. Das Beispiel zeigt auch, dass Properties zu Gruppen zusammengefasst werden können. Theme und BackgroundColor sind Teil der Gruppe Preferred. Im Programmcode einer Webseite können die Properties wie folgt angesprochen werden:

```
Profile.UserName = textBox.Text;
Profile.LastVisit = DateTime.Now;
ShoppingCart cart = new ShoppingCart();
cart.Add(new Item("Die .NET-Technologie", 2));
Profile.Cart = cart;
Profile.Preferred.Theme = "Fancy";
Profile.Preferred.BackgroundColor = "Red";
```

Man mag sich fragen, ob man das Benutzerprofil nicht auch im Sitzungszustand hätte speichern können. Das wäre zwar möglich, hätte aber einige Nachteile. Benutzerprofile sind *statisch getypt*, so dass beim Zugriff auf sie keine Typumwandlungen nötig sind. Ferner werden Benutzerprofile permanent in einer Datenbank gespeichert, während der Sitzungszustand nur bis zum Ende der Sitzung aufbewahrt wird. Schließlich werden Benutzerprofile nur dann aus der Datenbank geladen, wenn sie vom Programm angesprochen werden. Der Sitzungszustand wird hingegen bei jeder Seitenanforderung geladen.

6.11 Authentifizierung und Membership-Klassen

Web-Applikationen verlangen oft, dass sich ein Benutzer *authentifiziert*, d.h. auf einer Login-Seite anmeldet, bevor er auf die Seiten der Applikation zugreifen kann. Die Login-Seite muss den Namen und das Passwort des Benutzers erfragen, in einer Datenbank nachsehen, ob der Benutzername existiert und das Passwort korrekt ist, und schließlich den Benutzer als authentifiziert markieren, was meist dadurch geschieht, dass ihm als »Ausweis« ein Cookie zugewiesen wird, das er bei all seinen Seitenbesuchen vorweisen muss (siehe auch Abschnitt 6.8). Das alles kann natürlich von Hand programmiert werden, ist aber mühsam und fehleranfällig. Daher bietet ASP.NET ab Version 2.0 einige *Login-Steuerelemente* an, die einem diese Arbeit abnehmen. Zur Verwaltung der Benutzerdatenbank gibt es in ASP.NET 2.0 den *Membership-Mechanismus*, der das Anlegen und Überprüfen von Benutzern wesentlich vereinfacht. Wir wollen uns nun die Login-Elemente und die Membership-Klassen etwas genauer ansehen.

6.11.1 Login-Steuerelemente

ASP.NET 2.0 bietet fünf neue Steuerelemente zur Implementierung von Login-Seiten an:

- ❑ LoginStatus prüft, ob der Benutzer bereits angemeldet ist, und bietet ihm je nach Ergebnis dieser Prüfung an, sich anzumelden oder abzumelden.
- ❑ LoginView zeigt je nach Anmeldestatus des Benutzers verschiedene Texte an.
- ❑ LoginName zeigt den Namen an, mit dem sich der Benutzer angemeldet hat.
- ❑ Login implementiert einen vollständigen Login-Dialog und authentifiziert den Benutzer aufgrund des eingegebenen Benutzernamens und Passworts.
- ❑ PasswordRecovery bietet Unterstützung, um dem Benutzer ein vergessenes Passwort mitzuteilen.

Alle diese Steuerelemente spielen zusammen und werden oft auf derselben Webseite verwendet. Wir sehen sie uns nun der Reihe nach an.

LoginStatus

Das LoginStatus-Element wird als textueller Verweis dargestellt. Wenn der Benutzer noch nicht angemeldet ist, lautet der Verweis »Login« und führt zur Login-Seite. Wenn der Benutzer bereits angemeldet ist, lautet der Verweis »Logout«. Durch Anklicken kann sich der Benutzer abmelden. In seiner einfachsten Form wird das LoginStatus-Element wie folgt geschrieben:

```
<asp:LoginStatus Runat="server" />
```

Abb. 6.45 zeigt die Darstellung des LoginStatus-Elements für nicht angemeldete und angemeldete Benutzer:

Login   Logout

Abb. 6.45 LoginStatus für nicht angemeldete und angemeldete Benutzer

Der Login-Verweis führt zu einer Webseite, deren Adresse in der Web.config-Datei der Web-Applikation angegeben werden muss:

```
<system.web>
    <authentication mode="Forms">
        <forms loginUrl="Login.aspx" />
    </authentication>
</system.web>
```

Der Logout-Verweis meldet den Benutzer ab. Das LoginStatus-Element hat ein Attribut LogoutAction, mit dem man angeben kann, ob der Benutzer nach der Abmeldung auf der gleichen Seite bleiben oder zu einer anderen Webseite (z.B. zur Login-Seite) weitergeleitet werden soll.

LoginView und LoginName

Manchmal soll eine Webseite für angemeldete und nicht angemeldete Benutzer unterschiedliche Inhalte anzeigen. Für diesen Zweck gibt es das LoginView-Element, das aus zwei Unterabschnitten besteht: <AnonymousTemplate> definiert den Inhalt für noch nicht angemeldete (also anonyme) Benutzer; <LoggedinTemplate> definiert den Inhalt für bereits angemeldete Benutzer. Zusammen mit dem LoginView-Element wird auch oft das LoginName-Element verwendet, das für angemeldete Benutzer deren Benutzernamen anzeigt und für nicht angemeldete Benutzer leer ist. Hier ist ein Beispiel für die Verwendung von LoginView und LoginName:

```
<asp:LoginView Runat="server">
    <AnonymousTemplate>
        To visit this site please <asp:LoginStatus Runat="server" />
    </AnonymousTemplate>
    <LoggedinTemplate>
        Welcome <asp:LoginName Runat="server" />!<br>
        Click here to <asp:LoginStatus Runat="server" />
    </LoggedinTemplate>
</asp:LoginView>
```

Abb. 6.46 zeigt das Ergebnis dieses Codestücks für nicht angemeldete und für angemeldete Benutzer.

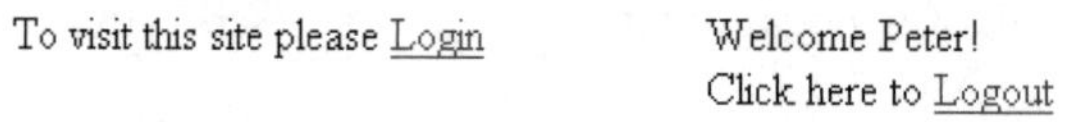

To visit this site please Login   Welcome Peter!
                                            Click here to Logout

Abb. 6.46 *LoginView, LoginName und LoginStatus für anonyme und angemeldete Benutzer*

Login

In Web.config haben wir angegeben, dass die Adresse der Login-Seite Login.aspx lautet. Diese Seite soll den Benutzer auffordern, Name und Passwort einzugeben. Anschließend sollen diese Angaben überprüft werden und der Benutzer soll zur gewünschten Seite weitergeleitet werden. Alle diese Aufgaben werden automatisch vom Steuerelement Login übernommen. Der Programmierer muss auf der Login-Seite nur schreiben:

```
<asp:Login Runat="server" />
```

Als Ergebnis erhält er die in Abb. 6.47 gezeigte Webseite.

Abb. 6.47 *Aus dem Login-Element erzeugte Login-Seite*

Der Programmierer kann das Aussehen dieses Dialogs durch Attribute des Login-Elements anpassen. Zum Beispiel kann er Farben, Stile und Schriftarten ändern. Er kann auch einen Fehlertext angeben, der angezeigt werden soll, wenn die Anmeldung fehlschlägt, sowie Verweise zu einer Hilfe-Seite oder zu einer Seite, auf der ein vergessenes Passwort wiedergewonnen werden kann. Der Login-Dialog löst außerdem eine Reihe von Ereignissen aus (z.B. LoggingIn, LoggedIn und LoginError), auf die der Programmierer reagieren kann.

Aber wie weiß das Login-Element, welche Benutzernamen und Passwörter gültig sind? Dieser Frage gehen wir in Abschnitt 6.11.2 nach.

PasswordRecovery

Falls ein Benutzer sein Passwort vergessen hat, sollte die Web-Applikation die Möglichkeit bieten, ihm das Passwort mitzuteilen. Für diese Aufgabe gibt es das PasswordRecovery-Element, das einen Dialog anzeigt, bei dem der Benutzer seinen Namen eingibt und dann das Passwort an seine E-Mail-Adresse gesendet bekommt. Zu diesem Zweck muss allerdings die E-Mail-Adresse des Benutzers in der Membership-Datenbank (siehe Abschnitt 6.11.2) abgespeichert sein und der E-Mail-Server muss in der Web.config-Datei konfiguriert werden. Da eine Beschreibung dieser Details den Rahmen dieses Buchs sprengen würde, verweisen wir auf die Onlinedokumentation des .NET-Frameworks.

6.11.2 Membership-Klassen

Bei der Beschreibung des Login-Elements ist die Frage aufgetaucht, wie das System weiß, welche Benutzernamen und Passwörter gültig sind. ASP.NET verwaltet zu diesem Zweck eine Membership-Datenbank, in der für alle registrierten Benutzer der Name, das Passwort, die E-Mail-Adresse und andere Informationen gespeichert werden. Diese Datenbank wird automatisch im Unterverzeichnis App_Data der Web-Applikation angelegt und ist standardmäßig eine SQL Server-Datenbank. Der Benutzer kann aber auch andere Datenbank-Provider spezifizieren oder sich sogar eigene MembershipProvider-Klassen schreiben, die die Membership-Daten auf spezielle Weise ablegen.

Aber wie kommen die Benutzerdaten in die Membership-Datenbank? Für diesen Zweck stellt ASP.NET die Klasse Membership aus dem Namensraum System.Web.Security zur Verfügung. Sie bietet eine Programmierschnittstelle zum Anlegen, Löschen, Suchen und Ändern von Benutzerdaten an. Alle auf diese Weise eingetragenen Benutzerdaten werden automatisch in die Datenbank geschrieben. Hier ist ein Auszug dieser Klasse, die lauter statische Methoden enthält:

```
public static class Membership {
    public static MembershipUser CreateUser(string name, string password) {...}
    public static MembershipUser GetUser(string name) {...}
    public static void UpdateUser(MembershipUser user) {...}
    public static bool DeleteUser(string name) {...}
    public static bool ValidateUser(string name, string password) {...}
    ...
}
```

Für CreateUser gibt es überladene Varianten, mit denen man nicht nur den Namen und das Passwort eines Benutzers eintragen kann, sondern auch seine E-Mail-Adresse, eine Frage, die gestellt wird, wenn der Benutzer sein Passwort vergessen hat, die Antwort auf diese Passwortfrage und andere Informationen.

Die Methode ValidateUser wird automatisch vom Login-Element aufgerufen, um den Benutzer zu validieren. Sie schlägt den dort eingegebenen Namen und das Passwort des Benutzers in der Membership-Datenbank nach und liefert true oder false, je nachdem, ob diese Daten in der Datenbank gefunden wurden oder nicht.

Der in der Datei Machine.config voreingestellte SqlMembershipProvider verlangt eine Passwortlänge von mindestens 7 Zeichen, wobei zumindest eines davon kein Buchstabe und keine Ziffer sein darf. Diese Einstellungen können jedoch durch Attribute des Provider-Elements in Machine.config geändert werden. Außerdem kann man dort einstellen, ob die Passwörter im Klartext oder verschlüsselt in der Datenbank gespeichert werden sollen. Standardmäßig werden sie mit einem Hashalgorithmus verschlüsselt.

Geschützte Webseiten

Viele Web-Applikationen haben neben allgemein zugänglichen Seiten auch solche, die nur angemeldete Benutzer sehen dürfen. ASP.NET 2.0 macht die Verwaltung solcher geschützten Webseiten einfach. Der Systemadministrator braucht nur alle geschützten Seiten einer Applikation in einem Unterverzeichnis (z.B. /members) zu sammeln und in diesem Verzeichnis eine Web.config-Datei mit einem <authorization>-Element anzulegen, wie es das folgende Beispiel zeigt:

```
<system.web>
  <authorization>
    <deny users="?" />
  </authorization>
</system.web>
```

Das <authorization>-Element bestimmt, welche Benutzer Zugang zu den Seiten in diesem Verzeichnis haben. In diesem Fall wird mit <deny users="?" /> spezifiziert, dass anonymen Benutzern der Zugang verwehrt wird. Wenn ein anonymer Besucher versucht, auf eine geschützte Seite zuzugreifen, wird er automatisch zur Login-Seite umgeleitet, deren Adresse im <authentication>-Element der Web.config-Datei des Applikationsverzeichnisses steht (siehe Abschnitt 6.11.1). Wenn die Anmeldung auf der Login-Seite glückt, wird der Benutzer automatisch zur gewünschten Seite im geschützten Verzeichnis weitergeleitet. Gleichzeitig wird ihm als »Ausweis« ein Cookie mitgegeben, das ihn bei weiteren Besuchen der geschützten Seiten identifiziert, so dass kein Login mehr nötig ist.

Benutzerrollen

In ASP.NET kann man nicht nur einzelnen Benutzern den Zugriff zu Seiten erlauben oder verweigern, sondern auch ganzen Benutzergruppen. Benutzergruppen werden als *Rollen* verwaltet. Eine Rolle ist eine Menge von Benutzern, wobei einzelne Benutzer auch zu mehreren Rollen gehören können.

Ähnlich wie für Benutzer gibt es für Rollen eine Klasse Roles im Namensraum System.Web.Security. Diese Klasse stellt eine Reihe von statischen Methoden zur Verfügung, mit denen man Rollen anlegen, Benutzer zu Rollen hinzufügen und auch wieder entfernen kann. Hier ist ein Auszug ihrer Schnittstelle:

```
public static class Roles {
    public static void CreateRole(string roleName) {...}
    public static void AddUserToRole(string userName, string roleName) {...}
    ...
}
```

Alle auf diese Weise angelegten Rollen werden von ASP.NET automatisch in der Membership-Datenbank abgelegt.

Angenommen, wir möchten erreichen, dass alle Webseiten in einem Verzeichnis /admin nur für Administratoren sichtbar sein sollen. Dazu legen wir mit Hilfe der Klasse Roles eine Rolle "Admin" an und fügen alle Benutzer, die Administratoren sind, zu dieser Rolle hinzu. Anschließend stellen wir in das Verzeichnis /admin eine Datei Web.config, in der wir spezifizieren, dass Benutzer, die zur Rolle "Admin" gehören (roles="Admin"), Zugang zu den Seiten dieses Verzeichnisses haben sollen, andere Benutzer (users="*") aber nicht:

```
<system.web>
    <authorization>
        <allow roles="Admin" />
        <deny users="*" />
    </authorization>
</system.web>
```

Zusätzlich müssen wir in der Datei Web.config des Applikationsverzeichnisses spezifizieren, dass ASP.NET überhaupt Rollen berücksichtigen soll. Das machen wir wie folgt:

```
<system.web>
    <roleManager enabled="true" />
    ...
</system.web>
```

Angemeldete Benutzer, die zur Rolle "Admin" gehören, haben nun Zugang zu den Seiten im Verzeichnis /admin, andere Benutzer hingegen nicht, egal ob sie angemeldet sind oder nicht.

6.12 ASP.NET-Applikationsschicht (Global.asax)

Eine ASP.NET-Applikation besteht aus einer oder mehreren Webseiten, die in einem gemeinsamen virtuellen Verzeichnis gespeichert sind. Zusätzlich gehört zur
Applikation auch eine Quellcodedatei namens Global.asax, in der man Ereignisse
auf Sitzungs- und Applikationsebene behandeln und globale Objekte einer Anwendung (z.B. Zugriffszähler) anlegen kann. Jede Applikation kann höchstens
eine Global.asax-Datei besitzen, die im Wurzelverzeichnis der Applikation liegen
muss. Wenn Global.asax nicht existiert, wird angenommen, dass keine Ereignisbehandler auf Sitzungs- bzw. Applikationsebene existieren.

Die Datei Global.asax wird beim ersten Zugriff auf eine Webseite der Applikation in eine Klasse übersetzt, die von HttpApplication abgeleitet ist. Im Gegensatz zu aspx-Seiten können Benutzer die Datei Global.asax nicht im Web-Browser
ansehen. Hier ist ein Beispiel für den Inhalt von Global.asax:

```
<%@ Application Language="C#" %>
<script runat="server">
    void Application_Start(Object sender, EventArgs e) {...}
    void Application_BeginRequest(Object sender, EventArgs e) {...}
    void Session_Start(Object sender, EventArgs e) {...}
    void Session_End(Object sender, EventArgs e) {...}
    void Application_EndRequest(Object sender, EventArgs e) {...}
    void Application_End(Object sender, EventArgs e) {...}
</script>
```

Wenn man den Programmcode von der HTML-Formatierung trennt, dann befindet sich in Global.asax folgender Inhalt:

```
<%@ Application Inherits="Global" CodeFile="Global.asax.cs" %>
```

Der C#-Code steht dann in der Hintergrunddatei Global.asax.cs:

```
using System;

public partial class Global : System.Web.HttpApplication {
    public Global() {...}
    protected void Application_Start(Object sender, EventArgs e) {...}
    protected void Application_BeginRequest(Object sender, EventArgs e) {...}
    protected void Session_Start(Object sender, EventArgs e) {...}
    protected void Session_End(Object sender, EventArgs e) {...}
    protected void Application_EndRequest(Object sender, EventArgs e) {...}
    protected void Application_End(Object sender, EventArgs e) {...}
}
```

Die Ereignisse Application_Start und Session_Start werden beim Start einer Applikation bzw. Sitzung ausgelöst. Bei der Rundreise einer Seite treten dann nur noch
die Ereignisse Application_BeginRequest und Application_EndRequest auf. Wird die
Applikation bzw. die Sitzung beendet, kommt es zum Ereignis Application_End
bzw. Session_End.

Als Beispiel wird hier gezeigt, wie die Seitenzugriffe durch das Ereignis Application_BeginRequest gezählt werden können. Die Anzahl der verschiedenen Benutzer kann man von der Anzahl der begonnenen Sessions ableiten. Der Inhalt der Datei Global.asax bleibt gleich, nur die Klasse Global wird wie folgt verändert:

```
using System;

public partial class Global : System.Web.HttpApplication {
    protected void Application_Start(Object sender, EventArgs e) {
        Application["accesses"] = 0;
        Application["users"] = 0;
    }
    protected void Application_BeginRequest(Object sender, EventArgs e) {
        Application.Lock();
        Application["accesses"] = (int) Application["accesses"] + 1;
        Application.UnLock();
    }
    protected void Session_Start(Object sender, EventArgs e) {
        Application.Lock();
        Application["users"] = (int) Application["users"] + 1;
        Application.UnLock();
    }
    protected void Session_End(Object sender, EventArgs e) {}
    protected void Application_EndRequest(Object sender, EventArgs e) {}
    protected void Application_End(Object sender, EventArgs e) {}
}
```

Da es sich bei der Datei Global.asax um keine ASP.NET-Seite handelt, benötigen wir hier noch eine eigene Seite zur Anzeige der Statistik (statistics.aspx):

```
<%@ Page Language="C#"%>
<html>
  <head>
     <title>ASPX-Seitenstatistik</title>
  </head>
  <body>
     <h1>Statistik:</h1>
     Seitenzugriffe:<% Response.Write(Application["accesses"]); %><br>
     BenutzerSessions:<% Response.Write(Application["users"]); %>
  </body>
</html>
```

Abb. 6.48 zeigt, wie diese Datei im Browser dargestellt wird.

Abb. 6.48 *Ausgabe der durch Global.asax.cs gesammelten Statistiken*

6.13 Webseitenprogrammierung mit Visual Studio .NET

Bisher haben wir Webseiten ohne Visual Studio .NET erzeugt, da dieses Werkzeug vieles im Verborgenen erstellt, was für das Verständnis von ASP.NET wichtig ist.

Auf der anderen Seite ist gerade die Entwicklung grafischer Webseiten eine der Stärken von Visual Studio .NET, weshalb wir am Ende dieses Kapitels noch einen kurzen Blick auf dieses Werkzeug werfen wollen. Im Gegensatz zum .NET-Framework-SDK ist Visual Studio .NET kostenpflichtig. Microsoft stellt aber eine kostenlose Alternative in Form der *Visual Studio Express Edition* zur Verfügung [VSExpr], die für die Entwicklung von ASP.NET-Seiten annähernd die gleiche Funktionalität wie Visual Studio .NET anbietet.

Wir werden nun als Beispiel mittels Visual Studio .NET eine Web-Applikation erstellen, in der der Benutzer zwei Zahlen in Textfelder eingeben und durch einen Klick auf einen Button addieren kann.

Um in Visual Studio .NET ein neues ASP.NET-Projekt anzulegen, wählt man die Menüpunkte File | New | Project und erhält das in Abb. 6.49 gezeigte Fenster, in dem man die Art des zu erstellenden Projekts wählen kann.

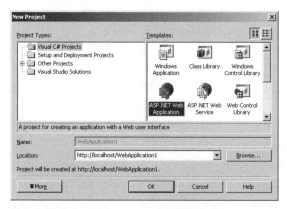

Abb. 6.49 *Anlegen eines neuen ASP.NET-Projekts*

Wir wählen *ASP.NET Web Application*, geben unter *Location* an, in welchem virtuellen Verzeichnis unsere Applikation liegen soll (hier http://localhost/ MyWebApplication1), und klicken OK. Es wird nun ein neues ASP.NET-Projekt erstellt, wobei Visual Studio .NET auch gleich das virtuelle Verzeichnis am IIS erzeugt, falls es noch nicht existiert.

Zusätzlich werden alle Konfigurationsdateien (Web.config, Global.asax etc.) generiert und mit Standardwerten gefüllt. Eine Liste der erzeugten Dateien wird im Visual Studio *Solution Explorer* angezeigt (siehe Abb. 6.50). Durch einen Doppelklick kann jede dieser Dateien geöffnet werden.

Abb. 6.50 *Liste der erzeugten Dateien im Solution Explorer*

Für unser Web-Formular wurde standardmäßig der Name WebForm1.aspx gewählt, den man natürlich ändern kann. WebForm1.aspx wird in einem Zeichenfenster mit Punktraster angezeigt, das zu seiner Linken ein aufklappbares Toolbox-Menü besitzt, aus dem man GUI-Elemente wählen und in die Zeichenfläche ziehen kann. Man kann die Elemente verschieben, vergrößern und verkleinern und sich so die gewünschte Benutzeroberfläche zusammenbauen. Auf diese Weise wurden in Abb. 6.51 zwei Textfelder und ein Button erstellt.

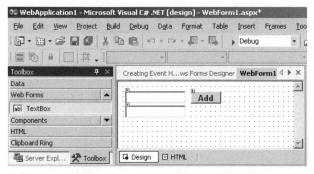

Abb. 6.51 *Zeichenfenster und Toolbox zum Auswählen von GUI-Elementen*

Die Properties der GUI-Elemente können in einem Property-Fenster editiert werden, das im rechten unteren Eck des Bildschirms angezeigt wird (siehe Abb. 6.52). Zum Beispiel setzen wir den Namen des Buttons auf addButton und seine Beschriftung auf Add.

Abb. 6.52 *Property-Fenster (links: Poperty-Sicht; rechts: Event-Sicht)*

Während wir diese Operationen durchführen, erstellt Visual Studio .NET im Hintergrund den C#-Code für das Fenster und seine GUI-Elemente. Indem wir in Abb. 6.51 den Reiter »Design« am unteren Rand des Fensters auf »HTML« umstellen, schalten wir von der Designsicht in die Codesicht um, was folgendes Bild ergibt:

```
<%@ Page language="c#" CodeFile="WebForm1.aspx.cs" AutoEventWireup="false"
     Inherits="WebApplication1.WebForm1" %>
<!DOCTYPE HTML PUBLIC "-//W3C//DTD HTML 4.0 Transitional//EN" >
<HTML>
   <HEAD>
      <title>WebForm1</title>
      ...
   </HEAD>
   <body MS_POSITIONING="GridLayout">
      <form id="Form1" method="post" runat="server">
         <asp:TextBox id="Opd1" style="Z-INDEX: 101; LEFT: 12px; POSITION: absolute;
            TOP: 15px" runat="server" Width="100px" Height="20px"></asp:TextBox>
         <asp:Button id="addButton" style="Z-INDEX: 102; LEFT: 120px;
            POSITION: absolute; TOP: 16px" runat="server" Width="50px" Text="Add"
            Font-Bold="True" Height="20px"></asp:Button>
         <asp:TextBox id="Opd2" style="Z-INDEX: 103; LEFT: 12px; POSITION: absolute;
            TOP: 38px" runat="server" Width="100px" Height="20px"></asp:TextBox>
      </form>
   </body>
</HTML>
```

Dieser Code steht in der Datei WebForm1.aspx. Zusätzlich wird eine Datei WebForm1.aspx.cs erzeugt, die vorerst noch nichts Besonderes leistet und folgendermaßen aussieht:

```
using System;
using System.Collections;
...
namespace WebApplication1 {
    public partial class WebForm1 : System.Web.UI.Page {

        private void Page_Load(object sender, System.EventArgs e) {
            // Put user code to initialize the page here
        }

        override protected void OnInit(EventArgs e) {
            InitializeComponent();
            base.OnInit(e);
        }

        private void InitializeComponent() {
            this.Load += new System.EventHandler(this.Page_Load);
        }
    }
}
```

Als Nächstes müssen wir das Click-Ereignis des Buttons durch einen geeigneten Ereignisbehandler abfangen. Dazu schalten wir im Property-Fenster (siehe Abb. 6.52) durch Anklicken des Blitzsymbols in der Button-Leiste auf die Event-Sicht um, wählen das Ereignis Click und geben rechts daneben einen Namen für den Ereignisbehandler ein (z.B. OnClick). Visual Studio .NET fügt daraufhin automatisch eine vorerst noch leere Methode OnClick in die Datei WebForm1.aspx.cs ein und zeigt sie uns zum Editieren an. Wir füllen sie folgendermaßen mit Code:

```
private void OnClick(object sender, System.EventArgs e) {
    opd1.Text = (Convert.ToInt32(opd1.Text) + Convert.ToInt32(opd2.Text)).ToString();
}
```

Außerdem fügt Visual Studio .NET die Zeile

```
this.addButton.Click += new System.EventHandler(this.OnClick);
```

in die Methode InitializeComponent ein. Somit ist die Methode als Ereignisbehandler registriert. Nachdem wir das Projekt mit *Build | Build Solution* übersetzt haben, können wir nun den Browser auf http://localhost/WebApplication1/WebForm1.aspx richten, der dann unseren Addierer anzeigt (siehe Abb. 6.53).

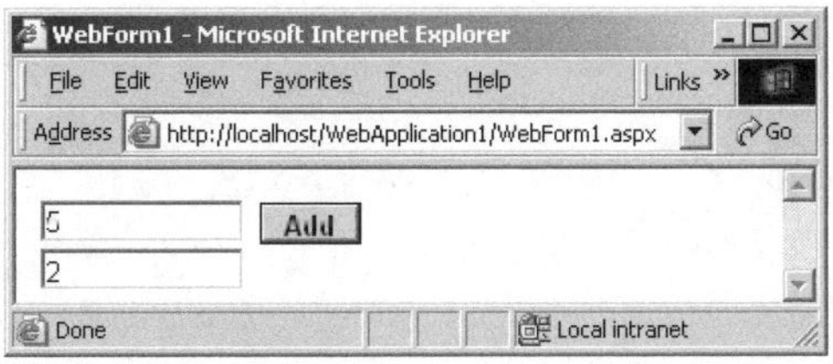

Abb. 6.53 *Addierer in Browsersicht*

7 Web-Services

Web-Services subsumieren diverse Technologien für den Zugriff auf Dienste verschiedener Anbieter in verteilten Systemen. Dieses Kapitel stellt Web-Services vor und behandelt Werkzeuge und Bibliotheken, die .NET anbietet, um Web-Services erstellen und benutzen zu können.

7.1 Überblick

Web-Services sind zwar ein zentraler Bestandteil von .NET, sie sind aber nicht .NET-spezifisch, sondern können z.B. auch unter Java verwendet werden. Web-Services sind einfach heterogene verteilte Dienste, die in einer beliebigen Anwendung benutzt werden können. Dazu wird die bestehende Infrastruktur des Internets (z.B. HTTP, SMTP, Webserver) für den Transport von Daten und XML für die Beschreibung der transportierten Daten verwendet.

Web-Services sind ein Netz von Softwarediensten, die unabhängig von Betriebssystem, Programmiersprache und binärem Übertragungsprotokoll erstellt und verwendet werden können. Der Teil *Web* im Begriff *Web*-Service bezieht sich also nicht unbedingt auf Internettechnologien, wie HTTP oder HTML.

Diese Unabhängigkeit bietet auch CORBA (*Common Object Request Broker Architecture* [CORBA]) an. Die wesentlichen Unterschiede bestehen darin, dass Web-Services für die Kommunikation kein neues Binärprotokoll (wie IIOP oder TCP/IP) definieren, sondern ein XML-basiertes Protokoll namens SOAP [SOAP] verwenden. SOAP besteht auch auf kein eigenes verteiltes Objektmodell, sondern unterstützt beliebige in XML beschreibbare Datenstrukturen.

SOAP-Aufrufe sind im Prinzip nur Textdateien, die zwischen einem Client und einem Server verschickt werden. Somit kann die bereits bestehende Netzwerkinfrastruktur verwendet werden. Zum Beispiel kann ein SOAP-Aufruf über das Internetprotokoll HTTP oder über das E-Mail-Protokoll SMTP (*Simple Mail Transfer Protocol*) verschickt werden und von Programmen in beliebigen Sprachen (nicht nur objektorientierten) abgearbeitet werden. Die einzige Voraussetzung, welche die verwendeten Programmiersprachen erfüllen müssen, ist, dass sie XML-Texte verarbeiten können. Ein Web-Service kann z.B. in objektorientierten Sprachen wie C# und Java oder in Skriptsprachen wie Perl oder Python implementiert sein (siehe Abb. 7.1.).

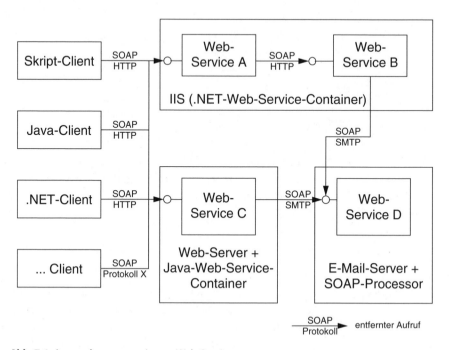

Abb. 7.1 *Anwendungsszenario von Web-Services*

Die Kommunikation wird also über SOAP abgewickelt; aber wie findet man heraus, welche Operationen ein Web-Service anbietet und wie sie aufgerufen werden können? Es wird eine Beschreibung der Web-Services benötigt, die eine ähnliche Funktion übernimmt, wie die IDL (*Interface Definition Language*) von DCOM (Distributed Component Object Model [EdEd02]) oder CORBA, mit der die aufrufbaren Operationen und Typen spezifiziert werden. Diese Beschreibung wird auch in XML angeboten, und zwar in einem Format namens WSDL (*Web Services Description Language* [WSDL]).

Die konkreten Implementierungen eines Web-Service (z.B. als Skript, C# oder Java-Klasse) sind typischerweise zustandslos und existieren in einem Web-Service-Container (z.B. im MS IIS). Dieser Container sorgt dafür, dass die an den Server geschickten SOAP-Aufrufe zu der tatsächlichen Implementierung weitergeleitet werden. Gegebenenfalls aktiviert der Container die Web-Service-Implementierung auch (z.B. indem er ein Objekt erzeugt) oder er deaktiviert sie (z.B. indem er Speicher freigibt).

Wie ein Web-Service aufgerufen werden kann, wird durch SOAP festgelegt, *was* ein Web-Service anbietet, wird durch eine WSDL-Beschreibung geliefert, und *wo* ein Web-Service erreicht werden kann, wird durch eine URI festgelegt. Manchmal wird das auch als "*ABC*" von verteilten Anwendungen bezeichnet. *A* wie *Adresse, B* wie *Binding* (z.B. SOAP, HTTP oder TCP/IP) und *C* wie Contract.

Durch die große Anzahl von Webseiten haben sich so genannte Suchmaschinen zum gezielten Suchen von Informationen etabliert. Das Konzept der Suchmaschinen könnte sich auch zum Auffinden von Web-Services eignen. Während jedoch Suchmaschinen für Menschen ein umfangreiches Interface zur Verfügung stellen, bieten sie für Softwareanwendungen kaum eine oder nur eine herstellerabhängige Programmierschnittstelle an.

Mit UDDI (*Universal Description, Discovery and Integration* [UDDI]) versuchen Firmen wie Microsoft, IBM und Ariba einen einheitlichen Suchdienst zu etablieren, um Web-Services nach bestimmten Kriterien suchen zu können. Dadurch können Anwendungen zur Laufzeit um Funktionalitäten erweitert werden, indem sie einfach nach einem Web-Service suchen und diesen benützen. In einer UDDI-Datenbank können u.a. die URIs von Web-Services, aber auch Informationen wie die Firmenanschrift oder die URI der Firmen-Webseite registriert werden.

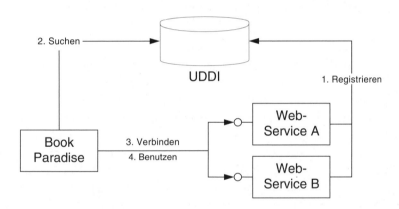

Abb. 7.2 *UDDI und Web-Services-Szenario*

Sehen wir uns dazu ein Beispiel an: Ein Web-Marktplatz für Bücher namens »Book Paradise« möchte die Produkte beliebiger Verlage in einer einheitlichen Web-Oberfläche integrieren. Besucher von Book Paradise können nach Büchern suchen, die Preise vergleichen und sogar Bücher bestellen. Verlag A und Verlag B bieten je einen Web-Service zur Abfrage ihres Produktkataloges an. Diese beiden Web-Services (kurz Web-Service A und Web-Service B genannt) besitzen zudem das gleiche Web-Service-»Interface«, d.h., sie haben die gleiche WSDL-Beschreibung. Web-Service A und Web-Service B registrieren sich bei einer UDDI-Datenbank. Wenn ein Benutzer bei Book Paradise ein Buch sucht und bestellen will, so führt Book Paradise folgende Schritte durch (siehe auch Abb. 7.2):

1. Vorbedingung: Die Verlagshäuser mit ihren Web-Services sind bei einer
   UDDI-Datenbank registriert.
2. Book Paradise kontaktiert eine UDDI-Datenbank und sucht nach Web-
   Services, welche den Service *Produktkatalog* für Bücher implementieren.
   UDDI liefert die URIs für Web-Service A und B.
3. Book Paradise stellt eine Verbindung zu Web-Service A und B her.
4. Book Paradise benutzt die beiden Web-Services und formatiert das Ergebnis in einer hübschen Webseite, welche dem Benutzer angezeigt wird.
5. Der Benutzer von Book Paradise entschließt sich, ein Buch von Verlag A
   zu kaufen. Book Paradise sucht nun nach dem Service *Bestellung* von Verlag A, um eine elektronische Bestellung für den Benutzer durchzuführen.
6. Book Paradise konnte kein Web-Service namens *Bestellung* in der UDDI-
   Datenbank finden, dafür die Adresse und eine Telefonnummer für Fax-
   bestellungen von Verlag A. Daraufhin sucht Book Paradise einen anderen
   Web-Service namens *Fax*, um Faxmitteilungen verschicken zu können.
   Book Paradise zeigt dem Kunden ein generiertes Bestellfax und die Post-
   anschrift von Verlag A an. Der Benutzer akzeptiert die Bestellung und
   Book Paradise schickt das Bestellfax an den Web-Service *Fax* der Firma
   FaxWorld, der das Fax an Verlag A schickt.

Dieses Beispielszenario soll verdeutlichen, wo die Stärke von Web-Services liegt:
in der Integration von verschiedenen Systemen. Damit die Interoperabilität auch
in Zukunft gewahrt bleibt, wurden SOAP und WSDL zu W3C-Standards (siehe
http://www.w3.org/TR/soap und *http://www.w3.org/TR/wsdl20-primer*). Parallel
dazu haben sich namhafte Softwarehersteller wie IBM und Microsoft zur Web
Services Interoperability Group (WS-I, siehe auch *http://www.ws-i.org*) zusam-
mengeschlossen. Diese Organisation versucht, die Interoperabilität zwischen verschiedenen Web-Service-Umgebungen (wie z.B. Java und .NET) zu gewährleisten,
indem sie aufbauend auf den W3C-Standards interoperable Implementierungen
und weitere Spezifikationen veröffentlicht. So existieren zum Beispiel WS-I-Spezi-
fikationen für den gesicherten Nachrichtenaustausch und für verteilte Transaktionen, die mit Web-Services gelöst werden können.

Worüber noch nicht diskutiert wurde, ist die Effizienz der Übertragung. Intu-
itiv kann die Behauptung aufgestellt werden, dass SOAP-Aufrufe langsamer sind
als Aufrufe über ein binäres Protokoll, weil die Aufrufe in XML verpackt und
entpackt werden müssen, was vor allem beim Versenden von großen Datenmengen viel Zeit in Anspruch nimmt und auch das übertragene Datenvolumen erhöht.

Verteilte Anwendungen, in denen Clients und Server selbst erstellt werden
und deren Server nicht von beliebigen Clients benutzt werden sollen, werden
auch weiterhin binäre Protokolle verwenden (z.B. ein selbst definiertes Protokoll
über TCP/IP-Sockets). Verteilte Anwendungen, bei denen Clients und Server un-

ter .NET entwickelt werden, können Sockets oder .NET-Remoting benutzen
(siehe dazu auch Abschnitt 4.4 bzw. [Ram05]). Hingegen werden Serveranwen-
dungen, die von unterschiedlichen Clients verwendet werden sollen, einen Web-
Service-Endpunkt anbieten. Mit *Windows Communication Foundation (WCF)*
versucht Microsoft, die verschiedenen Kommunikationsmöglichkeiten, die unter
.NET und unter Windows möglich sind, durch ein einheitliches Framework den
Entwicklern zugänglich zu machen. Dadurch kann je nach Anwendungsszenario
entschieden werden, wo und wie ein Software-Service für Clients erreichbar ist.
Doch mehr zu Windows Communication Foundation in Abschnitt 7.7.

7.2   Ein einfacher Web-Service unter .NET

In diesem Abschnitt werden wir einen einfachen Web-Service unter .NET erstellen, der von zwei unterschiedlichen Clients benutzt wird. Das hier vorgestellte
Beispiel wird auch in einigen der nachfolgenden Abschnitten wieder auftauchen.

Zunächst sehen wir uns aber an, welche Unterstützung die .NET-Bibliothek
für Web-Services bietet. Tabelle 7.1 zeigt den Namensraum System.Web.Services
und seine Unternamensräume, die Attribute, Interfaces und Klassen enthalten,
um Web-Services zu erstellen und zu benutzen.

Tabelle 7.1 *Namensräume für Web-Services*

Namensraum	Beschreibung
System.Web.Services	Enthält die Klasse WebService und zusätzliche Attribute, um Web-Services zu erstellen.
System.Web.Services.Configuration	Enthält Attribute, um die XML-Beschreibung eines Web-Service zu konfigurieren bzw. SOAP zu erweitern.
System.Web.Services.Description	Bietet Klassen, um die WSDL eines Web-Service zu erstellen und verarbeiten zu können.
System.Web.Services.Discovery	Enthält Klassen, welche XML Web Service Discovery (DISCO) implementieren, mit denen man Web-Services finden kann.
System.Web.Services.Protocols	Enthält Klassen, welche die Protokolle (z.B. SOAP-HTTP) zur Kommunikation realisieren.

Die ASP.NET-Infrastruktur (siehe Kapitel 6) unterstützt Web-Services. Web-Services können auch mit anderen Technologien wie .NET-Remoting (siehe
[Ram05]) gelöst werden, aber wir werden die ASP.NET-Infrastruktur verwenden.
Darum muss für einen Web-Service ebenfalls ein virtuelles Verzeichnis am IIS erzeugt werden.

Wir wollen nun einen Web-Service entwickeln, der die aktuelle Zeit des Servers an den Client liefert. Im Wesentlichen sind dazu folgende Schritte notwendig:

- ❑ *Vorbereiten des Web-Service-Containers.* MS IIS muss vorhanden sein. Wie bei ASP.NET muss für den Web-Service ein virtuelles Verzeichnis erstellt werden oder der Web-Service muss in ein virtuelles Verzeichnis einer bestehenden ASP.NET-Anwendung kopiert werden.
- ❑ *Entwickeln des Web-Service.* Es wird eine Datei mit dem Suffix .asmx erstellt. Die darin enthaltene Implementierung des Web-Service muss die Klasse System.Web.Services.WebService erweitern.
- ❑ *Testen des Web-Service.* Die Methoden des Web-Service können nun einfach von einem Web-Browser aus aufgerufen werden.

Wie der IIS gestartet und wie ein virtuelles Verzeichnis erstellt wird, wurde bereits in Kapitel 6 erklärt. Für unser Beispiel erstellen wir am IIS des lokalen Rechners das virtuelle Verzeichnis "time".

Wir implementieren unseren Web-Service in der Datei TimeService.asmx, die wir im physischen Verzeichnis (z.B. C:\Inetpub\wwwroot\time) ablegen, auf das unser virtuelles Verzeichnis verweist. Wie bei ASP.NET kann auch hier die Hintergrundcode-Technik (*code behind*) eingesetzt werden. TimeService.asmx würde dann nur einen Verweis auf die tatsächliche Implementierung des Web-Service in der Hintergrunddatei enthalten.

In TimeService.asmx implementieren wir nun eine Klasse TimeService, die eine Methode GetTime enthält. Jede .asmx-Datei beginnt mit der @WebService-Direktive, welche die gewählte Programmiersprache, den Namen der Web-Service-Klasse und bei Verwendung der Hintergrundcode-Technik den Assembly-Namen enthält.

```
<%@ WebService Language="C#" Class="TimeService" %>
using System.Web.Services;
public class TimeService : WebService {
    [WebMethod(Description="Returns the current time")]
    public string GetTime() { return System.DateTime.Now.ToLongTimeString(); }
}
```

Jede Methode des Web-Service, die von einem Client über entfernten Aufruf ansprechbar sein soll, wird einfach mit dem Attribut [WebMethod] gekennzeichnet. Wie man sieht, muss TimeService von der Klasse System.Web.Services.WebService abgeleitet sein, deren Schnittstelle wie folgt aussieht:

```
public class WebService : System.ComponentModel.MarshalByValueComponent {
    //----- Properties
    public HttpApplicationState Application {get;} // ASP.NET-Applikationszustand
    public HttpContext Context {get;} // ASP.NET-HTTP-Kontext des aktuellen Requests
```

```
    public HttpSessionState Session {get;}  // ASP.NET-Sitzungszustand
    public IPrincipal User {get;}  // ASP.NET-Benutzerobjekt für ASP.NET-Autorisation
    ...
}
```

Jetzt wird es Zeit, unseren Web-Service zu testen. In .NET werden Web-Services beim ersten Aufruf einer ihrer Methoden automatisch übersetzt. Bei jedem Aufruf erzeugt der IIS ein Objekt der Web-Service-Klasse (hier TimeService), leitet den Aufruf (hier GetTime) an das erzeugte Objekt weiter und schickt das Ergebnis (hier die Zeit) an den Client zurück.

Unser Web-Service ist unter http://localhost/time/TimeService.asmx zu finden. Wenn wir diese URI in einen Browser eintippen, wird automatisch eine Beschreibung des Web-Service mit allen seinen Methoden angezeigt (siehe Abb. 7.3). Klickt man dort auf »Service Description«, erhält man die WSDL des Web-Service, die man auch über http://localhost/time/TimeService.asmx?WSDL direkt abrufen kann.

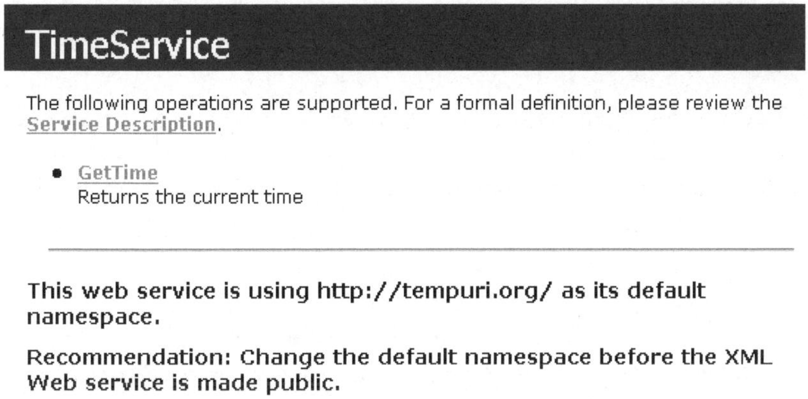

TimeService

The following operations are supported. For a formal definition, please review the
Service Description.

- GetTime
  Returns the current time

This web service is using http://tempuri.org/ as its default
namespace.

Recommendation: Change the default namespace before the XML
Web service is made public.

Abb. 7.3 *Auszug der generierten Beschreibung von TimeService.asmx*

Ein Klick auf »GetTime« führt zur Detailbeschreibung dieser Web-Service-Methode (siehe Abb. 7.4). Sie enthält Informationen darüber, wie die Methode über verschiedene Protokolle (HTTP-GET, HTTP-PUT oder SOAP) aufgerufen werden kann. Lässt sich die Methode über HTTP-GET aufrufen, so wird auch eine Möglichkeit zum Testen angeboten (siehe Knopf »Invoke«).

TimeService

Click here for a complete list of operations.

GetTime

Returns the current time

Test

To test the operation using the HTTP GET protocol, click the 'Invoke' button.

SOAP

The following is a sample SOAP request and response. The **placeholders** shown need to be replaced with actual values.

```
POST /time/TimeService.asmx HTTP/1.1
Host: localhost
```

Abb. 7.4 *Auszug der Methodenbeschreibung und Testmöglichkeit von GetTime*

Das Ergebnis des Methodenaufrufs ist wieder in XML verpackt. Browser der neueren Generation, wie der MS Internet Explorer (ab Version 5.0), können XML direkt anzeigen. In unserem Beispiel könnte das Ergebnis so aussehen, wie es in Abb. 7.5 dargestellt ist.

```
<?xml version="1.0" encoding="utf-8" ?>
<string xmlns="http://tempuri.org/">16:32:53</string>
```

Abb. 7.5 *Ergebnis des HTTP-GET-Methodenaufrufs von GetTime, dargestellt im IE*

Jetzt ist unser Web-Service bereit, von verschiedenen Clientanwendungen aufgerufen zu werden.

7.2.1   Ein einfacher .NET-Client

Wegen der Objektorientiertheit von .NET wäre es für die Erstellung des Clients hilfreich, wenn wir den Web-Service wie ein lokales Objekt behandeln könnten, wenn wir also ein lokales TimeService-Objekt erzeugen und die Methode GetTime aufrufen könnten. In verteilten Anwendungen werden dafür so genannte *Proxies* eingesetzt.

Proxies dienen als Platzhalter bzw. Stellvertreter für den entfernten Web-Service. Sie stellen die in WSDL beschriebene Funktionalität des Web-Service als .NET-Klasse dar, führen die Umwandlung der .NET-Datentypen in XML-Daten durch und initiieren den Aufruf der Web-Service-Methoden über das Netz. Eine genauere Diskussion dieses Vorgangs befindet sich in Abschnitt 7.3.

Um unseren TimeService benutzen zu können, brauchen wir so ein Proxy. Das Werkzeug wsdl.exe generiert aus einer gegebenen WSDL-Datei eine Proxy-Klasse in den Sprachen C#, Visual Basic oder JavaScript. Die Proxy-Klasse liegt im Quellcode vor und muss noch in MSIL übersetzt werden. wsdl.exe ist eine Konsolenanwendung und Bestandteil des .NET-SDK. Sie kann im Verzeichnis [C:\Program Files\Microsoft Visual Studio .NET]\FrameworkSDK\Bin\ gefunden werden, wobei [C:\Program Files\Microsoft Visual Studio .NET] für das Verzeichnis steht, in dem Visual Studio .NET bzw. das .NET-SDK installiert wurde.

Ist die Proxy-Klasse erst einmal erzeugt und übersetzt, können wir sie am Client wie folgt verwenden, indem ein Objekt der Klasse TimeClient.TimeService erzeugt und die Methode GetTime() aufgerufen wird:

```
using System;
using TimeClient; //Namespace des erzeugten Proxies
public class NetClient {
    public static void Main(string[] args) {
        TimeService service = new TimeService();
        Console.WriteLine("Die Zeit am Server ist: ");
        string time = service.GetTime();
        Console.WriteLine(time);
    }
}
```

wsdl.exe braucht eine URI der WSDL- oder einer DISCO-Beschreibung (siehe Abschnitt 7.5), um daraus Proxies zu erzeugen. Für unser Beispiel wurde wsdl.exe mit folgenden Parametern aufgerufen, um die Datei TimeServiceProxy.cs zu erstellen:

```
wsdl /namespace:TimeClient /out:TimeServiceProxy.cs http://localhost/time/
TimeService.asmx?WSDL
```

TimeServiceProxy.cs enthält die partielle Klasse TimeClient.TimeService als C#-Quelltext und kann daher noch nachträglich erweitert werden. Das TimeService-Proxy enthält die Methode GetTime. Zusätzlich bietet es auch noch Methoden zum asynchronen Aufruf von GetTime an.

Die einzelnen Parameter von wsdl.exe sind in Tabelle 7.2 zusammengefasst.

Tabelle 7.2 *Kommandozeilenparameter von wsdl.exe*

Parameter	Beschreibung
/language:	Legt die Sprache fest, in der die Proxies erzeugt werden. Gültige Werte sind CS (C#), VB (Visual Basic) und JS (JavaScript). Standardeinstellung: CS
/namespace:	Legt den Namensraum für den erzeugten Code fest.

Tabelle 7.2 Kommandozeilenparameter von wsdl.exe (Forts.)

Parameter	Beschreibung
/out:	Legt die Datei fest, in der sich der erzeugte Code befindet.
/protocol:	Legt das Protokoll für die Kommunikation fest. Erlaubte Werte sind SOAP (Standardeinstellung), HTTP-GET, HTTP-POST.
/username:	Legt den Benutzernamen fest, falls ihn der Web-Service-Container für die Authentifizierung benötigt.
/password:	Legt das Passwort fest, falls es der Web-Service-Container für die Authentifizierung benötigt.
/domain:	Legt die Domäne fest, falls sie der Web-Service-Container für die Authentifizierung benötigt.

7.2.2   Ein einfacher Java-Client

Bei der Erstellung eines Clients in Java werden im Wesentlichen die gleichen Schritte durchgeführt wie unter .NET: Es wird ein Proxy aus WSDL erzeugt und anschließend verwendet.

Für Java gibt es verschiedene Anbieter von Web-Service-Containern und Werkzeugen wie wsdl.exe. Anstatt ein Werkzeug zu verwenden, erstellen wir aber in diesem Beispiel von Hand einen einfachen Java-Client, der einen SOAP-Aufruf über HTTP-POST an unseren TimeService schickt und die SOAP-Antwort auf der Konsole ausgibt. Der verschickte SOAP-Aufruf entspricht dem SOAP-Aufruf aus der HTML-Beschreibung von GetTime (siehe Abb. 7.4).

```
import java.io.*;  import java.net.*;  // Achtung: dies ist Java-Code!
/** Einfacher Web-Service-Client in Java.
    Der Web-Service wird über SOAP-HTTP aufgerufen und
    das SOAP-Ergebnis auf der Konsole ausgegeben. */
public class JavaClient {
    public static void main(String[] args) {
        try {
            URL url = new URL("http://localhost/time/TimeService.asmx");
            //----- HTTP-Verbindung zum Service aufbauen
            HttpURLConnection connection = (HttpURLConnection)url.openConnection();
            connection.setRequestMethod("POST");
            connection.setDoOutput(true);
            connection.setDoInput(true);
            //----- SOAP-Request erstellen
            connection.setRequestProperty("Content-type", "text/xml; charset=utf-8");
            connection.setRequestProperty("SOAPAction", "http://tempuri.org/GetTime");
            //----- SOAP-Request-String für GetTime erstellen - siehe Detailbeschreibung von
            //----- GetTime: http://localhost/time/TimeService.asmx?op=GetTime
            String msg =
```

```
                "<?xml version=\"1.0\" encoding=\"utf-8\"?>\n" +
                "<soap:Envelope" +
                " xmlns:soap=\"http://schemas.xmlsoap.org/soap/envelope/\">\n" +
                " <soap:Body>\n" +
                "   <GetTime xmlns=\"http://tempuri.org/\" /> \n" +
                " </soap:Body>\n" +
                "</soap:Envelope>";
            //----- SOAP-Request schicken (ausgelöst durch out.write(...);)
            byte[] bytes = msg.getBytes();
            connection.setRequestProperty("Content-length", String.valueOf(bytes.length));
            OutputStream out = connection.getOutputStream();
            out.write(bytes);
            out.close();
            //----- SOAP-Response lesen und ausgeben
            BufferedReader in =
                new BufferedReader(new InputStreamReader(connection.getInputStream()));
            System.out.println("SOAP-Response:");
            String inputLine = in.readLine();
            while (inputLine != null) {
                System.out.println(inputLine);
                inputLine = in.readLine();
            }
            in.close();
        } catch (Exception e) {
            System.out.println("FEHLER:" + e.getMessage());
        }
    }
  }
}
```

Die oben dargestellte Datei JavaClient.java wird mit javac JavaClient.java übersetzt und mit java JavaClient ausgeführt. Als Ausgabe erhalten wir:

```
SOAP-Response:
<?xml version="1.0" encoding="utf-8"?>
<soap:Envelope xmlns:soap="http://schemas.xmlsoap.org/soap/envelope/"
    xmlns:xsi="http://www.w3.org/2001/XMLSchema-instance"
    xmlns:xsd="http://www.w3.org/2001/XMLSchema">
    <soap:Body>
        <GetTimeResponse xmlns="http://tempuri.org/">
            <GetTimeResult>16:56:32</GetTimeResult>
        </GetTimeResponse>
    </soap:Body>
</soap:Envelope>
```

Diese Kommunikation würde sonst ein Proxy übernehmen, wie etwa im vorhergehenden .NET-Beispiel, und das Ergebnis 16:56:32 würde als String zurückgegeben werden. Doch mehr zu SOAP im nächsten Abschnitt.

7.3 SOAP

SOAP ist ein XML-basiertes Protokoll, mit dem Daten verpackt und über ein Transportprotokoll (wie HTTP) verschickt werden können. Es bietet ein einheitliches Modell für einen einfachen und plattformunabhängigen Datenaustausch sowie für entfernte Prozeduraufrufe (*remote procedure calls*). SOAP liegt als W3C-Note [SOAP] vor. Bis zur Version 1.2 war »SOAP« ein Akronym für *Simple Object Access Protocol*. Wie wir jedoch sehen werden, hat SOAP nicht sehr viel mit Objekten im objektorientierten Sinn zu tun. Daher ist SOAP ab Version 1.2 [SOAP2] ein eigenständiger Name und kein Akronym mehr. Dieser Abschnitt fasst die SOAP-Spezifikationen zusammen.

Wenn wir einen Brief verschicken, so erstellen wir den Inhalt (z.B. ein Gedicht), stecken ihn in einen Briefumschlag, auf dem Empfängeradresse, Absender und andere Informationen (z.B. »vertraulich«) stehen, und übergeben den Umschlag mit Inhalt einem beliebigen Zustelldienst, der ihn von einer Station zur nächsten bis zum Empfänger bringt.

Im Wesentlichen ist SOAP nichts anderes: ein asynchrones »one way«-Protokoll, das Briefumschlag und Inhalt in XML festlegt und den Transport über beliebige Protokolle von einem Sender über beliebige Zwischenstationen zum eigentlichen Empfänger ermöglicht. »One way« bedeutet, dass die Nachricht nur in eine Richtung vom Sender an den Empfänger geschickt wird. Es wird nicht auf eine Antwort gewartet. Durch die Kombination von »one way«-Nachrichten können die unterschiedlichen Übertragungstypen (*one way, request/response, multicast* etc.) der verschiedenen Transportprotokolle genutzt werden.

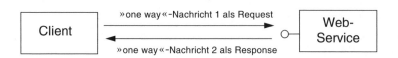

Abb. 7.6 *Austausch von zwei »one way«-Nachrichten beim request/response-Übertragungstyp*

HTTP benutzt zum Beispiel den Übertragungstyp *request/response*. Dieser wird mit SOAP so gelöst, dass zwei »one way«-Aufrufe kombiniert werden. Der erste Aufruf beschreibt den HTTP-Request, der zweite die HTTP-Response (siehe Abb. 7.6). Auf SOAP und HTTP wird später im Abschnitt 7.3.2 noch näher eingegangen.

SOAP definiert weder ein Objektmodell noch ein Modell für verteilte Ereignisse (*distributed callbacks*) und spezifiziert auch nicht, wie verteilte Speicherbereinigung (*distributed garbage collection*) realisiert werden soll, sondern nur, wie »one way«-Nachrichten inklusive Daten verschickt werden können.

Eine weitere Analogie zum Brief-Beispiel besteht in der XML-Struktur von
SOAP-Aufrufen, wie im nachfolgenden Auszug schematisch dargestellt wird:

```
<soap:Envelope xmlns:soap=...>
    <soap:Header> (optional & erweiterbar)
        <m:myInfo xmlns:m="anURI" soap:mustUnderstand="0" soap:actor="next" /> ...
    </soap:Header>
    <soap:Body>
        Daten oder Fault-Element (s.u.)
        <soap:Fault>
            <faultcode> soap:Server oder soap:Client </faultcode>
            <faultstring> Beschreibung des Fehlers </faultstring>
        </soap:Fault>
    </soap:Body>
</soap:Envelope>
```

Ein Aufruf enthält auf jeden Fall das Wurzelelement <Envelope> (Briefumschlag)
sowie das <Body>-Element. Zwischen <Envelope> und <Body> kann optional ein
<Header>-Element folgen, das analog dem Brief-Beispiel zusätzliche Informatio-
nen für den Empfänger bereithält (z.B. Benutzername, Passwort, Transaktionsin-
formationen oder Routing-Anweisungen für Zwischenstationen). Die Unterelemente von <Header> werden auch als *Header-Einträge (header elements)*
bezeichnet. Im <Envelope>-Element selbst können zusätzlich noch anwendungsspezifische und daher nicht durch SOAP spezifizierte XML-Attribute angegeben
werden.

Die Header-Einträge können ein *mustUnderstand*-Attribut enthalten, das angibt, ob ein Empfänger sie verstehen muss (Wert "1") oder nicht (Wert "0"). Ist
ein Empfänger verpflichtet, einen Header-Eintrag zu verstehen, und kann aber
nichts damit anfangen, so muss er eine Fehlernachricht an den Sender zurück-
schicken und die Abarbeitung der SOAP-Nachricht abbrechen.

Eine SOAP-Nachricht kann über verschiedene Zwischenstationen wie Fire-
walls, SOAP-Präprozessoren etc. zum eigentlichen Empfänger gelangen. In den
Header-Einträgen können Informationen für jede dieser Zwischenstationen an-
gegeben werden, damit sie den Inhalt des <Body>-Elements richtig interpretieren.
Das Weiterleiten von einer Zwischenstation zur nächsten wird in den Header-
Einträgen mit dem XML-Attribut *actor* beschrieben.

Welche XML-Elemente tatsächlich in einem <Header>- oder <Body>-Element
enthalten sind, hängt von der konkreten Anwendung ab. Darum muss man für die
Unterelemente von <Header> und <Body> angeben, zu welchen XML-Namensräumen sie gehören. Ein XML-Namensraum ist ein frei wählbarer URI-Name, unter
dem mehrere XML-Elemente zusammengefasst sind (z.B. http://dotnet.jku.at).
Durch die Zuordnung zu XML-Namensräumen können gleich lautende XML-
Elemente bzw. XML-Attribute voneinander unterschieden werden. Der XML-
Namensraum der SOAP-spezifischen Elemente ist http://schemas.xmlsoap.org/
soap/envelope/. Unter dieser URI kann auch das XML-Schema von SOAP bezogen
werden.

Die eigentlichen Daten – der Brief selbst – sind als Unterelemente von <Body>
codiert. Im Fehlerfall enthält das <Body>-Element jedoch keine Daten, sondern
ein <Fault>-Element, das den Fehler näher beschreibt. Prinzipiell können zwei Be-
teiligte für den Fehler verantwortlich sein. Entweder es ist der Client
(soap:Client), weil er ungültige Daten oder eine falsch formulierte SOAP-Nachricht schickt, oder es ist der Empfänger (soap:Server), weil er die Nachricht nicht
verarbeiten kann. Ob der Client oder der Server den Fehler verursacht hat, wird
im Element <faultcode> ausgedrückt (z.B. <faultcode>soap:Client</faultcode>).

In .NET spielen Ausnahmen und <Fault>-Elemente gut zusammen. Tritt bei
einem Methodenaufruf über SOAP am .NET-Server eine Ausnahme des Typs
System.Web.Services.Protocols.SoapException auf, so wird sie von .NET automatisch in ein <Fault>-Element der Antwortnachricht konvertiert und an den Aufrufer zurückgeschickt. Beim Aufrufer wird das <Fault>-Element wieder in die ursprüngliche .NET-Ausnahme umgewandelt, die dann mit einer try-Anweisung
abgefangen werden kann.

Wie die Daten (z.B. ein Array) serialisiert werden, bestimmt das Encoding-
Format (siehe Abschnitt 7.3.1). In welche XML-Elemente die Daten verpackt
werden, hängt vom gewählten Nachrichtenformat und von der Anwendung
selbst bzw. vom Empfänger ab. Aus diesem Grund muss bei diesen Elementen
immer ihr XML-Namensraum angegeben werden. So wie bei unserem Brief-Beispiel der Brief in der Sprache geschrieben sein sollte, die der Empfänger versteht,
so müssen die Unterelemente des <Body>-Elements vom Empfänger verstanden
werden (siehe <GetTime>-Element im Java-Client-Beispiel und Abb. 7.4 in Abschnitt 7.2).

7.3.1 SOAP-Nachrichtenformate für Web-Services

Im .NET-Client-Beispiel aus Abschnitt 7.2 wurde ein Proxy erstellt, der als loka-
ler Stellvertreter für den eigentlichen Web-Service dient und den Methodenaufruf
samt Parametern verpackt und codiert. Dabei werden die .NET-Datentypen der
Parameter sowie der Methodenaufruf selbst (z.B. GetTime()) in SOAP verpackt
(*marshaling*). Anschließend wird die erstellte SOAP-Nachricht in einen Byte-
Strom transformiert und über HTTP-POST an den Empfänger geschickt. Der
Server muss diesen Datenstrom wieder entpacken, um die richtige Web-Service-
Methode aufrufen zu können (*unmarshaling*).

Die übergebenen Parameter werden durch diesen Vorgang vom Client zum
Server kopiert und existieren zumindest für die Dauer des Methodenaufrufs in
zwei unterschiedlichen Prozessen. Es werden auch nur *Daten* und keine *Objekte*
übertragen. Der Server darf keine Methoden der übergebenen Parameter-Objekte
aufrufen, wie das bei lokalen objektorientierten Anwendungen möglich ist. Es ist
nicht einmal sicher, ob der Server die entpackten Parameter als Objekte darstellt!

Web-Services legen kein einheitliches verteiltes Objektmodell wie bei CORBA, Java-RMI oder DCOM fest.

Der Proxy wartet nun auf eine Antwort vom Web-Service und wandelt diese in den Rückgabewert der Methode GetTime um. Falls z.B. ein Java-Client verwendet wird, so nutzt dieser einen eigenen Java-Proxy (siehe Abb. 7.7), der die gleichen Aufgaben wie der .NET-Proxy für den Java-Client erledigt.

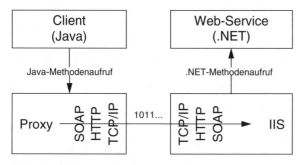

Abb. 7.7 *Web-Service-Methodenaufruf mit einem Proxy*

Nachrichtenformate

Damit Sender und Empfänger wissen, wie die Header-Einträge und die Daten in der SOAP-Nachricht codiert sind, müssen sie sich auf ein gemeinsames Nachrichtenformat einigen. Nachrichtenformate geben an, wie die Daten serialisiert und codiert bzw. marshaled und unmarshaled werden. In der WSDL (siehe Abschnitt 7.5) eines Web-Service werden für SOAP-Aufrufe prinzipiell zwei Nachrichtenformate festgelegt: *document* und *rpc*. Sie bestimmen die Form der Unterelemente des <Body>-Elements. Für Header-Einträge *kann* ein Nachrichtenformat verwendet werden, muss aber nicht.

❑ *document*. Die Daten und der Methodenaufruf werden als XML-Dokument verschickt. SOAP legt keine Regeln fest, wie der Inhalt aussehen soll. Es können beliebige XML-Elemente verschickt werden – der Empfänger muss sie nur verarbeiten können. Diese Form wird vor allem beim Übertragen großer Datenmengen bevorzugt.

❑ *rpc*. Die Struktur der <Body>-Unterelemente wird nach SOAP-Regeln festgelegt. Das <Body>-Element enthält im Wesentlichen den Namen der Methode sowie deren Parameter als XML-Unterelemente (siehe Beispiel weiter unten).

Codierungsarten

Wie die Aktualparameter bzw. die Daten selbst als XML-Text serialisiert werden,
hängt von der gewählten Codierungsart (*encoding type*) ab. Grundsätzlich können beliebige Regeln zum Serialisieren der Daten verwendet werden. SOAP bietet
ergänzend zu den zwei Nachrichtenformaten (*document*, *rpc*) die zwei Codie-
rungsarten *literal* und *encoded* an.

- ❑ *literal*. Die Daten werden basierend auf einem XML-Schema (XSD) codiert. SOAP legt dafür keine Regeln fest. Client und Server tauschen nicht
  Objekte oder Arrays aus, sondern XML-Daten.
- ❑ *encoded*. Die Daten werden nach SOAP-Regeln codiert, die auf den
  Regeln für XML-Schemas aufbauen, d.h., es gibt alle einfachen Datentypen (z.B. xsd:string), wie sie auch in anderen XML-Dokumenten vorkommen, wobei gewisse Einschränkungen gelten. Daneben werden noch
  Structs und Arrays unterstützt. Die SOAP-Codierregeln sind für Web-Service-Container optional und im Kapitel 5 der SOAP-Spezifikation 1.1
  [SOAP] beschrieben. Falls eine Codierung verwendet wird, so wird dies
  durch das XML-Attribut encodingStyle im <Body>-Element ausgedrückt,
  das den XML-Namensraum der gewählten Codierung enthält (siehe
  Beispiel weiter unten). Der Namensraum für die SOAP-Codierung Version
  1.1 ist http://schemas.xmlsoap.org/soap/encoding/. Über diese URI kann
  auch das XML-Schema für die SOAP-Codierung bezogen werden. Da
  SOAP weiterentwickelt und vom W3C standardisiert wird, drückt sich
  dies auch in den SOAP-Namensräumen aus. Der interessierte Leser kann
  die jeweils aktuelle Version von SOAP auf den Webseiten des W3C (http://
  www.w3.org) nachschlagen.

Die meisten SOAP-Nachrichten sind entweder *rpc/encoded* oder *document/
literal* codiert. Natürlich kann auch eine selbst erstellte Art der Serialisierung für
document- und *rpc*-formatierte Aufrufe festgelegt werden. Die Standardeinstellung für Web-Services in .NET ist *document/literal*.

Wir erweitern unseren TimeService um die Methode GetTime2(shortForm).
Der boolesche Parameter shortForm gibt an, ob die Zeit in einem kurzen oder langen Format zurückgegeben werden soll. SOAP-Aufrufe müssen eindeutige Namen haben, d.h., ein Überladen der Methode GetTime ist nicht möglich. Der Service soll das Nachrichtenformat *rpc/encoded* benutzen. Die SOAP-Nachricht im
rpc/encoded-Format für den Aufruf von GetTime2(true) über HTTP sieht so aus:

```
... HTTP  Header für POST Request ...
<?xml version="1.0" encoding="utf-8"?>
<soap:Envelope xmlns:soap="http://schemas.xmlsoap.org/soap/envelope/"
    xmlns:soapenc="http://schemas.xmlsoap.org/soap/encoding/"
    xmlns:tns="http://tempuri.org/" xmlns:types="http://tempuri.org/encodedTypes"
    xmlns:xsi="http://www.w3.org/2001/XMLSchema-instance"
```

```
    xmlns:xsd="http://www.w3.org/2001/XMLSchema">
    <soap:Body soap:encodingStyle="http://schemas.xmlsoap.org/soap/encoding/">
        <tns:GetTime2>
            <shortForm xsi:type="xsd:boolean">true</shortForm>
        </tns:GetTime2>
    </soap:Body>
</soap:Envelope>
```

Das Ergebnis wird natürlich ebenfalls im *rpc/encoded*-Format zurückgesendet:

```
Content-Type:text/xml; charset=utf-8
<?xml version="1.0" encoding="utf-8"?>
<soap:Envelope xmlns:soap="http://schemas.xmlsoap.org/soap/envelope/"
    xmlns:soapenc="http://schemas.xmlsoap.org/soap/encoding/"
    xmlns:tns="http://tempuri.org/" xmlns:types="http://tempuri.org/"
    xmlns:xsi="http://www.w3.org/2001/XMLSchema-instance"
    xmlns:xsd="http://www.w3.org/2001/XMLSchema">
    <soap:Body soap:encodingStyle="http://schemas.xmlsoap.org/soap/encoding/">
        <types:GetTime2Response>
            <GetTime2Result xsi:type="xsd:string">10:07</GetTime2Result>
        </types:GetTime2Response>
    </soap:Body>
</soap:Envelope>
```

In .NET wird mit dem Attribut [SoapRpcService] das vom Web-Service verstandene Nachrichtenformat um *rpc/encoded* erweitert (siehe auch Abschnitt 7.4).

```
<%@ WebService Language="C#" Class="TimeService" %>
using System; using System.Web.Services; using System.Web.Services.Protocols;
[SoapRpcService] // Web-Service benutzt das Nachrichtenformat rpc/encoded
public class TimeService : WebService {
    [WebMethod (Description="Returns the current server time")]
    public string GetTime() {
        return System.DateTime.Now.ToLongTimeString();
    }
    [WebMethod (Description="Returns the current server time in a long or short format")]
    public string GetTime2(bool shortForm) {
        if (shortForm) return DateTime.Now.ToShortTimeString();
        return this.GetTime();
    }
}
```

7.3.2 HTTP-Anbindung

SOAP-Aufrufe können über verschiedene Transportprotokolle durchgeführt werden. Die SOAP-Spezifikation 1.1 enthält jedoch genau eine Anbindung (*binding*) an ein bestimmtes Protokoll, nämlich an HTTP (*Hypertext Transfer Protocol*). Diese Standardanbindung beschreibt, wie in SOAP codierte, entfernte Prozeduraufrufe (RPCs) über HTTP durchgeführt werden können.

In unserem TimeService-Beispiel können die Web-Service-Methoden über
HTTP-GET, HTTP-POST und SOAP aufgerufen werden, wobei SOAP ebenfalls
HTTP verwendet. Der Unterschied zwischen diesen drei Möglichkeiten liegt in
der Codierung des Aufrufs.

HTTP-GET schickt den Aufruf nicht SOAP-codiert an den Service, sondern
als URI, die auch von jedem Browser verstanden wird. Der Methodenname und
die Eingangsparameter sind in der URI eingebettet (z.B. http://localhost/time/
TimeService.asmx/GetTime2?shortForm=false). Diese Form des Aufrufs ist sehr einfach, aber nur eingeschränkt nutzbar. Die möglichen Aktualparameter müssen in
einer URI-codierten Form darstellbar sein, weil sie sich an die Codier-Regeln für
einen HTTP-GET-Request halten müssen.

HTTP-POST schickt den Aufruf ebenfalls nicht SOAP-codiert an den Service, sondern ähnlich wie bei HTTP-GET als URI. Die Parameter sind jedoch
nicht in der URI sichtbar, sondern sie werden in einem Datenstrom übertragen,
genau wie die Daten eines HTML-Formulars (siehe Kapitel 6).

SOAP codiert den Aufruf in XML und verwendet HTTP zur Übertragung.
Wird z.B. ein *SOAP-Header* benötigt, muss SOAP verwendet werden. Der vollständige *docment/literal*-codierte SOAP-HTTP-POST-Request mit den *HTTP-
Headern* für GetTime aus unserem TimeService-Beispiel ist hier nochmals dargestellt:

```
POST /time/TimeService.asmx HTTP/1.1
Content-type: text/xml; charset=utf-8
SOAPAction: http://tempuri.org/GetTime
Content-length: 198
User-Agent: Java1.4.0
Host: localhost
Accept: text/html, image/gif, image/jpeg, *; q=.2, */*; q=.2
Connection: keep-alive

<?xml version="1.0" encoding="utf-8"?>
<soap:Envelope  xmlns:soap="http://schemas.xmlsoap.org/soap/envelope/">
    <soap:Body>
       <GetTime xmlns="http://tempuri.org/" />
    </soap:Body>
</soap:Envelope>
```

Zusammengefasst lauten die Regeln für die Anbindung von SOAP an HTTP wie
folgt:

❑ SOAP verwendet HTTP-POST und nicht HTTP-GET zur Übertragung.
❑ Ein SOAP-HTTP-POST-Request wird durch den HTTP-Header (nicht
  SOAP-Header!) SOAPAction gekennzeichnet. Der Inhalt des SOAPAction-
  Headers ist eine URI und kann daher auch leer sein. Die URI des SOAP-
  Aufrufs gibt den Empfänger (z.B. http://localhost/time/TimeService.asmx) an,
  während die URI im SOAPAction-Header einen Hinweis auf die aus-

zuführende Methode (z.B. http://tempuri.org/GetTime) enthält. Ab SOAP 1.2 ist der HTTP-Header SOAPAction nicht mehr verpflichtend vorgeschrieben.

❑ Der Content-Typ für SOAP ist text/xml. (Hinweis: SOAP 1.2 definiert den Content-Typ für SOAP als application/soap.)

❑ Bei einer erfolgreichen Ausführung des SOAP-Aufrufs wird typischerweise 200 zurückgesendet. Bei einem Fehler ist nur 500 als HTTP-Antwortcode erlaubt. 500 bedeutet, dass ein Fehler aufgetreten ist und die Antwort an den Rufer daher ein <Fault>-Element im Body enthält. Die .NET-Proxies wandeln ein Fault-Element in eine System.Web.Services.Protocols.SoapException um. Seit SOAP 1.2. sind noch zusätzliche HTTP-Antwortcodes bei einem Fehler erlaubt.

HTTP ist ein verbindungsloses Protokoll. Nachdem der Server einen HTTP-Request (POST oder GET) empfangen und die Antwort zurückgeschickt hat, »vergisst« der Server, wessen Request er bearbeitet hat. Der Server kann nicht zwischen Aufrufen von verschiedenen Clients unterscheiden. SOAP geht zudem von einem zustandslosen SOAP-Empfänger aus.

Eine Möglichkeit, die verschiedenen HTTP-Requests einem bestimmten Client zuzuordnen, besteht in der Verwendung von HTTP-Cookies. Ein Cookie ist wie eine vom Server an den Client zugewiesene Identifikation bzw. es enthält Daten, die der Client bei jedem HTTP-Request an den Server mitschickt. Durch Cookies können Sitzungen (siehe Abschnitt 6.7) über HTTP ermöglicht werden.

Diese reine HTTP-Lösung kann jedoch nicht verwendet werden, wenn z.B. eine SOAP-HTTP-Nachricht an einen Web-Service A geschickt wird, was wiederum einen weiteren SOAP-Aufruf auslöst. Web-Service A schickt nun einen SOAP-Aufruf an einen Web-Service B, der nicht HTTP, sondern z.B. SMTP als Übertragungsprotokoll verwendet. Die Zuordnung von einem Client zu seinem Aufruf (d.h. das HTTP-Cookie) geht dabei verloren. Eine reine SOAP-Lösung bestünde darin, Aufrufe vom gleichen Client über einen SOAP-Header-Eintrag zu kennzeichnen. Hier wird die Client-Identifizierung in einem Header-Eintrag mitgeführt und nicht als HTTP-Cookie. Der Nachteil bei dieser Lösung besteht darin, dass die Clients und die beteiligten Server den verwendeten Header-Eintrag auch verstehen müssen.

7.4 SOAP und .NET

SOAP bietet für Entwickler von Web-Services und Clients verschiedene Optionen an, mit denen man das Nachrichtenformat (*document/literal*, *rpc/encoded* oder eine eigenes) sowie die Header-Einträge festlegen kann. Diese Entscheidungsmöglichkeiten haben jedoch auch ihren Preis: Man muss mit ihnen leben. .NET bietet für die Umsetzung dieser Entscheidungen verschiedene Klassen und Attribute an, die hier kurz vorgestellt werden.

7.4.1   Festlegen des SOAP-Nachrichtenformats

Die hier beschriebenen .NET-Attribute bestimmen das SOAP-Nachrichtenformat. Sie werden am Web-Service oder am Client-Proxy verwendet. Attribute, die mit "Service" enden, betreffen immer die ganze Klasse, während Attribute, die mit "Method" enden, nur auf Methoden angewendet werden können. Die Attribute stammen aus dem Namensraum System.Web.Services.Protocols.

❑ Die .NET-Attribute für die *document/literal*-Codierung sind SoapDocumentMethod und SoapDocumentService mit dem Porperty Use=Literal. Dies ist die Standardeinstellung für .NET-Web-Services. Mit dem Attribut SoapDocumentMethod kann auch die URI für den SOAPAction-Header (Action) sowie die Namen und Namensräume der XML-Elemente für den Methodenaufruf (Request...) und für die Rückgabeparameter (Response...) festgelegt werden. Hier ist ein Beispiel:

```
[SoapDocumentMethod(Use=SoapBindingUse.Literal,
    Action="http://dotnet.jku.at/Sample/AddAddressDocLit",  // SOAPAction
    RequestNamespace="http://dotnet.jku.at/Sample/Request",
    RequestElementName="AddAddressDocLitRequest",  // SOAP-Elementname
    ResponseNamespace="http://dotnet.jku.at/Sample/Response",
    ResponseElementName="AddAddressDocLitResponse")] //SOAP-Elementname
[WebMethod(Description="Adds an Address-DataSet for the specified user ") ]
public void AddAddressDocLit(long userID, Address address) { ... }
```

❑ Die .NET-Attribute für die *document/encoded*-Codierung sind SoapDocumentMethod und SoapDocumentService mit dem Property Use=Encoded. Hier ist wieder ein Beispiel:

```
[SoapDocumentService(Use=SoapBindingUse.Encoded)]
public class TimeService : WebService { ... }
```

❑ Die .NET-Attribute für die *rpc/encoded*-Codierung sind SoapRpcMethod und SoapRpcService, zum Beispiel:

```
[SoapRpcMethod(Action="http://dotnet.jku.at/Sample/AddAddressRpc",
    RequestNamespace="http://dotnet.jku.at/Sample/Request",
    RequestElementName="AddAddressRpcRequest",  // SOAP-Elementname
    ResponseNamespace="http://dotnet.jku.at/Sample/Response",
    ResponseElementName="AddAddressRpcResponse")]  // SOAP-Elementname
[WebMethod(Description="Adds an Address-DataSet for the specified user ") ]
public void AddAddressRpc(long userID, Address address) { ... }
```

.NET bietet keine Attribute für eine *rpc/literal*-Codierung an. Eine detailliertere Beschreibung der einzelnen Attribut-Klassen entnehmen Sie der Onlinedokumentation von .NET.

7.4.2 SOAP-Codierung von .NET-Datentypen

Wenn Nachrichten SOAP-codiert (z.B. *rpc/encoded*) verschickt werden, so müssen die Typen der darin enthaltenen Parameter (z.B. int, Array) nach den SOAP-Codierregeln (Kapitel 5 der SOAP-Spezifikation 1.1 [SOAP]) serialisiert und deserialisiert werden. Hingegen müssen bei *document/literal*-Codierung die serialisierten Objekte einem XML-Schema entsprechen.

Durch das Setzen der entsprechenden .NET-Attribute kann die Art der Codierung eingestellt (z.B. mit [SoapRpcMethod]) und noch weiter angepasst werden (z.B. mit [SoapAttribute] s.u.). ASP.NET codiert und decodiert dann die versendeten Daten automatisch. Die automatische SOAP-Codierung hat jedoch auch ihre Grenzen und nicht alle .NET-Objekte können verwendet werden. Zum Beispiel können Objekte des Typs System.Data.DataSet (siehe Abschnitt 5.4) nicht via *rpc/encoded*- wohl aber aber via *document/literal*-Nachrichtenformat codiert werden.

In diesem Abschnitt werden die .NET-Attribute zur Anpassung der SOAP-Codierung (*encoded*) vorgestellt. Einige dieser .NET-Attribut-Klassen wie [Soap-Attribute] und [SoapElement] befinden sich im Namensraum System.Xml.Serialization (s.u.).

Wenn als Nachrichtenformat *rpc/encoded* gewählt würde, dann codiert .NET standardmäßig Objekte oder Structs so, dass die öffentlichen Felder und Properties als Unterelemente dargestellt werden. Somit können solche Objekte auch als Parameter verwendet werden. Wir könnten zum Beispiel unseren Time-Service um eine Methode GetTimeDesc() erweitern, die ein TimeDesc-Objekt liefern soll, das wie folgt aussieht:

```
public struct TimeDesc {
    public string TimeLong;
    public string TimeShort;
    public string TimeZone;
}
```

Die Antwort eines *rpc/encoded*-SOAP-Aufrufs von GetTimeDesc sieht dann wie folgt aus:

```
...
<soap:Envelope xmlns:soap="http://schemas.xmlsoap.org/soap/envelope/"
               xmlns:soapenc="http://schemas.xmlsoap.org/soap/encoding/"
               xmlns:tns="http://dotnet.jku.at/time/"
               xmlns:types="http://dotnet.jku.at/time/"
               xmlns:xsi="http://www.w3.org/2001/XMLSchema-instance"
               xmlns:xsd="http://www.w3.org/2001/XMLSchema">
  <soap:Body soap:encodingStyle="http://schemas.xmlsoap.org/soap/encoding/">
    <types:GetTimeDescResponse>
      <GetTimeDescResult href="#id1" />
    </types:GetTimeDescResponse>
    <types:TimeDesc id="id1" xsi:type="types:TimeDesc">
      <TimeLong xsi:type="xsd:string">10:00:25</TimeLong>
```

```
        <TimeShort xsi:type="xsd:string">10:00</TimeShort>
        <TimeZone xsi:type="xsd:string">1</TimeZone>
      </types:TimeDesc>
    </soap:Body>
  </soap:Envelope>
```

Für den .NET-Typ TimeDesc wurde ein XML-Element namens <types:TimeDesc> mit den Unterelementen <TimeLong>, <TimeShort> und <TimeZone> erzeugt. Wie man aus dem folgenden Codestück sieht, haben wir den Namensraum für die Typen TimeService und TimeDesc mittels [WebService(Namespace="http://dotnet.jku.at/time/")] definiert. Hätten wir das nicht getan, hätte .NET diese Typen dem Standardnamensraum http://tempuri.org/ zugeordnet, den man aber nur für Testzwecke verwenden sollte.

```
<%@ WebService Language="C#" Class="TimeService" %>
using System; using System.Web.Services; using System.Web.Services.Protocols;
using System.Xml.Serialization;
[SoapRpcService]
[WebService(Namespace="http://dotnet.jku.at/time/", Description="Returns the time")]
public class TimeService : WebService {
   // ... andere Methoden
   [WebMethod(Description="Returns the time description of the server")]
   public TimeDesc GetTimeDesc() { ... }
}
public struct TimeDesc { ... }
```

Der Namensraum System.Xml.Serialization enthält nachfolgende Attribut-Klassen, mit denen man die SOAP-Codierung anpassen kann. Diese Anpassungen sind nur beim Übertragungsprotokoll SOAP-HTTP wirksam.

❑ SoapAttributeAttribute kann auf öffentliche Felder, Properties, Parameter und Rückgabewerte angewendet werden. Damit wird ausgedrückt, dass die Daten nicht als Unterelemente, sondern als XML-Attribute ihres Typs codiert werden sollen. Dies ist bei großen Datenmengen effizienter als die Codierung als Unterelement. Mit dem Property DataType kann der XML-Typ eingestellt werden (siehe Tabelle 7.3) und mit dem Property AttributeName kann ein anderer Name gewählt werden. Folgende Deklaration

```
public struct TimeDesc {
   [SoapAttribute] public string TimeLong;
   [SoapAttribute] public string TimeShort;
   [SoapAttribute (DataType="nonNegativeInteger", AttributeName = "ZoneID")]
   public string TimeZone;
}
```

wird in SOAP codiert als

```
<types:TimeDesc id="id1" xsi:type="types:TimeDesc"
  types:TimeLong="10:00:25" types:TimeShort="10:00" types:ZoneID="1" />
```

❑ SoapElementAttribute kann auf öffentliche Felder, Properties, Parameter und Rückgabewerte angewendet werden. Damit wird ausgedrückt, dass die Daten als XML-Element und nicht als XML-Attribut codiert werden sollen. Dies ist auch die Standardeinstellung. Im nächsten Beispiel wird das TimeDesc-Property TimeZone angepasst,

```
public struct TimeDesc {
    public string TimeLong;
    public string TimeShort;
    [SoapElement (DataType="nonNegativeInteger", ElementName = "ZoneID")]
    public string TimeZone;
}
```

um folgende SOAP-Codierung von TimeDesc zu erhalten:

```
<types:TimeDesc id="id1" xsi:type="types:TimeDesc">
    <TimeLong xsi:type="xsd:string">18:19:00</TimeLong>
    <TimeShort xsi:type="xsd:string">18:19</TimeShort>
    <ZoneID xsi:type="xsd:nonNegativeInteger">1</ZoneID>
</types:TimeDesc>
```

❑ SoapEnumAttribute kann auf eine öffentliche Konstante einer Enumeration angewendet werden, um den Namen einer Enumerationskonstante anzupassen.

❑ SoapIgnoreAttribute kann auf öffentliche Felder und Properties angewendet werden. Damit wird ausgedrückt, dass das markierte Feld nicht serialisiert werden soll.

❑ SoapIncludeAttribute kann auf Web-Service-Klassen und öffentliche Web-Service-Methoden angewendet werden. Es gibt an, dass ein bestimmter Typ in die Beschreibung des Web-Service aufgenommen und nach den Regeln von SOAP 1.1 (*rpc/encoded*) codiert werden soll. Zum Beispiel soll eine Unterklasse B einer im Web-Service verwendeten Klasse A zur WSDL hinzugefügt werden. Damit können Parameter, die vom statischen Typ A, aber vom dynamischen Typ B sind, als B-Objekte serialisiert werden. Ein verwandtes Attribut ist [XmlIncludeAttribute], das für die Codierung von Aufrufen via HTTP (GET / POST) verwendet wird. Das folgende Beispiel zeigt eine Methode Find(ssn), die die Person mit der Soz+ialversicherungsnummer ssn liefert, wobei die Person von einer der Unterklassen Employee oder Customer sein kann. Durch das Attribut SoapRpcMethod wird zusätzlich festgelegt, dass Request- und Response-Nachrichten der Methode Find(ssn) nach den Regeln von SOAP 1.1 (*rpc/encoded*) codiert werden.

```
<%@ WebService Language="C#" Class="PersonService" %>
using System; using System.Web.Services; using System.Web.Services.Protocols;
using System.Xml.Serialization;
public class PersonService : WebService {
    [WebMethod] [SoapRpcMethod]
```

```
      [SoapInclude(typeof(Customer)),  // Subtypen von Person
       SoapInclude(typeof(Employee))]  //(für Aufrufe via SOAP-HTTP)
      [XmlInclude(typeof(Customer)), // Subtypen von Person
       XmlInclude(typeof(Employee))]  // (für Aufrufe via HTTP-GET / HTTP-POST)
      public Person Find(string ssn) {
          Person p = null;
          if (ssn == "1") p = new Customer(ssn, "Marion Kunde", "EMP-33");
          else p = new Employee(ssn, "Mario Arbeiter");
          return p;
      }
  }
  public abstract class Person {
      public string SSN; public string Name;
      public Person() {}
      public Person(string ssn, string name) { this.SSN = ssn; this.Name = name;}
  }

  public class Customer : Person {
      public string EmpSSN;
      public Customer() {EmpSSN = "??"; }
      public Customer(string ssn, string n, string e): base(ssn, n) {EmpSSN = e;}
  }

  public class Employee : Person {
      public Employee() {}
      public Employee(string ssn, string name) : base(ssn, name) {}
  }
```

❑ SoapTypeAttribute kann auf öffentliche Typen angewendet werden. Damit wird ausgedrückt, dass der markierte Typ als öffentlicher, benannter XML-Typ serialisiert werden soll und in das XML-Schema mit aufgenommen wird. Zum Beispiel könnte mit den nachfolgenden Anweisungen der Typ Employee in EmployeeType umbenannt werden.

```
  [SoapType("EmployeeType")]
  public class Employee : Person { ... }
```

Wenn ein Parameter oder Rückgabewert serialisiert werden soll, muss sein dynamischer Typ im Web-Service bekannt sein. Ist das nicht der Fall, muss man ihn durch das Attribut [SoapInclude(*type*)] bzw. [XmlInclude(*type*)] angeben. Wir erweitern zum Beispiel nun unseren PersonService um eine Methode GetAll, die ein Person-Array liefern soll, das Elemente der Unterklassen Customer und Employee enthält.

```
  [SoapRpcMethod] [WebMethod]
  [SoapInclude(typeof(Customer)), // Subtypen von Person (für Aufrufe via SOAP-HTTP)
   SoapInclude(typeof(Employee))]
  [XmlInclude(typeof(Customer)), // Subtypen von Person (für Aufrufe via HTTP)
   XmlInclude(typeof(Employee))]
```

```
public Person Find(string ssn) { ... }

[SoapRpcMethod] [WebMethod]
public Person[] GetAll() {
    Person[] data = new Person[2];
    data[0] = new Customer("1", "Marion Kunde", "EMP-33");
    data[1] = new Employee("EMP-33", "Mario Arbeiter");
    return data;
}
```

Die *rpc/encoded*-codierte Antwort von GetAll ist ein Array vom Typ Person[], wobei die dynamischen Typen Customer und Employee ebenfalls in der Antwort enthalten sind. Für GetAll wurden keine SoapInclude- bzw. XmlInclude-Attribute mehr verwendet, weil diese bereits bei der Methode Find angegeben wurden und dadurch das XML-Schema für die Typen Customer und Employee bereits in der WSDL enthalten ist. Die Antwort von GetAll sieht in diesem Beispiel so aus:

```
...
<soap:Envelope xmlns:soap="http://schemas.xmlsoap.org/soap/envelope/" ... >
    <soap:Body soap:encodingStyle="http://schemas.xmlsoap.org/soap/encoding/">
        <tns:GetAllResponse>
            <GetAllResult href="#id1" />
        </tns:GetAllResponse>
        <soapenc:Array id="id1" soapenc:arrayType="types:Person[2]">
            <Item href="#id2" />
            <Item href="#id3" />
        </soapenc:Array>
        <types:Customer id="id2" xsi:type="types:Customer">
            <SSN xsi:type="xsd:string">1</SSN>
            <Name xsi:type="xsd:string">Marion Kunde</Name>
            <EmpSSN xsi:type="xsd:string">EMP-33</EmpSSN>
        </types:Customer>
        <types:Employee id="id3" xsi:type="types:Employee">
            <SSN xsi:type="xsd:string">EMP-33</SSN>
            <Name xsi:type="xsd:string">Mario Arbeiter</Name>
        </types:Employee>
    </soap:Body>
</soap:Envelope>
```

Zwischen einfachen XML-Schema-Typen [XSD] und ihren entsprechenden .NET-Typen ist eine Standardumwandlung laut Tabelle 7.3 definiert. Falls man mit der Standardkonvertierung nicht zufrieden ist, kann man mittels [SoapElement (DataType="*XML-Typ*")] und [SoapAttribute (DataType="*XML-Typ*")] einen anderen XML-Typ wählen.

Tabelle 7.3 *Zuordnung zwischen einfachen .NET-Typen und XML-Schema-Typen*

.NET-Typ	XML-Schema-Typ (case sensitive)
System.Xml.XmlQualifiedName	QName
System.String	string (, anyURI, ENTITY, ENTITIES, gDay, gMonth, gMonthDay, gYear, gYearMonth, ID, IDREF, IDREFS, Name, NCName, negativeInteger, NMToken, NMTokens, normalizedString, nonNegativeInteger, nonPositiveInteger, NOTATION, positiveInteger, recurringDate, duration, token)
System.Boolean	boolean
System.Byte	unsignedByte
System.Byte[]	base64Binary (, hexBinary)
System.DateTime	dateTime (, date, time)
System.Decimal	decimal
System.Double	double
System.Int16	short
System.Int32	int
System.Int64	long
System.SByte	byte
System.Single	float
System.UInt16	unsignedShort
System.UInt32	unsignedInt
System.UInt64	unsignedLong

Die in Klammer stehenden XML-Schema-Typen (z.B. hexBinary) können angegeben werden, sie werden aber von .NET standardmäßig nicht benutzt, weil der allgemeinere XML-Typ (z.B. base64Binary) verwendet wird.

7.4.3 Entwickeln und Verwenden von SOAP-Header-Einträgen

Jede SOAP-Nachricht (egal ob vom Client zum Server oder umgekehrt) kann ein <Header>-Element mit mehreren Header-Einträgen enthalten. Manche Einträge müssen vom Empfänger der Nachricht verstanden werden, andere nicht. Header-Einträge werden in .NET als Klasse System.Web.Services.Protocols.SoapHeader modelliert.

```
public class SoapHeader {
    //----- Properties
    public string Actor {get;set;} // setzt URI für Empfänger des Headers-Eintrags
    public bool DidUnderstand {get;set;} // true, falls die Web-Service-Methode
                                         // den Header-Eintrag verarbeiten konnte
    public bool MustUnderstand {get; set;} // Wert des XML-Attributs mustUnderstand
    public string EncodedMustUnderstand {get;set;} // tatsächlicher Wert ("0" oder "1")
                                         // des XML-Attributs mustUnderstand
    ...
}
```

Die Properties Actor und EncodedMustUnderstand entsprechen den XML-Attributen actor und mustUnderstand eines Header-Eintrags. Muss z.B. eine Web-Service-Methode einen Header-Eintrag verstehen (MustUnderstand ist true), kann aber nichts mit ihm anfangen, so setzt sie DidUnderstand auf false. Dadurch wird automatisch ein <Fault>-Element in die Antwort eingefügt. Ob und wie eine Web-Service-Methode einen Header-Eintrag verwendet, wird über das Attribut [SoapHeader] eingestellt.

Wir werden nun TimeService so erweitern, dass Clients die Methode GetTime nur dann aufrufen dürfen, wenn sie einen Header-Eintrag namens <AuthHeader> mitgeben, der ein passendes Cookie enthält. Der Eintrag wird als Klasse Auth-Header modelliert und enthält ein öffentliches Feld cookie vom Typ string.

```
public class AuthHeader : SoapHeader { public string cookie; }
```

TimeService erhält zusätzlich eine Methode Login(user, pwd), die den Benutzer authentifiziert und ein Cookie liefert, das dann in <AuthHeader> verwendet werden kann. Der SOAP-Aufruf von GetTime enthält unseren neuen Header-Eintrag <AuthHeader> und wie gewohnt in <Body> den tatsächlichen Aufruf von GetTime.

```
<?xml version="1.0" encoding="utf-8"?>
<soap:Envelope xmlns:soap="http://schemas.xmlsoap.org/soap/envelope/" ... >
    <soap:Header>
        <AuthHeader xmlns="http://dotnet.jku.at/time/">
            <cookie>aewt12348cvNNgrt55</cookie>
        </AuthHeader>
    </soap:Header>
    <soap:Body>
        <GetTime xmlns="http://dotnet.jku.at/time/" />
    </soap:Body>
</soap:Envelope>
```

Damit der <AuthHeader>-Eintrag wirksam wird, müssen wir noch folgende zwei Dinge tun: Wir müssen die Methode GetTime so konfigurieren, dass sie immer einen <AuthHeader>-Eintrag verlangt. Außerdem muss GetTime auf das <cookie>-Element zugreifen können. Dazu wird im Web-Service ein öffentliches Feld curUser vom Typ AuthHeader deklariert. Bei der Methode GetTime wird mit dem Attribut [SoapHeader("curUser")] ausgedrückt, dass der vom Client gesendete <AuthHeader>-Eintrag in curUser gespeichert werden soll.

```
<%@ WebService Language="C#" Class="HeaderTimeService" %>
using System; using System.Web.Services; using System.Web.Services.Protocols;
// Implementierung des Header-Eintrags als Klasse
public class AuthHeader : SoapHeader { public string cookie; }
[WebService(Namespace="http://dotnet.jku.at/time/", Description="SOAP-Header-Bspl.")]
public class HeaderTimeService : WebService {
    public AuthHeader curUser;  // Header-Eintrag <AuthHeader>

    [WebMethod(Description="Liefert die aktuelle Zeit")]
    [SoapHeader("curUser")]  // Eintrag vom Typ AuthHeader wird gespeichert in curUser
    public string GetTime() {
        if (ValidateCookie(curUser.cookie ))  // ist der Benutzer berechtigt?
            return System.DateTime.Now.ToLongTimeString();
        else
            throw new SoapHeaderException("Keine Berechtigung!",  // Fehler des Client!
                                          SoapException.ClientFaultCode);
    }
    [WebMethod (Description="Authentifiziert den Benutzer")]
    public string Login(string user, string pwd) { ... Cookie erzeugen ...}
    bool ValidateCookie(string cookie) { ... Cookie prüfen ... }
}
```

Falls beim Verarbeiten des Header-Eintrags ein Fehler auftritt, wird eine Soap-HeaderException ausgelöst, die bewirkt, dass ein <Fault>-Element in den <Body> der SOAP-Antwort eingefügt wird. Der Parameter ClientFaultCode drückt aus, dass der Client die Verantwortung für diesen Fehler trägt, weil er nicht berechtigt war, diese Methode auszuführen. Würde der Fehler beim Server liegen, so würde SoapException.ServerFaultCode verwendet werden.

Wegen der Verwendung des SOAP-Header-Eintrags kann die Methode Get-Time nun nicht mehr über HTTP-GET oder HTTP-POST aufgerufen werden, sondern nur über SOAP-HTTP. Um sie zu testen, entwickeln wir einen Kommandozeilenclient, der die Typen HeaderTimeService und AuthHeader verwendet. Das Proxy HeaderTimeService und der Header-Eintrag AuthHeader wurden für den Client mit wsdl.exe (siehe Abschnitt 7.2) generiert. Dabei wurde dem Proxy eine Instanzvariable vom Typ AuthHeader zum Setzen des Header-Eintrages hinzugefügt. Den Wert eines Header-Eintrags vom Typ *T* können wir in einem Proxy p mittels p.*T*Value = ... setzen, wie das im folgenden Beispiel gezeigt wird, in dem ein Objekt entry vom Typ AuthHeader erzeugt und vor dem Aufruf mittels proxy.AuthHeaderValue = entry; gesetzt wird.

```
HeaderTimeService proxy = new HeaderTimeService();
AuthHeader entry = new AuthHeader();
entry.cookie = proxy.Login(user, pwd); // Cookie für Header-Eintrag
proxy.AuthHeaderValue = entry;
Console.WriteLine(proxy.GetTime()); // Hinweis: GetTime kann eine Exception auslösen
```

In diesem Beispiel muss der Client den Header-Eintrag explizit setzen, weil er vom Client an den Server geschickt wird. Für den Cliententwickler wäre es allerdings komfortabler, wenn der Server beim Login gleich den ganzen AuthHeader liefern würde und nicht nur das Cookie. Dann müsste der Client den Header-Eintrag dem Proxy nicht mehr explizit zuweisen. Dazu müssen wir die Methoden Login und GetTime am Web-Service ändern. Der Rückgabewert der Login-Methode ist nun nicht mehr ein Cookie, sondern ein boolescher Wert, der angibt, ob die Authentifizierung erfolgreich war oder nicht. Der Clientcode wird dadurch einfacher:

```
HeaderTimeService proxy = new HeaderTimeService();
if (proxy.Login(user, pwd)) Console.WriteLine(proxy.GetTime());
```

Wir ändern die Methoden Login und GetTime so um, dass beide den gleichen Header-Eintrag verwenden, der im Feld curUser vom Typ AuthHeader gesetzt wird. Zudem muss die Senderichtung des Header-Eintrages angegeben werden: Bei Login wird er vom Server zum Client und bei GetTime vom Client zum Server gesendet.

```
[WebService(Namespace="http://dotnet.jku.at/time/", Description="SOAP-Header-Bspl.")]
public class HeaderTimeService : WebService {
    public AuthHeader curUser; // Header-Eintrag
    [WebMethod (Description="Authentifiziert den Benutzer")]
    [SoapHeader("curUser", Direction=SoapHeaderDirection.Out)]
    public bool Login(string user, string pwd) {
        curUser = new AuthHeader(); // Eintrag erzeugen, der dann zurückgesendet wird
        if (Authenticate(user, pwd)) {
            curUser.cookie = CreateCookie(user); // Benutzer bekannt, also cookie setzen!
            return true;
        }
        return false;
    }
    [WebMethod(Description="Liefert die aktuelle Zeit")]
    [SoapHeader("curUser", Direction=SoapHeaderDirection.In)]
    public string GetTime() {
        if (ValidateCookie(curUser.cookie )) // ist der Benutzer autorisiert?
            return System.DateTime.Now.ToLongTimeString();
        else
            throw new SoapHeaderException("Keine Berechtigung!", // Fehler des Client!
                                SoapException.ClientFaultCode);
    }

    bool ValidateCookie(string cookie) { ... Cookie prüfen ... }
    bool Authenticate(string usr, string pwd) { ... Benutzer bekannt? ... }
    string CreateCookie(string user) { ... Cookie erzeugen ... }
}
```

Die Senderichtung des SOAP-Headers wird durch das Property Direction angegeben. Erlaubte Werte sind SoapHeaderDirection.In (vom Client zum Server),
SoapHeaderDirection.Out (vom Server an den Client) und SoapHeaderDirection.In-
Out (in beide Richtungen). SoapHeaderDirection.In ist die Standardeinstellung und
muss nicht explizit angegeben werden.

7.4.4   Lebenszyklus von Web-Services

Da ein Web-Service als Objekt implementiert wird, stellt sich die Frage, wann
dieses Objekt erzeugt, benutzt und zerstört wird. Wird für jeden Methodenaufruf
ein neues Objekt am Server erzeugt und nach dem Abarbeiten der Methode wieder zerstört? Ist der Zustand des Objekts (d.h. seine Felder) nach dem Aufruf einer Methode noch verfügbar? Kurz: Wie sieht der Lebenszyklus eines Web-Ser-
vice-Objekts in .NET aus?

.NET geht von zustandslosen Web-Service-Objekten aus, die für jeden Methodenaufruf erzeugt und nach dem Beenden der Methode zerstört werden.
Wenn man Daten über mehrere Aufrufe einer Web-Service-Methode hinweg auf-
bewahren möchte, so muss man sie im Zustand der aktuellen Sitzung (*session*)
oder der aktuellen Anwendung (*application*) speichern, indem man auf die Properties Session und Application zugreift (siehe Abschnitt 6.7).

Jedes Objekt vom Typ WebService hat automatisch Zugriff auf das Application-
Objekt. Möchte man in einer Web-Service-Methode das Session-Objekt verwenden, so muss man im Attribut [WebMethod] das Property EnableSession setzen.

Folgendes Beispiel soll den Zugriff auf die Properties Application und Session
verdeutlichen. Die Klasse StateDemo bietet zwei Methoden an. IncApplication
greift auf das Application-Property zu und erhöht dort einen Zähler. IncSession
greift auf das Session-Property zu und erhöht einen anderen Zähler.

```
<%@ WebService Language="C#" Class="StateDemo" %>
using System.Web.Services;
[WebService(Namespace="http://dotnet.jku.at/StateDemo/")]
public class StateDemo : WebService {
    [WebMethod()]
    public int IncApplication() {
        int hit = (Application["Hit"] == null) ? 0 : (int) Application["Hit"];
        hit++;
        Application["Hit"] = hit;
        return hit;
    }

    [WebMethod(EnableSession=true)]
    public int IncSession() {
        int hit = (Session["Hit"] == null) ? 0 : (int) Session["Hit"];
        hit++;
```

```
        Session["Hit"] = hit;
        return hit;
    }
}
```

Um diesen Service zu testen, öffnen wir zwei Browserfenster und navigieren zum StateDemo-Service. Beim Aufruf von IncApplication wird ein gemeinsamer Zähler erhöht, beim Aufruf von IncSession ein eigener Zähler für jeden Browser (d.h. ein eigener Zähler für jede Sitzung).

7.5   Web Services Description Language

Die WSDL (*Web Services Description Language*) ist eine XML-basierte Notation zur Beschreibung der Funktionalität von Web-Services. Entwickler werden selten WSDL-Beschreibungen für ihre Web-Services per Hand erstellen, weil ihnen die meisten Web-Service-Container (z.B. IIS) diese Arbeit abnehmen. Bei der Integration verschiedener Web-Services ist es jedoch hilfreich, ihre WSDL-Struktur zu verstehen. Um die Verwendung von Web-Services, die auf unterschiedlichen Plattformen ausgeführt werden, zu erleichtern, wurde WSDL von Ariba, IBM und Microsoft beim W3C zur Standardisierung eingereicht [WSDL]. Der XML-Namensraum von WSDL ist http://schemas.xmlsoap.org/wsdl/. Unter dieser URI kann auch das XML-Schema von WSDL bezogen werden. In diesem Abschnitt wird die Struktur von WSDL 1.1 im Überblick dargestellt.

Ein Web-Service bietet Methoden an, die Parameter mit unterschiedlichen Typen besitzen und über unterschiedliche Protokolle (z.B. SOAP-HTTP, SOAP-SMTP, HTTP-GET) aufgerufen werden können. Genau das wird in WSDL beschrieben, nämlich:

❑ Welche Services bieten welche Methoden an?
❑ Über welche Ports, Protokolle und Nachrichten können die Methoden aufgerufen werden?
❑ Welche Namen und welche Parameter hat eine Nachricht?
❑ Wie sehen die verwendeten Datentypen einer Nachricht aus?

Im Wesentlichen spiegelt die Struktur einer WSDL-Beschreibung die oben aufgezählten Punkte wider. Eine WSDL-Beschreibung ist hierarchisch aufgebaut und enthält fünf Abschnitte, die durch die XML-Elemente <types>, <message>, <port-Type>, <binding> und <service> gekennzeichnet sind. Jeder Abschnitt baut auf die vorhergehenden Abschnitte auf. Zum Beispiel bezieht sich das Element <message> auf Datentypen, die im XML-Schema und in <types> definiert sind.

```
<definitions>
  <types>            ... beschreibt die verwendeten Datentypen in XML
     <xsd:schema>
  </types>
```

```
<message>            ... beschreibt eine Nachricht (Name und Parameter).
    <part>           "<message>" kann mehrmals vorkommen.
</message>
<portType>           ... beschreibt für jedes Protokoll die aufrufbaren Nachrichten,
    <operation>      die eine Operation bilden (Eingangs- und Antwortnachricht).
        <input>      Dadurch werden auch alle Operationen beschrieben, die über
        <output>     diesen "Port" erreichbar sind.
    </operation>
</portType>
<binding>            ... bindet ein Protokoll an einen Port und beschreibt, wie die Daten
    Protokollinfo    codiert und serialisiert werden (z.B. SOAP, rpc/encoded).
    <operation>
</binding>
<service>            ... beschreibt den Servicenamen und über welche URI und
    <port>           Anbindungen dieser Service erreichbar ist.
</service>
</definitions>
```

Die Abschnitte <binding> und <service> beschreiben, über welche URI (im Element <port>) und Protokolle ein Web-Service erreicht werden kann und wie die Daten serialisiert und codiert werden. Die ersten drei Abschnitte beschreiben unabhängig von einem Protokoll oder Service die Operationen und verwendeten Datentypen. Daher teilt man eine WSDL-Beschreibung auch in einen abstrakten Teil (<types>, <message>, <portType>) und einen konkreten Teil (<binding>, <service>) ein.

Das <types>-Element folgt unmittelbar auf das Wurzelement <definitions> und enthält jene Datentypen (z.B. TimeDesc), die später in den Nachrichten (<message>) verwendet werden. Eine WSDL-Beschreibung hat immer nur ein einziges <types>-Element, kann aber mehrere <message>-Elemente enthalten.

Im Abschnitt <portType> werden Operationen beschrieben. Eine Operation (<operation>) besteht aus bis zu zwei Nachrichten. Zur Erinnerung: SOAP verschickt immer nur »one-way«-Nachrichten vom Sender zum Empfänger. Soll eine Antwort an den Sender zurückgesendet werden, so wird die eingehende Nachricht (<input>) mit einer ausgehenden Nachricht (<output>) zu einer Operation zusammengefasst. Es werden natürlich nur die im Abschnitt <message> beschriebenen Nachrichten verwendet. Mehrere Operationen bilden schließlich einen Port-Typ. Eine WSDL-Beschreibung kann mehrere <portType>-Elemente enthalten.

Der Abschnitt <binding> beschreibt, welches Transportprotokoll (z.B. SOAP und/oder HTTP-GET) verwendet werden soll und wie die Daten der einzelnen Operationen codiert werden sollen (z.B. *rpc* oder *document*). Die Codierung wird für jede Nachricht (input und output) einer Operation festgelegt. Im Abschnitt <binding> wird ein Protokoll über seine Operationen mit einem <portType> verbunden. Zum Beispiel kann ein <binding>, das HTTP-GET beschreibt, sich an weniger oder sogar andere Operationen »binden« als ein <binding>, das SOAP beschreibt. Für jedes unterstützte Transportprotokoll gibt es ein eigenes <binding>-Element.

Das <service>-Element beschreibt, unter welcher URI und über welches Protokoll ein Service erreicht werden kann.

Nehmen wir unser TimeService-Beispiel in der einfachsten Form: Es bietet nur die Methode GetTime an und verwendet SOAP sowie das Nachrichtenformat *rpc/encoded*.

```
<%@ WebService Language="C#" Class="TimeService" %>
using System.Web.Services; using System.Web.Services.Protocols;

[SoapRpcService]
[WebService(Namespace="http://dotnet.jku.at/time/",
    Description="Simple Web Service for querying the time")]
public class TimeService : WebService {
    [WebMethod(Description="Returns the current server time")]
    public string GetTime() { return System.DateTime.Now.ToLongTimeString(); }
}
```

Der TimeService wurde so konfiguriert (siehe Abschnitt 7.6), dass er nur SOAP-Aufrufe akzeptiert. Die WSDL-Beschreibung unseres Web-Service lautet:

```
<?xml version="1.0" encoding="utf-16"?>
<definitions xmlns:soap="http://schemas.xmlsoap.org/wsdl/soap/"
            xmlns:tns="http://dotnet.jku.at/time/"
            xmlns:s="http://www.w3.org/2001/XMLSchema"
            xmlns:http="http://schemas.xmlsoap.org/wsdl/http/"
            xmlns:mime="http://schemas.xmlsoap.org/wsdl/mime/"
            xmlns:soapenc="http://schemas.xmlsoap.org/soap/encoding/"
            targetNamespace="http://dotnet.jku.at/time/"
            xmlns="http://schemas.xmlsoap.org/wsdl/">
  <types />
  <message name="GetTimeSoapIn" />
  <message name="GetTimeSoapOut">
    <part name="GetTimeResult" type="s:string" />
  </message>
  <portType name="TimeServiceSoap">
    <operation name="GetTime">
      <documentation>Returns the current server time</documentation>
      <input message="tns:GetTimeSoapIn" />
      <output message="tns:GetTimeSoapOut" />
    </operation>
  </portType>
  <binding name="TimeServiceSoap" type="tns:TimeServiceSoap">
    <soap:binding transport="http://schemas.xmlsoap.org/soap/http" style="rpc" />
    <operation name="GetTime">
      <soap:operation soapAction="http://dotnet.jku.at/time/GetTime" style="rpc" />
      <input>
        <soap:body use="encoded" namespace="http://dotnet.jku.at/time/"
            encodingStyle="http://schemas.xmlsoap.org/soap/encoding/" />
      </input>
      <output>
```

```
          <soap:body use="encoded" namespace="http://dotnet.jku.at/time/"
              encodingStyle="http://schemas.xmlsoap.org/soap/encoding/" />
        </output>
      </operation>
    </binding>
    <service name="TimeService">
      <documentation>Simple Web Service for querying the time</documentation>
      <port name="TimeServiceSoap" binding="tns:TimeServiceSoap">
        <soap:address location="http://localhost/time/TimeService.asmx" />
      </port>
    </service>
  </definitions>
```

Eine genaue Beschreibung von XML allgemein, von WSDL und wie WSDL mit SOAP kombiniert werden kann, finden interessierte Leser auf den Webseiten von [W3C] sowie in Büchern wie z.B. [WaLa02].

7.6　Konfiguration von Web-Services unter .NET

In Abschnitt 6.8 wurde die Konfiguration von ASP.NET-Anwendungen vorgestellt. Web-Services bauen auf der ASP.NET-Infrastruktur auf und benutzen für die Konfiguration ebenfalls die Datei Web.config. Die Struktur des Konfigurationsabschnitts <webServices> lautet:

```
<configuration>
  <system.web>
    <webServices>
      <protocols>
        <add/> <remove/>
      </protocols>
      <serviceDescriptionFormatExtensionTypes>
        <add/> <remove/> <clear/>
      </serviceDescriptionFormatExtensionTypes>
      <soapExtensionTypes>
        <add/>
      </soapExtensionTypes>
      <soapExtensionReflectorTypes>
        <add/>
      </soapExtensionReflectorTypes>
      <soapExtensionImporterTypes>
        <add/>
      </soapExtensionImporterTypes>
      <wsdlHelpGenerator href="..."/>
    </webServices>
  </system.web>
</configuration>
```

Einige dieser Konfigurationsabschnitte werden im Folgenden vorgestellt.

\<protocols\>

Über \<protocols\> können Transportprotokolle wie SOAP, HTTP-POST und HTTP-GET hinzugefügt und gelöscht werden. Daneben definiert ASP.NET auch ein Protokoll für die Dokumentation. Zur Erinnerung: Wenn wir die URI eines Web-Service (z.B.: http://localhost/time/TimeService.asmx) in einen Web-Browser eingeben, erscheint seine Dokumentation (siehe Abschnitt 7.2).

Die möglichen Unterelemente in \<protocols\> sind \<add name="*ProtokollName*"/> und \<remove name="*ProtokollName*"/>. Die erlaubten Protokollnamen sind "HttpSoap" für SOAP, "HttpPost" für HTTP-POST, "HttpGet" für HTTP-GET und "Documentation" für die HTML-Dokumentation. Die Standardeinstellung von \<protocols\> in Machine.config lautet:

```
<protocols>
    <add name="HttpSoap"/>
    <add name="HttpPost"/>
    <add name="HttpGet"/>
    <add name="Documentation"/>
</protocols>
```

Wenn wir z.B. für unseren TimeService nur SOAP und die Dokumentation als Transportprotokoll erlauben wollen, so legen wir im Verzeichnis, in dem sich die Datei TimeService.asmx befindet, eine Web.config-Datei mit folgendem Inhalt an:

```
<configuration>
    <system.web>
        <webServices>
            <protocols>
                <add name="HttpSoap"/>
                <add name="Documentation"/>
                <remove name="HttpGet"/>
                <remove name="HttpPost"/>
            </protocols>
        </webServices>
    </system.web>
</configuration>
```

Die \<add\>-Elemente sind eigentlich nicht nötig, weil HttpSoap und Documentation bereits in Machine.config hinzugefügt wurden. Sie werden nur aus Sicherheitsgründen angegeben, falls eine übergeordnete Konfigurationsdatei die beiden Protokolle entfernt.

\<wsdlHelpGenerator\>

Über \<wsdlHelpGenerator href="*URI zu Hilfe-Seiten*"> kann eine URI angegeben werden, welche die Hilfe-Seiten zu einem Web-Service in HTML erzeugt. In Machine.config ist bereits folgende URI angegeben:

```
<wsdlHelpGenerator href="DefaultWsdlHelpGenerator.aspx"/>
```

Wird dieser Eintrag nicht in einer eigenen Web.config-Datei überschrieben, so wird das Erscheinungsbild aller Beschreibungsseiten von Web-Services durch die Seite DefaultWsdlHelpGenerator.aspx bestimmt, die sich im Verzeichnis \Windows\Microsoft.NET\Framework\[Version]\CONFIG\ befindet, wobei [Version] für die aktuelle Version des .NET-SDK steht (z.B. v2.0.50727).

7.7   Windows Communication Foundation

Einer der Gründe, warum Windows Communication Foundation (WCF, Codename "Indigo") entwickelt wurde, war vermutlich jener, dass Microsoft schon zu viele verschiedene Bibliotheken samt Infrastruktur anbietet, um verteilte Systeme zu realisieren. Selbst innerhalb der .NET-Bibliothek gibt es mindestens fünf Alternativen und ebenso viele verschiedene Frameworks, um Client-Server-Kommunikation zu realisieren: SOAP und Web-Services unter ASP.NET, verteilte .NET-Objekte mittels .NET-Remoting, die Verwendung von Sockets über TCP/IP, eine eigene Bibliothek für UDP und die Möglichkeit, COM-Komponenten in .NET zu entwickeln, die über DCOM kommunizieren.

Windows Communication Foundation vereinigt verschiedene Kommunikationstechnologien wie Web-Services, .NET-Remoting, und Enterprise Services in einem einzigen Framework. Damit können serviceorientierte Anwendungen entwickelt werden, die transaktionsorientiert, sicher, hoch verfügbar (*reliable*) und über verschiedene Transportprotokolle erreichbar sind. Dabei unterstützt Windows Communication Foundation allgemein verwendete Transportprotokolle und Standards wie SOAP, TCP/IP und HTTP, aber auch Windows-spezifische Kommunikationstechnologien wie Microsoft Message Queue.

In diesem Abschnitt wird ein Überblick über Windows Communication Foundation gegeben. Da beim Entstehen dieses Buches WCF erst als Beta-Version vorlag, könnten einige der hier gezeigten Beispiele in der endgültigen Version von WCF nicht mehr lauffähig sein.

In den vorangegangenen Abschnitten haben wir TimeService als Web-Service unter ASP.NET erstellt und dabei MS IIS als Service-Host verwendet. Diesen Web-Service werden wir jetzt mit Windows Communication Foundation entwickeln. Dazu sind im Wesentlichen folgende Schritte notwendig:

❑ Zunächst müssen wir den Service-Vertrag festlegen – in unserem Fall die Schnittstelle von ITimeServiceContract.

❑ Dann implementieren wir ein Verhalten für den Vertrag. Die Klasse TimeServiceBehavior wird dazu die obige Schnittstelle implementieren.

❑ Schließlich müssen wir den Dienst allen Clients zur Verfügung stellen, indem wir ihn als Web-Service konfigurieren und in einem Web-Service-Container (auch Service-Host genannt) einbetten (z.B. im MS IIS).

Unser Service bietet die Methode GetTime an, welche die Zeit am Server liest und als Zeichenkette an den Rufer zurückgibt, sowie die Methode GetTimeDesc, welche einen komplexen Datentyp TimeDescDataContract als Rückgabewert hat. Die Service-Schnittstelle sieht daher wie unten dargestellt aus. Ein WCF-Vertrag ist ein .NET-Interface mit dem Attribut [ServiceContract]. Methoden, die von einem Client aufgerufen werden können, werden durch das Attribut [OperationContract] markiert. Als Parameter können neben vordefinierten Datentypen wie int oder string auch selbst erstellte Klassen wie TimeDescDataContract verwendet werden. Der Vertrag umfasst nicht nur den Typ des Service (ITimeServiceContract), sondern auch die gesamte Methodensignatur (Name und Formalparameter). Selbst erstellte Klassen werden mit dem Attribut [DataContract] versehen und die zu serialisierenden Properties oder Felder mit [DataMember].

```csharp
using System;
using System.ServiceModel; //WCF-Namensraum

namespace WCFTimeService {

    [ServiceContract(Namespace = "http://dotnet.jku.at/time")]
    public interface ITimeServiceContract {

        [OperationContract] // deklariert eine Service-Methode (d.h. Operation)
        string GetTime();

        [OperationContract]
        TimeDescDataContract GetTimeDesc();
    }

    [System.Runtime.Serialization.DataContract] // Vertrag für erstellte Datenklassen
    public class TimeDescDataContract {
        private string timeLong;
        private string timeShort;

        public TimeDescDataContract() {
            timeLong = DateTime.Now.ToLongDateString();
            timeShort = DateTime.Now.ToShortDateString();
        }
        [System.Runtime.Serialization.DataMember] // Clients sehen dieses Property
        public string TimeShort {
            get { return timeShort; }
            set { timeShort = value; }
        }

        [System.Runtime.Serialization.DataMember]
        public string TimeLong {
            get { return timeLong; }
            set { timeLong = value; }
        }
    }
}
```

```
public class TimeServiceBehavior : ITimeServiceContract {
    public string GetTime() {
        return DateTime.Now.ToString();
    }

    public TimeDescDataContract GetTimeDesc() {
        return new TimeDescDataContract();
    }
}
```

Die Klasse TimeServiceBehavior implementiert das Interface ITimeServiceContract. Die Implementierung muss dabei nicht notwendigerweise von einer speziellen Basisklasse wie WebService abgeleitet werden. Damit ein Client den Service benutzen kann, muss dieser in einem Service-Host gestartet werden und unter einer bestimmten Adresse (URL) erreichbar sein.

Ein WCF-Service ist unabhängig vom Service-Host, d.h., unser TimeService kann in jedem .NET-Assembly gestartet werden – nicht nur im MS IIS, wie das bei Web-Services unter ASP.NET der Fall ist. Zunächst wollen wir unseren Service in einer Konsolenanwendung starten. Dazu wird die Klasse System.ServiceModel.ServiceHost verwendet. Danach benutzen wir MS IIS als Web-Service-Container, ähnlich den bisher vorgestellten ASP.NET-Web-Services, jedoch ohne eine zusätzliche Zeile Code dafür zu schreiben. Dies ist möglich durch die vielfältigen Konfigurationsmöglichkeiten der Windows Communication Foundation.

```
using System;
using System.ServiceModel;

class MyServiceHost {
    static ServiceHost myServiceHost = null;

    static void StartService() {
        // Uri könnte von der Anwendungskonfiguration gelesen werden.
        Uri baseAddress = new Uri("http://localhost:8080/WCF/TimeService");
        // ServiceHost verwaltet ein WCF-Service. Dazu verwendet er
        // die Einstellungen aus der Anwendungskonfiguration
        myServiceHost = new ServiceHost(typeof(TimeServiceBehavior), baseAddress);
        myServiceHost.Open();
    }

    static void StopService() {
        if (myServiceHost.State != CommunicationState.Closed)
            myServiceHost.Close();
    }

    static void Main() {
        StartService();
        Console.WriteLine("Service gestartet... "); Console.ReadLine();
        StopService();
    }
}
```

Die von der Windows Communication Foundation zur Verfügung gestellte Klasse ServiceHost verwendet die Assembly-Konfiguration, um an einer bestimmten Adresse einen Service anzubieten. In unserem Beispiel wollen wir, dass TimeService wie ein ASP.NET-Web-Service via SOAP 1.1. erreichbar ist. Daher verwenden wir in der Konfiguration das vom WCF vordefinierte Binding basicHttpBinding. Nachdem alles übersetzt wurde, kann die Konsolenanwendung gestartet werden. Mit einem Web-Browser können wir nun die URL http://localhost:8080/WCF/TimeService aufrufen, um den Service zu testen.

```xml
<?xml version="1.0" encoding="utf-8" ?>
<configuration>
    <system.serviceModel>
        <services>
            <service name="WCFTimeService.TimeServiceBehavior">
                <endpoint
                    address=""
                    binding="basicHttpBinding"
                    contract="WCFTimeService.ITimeServiceContract"
                />
            </service>
        </services>
    </system.serviceModel>
</configuration>
```

Manchmal wird die oben dargestellte Konfiguration auch als das *ABC* der Windows Communication Foundation bezeichnet, wobei *A* für address (Adresse), *B* für binding und *C* für contract (Vertrag) steht. Die Adresse regelt, *wo* der Service erreicht werden kann. Das Binding definiert, *wie* der Service erreicht werden kann, d.h., es bestimmt, welcher Transportmechanismus (z.B. verschlüsselt und garantierte Nachrichtenzustellung), welches Protokoll (z.B. TCP oder HTTP) und welches Encoding (z.B. Text/XML oder binär) verwendet werden soll. Windows Communication Foundation bietet bereits einige vordefinierte Binding-Einstellungen an, wie das basicHttpBinding, welches SOAP über HTTP verwendet. Es können aber auch eigene Binding-Implementierungen erstellt werden. Der Contract gibt schließlich an, *was* für einen konkreten Service angeboten wird. Einige ausgewählte weitere vordefinierte Bindings sind:

- ❏ basicHttpBinding für interoperable, auf HTTP und SOAP basierende Kommunikation, wie sie auch ASP.NET-basierte Web-Services nutzen.
- ❏ wsHttpBinding für HTTP-basierte WS-I-konforme Kommunikation, die Transaktionen, Verschlüsselung der Nachrichten und garantierte Nachrichtenzustellung (*reliable messaging*) sowie Sessions erlaubt.
- ❏ wsDualHttpBinding, welches wsHttpBinding erweitert, um Callbacks vom Server zum Client zu ermöglichen, wie bei verteilten Ereignissen (*distributed callbacks*).

❑ netTcpBinding für binäre, TCP/IP-basierte Kommunikation zwischen
WCF-Client und WCF-Service.

❑ netNamedPipeBinding für schnelle Interprozess-Kommunikation auf einem
Rechner.

Windows Communication Foundation trennt durch das ABC die Service-Implementierung von der Netzwerk- und Kommunikationsinfrastruktur. Ein und derselbe Service kann daher über mehrere verschiedene Endpunkte erreicht werden,
z.B. über einen Endpunkt, der TCP verwendet (binär für gewisse WCF-Clients),
und über einen weiteren Endpunkt, der SOAP als Transportprotokoll benutzt
und somit offen ist für verschiedene Clients. Will man einen Service über mehrere
Endpunkte erreichbar machen, so wird dies in der Konfiguration durch das Hinzufügen entsprechender <endpoint>-Einträge bewerkstelligt.

Um den TimeService im MS IIS zu »hosten« und als Web-Service anbieten zu
können, muss ein virtuelles Verzeichnis erstellt werden, wie bei ASP.NET-Web-
Services, und die web.config muss um das ABC (address, binding, contract) der
Windows Communication Foundation erweitert werden. Ähnlich einer asmx-
Datei wird eine Datei mit der Endung .svc im virtuellen Verzeichnis erzeugt, die
angibt, welche Service-Implementierung benutzt werden soll. Da in einer asmx-
Datei die Hintergrundcode-Technik verwendet werden kann, haben sich die Ar-
chitekten von WCF ebenfalls dafür entschlossen, in einer svc-Datei die Service-
Implementierung anzugeben. Daher werden wir eine Datei TimeService.svc erstellen und mit der Service-Assembly in ein virtuelles Verzeichnis kopieren. Die erstellte Datei TimeService.svc hat folgenden Inhalt:

```
<% @ServiceHost Service="WCFTimeService.TimeServiceBehavior" %>
```

Die Datei web.config wurde um WCF-spezifische Einträge erweitert:

```
<?xml version="1.0"?>
<configuration>
   <system.serviceModel>
      <services>
         <service name="WCFTimeService.TimeServiceBehavior">
            <endpoint
               address=""
               binding="basicHttpBinding"
               contract="WCFTimeService.ITimeServiceContract"
               />
         </service>
      </services>
   </system.serviceModel>
   <system.web>
      <!-- system.web-spezifische Einträge -->
   </system.web>
</configuration>
```

Da der Service unter http://<host>/<virtuellerVerzeichnisName>/TimeService.svc erreichbar ist, kann er wie ein ASP.NET-Web-Service nach seiner WSDL gefragt
werden, indem der Query-String ?WSDL an die Service-Adresse angehängt wird.

Für Clients können mit Werkzeugen wie wsdl.exe eigene Proxy-Klassen generiert werden. Clients können sich aber auch das Assembly, das den Service-Ver-
trag enthält (siehe [ServiceContract] und [DataContract]), mit der Service-Implementierung teilen. Wird ein anderes Binding als basicHttpBinding verwendet, so
können entsprechende Proxy-Klassen für Clients mit dem WCF-Werkzeug
svcutil.exe erzeugt werden.

Dieses Beispiel sollte verdeutlichen, wo die Stärken der Windows Communication Foundation liegen: nämlich im einheitlichen Programmiermodell für serviceorientierte Anwendungen, die über unterschiedliche Kommunikationsmecha-
nismen angeboten werden können. Der Entwickler kann sich auf die eigentliche
Geschäftslogik konzentrieren, während Windows Communication Foundation
von der Kommunikationsinfrastruktur abstrahiert. WCF versucht, die Verteilung
explizit zu machen und nicht zu verstecken. Die Laufzeitumgebung selbst ist
erweiterbar, und so ist z.B. die Entwicklung von eigenen Bindings möglich.

7.8   Werkzeuge und Ressourcen

Neben wsdl.exe (siehe Abschnitt 7.2.1) gibt es noch andere nützliche Werkzeuge,
die das Erstellen und Benutzen von Web-Services erleichtern. In diesem Abschnitt
möchten wir uns noch ein Werkzeug näher ansehen und einige Web-Adressen
zum Thema Web-Services vorstellen.

7.8.1   .NET Web Service Studio

.NET Web Service Studio ist für Web-Service-Entwickler gedacht, die ihren Service testen wollen, ohne einen eigenen Testclient zu entwickeln. Das Werkzeug
braucht lediglich eine WSDL-Beschreibung, um daraus einen Proxy und einen
möglichen Testclient in C# zu erzeugen.

Für die Proxy-Erzeugung haben wir bisher wsdl.exe verwendet. .NET Web
Service Studio bietet eine GUI zu wsdl.exe an (siehe Abb. 7.8). Mit diesem Werk-
zeug können einzelne Web-Service-Methoden aufgerufen und die verwendeten
SOAP-Nachrichten (Request bzw. Response) sichtbar gemacht werden.

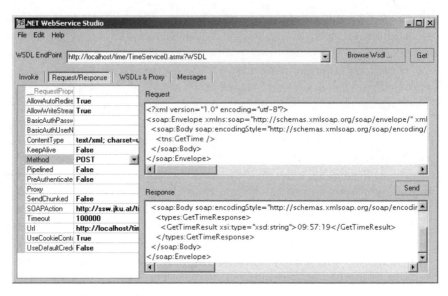

Abb. 7.8 *.NET Web Service Studio*

Das Werkzeug ist eine .NET-Anwendung und kann von [GotD] bezogen werden.

7.8.2 Nützliche Web-Adressen

Die Internetressourcen über Web-Services lassen sich prinzipiell in zwei Kategorien einteilen. Sie stellen entweder Informationen für Entwickler von Web-Services oder Clients zur Verfügung (siehe Tabelle 7.5) oder sie bieten eine Sammlung von Web-Services an (siehe Tabelle 7.4).

Tabelle 7.4 *Web-Service-Verzeichnisse*

URI	Beschreibung
www.uddi.org	Hauptseite der UDDI-Initiative
www.xmethods.com	Verzeichnis verschiedener Web-Services mit verschiedenen Schnittstellen wie UDDI und DISCO
uddi.microsoft.com, www-3.ibm.com/services/uddi	Öffentliche UDDI-Datenbanken von Microsoft und IBM. Microsofts UDDI-Seite enthält auch Verweise auf ihre UDDI-SDKs, die .NET-Klassen bzw. COM-Komponenten für den UDDI-Zugriff enthalten.

Tabelle 7.5 *Quellen für Entwickler*

URI	Beschreibung
www.gotdotnet.com	.NET-Ressourcen, u.a. über Web-Services
www.w3.org	Homepage des W3C. Quelle für verschiedene Spezifikationen (SOAP, WSDL etc.).
www.ws-i.org	Homepage der Web-Services Interoperability Group. Quelle für Interoperability zwischen verschiedenen Web-Service-Plattformen und für weitere Spezifikationen, die auf SOAP aufbauen, wie z.B. Security und verteilte Transaktionen.
www.webservices.org	Verschiedene Artikel und Informationen über Web-Services, Serverhersteller, Diskussionsforen etc.
www.pocketsoap.com	SOAP-Client-COM-Komponente für Windows und PocketPC sowie eine Sammlung nützlicher Werkzeuge
www.soapware.org	Quellensammlung von SOAP 1.1 Tutorials und Spezifikationen für verschiedene Plattformen
msdn.microsoft.com/webservices/web-services/building/	Microsofts Werkzeuge und APIs zum Entwickeln von Web-Services
msdn.microsoft.com/winfx/	Microsofts Einstiegsseite für WCF-Entwickler
www.csharphelp.com	Artikel, Tutorials etc. zu verschiedenen C#-Themen
ws.apache.org/axis/	Web-Service-Server auf Basis von Apache und Java

8 Arbeiten mit dem .NET-Framework-SDK

In diesem abschließenden Kapitel werden wir uns nun noch einige Werkzeuge und Hilfsmittel ansehen, die bei den wichtigsten Tätigkeiten in der Entwicklungsphase – codieren, übersetzen und debuggen – eine Rolle spielen. Wir werden uns dabei auf die Werkzeuge konzentrieren, die im .NET-Framework-SDK enthalten und nicht Teil der Visual Studio .NET-Entwicklungsumgebung sind, da eine detaillierte Auseinandersetzung mit Visual Studio .NET ein eigenes Buch füllen würde.

8.1 Übersicht der .NET-Werkzeuge

Das .NET-SDK wird mit einer Reihe von Programmen ausgeliefert, die den Entwickler bei der Arbeit unterstützen. Tabelle 8.1 zeigt eine Übersicht dieser Werkzeuge mit kurzen Beschreibungen. Die Werkzeugnamen wurden aus der .NET-Framework-Dokumentation übernommen. Die fett gedruckten Dateinamen bezeichnen direkt ausführbare Programme. Sofern nicht anders angegeben, befinden sich die Programmdateien in einem der beiden Verzeichnisse:

- [c:\Program Files\Microsoft.NET]\FrameworkSDK\Bin\
- [c:\WINNT]\Microsoft.NET\Framework\[Version]\

wobei [c:\Program Files\Microsoft.NET] für das Installationsverzeichnis des .NET-Framework-SDK, [c:\WINNT] für das Windows-Installationsverzeichnis und [Version] für die Versionsnummer (z.B. v1.0.3705) stehen.

Tabelle 8.1 .NET-Werkzeuge (Übersicht)

Werkzeugname	Programmdatei
Kurzbeschreibung	
.NET Framework Configuration Tool	mscorcfg.msc
Zur Konfiguration von Applikationen, Assemblies im GAC, Sicherheitspolitik sowie Remoting Services. Die MMC (Microsoft Management Console) ist für die Ausführung notwendig.	
.NET Services Installation Tool	**regsvcs**.exe
Zur Installation von Windows Services.	
Assembly Cache Viewer	shfusion.dll
Eine Erweiterung für den Windows-Explorer, die den GAC wie ein »normales« Verzeichnis ([c:\WINNT]\Assembly) darstellt (siehe Abschnitt 8.5.3).	

Tabelle 8.1 *.NET-Werkzeuge (Übersicht) (Forts.)*

Werkzeugname	Programmdatei
Kurzbeschreibung	
Assembly Binding Log Viewer	**fuslogvw**.exe
Zeigt Informationen über fehlgeschlagene Versuche, ein Assembly zu binden. Damit lässt sich eventuell feststellen, warum ein Assembly nicht gefunden werden konnte.	
Assembly Linker	**al**.exe
Verpackt eine oder mehrere Dateien (.NET-Module oder Ressourcedateien) zu einem Assembly, wobei einem .NET-Modul ein Manifest (siehe Abschnitt 3.6) hinzugefügt wird.	
Assembly Registration Tool	**regasm**.exe
Registriert ein Assembly entsprechend seiner Metadatainformationen in der Windows-Registry. So kann es von COM-Komponenten verwendet werden.	
C#-Compiler	**csc**.exe
Microsofts Compiler für die neue .NET-Programmiersprache C# (siehe Abschnitt 8.2)	
C++-Compiler	**cl**.exe
Microsofts Visual C/C++ (v13.0)-Compiler, der durch die Option */CLR* zum »Managed C++«-Compiler wird und Code für die .NET-Plattform produziert.	
Certificate Creation Tool	**makecert**.exe
Erzeugt X.509-Zertifikate für Testzwecke.	
Certificate Manager Tool	**certmgr**.exe
Verwaltet Zertifikate, Certificate-Trust-Listen (CTL) und Revocation-Listen (CRL).	
Certificate Verification Tool	**chktrust**.exe
Überprüft die Gültigkeit einer Datei, die mit einem Authenticode-Zertifikat signiert wurde.	
Code Access Security Policy Tool	**caspol**.exe
Erlaubt die Anpassung der aktuellen Sicherheitspolitik auf Maschinen-, Benutzer- und Unternehmensebene (siehe Abschnitt 3.8.1).	
Common Language Runtime Minidump Tool	**mscordmp**.exe
Schreibt Prozessinformationen in eine Datei. Diese Informationen können zur Analyse von Problemen mit der CLR verwendet werden.	
File Signing Tool	**signcode**.exe
Signiert eine PE-Datei mit einer digitalen Authenticode-Signatur. Wird das Kommando ohne Optionen und Parameter aufgerufen, wird ein Wizard gestartet.	
Global Assembly Cache Utility	**gacutil**.exe
Zur Verwaltung von Global Assembly Cache und Download Cache (siehe Abschnitt 8.5.4).	
IL Assembler	**ilasm**.exe
Der IL-Assembler-Compiler übersetzt IL-Assembler-Code in eine .NET-PE-Datei.	
IL Disassembler	**ildasm**.exe
Erzeugt aus einer .NET-PE-Datei eine äquivalente IL-Assembler-Datei; bietet auch eine grafische Oberfläche zur Betrachtung der CIL und Metadaten (siehe Abschnitt 8.5.1).	

Tabelle 8.1 *.NET-Werkzeuge (Übersicht) (Forts.)*

Werkzeugname	Programmdatei
Kurzbeschreibung	
Installer Tool	**installutil**.exe
Führt die (De-)Installationskomponenten eines Assemblies aus. Dabei handelt es sich um Klassen aus dem Namensraum *System.Configuration.Install*, die die Entwicklung von eigenen Installationsroutinen unterstützen.	
Isolated Storage Tool	**storeadm**.exe
Zum Auflisten oder Entfernen von speziellen Speicherbereichen des aktuellen Benutzers (siehe Abschnitt 4.2.3).	
JScript-Compiler	**jsc**.exe
Microsofts JScript .NET (v7.0)-Compiler	
License Compiler	**lc**.exe
Erzeugt aus einer Textdatei mit Lizenzinformationen eine *.license*-Datei und fügt sie zu einem Assembly hinzu.	
Management Strongly Typed Class Generator	**mgmtclassgen**.exe
Erzeugt C#-, Visual Basic- oder JScript-Klassen für Window Management Instrumentation (WMI)-Klassen.	
Microsoft CLR Debugger	**dbgclr**.exe
GUI-Debugger für .NET-Programme (siehe Abschnitt 8.4.2).	
Native Image Generator	**ngen**.exe
Übersetzt ein Assembly zur Gänze in Maschinencode und installiert das Ergebnis im *Native Image Cache* auf dem lokalen Rechner (siehe Abschnitt 3.7.4).	
Permissions View Tool	**permview**.exe
Zeigt die mindestens erforderlichen, optionalen und abgelehnten Genehmigungen eines Assemblies sowie dessen deklarative Sicherheitsattribute (siehe Abschnitt 3.8).	
PEVerify Tool	**peverify**.exe
Zur Überprüfung der Verifizierbarkeit von Assemblies. Kann bei der Entwicklung die Verifikation durch den JIT-Compiler vorwegnehmen.	
Program Maintenance Utility	**nmake**.exe
Microsofts make-Tool	
Resource File Generator Tool	**resgen**.exe
Zur Konvertierung zwischen binären CLR-Ressourcedateien (.resource) und Text (.txt) sowie XML-basierten Ressourcedateien (.resx).	
Runtime Debugger	**cordbg**.exe
Kommandozeilen-Debugger für .NET-Programme (siehe Abschnitt 8.4.1).	
Security Tool	**secutil**.exe
Liefert Informationen über den starken Namen (siehe Abschnitt 3.6.2) und das Authenticode-Zertifikat eines Assemblies.	
Set Registry Tool	**setreg**.exe
Zum Setzen der Einstellungen für die Software Publisher State Keys in der Registry.	

Tabelle 8.1   *.NET-Werkzeuge (Übersicht) (Forts.)*

Werkzeugname	Programmdatei
Kurzbeschreibung	
Soapsuds Tool	**soapsuds**.exe
Zur Übersetzung von Applikationen, die mit Web-Services über Remoting kommunizieren. Erzeugt XML-Schemas aus den in einem CLR-Assembly beschriebenen Web-Services oder umgekehrt.	
Software Publisher Certificate Test Tool	**cert2spc**.exe
Erzeugt für Testzwecke ein Software Publisher Certificate (SPC) aus X.509-Zertifikaten.	
Strong Name Tool	**sn**.exe
Zur Schlüsselverwaltung und zum Signieren von Assemblies (siehe Abschnitt 8.5.2).	
Type Library Exporter	**tlbexp**.exe
Erzeugt eine Type Library, die die Typen eines Assemblies beschreibt, um sie als COM-Komponenten ansprechen zu können.	
Type Library Importer	**tlbimp**.exe
Erzeugt ein .NET-Assembly mit Metadaten aus einer COM Type Library.	
Visual Basic-Compiler	**vbc**.exe
Microsofts Visual Basic .NET (v7.0)-Compiler	
Web Services Discovery Tool	**disco**.exe
Zum Auffinden von URLs von Web-Services auf einem Webserver (siehe Abschnitt 7.6); speichert relevante Daten auf dem lokalen Rechner.	
Web Services Description Language Tool	**wsdl**.exe
Produziert Code für Web-Services aus WSDL-Dateien, XSD-Schemas und Discovery-Dateien (*.discomap*) (siehe Abschnitt 7.2.1).	
Windows Forms ActiveX Control Importer	**aximp**.exe
Erzeugt einen Windows Forms Control Wrapper für eine ActiveX-Control.	
Windows Forms Class Viewer	**wincv**.exe
Zeigt Informationen über die Schnittstellen von Klassen an; erlaubt schnelle Suche nach Klassennamen in grafischer Oberfläche.	
Windows Forms Resource Editor	**winres**.exe
GUI-Oberfläche zur länderspezifischen Anpassung von Windows Forms-Anwendungen durch Ressource-Dateien.	
XML Schema Definition Tool	**xsd**.exe
Extrahiert XSD-Schemata aus XML-Dateien oder aus den Typinformationen eines Assemblies und erzeugt .NET-Klassen oder typisierte DataSets aus XSD-Schemas (siehe Abschnitt 5.5.2).	

In den folgenden Abschnitten dieses Kapitels werden wir Teile von Befehlsoptionen kursiv schreiben, um anzuzeigen, dass man diese Teile auch weglassen kann, z.B. /*target*: bedeutet, dass man diese Option entweder vollständig mit /target: oder abgekürzt mit /t: angeben kann.

8.2   Der C#-Compiler (csc.exe)

Eine erste Anleitung zur Übersetzung von C#-Programmen mit dem C#-Compiler haben Sie bereits in Kapitel 2 erhalten. Hier werden wir ausführlicher auf einige Optionen dieses Compilers eingehen.

/target:

Mit dem C#-Compiler lassen sich drei Arten von Ausgaben erzeugen, die durch die Option */target:* bestimmt werden:

❑ *Direkt ausführbare Programme* (.exe). Sie können nur aus Quellcode erzeugt werden, der eine Main-Methode enthält, anderenfalls liefert der Compiler einen Fehler.

csc **/target:exe** MyApp.cs
erzeugt die Konsolenanwendung MyApp.exe. Die Option */target:*exe ist die Standardeinstellung, d.h., csc MyApp.cs alleine liefert das gleiche Ergebnis.

csc **/target:winexe** MyWinApp.cs
erzeugt die GUI-Anwendung MyWinApp.exe.
Übersetzt man eine Windows-GUI-Anwendung mit der Option */target:*exe, so wird sich beim Starten des Programms durch Doppelklick auf die .exe-Datei ein Kommandozeilenfenster öffnen, bevor die GUI-Oberfläche erscheint. Schließt man dieses Extrafenster, so beendet und schließt man damit auch die eigentliche Applikation.

❑ *Dynamisch ladbare Bibliotheken* (.dll). Diese werden mit */target:*library erzeugt. Der einzige Unterschied zur ersten Kategorie besteht darin, dass Bibliotheken keinen Eintrittspunkt haben, und daher nur von laufenden Programmen aus verwendet werden können.

csc **/target:library** MyLib.cs
erzeugt das Bibliothek-Assembly MyLib.dll.

❑ *.NET-Module* (.netmodule). Während es sich bei den beiden ersten Arten um komplette Assemblies handelt, fehlt einem .NET-Modul das Manifest.

csc **/target:module** MyModule.cs
erzeugt das Modul MyModule.netmodule.

/reference:

Assemblies können andere Assemblies referenzieren, d.h. verwenden. Bei der Übersetzung eines Assemblies muss man alle von ihm referenzierten Assemblies mit der Option */reference:* angeben. Die referenzierten Assemblies müssen mit dem vollen Dateinamen (also samt Erweiterung) angegeben und nur durch Beistrich oder Strichpunkt voneinander getrennt werden. Man kann auch für jedes referenzierte Assembly eine eigene /*reference*:-Option angeben.

> csc **/reference:MyLib.dll** MyApp.cs
>
> erzeugt eine Assembly-Datei MyApp.exe und bindet die Metadaten aus dem Manifest von MyLib.dll ein. Das Assembly mscorlib.dll, das die wichtigsten Typen aus dem Namensraum System enthält, wird immer eingebunden, daher sind folgende Kommandos äquivalent zu obigem:
>
> csc /*reference*:MyLib.dll,**mscorlib.dll** MyApp.cs
>
> csc /*reference*:MyLib.dll **/reference:mscorlib.dll** MyApp.cs
>
> Verhindern kann man die Referenzierung von mscorlib.dll nur durch Angabe der Option /nostdlib.

.NET-Module werden nicht mit /*reference*:, sondern mit der Option /addmodule: eingebunden.

> csc **/addmodule:MyModule.netmodule** MyApp.cs
>
> erzeugt die Konsolenapplikation MyApp.exe und bindet das Modul MyModule ein.

/out:

Den Namen der erzeugten Datei kann man mit der Option /out: anpassen.

> csc /*target*:module **/out:MyMod.mod** MyModule.cs
>
> erzeugt ein Modul in Form der Datei MyMod.mod, anstatt den Dateinamen standardmäßig auf MyModule.netmodule zu setzen.

Es lassen sich auch mehrere Quellcodedateien in eine Assembly- oder Moduldatei übersetzen. Sie müssen dazu lediglich hintereinander aufgelistet werden.

> csc MyApp.cs MyLib.cs MyModule.cs
>
> csc MyLib.cs MyApp.cs MyModule.cs
>
> beide Varianten erzeugen eine Assembly-Datei MyApp.exe, in der auch die Übersetzungen von MyLib.cs und MyModule.cs enthalten sind.

> csc /*target*:library MyModule.cs MyLib.cs
>
> erzeugt eine Assembly-Datei MyModule.dll.

Der Standardname der erzeugten Datei richtet sich dabei nach dem Namen der ersten Datei in der Liste. Wird allerdings eine ausführbare Datei (.exe) erzeugt, so entspricht der Name des Assemblies dem Namen der Datei mit der Main-Methode. Sind in den angegebenen Dateien mehrere Typen mit einer Main-Methode definiert, so muss mit der Option /main: der Typ angegeben werden, dessen Main-Methode als Eintrittspunkt fungieren soll. Der Name der erzeugten Datei entspricht dann aber wieder dem Namen der ersten Datei in der Liste.

```
csc /main:WinApp MyLib.cs MyApp.cs MyWinApp.cs
```
erzeugt eine Datei MyLib.exe mit der Main-Methode des Typs WinApp (der in der Datei MyWinApp.cs definiert wird) als Eintrittspunkt. Trotzdem ist die Assembly-Datei nach der ersten Datei in der Liste benannt.

Responsedateien

Um nicht bei jeder Übersetzung alle Compiler-Optionen immer wieder eintippen zu müssen, bietet der C#-Compiler die Möglichkeit, alle Optionen in einer so genannten Responsedatei (*.rsp) zu speichern. Beim Aufruf des Compilers gibt man einfach den Namen der entsprechenden Datei hinter einem @-Symbol an und verwendet damit alle Optionen aus der Datei für diese Compilation. Im folgenden Beispiel spezifiziert die Responsedatei MySwitches.rsp, dass eine Windows-GUI-Anwendung in der Datei MyApp.exe erzeugt werden soll und dabei das Bibliotheks-Assembly MyLib.dll und das Modul MyModule.netmodule eingebunden werden sollen.

```
Responsedatei MySwitches.rsp:
    /target:winexe
    /out:MyApp.exe
    /reference:MyLib.dll
    /addmodule:MyModule.netmodule
```

Der folgende Compiler-Aufruf übersetzt die C#-Datei MyWinApp.cs unter Anwendung der Optionen aus MySwitches.rsp.

```
csc @MySwitches.rsp MyWinApp.cs
```

Es gibt auch zwei spezielle Responsedateien, aus denen der Compiler automatisch Optionen für die Übersetzung liest. Beide heißen csc.rsp. Eine legt die globalen Optionen fest, die für jede Übersetzung verwendet werden. Sie liegt im selben Verzeichnis wie csc.exe ([c:\WINNT]\Microsoft.NET\Framework\[Version]\). Zusätzlich kann man eine lokale csc.rsp-Datei erstellen, die in dem Verzeichnis liegen muss, aus dem der Compiler aufgerufen wird. Allgemein gilt, dass die globalen Optionen von den lokalen und diese wiederum von den auf der Kommandozeile angegebenen überschrieben werden. Wenn man die Datei MySwitches.rsp aus dem obigen Beispiel in csc.rsp umbenennt, so erreicht man alleine mit csc MyWinApp.cs denselben Effekt wie oben. Mit /noconfig kann man verhindern, dass die Optionen aus den csc.rsp-Dateien verwendet werden.

8.3 Konfiguration

Unter .NET lässt sich das Verhalten von Applikationen durch Einstellungen in Konfigurationdateien beeinflussen. Konfigurationsdateien sind XML-Dateien, die mit einem beliebigen Texteditor bearbeitet werden können. Bei jeder Ausführung einer Applikation wird ihr Laufzeitverhalten entsprechend den Einstellungen in den Konfigurationsdateien angepasst, ohne die Applikation neu übersetzen zu müssen. Unter anderem lässt sich Folgendes einstellen:

❏ Sicherheitspolitik
❏ Version der CLR, mit der die Applikation ausgeführt werden soll
❏ automatische Speicherverwaltung
❏ Umleitung von Assembly-Referenzen auf andere Versionen
❏ Angabe der Position von Assemblies
❏ Remoting-Verhalten
❏ ...

Außerdem gibt es unterschiedliche Ebenen von Konfigurationseinstellungen, die sich durch ihren Geltungsbereich unterscheiden. Die wichtigsten sind:

❏ *Maschinenkonfiguration* (Machine.config). Einstellungen aus dieser Datei gelten für das gesamte System, also für alle Applikationen, die auf einer Maschine ausgeführt werden. Die Maschinenkonfigurationsdatei befindet sich im Verzeichnis [c:\WINNT]\Microsoft.NET\Framework\[Version]\CONFIG\.

❏ *Applikationskonfiguration*. Der Name der Applikationskonfigurationsdatei setzt sich aus dem Namen der zu konfigurierenden Applikationsdatei und der Endung .config zusammen. MyApp.exe wird also in der Datei MyApp.exe.config konfiguriert, die sich im selben Verzeichnis befinden muss wie MyApp.exe. Die Einstellungen der Applikationskonfigurationsdatei gelten nur für diese eine Anwendung. Bei ASP.NET-Applikationen heißt diese Datei immer Web.config (siehe Abschnitt 6.8).

❏ *Sicherheitskonfiguration*. Für die Konfiguration der Sicherheitspolitik gibt es eigene Dateien, die die Sicherheit auf drei verschiedenen Ebenen bestimmen (siehe auch Abschnitt 3.8):

  – *Unternehmensweite Sicherheitspolitik* in der Datei enterprisesec.config im Verzeichnis [c:\WINNT]\Microsoft.NET\Framework\[Version]\CONFIG\.

  – *Maschinenweite Sicherheitspolitik* in der Datei security.config im Verzeichnis [c:\WINNT]\Microsoft.NET\Framework\[Version]\CONFIG\.

  – *Benutzerspezifische Sicherheitspolitik* in der Datei security.config im Verzeichnis c:\Documents and Settings\[Benutzer]\Application Data\Microsoft\ CLR Security Config\[Version]\.

Trotz der unterschiedlichen Einstellungsebenen haben alle Konfigurationsdateien ein einheitliches Format: Ihr Wurzelelement ist immer

```
<configuration>   ...   </configuration>
```

Darunter befinden sich die Elemente, die die konkreten Einstellungen beschreiben. Man muss allerdings beachten, dass man nicht alle Elemente in allen Konfigurationsdateien verwenden darf. Zum Beispiel kann das <probing>-Element nur in einer Anwendungskonfigurationsdatei verkommen. Wir wollen hier keine ausführliche Auflistung aller möglichen XML-Elemente geben (diese entnehmen Sie bitte der Onlinedokumentation), sondern nur an einem kurzen Beispiel zeigen, wie man eine Applikation konfigurieren kann:

```
<configuration>
  <runtime>
    <gcConcurrent enable="true"/>
    <assemblyBinding xmlns="urn:schemas-microsoft-com:asm.vl>
      <probing privatePath="bin;subdir/bin"/>
      <dependentAssembly>
        <assemblyIdentity name="MyLib"
                          publicKeyToken="320a40fec32d32d2"
                          culture="en-US"/>
        <bindingRedirect oldVersion="1.0.0.0-2.0.0.0" newVersion="3.0.111.2"/>
        <codeBase version="3.0.111.2" href="http://dotnet.jku.at/MyLib.dll">
      </dependentAssembly>
    </assemblyBinding>
  </runtime>
</configuration>
```

Einstellungen im <runtime>-Element betreffen das Laufzeitverhalten eines Programms, z.B. die automatische Speicherbereinigung (<gcConcurrent>) oder die Bindung der Assembly-Referenzen an konkrete Assemblies (<assemblyBinding>). Im <probing>-Element spezifiziert der privatePath die Unterverzeichnisse des Applikationsverzeichnisses, in denen die CLR zur Laufzeit nach Assemblies suchen soll. Ferner kann man mit dem Element <dependentAssembly> den Ort (<codeBase>) oder die zu verwendende Version (<bindingRedirect>) einzelner Assemblies einer Applikation (<assemblyIdentity>) angeben.

8.4 Debugging

Fehler in einem Programm zu suchen, ist meist eine komplizierte und unbeliebte Tätigkeit. Daher ist jede Unterstützung willkommen. .NET bietet neben den Debugging-Fähigkeiten von Visual Studio .NET, auf die wir aus Platzgründen nicht eingehen können, noch drei weitere Debugging-Hilfen an. Diese werden mit dem .NET-SDK ausgeliefert und in den nächsten drei Unterabschnitten beschrieben.

Um ein Programm sinnvoll debuggen zu können, muss man beim Compilieren zunächst Zusatzinformationen erzeugen, die notwendig sind, um JIT-compilierten Maschinencode mit dem CIL-Code und weiter mit dem Quellcode zu verbinden. Die Abbildung von Maschinencode auf CIL-Code bezeichnet man auch als *JIT-Tracking*. Es muss aktiviert werden, damit sich der Debugger in einen laufenden Prozess einklinken kann. Informationen über die Abbildung von CIL-Code auf Quellcode werden vom Compiler in eine separate Datei (*.pdb, *program data-*

base) geschrieben. Die Erzeugung von Debugging-Informationen kann mit folgenden Compiler-Optionen gesteuert werden:

- ❏ keine Debug-Information: /debug- oder keine debug-Angabe
- ❏ nur PDB-Datei: /debug:pdbonly
- ❏ PDB-Datei und JIT-Tracking: /debug, /debug+, /debug:full

8.4.1 Kommandozeilen-Debugger (cordbg.exe)

Da das .NET-Framework-SDK auch ohne Visual Studio .NET einen GUI-Debugger bereitstellt, fragt man sich vielleicht, warum man dann noch einen Kommandozeilen-Debugger braucht. Nun, der Kommandozeilen-Debugger kann drei Vorteile gegenüber seinem grafischen Pendant für sich verbuchen:

Erstens geht er sparsamer mit Systemressourcen um, zweitens erlaubt er dem Benutzer, bestimmte Debug-Informationen über ein Skript automatisch abzurufen, und – last, but not least – wird der Quellcode für diesen Debugger beim .NET-SDK mitgeliefert (im Verzeichnis [c:\Program Files\Microsoft.NET]\FrameworkSDK\ Tool Developers Guide\Samples\debugger\), so dass man ihn eventuell an spezielle Anforderungen anpassen kann oder einfach nachsieht, wie manche Dinge intern gelöst sind, um die Funktionsweise des Debuggers oder die Debugging-Schnittstelle der CLR besser zu verstehen.

Die Befehle und Optionen des Kommandozeilen-Debuggers entnehmen Sie bitte der Onlinedokumentation. Sie können den Debugger auch von der Kommandozeile mit cordbg starten und sich die Debug-Befehle mit *help* anzeigen lassen.

8.4.2 GUI-Debugger (dbgclr.exe)

Wer den Windows-Debugger zur Fehlersuche in gewöhnlichen Windows-Applikationen verwenden möchte, muss nur Folgendes tun:

1. Debugger starten: Die Programmdatei DbgCLR.exe befindet sich im Verzeichnis [c:\Program Files\Microsoft.NET]\FrameworkSDK\GuiDebug\. Bei regelmäßiger Verwendung empfehlen wir, eine Verknüpfung im Windows-Start-Menü einzurichten.
2. Im Dialog Debug | Program To Debug... das zu untersuchende Programm (.exe-Datei) auswählen, Programmargumente und Arbeitsverzeichnis setzen.
3. Entweder mit F10 (*Step Over*) das Programm starten (die Ausführung wird nach dem ersten Schritt am Beginn der Main-Methode angehalten) oder Quellcodedateien im Debugger öffnen, Breakpoints setzen (z.B. durch Klicken in den Rand links neben der Codezeile) und mit F5 die Ausführung starten (es wird beim ersten erreichten Breakpoint angehalten).

Falls Sie schon mit einem GUI-Debugger gearbeitet haben, werden Sie sich auch in diesem Debugger zurecht finden. Ansonsten möchten wir auf das in der Onlinedokumentation mitgelieferte Tutorial über Debugging verweisen (navigieren Sie dazu in der Inhaltsübersicht zu .NET Framework SDK | Tutorials | Debugging with the .NET Framework SDK). Dort finden Sie eine schrittweise Anleitung für die Benutzung der wichtigsten Funktionen des GUI-Debuggers anhand einer einfachen Windows-GUI-Applikation (*Integer Calculator*) und einer ASP.NET-Applikation (*Resources and Localization*).

Exceptions im Debugger

Eine Besonderheit des .NET-Debuggers wollen wir hier aber noch erwähnen. Microsoft hat bei der Unterstützung der Ausnahmebehandlung nicht bei der CLR Halt gemacht, sondern diese Eigenschaft sogar noch auf den Windows-Debugger ausgedehnt. Wie Abb. 8.1 zeigt, öffnet Debug | Exceptions... ein Dialogfenster, in dem alle Ausnahmen, die der Debugger kennt, in einer Baumstruktur nach Namensräumen sortiert aufgelistet sind.

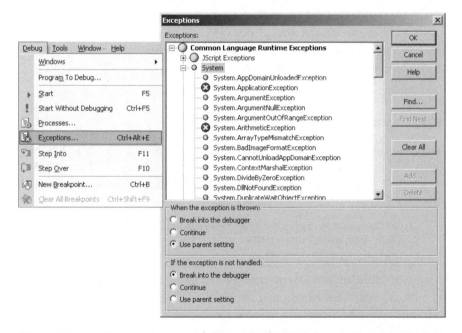

Abb. 8.1 *Spezielle Unterstützung von Ausnahmen im .NET-Windows-Debugger (dbgclr.exe)*

Unterhalb dieser Auflistung befinden sich zwei Gruppen von Radiobuttons. Damit kann man für die ausgewählte Ausnahme festlegen, was geschehen soll, wenn

1. die Ausnahme ausgelöst wird,
2. die Ausnahme in keiner catch-Anweisung abgefangen wurde und als *»unhandled exception«* die Programmausführung beenden würde.

Folgende Aktionen stehen zur Auswahl:

- ❏ *Break into the debugger.* Die Programmausführung wird an der entsprechenden Stelle angehalten, so dass dort mit dem Debuggen begonnen werden kann.
- ❏ *Continue.* Die Programmausführung wird wie gewöhnlich (wenn kein Debugger im Spiel ist) fortgesetzt.
- ❏ *Use parent setting.* Es wird die Einstellung vom Vaterknoten übernommen. Das Problem bei diesem Punkt ist, dass die Baumstruktur im Dialog nicht die Vererbungshierarchie der Exception-Klassen, sondern nur die Gruppierung in Namensräume repräsentiert. Das Verhalten der Basisklasse zu übernehmen, würde für Ausnahmen viel mehr Sinn machen, nicht zuletzt deshalb, weil die Exception-Filter (catch-Anweisungen) selbst auf diese Weise funktionieren.

Es ist auch möglich, neue Ausnahmen hinzuzufügen: Man muss dazu die Wurzel des Ausnahmen-Baumes (*Common Language Runtime Exceptions*) auswählen und anschließend auf den Add...-Knopf klicken. In dem so geöffneten Dialogfenster gibt man nun den vollständigen Namen (inklusive Namensraum) der neuen Ausnahme ein und bestätigt mit OK.

8.4.3   System.Diagnostics.Debug

Jeder, der schon einmal ein Computerprogramm geschrieben und anschließend versucht hat, es zum Laufen zu bringen, wird auf die eine oder andere Weise zu folgender Form des »Debuggings« gegriffen haben (wir verwenden für das Beispiel C#-Syntax):

```
System.Console.WriteLine("In Methode CalcResult()");
System.Console.WriteLine("x = {0}", x);
...
```

Man fügt Hilfsdrucke an kritischen Stellen des Programms ein, um so entweder den Programmablauf zu rekonstruieren oder Variablenwerte zu ermitteln. Nachdem alle Fehler beseitigt sind, werden meist auch die Hilfsdrucke aus dem Quellcode entfernt, weil sie im eigentlichen Programm natürlich nicht auftreten sollen. Stellt man zu einem späteren Zeitpunkt erneut einen Fehler fest, so fügt man die Hilfsdrucke wieder ein.

Die Klasse System.Diagnostics.Debug stellt diese Funktionalität komfortabel und mit einigen Extras zur Verfügung:

```
public sealed class Debug {
    //----- Properties
    public static TraceListenerCollection Listeners { get; }
    public static int IndentLevel { get; set; }
    public static int IndentSize { get; set; }
    //----- Methoden
    public static void Assert (bool cond, string msg);
    public static void Indent ();
    public static void Unindent ();
    public static void Write (string msg)
    public static void WriteIf (bool cond, string msg);
    ...
}
```

Die wichtigsten Vorteile der Debug-Methoden gegenüber den »altbewährten« Hilfsdrucken sind folgende:

❏ Meldungen können an beliebig viele Ziele (*Listeners*) verschickt werden.
❏ Die Formatierung der Ausgabe (Einrückungen) wird direkt unterstützt.
❏ Der Benutzer wird über verletzte Assertionen benachrichtigt.
❏ Die Übersetzung der Methodenaufrufe für die Hilfsdrucke kann ohne Quellcodeänderung verhindert werden (*conditional compilation*).

Listeners

Die statischen Write-Methoden der Klasse Debug schreiben nicht direkt auf ein Medium (z.B. die Konsole), sondern geben die Meldungen an alle registrierten System.Diagnostics.TraceListener weiter. Standardmäßig ist ein System.Diagnostics.-DefaultTraceListener registriert, der die empfangenen Nachrichten an die Log-Methode der Klasse System.Diagnostics.Debugger weitergibt (und an eine Standard-Debugausgabe). So werden diese Nachrichten bei der Programmausführung nicht an der Konsole angezeigt, sehr wohl aber – gemeinsam mit anderen Ausgaben – in dem Ausgabefenster des .NET-GUI-Debuggers, falls die Anwendung von diesem gestartet wurde (siehe Beispielprogramm und Debug-Ausgabe in Abb. 8.2).

In der .NET-Klassenbibliothek befinden sich auch ein EventLogTraceListener (zum Schreiben in Windows Event Logs) und ein TextWriterTraceListener, der seine empfangenen Nachrichten an einen System.IO.TextWriter oder System.IO.Stream weiterleitet. Will man zum Beispiel die Debugging-Informationen auch auf der Konsole ausgeben und sie in einer Datei mitprotokollieren, so muss man nur folgende zwei Zeilen Code einfügen:

```
// Ausgabe auf der Konsole
Debug.Listeners.Add(new TextWriterTraceListener(Console.Out))
// Ausgabe in eine Datei
Debug.Listeners.Add(new TextWriterTraceListener(File.Create("MyLog.txt")));
```

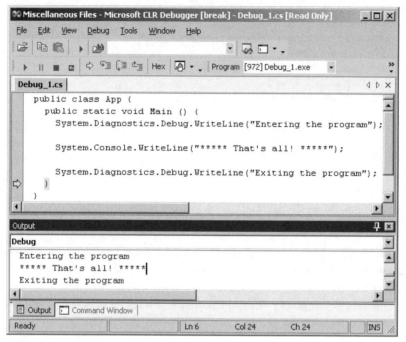

Abb. 8.2 *Ausgabe des DefaultTraceListeners im Windows-Debugger*

Formatierung der Ausgabe

Mit Hilfe der Methoden Indent und Unindent kann man die Ausgabe übersichtlich formatieren, indem man zum Beispiel vor jedem Methodenaufruf den aktuellen Einzug (IndentLevel) um IndentSize erhöht (Indent()) und nach der Rückkehr des Aufrufs wieder zur vorherigen Einzugstiefe zurückkehrt (Unindent()). Das folgende Beispiel berechnet Fibonacci-Zahlen rekursiv und benutzt die Debug-Methoden, um die rekursiven Aufrufe an der Konsole auszugeben.

```
using System;
using System.Diagnostics;

public class App {

    public static void Main(string[] args) {
        Debug.Listeners.Add(new TextWriterTraceListener(Console.Out));
        Debug.WriteLine("Entering program: " + DateTime.Now);
        int result = Fib(Convert.ToInt32(args[0]));
        Console.WriteLine("Fib({0}) = {1}", args[0], result);
        Debug.WriteLine("Exiting program: " + DateTime.Now);
    }
```

```
public static int Fib(int n) {
    int fib = n;
    Debug.Write("Fib(" + n + ") ");
    if (n > 1) {
        Debug.WriteLine("");
        Debug.Indent();
        fib = Fib(n-1) + Fib(n-2);
        Debug.Unindent();
    }
    Debug.WriteLine("= " + fib);
    return fib;
    }
}
```

Das ergibt zum Beispiel für die Berechnung der dritten Fibonaccizahl folgende Ausgabe auf der Konsole (die fett gedruckten Teile sind Debug-Ausgaben):

```
> Fib 3
Entering program: 07.4.2002 01:30:31
Fib(3)
  Fib(2)
    Fib(1) = 1
    Fib(0) = 0
  = 1
  Fib(1) = 1
= 2
Fib(3) = 2
Exiting program: 07.4.2002 01:30:31
```

Bedingte Ausgabe und Assertionen

Die Methoden WriteIf und Assert funktionieren nach einem ähnlichen Prinzip: Sie überprüfen zuerst eine Bedingung und sorgen dann abhängig vom Ergebnis dieser Prüfung für eine Ausgabe oder machen nichts. Der Unterschied zwischen den beiden Methodenarten ist folgender: die WriteIf-Methode benachrichtigt – wie die Write-Methode – alle registrierten Listener, falls die Bedingung erfüllt ist.

Die Assert-Methode hingegen öffnet ein Dialogfenster, falls die Bedingung *nicht* erfüllt ist. Dort muss der Benutzer dann entscheiden, ob die Programmausführung fortgesetzt oder abgebrochen werden soll oder ob er das Programm mit einem Debugger untersuchen möchte. Abb. 8.3 zeigt den »Assertion Failed«-Dialog, der von der Programmzeile

```
Debug.Assert(x != 0, "Division by Zero!");
```

erzeugt wird, falls x den Wert 0 hat.

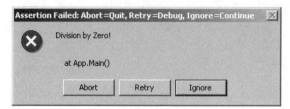

Abb. 8.3 *»Assertion Failed«-Dialog*

Implizite bedingte Übersetzung

Das Besondere bei all diesen Methodenaufrufen der Klasse Debug ist, dass sie nur unter einer bestimmten Bedingung vom Compiler übersetzt werden (*conditional compilation*). Das heißt, nur wenn das Präprozessorsymbol DEBUG definiert wurde, wird vom C#-Compiler tatsächlich CIL-Code für diese Methodenaufrufe erzeugt. In C# kann man ein Präprozessorsymbol auf zwei Arten definieren:

- ❏ direkt im Quellcode: #define DEBUG
- ❏ mit einer Compiler-Option: /d*efine*: DEBUG

Das Schöne dabei ist, dass man im Quellcode nicht überall #ifdef und ähnliche Präprozessoranweisungen einstreuen muss. Zur Demonstration stellen wir die Ergebnisse (CIL-Code) zweier Übersetzungen der Main-Methode des Testprogramms Debug_1.cs aus Abb. 8.2 gegenüber:

```
csc Debug_1.cs                          csc /define:DEBUG Debug_1.cs

==>                                     ==>

                                        ldstr "Entering the program"
                                        call System.Diagnostics.Debug::WriteLine(string)
ldstr "***** That's all! *****"         ldstr "***** That's all! *****"
call System.Console::WriteLine(string)  call System.Console::WriteLine(string)
                                        ldstr "Exiting the program"
                                        call System.Diagnostics.Debug::WriteLine(string)
ret                                     ret
```

Die Zwillingsklasse System.Diagnostics.Trace

Es gibt noch eine weitere Klasse (System.Diagnostics.Trace), die die gleiche Funktionalität wie Debug anbietet. Die beiden sind also wie eineiige Zwillinge, die sich nur durch ihren Namen unterscheiden. Der Sinn für zwei funktional gleiche Klassen liegt darin, dass sie durch unterschiedliche Präprozessorsymbole aktiviert werden. Während man mit dem Symbol DEBUG die Übersetzung der Debug-Methoden auslöst, verlangen die Trace-Methoden das Symbol TRACE. So kann man Ausgaben, die wirklich nur für Debugging-Zwecke geeignet sind, von anderen, die während jeder Programmausführung mitprotokolliert werden sollen, unterscheiden. Will man davon Gebrauch machen, so empfehlen wir #define TRACE im Quellcode anzugeben, um sicherzustellen, dass alle Trace-Methoden auch immer übersetzt werden. Die Debug-Methoden sollte man nur bei Bedarf über die Compiler-Option /define:DEBUG aktivieren.

8.5 Weitere Werkzeuge

Wir haben hier noch einige der Werkzeuge aus Tabelle 8.1 ausgewählt, um sie genauer zu beschreiben, weil sie uns für das Arbeiten unter .NET besonders wichtig erscheinen.

8.5.1 IL-Disassembler (ildasm.exe)

Wer wissen will, in welchen Code seine Programme übersetzt werden, dem wollen wir den IL-Disassembler ans Herz legen. Mit diesem Werkzeug lassen sich alle Informationen aus den Metadaten sowie der gesamte CIL-Code jedes .NET-Typs übersichtlich in einer GUI-Oberfläche darstellen oder auch als Textdatei bzw. direkt auf der Konsole ausgeben.

Um einen Eindruck davon zu bekommen, implementieren wir einen Beispieltyp SomeType in C#. Dieser macht nichts wirklich Sinnvolles, aber er zeigt viele der möglichen Komponenten eines Typs.

```
class SomeType {
    const float MyConstant = 1.0f;
    static long MyStaticField = 2;
    static void MyStaticMethod (int firstParam) { MyStaticField += 3; }
    int MyField;
    float MyMethod () { return MyConstant; }
    int MyProperty { get { return 2; } set { System.Console.WriteLine(value); } }
    event System.EventHandler MyEvent;
}
```

Mit den folgenden beiden Anweisungen übersetzen wir dieses Programm, das sich in der Datei ildasmDemo.cs befindet, in das .NET-Modul ILdasmDemo.mod und zeigen den Inhalt mit dem IL-Disassembler an (siehe Abb. 8.4):

```
csc /target:module /out:ILdasmDemo.mod ildasmDemo.cs
ildasm ILdasmDemo.mod
```

Abb. 8.4 *IL-Disassembler (GUI-Oberfläche) zeigt Inhalt eines Moduls*

Jedem Element des Typs wird ein bestimmtes Symbol zugeordnet, das die Art des Elements widerspiegelt. So werden Methoden mit Quadraten, Felder mit Rauten, Properties und Events mit unterschiedlich gedrehten Dreiecken dargestellt. Statische Komponenten werden zusätzlich durch ein »S« gekennzeichnet. Neben dem Symbol steht der Name der Komponente, gefolgt von der Signatur, die durch einen Doppelpunkt vom Namen getrennt ist.

In der IL-Disassembler-Ansicht erkennt man auch, dass viele zusätzliche Komponenten vom Compiler erzeugt wurden, die so nicht explizit im Quellcode zu finden sind. Zum Beispiel hat der Compiler einen Defaultkonstruktor .ctor und einen Klassenkonstruktor .cctor generiert. Außerdem findet man einige zusätzliche Methoden wie get_MyProperty oder add_MyEvent, die zur Realisierung von Properties und Events notwendig sind.

Ein Doppelklick auf eine Komponente öffnet ein weiteres Fenster, in dem der CIL-Code der Komponente so dargestellt wird, wie das Abb. 8.5 für das Property MyProperty und Abb. 8.6 für die Methode MyMethod zeigen.

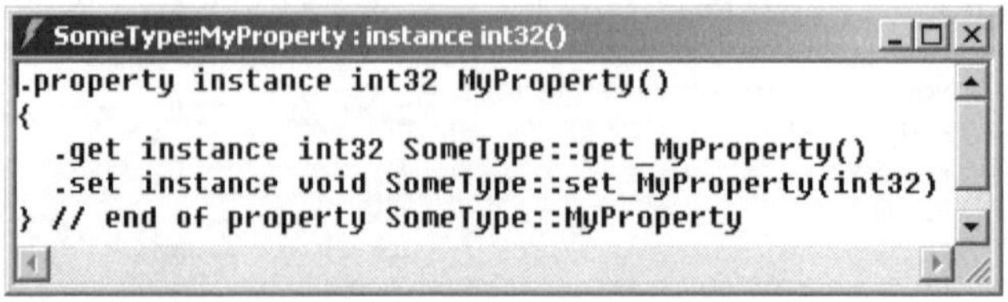

```
SomeType::MyProperty : instance int32()                    _ □ ×
.property instance int32 MyProperty()
{
    .get instance int32 SomeType::get_MyProperty()
    .set instance void SomeType::set_MyProperty(int32)
} // end of property SomeType::MyProperty
```

Abb. 8.5 *IL-Disassembler zeigt CIL-Code und Metadaten eines Property*

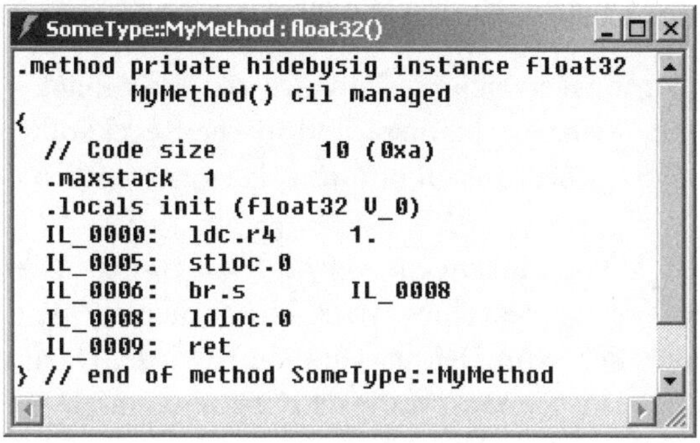

```
SomeType::MyMethod : float32()                    _ □ ×
.method private hidebysig instance float32
        MyMethod() cil managed
{
  // Code size        10 (0xa)
  .maxstack  1
  .locals init (float32 V_0)
  IL_0000:  ldc.r4     1.
  IL_0005:  stloc.0
  IL_0006:  br.s       IL_0008
  IL_0008:  ldloc.0
  IL_0009:  ret
} // end of method SomeType::MyMethod
```

Abb. 8.6 *IL-Disassembler zeigt CIL-Code und Metadaten einer Methode*

Diese Zusatzinformationen, die der IL-Disassembler so komfortabel aufbereitet, können einem Entwickler oft nützliche Hinweise geben, wenn es darum geht, einen Fehler im Programm zu finden. Sie können aber auch helfen, die Funktionsweise der CLR besser zu verstehen und damit effizientere Programme zu schreiben.

Eine gute Gesamtübersicht über die Metadaten eines .NET-Moduls erhält man, wenn man den IL-Disassembler mit den erweiterten Menüeinträgen startet (Option /advance) und dann im Menü View | Metalnfo | Show! (oder Strg-M) auswählt.

IL-Assembler-Code direkt anpassen

Die meisten Programmiersprachen unterstützen nur eine Teilmenge des CTS (siehe Abschnitt 3.2). Das bedeutet, dass der Entwickler durch alleinige Verwendung dieser Programmiersprache nicht alle Funktionen und Eigenschaften der CLR ansprechen kann. Mit Hilfe des IL-Disassemblers ist es aber möglich, zum Beispiel das eigene C#-Programm in ein äquivalentes IL-Assembler-Programm umzuwandeln, indem man den IL-Disassembler durch die Option /out=*Dateiname* anweist, nicht die grafische Oberfläche zu starten, sondern den IL-Assembler-Code direkt in eine Textdatei zu schreiben. Da IL-Assembler die Sprache der CLR selbst ist, unterstützt sie tatsächlich alle Feinheiten der CLR. Man kann also seine eigenen Programme eventuell verbessern, indem man Veränderungen direkt am IL-Assembler-Code vornimmt, und diesen mit dem IL-Assembler-Compiler (ilasm.exe) in eine .NET-PE-Datei übersetzt.

8.5.2   Strong Name Tool (sn.exe)

Assemblies, die nur im Applikationsverzeichnis – als private Assemblies – verwendet werden, benötigen keinen starken Namen, und in der Regel sollte man auch versuchen, mit privaten Assemblies auszukommen, da sie wesentlich einfacher zu handhaben sind.

In manchen Fällen will man aber trotzdem ein Assembly im Global Assembly Cache installieren, verschiedene Versionen eines Assemblies unterscheiden oder sicherstellen, dass ein Assembly nicht von Dritten verändert wurde. Dazu muss man das Assembly mit einer digitalen Signatur unterschreiben, wodurch es einen *starken Namen* (siehe Abschnitt 3.6.2) erhält und als öffentliches Assembly verwendet werden kann. Es genügt also nicht, lediglich die vier Bestandteile (Assemblyname, Versionsnummer, Sprachmerkmal und öffentlicher Schlüssel des Produzenten) anzugeben. Ein Assembly-Name wird erst »stark«, wenn das Assembly mit dem privaten Schlüssel des Produzenten signiert wurde. Diese digitale Signatur enthält einen Hashwert der Manifestinformation des Assemblies, und weil im Manifest auch Hashwerte aller Module und Ressourcen des Assemblies enthalten sind, kann so festgestellt werden, ob an den Dateien des Assemblies nach dem Signieren Veränderungen vorgenommen wurden.

Das *Strong Name Tool* unterstützt nun den Entwickler bei der Arbeit mit privaten und öffentlichen Schlüsseln. Wie schon in Abschnitt 3.6.2 erwähnt, lassen sich die Informationen zur Bildung eines starken Namens sowohl durch benutzerdefinierte Attribute im Quellcode als auch über Optionen des Assembly-Linkers (al.exe) angeben. Wir werden hier nur auf die Attribute eingehen, da man so allein mit dem Compiler ein signiertes Assembly erzeugen kann und nicht ein weiteres Werkzeug verwenden muss.

Um ein Assembly signieren zu können, braucht man zunächst ein Paar aus privatem und öffentlichem Schlüssel. Ruft man sn.exe mit der Option -k auf, so wird ein solches Schlüsselpaar generiert und in einer Datei gespeichert:

```
sn -k mykeys.snk
```

Dieses Kommando erzeugt eine 596 Byte große Datei mykeys.snk, die einen 436 Byte langen privaten und einen 128 Byte langen öffentlichen Schlüssel enthält (die restlichen 32 Byte entfallen auf Header-Informationen). Verweist man nun entweder mit der al-Option /keyfile oder im Quellcode mit dem Attribut System.Reflection.AssemblyKeyFileAttribute auf diese Datei, so wird der Assembly-Linker oder der Compiler ein signiertes Assembly mit starkem Namen erzeugen:

```
In Quellcodedatei MyLib.cs:
    [assembly: AssemblyKeyFile("mykeys.snk")]
csc /target:library MyLib.cs
```

Diese Vorgehensweise ist aber oft nicht optimal, weil so jeder Entwickler Zugang zum privaten Schlüssel eines Unternehmens haben muss, was man in der Regel tunlichst vermeiden will. Der private Schlüssel sollte nur einmal – nämlich unmittelbar vor dem Vertrieb – von besonders vertrauenswürdigen Personen hervorgeholt werden, um dann das Endprodukt zu signieren. Dies wird im folgenden Abschnitt dargestellt.

Delay-Signing

Um das Signieren zu verzögern, muss man zunächst den öffentlichen Schlüssel vom privaten trennen. Das erreicht man mit der Option /p:

```
sn -p mykeys.snk mypubkey.snk
```

Die Datei mypubkey.snk enthält nur den öffentlichen Schlüssel und kann bedenkenlos an alle Entwickler ausgegeben werden (diese brauchen den öffentlichen Schlüssel, um gültige Assembly-Referenzen zu erzeugen). Die Datei mykeys.snk, die sowohl den öffentlichen als auch den privaten Schlüssel enthält, wird später zum Signieren verwendet. Die Entwickler verwenden den öffentlichen Schlüssel wie folgt:

```
In Quellcodedatei MyLib.cs:
    [assembly: AssemblyKeyFile("mypubkey.snk")]
    [assembly: AssemblyDelaySign(true)]
csc /target:library MyLib.cs
```

Über das Attribut AssemblyDelaySign wird das Delay-Signing aktiviert. Der C#-Compiler findet in der mit AssemblyKeyFile angegebenen Datei mypubkey.snk nur einen öffentlichen Schlüssel und fügt diesen dem erzeugten Assembly hinzu. Statt der Signatur wird nur ein entsprechender Platz in der Assembly-Datei freigehalten. Dieser kann zu einem beliebigen späteren Zeitpunkt mit einer digitalen Signatur gefüllt werden. Dazu ruft man sn.exe mit der Option -R auf:

```
sn -R MyLib.dll mykeys.snk
```

Nun ist das Assembly MyLib vollständig signiert und kann so vertrieben werden. Abb. 8.7 hebt die Unterschiede zwischen dem direkten Signieren beim Übersetzen und dem Delay-Signing noch einmal hervor.

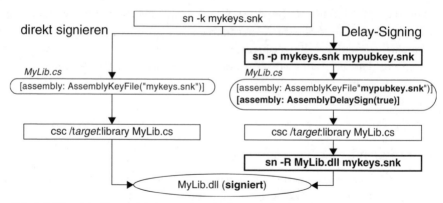

Abb. 8.7 *Übersicht: Unterschiede zwischen direktem und Delay-Signing von Assemblies*

Ein wichtiger Unterschied zwischen vollständig und teilweise signierten Assemblies besteht darin, dass teilweise signierte Assemblies zwar compiliert und von anderen Assemblies referenziert, nicht aber in sicheren Umgebungen ausgeführt oder installiert werden können. Eine sichere Umgebung überprüft vor dem Laden oder Installieren eines Assemblies dessen Signatur. So lassen sich teilweise signierte Assemblies zum Beispiel nicht im Global Assembly Cache installieren, und Applikationen, die solche Assemblies verwenden, dürfen diese nicht laden. Will man das zu Testzwecken aber trotzdem tun, so muss man die Überprüfung der Signatur für das Assembly abschalten:

```
sn -Vr MyLib.dll
```

Als Assembly-Dateiname kann hier auch * angegeben werden, um die Verifikation der Signatur für alle Assemblies auszuschalten. *,*035a6638e5079673* unterdrückt die Verifikation nur für Assemblies mit dem gegebenen öffentlichen Schlüssel, der dem angegebenen Public Key Token entspricht. Optional kann nach dem Assembly-Namen noch eine Liste von Benutzernamen folgen, für die diese Einstellung gelten soll. Die Option -Vu aktiviert die Verifikation für das angegebene Assembly wieder, -Vx für alle Assemblies, -Vl listet alle Assemblies auf, für die die Überprüfung deaktiviert wurde. Dazu ein kurzes Beispiel: Nach der Anweisungsfolge

```
sn -Vr * Administrator
sn -Vr *,035a6638e5079673 Developer,Tester
sn -Vr MyLib.dll Tester
```

ergibt sn -Vl folgende Ausgabe:

```
Assembly/Strong Name              Users
============================================
*,*                               Administrator
*,035a6638e5079673                Developer Tester
MyLib,035a6638e5079673            All users
```

Das bedeutet, dass die Prüfung der Signatur von MyLib.dll für alle Benutzer deaktiviert ist. Assemblies mit dem Public Key Token 035a6638e5079673 werden nicht geprüft, wenn Developer oder Tester sie verwenden, und bei Administratoren entfällt die Prüfung generell.

8.5.3 Assembly Cache Viewer (shfusion.dll)

Wie wir in Abschnitt 3.6.2 schon kurz erwähnt haben, können Assemblies mit einem starken Namen in einer globalen Datenstruktur registriert werden und stehen somit allen Applikationen auf dem System zur Verfügung. Diese Datenstruktur wird als *Global Assembly Cache (GAC)* bezeichnet und befindet sich im Verzeichnis [c:\WINNT]\assembly. Eine spezielle Erweiterung (*plugin*) für den Windows Explorer, der *Assembly Cache Viewer* (shfusion.dll), stellt die Assemblies im GAC wie einfache Dateien mit einigen besonderen Merkmalen dar (siehe Abb. 8.8).

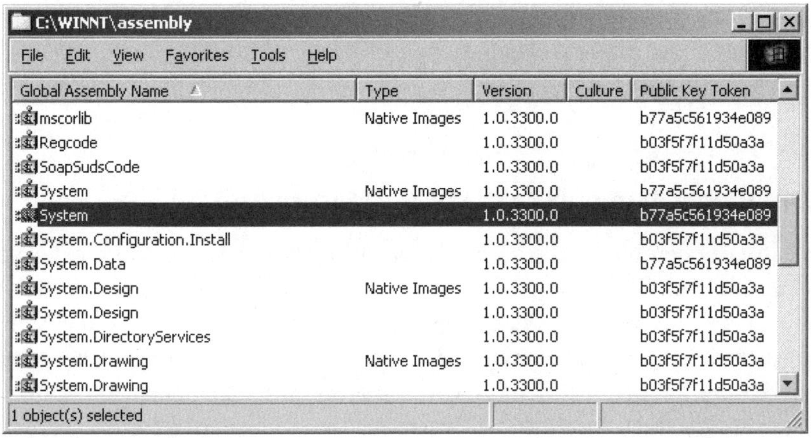

Abb. 8.8 *Der Assembly Cache Viewer zeigt den Global Assembly Cache im Windows Explorer*

So wie es in Abb. 8.8 aussieht, liegen alle Assemblies im selben Verzeichnis. Da sich Version, Sprache und Public Key Token nicht im Dateinamen eines Assemblies niederschlagen (der übrigens mit dem Assembly-Namen übereinstimmen muss), muss der GAC intern eine eigene Verzeichnisstruktur anlegen, die es ermöglicht, Assembly-Dateien mit gleichem Namen zu unterscheiden. Wer es genau wissen will, kann einfach per Kommandozeile ins GAC-Verzeichnis navigieren und sich die tatsächliche Verzeichnisstruktur ansehen. So liegt zum Beispiel das in Abb. 8.8 markierte Assembly System tatsächlich an folgender Stelle:

    c:\WINNT\assembly\GAC\System\1.0.3300.0__b77a5c561934e089\System.dll

Es wird also für jeden Assembly-Namen ein eigenes Verzeichnis angelegt. Die Namen der darunter liegenden Verzeichnisse setzen sich aus Versionsnummer, Sprachmerkmal und Public Key Token zusammen. Erst in diesen Verzeichnissen liegen die eigentlichen Assembly-Dateien.

Der Assembly Cache Viewer unterstützt auch die Drag-and-Drop-Installation von Assemblies im GAC. Entfernen von Assemblies aus dem GAC funktioniert wie bei gewöhnlichen Dateien im Windows Explorer.

Native Image Cache. Unter .NET gibt es auch die Möglichkeit, Assemblies schon zum Installationszeitpunkt komplett in Maschinencode zu übersetzen, um so die Verzögerungen durch die JIT-Compilation zu vermeiden (Native Image Generator, ngen.exe). Solche vorcompilierten Assemblies werden ebenfalls in einem Unterverzeichnis von [c:\WINNT]\assembly gesammelt und von Assembly Cache Viewer angezeigt, wobei ihr Typ mit *Native Images* angegeben wird. Die wichtigsten Assemblies der .NET-Framework-Klassenbibliothek (z.B. System (siehe Abb. 8.8 über der Markierung)) sind auch in vorcompilierten Versionen vorhanden.

Downloaded Assembly Cache. Der Assembly Cache Viewer zeigt im GAC-Verzeichnis noch ein Unterverzeichnis Download an. In diesem werden Assemblies gespeichert, die zur Laufzeit von einem Server heruntergeladen wurden.

8.5.4   Global Assembly Cache Utility (gacutil.exe)

Die Global Assembly Cache Utility ist ein Werkzeug, das den Entwickler bei der Verwaltung des GAC unterstützt. Damit kann man sich den Inhalt des GAC anzeigen lassen (Option -l), Assemblies im GAC installieren (-i) und deinstallieren (-u). Auch der Downloaded Assembly Cache lässt sich damit verwalten: -ldl zum Anzeigen des Inhalts, -cdl zum Löschen aller heruntergeladenen Assemblies. Für den Entwickler bietet sich dieses Werkzeug an, weil man die GAC-Verwaltung mittels Skripts automatisieren kann, und so nicht wie beim Assembly Cache Viewer (siehe Abschnitt 8.5.3) alles per Hand machen muss. Die folgende Kommandozeile

```
gacutil -i GlobalLib.dll
```

installiert die Assembly-Datei GlobalLib.dll im GAC und

```
gacutil -u GlobalLib
```

entfernt das Assembly GlobalLib aus dem GAC. Das Problem bei dieser Art der Installation ist, dass man nie weiß, ob es vielleicht noch Applikationen gibt, die dieses Assembly benutzen und daher nach dem Deinstallieren nicht mehr funktionieren. Aus diesem Grund sollte man die Optionen -i und -u nur für das Testen während der Entwicklung verwenden. Für die Installation beim Endbenutzer empfiehlt Microsoft generell, den *Microsoft Windows Installer* ab Version 2.0 (der z.B. mit Visual Studio .NET ausgeliefert wird) zu verwenden, da dieser darüber Buch führt, welche globalen Assemblies von welchen Applikationen gebraucht werden, und ein Assembly erst dann endgültig aus dem GAC entfernt, wenn es von keinem anderen mehr referenziert wird.

Ähnliche Referenzzähler kann man aber auch mit einer Option von gacutil mitführen. Man hängt dazu ein **r** an die entsprechende Operation, also -ir, -ur, -lr. Dahinter folgen die vier Parameter: *Assembly, Scheme, Id, Description*. *Assembly* beschreibt dabei den Namen des Assemblies bzw. – beim Installieren – den Namen oder Pfad der Assembly-Datei. *Scheme* definiert den Typ der Referenz, der einen der folgenden Werte annehmen kann und von dem die Ausprägung des *Id*-Parameters abhängt:

❑ UNINSTALL_KEY: Dieser Typ soll von Applikationen verwendet werden, die sich beim Installieren im »Add/Remove Programs«-Dialog registrieren, was man durch einen Eintrag unter HKEY_LOCAL_MACHINE\SOFTWARE\ Microsoft\Windows\CurrentVersion erreicht. Der *Id*-Parameter muss genau dem Namen dieses Registry-Eintrags entsprechen. Ein Programm, das sich in der Registry als ...\CurrentVersion**MyApp** registriert, installiert das Assembly MyLib.dll folgendermaßen im GAC:

gacutil -ir MyLib.dll **UNINSTALL_KEY MyApp** "Beschreibung"

❑ FILEPATH: Dieser Typ soll von Applikationen verwendet werden, die sich nicht wie oben beschrieben in der Registry registrieren. Hier gibt der *Id*-Parameter den vollständigen Pfad zur Applikationsdatei an.

gacutil -ir MyLib.dll **FILEPATH c:\Program Files\MyApp\MyApp.exe** "Beschreibung"

❑ OPAQUE: Falls keine der beiden obigen Varianten für Ihre Zwecke geeignet erscheint, können Sie hier die *Id*-Parameter mit beliebigen Informationen belegen. Sie müssen diese Angabe in doppelte Hochkommas stellen.

gacutil -ir MyLib.dll **OPAQUE "Beliebige ID Information"** "Beschreibung"

Der abschließende *Description*-Parameter kann eine beliebige Beschreibung der Referenz enthalten, die bei Auflisten aller Referenzen mit gacutil -lr angezeigt wird. Um eine Referenz zu deinstallieren, muss man dieselben Werte für *Scheme*, *Id* und *Description* wie bei der Installation angeben. *Assembly* kann auch nur den Assembly-Namen bezeichnen. Dazu nun ein ausführlicheres Beispiel:

gacutil -ir GlobalLib.dll FILEPATH c:\apps\MyApp.exe App
gacutil -ir GlobalLib.dll FILEPATH c:\libs\MyLib.dll Lib

Diese beiden Installationsanweisungen platzieren die Assembly-Datei Global-Lib.dll nur einmal in dem GAC, notieren aber zwei Referenzen darauf.

```
gacutil -ur GlobalLib FILEPATH c:\apps\MyApp.exe App
```

entfernt nun eine der beiden zuvor gesetzten Referenzen auf GlobalLib, das Assembly bleibt aber im Cache. Man erhält folgende Rückmeldung:

```
Assembly:   GlobalLib, Version=1.2.0.0, Culture=neutral,
            PublicKeyToken=035a6638e5079673, Custom=null
Removed reference:
    SCHEME: <FILEPATH>  ID: <c:\apps\MyApp.exe> DESCRIPTION : <App>
Pending references:
    SCHEME: <FILEPATH>  ID: <c:\libs\MyLib.dll>  DESCRIPTION : <Lib>


Number of items uninstalled = 0
Number of failures = 0
```

Nun lassen sich Assemblies, die noch referenziert werden, nicht mehr versehentlich löschen. Das Kommando

```
gacutil -u GlobalLib
```

liefert folgende Fehlermeldung:

```
Assembly:   GlobalLib, Version=1.2.0.0, Culture=neutral,
            PublicKeyToken=035a6638e5079673, Custom=null
Unable to uninstall: assembly is required by one or more applications
Pending references:
    SCHEME: <FILEPATH>  ID: <c:\libs\MyLib.dll>  DESCRIPTION : <Lib>


Number of items uninstalled = 0
Number of failures = 0
```

Dabei ist interessant, dass tatsächlich die Referenzen überprüft werden, d.h., würde die Datei c:\libs\MyLib.dll nicht existieren, wäre das Assembly GlobalLib gelöscht worden (beim Installieren wird das allerdings nicht geprüft!?). Natürlich hat der Benutzer auch die Macht, ein Löschen des Assemblies zu erzwingen (Zusatz f wie *force*).

```
gacutil -uf GlobalLib
```

entfernt das Assembly auf jeden Fall aus den GAC, gleichgültig wie viele Applikationen es noch referenzieren.

Literatur

[ASU86]   Alfred Aho, Ravi Sethi, Jeffrey Ullman: Compilers – Principles, Techniques and Tools. Addison-Wesley, 1986

[C#Std]   Standard ECMA-334: C# Language Specification
http://www.ecma-international.org/publications/standards/ECMA-334.htm

[CGI]   Common Gateway Interface Specification
http://www.w3.org/CGI/

[CLI]   Standard ECMA-335: Common Language Infrastructure (CLI)
http://www.ecma-international.org/publications/standards/ECMA-355.htm

[CORBA]   Object Management Group: The Common Object Request Broker Architecture
http://www.omg.org/gettingstarted/corbafaq.htm

[EdEd02]   Guy Eddon, Henry Eddon: Inside Distributed COM. Microsoft Press, 2002

[ElNa03]   Ramez Elmasri, Shamkant B. Navathe: Fundamentals of Database Systems. 4rd ed., Addison-Wesley, 2003

[Fow03]   Martin Fowler: UML Distilled. 3rd ed., Addison-Wesley, 2003

[GHJV95]   Erich Gamma, Richard Helm, Ralph Johnson, John Vlissides: Entwurfsmuster – Elemente wiederverwendbarer objektorientierter Software. Addison-Wesley, 1995

[GotD]   GotDotNet: .NET Framework Community
http://www.gotdotnet.com

[Gou02]   John Gough: Compiling for the .NET Common Language Runtime (CLR). Prentice Hall PTR, 2002

[HTML]   Hypertext Markup Language Specification
http://www.w3.org/MarkUp/

[HTML1]   Hypertext Markup Language Reference
                   http://www.selfhtml.org

[HTTP]   Hypertext Transfer Protocol (HTTP)
                   http://www.w3.org/Protocols/rfc2616/rfc2616.html

[IIS]   Internet Information Services Home
                   http://www.microsoft.com/iis/

[JavaWS]   Web-Services unter Java
                   http://java.sun.com/webservices/

[JKU]   Webseite zu diesem Buch und zu diversen .NET-Themen
                   http://dotnet.jku.at

[Koch01]   Stefan Koch: JavaScript. 3. Aufl., dpunkt.verlag, 2001

[Kra02]   Jörg Krause: Active Server Pages. 3. Aufl., Addison-Wesley,
                   2002

[LBK01]   Philip Lewis, Arthur Bernstein, Michael Kifer: Database and
                   Transaction Processing. Addison-Wesley, 2001

[LINQ]   The LINQ Project
                   http://msdn.microsoft.com/netframework/future/linq/

[MeSi92]   Jim Melton, Alan Simon: Understanding the New SQL: A Com-
                   plete Guide. Morgan Kaufmann Publishers, 1992

[MeSz01]   Erik Meijer, Clemens Szyperski: What's in a Name? .NET as a
                   Component Framework, August 2001
                   http://research.microsoft.com/users/cszypers/pub/Components.pdf

[Moe05]   Hanspeter Mössenböck: Sprechen Sie Java? – Eine Einführung in
                   das systematische Programmieren. 3. Aufl., dpunkt.verlag, 2005

[Mono]   Mono-Projekt: Open-Source-Implementierung von .NET
                   http://www.mono-project.com

[MSBiz]   Microsoft BizTalk Server
                   http://www.microsoft.com/biztalk/

[MSDL]   Microsoft Developer Network (MSDN) Downloads
                   http://msdn.microsoft.com/downloads/

[MSSQL]   Microsoft SQL Server
                   http://www.microsoft.com/sql/

[PHP]   PHP: Hypertext Processor
                   http://www.php.net

[Ram05]   Ingo Rammer: Advanced .NET Remoting. 2nd ed., Apress, 2005

[RFC]   Internet Engineering Task Force (IETF), Request For Comments
                  (RFC)
                  http://www.ietf.org/rfc.html

[Rich00a]   Jeffrey Richter: Garbage Collection: Automatic Memory Ma-
                  nagement in the Microsoft .NET Framework. MSDN Magazine,
                  November 2000

[Rich00b]   Jeffrey Richter: Garbage Collection – Part 2: Automatic Memory
                  Management in the Microsoft .NET Framework. MSDN Maga-
                  zine, December 2000

[Rich02]   Jeffrey Richter: Applied Microsoft .NET Framework Program-
                  ming. Microsoft Press, 2002

[RJB04]   James Rumbaugh, Ivar Jacobson, Grady Booch: The Unified
                  Modeling Language Reference Manual. 2nd ed., Addison-Wes-
                  ley, 2004

[SDKDoc]   Dokumentation des .NET-Frameworks als Teil des .NET Soft-
                  ware Development Kits (SDK)
                  http://www.microsoft.com/netframework/

[SMTP]   Simple Message Transfer Protocol (SMTP)
                  http://www.faqs.org/rfcs/rfc821.html

[SOAP]   Simple Object Access Protocol (SOAP) 1.1
                  http://www.w3.org/TR/SOAP/

[SOAP2]   Web Service Activity: SOAP 1.2
                  http://www.w3.org/TR/soap12-part0/

[SSCLI]   Microsoft Shared Source Implementation of the Common Lan-
                  guage Infrastructure (Rotor)
                  http://msdn.microsoft.com/net/sscli

[Szy02]   Clemens Szyperski: Component Software: Beyond Object-Ori-
                  ented Programming. 2nd ed., Addison-Wesley, 2002

[Tur01]   Volker Turau: Java Server Pages. 2. Aufl., dpunkt.verlag, 2001

[UDDI]   Universal Description, Discovery and Integration (UDDI)
                  http://www.uddi.org

[UNC]   Universal Naming Convention (UNC), Microsoft Developer
                  Network (MSDN)
                  http://msdn.microsoft.com/library/en-us/off2000/html/defunc.asp

[UniC]   Unicode-Zeichensatz
                  http://www.unicode.org

[URI]   Unified Resource Identifier
                  http://www.w3c.org/Addressing/

[VSExpr]   Visual Studio Express Edition
                   http://msdn.microsoft.com/vstudio/express/

[W3C]   World Wide Web Consortium (W3C)
                   http://www.w3.org

[WaLa02]   Lonnie Wall, Andrew Lader: Building Web Services and .NET
                   Applications. McGraw-Hill, 2002

[Wir96]   Niklaus Wirth: Compiler Construction. Addison-Wesley, 1996
                   http://www.oberon.ethz.ch/WirthPubl/CBEAll.pdf

[WSDL]   Web Service Description Language Specification
                   http://www.w3.org/TR/wsdl/

[XLinq]   Language Integrated Query for XML
                   http://www.xlinq.net

[XML]   Extensible Markup Language Specification
                   http://www.w3.org/XML/

[XPath]   XPath
                   http://www.w3c.org/TR/xpath

[XSD]   XML Schema
                   http://www.w3.org/XML/Schema

Weiterführende Literatur zu den einzelnen Kapiteln

Allgemeines

- ❑ DevHood: .NET Training Modules
  http://www.devhood.com/training_modules/
- ❑ GotDotNet: Beispiele, Tutorials, Links
  http://www.gotdotnet.com
- ❑ Microsoft .NET Framework Home
  http://www.microsoft.com/netframework/
- ❑ Microsoft Developer Network zu .NET
  http://msdn.microsoft.com/netframework/
- ❑ Peter Rechenberg, Gustav Pomberger (Hrsg.): Informatik-Handbuch.
  4. Aufl., Hanser Verlag, 2006

Zu Kapitel 1: Was ist .NET?

- ❏ Thuan Thai, Hoang Lam: .NET Framework Essentials. 3rd ed., O'Reilly, 2003
- ❏ Ralf Westphal: .NET kompakt. Spektrum Akad. Verlag, 2002

Zu Kapitel 2: Die Sprache C#

- ❏ Ben Albahari, Peter Drayton, Brad Merrill: C# Essentials. 2nd ed., O'Reilly, 2002
- ❏ Jürgen Bayer: Das C# Codebook. Addison-Wesley, 2003
- ❏ Eric Gunnerson: A Programmer's Introduction to C#. 3rd ed., Apress, 2005
- ❏ Anders Hejlsberg, Scott Wiltamuth, Peter Golde: The C# Programming Language. Addison-Wesley, 2004
- ❏ Jesse Liberty: Programmieren mit C#, 2. Aufl., O'Reilly, 2005
- ❏ Simon Robinson et al.: Professional C#. 3rd ed., Wrox-Press, 2004

Zu Kapitel 3: Die .NET-Architektur

- ❏ Keith Brown: Security in .NET: Enforce Code Access Security with the Common Language Runtime. MSDN Magazine, Februar 2002
- ❏ Andrew Gordon, Don Syme: Typing a Multi-Language Intermediate Code. POPL'01, ACM Press, 2001
- ❏ John Gough: Stacking Them Up: A Comparison of Virtual Machines. ACSAC'01, February 2001
- ❏ John Gough: Compiling for the .NET Common Language Runtime (CLR). Prentice Hall PTR, 2002
- ❏ Erik Meijer, John Gough: Technical Overview of the Common Language Runtime. 2001 (überarbeitete Version)
  http://research.microsoft.com/~emeijer/Papers/CLR.pdf
- ❏ Microsoft Shared Source Implementation of the Common Language Infrastructure (Rotor)
  http://msdn.microsoft.com/net/sscli
- ❏ Jeffrey Richter: Applied Microsoft .NET Framework Programming. Microsoft Press, 2002
- ❏ Jeffrey Richter: Microsoft .NET Framework Delivers the Platform for an Integrated, Service-Oriented Web. MSDN Magazine, September 2000
- ❏ Jeffrey Richter: Part 2: Microsoft .NET Framework Delivers the Platform for an Integrated, Service-Oriented Web. MSDN Magazine, Oktober 2000

❏ Jeffrey Richter: .NET Framework: Building, Packaging, Deploying, and Administering Applications and Types. MSDN Magazine, Februar 2001

❏ Jeffrey Richter: .NET Framework: Building, Packaging, Deploying, and Administering Applications and Types - Part 2. MSDN Magazine, März 2001

❏ Damien Watkins, Sebastian Lange: An Overview of Security in the .NET Framework. Microsoft Developer Network (MSDN), Januar 2002
http://msdn.microsoft.com/library/en-us/dnnetsec/html/netframesecover.asp

❏ Jason Whittington: Rotor: Shared Source CLI Provides Source Code for a FreeBSD Implementation of .NET. MSDN Magazine, July 2002

Zu Kapitel 4: Die .NET-Klassenbibliothek

❏ Jason Bell: Professional Windows Forms. Wrox-Press, Oktober 2001

❏ Don Box, John Lam, Aaron Skonnard: Essential XML, Beyond MarkUp. Addison-Wesley, Juli 2000

❏ Ingo Rammer: Advanced .NET Remoting. Apress, April 2002

❏ Jeffrey Richter: Applied Microsoft .NET Framework Programming. Microsoft Press, 2002

❏ Holger Schwichtenberg, Frank Eller: Programmieren mit der .NET-Klassenbibliothek. Addison-Wesley, Juni 2002

❏ Mike Snell, Lars Powers: Visual Basic Programmer's Guide to the .NET Framework Class Library. Sams, Januar 2002

❏ Thuan Thai: .NET Framework Essentials. O'Reilly UK, März 2002

❏ Richard Weeks: .NET Windows Forms Custom Controls. Sams, Januar 2002

Zu Kapitel 5: ADO.NET

❏ Bob Beauchemin: Essential ADO.NET. Addison-Wesley, Juni 2002.

❏ Jim Buyens: Web-Datenbanken mit ASP.NET – Schritt für Schritt. Microsoft Press, 2002

❏ Walter Doberenz, Thomas Kowalski: Datenbankprogrammierung mit Visual C#.NET. Microsoft Press, 2003

❏ Bill Hamilton: ADO.NET Cookbook. Building Data-Driven .NET Applications. O'Reilly, 2003

❏ Alex Homer, Dave Sussman, Mark Fussell: ADO.NET and System.Xml v. 2.0 – The Beta Version. Addison-Wesley, 2005

❏ Richard Hundhausen, Steven Borg: Programming ADO.NET. Wiley & Sons, 2002

❏ Glenn Johnson: Programming Microsoft ADO.NET 2.0 Applications: Advanced Topics. Microsoft Press, 2005

- Wallace B. McClure, Erik Porter, Scott Sargent: Professional ADO.NET 2. Programming with SQL Server 2005, Oracle, and MySQL. Wrox Press, 2005
- Rebecca M. Riordan: Microsoft ADO.NET 2.0 – Schritt für Schritt. Microsoft Press, 2006
- David Sceppa: Microsoft ADO.NET – Das Entwicklerbuch. Microsoft Press, 2002

Zu Kapitel 6: ASP.NET

- Marco Bellinaso, Kevin Hoffman: ASP.NET 2.0 Website Programming: Problem – Design – Solution. Wrox-Press, 2006
- Dino Esposito: Programming Microsoft ASP.NET 2.0 Core Reference. Microsoft Press, 2005
- Bill Evjen et al.: Professional ASP.NET 2.0. Wrox-Press, 2005
- Alex Homer, Dave Sussman, Rob Howard: ASP.NET v. 2.0 – The Beta Version. Addison-Wesley, 2005
- Jesse Liberty, Dan Hurwitz: Programming ASP.NET. 2nd ed., O'Reilly, 2003
- Patrick A. Lorenz: ASP.NET Kochbuch mit C#. Hanser, 2002
- Dan Wahlin: XML for ASP.NET Developers. Sams, 2001
- Allgemeine Webseite zu ASP.NET
  http://www.asp.net

Zu Kapitel 7: Web-Services

- Frank P. Coyle: XML, Web Services, and the Data Revolution. Addison-Wesley, 2002
- Thomas Erl: Service-Oriented Architecture (SOA): Concepts, Technology, and Design. Prentice Hall, 2005
- Bill Evjen: XML Web Services for ASP.NET. Wiley, 2002
- Dirk Krafzig, Karl Banke, Dirk Slama: Enterprise SOA: Service-Oriented Architecture Best Practices. Prentice Hall, 2004
- Craig McMurtry, Marc Mercuri, Nigel Watling: Microsoft Windows Communication Foundation: Hands-on. Sams, 2006
- Eric Newcomer, Greg Lomow: Understanding SOA with Web Services. Addison-Wesley, 2004
- Scott Short: Building XML Web Services for the Microsoft .NET Platform. Microsoft Press, 2002

Index

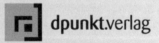

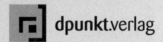

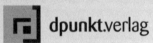

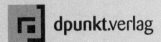

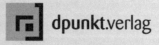

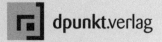

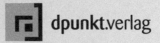